도서출판 대장간은
쇠를 달구어 연장을 만들듯이
생각을 다듬어 기독교 가치관을
바르게 세우는 곳입니다.

대장간이란 이름에는
사라져가는 복음의 능력을 되살리고,
낡은 것을 새롭게 풀무질하며, 잘못된 것을
바로 세우겠다는 의지가 담겨져 있습니다.

www.daejanggan.org

Copyright © Jacques Ellul

Original published in France under the title ; **La parole humiliée**
　Published by © Éditions du Seuil, 2003
25 bd Romain Rolland, 75014 PARIS

Uesd and translated by the permissions of Éditions du Seuil.
Korea Edition Copyright © 2014, Daejanggan Publisher. in Daejeon, South Korea

굴욕당한 말

지은이	자끄 엘륄
옮긴이	박동렬 이상민
초판발행	2014년 4월 25일
펴낸이	배용하
편집	배용하
디자인	윤석일
등록	제364-2008-000013호
펴낸곳	도서출판 대장간
	www.daejanggan.org
편집부	대전광역시 동구 우암로 75-21 (삼성동)
영업부	전화 (042) 673-7424
ISBN	전화 (042) 673-7424 전송 (042) 623-1424
	978-89-7071-325-0

이 책의 한국어판 저작권은 Éditions du Seuil와 독점 계약한 대장간에 있습니다.
기록된 형태의 허락 없이는 무단 전재와 복제를 금합니다.

 값 25,000원

굴욕당한 말
La parole humiliée

자끄 엘륄 지음
박동열 이상민 옮김

이 책은 2009년 '한국자끄엘륄협회'가 발족하면서 시작한 엘륄 읽기 모임에서 공동번역을 염두에 두고 시작한 첫 책이다. 3년 동안 같이 읽고 토론해야 할만큼 쉽지 않은 내용이었고 암초도 있었지만, 엘륄이 사용한 용어를 정리하고 엘륄 사상의 근간을 공유하는 뜻깊은 날들이었다. 그러나 여섯 명(박동열, 배용하, 신광은, 신기호, 이상민, 한택수)의 회원들이 분담하여 불어나 영어에서 옮긴 번역물을 책으로 묶는 과정에서 문제가 생겼다. 독회를 위한 초벌이었기도 하였지만, 문장의 다양함과 용어선택 때문에 책으로 나왔을때 독자를 곤혹스럽게 할 것이 보였다. 한참을 표류하고 있을때 박동열 이상민이 전체를 다시 정리하고 번역하는 과정을 기꺼이 맡았고 그후로 한참의 기간이 지나 책이 모양을 갖추게 되었다. 오랜 시간 함께 공부하고 엘륄의 통찰에 무릎을 쳤던 독회 참가자(곽노경, 정우향외)들도 이 책이 나오는 과정에서의 숨은 동역자임을 밝히는 것으로 고마움을 대신하며 이 책이 독자의 손에 가기까지의 역사로 남긴다. - 발행인

차례

역자 서문 ·· 7
한국어판 서문 ·· 27
서론 · 지나친 단순화 ···································· 35

1장 · '보기'와 '듣기'
1. 이미지와 시각적인 것의 특징* ················· 43
2. '말'의 특징* ··· 56
3. '말'과 이미지* ······································ 78
4. 그리고 철학자는? ·································· 95
5. '기록'의 한계* ····································· 104

2장 · 우상과 '말'
1. 하나님은 말한다. ·································· 113
2. 우상과 '시각적 인식' ····························· 149
3. 성화상의 신학 ······································ 200
4. 증언자의 '말' ······································· 207

3장 · 승승장구하는 '시각적 인식'
1. 이미지의 침입 ······································ 220
2. 유용성 ··· 242
3. 텔레비전 ·· 262
4. 기술 ·· 275

4장 · 굴욕당한 '말'
1. 사실상의 평가절하 ···289
2. '담화'에 대한 경멸 ···301
3. '말'에 대한 증오 ··317

5장 · 이미지와 '말'의 종교적 갈등
1. 이미지의 교회 침입 ···335
2. 궁극적 가치와 사로잡힌 '말' ···350
3. 숨겨진 것의 배제 ··359

6장 · 이미지의 인간
1. 이미지의 소비자 ··372
2. 지적 사유과정 ···378
3. 현대 예술에서 공간과 시각화 ···397

7장 · 화해
1. 빛 ···413
2. 화해 ···422
3. 성화상과의 관계 회복 ···429
4. 요한복음 ··432
5. 움직임 ··452
6. 부정의 미학* ···475

내용 요약 ··479

*표시의 소제목은 원서에 없는것을 역자가 붙인것임.

역자 서문

 자끄 엘륄은 역사학과 사회학과 신학이라는 세 가지 연구 영역을 넘나들면서, 60여권의 저서와 수백편의 논문을 저술한다. 엘륄은 "나는 여러 책을 썼던 것이 아니라, 각각의 책이 하나의 장인 단 한 권의 책을 썼다"1)고 하면서, 자신의 저서 전체를 한 권으로 통일된 책으로 간주할 뿐 아니라, 자신이 집필한 각각의 저서를 이 통일된 책을 구성하는 하나의 장으로 여긴다. 더 나아가, 그는 "만일 당신이 신학적 영역만을 고려한다면, 구체적인 요소가 당신에게 부족할 것이다. 만일 당신이 사회·정치적 영역에만 단지 관심이 있다면, 당신은 대답과 출구가 없는 상황에 끊임없이 부딪칠 것이다"2)고 하면서, 신학적 측면과 사회학적 측면이라는 두 가지 측면으로 뚜렷이 구별되면서도 하나의 전체를 이루는 자신의 저서들의 일관성을 옹호한다. 이 같은 엄청난 저작 활동에도 불구하고, 사회학자로서 파리의 사상계에서와 신학자로서 개신교계에서는 잘 알려지지 않은 상태이다. 그럼에도 기술3)과 성서 텍스트에 대한 연구 및 3권으로 된 저서인『자유의 윤리』4)로 인해 미국에서는 프랑스 지식인 중 첫

---

1) Patrick Troude-Chastenet,『자끄 엘륄과 대화』*Entretiens avec Jacques Ellul*, La Table Ronde, 1994, p.40.
2) 위의 책, p.40.
3) 엘륄이 기술의 현상과 관련하여 집필한 세 권의 저서는『기술 혹은 시대의 쟁점』*La Technique ou l'enjeu du siècle*,『기술 체계』*Le système technicien*,『기술담론의 허세』*Le Bluff technologique* 이다.
4)『자유의 윤리』*Etique de la Liberté*. 엘륄은 본래 이 책을 단 한 권의 책으로 출판하려 했으나, 책의 분량이 너무 방대하여 출판사에서 세 권으로 나누어 출판했다는 일화가 전해진다. 그래서 이 책의 Ⅰ권과 Ⅱ권에는『자유의 윤리』라는 제목이 붙어 있고, Ⅲ권에는『자유의 투

번째 반열에 올라 있다. 특히, 엘륄은 마르크스의 저서를 탐독한 혁명 이론가이다. 하지만, 그는 마르크스주의에서 이데올로기와 "화석화된 사상"만을 보았기 때문에, 마르크스주의의 주요 동향과 늘 멀리 떨어져 있었다.

"존재한다는 것은 저항하는 것이다"5)를 신조로 택한 엘륄은 자신의 저작 전체가 '자유'라는 개념에 완전히 집중되어 있다고 언급한다. "자유는 나의 삶과 나의 저작 전체의 중심에 위치한다. 내가 행하고 경험하고 생각했던 어느 것도 자유와 관련되지 않는다면 이해되지 않는다. 또한 성서를 통해 내게 계시되었던 하나님은 무엇보다 해방자이기 때문에 그러하다. 하나님은 자유를 창조한다. 심지어 인간이 하나님과의 관계를 깨뜨릴 때에라도, 하나님은 이런 독립 행위를 존중한다. 유일한 문제는 자유에 대한 형이상학적 질문이 아니라, 우리가 예수 그리스도 안에서 하나님에 의해 해방되어 있음을 확신하는 것이다."6) 그에게 있어 자유는 "과학적 낙관주의, 기술적인 진보에 대한 맹목적인 신뢰, 개인의 비인격화, 전체적인 국가의 증가 같은 자유를 위협하는 위험들에 맞선 개

쟁』*Les combats de la Liberté* 이라는 제목이 붙어 있다.
5) 프랑스어 표현 "Exister, c' est résister"을 옮긴 것이며, 우선 "사회적 환경의 유혹"에 저항하는 것을 말한다. Jacques Ellul, 『정치적 착각』(대장간, 2011), p.290. 이 표현은 '세계 자끄 엘륄 협회'(Association Internationale Jacques Ellul) 홈페이지(http://jacques-ellul.org)에도 실려 있다.
6) Jacques Ellul, *A temps et à contretemps, Entretiens avec Madeleine Garrigou-Lagrange*, Le Centurion, 1981, p.162.

인의 지속적인 투쟁"7)으로 간주된다. 그래서 그는 다른 사회학자들이 하듯이 세상을 단지 묘사하기 위해서가 아니라, 우리가 사는 세상의 현실을 파악하여 이 세상을 특징짓는 '영적 실재'8)를 지적하며 폭로하려고 애쓴다. 이 때문에, 그는 자신의 사회학적 저서를 통해 기술, 선전, 정치, 혁명, 돈, 국가 등과 같은 현대 사회의 현상을 분석한다. 이 뿐 아니라 그는 이 현상에 의해 우리 사회가 끌려가는 방향을 설명하려 하면서, 이 현상이 종속된 숨겨진 논리에 관심을 집중한다.

청소년 시절 기독교 신앙으로 회심한 엘륄은 자신의 몇몇 신학적 저서를 통해 기독교에 대해 신랄하고 근본적인 비판을 가한다. 그래서 그는 "어떻게 기독교 사회와 교회의 발달이, 우리가 성서를 통해 읽은 것, 곧 토라와 선지자와 예수와 바울의 분명한 텍스트와 모든 면에서 반대되는 사회·문화·문명을 탄생시켰는가"9)라는 근본적인 문제를 제기한다. 그는 이러한 기독교에 대해 기원 3세기부터 기독교가 국가와 결탁함으로써 복음적인 메시지를 완전히 와해시켰다고 간주한다. 이와 같이 기독교가 본래의 모습에서 벗어나 있기 때문에, 기독교는 기술 문명과 정보화와 세계화로 인해 피폐된 사회와 세상을 고칠 엄두를 내지 못한다. 오

---

7) 앞에 나온 책, 『자끄 엘륄과 대화』*Entretiens avec Jacques Ellul*, p.12.
8) 엘륄은 인간이 이 세상과 현실에서 감지하고 겪는 '물질적 실재'(réalité matérielle)의 배후에 존재하면서 이 '물질적 실재'를 좌우하고 결정짓는 것을 '영적 실재(réalité spirituelle)로 보고 있다.
9) Jacques Ellul, 『뒤틀려진 기독교』(대장간, 2012), p.17.

히려 기독교는 세상에 적극적으로 동조하며 순응할 뿐 아니라, 그리스도인에게 이러한 맹목적인 순응행위를 강요하면서 모순을 재생산해 내고 있을 따름이다.

하지만, 엘륄은 이런 기독교를 비판하면서도, 그리스도인이 지녀야 할 가장 소중한 가치로서 소망과 자유를 제시할 뿐 아니라, 세상을 향한 그리스도인의 소명과 책임을 강조한다. 이것은 그리스도인이 이 세상에서 특별한 역할을 수행하도록 부름을 받았다는 그의 확신을 드러낸다. 또한 이것은 그리스도인이 예수 그리스도 안에서 받은 약속 때문에, 실제로 이 역할을 수행할 수 있다는 그의 확신을 나타내기도 한다. 결국 그리스도인의 사명인 복음 전파가 위선적인 도피가 되지 않으려면, 복음 전파가 사람들의 현실 상황에 대한 무관심 속에서 이루어지지 말아야 한다는 것이다. 또한 그리스도인이 이 세상을 약속된 미래를 향해 열려있는 상태로 유지시키려고, 이 세상에 구체적으로 관여해야 한다는 것이다.

결국, 그의 입장에서는 다음 같은 일이 무엇보다 중요하다. 즉, 인간이 기술로 대표되는 현대 사회의 현상에 대한 통제력을 이미 상실했을 뿐 아니라, 이 현상이 무슨 방향으로 나아갈 지 도무지 예측할 수 없기 때문에, 이 현대 사회의 현상과 이 현상이 종속된 숨겨진 논리를 파헤치고 드러내는 일이다. 하지만, 엘륄은 인간 상황의 구조적 문제에서 생겨나는 악과 불행을 인간 자신의 힘으로는 근본적으로 해결할 수 없다고 생각한다. 다시 말해, 그는 인간 외부로부터의 힘, 곧 '전적 타자他者'인 하나님이 개입해야 만이 이 악과 불행이 해결될 수 있다고 여긴다. 따라서 그는 "나는 하나님이 인간 역사 전체에서 인간과 동행한다는 확신을 가지고 출구 없는 세상을 묘사한다"10)라고 하면서, 자신의 한계 속에 갇힌 인간의 힘으로는 문제 해결이 도저히 불가능하므로, '전적 타자'인 하나님, 곧 예수 그리스도가 반드시 개입할 것이라는 확신을 표명한다.

이처럼 엘륄은 사회 현상인 종교와 개인적 체험인 계시 사이에 존재하는 간극을 끊임없이 부각시킨다. 하지만, 그가 반反교권주의가 뚜렷이 각인된 나라인 프랑스에서 살았기 때문에, 자신의 신앙을 드러냄으로써 대부분의 무신론자나 그가 가까이 하기를 몹시 원한 여러 지식인과 그를 멀어지게 하는 결과가 초래된다. 일례로, 국제 무정부주의자의 사상에 몹시 이끌린 그는 기 드보르Guy Debord게 공동 연구를 제안하지만, 기 드보르는 엘륄이 그리스도인으로 자처하기에 이를 거절한다.11) 엘륄이 만일 그리스도인이 아니었다면, 다시 말해 자신의 사회학적 측면의 저서를 집필하는 데만 전념하고 신학적 측면의 저서를 집필하지 않았다면, 아마

---

10) 앞에 나온 책, 『자끄 엘륄과 대화』*Entretiens avec Jacques Ellul*, p.40.
11) "엘륄은 자신의 저서 중 어떤 것들이 아주 탁월하다고 여기던 드보르에게 함께 연구하자고 제안 했으나, 그 대답은 '아니오'였다. 신앙을 갖는 일이 어떤 관계를 맺는데 방해가 되었다는 것이다."
Jacques Ellul, 『기술 체계』(대장간, 2013), p.36.에서, Jean-Luc Porquet의 서문 "Ellul l'avait bien dit"(엘륄은 분명히 그렇게 말했다.)

도 그는 프랑스에 내에서도 손꼽히는 지식인의 반열에 올랐을 지도 모른다. 하지만, 18세기 계몽주의 사상에서 비롯된 무신론적 분위기가 팽배한 프랑스 내 주류 지식인들로부터 엘륄은 자신의 기독교 신앙 관련 저서들로 말미암아 배척 받았을 가능성이 크다. 구체적으로 말하자면, 다양한 사회적 현상과 문제를 분석하고 나서, 예를 들어 예수 그리스도의 재림으로만 이 문제들이 해결될 수 있다고 하면서 이 같이 황당하게 보이는 해결책을 제시하기 때문에, 어떤 지식인도 이를 수긍하려 들지 않았음이 분명하다. 하지만, 그는 이 두 측면 중 어느 것도 포기하지 않고서, 자신의 표현처럼 '변증법적 접근방식'으로 이 둘을 같이 끌어안고서 자신의 연구를 진행한다.

이와 같이, 자신의 저서 전체가 두 가지 측면으로 뚜렷이 구분됨을 분명히 밝히는 엘륄은, 이 두 측면 사이에 자신이 설정했던 관계를 변증법적 방식에 기초하여 설명한다. 이 두 측면 중 하나는 기술, 정치, 선전, 혁명, 예술과 같은 다양한 분야에서 현대 사회를 묘사하는 사회학적 저술이다. 그 중 다른 측면은 창세기, 열왕기상하, 전도서, 요나서, 복음서, 요한계시록과 같은 신구약성서 몇 권에 할애된 성서 연구인 동시에, 기도, 자유, 소망, 돈, 폭력과 같은 그리스도인의 삶에 대한 다양한 주제에 할애된 신학적 혹은 윤리적 고찰이다. 그런데, 이 점은 두 번째 측면인 신학적 저술이 첫 번째 측면인 사회학적 저술의 해답이나 혹은 해결책을 제시함을 의미하는 것이 아니라, 신학적 저술이 사회학적 문제에 대한 신학적 대위법으로서 나타남을 의미한다.12) 그의 연구 방법에 있어 이와 같은 변증법적 접근은 근본적으로 기독교와 세상의 대립에서 비롯된다. 따라서 그는 영적인 고찰 없이 현대 사회를 전체적으로 연구하는 것도 불가능하고, 마찬가지로 우리가 사는 세상에 대한 고찰 없이 신학적 연구를 행하는 것도 불가능하다는 확신에 이른다. 그리하여, 그는 연구 작업의 출발부터 이 둘 사이에 연결을 발견하려는 필요성에 직면하는데, 이 연결은 변증법적 과정일 수밖에 없다는 것이다.

1981년에 출간된 『굴욕당한 말』*La parole humiliée* 은 한마디로 엘륄 사상의 가장 심오한 내용을 담고 있다고 할 수 있을 정도로, 그의 전체 저서에서 핵심적인 부분에 해당한다. 그런데, 엘륄의 저서 전체가 신학적 측면의 저술과 사회학적 측면의 저술로 뚜렷이 구별된다면, 이 책을 어느 측면에 분류해야 할 지 망설여진다. 물론, 이 책의 내용 중 많은 부분이 언어와 관련된 사회학적 분석에 해당하기 때문에, 이 책을 사회학적 측면의 저술로 분류하기도 한다. 하지만, 이 책에서 하나님의 말, 우상, 교

---

12) 예를 들어, 엘륄의 저서 중 『하나님의 정치와 인간의 정치』*Politique de Dieu, politiques de l'homme* 와 『정치적 착각』*L'Illusion politique* 사이에 이런 대위법이 존재한다. 또한 『자유의 윤리』*Éthique de la liberté* 와 기술과 관련된 두 권의 책, 『기술 혹은 시대의 쟁점』*La Technique ou l'Enjeu du siècle* 및 『기술 체계』*Le Système technicien* 사이에 이런 대위법이 존재한다.

Jacques Ellul, 『내가 믿는 것』*Ce que je crois*, Grasset & Fasquelle, 1987, p.63.

회사에서 이미지와 '말'의 종교적 갈등, 예언자와 사도들의 환상, 성화상 문제가 다루어질 뿐 아니라, 이와 관련하여 수많은 성서 내용이 인용되기 때문에, 신학적 측면의 저술로 분류해도 무리가 없다. 따라서 이 책은 엘륄의 다른 책과 대위법을 이루거나 변증법적 긴장관계에 있기보다는, 사회학적 측면과 신학적 측면이 뒤섞여 있는 이 책의 특성상, 이 책의 내용 중 일정 부분들이 서로 대위법을 이루거나 변증법적 긴장관계에 있다고 볼 수 있다. 결국, 의도적으로 그렇게 구상된 한 권의 통일된 책으로 여겨지는 엘륄의 저서 전체에서, 이 책은 하나의 장에 해당하기보다, 어쩌면 엘륄이 자신의 사상을 쌓아 올리면서 그 사상을 견고히 떠받치기 위해 세운 받침대나 토대로 간주할 수 있다.

특히, 이 책을 번역하면서 가장 힘들었던 일은 수많은 난해한 언어학적 용어를 우리말로 정확히 옮기는 것이었고, 생략체로 된 수많은 문장의 의미를 문맥에 따라 정확히 파악하여 옮기는 것이었다. 더구나 엘륄이 언어학이나 성화상 문제와 관련하여 치열하게 전개하는 논쟁을 이해하고 따라잡는 일은 정말 만만치 않은 어려운 작업이었다. 따라서 우선 이 책의 전체 내용을 개략적으로 파악한다면, 이 어려운? 책을 읽어나가는데 상당한 도움이 될 것이다. 이런 이유로, 프레데릭 로뇽Frédéric Rognon 교수가 집필한 저서에 나오는 이 책과 관련된 부분을[13] 여기서 발췌하여

---

[13] Frédéric Rognon, Jacques Ellul, *Une pensée en dialogue*, Genève, Labor et Fides, 2007, pp.71-79

옮김으로써, 이 책의 주요 내용 및 이 책에서 엘륄이 주장하는 기본 논지를 소개하여 독자들이 이 책의 내용을 정확히 이해하는데 도움이 되고자 한다.

『굴욕당한 말』에서, 엘륄은 오늘날 이미지 사회에서 '말'의 위상에 대한 질문을 제기한다. 곧바로, 그는 '보기'와 '듣기'라는 두 가지 현상을 대립시킨다. 실제로, '보기'와 '듣기'는 엄밀히 반대되는 두 가지 작용이다. 이미지는 나의 행동을 결정짓는다. 또한 이미지는 엄밀하고, 강압적이며, 결정적이다. 특히, 이미지는 거리를 유지하며 비판할 수 있는 모든 여지를 없앤다. 직접성으로 특징지어지는 시각視覺은 즉각적이고 포괄적이기 때문에, 시간과 무관한 이미지를 우리에게 부여한다. 따라서 시각적인 것을 근거로 하는 지식은 불가피하게 단조롭고 논리적이며, 이런 지식은 변증법적일 수 없다. 이 때문에, 시각은 기술을 가능하게 하는 효율성의 수단이면서 세계 지배의 수단이다. 이미지는 자신이 이룬 업적 속에서 자기 모습을 비춰보는 인간의 거울에 해당한다. 정반대로, '말'은 시각적 인식에 시간을 받아들이게 한다. '말'은 지속을 전제로 하고, 우리를 시간성 속에 빠지게 한다. '말'이 표기表記를 통해 시각적 이미지로 변형되어 이처럼 공간 속으로 들어올 지라도, '말'은 순간적으로 결코 파

『자끄 엘륄, 대화의 사상』(2011, 대장간), pp.87–97.

악될 수 없다. '말'은 신비이고, 풀어야 할 수수께끼이며, 해석해야 할 텍스트이다. '말'은 우리로 하여금 오해와 의미 추구 속에서 한없이 살아가게 한다. 이미지와 달리, '말'은 강압적이지 않다. '말'은 듣는 자에게 자유의 여지를 남겨둔다. 그래서 듣는 자도 자유의 선물인 '말'을 사용하고 싶어진다. 시각은 명백함을 내게 제시하는 반면에, '말'은 명백함을 배제한다. '말'은 인간의 모호성을 직접적으로 설명하기 때문에, 역설적이다. 우리 현대 사회가 이미지를 우선시한다면, 이는 '현실'과 '진리'를 동일시하는 것이, 기술적인 지배권에 연결된 현대 사회의 주된 경향이 기 때문이다. 다시 말해, 우리로 하여금 '현실'을 '진리'라고 믿게 하는 것이, 현대 사회의 주된 경향이기 때문이다. 엘륄의 개념에 따르면, 확인할 수 있는 것에 해당하는 '현실'은 나를 둘러싸고 있는 세상이면서, 시각이라는 수단을 통해 내가 감지하는 세상이다. '진리'는 인간의 궁극적인 종착지와 관련되는 것이고, 인간 삶의 의미와 관련되는 것이다. 다시 말해, '진리'는 인간의 의미와 방향과 관련되는 것이다. '진리'는 인간 삶에 대해 인간에게 제기된 늘 열려 있는 질문이다. 그런데, 기술 사회는 확인할 수 있는 것 너머에는 아무 것도 없다고 우리를 설득하려 든다. 이미지는 '현실'로 국한된다. 반면에, '말'이 이미지처럼 '현실'과 관련될 수 있다면, '말'은 '진리'와 관계되는 유일한 것이 되고, 따라서 '말'은 '진리'를 전달할 수 있는 유일한 것이 된다. 물론, 인간은 '말'을 통해 거짓을 말할 수 있다. 하지만, '말'은 '진리'와의 관계를 인정하지 않을 때, 다시 말해, '말'이 '현실'만을 언급하려 들 때, '말'은 거짓이 된다. 이미지가 '말'을 능가하는 것은 바로 이 때이다. 우리 현대 사회의 상황은 그러하다. 이미지에 휩쓸려 우리는 '말'을 모욕했고, 따라서 '진리'를 모욕했던 것이다.

이어서 엘륄은 성서에서 이미지의 위상에 대해 관심을 갖는다. 성서의 처음부터 끝까지 '말'만이 문제된다는 것이다. 인간은 얼굴을 맞대고 하나님을 결코 바라볼 수 없다. 하나님은 계시의 유일한 방식인 자신의 '말' 가운데서만 나타나고 발견된다. 하나님은 '말'을 통해 창조하는데, 이 점은 창조가 시간성 속으로 들어오는 것을 의미한다. 또한 하나님이 "땅을 지배하라"는 명령을 인간에게 내렸을 때, 하나님은 인간이 하나님과 마찬가지의 존중과 사랑을 가지고 창조를 이끌어야 함을 암시한다. 다시 말해, 하나님은 인간이 하나님과 마찬가지의 수단, 곧 '말'로써 창조를 이끌어야 함을 암시한다. 창조주인 하나님은 해방자인 하나님이기도 하다. 하나님의 '말'은 자유의 표현이다. 왜냐하면 하나님의 '말'은 대화상대자가 말을 하면서 자신의 존재를 뚜렷이 나타내기를 대화상대자에게 촉구하기 때문이다. 이미지가 특별한 개인을 대상으로 하지 않는 반면, '말'은 관계를 드러내기 때문에, '말'은 이런 하나님이 사랑의 하나님이라는 것을 전제로 한다. 예수 자신도 모래 위에 한 번 글을 쓴 것을 제외하고 아무 것도 쓰지 않았다. 하지만, 그 여인을 자유롭게 한 것은 예수의 '말'이다. 예수는 아무 것도 보여주지 않고, 말하기만 한다. 또한 예수의 기적은 언제나 '말'을 통해 이루어진다. 요컨대, 성서는 모든 것을 '말'로 귀결시키고, 아무 것도 시각에 남겨두지 않는다. 즉, 성서 계시는 시각적인 모든 것에 근본적으로 반대된다. 시각은 그 자체로는 단죄되지 않는다. 그러나 하나님을 시각을 통해 포착하는 것이나, 혹은 사람들이 보는 바가 하나님일 수 있다고 주장하는 것은 있을 수 없는 일이다. 다시 말해, 이것은 '진리'가 '현실'이 되게 하는 것이고, '현실'을 '진리'로 삼는 것을 뜻한다. 성육신은 '진리'가 '현실'과 합쳐지고 '진리'가 '현실'을 완전히 꿰뚫는 이 지상 역사의 유일한 지점이다. 성육신이 완결되면, 우리는 '현실'이 '진리'가 아닌 우리의 인간 상황에 다시 놓인다. 하나님 안에서만 시각과 '말'은 결합된다. 하지만, '말'과 무관하게, 또한 '진리'와 관련된 시각과 무관하게 시각이 문제 되자마자, 하나님과 인간 사이에 단절이 일어난다. 가시적인 신들은 우상이며, 공포를 가라앉히는 이미지이다. 왜냐하면 이미지를 매개로 인간은 이런 신들에 대해 어떤 영향력을 갖기 때문이다. 따라서 시각은 특히 종교적 소외의 도구이다. 즉, 소유하기를 원하는 자는 소유 당하게 된다는 것이다. 우상은 '진리' 안에 존재하지 않지만, 우상을 만드는 자를 진정으로 소외시킨다! 비어 있는 방주, 비어 있는 성전, 비어 있는 무덤, 이 모든 소재는 하나님에 대한 우리의 표상을 뒤흔든다. 우리는 하나님의 행적과 활동을 볼 수 있지만, 활동

중인 하나님도 현존하는 하나님도 결코 볼 수 없다. 성화상 파괴운동은 더는 시사성이 있는 문제가 아니다. 왜냐하면 앞장에서 우리가 살펴보았 듯이, 예술작품은 더는 아무 것도 표현하지 않기 때문이다. 하지만, 다른 신들은 보여주는데 전념한다. 특히, 새로운 영적 삼위일체인 돈과 국가 와 기술인 이런 신들은, 완전히 가시적인 우상들 속에 나타나고, 단지 가 시적인 영역에 속할 따름이다. …

　엘륄은 기술 사회에서 이미지의 승리를 분명히 묘사한다. 기술 현상처 럼, 예전 사회의 상대적으로 드문 이미지와 우리 사회의 넘쳐나는 이미 지는 도저히 비교가 되지 않는다. 예전에는 대중에게 이미지가 생소했던 반면, 오늘날 이미지는 집단의 심리적 구조를 변화시킬 뿐 아니라, 집단 구성원 각자의 인격을 변화시키는 집단적인 힘이 된다. … 더욱이, 이미 지의 승승장구하는 발전을 통해, '말'의 퇴보가 초래된다. 모든 것은 구 경거리로 변화되고, 사회는 그 자체로 구경거리로 주어진다. 주된 변화 로 나타나는 것은, 이미지를 '현실' 자체보다 더 현실적으로 만드는 것이 다. … 만일 시각적 인식이 승리한다면, 이것은 시각적 인식의 유용성 때 문이다. 즉, 시각적 인식은 생각하는 것을 가로막고, 자기 혼자서 기억하 는 것을 가로막는다. … 오늘날 이미지는 이미지가 나타내는 것에 대한 증거이다. 즉, 우리는 사진을 사실과 동일시하고, '현실'과 동일시한다. 텔레비전은 이런 현대의 변화에서 엄청난 역할을 했다. 즉, 개인을 사회

속으로 통합하는 요인인 텔레비전은, 획일화하는 요인이면서 세상에 순응시키는 요인으로서 자체의 존재를 뚜렷이 나타낸다. 영화는 내 자신의 삶을 통한 '현실'에 대한 이해가 더는 아니라, 다른 사람에 의해 보여진 '현실'의 이미지에 대한 이해이다. 나의 시각은 나로 하여금 이런 이미지를 '현실' 자체로 간주하게 한다. 우리의 주의를 온통 사로잡고 우리를 매혹시키며 우리에게 환각을 일으키는 다양한 이미지는, 사회적 통제에 몹시 기여한다. 현재의 이미지의 승리는 기술의 발전과 본질적으로 연관될 수밖에 없다. 이미지와 기술 서로 간의 요구가 있고, 결국 이 둘 사이에 일종의 당연한 일치가 있다. 단지 그렇게 하는 것이 가능하기 때문에, 이미지의 과잉은 기술에 의해 강요된다. 부득이하게 사람들은 가능성으로부터 결과로 넘어간다. 기술 환경 속에 사는 인간은 모든 것이 시각화되기를 요구한다.

엘륄은 '말'이 굴욕당하는 영역들을 분석한다. 역설적으로, '말'에 대한 평가절하는 '말'을 과다하게 사용함으로써 유발된다. 어디든 퍼져있고 모든 것과 관계되는 정보의 과잉을 통해, '말'의 질은 떨어지고 피폐해졌으며, '말'은 수다가 되어버린다. 게다가, '말'은 말하는 사람이 진실할 때에만이 진실할 따름이다. 인간이 자신의 '말' 속에 있지 않으면, '말'은 소음이 된다는 것이다. 이미지와 기술이 쇄도하는 가운데서 오늘날 '말'이 내뱉어지는 상황 때문에, '말'은 역시 굴욕을 당했다. '말'이 수다쟁이에 의해 내뱉어질 때, '말'은 무의미해진다. 그렇다면 '말'이 시중을 드는 기술들 때문에 '말'이 도구가 되어버릴 때, 또한 '말'과 기술이라는 이 두 요인이 서로 결합할 때, '말'은 모든 가치를 상실한다! '말'에 대한 지식인들의 멸시가 기술전문가들의 멸시에 더해졌다. 여기서 특히, 엘륄은 구조주의 경향을 비판의 대상으로 삼는다. 구조주의 경향은 '담화'discours의 '시니피앙'signifiant을 과대평가하기 위해 '담화'의 의미에서 빗겨났는데, '시니피앙'은 과학적으로 관찰할 수 있고 분석할 수 있는 유일한 요소이다. 기술의 정신에 사로잡힌 구조주의자들은 언어를 기계로 만들어버렸다. 기술 사회에서는, 가장 덜 기술적인 실재인 '말'을 포함하여 모든 것이 기술적이 될 수밖에 없다. 마찬가지로, 엘륄은 '말'에 대한 마르크스주의적 접근에 대해서도 반대한다. 이런 마르크스주의적 접근은 말하는 사람이 속한 사회계층의 위치를 결정짓기만 하려고 언급된 것을 배제한다. '말'을 지배 이데올로기의 조작으로 국한시키는 것은, 바로 '말'에 대한 기계적이고 경직된 개념이다. 실제로, 화자話者가 언급했던 마찬가지의 정확함으로 청자聽者가 '말'을 받아들일 때에만이, '말'은 이데올로기를 재현할 수도 있을 것이다. 그런데, 청자는 해석하기만 할 따름이다. 따라서 청자는 언급된 것과는 전혀 다른 것을 받아들인다. 게다가, '말'은 혁명가들의 힘이었다. 왜냐하면 '말'은 '진리'와의 관계로 말미암아, 그 자체로 이미 혁명적이기 때문이다. 이와 같이, '말'을 증오하는 것은 부르주아 계급에게 본의 아니게 득이 되도록 행동하는 것이다. 왜냐하면 '말'을 증오하는 것은 지배 계급을 문제 삼는 유일한 힘을 고갈시키는 것이기 때문이다.

    이런 사회학적 분석을 마치고나서, 엘륄은 교회사에서 이미지와 '말'의 종교적 갈등을 살펴보려고 신학적 고찰로 되돌아온다. 이천년 전부터 조금씩 교회는 가시적이 되기를 원했고, 교회 자체가 이미지에 침범당하도록 내버려두었다. 사실상, 기독교 예술이 이미지를 통해 드러난 신비를 보여주려 했던 이상, 기독교 예술은 더는 기독교 예술이 아니었다. 효율성을 위하여 시각적인 것을 향해 모든 것의 방향을 설정하려는 갈망은, 중세와 그 이후의 온갖 잘못의 주된 원천이다. 교회 안에서 이미지는 급속히 인간에 대한 예찬이 되었다. 즉, 하나님의 영광을 위해 세워진 대성당은 만인이 인정하는 교회의 권세를 사실상 입증했다. 이와 같이, 세속화는 무엇보다도 시각적인 것의 우위 때문에 교회로부터, 또 교회 안에서 생겨났다. 교회가 가시적인 것과 권세와 효율성을 택했을 때, 현대 세상이 겪는 이미지의 급격한 확산은 그 근원이 교회 안에 있었다. 18세기부터 20세기의 반反기독교 운동들은 드러나는 특징을 단지 바꾸면서, 다시 말해 새로운 세속 종교를 교회에 맞서는 무기로 삼으면서, 정확히 같은 길을 따라간다. 그런데, 교회는 자체의 불충실함 때문에, 세속 종교의 성공에 잘 어울릴 것이다. 기독교 예배를 '가나안 종교'14)로 만드는 것이라고 엘륄이 규정하는 현재의 전례의식의 부흥에서 시각적 이미지의 승리를 통해, 우리는 비기독교적인 종교 세계로 들어온다. 인간은 '현실'을 신뢰하고, 모든 것은 가시적인 '현실'과 관련될 수밖에 없다. 그런데, 이런 시각화된 '현실'은 체험된 '현실'이 아니라, 대중매체를 통해 매개된 '현실'이다. 이미지는 이미지일 따름이기 때문에, 이것은 허구적인 '현실'이다. 체험된 '현실'은 더는 우리의 흥미를 끌지 않고, 우리는 이미지만을 신뢰한다. 하나님이나 혹은 부활을 시각적으로 나타내는 것이 불가능하기 때문에, 우리는 하나님이나 부활이 존재할 수 없다는 결론을 내린다. … 신앙은 하나님의 '말'로서 들려진 '말'만을 오직 근거로 하기 때문에, 이런 '말'에 대한 경멸과 방치는 하나님의 '말'에 대한 경멸과 방치를 불가피하게 의미한다.

엘륄은 이미지 사회에서 현대인의 상황 변화를 살펴보는 것을 통해, 사회학적 분석으로 되돌아온다. 서구인은 더는 듣지 않고, 모든 것이 서구인의 '시각'을 거쳐 지나가며, 서구인은 더는 말할 줄을 모르고 보여준다는 것이다. 이런 변화는 선택을 통해 이루어졌던 것이 아니라, 환경의

---

14) [역주] 성서적인 전통은 이미지를 배격하고 '말'에 집중하는데 반해, 구약성서에서 '가나안 종교'는 눈길을 끄는 아주 시각적인 연출로 특징지어진 이방 종교를 가리킨다. 기독교 예배를 '가나안 종교'로 만든다는 표현은, 구경거리를 지향하는 이교적 경향에 의한 예배나 교리문답의 오염을 언급하는 것이다.

변화를 통해 이루어졌다. 즉, 이미지의 소비가 기술 사회의 온갖 추상작용을 보상한다는 것이다. 다시 말해, 이미지의 소비가 우리로 하여금 모든 것을 단숨에 봄으로써 구체적인 것으로 돌아갈 수 있게 하고, 그리하여 우리 세상의 복잡성을 견딜 수 있게 한다는 것이다. 현대인의 어휘도 이미지의 우위로 말미암아 엄청나게 변화했다. 선전과 광고 때문에, 현대인의 핵심어는 시각적 재현에 종속된 단어이면서, 합리적인 모든 내용이 사라진 단어이면서, 매혹적인 세계 속에서 현대인을 둘러싸는 시각적 인식만을 단지 연상시키는 단어이다. 이미지에서 이미지로 뛰어다니면서도, 실제로 이것은 감정에서 감정으로 뛰어다니는 것이다. 이미지를 통해 사고하는 사람은 추론을 통해서나 분석적이고 논증적인 비판을 통해서는 점점 더 사고할 수 없다. …

상당히 난해한 이런 여러 분석과정의 막바지에서, 『굴욕당한 말』은 '말'과 이미지 사이에 가능한 화해, 따라서 '진리'와 '현실' 사이에 가능한 화해를 향한 제안으로 마무리된다. 현대인이 '진리'를 '현실'로 귀착시켰다면, 사실상 현대인은 허구적이고 가장되고 조작된 '현실'을 신뢰하는데, 이제부터 이런 현실은 자체의 유일한 가시적인 세계인 이미지 세계를 수립한다. 따라서 해결책은 기술 사회의 외부에서만 발견될 수 있는데, 즉 종말론적인 약속 안에서만 발견될 수 있다. "마음이 깨끗한 사람들은 복이 있다. 왜냐하면 그들은 하나님을 볼 것이기 때문이다."는 팔복의 약속에 따라, 말세에 우리는 '진리'와 '현실'의 충만함 속에서 하나님을 볼 수 있을 것이다. 그런데, "믿음은 바라는 것들에 대한 확신이며, 보이지 않는 것들에 대한 확증이다."라고 히브리서 저자가 들려주듯이, 최종적인 화해는 이제부터 신앙과 소망 속에서 체험될 수 있다. 이처럼 화해는 약속되고 얻어진다. 우리가 우리의 길을 찾아내야 하는 것은, 이런 확실한 화해로부터이다. 따라서 지고한 '말'에 대한 이런 재발견은, 이제 모욕을 당할 차례인 이미지에 대항하여 행해질 수 없다. 종말이 이미 왔다고 주장하는 것은 생각할 수 없는 일이다. 또한 우리 자신의 수단을 통해 지금 여기서 의도적이고 자의적인 방식으로 이런 화해를 만들어내면서, 종말을 현실화하는 것도 생각할 수 없는 일이다. 우리 신앙에 대한 성화상 파괴적인 태도를 취하는 것이 중요하다. 이것은 모든 점에서 고대 우상들과 비교할 만한 '시청각'이라는 끔찍한 비인간적 병기兵器에 대해 반드시 필요한 성화상 파괴운동이다. 반드시 필요한 성화상 파괴운동의 두 번째 영역은, 궁극적 이유로서 컴퓨터에 대한 거부이다. 이것은 결국 과학을 인정하지 않는 것이 아니라, 과학의 배타적이고 단순화하는 의도를 인정하지 않는 것이다. '말'과 이미지 사이에 화해를 준비하기 위해, 또한 말세를 위해서만 우리에게 약속된 '진리'와 '현실' 사이에 화해를 준비하기 위해, 이미지를 그 자체의 기능으로 돌려놓은 것, 다시 말해 이미지 숭배에 반대하여 성화상 파괴 행동을 전개하는 것은 우리의 일이다.

끝으로, 이 책의 한국어판 서문을 쓰고 이 책을 번역하는데 정말 많은 도움을 준 프랑스 스트라스부르Strasbourg 대학교 개신교 신학대학 프레데릭 로뇽 교수에게 진심으로 감사드린다. 아울러 이 책이 완성되기까지 조언과 검토에 힘써 준 도서출판 대장간 배용하 대표에게도 감사를 드린다.

2014년 1월 이상민

한국어판 서문

『굴욕당한 말』*La parole humiliée* 의 한국어 번역작업은 자끄 엘륄이 이미 예견했던 점을 확인시켜줄 따름인 사건이다. 즉, 세계 전체로 기술 사회의 확산은 돌이킬 수 없고, 세계의 어떠한 지역도 기술 사회의 확산을 피하지 못할 것이라는 점이다. 또한 이 변화의 주된 양상 중 하나는 이미지의 지배와 '말'의 후퇴이다. 그리스도인 역시 자신의 신앙을 키워주는 것을 살펴보기 위해, 이 점이 의미하는 바를 판단해 볼 필요가 있다. 즉, 인간의 '말' 너머에 하나님의 '말'이 있다는 것이다. 그런데, 대한민국은 새로운 통신기술 분야에서 발전의 첨단에 있는 동시에, 특히 개신교 교회의 역동성으로 특징지어 진다. 따라서 32년이나 오래 된 책이기는 하지만, 이 책의 한국어 번역 출판은 시기적절한 듯이 보인다.

『굴욕당한 말』이 1981년에 출판되었을 때, 프랑스는 3개의 국영 텔레비전 방송 채널 체제를 따르고 있었다. 방송 전파를 자유화하여 텔레비전 채널의 확산이라는 판도라 상자를 연 것은, 그 해 대통령으로 선출된 프랑수아 미떼랑François Mitterrand이다. 몇 년 만에 프랑스 사회는 진정한 바벨탑이 되어 버렸다. 온갖 종류의 이미지가 어디서든 밀어닥쳤다. 역설적으로, 통신의 급증을 역시 이용하는 '말들'은 너무도 증가한 나머지, 끊임없는 수다와 허튼 소리와 소음이 되어버렸다. 이미지와 쓸데없는 '말들'에 의해 '말'이 굴욕당한 것이다.

사람들은 극히 소수의 위치에 있는 프랑스 개신교가 어떤 대담함을 간혹 허용한다거나, 궁지에 빠진 '구경거리 사회'에 대해 비판적인 어떤 책을 호의적으로 받아들인다거나 하는 점을 기대할 수도 있었을 것이다. 하지만, 그런 것은 아무 것도 없었다. 자끄 엘륄은 자기 자신의 가족 가운데서도 영원히 이해되지 않는 존재로 남아 있었다.15) "아무도 자기 고향에서는 선지자가 되지 못한다."는 것이다. 우리 기술 사회가 나아가는 온갖 방향을 살펴볼 때, 그의 견해가 옳았음이 드러나는 듯이 보인다. 그럼에도 그가 죽은 지 약 20년이 되는 최근 몇 년에 이르러서야, 아마도 그가 너무 때 이른 직관을 단지 지녔다는 점이 마침내 인정된다.16) 20세기에서 길을 잃은 21세기의 사상가 자끄 엘륄은 너무 일찍 올바른 판단을 한 잘못을 저질렀을 뿐이다.17)

『굴욕당한 말』은 '보기'voir와 '듣기'entendre가 엄밀히 반대되는 두 작용

---

15) 레미 헤브딩(Rémy Hebding)의 『개신교와 의사소통. 매혹 혹은 합일?』*Le protestantisme et la communication. Fascination ou communion?* (Genève, Labor et Fides, coll. Protestantisme, 2003), 96쪽 참조.
16) 장 뤽 뽀르께(Jean Luc Porquet)의 『(거의) 모든 것을 예견했던 사람, 자끄 엘륄. 핵, 나노공학, 유전자변형, 선전, 테러…』*Jacques Ellul, l'homme qui avait (presque) tout prévu. Nucléaire, nanotechnologies, OGM, propagande, terrorsime…* (Paris, Le Cherche midi éditeur, coll. Documents, 2003^1, 2012^2) 에서 특히 215-226 쪽 참조. 프레데릭 로뇽(Frédéric Rognon)의 "정치적인 것에 의해 굴욕당한 말"La parole humiliée par le politique (in Foi et Vie, volume CXI, n^{0}1, mars 2012) 에서 5-20 쪽 참조.
17) [역주] 여기서 필자는 엘륄이 살아 있을 때 그의 저작이 프랑스 내에서 제대로 인정받지 못하다가 최근에 와서야 인정받고 조명되기 시작하는 점을 지적하고 있다. 특히, 프랑스에서 최근에 엘륄 사상과 관련된 저서와 논문이 계속 나오면서 엘륄 사상에 대한 연구가 활기를 띨 뿐 아니라, 서점에서도 엘륄의 저서 및 엘륄 관련 저서가 점점 더 많이 등장하는 현상은 엘륄 사상에 대한 관심이 커져 가고 있음을 나타낸다고 볼 수 있다.

임을 보여준다. 이미지는 나의 행동을 결정짓는다. 또한 이미지는 엄밀하고 강제적이며 돌이킬 수 없다. 특히, 이미지는 일정한 거리를 두고 행하는 모든 비판을 없애버린다. 시각적인 것에 토대를 둔 인식은 변증법적일 수 없다. 이 때문에 시각視覺은 기술을 가능하게 하는 효율성의 수단이고, 세계 지배의 수단이다. 정반대로, '말'은 지속을 전제로 하고, 시간성 속에 우리를 집어넣는다. '말'은 풀어야 할 수수께끼이며, 해석해야 할 텍스트이다. 그리고 '말'은 우리로 하여금 오해와 양면성 속에서, 또한 의미의 추구 속에서 한없이 살아가게 한다. 이미지와 달리, '말'은 위압적이지 않고, 듣는 사람에게 자유의 여백 전체를 남겨둔다. 이미지는 나에게 명백함을 부여하는 반면에, '말'은 명백함을 배제한다. '말'은 인간의 모호함을 해명하기 때문에 역설적이다.

우리 현대 사회가 이미지를 중시한다면, 그것은 기술적인 지배권에 연결된 이미지의 주된 유혹이 **현실**과 **진리**를 동일시하는데 있기 때문이다. 우리는 거기서 엘륄 사상의 두 가지 중심 개념을 다시 발견한다. 즉, "**현실**"은 확인할 수 있는 것이고, 나를 둘러싸는 세상이며, 내가 시각 기관을 통해 감지하는 세상이다. "**진리**"는 인간의 궁극 목적지와 삶의 방향과 관계되는 것이다. 다시 말해, **진리**는 인간의 의미와 인간의 방향설정과 관계되는 것이다. **진리**는 인간의 삶에 대해 인간에게 제기된 늘 열려 있는 질문이다. 그런데, 기술 사회는 확인할 수 있는 것 너머에는 아무 것도 없다고 우리를 설득하려 든다. '말'이 이미지를 본 따서 **현실**과 관계될 수 있다면, '말'은 **진리**와 관련되는 유일한 것이 되고, 따라서 **진리**를 전달할 수 있는 유일한 것이 된다. 이러한 반면에 이미지는 **현실**로 귀착된다.

  그렇지만 사람들은 이미지와 '말' 사이에 이런 긴장만을 『굴욕당한 말』로부터 너무 자주 받아들였다. 이미지는 인간 실존의 순전히 '감정적인 영역'registre émotionnel을 조장하는 경향이 있으며, 인간을 매혹하고 매료시킨다. 이 때문에 이미지는 힘과 도구적 효율성에 대한 현대인의 우상숭배적인 열정을 단지 북돋운다. 이와 반대로, '말'은 기록된 것이든 구두口頭로 표현된 것이든 사고력을 촉진하고, 거리를 유지할 수 있게 하며, 일정한 거리를 두고 행해지는 비판을 확고하게 하고, 분별력으로 이끈다. 하지만, 지나치게 단순한 이런 이분법에서 벗어나, 엘륄은 훨씬 더 복잡한 상황을 설명한다. '말'과 이미지의 양극성만이 유일하게 문제되는 것은 아니다. '말'의 굴욕은 기술 사회에서 이미지의 승리에서만 기인하는 것이 아니라, '말' 그 자체 안에서 타락에서도 기인한다. 왜냐하면 인간은 '말'을 통해 거짓말을 할 수 있기 때문이다. '말'만이 **진리**가 될 수 있을지라도, '말'이 항상 진실한 것은 아니다. '말'이 **진리**와의 관계를 인정하지 않을 때, 다시 말해 '말'이 **진리** 외에 다른 것을 더는 아무 것도 말하려 하지 않을 때, '말'은 거짓이 된다. 즉, '말'이 이미지에 의해 재빨리 추월당하는 것은 바로 그 때이다. 그런데, 기술 사회는 **진리**를 **현실**로 깎아 내리는 경향이 있는데, 이로부터 이미지의 우위가 생겨날 뿐 아니라 '말'의 파열이 일어난다. 우리 실존의 가장 덜 기술적인 요소인 '말'을 포함하여 모든 것이 기술적이 된다. 현대의 우리 상황은 이러하다. 즉, 이미지로 뒤범벅이 되어 우리는 '말'을 굴종시켰고, 따라서 **진리**를 굴종시켰다.

도대체 이런 굴욕을 매개하는 것들은 무엇인가? 한편으로, 쓸데없는 '말들'의 과도함이고, 모든 메시지를 무의미와 즉각적인 무가치로 귀착시키는 정보의 홍수이다. 다른 한편으로, 개인 상호간의 교류를 메마르게 하는 수다와 "허튼 소리"이다. 이 때문에, '말'은 언어 자체 뒤로 사라진다. 즉, "언어가 '말'을 완전히 물리치고 승리했다."18)고 엘륄은 우리에게 언급한다. 이것은 결국 화자話者가 자신의 언어 표현 속에 자리 잡기를 망각하는 잘못을 저지르는 일이다. 즉, "인간이 자신의 '말' 속에 있지 않으면, '말'은 소음이 된다."19)는 것이다.

이 책에서 엘륄의 중심 주제는 그러하다. '말'과 이미지 사이에 가능한 약속된 화해를 살펴보기 전에, 성서와 교회사와 기술 사회 자체에서 '말'과 이미지가 각각 지닌 위치에 대한 예리한 분석과 더불어 이 주제는 지속된다. 왜냐하면 엘륄의 모든 저서에서처럼 엘륄의 특히 신랄한 비판

---

18) Jacques Ellul, *La parole humiliée*, Seuil, 1981, p.217. (『굴욕당한 말』(대장간, 2014) p.357.)
19) Jacques Ellul, *La parole humiliée*, Seuil, 1981, p.175. (『굴욕당한 말』(대장간, 2014) p.294.)

주의가 결국 '소망'espérance으로 귀착되기 때문이다. 하지만, '말'과 이미지 사이에 화해, 더 근본적으로 **진리**와 **현실** 사이에 화해는 기술 사회 외부에서만, 즉 종말론적 약속 속에서만 자리 잡을 수 있다. 말세에 우리는 **진리**와 **현실**의 충만함 속에서 하나님을 볼 수 있을 것이다. 그런데, 최종적인 화해는 신앙과 소망 속에서 이제부터 체험될 수 있다. 그런데 이 문제는 종말이 이미 거기 있다고 주장하는 것도 아니고, 우리 자신의 수단으로 이 화해를 여기서 받아들이게 하면서 종말론을 현실화하는 것도 아니다. 따라서 성화상 파괴적인 태도를 취하는 것이 중요하다. 즉, "이것은 모든 점에서 고대 우상들과 비교할 만한 시청각이라는 끔찍한 비인간적 병기兵器에 대해 반드시 필요한 성화상 파괴운동인데, 고대 우상들에 있어 인신제사는 고대 우상들의 드러난 진리의 조건이었다."[20]는 것이다. 이 책이 집필된 지 32년이 지났더라도, 엘륄의 직관을 확인시켜줄 따름인 것은 바로 다음 같은 사실이다. 즉, 우리의 일상 공간을 가득 채우는 화면들이면서, 이 화면들을 위해 우리의 삶과 시간과 관계와 창의성과 관조 능력을 바치는 화면들이 급증한다는 사실이다.

따라서 궁지에 빠진 우상숭배적인 우리 기술 사회에 대한 해결책은 영적이면서도 윤리적이다. 즉, 이 해결책은 엘륄이 다른 저서들에서 길게 논거를 펼쳤던 '자유의 윤리' 속에 있다. '자유의 윤리'의 핵심은 기술적

---

20) Jacques Ellul, *La parole humiliée*, Seuil, 1981, p.198. (『굴욕당한 말』(대장간, 2014) p.456).

인 우상에 대한 신성모독의 태도로 표현된다. 이것은 모든 기술을 거부하는 것이 아니라, 우리에게 유용한 모든 기술을 우리의 숭배를 전혀 받지도 않고 나머지 모든 것을 희생시키지도 않는 도구들의 위치로 되돌려 놓은 것이다. 마찬가지로, 문제는 이제부터 우리의 일상을 차지하는 모든 이미지들을 회피하는 것이 아니라, 이 이미지들의 편협하고 단순화하는 요구에 의문을 제기하는 것이다. 말세에 있어서만 약속된 '말'과 이미지 사이에 화해, 그리고 진리와 현실 사이에 화해에 대처하기 위해, 이미지를 이미지의 기능으로 귀착시키는 것은 우리의 일이다. 다시 말해, 이미지에 대한 숭배에 반대하여 성화상 파괴적인 행동을 전개하는 것은 우리의 일이다. 특히, '말'에 완전히 자리 잡음으로써 '말'의 명예를 회복시키는 것도 우리의 일이다.

프레데릭 로뇽-Frédéric Rognon21)

---

21) 스트라스부르(Strasbourg) 대학교 개신교 신학대학 철학교수. 『자끄 엘륄, 대화의 사상』 *Jacques Ellul, Une pensée en dialogue* (Genève, Labor et Fides, coll. Le Champ éthique n⁰48, 2007¹, 2013²) (2011, 대장간 역간), 『엘륄 세대. 자끄 엘륄 사상의 60명의 후계자』*Génération Jacques Ellul. Soixante héritiers de la pensée de Jacques Ellul* (Genève, Labor et Fides, 2012) 의 저자.

서론 · 지나친 단순화

'성상적聖像的인 표현'에 대한 어떠한 학문적 연구도, '연사론'22)이나 '메타언어'23)에 대한 어떠한 학문적 연구도 여기서 시도하지 않을 것이다. 나는 학문을 진척시키려는 것이 아니다. 하지만, 나의 각 저서에서 그러하듯이, 나는 내가 사는 이 세상에 홀로 맞서려 하고 이 세상을 이해하려 애쓰며, 내가 체험하지만, 전혀 확인할 수 없는 다른 '현실'24)과 이

---

22) [역주] '연사론連辭論'(syntagmatique). 동사 군群, 명사 군, 전치사 군 등과 같이 문장의 서열에서 기능적 단위를 이루며 차례대로 잇따르는 단어 군과 연사連辭에 대한 연구를 가리킨다.
23) [역주] '메타언어'(métalangage). 어떤 언어를 기술하기 위해 사용되는 언어를 가리키는 '메타언어'는 이 세상 저 너머에 있는 하나님의 말을 의미하기도 한다
24) [역주] '현실'(réalité). 역자는 엘륄의 저서 『기술 체계』 Système technicien 를 번역한 책의 [역주]에서 (『기술 체계』, 2013, 대장간 역간, p.49), 엘륄의 거의 모든 저서에서 등장하는 'réalité'와 'réel'이라는 표현을 구분하여 'réalité'를 '실재實在'로, 'réel'을 '현실'로 옮기는 게 타당하다고 다음 같은 근거를 들어 설명한 적이 있다. 우선, 우리말의 정의를 살펴보면, '실재'는 실제로 존재하는 사물, 사상事象(어떤 사정 밑에서 일어나는 일. 사건이나 사실의 현상), 사유 혹은 체험, 인식 주체 혹은 주관으로부터 독립하여 객관적으로 존재하는 것을 가리킨다. 그리고 '현실'은 현재 사실로서 존재하고 있는 일이나 상태, 사유思惟의 대상인 객관적이고도 구체적인 존재 또는 가능적 존재에 대한 현재顯在적 존재를 가리킨다. 엘륄은 자신의 저서 『잊혀진 소망』 L'espérance oubliée 에서 (『잊혀진 소망』, 2009, 대장간 역간, pp.382-384), 사회 집단과 그 집단의 역사에 대한 이해를 위해서는 세 가지 가능한 측면이 있다고 설명한다. 하나는 피상성의 측면으로서 사건과 '현실'(réel)과 인물에 집착하는 것이다. 그 다른 극단에 있는 세 번째 측면은 아주 심한 추상의 측면으로서, 여기서는 모든 것이 비슷하게 될 정도로 깊이 '실재'(réalité)가 파악되고, 국가와 그 형태에 대해 권력의 현상으로만 기억된다. 그러나 그 둘 사이, 즉 사건들 아래에 있고 근본적인 불변 요소들 위에 있는 '중간 영역'이 존재한다. 진정으로 역사를 이루고 시대나 혹은 체제를 특별한 방식으로 만들어내는 일시적인 구조와 운동과 규칙성이 있다는 것이다. 엘륄은 이에 대한 비유를 하기 위해 대양을 예로 든다. 대양의 표면에는 파도가 있고 바람에 의해 일으켜진 찰랑거림이 있다. 분명히 이것들만이 중대한 것일 수도 있고 배를 파선시킬 수도 있다. 그러나 이것들은 피상적인 현상이고, 심연 속에는 무덤 같은 부동不動상태가 있다. 이 둘 사이에는 흐름, 조류, 토대의 변화, 사구의 형성과 변형이 있다는 것이다. 따라서 '실재'와 '현실'에 대한 우리말의 정의 및 위와 같은 엘륄의 설명에 따르면, 우리를 직접 둘러싸고 있는 '현실'은 우리가 실제로 대하고 겪는 피상적이고 표면적인 사건이나 현상에 해당하지만, 이

세상을 마주시키려 한다. 또한 가장 단순한 수준의 일상적인 경험에 위치하고자 하며, 비판적인 방어수단도 없이 무언가를 제시하고자 한다. 나는 평범한 사람이다. 그리고 나는 학문을 시도하려 하지 않으면서, 누구나 체험하는 것을 언급한다. 나는 느끼고 듣고 바라본다.

이제 이미지는 우리의 감성과 지성과 이데올로기의 일용 양식이다. 이미지라고? 즉시 이 단어가 지닌 여러 측면이 구분된다. 왜 '언어적 이미지' image verbale 는 내가 눈으로 볼 수 있는 이미지와 마찬가지가 아닌 걸까? '정신적 이미지' image mentale 는 내가 구사하는 '담화'25)를 통해서만 나

와 달리 '실재'는 이 '현실' 아래에 위치하면서 피상적이고 표면적인 사건이나 현상의 토대와 원인에 해당하는 것이라 볼 수 있다. 또한 『세상속의 그리스도인』Présence au monde moderne 의 서문에서 (『세상속의 그리스도인』, 2010, 대장간 역간, p.22), 베르나르 로르도르프(Bernard Rordorf)가 지적하듯이, 엘륄은 인간이 '현실'(réel)에서 감지하고 겪는 '물질적 실재'(réalité matérielle)의 배후에 존재하면서 '물질적 실재'를 좌우하고 결정짓는 것을 '영적 실재'(réalité spirituelle)로 본다. 따라서 엘륄은 사회학자들이 하듯 세상을 단순히 묘사하기 위함이 아니라 세상의 '영적 실재'를 지적하려고, 기술, 돈, 국가, 도시와 같은 현상을 분석하면서 우리 세상의 '현실'(réel)을 파악하는데 전념한다. 또한 그는 이 현상들에 의해 우리 사회가 끌려가는 방향을 자세히 설명하려고 애쓰면서, 이 현상들이 종속된 숨겨진 논리에 관심을 집중한다. 또한 엘륄은 사회적, 정치적, 경제적 분야에서 세상을 특징짓는 것은 바로 세상이 거짓 문제들을 제기한다는 점을 지적한다. 따라서 '영적 실재' 속에서 발버둥치는 인간은 '영적 실재'를 스스로 볼 능력이 없으며, 사회적, 정치적, 경제적 문제의 겉모습만을 볼 따름이라는 것이다. 이 같은 근거로 역자는 엘륄의 저서에서 'réalité'와 'réel'을 구분하여 옮기는 게 타당하다고 주장한 것이지만, 이 책 『굴욕당한 말』에서 엘륄은 'réalité'와 'réel'을 혼용하면서 이 두 표현을 거의 동의어처럼 쓰고 있기 때문에, 이 두 표현을 구분하여 옮기기가 실제로 어렵다. 따라서 이 두 표현을 구분하여 옮기는 것이 독자에게 오히려 혼란을 줄 수 있다는 판단에서, 이 책에서는 'réalité'를 'réel'의 동의어로 간주하여 '현실'로 주로 옮기기로 한다. 하지만, 문맥에 따라 'réalité'를 '실재'로 옮겨야 할 경우, 'réalité'를 'réel'과 구분하여 '실재'로 옮기기로 한다. 한 가지 더 짚고 넘어가야 할 것은, 이 책의 1부 「보기」와 「듣기」의 3장 서두에서 엘륄이 '실재'(réalité)를 '진리'(vérité)와 대립시키고, '현실'(réel)을 '진실'(vrai)과 대립시킨다는 점이다. 물론, '진리'와 '진실'이라는 개념을 구분하기 위해서는 철학적인 장황한 설명이 필요하겠지만, 일단 여기서는 이러한 설명을 생략하고 단지 '진리'와 '진실'에 대한 사전적인 개념만 살펴보고 넘어가기로 한다. 참된 이치나 혹은 참된 도리를 가리키는 '진리'는 논리학에서 명제가 사실에 정확하게 들어맞거나 혹은 논리의 법칙에 모순되지 아니하는 바른 판단을 나타내고, 형식적 의미로 사유의 법칙에 맞는다는 의미에서의 사고의 정당함을 의미한다. 또한 철학에서 '진리'는 언제 어디서나 누구든지 승인할 수 있는 보편적인 법칙이나 사실을 가리킨다. 반면에 '진실'은 거짓이 없는 사실을 가리키고, 마음에 거짓이 없이 순수하고 바름을 의미한다. 따라서 '진실'이라는 개념과 비교해 볼 때 '진리'라는 개념은 변하지 않는 영원한 것에 더 해당한다고 볼 수 있다. 하지만, '실재'(réalité)와 '현실'(réel)이 동의어로 간주되면, 이 두 표현에 각각 대립되는 '진리'(vérité)와 '진실'(vrai)을 구분하는 것도 의미가 없으므로, 'vrai'도 'vérité'의 동의어로 간주하여 '진리'로 옮기기로 한다.

25) [역주] '담화談話' (discours). 프랑스어 'discours'는 '이야기, 담화, 담론談論, 진술陳述, 연

타날 수 있다. 이미지는 상상적인 것을 북돋우고, 상상적인 것에 의해 유발되며, 상상적인 것과 떼어놓을 수 없다. 하지만, 여기서 나는 '보기'voir와 '듣기'entendre의 아주 단순한 대립 및 '주어진 볼거리'donner àvoir와 '말하기'parler의 단순한 대립에서 더 나아가지 않겠다. 나는 정돈된 이미지들이 하나의 '언어'26)를 구성한다는 점을 잘 알고, 이러한 구성에 어울리는 것이 단지 '말'27)뿐만이 아니라는 점을 잘 안다. 하지만, 현대의 모든 지식과 반대로, 여기서 나는 언어를 몸짓과 무언극과 영화로부터 떼어놓으면서, '말'을 위해 '언어'라는 단어를 유지할 것이다. 이는 어떤 기정방침인가? 물론이다! 그런데 이것은 혼동과 복잡함과 오해가 가득한 분야에서

설' 등을 의미하는데, 이 책에서는 주로 '담화'로 옮기기로 한다. 하지만, 예를 들어, '정치적 담론' (discours politique)이나 '과학적 담론' (discours scientifique) 등과 같이 이 표현 앞에 직접적인 수식어가 붙을 때는 '담론'으로 옮기기로 한다. '담화'는 연계된 상태에 있는 '언표言表 (énoncée) 행위로서, '일정한 사실을 자세히 말하는 것'이나 '사고나 추론을 표현하는 것'을 나타낸다.

26) [역주] 프랑스어에서 '언어'에 해당하는 표현으로 '랑그'(langue)와 '랑가쥬'(langage)가 있는데, 이 둘 사이에 의미상 차이가 있다. 일반적으로 '랑그'(langue)는 인간의 어떤 집단이나 공동체가 공유하는 '랑가쥬'(langage)를 가리키거나, '담화'(discours)나 '말'(parole)에 대립된 잠재적인 표현 체계를 가리킨다. 반면에 '랑가쥬'(langage)는 사고의 표현과 인간 사이에 의사소통에 필요한 음성 기호체계나 혹은 철자 체계를 가리킨다. 더 넓은 의미로 '랑가쥬'(langage)는 몸짓이나 기호로써 이루어지는 표현 수단을 가리키기도 하고, 심지어 동물에 고유한 의사소통 체계를 가리키기도 한다. 특히, 언어학자 소쉬르(Ferdinand de Saussure)는 인간 언어의 총체 중에서 언어학의 연구 대상에 속하는 측면을 '랑그'(langue)라 하고, 직접 경험 관찰할 수 있는 연구 재료로서의 언어 현상을 '빠롤'(parole)이라 규정한다. 이 책에서 엘륄은 '랑그'(langue)와 '랑가쥬'(langage)를 구분하는 듯이 보이다가도, 어떤 경우에는 이 둘을 혼용해서 쓰는 경우가 있다. 따라서 이 책에서는 두 표현을 따로 구분하지 않고 '언어'로 통일해서 옮기기로 한다. '빠롤'(parole)이란 표현도 소쉬르적인 용어를 따라 '빠롤'로 옮길 수 있지만, 일반적인 표현인 '말'로 옮기기로 한다. 소쉬르가 규정한 '랑그'와 '빠롤'이란 개념은 현대 언어학의 주요 토대 중 하나이므로, 이에 대해 좀 더 설명할 필요가 있다. 소쉬르에 의하면, 언어활동이란 모든 인간에게 공통된 특성으로서 인간의 상징화하는 능력에 속하며 '랑그'와 '빠롤'(parole)이라는 두 구성인자를 제시한다. 개개의 '랑그'(langue)는 그 '랑그'(langue)의 화자 전체에 공통적인 함축적 문법 체계를 제시하는데, 소쉬르가 '랑그'(langue)라고 부른 것은 바로 이 체계이며, 개인적 다양성에 속하는 것은 '빠롤'(parole)이다. 따라서 '랑그'란 사회적 산물이면서 공동체의 구성원이 의사소통을 하고자 한다면 거기에 온통 복종해야 하는 집단적 계약인 반면에, '빠롤'(parole)이란 언어활동의 개인적 구성인자로서 의지와 지성의 행위로 규정된다.

27) [역주] '말'(parole). 일반적으로 인간에게 고유한 말하는 능력을 가리키는데, 한 개인이 언어를 가지고 행하는 발화發話 행위 및 언어의 구체적인 사용을 나타낸다. 엘륄의 저서에 있어 소문자로 쓰인 'parole'은 일반적인 인간의 말을 나타내고, 대문자로 쓰인 'Parole'은 '하나님의 말'을 주로 나타내는 듯이 보이는데, 이 역시 일관성 있게 쓰이는 것은 아니다.

어떤 명확함을 재정립하려는 의도이다. 나는 '영화 언어'가 존재한다는 것을 잘 안다! 그러나 이미지의 이러한 연속이 문장 배열방식과 같지 않다는 점을 사람들은 너무 쉽게 잊어버린다. 언어로부터 빠져나오기 위해 언어를 규정하는 것으로도 충분하지 않고, 기호체계와 '시니피앙'28)과 '연사連辭'29)와 '기호학'30)에 대해 언급하는 것으로도 충분하지 않다. 단순한 '자료'donnée와 상식과 평범함으로부터 항상 다시 출발해야 한다. 왜냐하면 사람들이 그것을 알든 모르던 간에, 또 그것을 원하든 원하지 않던 간에, "평범한 속박에 따르듯이 평범한 진리에 따라 각자는 자신의 밀을 찧고 자신의 빵을 굽기" 때문이다. 그러면 '듣기'와 '말하기'는? 하지만, 나는 '말'과 다른 것을 분명히 듣는다. 이것은 소음과 음악이다. 이 본

---

28) [역주] '시니피앙'(signifiant). 언어학자 소쉬르(Saussure)의 용어로서 '시니피앙'은 기호의 청각 영상을 의미하고, 이와 대립되는 '시니피에'(signifié)는 기호가 내포하는 개념이다. 따라서 우리말로 '시니피앙'은 '기표記表'로 옮길 수 있고, '시니피에'는 '기의記意'로 옮길 수 있다.

29) [역주] '연사連辭'(synatagme). '구句'라고 하기도 한다. 예를 들어, 프랑스어 'très vite'(매우 빨리)는 부사처럼 기능하는 '부사적 연사'(synatagme adverbial) 혹은 '부사구'로서 'vite'(빨리)라는 부사가 중심인 연사이고, 프랑스어 'très bon'(매우 좋은)은 형용사처럼 기능하는 '형용사적 연사'(synatagme adverbial) 혹은 '형용사구'로서 'bon'(좋은)이라는 형용사가 중심인 연사이다.

30) [역주] '기호학'(sémiotique, sémiologie). 일반적으로 기호체계와 의미의 사회적 생산에 관한 연구를 가리킨다. 스위스 언어학자 소쉬르(Ferdinand de Saussure)는 자신의 저서 『일반 언어학 강의』Cours de Linguistique Générale 에서 기호학을 '사회 내에서 기호들의 삶을 연구하는 과학'이라고 정의한다. 이러한 정의는 1960년대에 기호학의 확산에 기여한 프랑스 구조주의자 롤랑 바르뜨(Roland Barthes)에 의해서도 원칙적으로 채택된다. 모든 사회적 삶은 언어에 의해 매개되고, 언어는 '기호'(signe)와 '표상'(représentation)의 체계로서 '코드'(code)로 배열되고 다양한 '담화'(discours)를 통해 드러난다는 것이다. 기호학자들에 의하면, 기호체계에는 아무런 고정된 의미도 없으며, 기호체계에 대한 지각은 참여자의 사회적 상황과 참여자 사이의 상호작용에 의해 결정된다. 따라서 기호학은 기호 그 자체, 기호가 조직화되는 코드와 체계, 그리고 이런 코드와 기호가 작용하는 문화를 연구하는 학문이다. 기호학은 처음에는 주로 의미체계가 어떻게 텍스트를 통해 의미를 창출하는가를 분석하는데 바쳐지고 그만큼 텍스트 중심으로 전개된다. 그러나 기호학이 발전해 감에 따라, 텍스트라는 자료에 대한 관심보다는 상호작용적인 방법으로 의미가 파악되고 창출되는데 있어 텍스트를 해독하는 자가 하는 역할에 보다 많은 관심이 주어진다. 바로 이와 관련하여 텍스트의 해독 과정 및 텍스트를 해독하는 자의 이데올로기와의 연결에 관해 특별한 관심이 모아지기도 한다. 기호학은 다음 같이 세 영역으로 나누어지기도 하는데, 기호와 기호 간의 상호관계에 관한 이론체계나 연구 분야인 '통사론'(syntaxe), 기호와 그 대상물인 사물과의 관계에 관한 이론체계나 연구 분야인 '의미론'(sémantique), 기호와 그 사용자인 인간 혹은 사용자의 행동에 관한 이론체계인 '화용론'(pragmatique) 등이다.

질적인 소음은 의사소통을 방해한다. 이 소음으로부터 질서가 생겨나기도 하고, 의미를 위한 소음에 대한 거부가 생겨나기도 한다. 또한 음악은 아마도 이미지일 수 있다. 그리고 역으로 '말'이 기록될 수 있듯이, 음악은 우리 안에 이미지가 솟아오르게 한다. '표기'31)는 '시각적인 것'32)에 속하고, 사람들은 이 '말'을 읽는다. '듣기'와 '말하기' 사이에, 또 '보기'와 이미지 사이에는 필연적이고 절대적인 관계는 없다. 나는 이 모든 점을 잘 알고 있다. 하지만, 나는 자의적인 지나친 단순화를 유지하고, 절대적이지 않지만 원칙적인 방식으로 계속 이 둘을 연결하며 이 쌍들을 대립시키겠다. 경계가 불분명하고 명확한 구분이 없으며 시각적인 것과 '청각적인 것'auditif의 상호침투가 있음을 알면서도, 일단 이러한 점이 받아들여지면 서로 다른 두 영역을 재론해야 한다. 즉, 내가 듣는 바는 내가 보는 바에 의해 구성된 다른 세계와는 상이한 독특한 세계를 구성한다. 이런 주장을 펴는 것은 피상적이 아니라 각자의 경험에 속한다. 그런데 과학적 토대 위에서는 오늘날 심하게 거부당하는 이 경험은, 연구자의 특별한 목적을 위해서는 아마 사용될 수 있다. 그러나 나의 경험은 다르다. 이런 원래 경험에 대한 지나친 단순화는 우리에게 나타날 결과로 상쇄될 것이다. 따라서 나는 **'말'**Parole33)을 이미지나 혹은 이미지의 연속으로 바꾸기를 거부한다. 또한 나는 '말'을 이미지와 동일시하는 것에 대한 과학적 정당화와 그 관계를 알면서도, **이미지**를 '말'로 바꾸거나 혹은 **이미지의 연속**을 언어로 바꾸기를 거부한다.

그러나 물론, '보기'와 '듣기' 사이에 단절은 생각할 수 없다. 나는 두

---

31) [역주] '표기表記'(écriture). 문자 혹은 음성기호로 말이나 언어를 표시하는 것.
32) [역주] '시각적인 것'(visuel). 눈으로 지각하는 기능인 '시각視覺'(vue)과 관련된 것.
33) [역주] 엘륄의 저서에는 같은 표현이 소문자와 대문자로 쓰인 것이 자주 나온다. 그 표현을 대문자로 쓸 때 그것이 하나님과 관련된 것을 나타내거나 그 표현에 특별한 의미가 부여된 것이라는 원칙이 보이기는 하지만, 간혹 이러한 원칙이 일관성 없이 나타나는 경우가 있다. 따라서 대문자로 쓰인 표현은 단지 볼드체로 표기하기로 한다.

세계에 대해 언급했는데, 이 두 세계는 이 사실을 전제로 하여 구성되고, 대체로 모순되지 않으며, 어쨌든 분리되어 있지 않다. 우리 각자 안에는 '보기'와 '듣기'의 상호관계가 있고, 이 둘의 적절한 균형을 통해 인격의 균형이 이루어진다. 왜냐하면 다른 하나를 희생하여 당당하게 어떤 하나를 중시하는 것은 위험하기 때문이다. 하지만, 다른 하나를 희생하는 이런 방식은 바로 오늘날 시각적인 것과 이미지의 절대적 승리와 더불어 생겨난다. 앞에서 거론된 주장들은 그렇게 순수하지도 않고 객관적으로 과학적이지도 않다. 이 주장들에 따르면, 보여 진 이미지는 언어를 구성하고, 인쇄된 '말'은 보여 진 이미지로 귀착되며, '말'은 이미지를 연상시킬 따름이다. … 실제로 이런 확신들은 우리 사회와 우리 정신 속에 보여 진 **시각적인 것**과 **이미지**의 승리를 나타낼 뿐이다. 그런데 이 관계를 단절하는 것은 적절하지 않다. 각자는 자신이 보는 것과 자신이 듣는 것이 마주침으로써 이루어지고, 또 자신이 볼거리로 제시하는 것과 자신이 말하는 것이 마주침으로써 이루어진다. 이것은 끊임없이 마주치고 맞서는 다른 두 세계로 열려 있는 두 가지 다른 의미이며, 세상의 모든 측면에서 다시 발견되는 두 가지 다른 의미이다. 그렇지만 나는 '시각視覺'[34])을 결정적인 신체기관으로 삼는 슈펭글러[35])를 뒤따르기를 거부한다. 인간에게는 겹쳐진 양쪽 눈의 '시각적 인식'[36])과 더불어 두 눈이 얼굴 앞에

---

34) [역주] '시각視覺'(vue). 눈으로 지각하는 기능, 보거나 바라보는 행위.
35) [역주] Oswald Spengler(1880-1936). 독일의 역사가이자 철학자. 자신의 저서 『서구의 몰락』에서 문명은 유기체와 마찬가지로 발생과 성장과 노쇠와 사멸의 과정을 밟는다고 주장한다. 여러 문명의 발전과정에는 유사점이 있다고 보면서 정치, 경제, 종교, 예술, 과학 등 모든 사상事象으로 문명을 비교함으로써, 어떤 사회가 문명사에서 어떠한 단계에 이르고 있는지 알 수 있다는 것이다. 이것이 바로 문명의 흥망에 관한 학문인 문명형태학이며, 이를 근거로 그는 서양 문명의 몰락을 예언한다.
36) [역주] '시각적 인식'(vision). 프랑스어 'vision'은 눈에 의한 지각知覺, 보거나 혹은 이해하는 특별한 방식을 가리킨다. 종교적인 용어로 'vision'은 하나님의 현존이나 신적인 것이나 혹은 초자연적인 현상에 대해 즉시 이해하고 받아들임으로써 그것들을 확실하고 분명하며 직접적인 것으로 느끼는 이해방식이므로, 'vision'을 '환상幻像'으로 옮길 수도 있다. 하지만, '환상'이라는 표현이 '환영幻影'과 같은 뜻으로서 그 의미가 '눈앞에 없는 것이 있는 것처럼 보이는 것' 또는 '사상寫像'이나 감각의 착오로 사실이 아닌 것이 사실로 보이는 환각

있다는 점은, 동물과 비교하여 인간의 특성이 된다. 얼굴 양쪽에 두 눈이 있는 동물에게는 세상에 대해 오른쪽과 왼쪽이라는 겹쳐질 수 없는 두 시각視覺이 있다.

슈펭글러는 인간의 눈이 이렇게 배치된 점과 인간의 신장 꼭대기에 눈을 위치시키는 직립 자세도 인간이 지닌 정복하는 힘의 기원으로 삼는다. … 더 근본적으로, 나는 '구두口頭 언어'를 인간의 특성으로 삼는 사고의 흐름 전체에 매달릴 것이다. 또한 여기서 여전히, 나는 언어를 '말'과 연결시킨다. 물론, 나는 개미에게도 "촉각 언어"가 있고, 벌에게도 "시각 언어"가 있음을 인정한다. 다시 말해, 코드화된 동시에 학습된 지칭 방식이나 소통 방식이나 정보전달 방식이 있다는 것이다. 하지만, 이런 "언어"는 너무 미묘한 나머지, 인간의 '구두 언어'와는 어떠한 공통된 척도가 없다. 우선, 이런 소통 방식을 언어와 동일화시킬 수 있기 위해, 언어를 사실상의 정보로 귀결시키기로 결정해야 한다. 하지만, '말'은 정보 전달로 특징지어지지 않는다. 분명 '말'은 '저편의 세계'37)에 속한다. '말'의 다른 영역과 활동 영역이 있고, '구두口頭 관계'에서는 정보와는 다른 언급이 받아들여지며, 반사 행동과는 다른 감정이 존재한다. 나는 인간의 '구두 언어'가 꿀벌의 언어보다 더 복잡하고 더 완성되어 있으며 더 발전되어 있다고 하지는 않는다. 나는 인간의 '구두 언어'가 성질이 다르며 비교될 수 없다는 점을 말하고 있다. 비교하고자 한다면, 시각적 정보를 벗어나는 모든 것과 코드화될 수 없는 모든 것을 이러한 인간 언어로부터 우선 배제해야 한다. 따라서 지나치게 단순화하는 전통적 방법에 해당하는 것을, 모든 학문으로부터 뿐만 아니라, 언어의 본질을 이루는

현상'이므로, 이 책에서는 'vision'을 주로 '시각적 인식'으로 옮기기로 한다. 하지만, 성서에서는 'vision'에 해당하는 것이 주로 '환상'으로 표현되기 때문에, 성서 내용과 직접 관련될 경우 문맥에 따라 '환상'으로 옮기기로 한다.
37) [역주] '저편의 세계'(au-delà). 이 세상 저 너머에 존재하는 곳, 곧 '저승'이나 '내세'를 나타내는 표현이라 볼 수 있다.

것으로부터 제거해야 한다.

인간의 '구두 언어'를 특징짓는 것은 바로 다음 같은 것이다. 즉, '촉각 언어'나 혹은 '시각 언어'에서 전달될 수 있는 모든 것을 벗어나고 넘어서는 것이며, 이 모든 것의 구조를 상실하게 하는 것이다. 이는 의미의 여백이고 양면성이며 해석의 유동성이다. 거기에서 하나의 '기호'signe는 하나의 사물에 일치하지 않는다. 하나의 단어는 반향, 사고가 뒤섞인 감정, 몰沒이성이 뒤섞인 이성, 결과가 없는 동기, 일관성 없는 충동을 불러일으킨다. … 나에게는 의미심장한 듯이 보이는 특성이지만, 이것은 공통분모가 아니다. 정보를 담지 할 수 있는 모든 것을 취해야 한다는 것과 언어가 이러하기 때문에 암묵적으로 인간의 언어도 그렇다고 말하는 것은, 특히 인문과학을 통해 우리가 너무 익숙해진 '왜곡'biaisage인 듯이 보인다! "중요한 것은 차이이다."라는 표현이 언어학에서 및 다른 곳에서 꽤 자주 들렸다. 하지만, 이 표현을 적용해야 한다! 따라서 무엇보다 인간의 언어를 구분하고 명시하는 바를 염두에 두어야 한다. 이는 '시니피앙'과 '시니피에' 사이에 '작용'jeu인데, '작용'이란 단어에는 세 가지 가능한 의미작용이 있다! 이것은 의미와 관련된 '말'의 불안정성과 가변성이다. 따라서 나에게는 인간의 '구두 언어'가 코드의 도움으로 이해할 수 있는 기호들의 일관성 있는 아무런 조합으로 귀결될 수 없다. '시각적 이미지'의 연계와 '구두 담화'의 일관성은 바로 이러한 고찰의 기정방침이다. 그런데 이 고찰에서 나는 다른 가능한 선택을 무시하는 것이 아니라, 이 고찰에 대해 나의 것과는 다른 연구주제와 다른 관점으로부터의 선택과 기정방침이 여전히 문제된다고 단언할 뿐이다. 나는 이것들을 무시하지도 않고 제외하지도 않는다. 이것들은 단지 다를 뿐이며, 다른 진리의 영역에 속한다.

1장 · '보기'와 '듣기'

1. 이미지와 시각적인 것의 특징

이미지의 특징

　기원에 관한 문제도 역사에 관한 문제도 아닌 가장 단순하고 직접적인 문제를 다루고자 한다. 나의 시선은 내 앞으로 펼쳐지고, 나는 바다 위에서와 수평선 까지 빛을 본다. 나는 공간을 파악한다. 내 오른쪽으로, 또 내 왼쪽으로 한없이 곧바로 뻗은 백사장이 있고, 모래 언덕과 공간이 있다. 시선으로 나는 공간을 내 것으로 삼는다. 사물들은 확실하고 분명하다. 나는 모래 언덕에 심는 사방용砂防用 잡초 바로 위로 불면서 잡초를 휘게 하는 바람을 본다. 나는 계속 이미지들을 주어 담는다. 이미지들이 겹침으로써, 나를 둘러싸고 있는 내가 사는 실제 세상이 내게 주어진다. 나는 현실의 이미지들을 결합시키고, 현실을 전체적으로 파악하며, 시선으로 현실 속에 나를 통합시킨다. 나는 어떤 지점이 되는데, 이 지점으로부터 세계와 공간이 정돈된다. 시선을 통해 내가 위치하고, 시선을 통해 각 구성요소도 차례대로 위치한다. 또한 시선을 통해 어떤 질서가 내게 모습을 드러낸다. 시선이 생겨나는 그 자체로써, 또 나를 둘러싸는 모든 것이 시선을 통해 점진적으로 드러남으로써, 시선 자체는 이런 질서를 형성한다. 이렇게 언급함으로써 나의 시선을 통해 내가 불가피하게 세상의 중심이 된다는 점이 얼마나 잘 드러나는가.38) 나는 시선을 통해 내 오른쪽과 왼쪽에 있는 것을 알고, 가까이 있는 것과 먼데 있는 것을 안다. 현실 전체는 조금씩 내게 드러난다. 시선이 없으면, 나는 현실을 파악할 가능성이나 내가 공간에 위치할 가능성조차도 갑자기 박탈당한다. 내게 있어 세계는 시선으로 구성된다. 단순하고 일치하는 채색된 이미지로 이루어진 직접적인 현실이 시선을 통해 내게 드러나지만, 더 미묘한 자료가 내게 제시되기도 한다. 나는 내 형제나 혹은 적의 얼굴을 식별하는 법을 배운다. 전달된 이미지들은 겹쳐진다. 이제부터 나는 이러한 이미지가 현실의 이러한 맥락 속에 포함되며, 또 다른 이미지를 유발하고 불러일으킨다는 점을 안다. 나는 내가 보게 될 것을 기대한다. 하지만, 내가 보게 될 것은 어쨌든 공간 속에 포함될 테고, 어떤 의미 속에 숨겨진 더 깊은 현실을 구성하겠지만, 어쨌든 이것은 현실이다. 시선을 통해 나는 앞으로 날씨의 징후가 되는 하늘의 징후를 안다.

하지만, 그 자체로서 시선을 통해서는, 모호한 둥근 모양으로 북서쪽 방향으로부터 오는 구름이면서 이미 잔뜩 찌푸린 하늘 속에 높이 솟아오르는 비를 머금은 구름 외에는 다른 아무 것도 내게 제시되지 않는다. 나는 이 구름으로부터 소나기가 온다고 추측하지만, 시선을 통해 일련의 이미지가 내게 제시되었다. 그 다음으로 시선을 통해 내게 정보가 전해진다. 나는 무슨 행동을 해야 하고 어떻게 위치해야 하는지 알 필요가 있다. 나의 행동이 관여될 현실이 무엇인지, 또 나의 행동이 가능한지 아닌지 나로 하여금 알 수 있게 하는 것은 바로 시선이다. 시선을 통해 나를

---

38) 완전히 흥미롭고 교조적인 논리에도 불구하고 이 점은 모든 사회에서 틀림없는 채로 있다. 이 논리에 따르면 관점이란 부르주아 세계의 표현으로서, 또 계급투쟁에서 생겨난 가치와 사실 사이에 분리 및 객체와 주체 사이에 분리의 표현으로서 르네상스의 논리이다. 물론 정확한 부분을 담고 있는 이 점은 자체의 '교조화'(dogmatisation)를 통해 극히 평범한 사회 통념이 된다. 예를 들어, 구(J. J. Goux)의 『성화상 파괴론자들』 Les Iconoclastes , 『철학적 질서』 L'ordre philosophique (Paris, Editions du Seuil, 1978) 를 참조할 것.

둘러싼 세상에 대한 정보가 내게 주어진다. 또한 시선을 통해 나는 그 각각이 공간 속에서 현실에 대한 이미지인 일련의 정보를 모을 수 있다. 다른 무엇과도 다른 어떤 영역과도 결코 관계없이 단지 현실과 관계되는 '점묘법'39)으로 된 정확한 정보들의 무궁무진한 원천 없이, 나는 이런 현실에 개입하기 위해 어떻게 할 것인가? 그런데, 바로 다른 활동을 통해, 내가 보지 못하는 것을 나는 이해할 수 있고, 연결시킬 수 있으며, 저 너머 더 멀리서 볼 수 있다. 시선은 수십 장이나 수백 장의 스냅 사진을 내게 넘겨주는 사진기와 꼭 마찬가지로 작용한다. 스냅 사진은 나의 두뇌 활동에 의해서만 연계될 따름이고, 스냅 사진에는 내가 스냅 사진에 부여하려는 의미만이 있을 따름이다. 이 정보들 덕분에, 나는 시선 자체를 통해서 와는 다른 식으로 이 현실에 개입할 수 있고, 이 현실에 나를 통합시킬 수 있다. 시선을 통해 나는 세상의 중심이 되었다. 왜냐하면 내가 모든 것을 보는 지점에 내가 시선을 통해 위치하기 때문이고, 내가 위치하는 지점과 관계되는 것을 내가 시선을 통해 보기 때문이며, 이 지점으로부터 이런 공간이 시선에 의해 순환적으로 제거되기 때문이다. 이것이 나의 관점이다.

하지만, 이 순간부터, 세상의 중심인 나는 이 '광경'spectacle에 영향을 미치고 싶고, 이 배경을 변화시키고 싶다. 거기에는 어떤 '요인'acteur이 없었고 내가 있다. 시선은 행동의 수단이며, 행동을 전달하는 것인 동시에 행동을 유발하는 것이다. 시선이 없다면 어떻게 여전히 내가 행동할 수 있을까? 나는 심지어 내 손이 닿는 것이 무엇인지도 모르고, 내가 포착

---

39) [역주] '점묘법點描法'(pointillisme). 그림 그릴 때 점이나 혹은 점과 유사한 세밀한 터치로 묘사하는 회화 기법으로서, 붓의 끝이나 브러시(brush) 등으로 찍은 다양한 색의 작은 점을 이용하여 시각적 혼색을 만드는 기법이다. 따라서 화면은 미세한 점으로 분할되고, 색채도 순수한 색으로 분할된다. 점묘법을 제작의 기본 원리로 삼은 것은 모네(Claude Monet)와 삐사로(Camille Pissaro) 등 인상주의 화가들이며, 특히 신인상주의 화가인 쇠라(Georges Seurat)는 이것을 이론화한다. 회화의 구성 요소로써 가장 중요시되어 온 선을 쓰지 않고 점으로써 형상의 실체를 표현하려는 그들의 시도는 비약적인 것으로 여겨진다.

할 수 있는 것이 무엇인지도 모른다. 시각視覺을 통해 현실이 내게 나타났고, 이제 나는 시각을 통해 이 현실에 나타난다. 나는 시각을 통해 내게 전달된 모든 정보를 사용할 것이다. 나는 이 이미지의 세계를 변모시킬 것이고, 새로운 이미지를 만들어낼 것이다. 나는 주체가 바라보는 것으로부터 분리되지 않은 하나의 주체이다. 내가 보는 것은 내 안에 통합된다. 또한 내 행동을 통해, 내가 보는 것 속으로 나는 통합된다. 이미지에 의해 내 행동은 가능해지고 결정지어진다.

이미지는 강제적이다. 시각을 통해 내게 전달되는 것은 늘 강제적이다. 나는 창문으로 몸을 기울이고, 내 시선을 이 허공 속으로 던진다. 멀리 떨어진 깊은 곳의 이미지가 내게 강제로 받아들여진다. 나는 몸을 더 기울이지 말아야 함을 안다. 이미지에 의해 내 행동은 규정되고 한정된다. 이미지에 의해 내 행동이 유발되지는 않지만, 이미지에 의해 내 행동의 조건과 가능성이 설정된다. 시각적 이미지가 없으면, 내 행동은 바로 맹목적이고 일관성이 없으며 불확실해진다. 우리가 언급했듯이, 시각적인 것에 의해 확실한 사실과 정보가 내게 전해진다. 나는 흐린 바다와 비를 머금은 수평선을 언뜻 본다. 이 점은 확실하다. 나를 둘러싼 현실은 확실하다. 나는 이에 대한 확신을 가질 수 있다. 나를 둘러싼 현실은 일관성이 없지도 않고 변형되지도 않는다. 물론, 나는 이 모든 것 역시 학습된 것임을 알고, 직접적으로 제시되는 의미들도 없음을 안다. 또한 나는 내가 파악하는 형태와 색채와 거리는 내가 그것들을 학습했기 때문에 내게 감지될 수 있음을 안다. 그리고 나는 내가 보는 이미지가 내가 거기에 존재하는 문화를 통해 내게 제시되었음을 안다. 하지만, 이렇게 언급되더라도, 나는 보고 있다는 것이다. 어쨌든 극단적으로 밀고 나가지는 말아야 한다! 나는 이미지를 보는데, 이미지는 확실하다. 이 현실이 형태를 바꾸려면, 내가 개입해야 하고, 내 시각을 변모시켜야 하며, 안경을 써야 하거나 그렇지 않으면 이 현실을 변형시켜 묘사해야 한다. 하지만, 이것은 내가 보는 세계의 현실이 아니라, 나의 묘사이다. 나는 안개에 잠긴 현실이 우리에게 불확실하게 될 때, 우리를 사로잡는 이 끔찍한 거북함을 생각한다. 내가 이 거북함을 생각하는 것은, 확실하고 분명하며 보장된 이미지가 내 시각에 의해 더는 내게 제시될 수 없을 때이다. 또한 내가 이 거북함을 생각하는 것은, 확실한 정보의 원천과 시각적 이미지가 내게 더는 없기 때문에, 내가 행동할 수 없을 때이다. 밤에 대한 두려움은 이와 마찬가지로 불확실성 속에 존재한다. 세상에는 중심이 더는 없다. 내가 더는 세상을 보지 않기 때문에, 세상은 중심을 잃는다. 중심은 아무데나 있을 수 있지만, 내가 있는 곳에는 더는 없다. 아무데나 있지만 어디에도 없다는 것이다. 나는 더는 위치해 있지 않다. 사물들은 나와 관련하여 더는 위치해 있지 않다. 영역도 색채도 더는 없다. 개입할 수도 없고 이 상황을 변화시킬 수 없어서, 또 이미지의 결핍으로 갑자기 마비되어서, 나는 움직이지 않고 있으며 기다린다. 시각적인 것에 의해 현실과 공간과 구체적인 것의 영역 전체가 내게 제시되고, 그래서 나에게 있어 행동이 가능해진다.40) 공간이 없으면, 행동도 없다. 알려지고 구성된 일관성 있는 공간이 없으면, 행동도 없다.

  하지만, 역으로, 거기서 모든 것이 나를 요구하는 이 현실의 존재 자체에 의해 행동은 촉구되고 유발된다. 즉, 내 앞에 있는 내 손은 이 현실의 이미지이다. 내가 따야 할 과일을 앞에 두고서 따야 할 과일을 향해 어떻게 내 손을 내밀지 않을 수 있겠는가? 시각적 이미지는 모호하지 않다. 내가 행동을 하기 위해 알아야 할 것이 시각적 이미지에 의해 분명하게 정확히 제시된다. 시각적 이미지는 이중적이지도 않고, 이중성을 지니

---

40) 하지만, 시각視覺이 투사된 이미지들과 관련될 때 이러한 "시각·행동"의 관계가 깊이 변모된다는 점을 우리는 나중에 살펴보아야 할 것이다.

고 있지도 않다. 시각적 이미지에 의해 나는 착각하지 않는다. 내 시각에 의해 이 현실에 대해 내가 착각하려면, 신기루 같은 예외적인 현상이 필요하다. 내가 보는 이 복숭아는 빨간 색이며, 기울어진 가지 위에 무겁게 달려 있다. 이 점은 완전히 확실하다. 하지만, 이미지에는 의미가 없다. 따야 할 과일에 해당하는 이미지에는 그 자체로 어떠한 의미도 없고, 이미지는 해석되어야 한다. 시각적 이미지에 의해 확실한 정보가 내게 주어지지만, 내가 거기서 멈춘다면 아무것도 생겨나지 않을 것이고, 내 행동은 시작되지 않을 것이다. 과일에 대한 '시각적 인식'으로부터 "과일을 따야 한다거나 혹은 딸 수 있다."로 넘어가려면, 어떤 해석이 있고, 실제 이미지나 현실의 이미지에 대한 의미 부여가 있다. 거기에 다른 영역을 덧붙여야 하고, 해석은 '담화'에 의해 이루어질 것이다. 이와 같이 이미지는 그 자체로 깊은 모순을 담고 있다. 이미지는 모호하지 않고, 일관성이 있으며, 확실하고 포괄적이다. 하지만, 이미지는 의미가 없다. 의미들의 다양성이 이미지에 부여될 수 있는데, 이 의미들은 어떤 문화와 학습에 달려 있고, 다른 영역의 개입에 달려 있다. 이와 같이, 나는 이미지가 있기 전에 보는 것을 터득해야 하고, 이미지가 있고 나서는 이미지를 해석하는 것을 터득해야 한다. 이미지는 명백하지만, 이 명백함에는 확신과 이해가 포함되지 않는다. 나의 확신은 시각에 의해 내게 드러나는 이 직접적인 현실에서 더 나아가지 않는다. '저편의 세계'에는 아무 것도 없다는 것이다.

이제부터 나는 이 현실로 무엇을 이룰 것인가? 그렇지만 이처럼 이해된 현실은 바로 내가 그 속에서 살아가고 살아야 할 현실이다. 시각에 의해 제시된 이미지는 몽상도 아니고 '시각적 인식'도 아니다. 곧 '시각적 인식'은 보이지 않는다. 나는 '시각적 인식'을 내가 보는 바와 비교한다. 나는 본다고 말하고, 모든 것은 마치 내가 보는 듯이 일어난다. 하지만,

나는 아무 것도 보지 않는다. 문제의 시각적 이미지는 내 시각에서 조금도 유래하지 않고, 다른 종류의 신경적인 자극에서 유래한다. 내가 이 이미지들을 '시각적 인식'이라 부르는 것은 다음 같은 이유에서이다. 즉, 내가 신뢰할 수 있는 훌륭하고 확실한 시각을 통해 '시각적 인식'으로부터 확실하게 분명히 제시된 것을, 확대 해석하고 이 현상에 투영시키기 때문이다. 이 이미지들은 내게 친숙한 다른 이미지에 결부됨으로써, 시각적 이미지가 된다. 나는 여기서 문제가 거꾸로 되어 있다고 지적하고 싶다. 시각적 이미지가 존재하고 나서, 나는 어떤 의미를 부여한다. '시각적 인식'은 앞서 나올 의미에 대한 예증으로서만 나타난다. 그런데 의미가 없음에도 불구하고, 시각적 이미지는 엄밀하고 강제적이며 돌이킬 수 없다. 내가 보았던 것을 나는 보았다. 나는 이 이미지를 변화시킬 수 없다. 나는 내 행동에 의해서가 아니라면, 이와 같이 내게 전해진 현실을 변화시킬 수 없다. 여기서는 모호함도 없고, 전환도 없다. 이미지를 돌이킬 수 없기에41), 이미지는 내게 어떤 행동 방향을 지정해주고, 선회 방향이나 혹은 금지 방향이나 혹은 통과 방향을 지정해준다! 나는 이 이미지를 통해 다음 같은 현실에 위치하는데, 이 현실은 여러 가치나 여러 핵을 지니지 않고 질서가 잡혀 있다. 또한 이 현실의 질서는 전환과 반전의 대상이 될 수 없는 영속성의 질서이다. 각각의 이미지는 영원할 수도 있고, 사실상 영원하다. 이 현실은 직접적이며, 직접적으로 존재하고 영속한다. 지속성은 내 시각을 통해 내게 넘겨진 이 이미지에 어떠한 영향도 미치지 않는다. 언제나 이 이미지는 어떤 스냅사진이다. 이 이미지 속에 포함된 지속성이란 없다. 우리가 언급했듯이, 서로 연관되기도 하고 서

---

41) [역주] 여기서 이미지를 돌이킬 수 없다는 것은 다음 같은 점을 나타낸다. 즉, '말'과 달리 이미지는 일방적인 해석과 의미를 임의로 강요하기 때문에, 이미지는 반대로 해석될 수도 없고 재해석될 수도 없을 뿐더러, 이미지에 대해서는 깊은 숙고도 이루어지지 않는다는 점이다.

로 맞추어질 수 있거나 혹은 서로 맞추어질 수 없는 일련의 연속된 스냅사진이 있다. 이것은 동일한 이미지에 대한 겹쳐지는 스냅사진이다. 내가 동일한 어떤 꽃에 내 시선을 고정시킬 때에라도, 실제로 내 시각은 연속되지 않는다. 나는 이 꽃이 변하는 것을 보지 못한다. 나는 이 꽃을 볼 따름이다. 잠시 후 내가 이 꽃을 다시 볼 때, 이미지는 감지할 수 없게 달라져 있다. 여전히 이것은 공간 속에서 다른 이미지에 대한 스냅사진이다. 내 시선은 한정된 영역만 망라할 따름이다. 나는 시각의 각도를 변화시키고, 내가 담았던 다른 영역의 스냅사진을 서로 연결한다. 이 때문에 시각적 이미지, 곧 포착되고 쌓인 이미지들을 통해, 점묘법點描法으로 된 불분명한 세상이 내게 넘어온다. 시각적인 것은 점묘법으로 되어 있다. 이 이미지들은 어떤 전체에서 결집과 일체화를 통해서만 가치를 띠는 점들이다. 나의 세계에 대한 하나의 "시각"만을 지님으로써, 나는 굉장히 일관성은 있으나 필요한 관계가 없는 파편들로 구성된 어떤 전체에 관여할 수도 있다. 이 파편들은 체계적이지 않은 운집한 점들이다. 그런데, 이 점들은 활동의 틀, 곧 점들 사이에 관계 변화의 틀일 따름이지, 이해의 도구가 아니다. 왜냐하면 이미지들의 점묘법은 시간적 지속이 아니라, 공간이기 때문이다.

이미지는 현존한다. 또한 이미지는 현존일 따름이다. 그리고 이미지는 "이미 있는 것"déjà là에 대한 증거물이다. 내가 보는 대상은 내가 눈을 뜨기 전에 거기에 있었다. 이미지는 현재에 있고 현재만을 내게 제시한다. 이 때문에 이미지는 지속적인 듯이 보이는데, 이것은 시간의 흐름을 통한 지속이다. 이미지는 진정으로 일정한 변하지 않는 대상들을 내게 제시한다. 시각적 이미지는 대상을 구성하는데, 대상이란 내 앞에 던져진 것이다. "앞에"devant라는 이 표현은 이미 이러한 시각화를 전제로 하는데, 대상을 만드는 것이 바로 이 점이다. 하지만, 보여 지기 때문에 대상들이 된 보여 진 대상들의 세계에 나는 존재한다. 나는 이런 보여 진 환경으로부터 분리되지 않은 채, 또 이 환경에 줄곧 연루된 채 존재한다. 나는 내가 보는 것에 의해서 내 자신 안에서 끊임없이 개조된다. 나는 내가 보는 것으로부터 거리를 둘 수 없다. 나는 어떤 관점을 지니고 있는데, 관점이란 거기서부터 내가 보는 어떤 장소이다. 하지만, 이 관점은 내가 보는 것 속에서 분리되지 않은 채로 위치한다. 내가 자리 잡는 곳이나 내가 이동하는 곳에서, 나는 여전히 그 영역에 존재한다. 나는 여전히 '시각적 인식' 한 가운데 존재한다. 나는 결코 거리를 두고 고찰할 수 없고, 마치 내가 거기 없는 듯이 결코 행할 수 없으며, 내가 보는 것과 무관한 생각을 결코 시작할 수 없다. 밤에는 '시각적 인식'이 없는데서 거리가 설정된다. 그러기 때문에 낮의 사건들이 그토록 고통스럽게 되고, 나에 대한 거리와 나를 둘러싸는 것을 통해 고찰과 명상이 가능하다.

이미지의 물결은 나를 휩쓸고 유인하며 이끌어간다. 보여 진 이미지는 내가 방금 떠났던 이미지의 뒤를 즉시 잇는다. 나는 공간 속에서 현실의 이런 움직임을 결코 멈출 수 없다. 또한 나는 이 이미지를 다이아몬드나 그림처럼 결코 대할 수 없다.42) 나는 다이아몬드나 그림에 대해 거리를 둠으로써, 본래의 "내 자신"이 되고, 어떤 화면에서처럼 점들로 구성된 이미지에 의해 묻혀버리지 않는다. 이미지에 의해 나는 대상과 거리를 유지할 수 없다. 하지만, 내가 나의 거리를 유지할 수 없다면, 나는 판단할 수도 비판할 수도 없다. 물론 나는 내가 보는 것 속에서 기쁨이나 혹은 불쾌함을 느낀다. 나는 내가 보는 것이 아름답거나 혹은 추하다고 생각할 수 있다. 그러나 이것은 비판적인 작업이 아니다. 판단이란 없다.

---

42) [역주] 이 이미지를 그림이나 다이아몬드처럼 대할 수 없다는 것은, 거리를 두거나 뒤로 물러나면서 그림이나 다이아몬드를 대하듯이, 이 이미지를 대할 수 없음을 나타낸다. 즉, 그림이나 다이아몬드는 움직이지 않기 때문에 그것들과 마주하여 늘 거리를 두거나 뒤로 물러설 수 있는 반면, 끊임없이 이어지고 몰려드는 이미지와 마주하여서는 결코 거리를 둘 수 없다는 것이다.

게다가, 현실과 공간에 대한 어떠한 비판이며 어떠한 판단인가? 사람들이 보았던 것에 대한 증언이 허술하다고 알려져 있음에도 불구하고, 모두가 자신들이 보았던 것에 대한 마찬가지의 확신을 가지고 있다. 그들이 보았던 것은 현실이다. 이 점을 통해 상식이 수립된다. 동일한 이미지들을 담는 것을 통해, 시각의 일치가 생겨난다! 시각적이고 점묘법으로 되어 있는 이미지, 지속적이고 돌이킬 수 없는 이미지, 거리를 둘 수 없고 비판할 수 없는 이미지의 특징을 우리는 이와 같이 개괄적으로 기술했다. 이것은 내가 이처럼 감지하는 현실의 특징들일 따름이다.

시각적인 것의 특징

하지만, 우리는 더 험난한 길에 들어서 있다. 시각에 의해 나는 세상을 확실히 소유하고, 세상은 "나를 위한 세계"가 되어 버린다. 또한 시각적인 것에 의해 행동의 가능성이 내게 주어진다. 시각적인 것에 의해 내게 주어지는 현실 이해는, 행동에 참여하는 것이다. 당연한 결과로, 내가 보는 것은 대상들이다. 나는 대상들에 손대고 싶은 마음이 든다. 대상은 일단 한번 보이더라도 사용되는 데는 부적합하다. 시각은 내 지배력의 토대가 된다.43) 시각을 박탈당하면, 나는 밤의 마비 속에 있다. 무無는 아

---

43) 현실은 보이고 계산되며 수량으로 표시되고 공간 속에 위치하는 것이다. 하지만, 이와 동시에 현실은 **확정된** 것이다. 그리고 현실은 시각적인 것에 잘 일치한다. '확정되지 않은 것'은 '말'의 영역에 속한다. 따라서 현실은 분명히 모순적이지 않다. 당신은 어떤 종이가 빨간 동시에 파랗다고 **언급할** 수는 있다. 하지만, 당신은 이 종이가 빨간 동시에 파랗다고 볼 수는 없다. 이 종이는 빨갛거나 혹은 파랗다. 이 유명한 '무無모순성 원리'는 '항등식 정리定理'(théorème d'identité)와 마찬가지로 세상에 대한 시각적 경험을 근거로 한다. 두 판단 중 한 판단이 다른 판단이 주장하는 바를 부정하는 두 판단은 참이 될 수 없다고 주장하는 것은, 순간성을 전제로 하는 시각적인 것의 영역에 속한다. 하지만, '말'은 지속성을 전제로 한다. 그래서 시각적인 것에 속하는 것은 변증법적일 수 없다. 시각적인 것을 근거로 하는 지식은 불가피하게 선형적線形的이고 논리적이다. '말'에 근거를 둔 사고만이 변증적법적일 수 있다. 다시 말해, '말'에 근거를 둔 사고만이 현실의 모순된 측면들을 고려할 수 있는데, 이 측면들은 시간 속에 위치해 있기 때문에 가능한 측면들이다. 이 점은 우리가 5장에서 마주칠 두 가지 사고방식의 대립을 이해하기 위해 중요하다. 하지만, 이와 동시에 이점을 통해 우리는 시각視覺이 파악하지 못하는 현실의 측면들이 다양하다는 점을 인식할 수 있다. 이것은 실제로 진리

무 것도 아니다. 장차 기술적인 작용에 해당되는 것에 나는 빠져 있다. 시각이 기술적인 작용을 충족시키지 않지만, 시각 없이는 어떠한 기술도 가능하지 않다. 시각이 기술적인 작용을 충족시키지 않지만, "**인간의 시각은 기술을 관여시킨다.**"는 스펭글러Spengler의 말이 타당한 것은 아마도 여기서 이다. 시각적 이미지는 내가 주인이고 주체인 세상에서 내 삶의 가능성 전체를 나타낸다. 모든 기술은 시각화에 근거를 두고 있으며, 시각화를 전제로 한다. 시각적인 것으로 된 현상이 변형될 수 없다면, 이 현상은 어떤 기술의 대상일 수 없다. 일치는 효율성에 의해 더 부각된다. 시각은 효율성의 수단이다. 역으로, 이미지를 사용하는 것은 효율적이다. 이미지는 광고를 통한 판매를 하게 한다. 지금까지 알려지지 않은 교육적 효율성이 이미지에 의해 확실해지고, 학문은 이제 시각적 표현에 토대를 둔다. 우리는 이 점을 다시 밝혀낼 것이다. 시각적인 것과 기술의 상관관계는 기억해 두어야 할 원래의 '여건'donnée 중 하나이다. 그 자체로서 시각적 이미지는 장차 기술의 경험과 실험과 조직에 해당되는 것의 모든 특징을 잠재적으로 포함한다. 하지만, 우리는 여기서 시각적인 것의 새로운 영역에 도달한다. 우리는 직접적인 이해의 가장 기초적인 수준에 머물러 있었는데, 이 직접적인 이해란 자연의 대상들과 인간 환경의 대상들 혹은 문화적 틀의 대상들에 대한 시각 기관의 표현이다. 시각적인 것은 훨씬 그 이상이다. 우리는 이 점에 대해 암시했다. 시각적인 것은 구성된다. 우리는 받아들여진 문화에 이미지가 달려 있다고 언급했다. 발전시켜야 하는 것은 바로 이 점이다. 시각적인 것은 우리가 염두에 두는 인간의 어떤 지적 수립과 미리 확립된 이미지와 **'이상적인 상'**eidolon

---

가 현실을 포괄하고 현실에 대한 더 깊은 인식을 가능하게 한다는 확신과 일치한다. 하지만, 이것은 명백함에도 결코 근거를 두지 않고, 직접성에도 결코 근거를 두지 않는다. [역주] '무無모순성 원리'(principe de non-contradiction). 비모순율이라고 한다. A는 동시에 A 이외의 것이 될 수 없다는 원리이다.

과 관련되고, 이것들로부터 생겨난다. '시각적 인식'에 의해 우리는 환경과 가장 직접적이고 자연적인 관계를 맺는다. 하지만, 이와 동시에, '시각적 인식'은 주어진 어떤 제도의 인위성을 전제로 하고, 부자연스러움을 전제로 한다. 우리가 살펴보았듯이, 이 부자연스러움을 통해 우선 주체와 객체 사이에 관계가 끊어지고 나서, 자연적인 것은 인간 환경의 외형으로 변화되고, 인간은 자기 자신의 환경에 대한 외부 관찰자로 변화한다. 이와 동시에 시각적인 것은 분리와 분할의 경로, 개입과 효율성의 경로, 인위적인 것의 경로로 귀결된다. 그래서 아주 신빙성 있게 다음 같이 말할 수 있었다. 즉, 도시 환경은 시각적인 세상이고, 시각은 도시 환경에서 자체의 만족을 발견한다고 말할 수 있었다. 또한 시각은 자신의 업적 속에서 자신에 대해 깊이 생각해 보는 참 모습 그대로의 인간이 거울을 통해 반사되는 것을 도시 환경에서 발견한다고 말할 수 있었다.

이것은 현실과 확립réel-établissement에 대한 공간의 관계이고, 인위적인 구성이다. 메두사44)의 머리는 메두사를 보는 이를 깜짝 놀라게 한다. 일리아드의 방패 문양은 공포에 질리게 한다. 시각은 견디기 힘든 충격으로 이끄는데, 이것은 보여 진 현실에 대한 공포이다. 무서운 것은 언제나 시각적이다. 공포 단편소설은 시각적인 것과 표현만을 지향한다. '말'은 신비와 비극에 관여할 수 있다. '말'에 의해 우리는 갈등 속에 위치하고 비극적인 것을 자각한다. '말'은 그 혼자만으로 무서운 것이 결코 아니다. 시각과 이미지와 '시각적 인식'에 의해 깜짝 놀라 어안이 벙벙해지는 것이다. '말'은 묘사적일 경우에만, 또 몹시 명확한 이미지를 보게 할

---

44) [역주] 메두사. 그리스 신화에 나오는 괴물. 미모가 뛰어난 메두사는 해신海神 포세이돈과 함께 여신 아테나의 신전에서 정을 통하다 아테나 여신에게 들켜 여신의 저주로 흉측한 괴물로 변한다. 저주 받은 메두사는 무섭게 부풀어 오른 얼굴과 튀어나온 눈, 크게 벌어진 입과 길게 늘어뜨린 혓바닥, 멧돼지 어금니처럼 뾰족한 이빨이 있고, 목은 용의 비늘로 덮여 있으며, 머리카락 한 올 한 올은 꿈틀거리는 뱀의 형상을 하고 있다.

경우에만, 무서운 것의 근처로 이끌고 갈 따름이다. 에드거 앨런 포45)의 단편 소설은 이런 유형에 속한다. 나치의 학살 수용소에 대해 우리에게 주어질 수 있는 온갖 묘사를 통해, 우리는 정념적일 수 있는 혐오와 판단에 이른다. … 조금 전만 해도 살아 있던 해골로 변한 산더미 같은 시체를 그 앞에서 밀어내는 불도저의 이미지, 기계적인 추진력으로 떼미는 이러한 모습들, 「밤과 안개」46)에서 끌어낸 이미지에 의해 우리는 절대적 공포에 이른다. 이것은 우리에게 공포심을 일으킨다. 왜냐하면 나는 보기 때문이다. 이 점은 현실에 대한 공포에서 기인한다. 시각에 의해 파악된 현실은 언제나 견디기 힘들다. 보여 진 아름다움조차도 그러하다. 아마도 우리는 현실에 의존하기 때문에, 현실에 대해 두려워한다. '말'이 사실적일 때에 조차도, '말'에 의해 우리는 이 끔찍한 현실로부터 벗어날 수 있다. 시각에 의해 우리는 현실에 갇혀 있고 제약되어 있다. 빠져나갈 구멍은 없다. 이 현실을 지배하고 제어하는 것 외에는 다른 빠져나갈 구멍이 없다. 나는 기술적인 방식을 통해 내가 보는 것의 주인이 내 자신이라고 주장한다. 하지만, 우리가 그 결과를 볼 때, 기술적인 방식에 의해 경악과 불안이 생겨난다. 갑자기 기술은 더는 우리의 것이 아니다. 우리는 우리를 열광시키고 우리에게 두려움을 주는 다시 전달된 이미지들 속에서 기술을 본다. 시각은 세상의 종말처럼 처참하다.

---

45) [역주] Edgar Allen Poe(1809-1849). 미국의 시인이자 소설가이자 비평가. 불합리와 합리의 양면성을 지닌 것으로 여겨지는 그의 작품에는 단편소설이건 시 작품이건 어딘가 내용과 방법이 물과 기름처럼 서로 섞일 수 없는 결점이 있기 때문에, 영국이나 미국에서는 비속하다는 지적을 당하기도 한다. 그에게 있어 단편소설이나 시 작품 모두 미적 효과를 목적으로 한다. 따라서 그는 시를 교훈이나 실용적인 도덕의 대용代用으로 삼는 것을 거부하기 때문에, 실용주의를 신봉하는 미국에서는 이단자로 취급당한다. 대표작으로 단편소설 『어셔가家의 몰락』 *The Fall of the House of Usher* 이 있다.
46) [역주] 「밤과 안개」 Nacht und Nebel. 1955년 나치 독일 강제수용소로부터 해방된 후 10년이 지나서 만들어진 프랑스 다큐멘터리 영화로서 아우슈비츠와 같은 강제수용소에서 죄수들의 비참한 삶을 묘사하고 있다. 독일어로 된 영화 제목 「밤과 안개」Nacht und Nebel는 나치 독일 점령 지역에서 독일의 안전을 위협하는 모든 활동과 세력을 일소하라는 히틀러의 명령서 제목에서 따온 것으로 알려져 있다.

2. '말'의 특징

소음과 소리의 특징

나는 소음을 듣는다. 바람은 소나무 사이로 지나간다. 멀리서 바다는 요란한 소리를 낸다. 나는 바람과 바다의 위력과 상태를 가늠할 수 있다. 솔방울이 뚝뚝 소리를 낸다. 나는 솔방울이 깨지는 소리를 듣는다. 이것을 통해 나는 열기를 감지한다. 소음이 이어진다. 가끔 교향악도 들린다. 소음이 내게 다가온다. 나는 어떤 소음이 들릴 것으로 기대하는 이러이러한 지점을 향해 내 귀를 돌리지 않는다. 나는 내 시선을 돌린다. 거기 있는 이러이러한 모습을 향해, 또 나를 기다리는 이러이러한 풍경을 향해 의도적으로 내 시선을 돌린다. 나는 주체이다. 나는 행동하고, 내가 보기 원하는 바를 결정한다. 소음이 내게 다가온다. 소음이 생겨날 때, 나는 소음을 받아들인다. 이것은 인상의 연속이고 시간의 절단이다. 아이의 울음소리는 나머지 모든 것을 뒤덮는다. 교향악은 더는 없고, 감정의 분출이 있다. 소음이 내게 엄습하고 나를 떠나지 않는다. 예컨대, 나는 눈을 감거나 거부할 수 없다. 서로 어긋나고 상반되는 소음들이 아니라 이미지들이 서로 연관되어 조직화된다. 나는 모차르트의 협주곡을 듣고 있다. 그런데, 옆에서 누군가 이야기를 하고, 방문객이 문을 두드리며, 누군가 그릇과 은 식기를 요란하게 정리한다. 일관성이 없고 앞뒤가 맞지 않는다. 내가 듣는 소음을 통해서는 세상의 전경술景이 존재하지 않는다. 개에게 있어서는, 세상의 전경이 본래 후각적이고, 이 세상의 전경은 다양한 냄새와 더불어 전체를 이루며, 어떤 냄새를 풍기는 우리 인간에게서처럼 우연한 증상들만 있지 않고 어떤 일관성이 있는 듯이 보인다. 우리 인간에게 있어서는, 점묘법으로 되어 있기는 하지만, 연속적이고 일관성 있는 세상의 전경은 시각적이다. 세상의 이런 전경은 청각적이지 않다. 내가 감지하는 연속되는 소음에 의해서는 어떤 세계가 형성되지 않는다. 내 눈의 이동으로부터 나오는 이미지들의 연속과는 어떠한 비교도 가능하지 않다. 소음이 연속된다는 바로 그 때문에, 나는 소음에 의해 불확실함 속에 빠진다. 소음은 어디로부터 오는가? 소음은 무엇을 예고하는가? 나는 이런 '시간적인 질문'question temporelle을 제기할 수밖에 없다. 소음은 그 자체로 결코 명확하지도 분명하지도 않다. 소음은 언제나 의문을 담고 있다. "무엇이 뒤이어질 것인가?"라는 의문이다. 아마도 이런 불확실함은 문화적이다. 사람들은 소음이 아니라 형태와 색채를 정확히 해독하는 법을 터득했다.

하지만, 이 불확실함의 기원이 무엇이든 간에 불확실함은 존재한다. 나는 불확실함의 '시간적인 기원'origine temporelle에 훨씬 더 집착한다. 시각적인 것은 공간적이다. '소리'son의 영역은 시간적이다. 소리의 영역을 통해 우리는 '의미 영역'étendue으로 들어가는 것이 아니라, 지속성으로 들어간다. 소리에 의해 "그리고 이후에는, 다음은 무엇일까?"라는 무의식적인 의문이 즉시 생겨난다. 물론, 두 번째로는 시각視覺에 의해, 세 번째로는 고찰에 의해, "그리고 '저편의 세계'에는?"라는 의문이 생겨날 수 있다. 내 시선은 수평선을 향한다. '저편의 세계'에는 무엇이 있을까? 하지만, 누가 그 차이를 모를까? 이런 질문은 부차적이고, 멀리 떨어져 있으며, 고찰에 도달한다. 내가 듣는 소리와 관계된 "그리고 이후에는?"이라는 질문은 직접적이고 원초적이며, 내가 소음을 포착하는 순간 돌발적으로 생겨난다. "그 다음을 무엇일까?"라는 질문을 통해, 우리는 소리의 가장 높은 영역 속으로 들어간다.

'말'의 시각화

모든 소리 가운데, 특히 우리 인간을 위한 소리가 있다. 이것은 '말'이다. '말'에 의해 우리는 다른 영역, 곧 '살아 있는 자'와의 관계 속으로 들어가고, 인간과의 관계 속으로 들어간다. **말**은 특히 인간을 위한 소리이고, 이 소리에 의해 인간은 나머지 모든 것과 구별된다. 이미 우리는 여기서 어떤 '뿌리 뽑힘'déracinement을 목격한다. '시각적 인식'에서 '살아 있는 자'는 다른 형태들 가운데 한 형태이다. 인간은 특별한 형태와 색채이지만, 나머지 모든 것 속에 포함되고 풍경화의 일부를 이룬다. 인간은 풍경화 속에서 움직이는 특별한 점이다. 인간을 위해 들려진 '말'과 더불어, 인간은 다른 것들과 질적으로 달라진다. 처음부터 우리는 놀라운 문제와 마주한다. 우리는 아마도 청각적인 것이 시각적인 것보다 문화적으로 덜 가다듬어져 있다는 점과 청각 교육이 덜 완벽하고 덜 복잡하며 덜 식별된다는 점을 방금 살펴보았다. 모든 문화에서 그러하다. 심지어 숲이나 대초원의 소음에 대한 해석이 훨씬 더 학문적으로 여겨지는 "원시" 사회의 문화에서나, 혹은 음악가 집안의 문화에서나, 이 모든 경우에서 '청각적인 것'에 의해 어떤 세계가 구성될 수 없다. 인간의 특성인 언어가 거기에 일치하는데, 언어는 문화적으로 가장 다듬어진 것이다. 또한 언어는 어떤 문화의 가장 풍부한 것, 가장 "보편화하는" 것, 가장 의미 있는 것이다.

이러한 모순은 이미 '말-청취'라는 복합체의 '실재'réalité를 깊이 드러낸다. '말'은 '듣기'에 언제나 의존한다. '말'에 의해 우리는 '시간성'temporalité 속에 빠지는데, 이는 '담화'의 전개에 의해서만 그럴 수도 있다. 문장에는 자체의 리듬이 있고, 나는 내게 말해진 것을 알기 위해 끝을 기다려야 한다. 어떤 언어에서는 문장이 전개되는 동안 의미의 잠정적 중단이 더 심하게 강조된다. 이와 같이 독일어에서 동사가 절 끝으로 보내질 때, 나는 문장 전체를 들어야 한다. 다시 말해, 나는 순간들이 연속되는 동안 문장 전체를 들어야 한다. 순간적이고 포괄적이기 때문에 시간을 초월하는 이미지가 시각에 의해 내게 주어진다. 나는 내가 보는 것의 의미를 파악하기 위해 기다릴 필요가 없다. 이와 반대로, 나는 방금 시작된 문장의 정확한 의미를 얻기 위해, 언제나 기다릴 필요가 있다. 그리고 나는 시간 속에 매달려 있다. 다시 말해, 문장이 시작하는 시간과 문장이 마치는 시간 사이에 매달려 있다. 문장의 시작은 이미 언급되고, 이미 지워지며 소멸된다. 최초에 있었던 것을 의미하게 하기 위해, 이 문장의 끝은 아직 언급되지 않고 앞으로 다가올 것이다. '기록'écrit과 테이프 녹음에 대해서는 언급하지 않기로 하자. 이는 '말'이 공간 속으로 억지로 들어가는 것이지만, 바로 이때 '말'은 더는 '말'이 되지 않는다. 우리는 이 점을 다시 다룰 것이다. 당분간은 '구술적인 특성'oralité을 다루기로 하자.

언급된 문장이 본질적인 선포와 천재적인 사고를 담고 있다 하더라도, 또 언급된 문장이 들려지지 않고 아무에 의해서도 받아들여지지 않는다면, 이 문장은 공허 속으로 떨어지고 지나쳐져 버리며 아무 것도 남지 않는다. 대양을 감탄하며 바라 볼 사람이 아무도 없다면, 대양은 현재 있는 그대로와 예전에 있었던 그대로 남아 있다. 나는 대양을 보고, 대양을 통해 내 안에 수많은 감정이 생겨난다. 나는 가버리고 지나가지만, 대양은 그렇지 않다. 언급된 문장은 무無 안으로 빠져 버렸고, 시간은 지나갔으며, 다시 들려질 수 있는 동결된 '말'은 없다. 시간은 돌아오지 않는다. '말'에는 어떠한 지속성도 없다. 내가 문장을 들을 때 나는 문장의 현재 속에 있으며, 지나가 버린 문장의 시작을 포착하고 기억하며 기록해 두었다. 문장의 시작을 통해 나는 과거 속에 빠지고, 문장의 끝에 매달려 있으며, 문장의 의미 전체를 밝혀줄 보어를 기다리고, '말'에 의해 전달된 이 미래를 향해 있다. 따라서 '말'이 존재하기 위해서는 지속성이 있어야 하는 동시에, 이 같은 지속성 속에 살아 있는 '말하는 자'와 '듣는 자'라는 두 '살아 있는 자'가 있어야 한다. 또한 '말'이 존재하기 위해서는, 과거를 없애는 행위에 맞서 승리하는데 집중하는 자세가 필요하다.47) 이처럼 '말'은 본래 현존하는 것이고, '살아 있는 자'에 속하며, 결코 대상이 아니다. '말'은 내 앞에 던져질 수 없고, 내 앞에 남아 있을 수 없다. 일단 말해진 '말'을 내가 받아들이지 않으면, '말'은 더는 존재하지 않는다. 아직 말해지지 않은 '말'에 의해, 나는 기다림 속에 위치하고, 내가 매달려 있는 미래 속에 위치한다. '말'은 자기 홀로 존재하지 않는다. '말'은 '말'을 표명하는 자와 '말'을 받아들이는 자에 대한 '말'의 효력 속에서만 존속한다. '말'은 뒤집고 되돌리며 포착하고 내일까지 보관할 수 있는 대상이 결코 아니다. 혹은 '말'은 이후에 언젠가 내가 시간이 생겨 '말'에 전념할 수 있도록 하는 대상도 결코 아니다. '말'은 당일當日에 해당한다. '말'은 당장 일어나며, 결코 마음대로 다루어지지 않는다. '말'은 존재하거나 혹은 존재하지 않는다. '말'에 의해 내가 형성된다. 또한 '말'의 내용에 의해서가 아니라 '말' 자체에 의해 정해진 역할 속에서, 말하는 '자아'와 듣는 '자아'가 '말'에 의해 확립된다. '말'이 대상이 되기 위해서는 '말'을 '표기表記'écriture로 변형시켜야 한다. 하지만, 이렇게 되면 '말'은 더는 '말'이 아니다. 그렇다 하더라도 '말'은 시간을 요구한다. 내 시선은 내려가면서 문장의 행과 페이지를 훑어보아야 하고, 이러한 눈의 움직임은 어떤 시간을 표시한다. 즉, 시선의 이미지가 변한다. 전체적으로 일별하는 것으로 충분하지 않다. 기록된 페이지의 순간성이란 없으며, '말'은 '시각적 인식'으로 하여금 시간을 받아들이게 한다. '말'은 심지어 '표기'로 변형되고 시각화되더라도 당당하게 남아 있다.

---

47) [역주] 이미지는 유일하게 존재하는 현 순간에 집중하면서 과거를 없애는 데 반해, 과거를 없애는 행위에 맞서 승리하는 것이란, 특히 예전에 행해진 말들의 이러한 과거를 유지하고 존중하는 일을 나타낸다.

나와 타인 사이에 이해와 소통으로서 '말'

'말'은 반드시 어떤 사람에게 언급된다. 아무도 없다면 '말'은 자신에게나 혹은 하나님에게 언급될 것이다. '말'은 듣는 귀를 전제로 한다. 설사 귀가 아주 잘 듣는 '**커다란 귀**'Grande Oreille일지라도, '말'은 어떤 대답을 불러일으킨다. '말', 모든 '말', 욕설, 모욕, 부르짖음, 독백은 대화를 시작한다. 이 중에서도 독백은 미래와 과거의 대화이거나 혹은 미래가 과거가 통합된 대화이다. 여기서 여전히 시간이 문제된다. 대화는 변화하는 시간에 따라 전개되지만, 시간 속에서 대화를 하는 당사자의 개입 없이는 대화가 있을 수 없다. '말'은 낡은 의사소통 용어를 사용하지 않기 위한 호소이고 교환이다. '말'이 정보를 전달하기 위해서만 단지 존재한다는 것은 사실이 아니다. 이것은 피상적이고 별 관심을 끌지 않는 견해이다. 물론, '말' **역시** 의사소통이며 정보를 전달한다. 하지만, 정보를 전달하기 위해서만 단지 말을 한다면, 우리의 관계는 얼마나 메마를 것인가. 사회자의 재능에도 불구하고, 또 뜻밖의 결과나 혹은 새로운 결과에도 불구하고, 텔레비전에서 "정보"를 듣기만 하면 된다는 것이다. '말'은 불확실하다. '말'은 정보를 전달할 뿐 아니라, 내용과 틀이 없고 수수한 유동적인 어떤 세계 전체를 전달한다. 또한 '말'에는 '암묵적으로 발화 發話된' 관계의 복합성이 아주 풍부하다. '암묵적으로 발화된'이란 표현은, '말'이 '암묵적 발화 내용'48)으로도 이루어짐을 나타낸다. 보다 정확히 말해, 말해야 할 바가 '발화 내용'le dit에 의해서는 간혹 숨겨지고, '암묵적 발화 내용'에 의해서는 간혹 드러난다는 것이다. 이처럼 '말'은 명백한 영역에 결코 속하지 않는다. '말'은 끊임없이 '숨김·드러냄'의 작용이다. 이것은 이미 존재하지만, '말'에 의해 더 미묘하고 복잡해진 인간관계

---

48) [역주] '암묵적 발화發話 내용'(le non-dit). 명시적 언어 표현으로 발화發話되지 않은 내용을 가리킨다.

의 작용이다. '말'은 이 관계에 의해서만, 이 관계를 위해서만, 이 관계 속에서만 존재한다. 대화는 다음 같은 두 대화상대자의 놀라운 발견을 전제로 한다. 즉, 두 대화상대자가 그들 사이에서 공통점이나 비슷한 어떤 것을 발견하는 것이다. 다시 말해, '듣는 자'에게서 '말하는 자'의 요소들이 다시 발견되고, '말하는 자'에게서 '듣는 자'의 요소들이 다시 발견되는 것이다. 이와 동시에, 공통된 척도와 차이가 필요하다. 나는 너와 동일한 언어를 말하고 우리는 동일한 코드를 가지고 있지만, 내가 말해야 할 바는 네가 말해야 할 바와 다르다는 것이다. 그렇지 않다면 '말'도 대화도 없을 것이다.

그러면 '말해야 할 바'란 무엇인가? 현대 언어학자와 예술가의 비난에도 불구하고, 나는 다음 같이 주장한다. 즉, 내가 말한다는 것은 내가 언급해야 할 어떤 것이 있기 때문이고, 이러한 압력이 없다면 '말'은 밖으로 나오지 않을 것이다. '말'은 아무 것도 아닌 것으로부터 생겨나지 않는다. '말'이 지닌 '시니피에'는 '말'에 의해 생겨나지 않는다. 나중에 살펴볼 현대의 과장된 표현에도 불구하고, 다음 같은 점은 사실인 채로 남아 있다. 즉, 내가 다른 사람에게 말을 건다면, 이는 내가 가지고 있고 그는 가지지 않은 혹은 내 생각으로는 그가 가지지 않은 어떤 것을 내가 그에게 전달할 의도가 분명히 있다는 점이다. 이런 점을 전제로 하여, 나는 내가 실제로 말해야 할 바에 일치하는 단어와 문장을 발견한다. 어떤 전제 조건이 있다. 하지만, '말'은 이러한 "언급하기"dire를 직접적으로 본뜨지 않는다. '말'에 의해 예기치 못한 영역이 생겨나고, 다음 같은 놀라운 피어남이 이루어진다. 즉, 내가 말해야 할 바를 윤택하게 하고 풍부하게 하며 기품 있게 하면서도, 내가 말해야 할 바를 직접적으로 무미건조하게 정확히 표현하지 않는 피어남이다. 나는 생각과 사실과 도식을 염두에 두고, 글을 쓰기 시작한다. 내가 며칠 후 다시 읽으면, 내가 쓴 것에 대해 놀란다. 물론, 내가 쓴 것은 말해야 할 바와 부분적으로 일치하지만, 내가 말해야 할 바를 벗어난 것이다. 나는 내가 다른 텍스트를 썼다는 점을 알아차린다. 또한 나는 내가 기억하지 못했고 내게 있어서는 예기치 않은 생각과 이미지와 형태가 '말'에 의해 떠올려졌다는 점을 알아차린다. 이것은 대화이고 거리이다. 우리는 분리되는 동시에 달라져야 한다. '말하는 자'는 자신에게 말하지 않는다.[49] 타인에게 부족한 "언급해야 할 것"이 있을 뿐만 아니라, 다른 '언급해야 할 것'도 있다. 아담이 하와를 볼 때 아담의 '말'은 처음으로 터져 나온다. 아담은 하와 때문에 말하고, 하와를 위해서 말한다. 내 살에서 나온 살이요 내 뼈에서 나온 뼈이기는 하지만, 하와는 아담과 다르다.[50] '서로 다른 비슷한 존재'인 것이다. 우리를 분리하는 무한한 공간이 '말'에 의해 채워진다.

 그러나 차이는 결코 없어지지 않는다. 거리가 존속하기 때문에, '담화'는 늘 다시 시작한다. 불가피하고 풍부한 '표현의 중복'redondance 속에서, 나는 내 '말'을 다시 주기 위해 항상 내 '말'을 다시 시작해야 한다. 결코 완전히 명확하지 않기 때문에, 내가 말해야 할 바를 결코 정확하게 표현하지 않기 때문에, 결코 정확하게 받아들여지거나 이해되지 않기 때문에, 다시 시작되고 다시 말해진 '말'이다. 언어는 '말'이다. '말'은 모호함을 담고 있으며, 정보보다 더 풍부하고 덜 명확한 '영기靈氣'aura를 담고 있다. '빵'이라는 가장 단순한 단어는 온갖 '함의含意'[51]를 포함하고, 온갖 이미지와 눈부신 무지개와 수많은 반향을 일깨운다. 나는 '빵'이라는 단어를 통해 빵이 없는 수백만의 사람들을 생각할 수밖에 없다. 또한 나는 '빵'이라는 단어를 통해 빵집 주인인 어떤 친구의 이미지를 피할 수 없

---

49) [역주] '말하는 자'는 자신에게 말하지 않는다는 것은, '말하는 자'는 말하기 위해 다른 사람, 곧 '듣는 자'를 필요로 한다는 점을 나타낸다.
50) [역주] 창세기 2장 23절 참조.
51) [역주] '함의含意'(connotation). 언어에서 말의 '암시적 의미'를 나타내며, 말의 '명시적 의미'에 대하여 감정적·사회적·문화적 의미를 내포하는 것을 가리킨다.

으며, 제2차 세계대전 중 독일의 프랑스 점령 기간 동안 빵이 그렇게도 귀하고 형편없던 시절의 이미지를 피할 수 없다. 그리고 영성체와 성찬식에서 '빵의 나눔'52)과 예수의 알려지지 않은 현존하는 이미지가 내게 다가온다. 나는 신성한 물질인 빵조각을 내던지는 죄에 대해 어린 시절에 들은 설교로 즉시 옮겨간다. 물론, 우리 사회의 엄청나고 믿을 수 없는 낭비가 있다. 이는 빵의 낭비뿐만 아니라 부정적인 상징으로 남아 있는 낭비이다. 기억은 어린 시절의 따뜻하고 바삭바삭한 빵으로 거슬러 올라간다. 모든 굶주림을 채워줄 약속된 생명의 빵이다. 사람은 빵으로만 살 수 없지만, 들리지 않은 채 외쳐진 성부聖父의 **말**은 어디에 있는가? … 모든 기억이 매번 떠올려지는 것도 한꺼번에 떠올려지는 것도 아니다. 하지만, "빵을 내게 건네 달라."는 그토록 평범한 문장이 내게 언급될 때도, 그 중 어느 하나의 기억도 떠올려지지 않는 일은 드물다. 이렇게 평범한 문장이 언급되는 것을 통해서도, 지나간 수많은 상황을 떠올리게 하는 함의含意와 '배음倍音'53)이 갑자기 나타난다.

'말'은 한없이 가느다란 거미줄 한 가운데 위치한다. 이 거미줄의 구조는 중심에서는 가늘고 조밀하지만, 이 중심지점으로부터 멀어짐에 따라 테두리에서는 느슨해지고 일관성이 없어질 정도로 간격이 넓어진다. 또한 이 거미줄은 내게는 보이지 않는 받침점에 이 거미줄을 붙잡아 매려고, 실을 모든 방향으로 밀어내고 간혹 아주 멀리 실을 밀어낸다. 신기한 일은 이 복잡한 거미줄은 시간이 흐름에 따라 나에게도 타인에게도

---

52) [역주] '빵의 나눔'(fraction du pain). 종교적 용어로 '성체의 분할'이라고 옮길 수도 있다.
53) [역주] '배음倍音'(harmonique). 일상적으로 접하는 대부분의 음은 이른바 복합음으로서, 복수의 부분음으로 이루어진다. 그 중 진동수가 최소인 것을 '바탕음'이라 하고, 나머지를 '상음上音'이라 하는데, 특히 바탕음에 대해 진동수가 정수배整數倍 관계에 있는 상음을 '배음'이라고 한다. 배음은 음의 협화음과 불협화음에도 깊은 관계를 가지고 있으며, 바탕음에 대한 배음 성분의 상대치는 음 고유의 음색을 결정한다. 여기서 엘륄이 사용한 음악용어 '배음'은 문맥상 특정한 어떤 상황과 조화롭게 밀접한 관계를 맺고 있는 다른 상황들에 대한 기억이나 다른 것들을 떠올리게 하는 요소로 볼 수 있다.

결코 동일하지 않다는 것이다. 발화發話된 '말'은 거미줄을 움직인다. 파동은 빛을 발하게 하는 동시에, 타인과 내게 있어 동일하지 않은 전율을 일으키면서, 거미줄을 거쳐 퍼져나간다. 이것은 불확실한 '말'이고, 모호한 '담화'이며, 간혹 양면성을 지닌 '담화'이다. 또한 이것은 언어를 다음 같은 엄밀한 분석에 국한시키려는 이들의 광기이다. 즉, 이 엄밀한 분석에서는 각 단어가 수학적인 정확성과 더불어 어떤 의미나 유일한 의미를 지닐 수도 있고, 각 단어가 단일 가치를 지닌 정보의 굴레 속으로 한정될 수도 있다. 또한 이 엄밀한 분석에서는 우리가 말하고 있는 바를 우리가 과학적인 정확성과 더불어 알 수도 있고, 받아들이는 사람은 전달 내용을 완전히 이해할 수 있다고 밝힐 수도 있다. 다행스럽게도 '담화'의 불확실성을 풍부함 전체로 바꾸는 것은 바로 이 점이다. 나는 내가 말하는 바에 대해 타인이 듣는 것이 무엇인지, 해석하는 것이 무엇인지, 기억해두는 것이 무엇인지 정확히 모른다. 나는 흐름이 지나감을 알고, 나의 '담화'가 타인 속을 관통함을 안다.

또한 나는 내가 긍정적인 관계의 감정이나 혹은 거부의 감정을 지니고 있음을 안다. 그리고 나는 일련의 화려한 '배음倍音' 속에서 관계가 다시 활기를 띠게 하는 것을 내가 해석할 수 있음을 안다. 타인은 이해하지 못한다. 나는 타인을 본다. 그래서 나는 나의 '담화'를 다시 시작한다. 나는 다른 계획을 가지고 거미줄을 새로이 짠다. 나는 타인에게 도달하여 타인으로부터 감지될 수 있는 듯이 보이는 것을 만들어낸다. 의미의 불확실함과 '말'의 모호함을 통해 창조물이 만들어진다. 이는 시학詩學, 곧 시의 미학일 뿐만 아니라 '담화'와 관계의 시학이다. 또한 끊임없이 다시 짜야하는 '담화'의 시학일 뿐만 아니라, '담화'와 관계의 시학이다. '담화'는 늘 불확실한 이런 관계의 재시작을 요구한다. 나는 '말들'을 호출하고 설명하며 교환함으로써, 이 관계를 다시 한 번 부인해야 한다. 이것은 결코 분명하지 않은 모호한 '담화'이다. 또한 이 '담화'는 경험과 욕구와 제어와 인식으로 된 '무의식적인 집합체'ensemble inconscient로부터 비롯되어, 다른 의미를 만들어 낼 또 다른 집합체 속으로 떨어진다. 이런 변함없는 오해에 힘입어 삶의 재도약이 존재한다. 끊임없이 다시 시작해야 하고, 관계는 예기치 않은 협로와 접근할 수 없는 뾰족한 산봉우리가 있는 복잡하고 풍부한 풍경이 된다. 특히, 언어를 수학적으로 만들지 말아야 하고, 인간관계의 화려한 복잡성을 확인할 수 있는 문구로 표현하지 말아야 한다. 의미의 불확실함이 있기는 하지만, 이 때문에 나는 내가 파악하는 '담화'를 늘 새롭게 다듬어야 하고, 내가 들은 '담화'를 새롭게 해석하는 데 힘써야 한다. 나는 타인이 내게 말하는 바를 들으려고 시도해야 한다. 다소 모든 '말'은 풀어야 할 수수께끼이고, 다양한 해석을 지닌 해석해야 할 텍스트이다. 이해를 하려고 노력하면서, 또 해석을 하려고 노력하면서, 나는 '의미작용'signification을 만들어 내고 결국 어떤 '의미'sens를 만들어낸다. '담화'의 막연함을 통해 의미가 만들어진다.

가장 정밀한 과학 분야의 과학자들의 삶을 포함하여 지적인 삶 전체는54), 마침내 넘어서고 극복해야 할 이런 불균형과 몰이해와 오해를 근거로 한다. 언어에 대해 잘못 생각함으로써, 존재는 점령당하거나 속박당하는 것을 모면한다. 나는 무한하고 예기치 않은 풍성함을 지닌 도구와 마주해 있고, 최소한의 문장을 통해 촉발된 '다음성多音性'55)과 마주해 있다. '담화'가 표현되는 시대로부터 '담화'가 받아들여지는 시대에 이르기까지, '담화'의 모호함이나 심지어 담화의 양면성과 모순을 통해 가장 강렬한 활동이 생겨난다. 그런데 이런 활동이 없다면 우리는 개미나

---

54) 나는 '전체'라고 분명히 말한다. [본문 내용을 역자가 각주로 설정]
55) [역주] '다음성多音性'(polyphonie). 음악에서 '단음성單音性'(monophonie)과 대립되는 개념으로서, 독립되어 있지만 화성법에 의해 서로 연결된 여러 성음聲音의 결합을 나타내며, 넓은 의미로는 여러 음을 동시에 연주하는 능력을 가리키기도 한다. 바로 위에 나온 음악 용어 '배음倍音'과 연관되어 있다고 볼 수 있다.

벌과 다름없을 것이고, 우리의 감정은 빨리 메마를 것이며, 우리의 연극 장르인 '드라마'[56]나 비극은 사라질 것이다. 거기서 상징과 은유와 유추가 생겨난다. 나는 나의 언어를 통해 완전히 다른 두 대상을 포착한다. 나는 이 두 대상을 접근시키고, 유사성의 관계가 아니면 동일성의 관계를 수립한다. 나는 멀리 떨어진 알려지지 않은 이 대상을 이 유사성을 통해 아는 법을 터득한다. 나는 나의 언어를 통해 이 대상을 내가 잘 알고 있었던 다른 대상으로 귀착시켰기 때문에, 나는 이 대상을 이해할 수 있다. 이는 놀라운 작용이고, 논리적으로 터무니없는 작용이다. 또한 선험적으로 지지될 수 없는 작용이지만, 어떤 성공과 어떤 영감靈感과 더불어 거기에 존재하는 작용이다. 또한 언어의 불확실함과 모호함을 통해 가능했던 작용이다. 그리고 말로 표현할 수 없는 것에 대해 내가 언급할 수 있는 바를 상징적으로 이야기하듯이, 언어적으로 동일화함으로써 미지의 것에 접근한다. 이런 연금술에서 그토록 많은 작용이 일어난 이후 전혀 예기치 않은 순수한 금 알갱이가 존재하는데, 이것은 언제나 기적이고 어떤 일치가 확립되는 것이다.

　은유와 삼단논법과 유추와 신화를 통해, 또 불확실함과 오해의 뒤얽힘 속에서, 일치가 돌발적으로 생겨난다. 그토록 많은 "소음"[57] 가운데서 '말'과 의미는 확실한 일치와 마음이 통하는 일치를 가능하게 하면서, 돌발적으로 생겨난다. 너무 많은 의미로 가득 차 있었으나 지금은 의미가 박탈되어 있으며 그 본질로 돌아온 이런 '담화'의 매개와 중개를 통해, 가장 내밀한 것은 가장 내밀한 것에 도달했다.[58] 공통된 행동은 오류 없이

---

56) [역주] '드라마'(drame). 프랑스 문학사에서 17세기의 '비극'(tragédie)과 '희극'(comédie)에 대한 18세기의 현실주의적 연극 장르를 가리킨다.
57) 이번에는 정보처리기술적인 의미에서 이다. [본문 내용을 역자가 각주로 설정]
58) [역주] "가장 내밀한 것은 가장 내밀한 것에 도달했다."는 표현은, 메시지의 가장 본질적인 것이 우리 삶의 가장 본질적인 것에 일치했음을 나타낸다. 다시 말해, 이것은 불필요한 것 전체가 사라진 진정성을 나타낸다.

관여할 수 있고, 공통된 삶은 진정성이 쇄신되는 가운데서 계속될 수 있다. 하지만, 주의해야 한다. 함의含意의 풍부함과 '다음성多音性'과 일깨워진 '배음倍音'이 있었던 한에서 만이 사정이 그러하다. 의미를 지닌 이런 온갖 소음 가운데서, 또 이런 온갖 소음에 힘입어 공통된 의미가 솟아나고 형성된다. 다행히도 이 공통된 의미는 내가 말했던 바도 전혀 아니며, 더 나아가 녹음기로 녹음될 수 있었던 바도 전혀 아니라, 내 안에서 반향을 일으키는 메아리들의 조화이다. 이러한 일치를 통해, 늘 다시 시작해야 할 '담화'처럼 늘 다시 만들어야 할 더 깊고 진실한 새로워진 관계에 우리는 관여한다. 대응관계가 일방적인 대수 기호가 되어 버린 '말'은 동일한 외적 활동을 수행하기 위해서는 유용할 수도 있다.

하지만, 이러한 '말'은 결코 의미를 만들어낼 수도 없고, 결코 존재를 일치시키거나 대응시킬 수 없다. 또한 이러한 '말'에 의해서는 결코 역사가 유발될 수도 떠올려질 수도 없다. 벌들은 서로 정보를 전달하지만, 역사를 만들지 못한다. 역사는 우리의 오해와 해석의 뒤얽힘으로부터 생겨난다. 예기치 않은 것이 우리의 가장 단순한 관계에서 돌발적으로 생겨난다. 이 예기치 않은 것을 통해, 우리는 우리의 관계 역사를 구성할 행동과 설명과 방식에 관여된다. 역사는 언어와 '말'의 산물이다. 서술되기 위해 기억된 역사만이 이에 해당하는 것은 아니다. 역사를 만들어내는 이는 심지어 과학자일지라도 언제나 역사들을 그저 서술할 뿐이고, 간혹 자신의 역사를 서술할 따름이다. 역사가 서술되는 것은 현재이기 때문에, 언어에 의해서만 언급될 수 있고 다시 현재의 것이 될 수 있는 지나간 역사만이 이에 해당하는 것은 아니다. 만들어내고 창조해야 할 역사이면서 진행 중인 역사인 나의 역사와 내 사회의 역사와 인류의 역사도 이에 해당한다. 그런데, 오로지 '말'에 의해서만 이런 역사는 유발되고 규정되며 가능해지거나 혹은 필요해진다. 이러한 '말'은 정치인의 '말'이나 대중의 '말'일 수도 있다. 왜냐하면 되풀이되고 끊임없이 '허구'mythe로 돌아가기에 역사가 없는 시대에 우리가 이런 '허황된 말' parole mythique에 의해 빠져들 때, '말'에 의해 역사가 차단될 수도 방해받을 수도 있기 때문이다. '담화'는 역사적인 '담화'이거나 혹은 반역사적인 '담화'이고, 시도해야 할 행동의 '담화'이거나 혹은 들어야 할 허구의 '담화'이다. 둘 중의 한 '담화'를 따르면 인간의 역사가 돌발적으로 생겨나고, 인간의 역사는 인류의 주된 역사가 되거나 혹은 일관성 없는 일상으로 남는다. '일치'와 마찬가지로, 역사가 생겨나고 정돈되며 이어지고 의미를 띠는 것은, **말**에 의해 촉발된 수많은 소음으로부터이다.

결국, 이해가 생겨나는 순간이 온다. 또한 그토록 많은 난관이 지나간 이후, 또 존재와 마음의 계획, 곧 지성의 계획이 수립된 이후 '담화'가 들려지는 순간이 온다. 그리고 의미들의 조화로부터 아무 것도 잃어버리지 않은 채, 연속된 오해가 점차 축소되는데 힘입어, '저편의 세계'에서 '담화'가 이해되는 순간이 온다. '담화'는 이해되고, 이해의 순간은 진정한 계시처럼 나타난다. 이는 들려진 조각들의 합도 아니고, 사회발전을 초래하는 느리고 휘어진 전개 흐름도 아니며, 마무리된 대수학의 당당한 '인증'CQFD도 아니라, 타인이 내게서 파악했던 '담화' 전체의 의미를 아주 빨리 나타나게 하는 계시이다. 모든 것은 번득이는 이러한 지점으로 귀결되는데, 이 지점으로부터 혼돈의 잔재가 정리되고 미로에는 출구가 있다. 일순간, 과정은 명확해지고, 논증이 더는 공허한 이야기가 되지 않으며, '상징체계'symbolique와 은유가 더는 근거 없는 것이 되지 않는다. 지성의 소통은 어떤 이들이 '시각적 인식'에 비유했던 번득임 속에서 이루어졌다. 나는 타인이 말했던 바를 진정으로 "보았는가"? 순간성만이 접근한다. 이는 '시각적 인식'이 아니라 빛인데, 우리는 '시각적 인식'과 빛의 간격을 살펴볼 것이다. 의미는 명백해진다. 나는 타인의 '담화'를 나를 위해 얻고, 이 '담화'를 나 자신의 역량 속으로 받아들인다. 또한 내가 이해할 때와 내가 이해될 때, 나는 완전한 지적 즐거움을 느낀다. 하지만, 이것은 존재의 완전한 즐거움이기도 하다.

'말'의 독특한 징후인 역설과 신비

'말'에 의해 우리를 시간 속으로 들어간다.59) '말'에 의해 우리는 오해와 해석과 '조화로움' 속에서 한없이 살아간다. '말'에 의해서는 나를 둘러싸고 있는 현실에 대해 내게 설명되지 않는다. 나는 내 옆에 있는 타인이 자기와 마찬가지로 내가 보는 것에 대한 묘사를 내게 시작하는 것은 필요하지 않다. 나는 즉각 확인할 수 있는 현실에 대해 말해진 정보가 필요하지 않다. 그래서 모호함이나 거리가 없을 수도 있다. 더 정확히 말해, 이러한 현실에 대한 내 경험에 따르면, 나는 타인의 불필요한 '담화' discours의 불확실성을 확인할 수도 있다. 이는 시각적인 것에 대해 말해진 증언에서 일어나는 것이다. 물론, '말'은 이러한 현실에서 역시 유용하다. '말'은 행동을 요구한다. '말'의 의해 제도가 생겨난다. 하지만, '말'의 특성은 거기에 있지 않다. '담화'가 편안하게 움직이고 자체의 완전한 영역을 취하며 진정으로 '말'이 되는 '허구'mythe와 상징과 우의寓意와 은유와 유추와 역사에 대해 우리는 이야기했다.

다시 말해, '담화'는 **현실**과 관련되는 것이 아니라, **진리**와 관련된다. 물론, 나는 **진리**에 대해 아무 것도 추정하지 않는다. 나는 **진리**를 규정하려 들지 않는다. 나는 인간에게 있어 두 종류의 인식과 '기준'référence이 있음을 이것을 통해 단지 말하고 싶을 따름이다. 이것은 인간을 둘러싸

---

59) 나는 언어 학습 문제나, 부모에게서 유전학적 조합으로 결정되어 있는 유전학적 프로그램 문제나, 다목적 프로그램 문제나, 혹은 단일 언어 지향 프로그램 문제에는 관여하지 않을 것이다… 이것은 나의 고찰을 넘어서는 주제이다. 촘스키(N. Chomsky)와 삐아제(J. Piaget) 사이에 논쟁을 참조할 것. 『언어 이론과 학습 이론』*Théories du langage, Théories de l'apprentissage* (Paris, Editions du Seuil, 1979).

고 있는 이 구체적이고 실험적인 현실과 관련되는 인식과 기준이고, 이런 말해진 세계와 관련된 인식과 기준이다. 이 말해진 세계는 인간이 '말'에 의해 만들어낸 것이고 생겨나게 한 것이다. 이 말해진 세계에서 인간은 의미와 이해를 퍼 올리며, 환각적이고 정신분열적이며 상상적인 세계라고 불리는 다른 세계에 들어가려고 자신의 삶의 실제 상황을 뛰어넘는데, 여기서 사람들이 원하는 모든 것은 별로 중요하지 않다. 나는 인간은 자신이 인간이 된 이후부터 확인할 수 있는 세계와는 다른 세계를 자신을 위해 구성하려는 절대적 필요성을 느꼈다는 점을 확인한다. 또한 나는 인간이 이 세계를 '말'을 통해 구성했으며, 이 세계를 진리라고 명명했다는 점을 확인한다. 멈포드[60]가 다른 세상에 대한 꿈을 꾸든, 카스토리아디스[61]가 상상을 하든, 까이우아[62]가 신화를 인간의 특성과 인간의 유일한 독특함으로 삼든, 별로 중요하지 않다. 내게 중요한 것은 '말'의 유일한 가치가 거기에 있다는 점이다. '말'은 현실에 연결된 것이 아니라, 다른 세계, 달리 표현하면 현실을 넘어선 초현실적이고 형이상학적인 다른 세계를 창조하는 '말'의 역량에 연결되어 있다. 따라서 이러한 세계는 진리의 영역이라 불릴 수 있다. '말'은 진리를 창조하고, 진리의 토대가 되며, 진리를 생성한다. 보잘 것 없고 가치 없는 현실로부터 초월적인 진리까지 내가 거기서 어떤 서열을 정하지 않는다는 사실에 분명히 주의한다면 그러하다. 나는 아직 **진리**에 대해서 말하는 것이 아니라, 단지 진

---

60) [역주] Lewis Mumford(1895-1990). 미국의 철학자이자 역사가이자 문명비평가. 그의 연구 중심은 인간의 생활 환경인 동시에 인간의 주체적 생존 조건인 문명의 발전을 총괄적인 관점으로 규명해나가는 데 있다. 주요 저서로 엘륄의 『기술 체계』 *Système technicien* 에서 인용된 『기술과 문명』 *Technics and Civilization* 이 있고, 그 외 『유토피아 이야기』 *The Story of Utopias*, 『기계의 신화』 *The Myth of the Machine* 등이 있다.
61) [역주] Cornelius Castoriadis(1922-1997). 그리스 출신의 프랑스 철학자이자 경제학자이자 정신분석학자. 주요 저서로 『상상적인 사회 제도』 *L'Institution imaginaire de la société*, 『그 자체로서 상상적인 것』 *L'imaginaire comme tel* 등이 있다.
62) [역주] Roger Caillois(1913-1978). 프랑스의 작가이자 사회학자이자 문학비평가. 주요 저서로 『신화와 인간』 *Le Mythe et l'Homme*, 『인간과 신성한 것』 *L'Homme et le Sacré* 등이 있다.

리의 영역63)에 대해 말한다. '말'이 현실과 아무런 관련이 없다고 하지는 말아야 한다. 우리는 이것을 나중에 살펴볼 것이다. 하지만, 나는 특유한 것을 찾는다. 특유한 것은 '말' 외에 다른 아무 것도 진리의 영역에 도달할 수도 없고 진리의 영역을 만들어낼 수도 없다는 점에 있다.

이 점을 통해 우리는 유일한 '말'의 독특한 징후인 토론과 역설과 신비 속으로 들어간다. '담화'는 자체가 설득력 있기를 바랄 때에라도, '담화'는 언제나 이목을 끌지 않는다. '담화'는 '담화'를 은밀하게 만들거나 드러나게 만드는 미지의 배경을 포함한다. 그 자체로 '담화'는 결코 강요되지 않기 때문에 이목을 끌지 않는다. '담화'가 확성기를 사용할 때에도, '담화'가 기계장치의 힘으로 다른 것들을 짓누를 때에도, 텔레비전이 말을 할 때에도, 어떠한 가능한 대화도 없기 때문에 '말'이 더는 존재하지 않는다. 기계들이 있고, 기계들에 있어 '담화'는 자체를 나타내는 계기가 될 따름이다. 떠받들어지는 것은 기계들의 힘이다. '말'은 아무 것도 아니고, '말'은 쓸데없는 소리의 연속일 뿐이며, 반사작용과 동물적인 반응을 유발할 따름이다. '말'을 하는 이가 강력한 확신으로 고무될 때에라도, '말' 자체는 불가피하게 이론의 여지가 있고, 그래서 이목을 끌지 않는다. 논증의 힘과 추론의 엄밀함과 화자話者의 열의가 어떠하더라도, 몸을 피해 방어하는 일이 어느 정도로 가능한지 우리 모두는 안다. 몇 번이나 우리는 아무 것도 듣기 원하지 않는 이의 콘크리트 같이 견고한 얼굴과 맞닥뜨리지 않았는가? 그런데 나는 그로 하여금 무엇을 듣게 할 수 있었는가! 실제로, '말'은 둘의 자유가 존중받는 놀라운 사건이다. 나는 '말'에다 '말'을 대립시킬 수 있다. 혹은 못들은 체 할 수 있다. 나를 규정하고 둘러싸며 설득하려 애쓰는 이와 마주하여 나는 자유로운 채로 있다. "테러적

---

63) 진리의 영역도 '비非진리'(non-vrai)의 영역이고, 분명히 오류와 거짓의 영역이다! [본문 내용을 역자가 각주로 설정]

인" 말과 '담화'가 우리에게 거창하게 선포되는 우리 시대에 수천 번이나 들려진 논증 외에는 아무 것도 더는 불합리하지 않다! 나는 이것이 테러적이 아닌 유일한 표현이라고 할 수도 있다! 이것에 대해 그토록 가볍게 떠벌이는 이들은 말의 폭력과 가죽 채찍 사이에 차이를 체험하지 못했고, 시끄럽게 소리를 지르는 인간의 입과 리볼버 권총의 조용한 총구 사이에 차이를 체험하지 못했다. 근본적이고 본질적인 '말'은 자체의 모호함으로 말미암아 듣는 사람에게 자유의 여지 전체를 남겨둔다. 나는 이 듣는 사람에게 자신의 자유를 이중적으로 행사하도록 촉구하는데, 우선 모든 '말'에 의해 동의나 혹은 거부가 제시된다.

달리 말해, 나는 반드시 나의 대화 상대자를 그가 행해야 할 선택 앞에 위치시킨다. 이는 선택의 상황이고, 자유의 상황이다. 하지만, 이와 동시에, 나는 나의 대화 상대자에게도 '말'이라는 자유의 선물을 사용하도록 권유한다. 나의 대화 상대자는 자기 차례에 말해야 하고, 따라서 자신의 자유를 떠맡아야 한다. 또한 나의 대화 상대자는 자신이 식별되고 표현되며 선택되고 노출되며 드러나는 어려운 흐름 속에 관여해야 한다. '말'은 언제나 자유의 실행이며 기계적이지 않다. 마찬가지로 '말'은 대상이 아니다! 게다가 텍스트와 완결되고 고착된 '말'에만 효력을 나타낼 수 있는 그토록 세밀한 구조주의 언어학 분석을 통해, 기호체계와 의미 단위와 의미소와 형태소 등 모든 것이 포착될 수 있다. 언어, 어휘와 수사修辭, '담화'와 이야기에서 신비로움이 일단 없어진 이상, 이 구조주의 언어학 분석에서 벗어나는 유일한 것은 '말' 자체뿐이다. 왜냐하면 '말'은 역사이고 이러한 분석은 역사를 배제하기 때문이며, '말'은 자유에 대한 촉구이고 여기서 구조와 체계는 닫히기 때문이다. 이와 동시에, '말'은 자신에 대한 긍정이다. 나는 자유에 대한 신념과 열망과 확신과 더불어 나는 말하고 태어난다. 이것은 동시에 존재하는 탄생이고, '말'은 내 자유의 표시로서, 또 타인의 자유에 대한 촉구로서 입증된다.

이것이 '말'의 두 번째 특징이므로, '말'은 언제나 역설적이다. '파라독싸'64)는 '독싸'65) 옆이나 '독싸' 밖에 위치하는 것임을 잊지 말아야 한다. '파라독싸'에는 어떠한 '독싸'도 전혀 없지만, 이와 동시에 '독싸'를 문제 삼는다. 롤랑 바르뜨66)가 "진정한 검열수단은 경찰이 아니라 '엔독싸'67)이다."라고 지적하는 것은 당연하다. "언어의 이론적 규칙 같은 언어가 말하기를 금지하는 것에 의해서 보다 언어의 '의무 항목'rubrique obligatoire 같은 언어가 말하기를 강요하는 것에 의해 언어는 더 잘 규정되듯이, 사회적 검열은 말을 하지 못하게 하는 곳에 존재하는 것이 아니라, 말하기를 강요하는 곳에 존재한다. 검열에 맞서는 일과 같은 가장 심한 전복顚覆은 여론과 도덕과 법과 경찰에 충격을 주는 것을 말하는데 반드시 있지 않고, '역설 담화'discours paradoxe를 만들어내는데 있다."68) 언어가 '독싸'일 수 있다면, '말'은 언제나 역설적이다. 카스텔리69)는 '역설'은 존재한다는 점과 '역설'을 어설프게 밝히는 것은 무의미하다는 점을 떠올리게 함으로써, 그의 견해는 또 다시 타당하다. '역설'은 철학자나 혹은 지적

---

64) [역주] '파라독싸'(paradoxa). '반대'를 뜻하는 그리스어 'para'와 '의견'이나 '신념'을 뜻하는 'doxa'의 합성어로서 '역설'이라고도 한다. 일상적 상식론이나 논리적 방법으로는 도달할 수 없는 진리를 나타내는 상징적 표현으로서 '역설'은 흔히 관심을 끌고 새로운 사고를 일깨워주기 위해 사용되는데, 일상적인 의견이나 신념에 대한 회의를 불러일으키는데 효과적이다. 따라서 '역설'은 표면상으로는 말이 안 되고 자기 모순적이고 부조리한 것처럼 보이지만, 해석의 과정을 거칠 때 그 의미가 올바르게 전달될 수 있는 진술, 곧 진실을 담고 있는 진술을 말한다. 이는 공통된 견해, 곧 공론公論과 상반되는 진술을 통해 의미를 전달하는 것으로, 대화 상대자 혹은 독자의 기대에 역행하는 언술言述 행위를 뜻한다.
65) [역주] '독싸'(doxa). 그리스어 δόξα를 옮긴 표현으로서 '의견'이나 '신념'을 뜻한다.
66) [역주] Roland Barthes(1915-1980). 프랑스의 비평가이자 기호학자. 신비평新批評의 대표적인 존재이면서 프랑스 구조주의와 기호학의 주동자 중 한 사람으로서, 사회학, 정신분석학, 언어학의 성과를 활용한 이론을 전개한다. 주요 저서로 『신화학』*Mythologies* 과 『기호학의 요소』*Eléments de sémiologie* 가 있다.
67) [역주] '엔독싸'(endoxa). 그리스어 ἔνδόξα를 옮긴 표현으로서, 현자나 수사학자나 대중에 의해 일반적으로 받아들여진 '의견'이나 '신념'이며, 따라서 '독싸'보다 더 안정적인 '의견'이나 '신념'을 가리킨다.
68) 다귀(Dagut), 「보드리야르 연구」*Etude sur Baudrillard*, 보르도 정치대학 석사논문, 1978년.
69) [역주] Enrico Castelli. 이탈리아의 철학자. 대표작으로 『틀 잡히지 않은 시간』이 있다.

인 혁명가가 열렬히 섬세하게 만들어낸 것이 아니라 '상식'sens commun으로부터 나온 것이기 때문에, '역설'이 존재하지 않는다는 점은 이상할 수도 있다. '상식'은 정립된 사고를 넘어선다. '상식'은 통합하는 모든 교리를 벗어난다. 또한 '상식'은 반세기동안 억눌려 있으면서도, 역설 속에서 표현되기 위해 이상하게도 무사한 채로 솟구쳐 오른다. '상식'은 사고의 하위 단계가 아니다. '상식'은 논리의 규칙이나 변증법의 규칙에 따라 구조화되고 정립되며 조작된 논리적인 사고와 마주해 있는 '역설'이다. 솟구치는 새로운 '말'에 언제나 연결된 '역설'을 통해, 사고는 닫치지 않고 마무리되지 않으며, 체계는 전체를 포괄하지 않고, 구조는 모든 것을 결정지지 않는다. 시적인 '말'은 그 자체로 '역설'을 담고 있다. 시적인 '말'은 정치적이거나 학문적인 '담화'에 비해 미세하고 부수적이지 않은가? 이는 사실이긴 하지만, 시적인 '말'은 모호함과 이중적인 의미와 다양한 해석과 이중적인 배경과 다양한 측면을 끊임없이 제시한다. '말'에 의해 인간의 모호함이 직접 해명되기 때문에, '말'은 언제나 역설적이다.

그래서 우리는 기억해야 할 이러한 '말'의 마지막 특징, 곧 '말'은 신비라는 특징과 마주한다. 가장 명확하고 가장 잘 설명된 '말'에 의해, 나는 어쩔 수 없이 신비로 되돌아간다. 이는 내가 살펴볼 수 없는 타인의 신비이고, 타인의 '말'이 그 반향을 제시하는 신비이다. 나는 이러한 반향을 감지하고, 다른 것이 있음을 안다. 이것은 내가 타인이 말하는 바를 잘 이해하지 못하고 타인이 말하는 모든 것을 이해하지 못한다는 점을 내가 자연적으로 앎으로써, 내가 겪는 신비이다. 또한 이것은 내가 인정했던 내 자신에 대한 나의 이해 부족에서 비롯된 신비이다. 나는 어떻게 대응할 것이며, 어떻게 대답할 것인가. … 나는 잘 이해했다고 별로 확신하지 않기 때문에, 나는 신비의 영역을 감지한다. 또한 나는 대답하는 것을 별로 확신하지 않으며, 내가 지금 말하고 있는 바를 별로 확신하지 않는다. … 끊임없이 우리의 '담화' 속에는 여백이 있는데, 더 정확히 말해 '담화'는 다음 같은 페이지와 마찬가지이다. 이 페이지는 인쇄되어 있고, 사방에서 흰 여백으로 둘러싸여 있으며, '담화'가 없지만 아무런 것이나 담을 수 있다. 이것은 이러한 '담화'를 위치시키는 여백이고, 이 '담화'에 다시 튀어 오르고 다시 시작할 잠재력을 부여하는 여백이며, 어떤 타인으로 하여금 '여백의 주석'glose marginale을 통해 개입할 수 있게 하는 여백이다. 나는 이러한 가능성을 안다. 나는 나의 '담화'에서 나타나고 나의 '담화'를 변화시킬 '여백의 주석'을 알지 못한다. 이는 여전히 예기치 않은 것이다. 우리는 침묵의 신비에 접근한다. 이것은 '담화'의 공허함이 되는 침묵이지, 침묵의 충전인 '담화'가 아니다! 이것은 불안하게 하고 당황하게 하며 슬프게 하고 나의 기다림이 결여된 수수께끼 같은 타인의 침묵이다. 나는 타인으로부터 대답과 설명과 주장을 기다린다. 타인은 말이 없고, 나는 타인과 관련하여 어디에 어떻게 위치해야 하는지 더는 알지 못한다. 정확히 말해, 나는 타인과 마주하여 존재하는 법을 더는 알지 못한다.

'담화'가 생겨나지 않을 때, 나는 나를 벗어나는 신비 앞에 있다. 나는 '말'을 기다린다. 말해지지 않고 들려지지 않은 채 이어지지만 제거할 수 없는 '말' 속에서, 침묵은 공허가 된다. 이처럼 도처에서 '말'은 신비와 관련되고, '말'은 신비를 나타내며, '말'에 의해 우리는 신비 속에 빠진다. '미토스'[70]와 '로고스'[71]가 함께 나아가는 것은 공연히 그런 것이 아

---

[70] [역주] '미토스'(Mythos). 아리스토텔레스의 『시학詩學』에서는 이야기의 순서를 정한 극의 줄거리라는 뜻으로 사용된다. 철학은 기본적으로는 '미토스'에서 떠나 '로고스'에 바탕을 둔 것이지만, 표현하기 곤란한 것을 기술하기 위해, 또 논리적 사색을 편견으로부터 벗어나게 하기 위해 불가사의한 것으로부터 이루어지는 '미토스'의 비유적이고 직관적인 표현이 자주 이용된다.

[71] [역주] '로고스'(Logos). 사물의 존재를 한정하는 보편적인 법칙, 행위가 따라야 할 준칙, 이 법칙과 준칙을 인식하고 이를 따르는 분별과 이성을 뜻한다. 정념, 충동, 정열을 나타내는 '파토스'(pathos)와 대립되는 개념으로, 본래는 고전 그리스어로 '말하다'를 뜻하는 동사 'legein'의 명사형이며 '말한 것'을 뜻한다. '로고스'는 일상 언어에서 차차 이성, 사유, 정신

니다. 이미지는 결코 신비스럽지 않다. 우리는 이미지가 무서울 수가 있음을 살펴보았다. 신비는 무섭지 않다. 신비는 존재에 대한 질문이다. 이미지는 역설적이지 않고, 언제나 '독싸'doxa에 부합하며, 우리가 살펴보게 되듯이 무엇보다도 순응적이다. 영화와 벽보를 통해 자신들이 혁명적 사고를 진작시킨다고 믿는 것은, 문화 혁명가들의 유치한 환각이다. 이미지는 지배적인 '독싸'에 대한 '추종'conformité일 따름이다. 오직 '말'만이 '독싸'의 작용을 혼란시키고 어지럽힌다. 이미지는 공백도 여백도 포함하지 않는다. 현실에는 신비가 없기 때문에, 현실에 관련되면서 현실을 직접 설명하는 이미지에는 신비가 없다. 풀리지 않은 문제들을 포함하고 공포로 나를 깜짝 놀라게 하는 현실에는 신비가 없다. 나를 깜짝 놀라게 하는 것은 공포의 명백함이다. 내가 시각視覺을 통해 감지하는 이러한 현실에는 이중적인 배경도 없고 반향도 없다. 진리는 해결해야 할 문제도 끔찍한 환각도 제시하지 않는데도, 진리는 '말'처럼 반향과 신중한 식별과 불연속 속에 온통 있고, 나를 엄습하여 신비로 나의 마음을 끈다. 모든 것은 명백함에서 기인한다. 현실은 명백하다. 시각은 당연히 그래야 하듯이 내게 명백함을 부여한다. 진리는 결코 명백하지 않다. '말'은 명백함을 없앤다.72)

이라는 인간의 고유한 정신적 기능과 관련된 개념으로 발전하게 되고, 나아가 종교적인 개념으로 변형된다. 이때의 '로고스'는 두 가지 의미를 함께 내포하는데, 우주 내부에 존재하는 인간 이성의 능력 혹은 사유로서의 '로고스'와 우주적인 실재 혹은 사물의 합리적인 근거 내지 법칙으로서의 '로고스'이다. '로고스'는 그리스 철학과 기독교 철학에서 중요한 사상적 기반을 이루고 있는데, 그 개념에서는 차이를 보인다. 즉, 기독교 사상의 형성기에 구약성서에서 볼 수 있는 하나님의 '말' 혹은 권유의 기능이 그리스적인 '로고스'와 동일한 의미에서 이해되어 여러 사물의 원리로서의 '로고스', 하나님과 함께 있는 '로고스'로서의 기독교 론이 된다.
72) 따라서 나는 이점에 대해 맥루한(McLuhan)과 완전히 의견이 일치하지 않는다. 맥루한이 시각적 세계가 연속되고 균질하다는 점을 보여주려고 하는 것은 좋다. 하지만, 우리가 도처에서 듣기 때문에 음향 세계가 동시성의 세계인데도 불구하고, 이와 동시에 우리가 어디서든 보지 못하는데도 불구하고, 맥루한이 시각적 세계가 연속성과 펼쳐짐의 세계라고 언급하면서 해석할 때, 이 점은 매우 설득력이 없는 듯이 보인다. 즉, 우리 눈의 반경 내에서 우리가 어디서든 보듯이, 우리는 우리를 둘러싸는 영역의 소음들을 듣는다. 그리고 아주 놀랍게도, 맥루한은 청각적인 것을 공간적이고 포괄적인 것으로 바꾸면서도, 시각적인 것

3. '말'과 이미지

진리의 영역에 속하는 '말'과 현실의 영역에 속하는 이미지

'보기'와 '듣기'는 분리할 수 없고 상호보완적이며, 어떠한 인간적인 발전도 이 둘의 결합 없이는 이루어질 수 없음은 자명하다. 나는 편의상 이 둘을 따로 고찰했을 따름이다. 그렇지만 이 둘의 차이는 본질적이고, 아마도 인간의 독특함이 생겨나는 것은 이 둘의 대조와 대립으로부터 이다. 이것을 나타내기 위해 나는 특징들을 과장했고, 대비를 더 강렬하게 하려고 이 둘을 분리함으로써 개별화했다. 왜냐하면 대비는 중요하지만, 드물게 지각되기 때문이다. 대조를 시도해보자. 따라서 주요한 대립은 **공간**과 **시간** 사이에 대립이고, **현실**과 **진리** 사이에 대립이다. 기술적인 지배권에 연결된 우리 문명의 주된 경향은 현실과 진리 사이에 혼동을 시도하는 것이다. 즉, 현실이 진리라고 우리로 하여금 믿게 하는 것이다. 또한 우리로 하여금 현실을 유일한 진리라고 믿게 하는 것이다. '보편 논쟁'73) 시절부터 실재론자들은 진리가 실재한다고 믿었는데, 우리는 용어

을 애초에 선형적이고 연속적이며 시간적인 것에 속하는 것으로 바꾼다… 나는 그의 오류의 근원이 무엇인지 의아하게 생각했다. 이는 그가 시각적인 것에 대해 언급할 때 결국 그는 합리적인 것에 연결된 알파벳순의 '표기表記'(écriture)의 시각적인 것만을 고려할 따름이다. 하지만, 그는 이렇게 하기 위해 '**표기 · 말**'의 관계를 깨트린다. 그리고 그가 음향에 대해 말할 때, 그는 음악만을 고려한다. 즉, 음악은 공간적이고 포괄적이며 동시적이라 할 수 있다. 하지만, 그는 '말'을 배제한다. 음향이 직접적인 인식을 제공하는데도 불구하고, 그가 시각적인 것은 분류를 제공한다고 언급할 때도 마찬가지로 그러하다. 분명히, 분리된 목소리보다 어떤 사람의 얼굴이 훨씬 더 직접적으로 인식된다. 직접적인 인식은 시각視覺의 영역에 속한다! 그는 이렇게 하기 위해 소음들의 세계를 배제한다. 시각은 "그것이 무엇인지" 즉시 내게 언급하는 형태와 색채를 계속하여 구분할 수 있게 하는데도 불구하고 그러하다. 아마도 청각은 소리와 소음을 나로 하여금 분류할 수 있게 하지만, 나는 "그것이 무엇인지" 계속하여 구분하지 않는다. 따라서 청각이 제시하는 정의定義는 단지 '표기表記'의 시각에만 관련된다. 이것은 음악의 음향이다. 하지만, 이렇게 언급되고 나면, 나는 어떤 한 세계와 또 다른 세계에 대해 그가 제시하는 많은 규정들에 있어 그와 의견이 다시 일치한다. 시각적 세계는 양적이고 활동적인 영역에 속하고, 의미심장한 도식들을 지각한다. 음향 세계는 추상적인 인식과 더불어 감정적이고 직관적이며 양적이다. 그런데 맥루한은 이 속성들이 연속적인 특성, 곧 어떤 세계의 시간적인 특성 및 또 다른 세계의 공간적인 특성과 명백히 어긋난다는 점을 어떻게 보지 못하는가!

73) [역주] '보편 논쟁'(querelle des universaux). '보편'이 현실 속에서 실제로 존재하는가와 '보

들을 뒤바꿔 버렸고 우리에게 있어 모든 것은 현실로 한정된다. 진리는 현실을 포함하는 것이 되고, 현실이 표현하는 것이 된다. '저편의 세계'에는 아무 것도 없고, 게다가 '저편의 세계'도 더는 없다. **타자**他者인 것은 아무 것도 없고, 게다가 **'전적 타자'** Tout Autre도 없다. 확인할 수 있고, 과학적으로 측정할 수 있으며, 실제적으로 변경할 수 있는 이러한 현실로 모든 것은 귀결된다. '실천' praxis이 모든 진리를 가늠한다. 이 경우에 진리는 진리의 '이편의 세계'74)일 따름인데, 진리의 '이편의 세계'에서 행동하는 것이 가능하다.…

'말'만이 **진리**와 관련된다. 이미지는 단지 현실과 관련된다. '말'도 현실과 관계될 수 있음은 자명하다! '말'이 완전히 실용적일 수 있던 간에, 또한 '말'이 실제 상황을 묘사하는데 소용되는 만큼이나 행동을 지시하는데 소용되던 간에, '말'은 현실과 관계될 수 있다. '말'은 구체적인 세계에 관여하고, 현실의 경험과 관계된다. '말'은 일상생활에서 의사소통 도구이고, 따라서 현실 전체에 바로 포함된다. '말'은 현실에 관한 정보를 전달하고, 현실에 대한 이해에 관여한다. '말'은 현실을 생겨나게 할 수 있고, 이 현실에 포함될 결과들을 초래할 수 있다. 따라서 '말'은 양면성

편'과 '개별'에 대한 우위 여부를 두고 벌어진 철학적 논쟁이다. 아리스토텔레스와 플라톤의 철학에 그 기원을 두고 있으며, 중세 스콜라 철학에서 신학 논쟁과 깊이 연결되면서 학문적 쟁점으로 떠올라 격렬하게 논의된다. '보편 논쟁'에 대한 중세 스콜라 학자들의 입장은 크게 두 갈래로 나뉘어져 대립했다. 우선 '보편'이 현실에서도 존재하며 개별적인 것보다 더 우위에 선다는 입장이었다. '흰색'이라는 일반적이고 보편적인 개념이 개별적인 것 하나하나의 흰색 사물들보다 앞서서 존재한다는 것이다. 이렇게 '보편'이 실제로 존재한다는 입장을 '실재론'實在論이라 부른다. 반면에 보편적인 개념은 만들어낸 말에 불과할 뿐이며 현실에 존재하는 것은 개별적인 것 뿐 이라는 입장이 있다. 예를 들어, '흰색'이란 말이 있을 뿐이며 실질적으로 존재하는 것은 하나하나의 흰색 사물들 뿐 이라는 것이다. '보편'이라는 것이 실제로는 존재하지 않으며 사람들의 머릿속에서 만들어 낸 이름에 불과하다는 이러한 주장을 '유명론'唯名論이라 부른다. 중세 스콜라 철학에서 '보편 논쟁'이 큰 의미를 가진 결정적인 이유는 이 모든 것이 중세 지식인과 철학을 사로잡은 신학과 긴밀하게 결부되기 때문이며, 중세 내내 '보편 논쟁'은 삼위일체설 같은 다양한 기독교 교리 및 현실에서 신의 존재 여부를 설명하는데 사용된다.

74) [역주] '이편의 세계'(en-deçà). 이 세상 저 너머에 존재하는 '저승'이나 '내세'를 나타내는 '저편의 세계'(au-delà)와 대조되는 표현으로서, '이승'이나 '이 세상'을 가리킨다고 볼 수 있다.

을 지닌다. 하지만, '말'은 진리의 영역을 개인과 공유하기 때문에, '말'의 특수한 영역은 진리의 영역이다. 이미지는 현실로부터 빠져나올 수 없고, 양면성을 지니지 않는다.

    나는 사람들이 **"진리란 무엇인가?"**라는 질문을 제기하고 싶어 한다는 점을 그 만큼이나 잘 수긍한다. 나는 내용을 제시하면서 분명하게 대답하지 않을 것이다. 왜냐하면 이 점이 즉시 반박될 수도 있고, 이 점은 엄청난 우회를 요할 수도 있으며, 이 점은 내 힘을 넘어설 수도 있기 때문이다. 하지만, **진리**의 대상이 무엇인지, 또 현실을 확실히 구분하는데 소용되는 것이 무엇인지 보여주는 것은 가능하다. 그 질문에 어떤 답을 줄 수 없으면, 진리와 관련하여 제기된 유일한 질문은 진리의 본질을 규정하는 것으로 충분하다. 따라서 우리는 인간의 마지막 목적지와 관련되는 모든 것이 **진리**의 영역에 속한다는 점을 인정할 수 있을 것이다. 또한 인간 삶의 의미에서 이 점을 인정할 수 있을 것이고, 인간 삶의 의미와 방향이라는 '진리'라는 이 단어의 이중적 가치에서 이 점을 인정할 수 있을 것이다. 이것은 또 인간으로 하여금 인격적이고 대단한 의미를 지니는 결정을 할 수 있게 하는 가치관의 확립과 관계되는 모든 것이다. 이것은 또 **정의**와 **사랑**에 대한 논쟁 및 **정의**와 **사랑**의 규정에 대한 논쟁과 관련되는 모든 것이다. 이 대상들을 통해 우리가 진리라고 부르는 것을 자각할 수 있다. 이 점에는 독창적인 것이 아무 것도 없다. 하지만, 우리가 이 대상들과 관계되는 모든 것이 **진리**의 영역에 속한다고 말할 때, 우리는 이 질문들에 대한 모든 대답이 이 질문들에 상응하며 진실하다고 말하려는 것은 아니다. 거기에는 어떠한 '혼합주의'[75]도 없다. 그러나 우리

---

[75] [역주] '혼합주의'(syncrétisme). 서로 다른 원리 위에 서 있는 사상을 무비판적으로 혼합하는 것을 뜻하는데, 역사적으로는 헬레니즘 시대에 발생한 여러 가지 종교상의 관념이나 의식의 혼합을 말한다. 따라서 이질적인 철학 사상이나 종교적 교의教義와 의례儀禮 등을 절충하거나 통합하려는 절충주의 및 이러한 운동을 가리킨다. 좁은 뜻으로는 헬레니즘 시대 혹은 로마제국 말기에 이질적인 여러 신을 단순히 외관 등의 유사성만을 이유로 동일화하

가 진리를 현실과 결정적으로 혼동하지 않는 한, 우리는 이 모든 것이 현실의 영역에 속하지 않는다고 단지 말하려는 것은 아니다. 이 경우에 오로지 사라지는 것은 우리가 앞에서 지적했던 질문들 전체이다. 우리가 이 질문들이 **진리**의 영역에 속한다고 말할 때, 이것은 주어진 대답이 진리 그 자체일 수도 있거나 혹은 이러한 진리의 반영일 수도 있거나 혹은 오류와 거짓일 수도 있음을 전제로 한다. 왜냐하면 거짓과 오류도 진리의 영역에 속한다는 점을 분명히 알아야 하기 때문이다. 진리가 전혀 없다면, 거짓도 오류도 없다. 이 둘은 밀접하게 연관되어 있고, 같은 영역에 속해 있다. 하지만, 여전히 주의해야 한다. **진리**에 대한 **질문**은 진리가 아니다. 나는 여기서 형이상학적 고찰을 하려는 것은 아니다. 이것은 인간이 자신의 삶에 대해 자기 자신에게 제기하는 질문이 아니기 때문에, 이것은 진리가 아니다. 이것은 지적 유희이고 진리를 벗어난 방식이다.

따라서 결국, 인간이 이 질문에 대답을 줄 수 있든지 없든지 간에, 이는 별로 중요하지 않다. 또한 대답이 인간으로부터 오든 혹은 대답이 사상이나 혹은 계시로서 객관화될 수 있든 간에, 이것은 별로 중요하지 않다. 그러나 인간이 의식적으로나 혹은 무의식적으로 자신의 삶에 대한 질문을 제기할 때, 진리에 대한 진정한 **질문**이 제기된다. 또한 인간이 질문을 해결했다고 주장할 때, 인간은 거짓말을 한다. 또한 인간이 현실의 유일한 틀에서 질문에 답하고자 할 때, 인간은 어떠한 대답도 제시하지 못했다. 인간의 삶을 통해 인간에게 제기되는 질문은 인간 삶의 모든 측면과 표현에서 여전히 열려 있고 항상 제기되는데, 이것이 진리 자체이다. 이처럼 물질적인 행복의 가치를 주장하는 것과 존재에 부합하기 위해 다

려고 한 플라톤주의자들의 시도를 말한다. 특히 종교적으로는 가톨릭과 그리스 정교를 조화시키려는 시도, 루터파와 그 밖의 프로테스탄트 제 교파를 조화시키려는 시도, 중국에서 예수회의 전례의식 논쟁, 선교사들의 토착화 노력 등도 이 혼합주의의 일종이라 할 수 있다.

른 것으로 대체할 수 없는 행복의 가치를 주장하는 것은, 진리에 대해 언제나 열린 질문을 실제로 전제한다. 아무 것도 해결되지 않고, 아무 것도 이처럼 마무리되지 않는다. 인간은 동일한 불확실함 앞에 다시 놓이고, 동일한 모험 속에 다시 빠진다. 행복의 문명은 소비 문명이 되거나 혹은 스웨덴의 단조롭고 슬픈 음울한 낙원이 된다. 스웨덴의 이러한 낙원은 명분 없는 '생 실베스트르의 반항자들'76)이나 혹은 아무 것도 아닌 일에 맞서 반항하는 이유 없는 파업자들을 결국 선동한다. 물질적인 행복의 탁월한 가치를 입증했던 이들이 이러한 질문에만 대답하려 애썼거나 혹은 지금까지 놀랍게 변질된 인간성 앞에서 이 질문을 제기하려고 단지 애썼다는 점은 사실이다. 따라서 '말'과 이미지의 대립은 관념론과 유물론의 대립이 아니다. 인간의 문제를 해결하기 위해 어떤 주장으로서 '실천'praxis을 주장하는 것은 여전히 언어에 속한다. 실천과 진리 사이에 마르크스에 의해 정립된 관계 전체는 언어에 속한다. 겉으로 보기에 현실을 변화시키기로 되어 있는 행동이 실천이다. 결국, 진리의 유일한 척도이자 한계인 행동은 진리를 묘사하는 동시에, 정당화하는 '담화'에 의해 반드시 전수되고 생겨난다. 즉, 마르크스에게 있어 '말' 자체는 모든 실천에 선행한다. '말'은 **진리에 대한 질문**의 영역에 속한다. 인간은 진리에 대한 질문을 제기할 수 없고, 이 질문에 대해 **'말'에 의해서만** 대답을 시도할 수 있다.

이미지는 현실의 영역에 속한다. 이미지는 진리의 영역에 속하는 것은 그 무엇이든 절대 전달할 수 없다. 이미지는 겉모습과 외부적인 행동만을 포착한다. 이미지는 영적 경험과 정의의 요구를 전달할 수 없고, 인

---

76) [역주] '생 실베스트르의 반항자들'(rebelles de Saint-Sylvestre). '생 실베스트르'(Saint-Sylvestre)는 한 해의 마지막 날인 12월 31일을 가리킨다. 이 날을 맞아 유럽에서는 대도시 교외의 일자리가 없는 젊은이들이 아무런 목적 없이 자동차를 불태우는 습성이 있는데, 이들을 '생 실베스트르의 반항자들'이라고 부른다.

간의 가장 깊숙한 것에 대한 증언을 전달할 수 없으며, 진리를 입증할 수 없다. 이 모든 영역에서 이미지는 형태와 관련될 것이다. 이미지는 의식儀式을 전달할 수 있고, 그래서 예를 들어 종교적 진리와 종교적 의식이 혼동되는 경향이 있을 것이다. 이미지의 강박관념에 사로잡혀 있고 통계표가 반드시 필요한 사람들은, "종교"가 다른 곳에서 포착될 수 없기 때문에 의식儀式에서 "종교"를 포착할 필요를 느낄 것이다. 사람들은 진리와는 필연적으로 일치하지 않는 현실의 측면만을 포착하는데도, '신앙'77)의 표현 속에서 신앙을 적어도 포착했다는 느낌을 가질 것이다. 이미지는 어떤 얼굴에서 심리적 겉모습, 즉 황홀경을 포착할 수 있을 것이다. 그런데 거기에는 신앙과 아무런 관련이 없을 수 있고 어떤 마약에 의해 초래될 수 있는 심리적 상태만이 있을 뿐인데도, 사람들은 이것이 신앙의 진정성과 관련된 것이라고 생각할 것이다. 그렇기 때문에 현실과 진리를 혼동했던 이들의 엄청난 혼동이 일어나고, 심리적 측면이 인위적으로 초래될 수 있었기 때문에 신앙을 부인하는 일이 생겨난다. 이미지는 육체의 자세를 표현할 수 있고, 기도하기 위해 모아진 손과 숙여진 얼굴을 정확히 묘사할 수 있다. 즉, 이 순간 이것이 기도라고 말하는 것이다. 하지만, 실제로, 거기에는 기도인 것이 아무 것도 없고, 희극만이 있을 수 있다. 심지어 장난이 아닐 때에라도, 이미지는 진리의 진지함을 표

---

77) [역주] '신앙'(foi). 프랑스어 'foi'를 우리말로 '신앙'이나 '믿음'으로 옮길 수 있지만, 이 책에서 '믿음' 대신 '신앙'으로 옮기기로 한다. 국어사전에서 종교적 용어로서 '신앙'이란 표현은 "초자연적인 절대자, 창조자 및 종교 대상에 대한 신자 자신의 태도로서, 두려워하고 경건히 여기며, 자비・사랑・의뢰심을 갖는 일"로 나와 있고, '믿음'은 이와 비슷한 의미를 갖고 있다고 되어 있다. 또한 전통적으로 교회 내에서는 '믿음'이라는 용어 자체가 별 무리 없이 통용되고 받아들여지고 있는 것도 사실이다. 하지만, '믿음'이란 표현은 일반적인 의미로 '어떤 사실이나 사람을 믿는 마음'을 나타내기 때문에, 예를 들어 '신에 대한 믿음', '구세주에 대한 믿음' 같이 '-에 대한 믿음'으로 주로 쓰인다. 특히, '기독교 믿음'이라는 표현은 거의 통용되지 않고, 대신 '기독교 신앙'이라는 표현이 통용되기 때문에, 'foi'를 '신앙'으로 옮기는 것이 타당하다고 본다. 물론, 우리말 성서에서는 'foi'에 해당하는 표현이 주로 '믿음'으로 나와 있기 때문에, 성서 내용이 제시되는 경우 '신앙' 대신 '믿음'으로 옮기기로 한다.

현할 수 없다. 나는 잡지 「파리 마치」Paris Match의 표지에 기도하는 교황 비오 12세의 사진을 기억한다. 이것은 명백히 신빙성이 없음을 드러내는 이미지였고, 진지함이 완전히 결여된 이미지였다. 사람들은 교황이 어떻게 기도하는 포즈를 취하는 것을 받아들였는지 의아하게 생각한다! 이미지는 교회의 역사를 정확히 우리에게 보여줄 수 있지만, 이렇게 하면서 이미지는 교회가 무엇인지 결코 말하지 않을 것이다. 예를 들어, 이미지는 그리스도의 몸인 교회의 깊고 진정한 삶이 무엇인지 에둘러서라도 포착하게 할 수 없을 것이다. 심지어 이미지는 '가시적인 교회'Eglise visible를 나타내지 않을 것이며, 이 '가시적인 교회'의 외부 행적과 판에 박힌 문구와 늘 거짓된 표현만을 단지 나타낼 것이다. 이미지는 기적을 전해줄 수 있지만, 수록된 기적과 일단 지나가 버린 기적과 일단 은총이 떠나 버린 기적을 전해줄 수 있을 것이다. '말'이 새로운 창조를 기적 속에 표현될 존재로 선포하는 거룩한 장소에 이미지는 결코 침투할 수 없을 것이다. 어떠한 이미지도 그것이 어떤 진리이든 이 진리를 전달할 수 없다. 특히, 이것은 "영적인" 특성을 띤 모든 영화들이 실패한다는 점을 설명한다. 이처럼 '영적인 것'을 이미지로 표현하려고 고집할 때, 진리와는 다른 것이 늘 포착된다. 그래서 심각하고 불안한 것은, 진리가 이러한 조명과 분장 뒤로 사라지고 이미지의 영향력 아래로 자취를 감추는 경향이 있다는 점이다. 이런 공연을 보는 관객은 이 공연이 관객으로 하여금 당연히 느끼게 하는 것을 통해 기분 전환이 된다. 또한 진리를 나타내기 마련인 현실이 더 잘 표현되는 만큼 더욱 관객은 진리에 무관심하다. 이미지와 현실 사이에 이러한 절대적 관계 때문에, 왜 이미지가 우리 시대에 그토록 엄청난 발전을 거두었는지 쉽게 이해된다.

우리 시대는 사실과 관심사에 있어 현실의 절대적 우위로 특징지어진다. 인간은 기술의 경이로움과 시대의 분위기와 '경제적인 것'에 대한 관심을 통해, 이 현실로 이끌려간다. 또한 우리 시대는 현실과 진리 사이에 완전한 혼동으로 특징지어진다. 즉, 마르크스주의는 이 영역에서 완전히 승리했다. 그리고 유일하게 가능한 진리는 현실을 아는데 있으며, 진리의 증거는 현실에서의 성공이라고 과학은 마침내 인간을 설득했다. 따라서 이미지는 탁월한 수단이다. 이 수단은 현대인을 위해 현실을 전달하는 동시에 진리를 전달한다. 하지만, 이렇게 되는 것은 미리 혼동을 한다는 조건에서 이고, 또 과학적 가정이 경험에 의해 받아들여질 때 과학적 가정이 **진실하다고** 믿는 조건에서 이다. 과학적 가정이 진리와 아무런 관계 없고 단지 **정확하기만** 한데도 그러하다. 물론, 현실의 우위와 이러한 혼동은, 궁극적 가치로서 여겨진 "사실"에 대한 보편적인 신뢰에 일치한다. 이 모든 것에 있어, 이미지의 중요성을 최소화하는 것이 필요하지 않고, 이미지의 영역과 한계를 명확히 하는 것이 필요하다. 즉, 이미지는 현실을 인식하는 놀라운 도구이다. 사회적이거나 혹은 정치적인 측면에서, 이미지는 심지어 폭발적일 수 있고, 대단한 효율성을 지닐 수 있다. 부누엘78)의 「양식이 없는 마을」Village sans pain 과 「우리의 일용 양식」 Notre pain quotidien 은 거리낌 없는 양심을 확신시키거나 파괴하는 놀라운 힘을 지닌 영화들이다. 이 영화들은 납득이 갈 정도로 혁명적이다. 민중봉기에 대한 다큐멘터리는 어떤 '담화'보다 우리를 분노의 세계로 더 한층 들어가게 한다. 그러나 현실에 대한 충실한 표현인 지금 있는 그대로의 이미지가 알려질 경우에만, 또 이미지가 지금 있는 그대로의 이미지로 취해질 경우에만 이미지는 폭발적이다.

 인간이 이미지에서 다른 것이나 어떤 진리를 보려고 하는 즉시, 이미지는 거짓이나 환각이 된다. 즉, 이 순간 놀라운 뒤집힘에 의해 이미지

---

78) [역주] Luis Bunuel(1900-1983). 주로 초현실주의적 경향의 영화를 만든 스페인 출신의 영화감독.

는 폭발적인 모든 위력을 상실한다. 이와 정반대로, 우리가 앞에서 인용했던 영화에서 어떤 진리를 찾는 인간은 진리로부터 완전히 거리낌 없는 양심을 받아들인다. 모든 정당화 메커니즘은 진리와 현실 사이에 혼동에 덧붙여진다. 이러한 진리를 보여줄 수 있는 움직임은 진리 속에 있고, 이 움직임에 동조하며 이러한 소동에 민감한 나 자신은 진리를 소유한다. 이처럼 우리가 이미지에 의해 표현되는 것이 진리라고 여길 때, 이미지는 거리낌 없는 양심과 정신의 평온을 만들어내는 것이 된다. 이미지가 현실을 말한다고만 주장할 때는 폭발적이고 대단한 이미지이다. 하지만, 여기서 우리는 새로운 문제, 곧 우리 사회에서 이미지는 언제나 기계적인 기술의 산물이라는 문제와 마주친다. 이러한 기술은 정말 매개적이며, 이미지의 세계가 인간을 위해 형성되는 것은 기술에 의해서 이다. 하지만, 이렇게 말하는 것은, 사람들이 인위적인 세상, 곧 외부로부터 인공적인 수단에 의해 만들어진 세계와 마주해 있다고 이와 동시에 말하는 것이다. 그래서 우리는 이런 이미지의 세계에서 전달되는 것이 적나라한 현실이 결코 아니라, 다소 임의적인 재편성이나 구성임을 알아야 한다. 또한 끊임없이 우리는 이미지의 표면적인 객관성 뒤에서 이미지의 모호함으로 돌아갈 수밖에 없다. 즉, 이미지는 현실을 표현하면서도 항상 불가피하게 어떤 '기법'artifice을 우리에게 전달한다. 바로 이 점에서 이미지는 기만적이며, 이미지는 '기법'일 때 이미지는 자체를 현실로 여겨지게 한다. 또한 이미지가 진리일 수 없는 것을 참조하게 할 때, 이미지는 자체를 일방적인 진리로 여겨지게 한다.

거짓일 수도 있고 진리일 수도 있는 '말'

우리가 '말'만이 진리와 관련된다고 했을 때, 우리는 '말'이 반드시 진실하다고 했던 것이 아니라, '말'만이 진리일 수 있으므로 '말'만이 거짓일 수 있다고 했던 것이다. 이미지는 현실과 관련하여 부정확할 수 있다. 이미지는 우리로 하여금 진리에 관해 잘못 생각하게 할 수 없기 때문에, 결코 거짓일 수 없다. 이미지는 현대인의 두뇌 속에 자리 잡은 현실과 진리 사이에 혼동을 제외하고는, 진리와 아무런 관계가 없다. '말'은 진리를 표현하기로 되어 있기 때문에, 또 '말'이 중심 위치를 차지하고 있기 때문에, 따라서 바로 그런 이유로 '말'만이 거짓일 수 있다. '말'이 진리에 대한 질문에 거짓 대답을 제시할 때, '말'은 거짓된 '말'이 된다. 언제나 이 점은 인간에 의해 개시된 논쟁이었다. 이 점을 통해 우리는 진리의 내용에 대한 논쟁으로 끌려가기 때문에, 또 우리는 여기서 이 논쟁을 진척시킬 수 없기 때문에, 이 문제를 더 강조하지 않을 것이다. 이 지속적인 논쟁은 언제나 '말'의 차원에 위치했고, 이 수단에 의해 항상 전개되었음을 단지 지적하기로 한다.

  이와 반대로, 우리는 '말'의 이러한 거짓에 대해 덜 알려져 있으나 더 현실적인 또 다른 측면을 강조할 것이다. 즉, '말'은 진리와의 관계를 인정하지 않을 때 거짓이 된다. '말'이 더도 덜도 아니게 단지 현실만을 떠올리게 한다고 주장할 때, 또 '말'이 경제적이든 정치적이든 과학적이든 그 영역이 무엇이든 간에 이익과 실천과 효율성만을 제시하려고 자체의 소명에서 빗겨날 때, '말'은 거짓이 된다. '말'이 이런 것을 거부해야 하는 것이 아니라, 단지 결정적으로 이런 것에 포함되지 말아야 한다. 실제적인 용도 자체에서 **'말'**은 **'전적 타자'**에게 열린 문으로 늘 남아 있어야 하고, 궁극적인 동기에 대한 질문과 궁극적인 대답에 대한 방향으로 언제나 남아 있어야 한다. 아주 훌륭한 모델이 성서에 의해 제시된다. 성서는 사실상의 모험과 정치와 심리학에 대한 구체적이고 실제적인 이야기를 우리에게 한다. 하지만, 성서는 '말'을 구체적으로 사용하는 가운데 궁극적인 신비를 모든 면에서 명확히 하고, 이렇게 함으로써 진리 자체를 드러낸다. '말'이 이러한 이중의 용도를 인정하지 않을 때, '말'은 반드시 거짓이 되고 거짓된 '말'이 된다. 게다가 이 순간, 현실만을 말한다고 주장하면서 '말'은 너무도 빨리 이미지에 의해 추월당함으로써, '말'은 자체의 활력과 진지함을 상실한다. 인간이 말한 바가 실용적일 따름이어서 인간은 자신이 말한 것에 더는 관여하지 않기 때문에, 이미지는 훨씬 더 효율적이 되고, '말'은 자체의 진정성을 잃어버린다. 인간이 말한 것이 더는 신뢰를 받을 만하지 않는데도 그러하다. 우리는 이러한 상태에 있다. '말'이 현실에 대한 표현 외에 다른 어떤 것에도 사용되지 않았기 때문에, 따라서 어떠한 인간도 더는 자신이 하는 '말' 속에 완전히 있지 않기 때문에, **말**은 이 시대에 가치가 떨어진다. 그래서 이러한 '말'은 쓸모없는 것처럼 보였다. '말'의 유일하고 진정한 가치가 버려졌기 때문에, '말'은 부분적으로 쓸모없어지고 완전히 거짓이 된다. 사정이 이러할 때, 인간에게는 진리를 포착하고 명확히 하며 구분할 어떠한 수단도 더는 없다. 그래서 다음 같은 무의미한 '말'에 대한 경고의 심각성이 이해된다. 즉, "허공에" 말해진 '말'이나, '예'도 '아니오'도 아닌 '말'이나, 아무 사람을 아무 것에도 책임지우지 못하는 '말' 같은 무의미한 '말'이다. 왜냐하면 순전히 교리적이고 교조주의적인 어떤 '말'은 마찬가지로 진리와 관계가 없기 때문이다. 여기서 우리는 이상한 움직임과 여전히 마주하는데, 이 움직임에 의해 현실의 우위를 통해 순수한 객관성이 '말'에 강요되려고 했다. 현실을 포착하는 과학의 영향 아래 19세기는 객관적인 '말', 다시 말해 그 '말'을 하는 '인격'personne과 분리된 '말'만을 원했다. 이러한 현상 자체를 통해, '말'은 허위적인 '말'로 변했던 것이다. 그 '말'을 하고 그 '말'을 성취하는 인격, 곧 예수 그리스도와 분리된 복음서의 '말'이 헛된 것일 따름이듯이, 인간의 모든 '말'은 본질적으로 인격에 연결되어 있다. '말'이 인격 자체인 것은 단지 신학에서나 하나님의 관점에서 만은 아니다. '말'은 대상이 될 수 없다는 바로 그 때문에, 자체에 내맡겨진 그 자체로서 객관적인 '말'은 어떠한 영향력도 더는 없다. 사람들이 '말'을 인격으로부터 분리하려 했기 때문에, '말'은 진리와의 관계를 상실했고, 거짓이 되었다. 우리가 언급하는 바가 잘 이해되었으면 한다. 우리는 그 '말'을 하는 이가 그 '말'에 관여하고 그 '말'을 행한다는 유일한 사실에 의해, '말'이 진실해진다고 언급하려는 것은 아니다. 그 '말들'로 말미암아 사람들이 죽음을 당하는 '말들'을 사람들이 단지 믿을 수 있다 하더라도, 이 점은 그 '말들'의 진리를 보장하지 않는다. 이 점은 이러한 말들만이 **진리와 어떤 관계가 있고**, 대단한 논쟁거리가 될 만하며, 인간의 대단한 추구 대상이 될 만하다는 것을 단지 의미한다. 이것은 인격으로부터 분리되어 있고 바로 그 때문에 죽은 '말'이 결코 충족시킬 수 없는 최소의 조건이다. 도대체 누가 객관적인 '말'을 위해 죽음을 당할 것인가? 갈릴레오는 "지구가 돈다고 주장하려고 순교자가 되지는 않는다."라고 분명히 대답했다.

현실에 관련됨으로써 나는 정확하거나 부정확한 어떤 세계에 위치하고, 올바르거나 올바르지 않은 어떤 세계에 위치한다. 나는 파란 신호등이나 혹은 빨간 신호등을 본다. 나는 올바른 답이나 정확한 해결책을 찾기 위해 행동한다. 시각적인 것은 정확한 것과 부정확한 것을 구분하는 으뜸이 되는 큰길이며, 내게 직접적인 경험을 제시한다. 나는 고찰할 필요가 없고, 내가 보았던 상황과 관련하여 내가 행하는 몸짓에서 정확하거나 혹은 올바른 것을 곧바로 안다. '청각적인 것'은 나로 하여금 '말'에 관여하게 하고, 진리의 세계에 나를 위치시키며, 따라서 거짓의 세계나 혹은 오류의 세계에 나를 위치시킨다. 질문들은 더는 동일하지 않다. 진리에 대한 직접적인 경험도, 거짓이나 오류에 대한 직접적인 경험도 결코 없다. 진리의 찬란함은 오류의 찬란함과 마찬가지이다. 즉, '말'은 반드시 역설적이기 때문에, 구분과 선택과 실험의 긴 진행과정을 전제로 한다. '말'로부터 나오는 것은 결코 명백하지 않다. 현실은 명백할 수 있지만, 결코 진리가 아니다.

식별·비판의 요인과 근거로서 '말'

이러한 연구에서는 이미지와 '말' 그리고 현실과 진리를 근본적으로 분리하는 일이 중요한 것이 아니라, 이것들에 대한 구별과 이것들의 위치를 상기시키는 일이 중요하다. '말'이 이미지를 동반하든, '말'이 이미지에 다른 차원을 제시하든, '말'이 이미지에 어떤 의미를 부여하든, 그것은 이미지가 실제로 '말'에 종속될 때 바람직하다. 왜냐하면 이미지는 현실 자체처럼 인간의 결정 자료 외에 다른 것이 결코 될 수 없기 때문이다. 이미지는 그 자체로 어떠한 근본적인 판단 이유나 결정 이유나 관여 이유를 제시하지 않는다. '말'은 진리와 거짓 사이에 대조 도구이면서 대조 요인인 동시에 대조 근거이기 때문에, '말'만이 식별 요인과 식별 근거가 되고 비판 요인과 비판 근거가 되며, '말'만이 판단으로 귀착된다. 비판은 '말'의 선별 영역이다. 이미지와의 관계에서 '말'은 바로 이미지를 비판하기로 되어 있다. 즉, '말'은 이미지를 비난하는 것이 아니라, 본래 의미에서 진리와 허위를 분리하고 구분하기로 되어 있다. 이 점은 바로 '말'의 가장 고결한 기능 중 하나이며, 이 점에 일치할 수밖에 없는 것이 '담화'이다. 물론, 우리는 이러한 역할이 어느 정도로 우리 시대의 인간들을 짜증나게 할 지 안다. 그들은 비판에 종속되지 않은 상투적 표현, 곧 '말'이 없는 이미지 같은 미리 주어진 확실성을 필요로 한다. 또한 그들은 일사불란한 태도와 모든 선택이 보장된 행동을 필요로 한다. 비판은 행동을 가로막기 때문에, 비판은 그들에게 단적으로 메마른 듯이 보인다. 또한 모든 것이 미리 받아들여지지 않기 때문에, 비판은 그들에게 부정적인 듯이 보인다. 그리고 현실 전체에 가치들의 흔적이 남겨지지 않기 때문에, 비판은 그들에게 비관적인 듯이 보인다. 그렇기 때문에 인간이 '말'을 가지고 행할 수 있는 가장 뛰어난 용도는 오늘날 가장 배척을 당한다. 그런데, 이 점은 '말'의 가치하락의 한 측면일 따름이다. 현실 자체 속에서, 또 이것이 거짓이라고 주장하는 고뇌 가운데서, 진리[79]의 가능한 표현을 찾아내는데 '말'이 소용이 없다면, 이 작업 없이는 인간이 그다지 대단한 의미가 없는 작업이 다른 무엇을 통해 이루어질 수 있을까?

하지만 물론, 오늘날 이 작업은 무시할 만한 듯이 보이고, 냉장고 제조나 혹은 석유 채굴보다 훨씬 덜 중대한 듯이 보인다. 이런 시도에서 '담화'에 의해 개입하려는 이는 '환각 예술가'[80]로만 평가되는데, 그토록 우리 동시대 사람들은 자신의 '말'의 의미와 삶의 의미를 상실했다. 비판 도구이면서 비판 근거인 '말'은 바로 그러한 이유로 판단을 가능하게 하는 것이 된다. 이 판단은 오늘날 우리가 종속되기로 동의했던 유일한 것인 실천과 경험에 대한 판단이 아니라, 윤리적 가치를 포함하는 웃음거리 밖에 안 되는 판단이다. 인간이 윤리적 결정을 터득하는 것은, 단지 '말'을 사용하는 데서 이다. '말'은 인간이 이런 사고방식에서, 또 상황과 자기 자신에 대한 이런 비판에서 실행하는 선택 기능이다. '말'이 엄밀하게 인격적이고 인격을 표현하기 때문에, 또한 '말'이 도덕적 '순응행위'conformisme가 아니라 진실하다면 '말'은 전혀 집단행동에 대한 가담일 수 없기 때문에, 비판의 결과인 윤리적 결정은 '말'의 영역에서 행해진다. 이 점은 이미지가 인격에 부여할 수 있는 방향과 진정으로 대립된다. 그런데, 이미지는 인격을 순응 화 하려는 경향이 있고, 인격을 집단적인 흐름 속에 포함시키려는 경향이 있다. 이미지는 인간의 어떤 행동을 분명

---

79) 이 진리는 포함되어 있지만 강제로 이끌어내야 할 진리이다. [본문 내용을 역자가 각주로 설정]
80) [역주] '환각 예술가'(illusionniste). 특수 효과와 눈속임 기술로 관객의 감각을 속이는 예술인 '환각 예술'(illusionnisme)을 하는 예술가를 가리킨다.

히 만들어낸다. 하지만, 이미지는 자체가 순응적이지 않기를 바랄 때조차도, 이미지가 표현하는 사회에 언제나 결부되어 있다. 선과 혼동된 가능성의 어떤 모호함 속에서 늘 그러하다. 우리가 '말'의 본성 자체를 통해 그렇게 말할 수 있듯이 '말'이 이런 의미에서 실제로 구속력이 있는데도, 이미지가 이루게끔 하는 결정은 결코 전부 아니면 무無라는 식의 결정일 수 없다. 왜냐하면 '말'이 진실하지 않을 때, '말'은 엄밀하게 더는 아무것도 아니기 때문이고, 헛된 것만이 남아 있기 때문이다. 행동과 더불어 이미지는 그 부정확함이 어떠할 지라도 늘 지속되고, 현실과 효율성에 대한 환각을 늘 제시한다.

이미지에 의한 인식 작용

자신들이 습득했던 언어에 대한 직감을 인간들이 어느 정도로 갖고 있는지는 오늘날 지나치게 알려져 있을 따름이다. 인간들의 반응과 관계와 이해방식과 존재방식은 '문화적인 것' 속에 위치해 있기에 언어의 영역에 속한다. 여성 해방 운동가들이 언어의 구조 자체에 의해 여성이 뒷전에 놓인다는 점을 주장하는 것은 당연하다. 문법적인 '남성'과 '여성'을 동시에 지칭하기 위해 '옴므'Homme[81]라고 하는 것, '남성'으로부터 '여성'을 문법적으로 구성하는 것과 같은 어휘나 혹은 통사론[82]의 수많은 예는 남성적인 태도를 이해하게 한다. 언어는 추론 방식을 결정짓는 동시에 심리를 결정짓는다. 나는 '자연적인 것'과 관련하여 '문화적인 것'을 과장하려는 것이 아니라[83], 언급되고 들려진 '말'의 메커니즘의 특성을 지적

---

[81] [역주] 프랑스어 '옴므'(homme)라는 단어에는 '남자'와 '인간, 사람'이라는 두 가지 뜻이 있는데, '남자'라는 뜻이 '인간, 사람'이라는 뜻으로 확대됨으로써, 이 단어가 '남자'와 '여자'를 동시에 의미할 수 있고 두 의미를 포괄할 수 있다는 것이다.

[82] [역주] '통사론統辭論'(syntaxe). 문장을 구성하는 요소의 결합 · 배열과 요소 상호간의 관계를 대상으로 하는 문법의 한 부분.

[83] 이것은 여기서 내가 말하려는 바가 아니다. [본문 내용을 역자가 각주로 설정]

하려 하는데, 이 '말'의 메커니즘은 이런 영역에 속하는 모든 것이 마치 '구두口頭 표현'expression verbale에 달려있는 듯이 '심적 존재'와 '인식 존재'를 동시에 결정짓는다.84) 시각視覺과 '말'은 다른 두 가지 사고방식을 보다 더 결정짓는다. 기록되는 언어는 서서히 나아가는 진행과정을 전제로 한다. 내 눈은 단어들을 차례로 따라가고, 연속되는 이해들은 서로 연계된다. 사고는 이렇게 연속되는 단어들의 축 자체를 따라 발전한다. 내가 받아들이는 인식은 점점 커나가고, 내가 이해해야 할 것의 요소들은 계속 연계되며, 내가 문장을 따라감에 따라 무언가 드러난다. 이러한 인식은 어떤 시간 속에서 전개되고, 그래서 불가피하게 논증적이 된다. 또한 이 인식은 이러한 '담화'의 우회적 표현을 통해 발전하고, 문장 속에서 연속성을 전제로 하며, 단어들 서로 간의 관계에서 합리성을 전제로 한다. 결국 이 인식은 의식意識을 늘 전제로 한다. 언어는 합리성을 부여받는다. 즉, 나는 타인이 내게 말하는 바를 이해해야 하고, 타인이 말하는 것의 구조 자체에 합리성85)이 있을 때에 만이 나는 그렇게 할 수 있다. 따라서 이것은 '말'에 의해 내가 요청을 받은 의식적인 작업인데, '말'은 새로운 인식으로 나를 이끌어 갈 뿐 아니라, 증대되고 발전된 인식으로 나를 이끌어간다.

    시각적인 것과 이미지에 의한 신호는 전혀 다른 영역에 속한다. 이미지에 의해 전체성이 즉각 우리에게 전달된다. 우리가 필요로 할 수도 있는 모든 정보가 이미지에 의해 순식간에 우리에게 주어진다. 이미지가 공간적인 방식으로 그렇게 하는 것과 달리, 내가 상세히 설명할 필요도 없고 통괄할 필요도 없는 많은 인식을 이미지는 나누어준다. 내가 이미지와 같은 공간에 위치함에 따라, 전달의 순간성은 이루어진다. 시각적

---

84) 여기서 나는 나중에 더 길게 다루어질 이 주제에 대한 간략한 지적을 하는 것으로 그친다.
85) 충분한 것이 아니라 반드시 필요한 합리성.[본문 내용을 역자가 각주로 설정]

이미지에 의해 내게 전달되는 것은 명백함의 영역에 속하고, 나는 비판 없이 확신에 이른다. 사람들이 증언의 "신뢰도" 부족으로 어떤 증언이나 혹은 논증적인 증거 앞에서는 머뭇거리는데도, 사진이 증거로서 간주될 수 있다고 그렇게 자주 고려된다는 것은 이상하다. 가시적인 표시가 있는 곳에 정보의 확실함이 있다는 것이다. 직접적인 이러한 확신은 미지의 것으로부터 불확실한 것으로의 진행과정이나, 불확실한 것으로부터 알려진 것으로의 진행과정을 거치지 않는다. 하지만, 이런 확실함은 의식의 부재에 토대를 둔다. 이미지에 의해 생겨난 인식은 무의식의 영역에 속한다. 이미지의 온갖 세세한 요소나 혹은 '볼거리'spectacle의 온갖 세세한 요소는 드물게 기억된다. 하지만, 이미지는 나의 인격 전체에 심하게 충격을 주었고, 무의식에 기초를 두는 변화를 내 안에 초래했다. '담화'의 느리고 고통스러운 진행과정을 따르지 않고서 다량의 정보 전체를 이렇게 전체적이고 무의식적으로 입력하는 것은, 다음 같은 점을 역시 설명한다. 즉, 인간이 타고난 게으름으로 긴 텍스트를 읽거나 혹은 논증을 듣기보다, 차라리 이미지를 바라보게 된다는 점이다. 지적인 게으름을 통해 불가피하게 이미지가 '말'을 침범하는데, 이것은 우리가 실제로 아주 광범위하게 확인하는 것이다. 결국 사고방식은 변한다. 왜냐하면 이미지들은 논리적이지도 않고 논증적이지도 않은 방식에 따라 서로 연계되기 때문이다. 사람들은 이미지들의 조합을 통해, 또 상투적인 표현들의 변경을 통해 일을 처리한다. 제시된 이미지 속에서 변화하는 요소들은 일관성 있는 연속이 아니라, '광경'의 현재 상태일 따름이다. 맥루한 86)의 해석이 정확한 것은 바로 여기서 이다. 그가 말하듯이 기원이 되는

---

86) [역주] Marshall McLuhan(1911-1980). 캐나다의 철학자이자 사회학자이자 미디어 이론가. 미디어에 대한 현대적 연구를 시작한 인물 중 하나이다.『미디어의 이해』Understanding Media 라는 저서를 통해 '미디어는 메시지다', '미디어는 인간의 확장이다'라는 견해를 밝혀, 현대 미디어이론에서 사용하는 '미디어'라는 단어와 가장 근접한 개념을 제시한다. 또한 미디어의 발전과 인간 존재의 관계를 연구하여 근대의 인쇄 혁명과 텔레비전으로 대표

것은 전기 신호의 특징이 아니라, 이미지들의 연속 방식이고, 만화에서 전형적인 이미지들을 통한 사고이다. 여기서 각 이미지는 하나의 전체이고, 이미지들의 연속은 튀어 오르고 요동치며 이루어진다.

4. 그리고 철학자는?

'말'과 진리의 관계

이제 철학적인 시각과 청각이다. 자기보다 앞에 등장한 철학자들을 공격하면서, 시각과 청각과 논증과 '말'의 문제를 아마도 처음으로 제기했던 이는 키르케고르였다.[87] 키르케고르는 서양 철학에 의해 시각에 부여된 특전을 놀라운 방식으로 공격했다. 철학자는 구경꾼이고, 철학은 사색이라는 것이다. 플라톤주의는 시각의 철학적 절대성의 근거를 제공하고, 헤겔은 이것을 모조리 다시 취한다. 플라톤은 사물에 대한 '시각적 인식'으로부터 사물의 본질을 규정한다. 진정한 인식은 '이데아'[88]와 형태에 대한 인식이다. 또한 데카르트Descartes도 '시각적 인식'을 절대적으로 중시한다. 즉, '시각적 인식'은 직관의 모델인데, '**인투에리**'[89]는 '본다' voir는 것이다. 하지만, 얼마나 지속적인 오류인가! "사색하는 사람은 자신이 보는 모든 것에 손을 대고 싶어한다. … 그는 **존재**가 충실히 유지하는 거리를 얼마나 존중하지 않는가! 그는 타인을 있는 그대로 포착하기

되는 전자미디어가 서구문명에 미칠 영향을 예견한다. 주요 저서로 『구텐베르크 은하계』 *The Gutenberg Galaxy* 가 있다.
[87] 이 단락에서 나는 비알라넥스(N. Viallaneix)의 뛰어난 저서인 『키르케고르와 하나님의 말』 *Kierkegaard et la parole de Dieu* (Paris, Champion, 1977) 의 한 장에 관심을 기울여 이 장을 요약하는 것으로 그치는데, 이 저서와 우리가 자주 다시 마주칠 것이다.
[88] 하지만, '이데아'인 '에이도스'(eidos)는 '보다'(voir)를 뜻하는 '에이든'(eidn)이라는 동사에서 나온다. [본문 내용을 역자가 각주로 설정]
[89] [역주] '인투에리'(intueri). '바라보다, 지켜보다'를 뜻하는 라틴어로서 '직관'(intuition)이란 단어가 여기서 유래된다.

위해 타인의 차이점을 얼마나 배려하지 않는가! 이것을 위해서는 귀를 기울여야 하고, 듣기를 서둘러야 한다." 왜냐하면 '말'과 청각은 존재의 중심이기 때문이다. "모든 것은 귀로 귀착된다. 문법 규칙도 귀로 귀착되고, 법률의 전달도 귀로 귀착되며, '기초 저음부'90)도 귀로 귀착되고, 철학의 체계도 귀로 귀착된다. 따라서 내세는 순수하고 단순한 음악으로서, 또 광대한 화음으로서 표현되고, 즉시 내 삶의 불협화음은 거기서 해결될 수 있다."91) 현상학은 사물을 존재하는 그대로 나타나게 해야 할 뿐 아니라, 사물을 존재하는 그대로 울리게 해야 한다! 고전 철학은 진리에 귀를 기울일 줄도, 진리를 들을 줄도 모른다. 키르케고르는 모차르트를 듣는다. … "명상에 잠겨 모차르트의 '소야곡'을 듣는 사람은 침묵하는 '코기토'92)를 사색적이고 시각적인 기분전환에 대립시킨다. 이 '코기토'는 우리가 하나님의 부름에 귀를 기울이고 하나님의 부름을 들으면서 세상의 멜로디를 들을 수 있도록 준비하는 침묵의 상황이다." 그런데, 귀를 기울이기를 거부하는 철학자는 진리를 거부하는 동시에, 현실을 거부한다. 그는 어떤 범주들 속에서 삶을 살고, 다른 범주들 속에서 사고한다. 그는 "거대한 성을 짓는 사람 같으나 옆에 있는 헛간에 거주한다." 물론, 이 철학자들은 아무것에 귀를 기울이지 않으면서도 말을 한다! 그들

---

90) [역주] '기초 저음부'(basse fondamentale). 바로크 시대 음악이론가이자 작곡가인 라모(Jean-Philippe Rameau)에 의해 고안된 오래전부터 더는 사용되지 않는 체계로서, 이 체계에서는 기록되지는 않으나 가정된 저음부의 '배음倍音' 속에 노래의 모든 음과 반주가 포함되어야 하는데, 이 저음부는 화음 전체가 양호하다는 점을 입증하는 것이다.
91) 비알라넥스(N. Viallaneix)에 의해 인용된 부분.
92) [역주] '코기토'(cogito). 데카르트(René Descartes)의 기본 철학 원리로서 '나는 생각한다. 따라서 나는 존재한다.'는 뜻인 라틴어 '코기토 에르고 줌'(cogito, ergo sum)에서 '코기토'이다. 따라서 '코기토'는 '나는 사유한다.'를 의미하지만, 데카르트 이후 '사유하는 나'를 의미하고 더 나아가 '인식 주관'이나 '인격 주체'를 의미하는 명사로서 사용된다. 데카르트는 자신의 이성을 정확하게 끌어내어 모든 학문에서의 진리를 탐구하는 방법을 연구하는데, 데카르트의 형이상학적 사유는 진리 탐구에 있어 명확한 기반을 다지기 위해서 의심해 볼 수 있는 모든 것을 의심하는 것인 '방법적 회의'에서 출발한다. 이러한 사유의 결과 데카르트는 "나는 생각한다. 따라서 나는 존재 한다"라는 근본 원리를 도출한다. 데카르트는 이러한 확실성에서 출발하여 진리 인식의 가능성을 추구한다.

은 심지어 그렇게만 한다! 하지만, 그들은 "자신들의 사고를 감추기 위해서가 아니라 자신들이 어떠한 사고도 갖고 있지 않음을 감추기 위해" 단어들을 사용한다. 언어가 과다하게 사용되지만, 이는 무無로 부터이다. 이것은 '말'이 **체계**를 구성하는데만 소용될 때 나타나는 것이다.

철학이 '시각적 인식'에 토대를 두는 것은 이 확증된 사실로부터 이지만, 철학은 말하기를 멈춘다. 키르케고르는 '사색의 거울 놀이'[93]에 사로잡힌 철학에 대한 끊임없는 논쟁과 풍자를 전개한다. 이 '사색의 거울 놀이'만이 어떤 체계의 구성을 가능하게 하고, 체계를 유지할 수 있게 한다. 소크라테스만이 진실한 채로 남아 있다. "왜냐하면 소크라테스는 스스로 만족하여 **자연**의 풍경이나 **존재**의 양상이나 혹은 자기 자신의 사고 전개에 대한 자신의 시선을 멈추지 않기 때문이다. 기개 있는 사람인 그는 자신의 존재 속에서 윤리적 이상을 실현한다. 또한 그는 요구를 구체화함으로써 자신의 존재를 위태롭게 한다. 그리고 그는 정말로 이해하는 것은 존재하는 것이기 때문에, 자기 자신을 이해할 필요성을 공표한다. …" 자신을 이끄는 내면의 목소리에 순종하여, 소크라테스는 각자의 은밀한 부름에 **귀**를 **기울이면서** 나아간다. 그러기 때문에 그는 말을 한다. 가장 거친 질문들을 제기하는 그의 반어법은 그 자체가 문제시된다. "그의 반어법을 통해 '말'을 위해 사색이 없어진다." 그러기 때문에 소크라테스의 가르침 전체는 대화 속에 위치한다. 이 대화 속에서 두 대화상대자 중 각자는 타인을 위해 존재하고 태어나는 계기가 된다. 소크라테스의 '산파술'[94]을 구성하는 것은 말해진 상호 교환의 관계인데, 키르케

---

[93] [역주] '사색의 거울 놀이'(jeux de miroirs de la spéculation). 2개 이상의 거울을 서로 마주 보게 하거나 서로 비치도록 배열함으로써 각 거울 속에서 끊임없이 이어져 보이게 하는 '거울 놀이'처럼, 철학이나 사색에 있어 한없이 이어지는 추론과 변증을 빗대어 표현한 것으로 보인다.

[94] [역주] 산파술(maïeutique). 질문을 계속하여 무지를 깨닫게 한 다음에 진리를 체득하게 하는 방법을 가리킨다.

고르는 이것을 간접적인 의사소통이라 부른다. 스승과 제자는 함께 진리를 추구한다. 그들이 맞붙어 싸우는 것은 서로 이해하기 위해서이다. 여기서 '말'은 삶 속에서 행동이다. 실제로 모든 '구두口頭 관계'relation orale는 동일한 현 시점에 모인 말하는 사람과 귀를 기울이는 사람의 공통된 참여를 요한다. '말'은 삶에서 실천되어야 하는데, 그렇지 않으면 '말'은 중단된다. 즉, 여기서는 이론도 체계도 '볼거리'도 없다! 기초적이고 토대가 되는 이러한 대화를 통해 시각적인 허위 인식95)이 사라지는 동시에, 아무 것도 듣지 않았고 자기 자신의 자산으로부터 새로운 풍부함을 이끌어낼 수 없는 학자의 이기적인 독백이 사라진다. 그래서 비알라넥스N. Viallaneix가 탁월하게 보여주듯이, 키르케고르의 변증법이 그 위에 덧붙여진다. 이 변증법은 키르케고르가 '양적인 변증법'이라 부르는 헤겔의 변증법과 대립되는 '질적인 변증법'이다. 또한 '말'이 그 자체로 변증법적인 동시에 존재의 본질 속에 통합되기 때문에, 이 변증법은 개념 체계가 아니라 삶의 변증법이다. 다시 말해, 체험되기 위해 만들어진 변증법이다. 하지만, 우리는 비알라넥스가 사색적이고 반성적反省的인 철학에 대립시키는 키르케고르적인 추론 방식을 고려하지 않을 수도 있다. 왜냐하면 키르케고르는 그리스도에게로 이끄는 변증법적으로 연결된 단계들에 우리를 관련시키기 때문이다. 하지만, 이 단계들은 '선형적線形的인 발전'96)에 따라 배열되는 연속적인 단계들이 아니다. 또한 각각의 단계는 들려진 '말'처럼 존재의 현 시점에 늘 위치하는 '다른 것으로 대체할 수 없는 것'irremplaçable을 제시하는 단계이고, 심지어 잊혀 지더라도 존재 속에 특별한 깊은 흔적을 남겨놓았던 단계이다.

---

95) 더 정확히 말해 시각적인 것의 영역에 속하지 않는 대상에 시각적인 것을 허위로 적용하는 것이거나 혹은 모든 인식을 시각적인 것에 국한되게 하는 것이다! [본문 내용을 역자가 각주로 설정]
96) [역주] '선형적인 발전'(progression linéaire). 선처럼 이어지는 단조롭고 단순한 발전을 가리킨다.

그러나 우리는 이상하고 다행스러운 모순과 마주한다. 우리를 둘러싸는 현실은 끊임없이 변화하고 유동적이다. 모든 것은 흘러간다. '판타 라이'[97]이다. 거기에 있는 강은 결코 같지 않고, 내 앞에 있는 물은 빠르게 흘러가며 결코 거기에 더는 있지 않을 것이다. 이 모든 차원에서 현실은 불안정하고 빨리 흘러간다. 정치적인 것이나 혹은 경제적인 것을 취하면, 각 순간은 그것의 구조를 변모시키고, 또한 각 순간은 실제 조직처럼 예견을 불가능하게 만드는 상실이나 혹은 사건을 끌어들인다. 역사에서 반복이란 없으며, 결코 두 상황은 실제로 비교할 수 없을 것이다. 그러나 현실의 불안정성을 만드는 것은 단지 시간만이 아니다. 현실은 그 자체로 무엇인가? 베르나르 데스빠냐의 훌륭한 책[98]은 우리에게 질문하고 우리를 동요시킨다. 내가 보는 이 돌은 원자의 소용돌이와 더불어 본질적으로 공허에 속해 있음을 나는 알고 있었다. 하지만, 물리학자가 앞으로 나아갈수록, 현실은 더 포착할 수 없게 되고, 결국 단지 수학만이 현실이 존재한다는 보장을 내게 해준다. 사람들은 이 현실을 점점 사라지는 찬란함으로 바꾸는 분석과 인식의 정교함에 도달한다. 현실은 거기에 있다. 그렇지만 아무 것도 없다. 내가 포착한다고 믿는 것은 일시적이고 불확실할 뿐 아니라, 그 "실체"substance[99]에 있어 본래 포착할 수 없다. 우리의 측정 도구는 존재한다. 하지만, '저편의 세계'에는 … 그래서 모든 것이 우리의 감각들 속에 포함되는가? 여기에 놀라운 모순이 있기 때문에, 이것은 새롭게 해야 하는 낡은 질문이다. 나는 나를 둘러싸는 현실이나 내가 그 위에서 글을 쓰는 탁자를 시각이나 촉각을 통해 포착한다.

다시 말해, 가장 확실하고 명백한 감각들을 통해서이다. 우리가 다시

---

97) [역주] '판타 라이'(panta rhei). '모든 것은 흘러간다.'는 뜻의 그리스어.
98) 베르나르 데스빠냐(Bernard d'Espagnat), 『현실을 찾아서, 어떤 물리학자의 시선』*A la recherche du Réel : le regard d'un physicien* (Paris, Gautier-Villars, 1979)
99) 이론 물리학을 통해 우리에게 밝혀지는 공허와 부재 속에서 이 단어를 사용하는 것이 아직 허용되어 있다면. [본문 내용을 역자가 각주로 설정]

재론하지 않겠지만, 내가 보는 것은 명백하다. 그렇지만 우리는 내가 보는 것이 내가 보는 것이 아니라는 점을 확실한 정보를 근거로 안다. 그러나 이것은 별로 중요하지 않다. 나의 시각은 현실에 대한 확실함을 내게 제시하고, 나는 다른 아무 것도 필요로 하지 않는다.

여기에 다른 측면이 있는데, 셰익스피어Shakespeare이다. "왜냐하면 진리는 무한대에 이르기까지 진리로 남아 있기 때문이다."100) 셰익스피어는 옳다. 진리는 모든 것을 무릅쓰고 진리로 남아 있다. 진리는 확고부동하고 안정되어 있으며, 견고하고 부인할 수 없다. 학문들이 변했다고 해서 진리를 상대화하지 말아야 한다. 지난날에 진리가 오늘날에는 오류가 된다고 말하지 말아야 한다. 그 반대도 마찬가지이다. 모든 것이 상대적이고, 따라서 극단적인 자유주의가 옳을 수 있으며, 그 반대로 말하는 사람도 마찬가지라고 극단적인 자유주의 속에서 말하지 말아야 한다. 우리의 파악과 어림잡음을 벗어나서 진리가 진리라면, 진리는 **존재한다**. 그게 전부다. 진리는 반드시 그 자체로 남아 있다. 현실이 빨리 지나감을 확인하는 헤라클레이토스101)는, 빨리 지나가지 않고 진리와 관계가 있는 어

---

100) 『자에는 자로』Measure for measure.
[역주] 『자에는 자로』Measure for measure. 셰익스피어가 새롭게 구축한 '비희극'(tragi-comedy) 작품 가운데 하나이다. '자에는 자로'라는 제목은 성서에서 따온 것이며, '법에는 법으로'라고 번역하기도 한다. 클로디오가 갑자기 구속되어 사형당할 위기에 처하자 그의 누이 이자벨라는 오빠를 석방시키기 위해 공작 서리 안젤로에게 탄원한다. 자리를 비운 공작을 대신해 엄격한 법과 질서를 표방하고 나선 집권자 안젤로는 클로디오를 구하는 대가로 이자벨라에게 은밀하게 정조를 요구하여 목적을 달성하지만, 정욕을 채우자 약속을 저버려 결국 클로디오는 처형당한다. 수도승으로 변장하여 암행하던 공작은 이 모든 정황을 몰래 살피다가 정체를 드러내고 수습에 나선다. 정의와 자비, 도덕적 문란과 법의 남용, 자기중심적 교만인 위선과 도덕성인 순결 등 대립되는 여러 가지 문제를 제기하는 이 작품은 인간 행동에 대한 법적·도덕적 판단의 문제를 내포한다.
101) [역주] 헤라클레이토스(기원전 540?-480?) 고대 그리스 사상가. 만물의 근원을 불이라고 주장하며, '대립물의 충돌과 조화', '다원성과 통일성의 긴밀한 관계', '로고스'(Logos)에 주목한다. 이 셋은 별도의 것이 아니라 그의 사상을 관통하는 하나의 흐름이다. 이 중 로고스는 대립물의 충돌과 조화를 중시하고 다원성과 통일성이 궁극에는 하나임을 모색하려 한 헤라클레이토스 철학의 핵심이다. 그의 격언이라 전해지는 "우리는 같은 강물에 두 번 들어갈 수 없다.", "태양은 날마다 새롭다." 등은 만물은 흘러가고 정지된 것은 없다는 그의 사상을 단편적으로 보여준다. 헤라클레이토스는 다양하게 변화하는 만물의 뒤에서 이들의 생성과 소멸을 이끄는 세계 법칙이나 우주의 섭리, 즉 만물을 지배하는 세계 이성

떤 것을 언급한다. 진리는 '절대'나 혹은 영원한 것일 따름이고, 우리가 그 근처에 다가갈 수 없는 것이다. 즉시 얻어지기 위해 계속 추가된 단편과 조각으로 이러한 진리를 구성하는 것도, 파괴된 건조물을 구성하는 것도 우리가 아니다. 그런데, 이 진리는 한 지점처럼 닫혀 있고 어떤 카드처럼 확실하며 수정처럼 반투명하지만, 다이아몬드처럼 견고한 진리이다. 우리는 단지 '말'을 통해서만 이러한 진리를 전달하고 심지어 명확히 한다. 진리는 '말'에 연결되어 있고, '말'에 의해 전달된다. 다시 말해, 우리가 살펴보았듯이, '말'은 변동과 의심의 가능성이 가장 많은 가장 불확실한 수단이다. 이것은 취약하고 지속되지 않으며 말해지자마자 사라져 버리는 '말'이다. 이처럼 가장 확실한 우리의 감각은 더 불확실한 존재와 관련되고, 우리의 가장 불확실한 수단인 '말'은 가장 확실한 것과 관련된다.

 여기에 경탄할 만한 것이 있다. 사정이 이러하다는 것은 인간에게 있어 축복이다. 우리의 감각들이 우리가 그 속에 위치해 있는 현실이 결국 존재하지 않는다는 점을 알려주고, 이 현실이 과도한 혼란스러움과 환각일 따름이라는 점을 우리에게 알려준다면, 어떻게 우리는 살아갈 수 있을까? 나의 감각들이 내 앞에 공허만이 있음을 내게 보여준다면, 어떻게 나는 나아갈 수 있을까? 또한 나의 감각들이 내가 먹는 것에 대한 완전히 비현실적인 특성을 내게 보여준다면, 어떻게 나는 먹을 수 있을까? 모든 것이 나의 인상으로 귀결되지는 않는다. 내가 말하려는 바는 이런 것이 아니다. 내가 말하려는 바는, 내게는 낯설고 이상한 환경과 관련하여, 시각과 촉각 같은 확실한 감각들이 살아가기 위해 내게 반드시 필요한

인 '로고스'에 주목한다. 그는 로고스의 영원한 섭리와 법칙에 따라 세상만물이 대립・투쟁・조화를 이루고 있으며, 근원에서 태어나고 다시 돌아가는 것을 반복하고 있다고 생각한다. "신에게 있어 모든 것은 정의롭고 올바르지만, 인간에 있어 어떤 것은 정의롭고 어떤 것은 그렇지 않다고 생각한다."는 그의 말은 근원 법칙인 로고스와 이를 기반으로 표출된 만물의 다양성을 정의한 말로 평가받는다.

보장을 해주지 않는다는 것이다. 나의 확신은 이런 현실의 정확성에 대해서는 틀리지만, 나로 하여금 살아갈 수 있게 하는 것은 이런 확신이다. 물리학이나 혹은 수학은 내게 이런 현실에 대해 많이 가르쳐 준다. 하지만, 물리학이나 혹은 수학은 나의 감각들의 의심의 여지가 없는 명백함과 어긋날 수 없다. 화학이 내가 지금 마시고 있는 포도주의 정확한 화학식을 내게 제시하더라도, 그게 무슨 상관인가. 내가 느끼는 극도의 즐거움에는 이것을 통해 아무런 변화가 없다.102) 내가 살아가기 위해서는, 나의 감각들이 현실에 대한 과학적 분석에 맞서 옳아야 한다.103) 우리가 가차 없는 정확함과 더불어 진리를 포착하여 아주 완벽하게 확실히 진리를 표현할 수 있다면, 또 수단과 진리가 완벽히 일치된다면, 우리는 어떻게 될까? 그것은 무시무시하고 정말 견딜 수 없을 것이다. 우리는 나비 박물관 속에 결정적으로 고정될 것이다. 모든 것이 말해지고 닫혀지며 마무리될 수도 있기 때문에, 우리는 더는 움직일 수 없이 우리의 화려함과 더불어 거기에 있을 것이다. 더 할 나위 없이 완벽하다. 어떤 사람이나 혹은 집단이 진리 전체를 표현한다고 주장했을 때마다, 또 그들의 '말'이 진리와 같다거나 혹은 진리가 "다른 곳"에 위치할 수도 없고 "다를" 수도 없다고 주장했을 때마다, 우리는 역사의 흐름에서 생겨났던 참화를 목격했다. 이것은 온갖 독재와 압제와 거짓과 학살을 정당화했다. 어떤 '말'에 맞서는 어떤 '말', 이것만이 나침반 상자 속에 있는 예민한 나침반처럼 취약하게나마 진리로 향할 수 있게 한다. 오만하게 배타적으로 어떤 진리를 포착하는데 열중하는 사람의 주장을 벗어나, 실제로 우리가 있는 그대로의 진리를 포착하여 소실되지 않게 혼란 없이 진리를 전

---

102) 게다가, 자신들의 표현의 정확함 덕분에 화학자들이 포도주나 혹은 바닐라 향수와 오렌지 향수 등을 정확히 만든다고 주장할 때, 적어도 취향을 지닌 이에게 있어 이 점은 항상 어떤 혐오감을 준다.
103) 그리고 이 점은 데스빠냐(d'Espagnat)의 엄밀한 연구방식에 속한다.

달할 수 있다면, 진리는 그 자체로 우리를 짓누를 것이고 우리가 살아가지 못하게 할 것이다. 살아가기 위해서는, 자신의 자유를 타인에게 맡기는 가장 연약한 '주체'agent에 의해 진리가 표현되어야 하는데, 이것은 다음 같은 불안함과 더불어서 이다. 즉, 우리가 온전한 진리를 결코 포착할 수 없음을 우리로 하여금 주장하게 하는 불안함이며, 내 삶과 진리 사이에 일치를 통해 우리가 우리의 모험을 결코 끝맺을 수 없음을 우리로 하여금 주장하게 하는 불안함이다. 심지어 우리가 진리가 "거기에" 있다는 온전한 확신을 가질 때에도, 나는 그리스도인을 생각하고, 내 친구들인 개신교인을 생각한다. "하나님의 말은 성서에 표현되어 있다."는 것이다. 이처럼 어떻게 나는 다음 같이 조심스럽게 말하지 않을 수 있을까? 즉, 이 '말'은 인간의 '말'에 의해, 또 다른 증인에게 전하는 증인의 '말'에 의해 전달된다는 것이다. 나도 이 '말'에 귀를 기울일 때, 나는 나의 단어와 나의 '말'의 이미지와 더불어 이 '말'을 이해하고, 나의 언어와 더불어 이 '말'을 언급한다.

나는 다행히도 하나님이 아니다. 아주 다행히도 그러하다. 그렇지 않으면 인간의 삶은 종결될 것이다. 이렇게 언급하면서, 나는 이 계시된 진리를 조금도 감퇴시키는 것이 아니다. 이와 반대로, 이처럼 나는 이 계시된 진리를 존중하고, 이 계시된 진리에 이러한 중요성과 깊이와 영속성이 있음을 인정한다. 이와 같이 이 계시된 진리는 진정으로 진리이다. 내가 이 계시된 진리를 포착하여 온전히 표현하려 든다면, 이 계시된 진리는 더는 진리가 아닐 것이다. **말** 과 **진리**의 관계는 그러하며, '말' 없이는 진리에 대해 아무 것도 알 수 없다. 이 진리는 '말'의 왕래를 통해, 또 우리의 일치와 오해를 통해, 완만한 생성 속에서 구성된다. 놀랍게도 인간적인 이러한 삶은 이처럼 자리 잡는다. 이것은 가장 불확실한 세상과 관계되는 가장 확실한 감각이고, 부인할 수 없는 것을 표현하는 가장 가

변적인 감각이다.

5. '기록'의 한계

1장을 마무리하기 위해 '기록'Ecrit에 대해 몇 마디 할 필요가 있다. 이것은 완전히 모호한 상황이고, 단순한 순서의 문제를 혼란에 빠뜨리는 현상이다. '기록'이 기록된 '말'이라는 것은 우리가 보기에는 자명하다. 우리는 반드시 이 둘을 연결시킨다. 그런데, 이것이 오랜 변동의 결과임을 우선 파악해야 한다. 르루아 구랑104)에게는 다음 같은 점을 보여주는 대단한 장점이 있었다!105) 즉, 처음에는 언어를 옮겨 적지 않았다는 점과 '기록'은 통조림처럼 무한정으로 보관된 언어에 속해 있지 않았다는 점이다. "구상具象 예술은 언어와 분리될 수 없다. 구상 예술은 '발성-표기법'phonation-graphie이라는 지적인 쌍을 구성하는데서 생겨났다. … 그 기원에서부터 발성과 '문자표기법'graphisme은 동일한 목표에 부합한다. … 4천 년간의 '선형 문자'106)는 우리로 하여금 예술과 '표기表記'écriture를 분리하게 했다." 실제로, 알파벳 문자와 선형 문자라는 우리의 습관을 통

---

104) [역주] André Leroi Gourhan(1911-1986). 프랑스의 민족학자이자 고고학자이자 역사학자. 기술담론과 문화에 대한 사상가이기도 한 그는 과학적 정확성과 철학 개념을 결합시키는 연구방식으로 알려져 있다. 주요 저서로 『환경과 기술』*Milieu et techniques*, 『세상의 근원』*Les Racines du monde* 등이 있다.
105) 『몸짓과 말』*le Geste et la Parole* 1장 269쪽 이하.
106) [역주] '선형線形 문자'(écriture linéaire). '선線 문자'라고도 한다. 크레타 섬의 미노아 문명 유적인 크노소스 궁전 발굴 이래로, 에게 문명에도 문자가 있다는 사실이 알려진다. 이 문자는 '미노아 문자'라 불리는데, '미노아 문자'에는 기원전 2000년부터 기원전 1200년까지 사용된 그림문자 및 A와 B로 불리는 2종의 '선형 문자' 등 3가지가 있다. 여러 학자의 연구에도 불구하고 이 문자들은 해독되지 않고 해독 불가능한 문자라고까지 여겨지다가, 이 문자들 중 '선형 문자 B'가 해독된다. 이 문자는 알파벳이나 '표의 문자'가 아니라 '음절 문자'일 거라는 점, 그리고 이 문자가 쓰인 점토판이 주로 재산목록이나 회계문서 같다는 점이 알려짐으로써 해독의 실마리가 풀린다. 87개의 기호로 구성되어 있고 십진법을 사용하는 이 문자는 해독 결과 고대 그리스어를 표기하고 있다는 사실이 판명된다.

해, '그림문자 표기법'pictographie과 '표의表意 문자' 및 르루아 구랑이 언급하는 '그림문자 표의 표기법'picto-idéographie은 잘못 해석되었다. 르루아 구랑의 천재적 발견은 현재의 '표기'가 "표기의 초기단계"일 수도 있는 '그림문자 표기법'의 당연한 후속물이 아니라는 것이다. '알파벳 식 선형화'linéarisation alphabétique는 눈금이나 매듭진 끈 등과 같이 반드시 선형적인 계산 장치에 그 기원이 있을 수 있지만, '그림문자 표기법'은 다른 것이다. 왜냐하면 두 세계가 있기 때문이다. "그림문자 표기법은 현실에 대한 추상적인 심사숙고이고, 현실 세계를 동시에 구성하는 상징들이며, 언어의 세계이다. 이러한 심사숙고는 '발성 언어'langage vocal에서 구체적으로 표현되고, 인간으로 하여금 '물질적 현재'présent matériel를 넘어서서 자신을 표현할 수 있게 한다." 그래서 '청각 언어'와 '시각 언어'라는 두 가지 언어가 있으며, '표기적인 상징체계'symbolisme graphique는 '음성학적 언어'langage phonétique에 비해 어떤 독립성의 혜택을 입는다. '표기적인 상징체계'의 내용은 '음성학적 언어'가 시간이라는 유일한 차원에서 표현하는 것을 공간이라는 세 차원에서 표현한다. 이미지에는 '표기'에 없는 '차원상의 자유'liberté demensionnelle가 있다. 어떤 신화의 낭송으로 귀결되는 '구두口頭 과정'processus verbal이 이미지에 의해 촉발될 수 있다. 이미지는 이 '구두口頭 과정'에 결부되어 있지 않다. 이와 같이 우리는 "선형적인 체계와는 생소한 체계에서, 따라서 연속된 '표음 화'phonétisation의 가능성과는 생소한 체계에서, 연계된 다수의 형상들"과 마주해 있는 '그림문자 표기법' 속에 있다.

달리 말해, 그려진 표현과 발성된 표현 사이에, 또 도구를 사용하는 손의 역할과 '구두 언어'langage verbal를 만드는 수단인 얼굴의 역할 사이에 거의 완전한 자율성이 있다. "손은 이미지들을 만들어낸다. 또한 손은 '구두 언어'의 전개에 직접 의존하는 상징들을 만들어내는 것이 아니라, 전혀 병행하지 않은 상징들을 만들어낸다." "시공적인 좌표의 엄밀한 특성과는 생소한 '구두 신화'mythe verbal의 영역과 병행하는 영역에 속하는" 정신적인 연상과 일련의 인상이 그림을 통해 유발되기 때문에, 이것은 르루아 구랑이 '신화 표기법적인 것'mythographique이라고 부르는 언어이다. 갈라지는 여러 방향으로 향할 수 있는 이미지들이 거론된다. "손은 **자체의** 언어를 갖고 있는데, 이 언어의 표현은 '시각적 인식'과 관련된다. 얼굴은 청각과 연결된 자체의 언어를 지니고 있다. 이 둘 사이에는, 정확히 말해 '표기'보다 앞서 있는 사고에 고유의 특성을 부여하는 '후광'halo이 지배한다. 즉, 몸짓은 '말'을 해석하고, '말'은 문자표기법을 해석한다." 신화적 사고에 연결된 이미지는 다양하고 풍부한 상징적 일치 체계 속에 통합된다. 그래서 르루아 구랑은 '신화학'mytho-logie에 정확히 일치하는 이런 시각적 언어를 지칭하려고, '신화 표기법'mythographie이란 용어를 사용하는데, 다차원적이고 포괄적이지만 연속된 이미지로 된 신화들의 낭송을 지칭하기 위한 것이 이 '신화학'이다.

이미 우리는 '말해진 것'과 '기재된 것' 사이에 관계를 발견한다. 뒤이어 르루아 구랑은 신화적 사고로부터 합리적 사고로의 변천을 보여주는 동시에, '표기'를 지향하는 "상징들의 선형화", "가산적可算的인 것"comptable의 개입, 표의 문자로 그림 문자의 변형, 다차원적인 문자표기법을 대체하는 '선형 문자표기법'graphisme linéaire의 출현이 어떻게 이루어질 수 있었는지 자세히 보여준다. 그리하여 "표기를 특징짓는 선형적인 문자표기법의 단계에서, 두 영역 사이에 관계는 다시 변화한다. 공간 속에서 표음 화된 선형적인 '기록 언어'langage écrit는 시간 속에서 표음 화된 선형적인 '구두口頭 언어'에 완전히 종속된다. 구두적口頭的이며 표기적인 이중성은 사라진다. 인간은 유일한 언어적 장치, 곧 추론을 통해 점점 더 획일화된 사고 자체를 표현하고 유지하는 도구를 마음대로 사용한다." 이것은 우리가 도달했던 지점이다. 이것은 기록된 '말'의 모호함과 불안정의 순간이다.107) 우리가 앞에서 이미 언급했듯이, 이것은 고착된 '말'이고 고정된 '말'이다. 이것은 '들려진 것'의 영역에서가 아니라, 시각적인 것의 영역에서 지나간 '말'이다. 이것은 공간 속에 놓인 '말'이고, 아무도 더는 관여하지 않는 '말'이다. 이것은 현실의 영역에 포함된 '말'이고, 따라서 적절한 방법에 의해 그러한 것으로 다루어질 수 있는 '말'이다. 이것은 끊임없이 다시 말해진 동일한 '말'이며, 진정한 '말'에는 있을 수 없는 것이다. 당신의 대화상대자에게 그가 방금 한 설명을 반복하라고 요구해보면, 그 설명은 다를 것이다. 당신은 어떤 페이지를 다시 읽을 수 있다. 이런 의미에서 음반을 취입하는 것이나 테이프에 녹음하는 것은, 기록하는 것과 동일한 작업을 하는 것이다. 이것은 '시간적인 것'에서 '공간적인 것'으로의 동일한 이행이다. 또한 이것은 '반복할 수 없는 것'에서 '무한히 반복할 수 있는 것'으로의 이행이다. 대화의 불가능성과 더불어서 그러하다. '말'은 더는 그 자체가 아니다. 이것은 다른 세계이다. 이것은 매개적인 세계이고, 그렇기 때문에 이런 '기록'이나 혹은 녹음의 세계는 그토록 의심스럽고 모호하다.

그렇지만 우리는 마찬가지로 언급했듯이, '말'은 여기서 여전히 '연속

---

107) 『안티 오이디푸스, 자본주의와 정신분열증』*L'Anti-Œdipe, Capitalisme et schizophrénie* (Paris, Editions de Minuit, 1972)에서 들뢰즈(G. Deleuze)와 가따리(F. Gattari)는 자신들의 특유한 구상에서와 자신들의 임의적이고 애매하여 뜻을 알 수 없는 이론수립에서 르루아구랑(Leroi-Gourhan)의 이 놀라운 해석을 사용했다. 즉, 표기 체계가 자체의 독자성과 특별한 영역을 상실했고 음성에 보조를 맞추며 종속되었기 때문에, 문명은 야만적이 되었다. 그래서 사람들은 '영토적 차원에서 벗어난 유출'(flux déterritorialisé)과 지배도구가 문제된다는 자신들의 환각 속으로 들어간다. '문자표기법'(graphisme)은 음성에 종속되기 시작하고, '높은 곳'(hauteurs)의 소리 없는 음성을 유발하거나 혹은 '문자표기법'에 종속되기 시작하는 '저편의 세계'의 소리 없는 음성을 유발한다. '표기表記'(écriture)는 음성을 대신하는 것은 음성에 종속된 덕분이다. 이런 결합에서 일어나는 것은 전제적인 것의 출현이다. "음성은 더는 듣기 좋은 음을 내는 것이 아니라, 강요하고 단호하게 표현한다. 문자표기법은 더는 두서없이 오락가락하는 것도 아니고 육체에 생명력을 불어넣는 것도 아니라, 판과 돌과 책에 고착된 채로 기록된다. 눈은 읽기 시작한다…" 이 모든 것을 통해 종교적 감정이 생겨나는 동시에 전제적인 상태가 생겨난다… 단어들을 가지고 재주를 부리는 것은 언제나 쉽다…

된 것'과 같은 어떤 중요한 특징들을 지니고 있다. '말'은 비록 공간 속에 포함되어 있더라도, 독자나 혹은 듣는 자로 하여금 계속성에 의해 시간의 법칙을 받아들이도록 강요한다. 문장은 같은 방식으로 구성된 채로 남아 있다. 나는 문장의 처음부터 끝까지 이제 눈으로 문장을 따라갈 수밖에 없고, 시간의 이러한 흐름을 통해서만 의미에 도달할 수밖에 없다. '선형적인 것'은 늘 중요하다. 마찬가지로, 이 고착된 '말'은 언제나 진리에 관계되고, 진리에만 관계될 따름이다. 이 고착된 '말'은 문자화됨으로써 목표와 의미와 의도를 바꾸었던 것은 아니다. 이 고착된 '말'은 단지 덜 강하고, 희석되어 있으며, 존재 전체에 의해 더는 전해지지 않는다. 이 고착된 '말'이 늘 어떤 의미를 갖고 있다면, 이 '말'은 더는 이름을 갖지 않는다. 이 '말'은 즉시 언급될 때는 무시당할 수 없는 것처럼, 이 '말'은 무시당할 수 있다. '구두口頭 표현'oral과 '기록' 사이에, 또한 현실과 이미지 사이에 파솔리니108)가 행한 바로 그 비교가 여기서 거론될 수 있다. 파솔리니는 기술이 모든 것을 객관화하는 우리 시대의 특징적인 이중적 움직임을 이처럼 설정한다.

내가 보는 이미지를 나는 전달할 수 없다. 나는 이 이미지를 필름 위에 고정시키고, 이 이미지는 전달할 수 있게 되며, 누구든지 이제부터 이 이미지를 볼 수 있다. 하지만, 이 이미지를 보는 사람은 어떤 이미지를 보는 것이지, 내가 경탄하면서 받아들였던 현실을 보는 것은 아니다. 분리가 일어난다. 고정된 이미지는 실제적이지 않다. 그것을 보지 않고 알지 못한 채 현실로부터 파악된 것은 필름 자체이다. 이것은 화면이다. 이것은 이러한 인상의 색채와 형태이다. 이것은 경치나 혹은 모습이 되기 전

---

108) [역주] Pier Paolo Pasolini(1922-1975). 이탈리아의 시인이자 소설가이자 영화감독. 시와 소설을 통해 현대 사회의 허상과 실상을 사실적으로 묘사하여, 2차 세계대전 직후의 전환기에 이탈리아에서 나타난 새로운 사실주의를 추구하는 경향인 '네오레알리스모'(neorealismo) 문학의 기수가 된다. 대표작으로『마태의 복음서』,『오이디푸스 왕』등이 있다.

에 형태와 색채가 되어 버린 경치와 모습이 아니다. 고정과 객관화를 통해 추상작용이 일어난다. 이것은 추상적인 원색의 점들이다. 나는 이 점들을 재구성함으로써, 이 점들로 어떤 모습을 만들 수 있다. 내 눈에 뛰어오르는 것은 이런 현실이 아니다. 또한 '말'은 더는 그 자체가 아니다. 심지어 가장 단순한 것들을 언급하기 위해서일지라도, '말'은 일단 한번 기록되면 나의 대화상대자와 더불어 전했던 진리의 타오름이 더는 아니다. 더는 인격이 없다. 진리는 결국 시각적 기호로 귀착되었는데, 시각적 기호는 그 자체로는 아무 것도 의미하지 않는다. '시니피앙'과 '시니피에'와 기호에 관한 많은 토론이 '말'의 '표기'에서 비롯된다! '시니피앙'과 '시니피에'와 기호는 완전히 관례적일 따름이다. 그러면 진리 자체는 관례적이 아닌 걸까? 이러한 진리는 추상적이 되어버린 동시에 객관적이 되었다. 이 진리는 아무도 관여시키지 않는다. 증인들은 기록된 부분으로 말미암아 죽음을 당하는 것이 아니라, 개인들에 의해 전해진 '말들'로 말미암아 죽음을 당한다. '말'은 추상적이고 장중한 토론의 빌미가 되었다. '기록'에 토대를 둔 **대학**은 회랑 아래에 있는 **아카데미**와 같은 것이 아니다.109) '표기'는 '청취'를 '시각적 인식'으로 변화시켰다. 또한 '표기'는 무겁고 진지한 정확함을 통해, '말'의 신비한 후광과 반향이 있는 개인의 통찰력을 텍스트의 파악, 문법적이고 논리적인 분석, 구조의 분석, 진리에 대한 몰이해로 변화시켰다. 단어와 문장에 대한 해독을 통해, 직접적이고 살아 있는 것으로 더는 제시되지 않는 메시지가 재구성되고 만다. 그런데, 이 메시지는 점점 더 정확해진 방법을 통해, 텍스트로부터 나의 지식으로, 또 나의 지식으로부터 텍스트로의 왕복과 어떤 연구방식에 의해 생겨난다. 이와 같이, '기록'은 '말'에 영향을 미친다는 점을 소홀히 할 수

---

109) [역주] 주로 기록된 책과 더불어 연구나 강의가 이루어지는 '대학'과 달리, 고대 그리스에서와 같이 학문 연구가 주로 건물의 회랑 아래에서 기나긴 토론으로 이루어지는 '아카데미'를 대비시킨 것으로 볼 수 있다.

없다. 우리가 '담화'를 선형적이고 일의적一義的이며 일관성 있는 것으로 간단히 받아들일 때, 우리로 하여금 이처럼 담화를 듣게 하는 것은 실제로 '기록'과 읽기에 대한 이미지와 습관이다. 삐셰뜨110)의 희곡『에삐파니』Epiphanie 의 문체나 혹은 끄노111)의 시詩의 문체에서112), 일종의 '문자적 다음성多音性' polyphonie scripturale에 의해 이러한 일의성一意性을 깨뜨리려 들 때에라도, '기록'은 반드시 선형적이고 일관성이 있다. 이와 같이, '말'은 이런 문자화를 통해 한정된다. '말'이 더는 중심부가 여럿이지도 않고 유동적이지도 않으며, 연상적이지도 않고 신화적이지도 않다. 따라서 이러한 방향에서 아주 간접적인 방식으로, 맥루한이 텔레비전에 의한 신화적인 세상으로의 회귀에 대해 언급할 때 그의 판단은 옳다. 하지만, 이것은 그가 제시하는 이유들 때문이 아니다. 즉, 텔레비전에 의해 '기록'이 부분적으로 제거되는 한에서, '말'에 여지를 주기 위해 텔레비전에 의해 '기록'의 엄밀함이 사라지고, 사고의 전개에서 '기록'에 의해 새겨지는 엄밀한 특성이 사라진다. 그래서 '말'은 자체의 다의적인 가능성을 다시 발견하고, 어떤 주제에 대한 변동들의 작용을 다시 발견하며, 인간의 정신이 청취에 관여할 수 있는 다양한 방향을 다시 발견한다. 하지만, 이것은 텔레비전으로 방송된 이미지의 범람을 통해 '말' 전체가 오로지 비워지지 않았다는 조건에서 이다. 어떠한 경우에도 텔레비전에 의해 무언가가 결코 피어오르는 것이 아니라, 사고하는 가능성조차 음울하게 파괴된다.

---

110) [역주] Henri Pichette(1924-2000). 프랑스의 작가이자 시인이자 극작가.
111) [역주] Raymond Queneau(1903-1976). 프랑스의 철학자이자 소설가. 초기에 그는 초현실주의적인 경향을 띠었으나 초현실주의와 결별한 후에도 다양한 문필 활동을 한다. 그는 프랑스 수학 협회에 들어가 자신의 저서를 토대로 구성한 산술 규칙을 만드는데 몰두하는데, 그것은 아무 글이나 아무 사전을 택해서 그 글과 사전에 나오는 모든 '실사實辭'(substantif)를 자기가 세운 규칙에 따라 서로 바꾸는 식이다.
112) 이 문체들은 우리에게 범람하는 견디기 어려운 많은 텍스트의 균형을 맞출 수 없는 문체의 단순한 연습이다. [본문 내용을 역자가 각주로 설정]

'기록'에 의해 '말'이 자체의 확실성을 박탈당하고 어떤 흐름 이후에만 복원될 수밖에 없는 자체의 의미조차 박탈당한다는 점을 우리가 너무도 잘 아는 나머지, 우리는 반대되는 움직임을 행할 필요와 텍스트로부터 '말'로 건너갈 필요를 그토록 자주 느낀다. 이것은 바로 진리를 가장 많이 창조하고 떠오르게 하며 담고 있는 '기록들'을 위해서 이다. 이것은 시나 혹은 종교적 텍스트이다. 그것들을 있는 그대로 읽기란 불가능하다. 시는 말해져야 하고, 시는 큰 소리로 외쳐질 때만이 영향을 미치고 의미를 띤다. 이것은 더는 텍스트가 아니기 때문에, 또 '말하는 자'parlant가 이 텍스트를 책임지기 때문에 살아 있는 텍스트이다. 그리고 '말하는 자'가 이 텍스트를 자기 것으로 만드는 한에서만, 또 '말하는 자'에게 넘겨졌던 텍스트를 바탕으로 자기 나름대로 '말'을 만들어내게 되는 것이 '말하는 자'인 한에서만, '말하는 자'가 이 텍스트를 읽을 수 있기 때문에, 이것은 살아 있는 텍스트이다. 이것은 다음 같은 경우에만 활기를 띠는 '종교적 기록'écrit religieux에 있어서도 동일한 과정이다. 즉, 말해지고 공표되고 선포된 현재의 '말'이면서 '듣는 자'를 향해 날아가기 위해 책의 페이지들로부터 이제 나오기 때문에, 살아 있는 '말'에 대한 뒷받침과 시작의 구실을 할 경우이다. '말들은 날아간다'verba volent라는 표현을 비판으로 간주하고, '기록들은 남는다'scripta manent는 표현을 긍정으로 간주하는 것은 얼마나 무겁게 느껴지는 오류인가. 바로 기록들은 존속하고 지속하기 때문에, 기록들은 익명의 자취일 따름이다. '말들'은 날아가기 때문에, 살아 있고 의미심장하다. 이것은 증거를 필요로 하는 법률가에 있어 유용한 표현이다. 하지만, 이 증거는 살아 있는 자에게 있어서는 지나간, 시대에 뒤진, 끝나버린, 닫힌, 소멸되게 마련인 것에 대한 증거이다. '기록'은 몇 개의 뼈를 찾기 위해서가 아니라 영靈을 새롭게 불어 넣게 하기 위해, 언젠가 작은 붕대로부터 끄집어내야 할 미라일 따름이다. 오로지 '말'

만이 종교적 메시지의 진리를 전달한다. '기록'은 단지 법률서와 계율과 교리 문답집과 무한히 반복된 기도의 원천이 되지 말아야 한다. 또한 '기록'은 그 원천에서 다시 취해져, 반복에 의해서가 아니라 열림을 통한 영감에 의해 다시 생겨나야 한다. '기록'은 영을 닫아버렸다. '기록'은 다이아몬드를 움켜진 주먹처럼 점점 사라지는 '숨결'souffle에 대한 자체의 문법적이고 구조적인 자성自省을 막아버렸다. '기록'이 이 '숨결'을 표현하고 내포하며 포함한다고 주장하지만, 실제로는 '기록'이 이 '숨결'을 억누르고 있다. 이 '숨결'이 다시 한 번 감지되고 받아들여질 수 있도록, 또 이 '숨결'이 듣는 자를 진리 추구에 다시 한 번 끌어들이도록, 새롭게 말해진 '말' 속에 있는 '기록'의 족쇄를 풀어야 한다.

2장 · 우상과 말[113)114)]

1. 하나님은 말한다.

하나님의 행동으로서 '말'

하나님은 말한다.[115] 예수는 '**말씀**' Verbe[116]이다. '**말**' Parole은 하나님 곁에 있었고, '**말**'은 하나님이었다. 성서의 처음부터 끝까지 '말'이 문제가 될 따름이다. 평소처럼 지나치게 속단하는 비그리스도인은 조잡한 신인동형론[117]일 따름인 이런 개념을 즉시 비웃어버린다. 또한 비그리스도

---

113) 예를 들어 블라까르(Jean-Luc Blaquart)처럼 '말'이 이미지를 포함한다고 밝히거나 '말'이 '시각적 인식'을 포함한다고 밝히면서, 혹은 "야곱의 육체는 '말'이 되었다. … 미지의 적의 '말'은 육체가 된다. … 텍스트는 '말'을 육체 속에 삽입한다. …"라고 언급하는 뒤랑(X. Durand)과 더불어 '말'과 이미지를 융합하려는 경향이 있는 현재의 흐름에 맞서, 성서에서 '말'과 이미지 사이에 모순을 나는 주장한다. 우리는 성서 텍스트에 정신성이 부여되었던 시대를 겪고 나서, 무슨 수를 써서라도 성서 텍스트를 물질화하려는 의지를 이제 경험한다. 자체의 집적을 이유로 제시하는 점진적인 변화와 연속된 표현을 통해서만이 언급될 수 있는 이러한 주장들을 엄밀히 말해 아무 것도 정당화하지 못한다. 성서 전체의 일정한 흐름은 '보기'(voir)와 '듣기'(entendre) 사이에 대립이고, **이미지**와 **말** 사이에 대립이나 **우상**과 **말** 사이에 대립이다. 문제되는 것은 어떤 텍스트가 아니라 계시 전체의 완전한 의미이다. 문제되는 것은 여호와(JHWH)와 신들의 표상들 사이에 대립이고, 이스라엘의 하나님에 대한 정의定義 자체이다. 텍스트에 대한 사이비 재해석은 보편성에 역행할 수 없다.
114) 알퐁스 마이요(Alphonse Maillot)의 탁월한 소고小考, 『양심과 자유』*Conscience et Liberté* (Berne 1979)에서 「자유의 귀」*L'oreille de la liberté*를 볼 것.
115) [역주] 여기서 '하나님은 말한다'는 프랑스어로 'Dieu parle.'이다.
116) [역주] 말씀(Verbe). 삼위일체의 제 2위인 그리스도를 가리킨다고 볼 수 있다. 신약성서 요한복음 1장 1절의 내용 참조.
117) [역주] 신인동형론神人同形論(anthropomorphisme). 성서의 문자대로의 해석을 통해 하나님에게 인간의 형태, 즉 인간의 육체를 부여하는 기원 4세기의 이단 종파를 가리킨다. 그것은 인간의 형상을 따라 신성神性을 이해하는 경향으로서 신의 본질이 인간의 본질과 비슷할 것이라는 신앙이다.

인은 하나님은 무슨 입으로 말을 하는가라고 물으면서 웃어버린다. 하나님이 입을 갖고 있다면, 하나님은 매우 거대한 짐승일 따름이라는 것이다. … 우리가 하나님이 말한다고 이해할 때, 이것은 하나님이 단어들을 발음하고 어떤 어휘를 지니며 통사론統辭論을 따른다는 것을 의미하지 않는다. 이것은 물론 하나님의 활동이 무엇이며, 하나님이 누구인지 우리로 하여금 이해하게 하는 비유와 관계된 것이다. 이것은 신인동형론이 아니라 유추이다. 성서에서 아주 명확히 언급된 것을 듣지 않으려면, 이 언어가 현재 있는 그대로라는 사실, 곧 이 언어가 은유적이라는 사실을 거부하면서, 조잡한 물질주의에 국한되어야 한다. 마찬가지로, "하나님은 말한다."는 표현이, 거기에 중요성을 두지 말아야 할 단순한 "말하는 방식"이라고 하지 말아야 한다. 또한 예를 들어, 바빌론 사회나 혹은 다른 사회의 영향으로 말미암아 더 나은 분석이 없어서 그러하다고도 하지 말아야 한다. 그리고 신학자나 혹은 철학자가 하나님에 대한 문제를 훨씬 더 잘 이해했다고도 하지 말아야 하며, 하나님에 관한 **"말"**의 개념을 지니는 것은 정말 쓸데없다고도 하지 말아야 한다. 거기서 표현되는 것은 합리적 분석에서 비롯된 어려움일 따름이다. 이것이 단순한 말하는 방식이라면, 이 어려움은 9세기나 혹은 10세기의 기간을 거치는 동안 변할 수도 있다. 또한 많은 다른 표현과 이미지와 비유가 있을 수도 있다.

그런데, 단지 하나의 어려움만이 있다. 문제는 하나님이 정말로 그렇게 실제로 말하는가를 아는 것이 아니다. 언젠가 우리가 귀를 내밀어 '신성한 단어들' mots divns을 들을 수 있다면, 도대체 왜 선민選民 이스라엘과 그 다음으로 선지자와 사도와 예수가 이런 유추를 사용했겠는가? 하나님이 말한다고 언급할 수 있는 것은 무엇을 의미하고, 무엇을 전제로 하는가? 이러한 선언에서뿐만 아니라, 말하는 하나님을 우리에게 보여주는 끊임없이 새롭게 된 이러한 묘사에서, 인간은 무슨 가르침을 받는가?118) 더 진지한 항변인 마지막 항변을 떼어 놓자. 히브리에서 '다바르'119)는 아마도 말을 의미하지만, 마찬가지로 행동을 의미하기도 한다. 하나님이 말한다고 선언하는 것은, 언어에 대해 반드시 암시하는 것도 아니고 인간의 말해진 '말'에 대해 암시하는 것도 아니라, 하나님이 행동한다는 것을 단지 언급한다. 여기서 두 가지 사항에 대해 답해야 한다.120) 우선, "하나님이 말한다."거나 혹은 "하나님의 **말**"이라는 표현이 사용될 뿐 아니라, 하나님의 '담화들'이 우리에게 전해지고, 문제된 '말'의 표명이 나타난다. 따라서 일관성이 존재하고, "말하기"parler를 없앨 수 없다. 예를 들어, "하나님은 빛이 있으라고 행동한다."라고 표현될 수 없으며, "하나님은 빛이 있으라고 **언급한다**."라고 물론 표현된다는 것이다. 다바르의 복합성과 더불어 우리가 아는 바는, 하나님의 '말'이 행동에 맞먹고 강력하다는 것이며, 하나님의 '말'이 행동하고 효력이 있으며 더할

---

118) 우리는 하나님의 '**말**'에 대한 블라까르(Jean-Luc Blaquart)의 연구와 같은 연구들을 옆으로 제쳐 놓을 수 있는데, 이 연구는 과학성이 있기를 열망하지만, 설명 방식으로서 분류학에 미리 집착했던 이들에게 있어서가 아니라면 아무런 과학적 가치가 없는 분류적인 해석 틀을 텍스트에 억지로 적용하는데 그친다. 『구약성서, 접근과 해석』*L'Ancien Testament : Approches et lecture* 에서 「하나님의 말과 선지자」Parole de Dieu et Prophètes (Paris, Institut catholique à Paris, coll. 「신학적 논점」*Le point théologique*, 1977) 참조. 이 덕분에 **말**로서의 계시'(Parole révélation)는 배제된다. 이것은 '**말**'을 신성하게끔 만드는 것은 메시지의 정직성이라고 결론짓기 위함이다.

119) [역주] 다바르(Dabar). 히브리어로 '말, 진술, 행동, 물건' 등을 나타내는 '다바르'는 히브리어 성서에서 다양한 문맥으로 등장하는데, 가끔 '신의 말' 즉 '다바르 야훼' 혹은 '하다바르 엘로힘'(Ha-Dabar Elohim)을 지칭하는 데에 쓰이기도 한다. '신의 말'은 하나님의 메시지를 자신의 민족에게 특히 자신의 선지자에게 전하는데, 그 표현은 창세기 15장에서 처음으로 나온다. 엘륄은 다바르가 단순한 소리나 말이 아니라 하나님의 활동적인 개입으로 간주한다.

120) 게다가, 나는 힘을 담고 있다 하더라도 '말'은 '말'로 남아 있음을 뛰어나게 입증하는 보샹(Paul Beauchamp)의 탁월한 연구를 참조케 한다. 『창조와 분리』*Création et Séparation* (Paris, Editions du Cerf, 「종교학 총서」Bibliothèque des sciences religieuses, 1970)를 볼 것. 키텔(Kittel)에게 있어서는 텍스트에서 두 가지 종류를 구분해야 하는데, 하나는 행동을 통한 창조와 관련되는 텍스트이고, 다른 하나는 '말'을 통한 창조와 관련되는 텍스트이다. '말'을 통한 창조와 관련되는 텍스트가 나중에 것이기에 그러하다. 우선, 폰 라드(Von Rad)는 이런 시각視覺을 택했고, 두 가지 원천이 있으며, '말'이라는 판본이 다시 덧붙여졌다. 그렇지만 구분은 불가능한 것으로 드러나고, 따라서 훔버트와 쉬미트 등에 의한 토론 이후에 사람들은 소리 나지 않고 구분할 수 없는 행동 "전통"이 '말'의 우위 속에 결국 통합되고 형태를 띠었다고 생각하고 만다. '말'은 이미 그 자체로 '행하기'(faire)이기 때문에, 내 생각으로는 이런 종류의 연구가 아무 것도 밝히지 못한다.

나위 없이 신성한 작용이라는 것이다. … 제일 먼저 우리가 마주치는 큰 어려움은 바로 하나님이 자신의 '말' 속에서만 표현되고 행동하며 존재한다는 것이다. 우리는 당연히 다른 곳에서 하나님을 만날 수 있기를 바라고, 우리의 확신에 따라 하나님을 만들어 낼 수 있기를 바라며, 하나님을 물론 볼 수 있기를 바란다. 또한 우리는 정신이라는 개념, 혹은 에너지라는 개념, 혹은 "인간에게 자리를 내어주려고 죽은 하나님"이라는 개념, 혹은 가난한 자의 인격 안에만 존재하는 하나님이라는 개념, 혹은 착한 아빠나 위대한 판관이나 거창한 창조자의 이미지를 지닌 하나님이라는 개념을 선호한다. 그런데 그렇지 않다. 성서는 이런 모든 길을 배제한다. 끊임없이 우리는 다음 같은 한계와 성가신 어려움과 마주친다. 즉, 이 한계와 어려움은 하나님이 자신의 '말' 속에서만 나타난다는 성서의 위대한 단언의 의미를 이해해야 한다는 것이다. 인간은 다른 곳에서 다른 방식으로 하나님을 결코 포착할 수 없다. 성서는 고행을 통해 하늘로 올라가서 하나님을 바라보는 그리스도인을 포함하여, 온갖 종류의 신비주의자를 부인한다. 하나님은 결코 직접적으로 포착될 수 없고, 얼굴을 맞대고 바라볼 수도 없다. 단지 모세만이 그렇게 했다고 언급된다. **계시**의 유일한 길은 '말'이다. '말'이 문제가 된다면, '말'은 알아듣기 쉽고, 인간에게 전해지며, 힘을 담고 있는 동시에 의미를 담고 있다. 기본 요소들과 세상을 창조하는 이러한 **'말'**이 인간에게 전해지면, 이와 같은 '말'이 하나님에 대해서와 인간 자신에 대해 어떤 것을 인간에게 언급한다.

그렇게 하면서 '말'은 끊임없이 창조적이 된다. 왜냐하면 이러한 '말'은 인간이 이 '말'을 듣고 받아들일 수 있도록, 이 '말'이 전해지는 인간의 마음과 귀를 창조하기 때문이다. 또한 이러한 인간은 본래 이 '말'을 포착하지 못할 수도 있기 때문이다. 보다 정확히 말해, 이러한 인간이 이 '말'에서 단죄와 심한 공포의 계기만을 발견할 수도 있기 때문이다. 그리고 우리가 하나님 자신의 행동에서 포착할 수 있는 것과 하나님의 '말' 사이에는 이와 같이 동일성이 있기 때문이다. 인간이 인지할 수 없는 하나님은 자신을 알리려고 이러한 길을 택한다. 하나님이 인간의 최상의 능력을 사용하고, 하나님이 오직 이와 같이 인간의 '이해력'intelligence의 범위 내로 들어가는 것은 결코 우연한 일이 아니다. 인간을 위해 인간에게 언급된 이러한 '말'은, 하나님이 낯설지 않고 진정으로 우리와 함께 함을 입증한다. 이 점은 창조적인 '말'에 대한 입증 속에 이미 포함되어 있었다. "하나님은 언급한다. …"121)와 같이 '말'로 창조하는 하나님은 멀리 있지도 않고, 추상적이지도 않으며, 무엇보다 관계라는 요인에 의해 창조자가 되는 하나님이다. '말'은 본질적인 관계이다. '말'로 창조하는 하나님은 자신의 창조에서 벗어나지 않고, 자신의 창조와 함께 있는 하나님이며, 우선 인간과 함께 하는 하나님이다. 인간은 이러한 '말'을 듣고 하나님과 바로 이러한 관계를 맺으려고 만들어진 존재이며, 인간 자신이 '말'을 받아들이고 나서 대화 속에서 하나님에게 대답할 수 있는 존재이다. 하나님과 아담 사이의 관계는 잠잠하고 추상적이며 무기력한 바라봄이 아니다. 이 관계가 열렬하고 영적이라면, 이것은 대화이고 '말'이다. 이것은 바로 어떤 언어와 관계된 문제이지, 다른 아무 것도 관계된 문제가 아니다. 그러나 이것은 **하나님의** 언어와 관계된 문제이기 때문에, 이 언어가 특별하다는 점과 칼 바르트가 이 '말'이 행동인 동시에 신비라고 말할 수 있었던 점이 이해된다.

이 '말'은 창조적인 힘일 뿐 아니라, 명령하는 힘이다. 이 '말'은 하나님의 결정이다. 즉, 이 '말'은 우선 결정이고, 그다음으로는 역사 속에 들어가는 결정이며, 자신의 신성한 자유를 사용하는 하나님의 흔적이다. 칼

---

121) [역주] 앞에 나온 '하나님은 말한다.'는 프랑스어로 'Dieu parle.'이고, 여기에 나오는 '하나님은 언급한다.'는 프랑스어로 'Dieu dit.'이다.

바르트는 이 모든 것을 놀랍게 보여주었다. 이것이 바로 하나님의 '말'과 인간의 '말'의 주된 차이이다. 하나님의 '말'은 달아나고 사라지는 소리도 아니고, 한 순간 듣는 사람의 정신에 포착되었다가 그다음에는 망각 속으로 떨어지는 의미도 아니다. 하나님의 '말'은 지나가면서 어떤 부인할 수 없는 흔적을 남긴다. 창조의 초기에 하나님이 "빛이 있으라."고 언급할 때, '말'이 울려 퍼졌고, 빛은 지나간 '말'에 대한 지속적인 증거물로 남았듯이 그러하다.

그런데, 이러한 '말'은 단지 단어가 아니라, '인격'personne이다. 하나님이 말한다고 언급하는 것은, 하나님이 인격임을 전제로 한다. "하나님의 '말'은 묘사할 수 있는 것도 아니지만, 명확하게 규정할 수 있는 개념도 역시 아니다. 이것은 객관적인 내용도, 생각도, 객체도 아니다. 이것은 유일한 주체, 다시 말해 하나님이란 주체인 한에서 유일한 객체이다."[122] 하나님의 '말씀'Verbe은 성육신 했던 하나님의 인격 그 자체이다. 이것이 하나님에 의해 언급된 '말'이라는 사실과 이 '말'이 예수 안에 성육신한 '말씀'이라는 사실 사이에는 어떠한 대립도 없다. 왜냐하면 이러한 '말'이 하나님을 드러내는 것이기 때문이고, 하나님은 실제로 자신의 아들의 성육신 안에서만 드러나기 때문이다. 성육신한 '말씀'은 인간에 관한 하나님의 결정과 사랑과 의義에 대해 인간이 결국 진정으로 깨우치도록 인간에게 충분히 언급된 '말'이다. 하나님의 '말'의 '인격성'personnalité은 하나님의 '말'에 대한 글자 그대로의 해석에 대립할 리 없고, 하나님의 '말'이 지닌 지적 능력에 대립할 리 없을 것이다. 선지자들에 의해 예전에 선포된 '말'은 성육신한 '말씀'에 의거하기 때문에, 완전히 하나님의 '말'이 된다. 또한 증인들에 의해 새롭게 선포된 '말'은 예수 그리스도를 표준으로 삼게 할 때, 또 예수 그리스도를 표준으로 삼게 하기 때문에, 이

---

[122] 칼 바르트(Karl Barth).

역시 이러한 '말'이 된다. 기독교 전체는 성육신한 '말씀'과 육신이 된 '말'에 근거를 두기 때문에, '말'을 벗어나서는 어떠한 기독교 신앙도 없다고 해야 한다. 또한 말하는 하나님에 대해 우리가 행했던 묘사는 바로 기독교 계시에서 특유하고 특별한 것이라고 해야 한다. 그리고 이 점을 통해 우리는 놀랍고 유일한 중요성을 '말'에 부여하게 된다고 해야 한다. 우리가 조금이라도 '말'의 가치를 떨어뜨린다면, 우리가 내버리는 것은 진정 기독교 전체와 성육신 전체이다. 현재 통용되는 표현에 따라 기독교가 더는 '말해진 것'parlé이 아니라 '행동된 것'agi이라고 주장하는 것은, 더 큰 기독교적 진지함이 아니라 지적 유희에 속한다. 그런데, '말'이 하나님 자신에 대한 하나님의 계시 경로인 것과 마찬가지로, '말'은 인간에게 인간의 참모습을 깨닫게 한다. "말을 듣는 자는 … 자신의 본래 얼굴을 거울 속에서 보는 사람과 같다."약1:23 인간이 '말'의 진리를 식별하는 것은, 하나님을 대리하여 인간에게 질문을 던지는 이러한 '말' 속에서 이다. 거울 속에서 인간은 자기 자신의 이미지를 보고, 자신의 본래 얼굴을 보며, 자신의 '실재'réalité를 본다.

  '말'이 각자에게 이러한 일상적 현실을 알려주는 것이 아니라, '말'의 진리 자체를 알려준다는 것을 우리가 이해할 때, 이 대조는 매우 인상적이다. 그런데 이러한 '말'의 진리는 하나님 안에 숨겨져 있기 때문에 가장 깊이 숨겨져 있고, 하나님의 존재가 이것에 달려 있기 때문에 가장 결정적이다. 이것은 하나님만이 자신의 궁극적인 객관성 속에서 알고, 하나님만이 자신의 유일한 특수성 속에서 사랑하는 하나님의 존재라는 진리이다. 이러한 인간이 가장 심한 궁핍과 근본적인 허영 가운데서 자신을 보는 것은, 이 인간에 대해 하나님에 의해 언급된 '말' 속에서 이다. 그러나 인간을 바로 감싸는 이러한 '말' 때문에, 인간은 자신에게 주어지는 새로운 얼굴, 곧 생명의 얼굴을 본다. 이러한 인간에 대한 '말'의 이러한 작업은, 이름에 부여된 중요성에 의해 성서에서도 우리에게 잘 알려져 있다. 어떤 한 사람을 지칭하는 단어, 곧 이러한 음절은 그 사람 자체이다. 원시인의 개념들에 대해서는 여기서 언급하지 않기로 한다. 이러한 '말'은 그 사람에 대한 마법적인 것으로 여겨지기보다는, 자신의 존재의 깊은 의미로 훨씬 더 여겨진다. 어떤 사람이나 사물에 이름을 부여하는 것은, 다른 사람이나 사물에 대한 우위성을 나타낸다. 하나님이 아담으로 하여금 각 짐승에게 이름을 부여하도록 아담 앞으로 모든 짐승이 줄지어 지나가게 할 때, 아담은 창조의 우두머리로 자처하는데 창세기 2장 19절, 이것은 주권적인 힘이면서 아담이 하나님 앞에서 자유롭다는 것이 드러나는 완전한 주도권이다.123) 시인은 언어를 버릴 때 거짓말을 한다. 즉, "내가 사과에게 '**사과**'라고 하자, 사과는 내게 '**거짓말**'이라고 했다. 그리고 독수리에게 '**독수리**'라고 하자, 독수리는 대답하지 않았다."는 것이다. 인간이 주권적이 되는 것은 자신의 전쟁 도구나 기술들과 더불어서라기 보다는 훨씬 더 자신의 언어에 의해서이다. 또한 인간 스스로가 자유롭다고 자부하거나 혹은 자신이 그러하다고 믿는 것은, 자신의 언어 때문이다. 이름을 부여하는 것은 주체로 입증되는 것이고, 타인을 객체로 지칭하는 것인데, 이것은 영적이고 개인적인 가장 엄청난 시도이다. 그래서 왜 인간에게 있어 반항의 '징표'124) 자체가 하나님에 의해 인간에게 주어진 이름을 거부하는 것이었고, 스스로 이름을 짓는 것이었는가가 이해된다. 바벨에서의 시도가 그러했다. 인간들은 하나님이 인간들에게 이름을 부여하는 것과 하나님과 마주 대하는 것을 더는 받아들이지 않았

---

123) 하나님은 아담이 어떻게 그 짐승들의 이름을 짓는지 보려고 모든 짐승을 아담 앞으로 줄지어 지나가게 한다.[본문 내용을 역자가 각주로 설정]
124) [역주] '징표徵表'(signe). '표시, 표장標章, 징조, 징표' 등으로 옮길 수 있는 프랑스어 'signe'는 어떤 사물 혹은 어떤 사람을 인식하거나 혹은 인정하는 것을 가능하게 하는 지표를 나타내므로 일반적인 현상과 관련될 때는 '징조'로 옮겨질 수 있으나, 특히 기독교에서 신적인 활동에 속하는 것으로서 인식되거나 신적인 힘의 나타남으로 인식된 현상과 관련될 때에는 '징표'로 옮기는 것이 적절하다.

다. 이로 말미암아 인간들은 어떤 영적 목적지를 받아들였고, 자신들이 스스로 이름을 짓는다고 자부했다. 다시 말해, 이것은 자기 자신들의 삶을 전적으로 지배하고 삶의 방향을 설정하는 것이고, 자신들의 영적 운명을 떠맡는 것이다. 자신에 대한 '말'을 지배하는 것은, 완전히 독자적인 유일한 주체로 실제로 자처하는 것이다. 성서 전체에서 늘 이러한 이름은 관계된 인간의 '영적 실재' réalité spirituelle라는 내용을 담고 있다. 이것은 야쿠브125)의 운명이듯이 행위의 신비인데, 이 행위를 통해 하나님은 '여호와' IHWH라는 자신의 이름을 아브라함에게 계시한다. 즉, '스스로 존재하는 자'인 '그는' Il 존재하게 하기도 하고, 그는 '그' Lui이며, 그는 하나님이 인간에게 몸을 바친다는 이해할 수 없는 의미를 띤 '말'이기도 하다. 이것은 말세에 승리하여 생명책에 기록될 자가 받을 새로운 이름이기도 하다. 이러한 이름들은 여전히 '말들'일 따름이다. 하지만, '말'이 아무 '말'이나 되는 것도, '말'의 의미가 바람에 따라 요동치는 것도 가능하지 않다. 또한 우리가 '자의적 언어' langage arbitraire를 우리를 위해 만들어 낼 수 있다는 것도, 이 점이 흥미를 끌지 않는다는 것도 가능하지 않다. 결국 우리가 '말'을 스케치로 대치하는 것도, 이름을 초상화나 혹은 군번으로 대치하는 것도 가능하지 않다.

자신의 '말'에 의해 창조하는 하나님

하나님은 자신의 '말'로 창조한다. 즉, 창조는 분리 행위이다. 실제로 '말'은 모든 면에서 분리를 유발하는 '섭정攝政 기능'이다. '말'은 사물들의 이름을 붙이기 때문에 창조적이다. 또한 '말'은 사물들을 구별하면서,

---

125) [역주] '야쿠브'(Jakoub)는 '뒤따라 나옴'을 의미하는 고대 히브리의 이름인 '야아코브'(Yaakob)에서 나온 성姓이다. 성서에서 야곱(Jakob)은 출생 시 쌍둥이 형인 에서(Esau)의 발꿈치를 잡고 바로 뒤따라 나온 것으로 기록되어 있으므로, 여기서 '야쿠브'는 '야곱'을 가리킨다고 볼 수 있다.

사물들에 특수성을 부여한다. 분리 위에 창조를 설정하는 창세기의 텍스트는, 언어에 대한 가장 현대적 개념들을 내포하고 있다. 왜냐하면 창조를 설정하는 동시에 '말'로부터 비롯되는 것이 '구별'이라고 창세기의 텍스트는 우리에게 언급하기 때문이다. '말'은 존재와 진리와 역동성을 각각의 현실에 부여하고 정해진 궤적을 받아들이게 하여, 혼동과 '비非존재'non-être를 밝혀낸다. 존재는 '말'에 의해 전체와 구분되기 때문에, '말'로부터 나온다. 또한 존재는 어떤 의미를 받아들인다. 모든 것은 '말'에서 생겨나고, 사물들은 자체의 부재 때문에 지칭된다. 욕구가 있을 때만 이 '말'을 하게 되고, 모든 것이 완결되면 침묵 속에 빠져든다.

하나님은 자신의 **'말'**에 의해 창조한다. 평범하게 된 아주 단순한 이러한 용어를 통해, 하나님에게 있어 창조는 한없이 수월하다는 점이 우선 지적된다. 이것은 고통스러운 출산이 아니다. 이것은 혼돈에 맞서는 거대한 투쟁도 아니고, 힘든 노동도 아니며, 그토록 많은 다른 우주 진화론에서처럼 거친 모형 제작이나 혹은 지대한 노력을 요구하는 조각도 아니다. 그렇지 않다. 하나님은 말한다.126) 이것은 가장 단순하고 가장 덜 부자연스러우며 가장 덜 제약적인 일이다. "하나님은 언급하고 사물들은 존재한다." 이 점은 우리로 하여금 위대함과 정말 무한한 힘을 즉시 고려하게 한다. 천문학자들은 '중성자 별'과 '전자파 별'을 탐색하고, 수십

---

126) 보샹(Paul Beauchamp)은 어느 정도로 '말'이 창조라는 개념 자체에 긴밀히 결합되어 있는지 입증한다. "말은 창조라는 개념에 내재하는 이타성의 감정에 더 가깝다. 사람들은 혼자 생각하고 어떤 사람에게 말한다. 말은 용도나 이행을 내포하거나 혹은 '불법침입'(effraction)조차 내포하며 결단도 분명히 내포한다. … 모든 것은 말에서 생겨나고, 말은 창조의 원동력이다. 사물들은 단지 사물들의 부재 때문에 지칭되고, 충족이 되면 말이 사라지며, 욕구가 있을 때 말을 한다. … 하지만, 말하기 위해서는 어제나 내일이나 나와 타인에게 있어, 어떤 사물을 사물이 있는 그대로 동일시해야 한다. 말은 손짓이 보장할 수 없는 **지속적인 위상**을 사물들에게 만들어준다. 창조를 말과 연관시키는 것은 생성의 첫 순간에 대한 표상 너머를 지향하는 것인데, 이 표상은 그 뒤를 이어 변화가 생겨날 어떤 상태를 제시했을 수도 있다. 그러나 이 '저편의 세계'는 사고의 '저편의 세계'가 아니다. 즉, 하나님은 사고를 통해 창조했을 수도 있다. … 그런데, 우리의 공간인 다른 공간으로의 전환에 뒤이어진 정신적 공간 안에 있는 이중적 공간의 상황과 비슷한 아무 것도 창세기에는 없다…"

억 광년과 수십억 도나 되는 온도와 수십억 메가와트와 상상할 수 없는 에너지 폭발에 대해 우리에게 이야기한다. "하나님은 언급한다."는 표현 속에 이 모든 것은 실제로 포함된다. 또한 "하나님은 언급한다."는 표현을 통해, 창조하는 자와 우리 인간 사이에 있는 거리가 우리에게 설정된다. 이 과도한 간격은 이러한 하나님에게 있어 '말'의 효력일 따름이다. 하나님은 주권적인 용이함으로 창조한다. 이런 의미에서, '말'을 행동과 동일시하는 것은 아주 적절하다. 그러나 창조적인 **말**은 하나님을 시간과 관련하여 위치시킨다. '**말**'에 **의한** 창조는 '시간성'temporalité 속으로 들어가기가 있음을 의미한다. 우리는 앞에서 '말'과 시간 사이에 분리할 수 없는 연결을 설정했다.127) 그런데, 여기서 "말"이란 용어의 사용이 의미하는 바가 바로 이것이다. 말하는 하나님은 시간과 관계있는 어떤 하나님이고, 인간의 '시간성' 속에 위치하는 어떤 하나님이며, 자신이 시간을 초월하거나 영원하기를 원하지 않는 어떤 하나님이다. 결국 창세기가 첫 번째 창조가 빛이라고 우리에게 언급할 때, 빛과 시간은 확고하기 때문에 이것은 시간의 창조라고 바로 우리에게 언급하는 것이 아닌가. 하나님은 언급했고 빛이 있었다는 것은 동일한 진리이다. 즉, 우선 시간이 오고, 하나님은 이러한 시간 속에 위치한다. 따라서 역사 속에 개입하는 하나님, 또 인간과 이스라엘의 모험 가운데서 인간과 이스라엘과 동행하는 하나님을 우리에게 보여주는 연속된 모든 계시는, '하나님은 말한다.'라는 선포 속에 이미 들어 있다. 이것은 바로 이러한 하나님의 특수성이고 독창성이며 유일한 특성이다. 하나님은 그리스나 로마의 신들처럼 시

---

127) 성서적 관점에서 '말'과 시간 사이에 관계는 앞에 나온 책인 보샹(Paul Beauchamp)의 창세기 주석, 『창조와 분리』*Création et Séparation* 에서 엄밀히 입증되었다. '**말**'을 통한 창조는 연속적이다. 성서적으로, 공간은 으뜸이지도 않고 중요하지도 않다. 모든 대상은 연속 가운데서 세분화되어 창조된다. 하나님이 위치시킨 살아 있는 것들은 연속의 영역에 속하는 어떤 기능, 곧 삶의 영속을 통해 이끌려진다. "공간의 다양성을 통해 미래의 페이지도 구획이 정해진다."

간 내부에 있거나 시간의 '화신'avatar에 복종하는 신이 아니다. 즉, 하나님은 시간을 태동시킨다. 하나님은 일리아드와 오디세이의 신들처럼 역사의 흐름 속에서 자신의 기분에 따라 일관성 없는 방식으로 개입하는 신이 아니라, 인간이 만드는 일관성 있는 역사의 동반자이다. 거꾸로 말해, 인간의 고찰을 통해 하나님에 대해 품을 수 있는 개념처럼, 하나님은 추상적이고 철학적이며 형이상학적인 신도 아니고, 감정이 없는 영원불멸의 신도 아니다. 하나님은 자신의 창조와 분리될 수 없는 관계, 곧 자신의 '**말**'에 의해 창조된 관계에 의해 역사 속으로 들어가는 신이다. 하나님은 **역사**의 하나님이다. 하나님에 대한 이러한 발견은 유대교의 놀라운 발명품인데, 이것을 기독교가 완전히 자기 것으로 만들어버린다. 이것은 역사적인 사고 전체의 기원이고, **역사**의 기원이다. 다른 아무도 이와 같이 생각하지 못했다.128)

이것은 '**말**'에 의해 연결된 "하나님-세상-시간-역사"이다. 하나님이 시간과 관계되는 하나님이라면, 이 점은 하나님이 공간의 하나님이나 혹은 장소의 하나님이라는 것을 배제한다. 하나님은 샘의 신이나 혹은 산의 신이나129) 혹은 지역의 신이나 혹은 주어진 나라의 신이 아니다. 이것은 "세상의 다른 끝에서는 그 신이 나를 쫓아오지 않을 것이다."라고 하면서, 거룩한 땅으로부터 멀리 도망가는 요나의 불행한 잘못된 생각이다. 모든 민족의 온갖 신들과 반대로, 자신의 '**말**'에 의해 특징지어지는 말하는 그 신은 지역적인 신이 아니다.130) 왜냐하면 자신의 유일한 장소

---

128) 성서적 관점에서 '말'과 시간 사이에 관계는 앞에 나온 책인 보샹(Paul Beauchamp)의 창세기 주석, 『창조와 분리』*Création et Séparation* 에서 엄밀히 입증되었다. '말'을 통한 창조는 연속적이다. 성서적으로, 공간은 으뜸이지도 않고 중요하지도 않다. 모든 대상은 연속 가운데서 세분화되어 창조된다. 하나님이 위치시킨 살아 있는 것들은 연속의 영역에 속하는 어떤 기능, 곧 삶의 영속을 통해 이끌려진다. "공간의 다양성을 통해 미래의 페이지도 구획이 정해진다."
129) 하나님이 산의 하나님으로 일단 지칭되기는 하지만, 그것은 그러한 하나님이 누구인지 이해하지 못하는 이스라엘의 적이 사용한 표현이다! [본문 내용을 역자가 각주로 설정]
130) 이스라엘의 하나님을 시나이라는 장소의 하나님이나 혹은 예루살렘에 연결된 하나님으

가 '말'이기에, 그 신은 한 장소에 위치될 수 없기 때문이다.131) '말'로 창조하는 하나님은, 하나님 없이는 존재하지 못할 인간과 함께 역사를 시작하는 하나님을 의미한다.

말하는 하나님은 이와 동시에 구원자 하나님이다. 이 점은 또한 인간에게 말하는 하나님은 "인간과 함께 하는 하나님"인 임마누엘이라는 것을 의미하고, 어떤 인간의 형태를 띤 하나님이라는 것을 의미한다. 인간의 신격화와 더불어, 또 그 결과로 일어나는 모든 것과 더불어 모든 인간 안에서 어떤 의미를 띨 수도 있는 것인 '인간 속에 있는 하나님'을, 형이상학적 비약을 통해 함부로 확대하거나 언급하지 말아야 한다. 하나님으로부터 인간에게로 중심이 옮겨지기에, 이것은 성서가 단호히 부인하는 것이다. 어떤 유일한 존재는 임마누엘이라 불리며, 어떤 유일한 존재로 하나님은 성육신했다. 모든 사람이 이 성육신 안에서 구원받는다면, 또한 이 성육신이 결국 본보기라면, 보편적인 것으로 비약하지 말아야 한다. 하지만, 성육신한 것은 여전히 **말**이다. 육신이 된 것은 다른 아무 것도 아닌 바로 **말**이다. 이것은 무엇을 뜻하는가? 우리가 살펴보았듯이, 인간 안에 가장 은밀한 것을 나타내는 '말'은 선포이기도 하다. 성육신한 것이 **'말씀'** Verbe이라고 언급하는 것은, 이것이 하나님의 나타남이자 선포라고 언급하는 것이다. 이것을 통해 하나님이 그때부터 영원히 우리와 함께 우리 편에 있음이 분명히 입증된다. 이것은 사탄이 배제된다고 더 할 나위없는 판단으로 선포하는 것이다. 이와 동시에 이것은 성육신 한 것이 하나님의 **말**이라면, '가시적인 것'은 늘 배재된다고 언급하

로, 그리고 나서 계시의 공간적인 영역만을 고려하기 때문에 잘못되어 있는 보편주의 개념에 이를 정도로 점점 더 보편적이 되는 하나님으로 간주하려 했던 역사학파의 시대와 달리 그러하다.

131) 하나님의 장소, 곧 '천상중의 천상'(Cieux des Cieux)은 주어진 장소를 가리키지도 않고, 우주비행사의 **"하늘"**도 아니다! 이것이 어떤 장소일 수 없이 '**다른 곳**'이나 '**접근할 수 없는 것**'이나 '**저편의 세계**'나 혹은 '아주 깊은 곳'을 확인하기 위한 단지 "말의" 구두口頭 표현일 따름이다.

는 것이다. '말'로서 온 것은 보이지 않는 하나님이다. 하나님은 시각視覺으로 알아볼 수 없다. 예수 안에 아무 것도 신성을 시각적으로 나타내지 않는다. 우리는 이 점을 다시 발견할 것이다. 예수는 자신의 사역 기간 동안 말하기만 한다. 예수는 아무 것도 설립하지 않고, 아무 것도 조직하지 않으며, 아무 것도 보여주지 않는다. 기적들이라고? 이것은 그리스어 단어가 언급하듯이 '징표들'signes, 곧 '말'의 징표들이다. 기적은 항상 '말'에 의해 이루어지고, '말'의 맥락 속에 늘 위치하며, '말들'의 결과로서 나온다. 네 죄가 용서함을 받았다는 것은 '말'이며, '말'은 결정적이다. 중풍병자에게 "네 죄가 용서함을 받았다"는 것과 혹은 "일어나서 걸어가라"는 것 가운데 어느 것이 언급하기 더 쉬우냐이다. 이것은 인자人子가 죄를 용서하는 권한을 갖고 있음을 입증하기 위함인데, 따라서 "중풍병자여, 일어나서 걸어가라"는 것이다.132) 이와 같이 기적은 '말'보다 훨씬 더 못한 것이다. 예수는 말하기만 했고, 아무 것도 기록하지 않았다. 우리가 알듯이, 단 한번 예수는 간음한 여인을 고발하는 자들 앞에서 모래 위에다 신비로운 글을 썼다. 나는 이것이 '말'에 비해 '기록'이 열등함을 의미한다고 생각한다. 그러나 이것은 수많은 방향 가운에 하나다! 예수는 쓸데없고 모호하며 소통되지 않고 곧 지워지는 글을 쓴다. 하지만, 예수는 "너희 가운데서 죄 없는 사람이 먼저 이 여자에게 돌을 던지라."는 주권적인 '말'을 한다. '말'은 이 여인을 해방시켰고, 고발하는 자들을 설득했으며, 죄를 용서했다.133) '기록'은 메마르고 헛된 것으로 남았다. 하나님의 '말'의 전달자인 예수는 이와 같이 "나는 진리다."라고 언급할 수 있다.134) '생명'은 창조적인 '말'을 구현하고, '길'은 그것이 지시하는 '말'이

---

132) [역주] 마태복음 9장 1-8절 참조.
133) [역주] 요한복음 8장 1-11절 참조.
134) [역주] 요한복음 14장 6절 참조.

라는 것이다.135) 하나님이 말한다는 것은 진리에 대한 질문이 제기됨을 의미한다. 따라서 우리는 진리와 거짓에 대해 언급했고, "하나님을 대항하는 자"contre-Dieu는 **거짓말쟁이**로 지칭된다. 우리는 진리에 대해 언급했으며, 따라서 우리는 이러한 '말'을 변질시키는 자들에게 있어 위선에 대해 언급했다. 이것은 결국 이러한 '말'을 날조하는 자들과 이용하는 자들에 대한 본질적인 유일한 고발이다. 나는 진리라는 것이다. 또한 나 자신은 **말**의 총체인데, 이 **말**은 궁극적 진리를 드러내고 표현하며 궁극적 진리를 상세히 기술하고 포함한다. 인간 각각의 '말'은 이 **말**의 반영이고 중얼거림이며 되풀이다.

우리가 언급했듯이, 이런 용어를 사용하는 것은 말하는 자가 자신이 누구인지를 드러내는 관계를 나타내기 때문에, 말하는 하나님은 이와 동시에 계시되는 하나님이다. 이것은 **계시**로서의 '말'인 성령이다. 성령은 다양한 '말' 속에서, 또 단 하나로 결국 이해되는 다양한 언어 속에서 오순절에 처음으로 나타난다. 이것은 다시 말하는 것이다. 이런 것을 전제로 하여, '말'에 의한 계시로부터 계시에 대한 '말'로 나아가서, 영감靈感으로서 '말'로부터 이러한 영감의 표현으로서 자유롭게 언급된 '말'로 되돌아오는 끊임없는 왕복이 생겨난다. '하나님의 영감설'136)에 대한 바로 그 논쟁에서 **말**의 개념을 통해 결정적인 빛이 던져진다. 명백히 언급된 **말**이면서 하나님으로부터 온 것으로서 들려진 **말**에 의한 영감이 분명히 존재한다. 그런데, 이 영감은 모호한 정신이나 영성이나 충동이 아니다. 그러나 우리가 살펴보았듯이 모든 '말'은 받아 쓰인 것이 전혀 아니듯이, 우리의 두뇌에 해당할 수도 있는 녹음기로 녹음된 것도 아니다. 이

---

135) [역주] 요한복음 14장 6절에 나오는 "나는 길이요, 진리요, 생명이다."라는 표현에 나오는 '생명'과 '길'을 설명하는 내용이다.
136) [역주] '하나님의 영감설靈感說'(théopneustie). 성서가 하나님이 영감靈感을 받아 쓰인 것이라 주장하는 개신교 사상.

러한 '말'은 몇몇 차원, 곧 자체의 그림자와 빛과 모호함과 함축된 의미와 깊은 수준을 포함한다. 이와 같이, '말'은 주의 깊게 듣는 자에 의해 들려지고 이해되며 해석되고 다시 표현되는데, 이 듣는 자는 자기 나름대로 말의 자유로움과 더불어 말하게 된다. 왜냐하면 '말'은 자유롭기 때문이다. 따라서 증언자는 자기에게 전해진 말을 입증하려고, 자기 자신의 '말'과 더불어 말하게 된다. 자신의 **말**에 의해 계시되는 하나님은 성육신으로 인간의 한계와 조건을 받아들이듯이, 이러한 일에 참여하고, 상징적인 것과 인간관계의 유연성에 관여한다. 하지만, 계시자인 성령은 **말**에 대한 시각적 이미지, 곧 비둘기를 우리에게 제시했다. "예수는 하늘이 열리고 하나님의 성령이 비둘기처럼 내려오는 것을 보았다."137) 예수는 허공과 열림과 단절과 균열을 본다. "-처럼"은 가능한 형태가 아닌 것을 표현하려는 비유이다. 실제로 이것은 시각적 이미지가 아니라 '구두口頭 이미지' image verbale이며, 하늘에 나타난 비둘기는 없었다. 또한 비둘기에 대한 '시각적 인식'도 없었다. 왜냐하면 히브리어에서 비둘기라는 단어는 "전령"을 뜻하기도 함으로, 노아 대홍수 이후 이 단어는 성별聖別된 단어이고, 단순히 선택된 단어이기 때문이다. 즉, '비둘기'라고 언급하는 것은 '메시지의 전달자'라고 언급하는 것이다. 이 텍스트에서는, 이는 내 사랑하는 아들이라는 메시지의 선포 자체와 비둘기 사이에 완벽한 일치가 있다. 한편으로 시각視覺이 있고 다른 한편으로 '말'이 있는 것이 아니다. 구두口頭로, 또 전통적으로 '말'의 전달자인 비둘기를 함축하는 것인 전달된 '말'이 있다. 이 계시자는 우리에게 늘 하나님의 영광을 표현한다. 우리가 "볼" 수 있는 것이란 단지 본래 보이지 않는 영광, 곧 '쉐키나' Shekinah이다. 바로 이 영광 안에 하나님이 숨는 동시에, 이 영광으로 하나님은 계시된다. 이 영광은 "다른 어떠한 것과도 비교되지 않기"

---

137) [역주] 마태복음 3장 16절 참조.

때문에, 이것은 시각적인 것이 아니고, 형태로도 색으로도 묘사되지 않으며, 시각적인 아무 것도 주主의 영광을 우리에게 알려주지 않는다! 성령만이 주主의 영광을 알려준다!

자유의 표현이자 자유를 전제로 하는 '말'

그러나 하나님이 말한다는 선포의 가르침은 이렇게 마무리되지 않는다. '말'은 우리로 하여금 하나님이 누구인지 알아보게 하는 세 가지 길로 이 가르침을 따라가게 한다. '말'은 자유의 표현이고, 자유를 전제로 한다. 또한 '말'은 대화 상대자 역시 말을 하면서 자신이 자유롭다는 점을 확신하게 한다. 하나님은 해방자이다.138) 이스라엘의 하나님은 인간에 의해 확립된 노예 상태의 인간을 해방시키는 자로서, 출애굽기에 역사적으로 처음 나타난다는 점을 잊지 말아야 한다. 또한 이스라엘의 하나님은 자신의 민족을 해방시키려고, 노예들 가운데서 자신의 민족을 선택한다는 점을 잊지 말아야 한다. 끊임없이 선지자들은 유일한 진리인 이러한 하나님이 모든 '자기 상실'aliénation로부터 해방시킨다는 선포를 무엇보다 되풀이 한다. 이와 마찬가지의 움직임이 신약성서에 활기를 띠게 한다. 바울의 신학 전체는 해방의 신학인데, 그리스도가 여러분을 해방시킨 것은 자유를 위해서라는 것이다. 바울과 동일한 신학을 물론 갖지 않은 야고보도 "여러분은 자유의 율법에 의해 판단 받을 것이다."라고 이 점에 대해 대답한다. 자유는 성서의 첫 페이지부터 마지막 페이지까지 나머지 전체를 연결하고 설명하며, 선택과 은총과 구속이란 모험 전체에 의미를 부여하는 근본적 흐름이다. 자유가 세상에 들어온 것이 호렙 산의 계시와 더불어, 또 예수의 성취와 더불어서 라고 주장하는 것은 틀리

---

138) 기독교적 자유에 대한 수많은 저작들 가운데, 루터(Luther)의 저작을 참조키로 하고, 퓌리(R. de Pury)의『해방자』*Le Libérateur* (Genève, Labor et Fides, 1957)와 자끄 엘륄의『자유의 윤리』*Ethique de la liberté* (Genève, Labor et Fides, 1974) 같은 현대의 저작을 참조키로 하자.

지 않다. 다른 어느 곳에서도 사람들은 자유를 체험하거나 선포하지 못했다. 기독교에 노예 제도의 원천이 있고 기독교가 세상에다 예속을 퍼뜨렸다고 비난하는 것이 유행인 시대에서, 이 점을 굳게 다시 언급해야 한다. 정신분석학자와 사회학자와 민족학자와 철학자는 기독교의 선의를 몰라서이든지, 악의를 품고 기독교를 인식해서든지 간에, 반反기독교라는 흔해 빠진 이야기를 끊임없이 되풀이한다. 그들은 교회의 어떤 시기에 어떤 압박을 가하기를 원하고, 시간과 공간 속에 한정된 도덕적 금기들과 도덕주의를 취하기를 원하며, 시간과 공간 속에 마찬가지로 한정된 죄나 혹은 지옥에 대한 어떤 강론을 하기를 원하는데, 이는 그것들을 기독교의 총체로 삼기 위함이다. 그들은 다음 같은 점을 생각조차 하지 않는다. 즉, 자기 상실과 압제와 억압에 대한 **그들의 분노**가 생겨난다면, 이것은 1789년 혁명이나 철학자들로부터 오는 것도 아니고, 무엇으로 언급되더라도 자유와는 전혀 생소한 그리스 사상으로부터 오는 것도 아니며, 마르크스나 프로이드로부터도 오는 것도 아니라, 바로 우리 문명의 유대-기독교적 뿌리로부터 온다는 점이다. 서구에 의해 자유의 사고와 희망과 의지가 유포되지 않는다면, 제 3세계 민족들은 운명에 항거할 생각을 결코 품지 않았을 것이다. 모든 것은 이 첫 번째 주고받음으로부터 나오고, 하나님은 말하며, 하나님은 말하는 인간처럼 자기 자신의 자유를 이처럼 나타낸다. 하나님은 자신의 대화 상대자가 대답할 수 있도록 자유로 오게 한다. 하나님은 말한다. 이 점은 하나님은 해방자이며, 하나님의 '**말**'이 결코 그치지 않듯 하나님은 끊임없이 해방시킨다는 심오하고 중심된 중요한 확신을 담고 있다.

이와 동시에 '**말**'은 이러한 하나님이 사랑의 하나님임을 전제로 한다. 우리는 '**말**'이 관계를 나타낸다고 언급했다. 하나님은 단지 창조자만이 아니다. '말에 의한 창조자'라는 것은, 하나님이 자신의 창조에 있어 결코 멀리 있지도 않고 생소하지도 않음을 뜻한다. 하나님은 말하고 관계를 맺는다. 그러나 이와 동시에 이것은 부정적인 관계가 아닌 긍정적인 관계이다. 그렇게 사람들이 자주 들었던 것에도 불구하고, 이것은 거부나 단죄의 관계도 아니고 명령의 관계도 아니라, 확고한 사랑의 관계이다. 단죄의 '말들'이 분명 있긴 하지만, 이 '말들'은 사람들이 그렇게 언급했던 것에 비해서는 훨씬 더 드물다. 이 '말들'은 인간들에 관계되기보다, 소외와 정신 착란과 망상과 종교와 거짓과 비난의 힘들에 훨씬 더 관계된다. 영벌을 받는 것은 부가 아니라 돈이다. 아니 더 정확히 말해, 영벌을 받는 것은 그 자체로서 부가 아니라, 돈 속에 있는 부이다. 영벌을 받는 것은 정치적 힘을 행사하는 인간이 아니라, 정치적 힘이다. 아니 더 정확히 말해, 영벌을 받는 것은 그 자체로서 인간이 아니라, 다른 사람들에 대한 이러한 힘 때문에 문제된 인간이다.[139] 인간은 심판을 받는다. 다시 말해, 인간은 영벌을 받는 것이 아니라, 이러한 악의 힘을 박탈당한다. 이와 같이 정확히 파악된 단죄의 '말들'은 각 인간에게 있어 해방의 '말들'이고, 소망의 '말들'이며, 하나님의 사랑에 대한 입증이다. 우리로 하여금 있는 그대로의 '말들'을 듣지 못하게 하는 것은, 복수에 대한 갈망과 죄의식이라는 두 방향으로 나타난다. 우리는 하나님이 각 인간을 사랑하고, 하나님의 '말'이 제한 없이 모두를 위해 존재하며, 하나님이 모두에게 은총을 베푼다는데 만족하지 않는다. 영벌을 받은 자가 무수히 많은데서 유일하게 구원 받은 자이기를 바라는 광신도의 시샘 많은 반발이 있거나, 히틀러나 혹은 스탈린 및 그들의 앞잡이와 추종자도 구원 받는다는 생각에 분개하는 비그리스도인의 저절로 일어나는 반발이 있거나 간에, 이는 마찬가지이다. 우리가 미워하고 복수하려는 사람들이 있기

---

[139] 이 중요한 논점에 대한 자세한 연구로는 자끄 엘륄의 『요한계시록』 *L'Apocalypse* (Paris, Desclée de Brouwer, 1976)을 참조할 것.

때문에, 영벌을 받는 자들이 우리에게 필요하다는 것이다. 그들에게 있어 무제한의 은총을 받아들이기란 몹시 어렵다. 왜냐하면 하나님의 사랑에는 금지된 장소가 있을 수 없기 때문이다. 또한 하나님이 자신의 '말'을 통해 창조한다면, 하나님의 '말'은 모든 인간에게 은총을 받을 계기가 되었기 때문이다.

하나님의 '말'을 듣는 데 있어 우리에게서 나오는 두 번째 장애물은 죄악감이다. 이것은 여전히 흔해 빠진 이야기들 중 하나이다. 이 이야기들에 따르면 죄악감은 기독교에서 생겨난 것일 수도 있다. 교회가 금지 사항을 너무 강조했다는 것, 성적인 금기를 단정했다는 것, 죄에 대한 강론으로 과오의 감정을 간혹 내면화했다는 것은 사실이다. 하지만, 인류가 죄의식에서 벗어나 있다고 하지 말아야 한다. 모든 종교에 널리 퍼져 있는 '희생 제물'sacrifice은 속죄의 제물이거나 혹은 대속代贖의 제물이거나 혹은 용서를 위한 제물이다. 어쨌든 이것은 대신하는 제물인데, 본래 이 제물은 죄의식에 대한 깊은 확신으로부터 유래한다.140) 그런데, 아주 일반화된 이 죄악감으로 말미암아, 우리는 하나님의 '말'을 단순하게 듣지 못한다. 또한 이 죄악감으로 말미암아, 우리는 하나님의 단죄가 우리 자신과 관계되는 것이 아니라, 우리 배후에 있는 죄와 관계된다는 것을 알지 못한다. 하나님의 단죄를 통해 우리가 죄로부터 해방되는데도, 마치 이 단죄가 우리 자신과 관계되는 듯이 우리는 이 단죄를 우리 자신을 향

---

140) 유감스럽게도, 금지나 금기가 기독교로부터 오지 않는다는 점을 끊임없이 기억해야 하고, 죄의식을 만들어내는 상황으로서 소위 원시 민족들의 금지의 그물망보다 더 나은 것이 아무 것도 없다는 점을 끊임없이 기억해야 한다. 레비스트로스(Lévi-Strauss)에게 있어 혈족관계의 분석을 살펴보아야 한다! 성서적으로, 또 진정한 기독교적 사고에서 죄는 용서를 시인하고 용서가 선포되며 용서를 체험한 이후에만이 죄로 인식되고 인정된다는 오직 그 이유로, 죄라는 개념은 거기에 이르지 말아야 했다는 점도 끊임없이 기억해야 한다. 즉, 내가 어느 정도로 죄인이었는지를 아는 것은 내가 용서를 받기 때문이다. 죄가 죄로서 드러나는 것은 은총 속에서 이지, 자신의 노예 사슬을 보면서 자신의 비참함이 어떠했는지 문득 헤아려 보는 갑자기 해방된 노예처럼 다른 곳에 있지 않다. 이것은 홀로 그 자체로 알려진 죄가 결코 아니다. 또한 이것은 선포된 죄가 결코 아니다. 하지만, 교회가 여기서 성서를 왜곡했던 것은 사실이다.

한 것으로 여기고 만다. 그러나 이런 점을 통해 우리는 행동에 나서게 되고, 단죄의 '말들'을 해방의 '말들'로서 듣지 못하게 된다. 하나님이 말한다는 것은, 하나님이 **사랑**이라는 것을 성서적으로 의미한다.

그렇지만 계명의 '말'이 남아 있다! 성서에는 무거운 짐으로서 받아들여진 율법의 '말들'이 있고, 복잡하고 수많은 이러한 규정과 끔찍한 십계명이 있음을 적어도 부인할 수 없다. "나는 당신의 율법 아래에 굴복한다."는 것이다. 성서적으로 우리는 이러한 생각을 **결코** 갖고 있지 않다는 점과 율법은 짓누르는 듯이 보인다는 점을 우선 생각해야 할 것이다. 이것이 현대인들의 감정이다. 시편 119장처럼 창조자인 하나님이 어떤 삶의 방향을 우리에게 전해 주기를 기꺼이 원한다는 경이로움이 성서적으로 늘 존재한다. 또한 '절대 **타자**'absolument Autre인 하나님이 우리가 그토록 열심히 찾는 의義가 무엇인지 우리로 하여금 알게 하기를 기꺼이 원한다는 경이로움이 성서적으로 늘 존재한다. 이러한 율법과 계명을 위한 하나님에 대한 경배가 있다. 이스라엘은 율법을 제약이 아니라 해방시키는 '말'로 간주함으로써, 이러한 경이로움과 기쁨과 환희의 원천을 간직할 줄을 완벽히 알았다. 이것이 첫 번째 관점이다. 두 번째 관점은 율법이 명령형보다는 미래형으로 되어 있다는 것이다. '살인하지 말라'[141]는 하나님의 사랑 안에 위치하여, 또한 하나님과의 지속적인 대화 속에 위치하여 살인하지 않는 것이 결국 너에게 가능할 것임을 의미한다. 이러한 대화와 '말'을 벗어나서는 너는 모든 사람처럼 살인할 수밖에 없다는 것이다. 살인이나 서로 연계된 상호간의 살인들은 공통된 운명이다. 하나님의 '말'이 삶 속에 울려 퍼지는 그 때부터 살인하지 않는 것이 너에게 가능해지고, 다른 사람들과 같은 살인의 숙명은 사라진다는 것이다. 이

---

141) [역주] 성서에 나오는 '살인하지 말라'에 해당하는 프랑스어 표현은 Tu ne tueras pas 이다. 이 표현에서 동사 tueras 는 미래형인데, 2인칭(tu)에 쓰인 미래형은 명령형을 대신할 수 있다.

같이 계명은 엄격하고 부정적인 제약이 아니라, 새로운 삶에 대한 약속이면서 자유와 기쁨으로 가득한 약속이다. 세 번째 관점은 율법의 계명들이 바로 삶과 죽음 사이에 경계들이라는 것이다.142) 이 경계들 이쪽에서 너는 삶을 갖고, 충만한 삶을 살며, 온갖 가능한 방식으로 살아 있다. 그러나 계명에 대한 위반은 죽음의 확실성인데, 하나님이 원하고 결정한 징벌로서 죽음이 아니라 당연한 운명으로서 죽음이다. 네가 죽이면, 너도 죽음을 당한다는 것이다. 사람들이 취하는 관점이 무엇일지라도, 어쨌든 우리는 오해를 발견한다. 하나님의 율법과 계명은 겁에 질린 노예에 대해 절대적 권한을 지닌 어떤 **주인**의 단순한 제약이라는 확신이, 이 오해 위에 근거를 둔다. 이 점은 **외부**에서 보는 견해이다. 실제로 강요에 의해 기독교를 따랐던 사람들에게는 간혹 유감스런 일이다!

그런데, 이런 것이 생겨날 수 있었다는 점이 교회 안에서 죄악의 수수께끼가 된다. 교회가 더는 '말'과 관계없었을 때, 또한 교회가 행동하고 보여주며 지배하는143) 교회가 되고 싶어서 말하는 교회가 더는 아니었을 때, 이런 것은 생겨날 수 있었다. 마음으로 믿고 입으로 고백하는 자에게 있어, 또 이러한 은총과 마주쳤고 이러한 경험을 했으며 이러한 자유 안에 위치하는 자에게 있어, 율법은 결코 이러한 강요가 아니다. 우리는 누구를 믿어야 하는가? 삶에서 이러한 '말'을 경험하며 경이로움을 갖고 이 '말'을 찬양하는 자인가? 혹은 이러한 해방을 경험하지 않았고 가족 조직체나 혹은 교회 조직체에 의해 억압받고 속박 당했던 자인가? 또한 인간들에 의해 강요된 노예제도만 겪었기 때문에, 이런 고약한 율법을 판단하는 자인가? 이러한 율법은 우리의 법규에 비교되는 기록되고 고착된 율법은 결코 아니다. 무한한 해설과 설명의 대상인 이러한 율법

---

142) 내가 여기서 율법이 의미하는 모든 것을 남김없이 파헤칠 수 없음은 분명하다.
143) 이 세 가지는 마찬가지이다. [본문 내용을 역자가 각주로 설정]

은 명령이다. 다시 말해, 이 율법은 익명의 입법권자의 객관적인 선언이 아니라, 늘 생생하고 새로운 '말'이면서 듣는 자에게 언제나 다시 전해지는 '말'이다. 율법이란 건축물 정면 위의 아치형 합각에 새겨진 글이 아니라, 각자를 위해 새롭게 된 '말'이다. 사람들은 율법 판이 깨진 것에 대해 곰곰이 생각해 보지 않았다.

이것은 모세가 시내 산을 내려오던 때 일어난 잘 알려진 이야기이다. 신비로운 **해방자** 대신 어떤 신을 자기를 위해 만드는144) 이스라엘의 믿을 수 없는 오만 앞에서, 하나님 자신에 의해 기록된 돌 판인 신비한 보물을 가져오던 모세는 화가 나고 절망하여 돌 판들을 깨트리고 파괴한다. 이를테면 이것은 분노의 행위이다. 이것은 그렇게 놀라운 선물을 받을 자격이 없던 민족에 대한 심판이다. 그러나 내 생각에는 숨겨진 측면이 있다. 즉, 율법이 여기서 **기록된다**는 것이다. 율법은 더는 '말'이 되지 않았다. 율법은 신비한 보물이자 마법과 신탁의 돌이며, 살라 족145)의 방패나 혹은 전혀 다른 조각상과 불가피하게 동일시된다. 율법은 소멸되었고, 이 돌 속에 새겨지고 뒤덮이고 묻힌다. 이러한 선물, 곧 하나님의 구체화된 이런 '**글씨**' Ecriture는 하나님의 이미지를 소유하려는 인간의 욕구에 일치한다. 하나님은 '보려는' 우리의 욕구를 안다. 그러기 때문에 보기 원하고 자기를 위해 금송아지를 만드는 민족의 요구를 들어주는 동시에 이 요구에 대립하기도 하면서, 하나님은 자신의 뜻에 대한 **가시적인 증언 물**과 함께 모세를 돌려보낸다.146) 그러기 때문에 이 텍스트에서는 황소에 대한 '시각적 인식'에 맞서는 이 돌 판들을 만들었던 것이 바로 하나님이란 사실이 강조된다. 여기서 하나님에 대한 어떠한 직접적인

---

144) 사람들이 자기를 위해 그 신을 만들었기 때문에 그 신에 대해 주도권을 갖는다. [본문 내용을 역자가 각주로 설정]
145) [역주] 살라 족. 북해 연안에 정착했던 프랑크 족의 일족.
146) 라이저(F. Ryser)의 『금송아지』*Le Veau d'or* (Genève, Labor et Fides, 1954).

'시각적 인식'도 없다. 그러나 이것은 하나님의 일에 대한 '시각적 인식'이고, '말'에 대한 '시각적 인식'으로 귀결되는 '시각적 인식'이다. 모든 것은 반드시 '말'로 귀결된다. 이것은 여호와IHWH가 할 수 있는 시각視覺에 대한 유일한 양보이다! 뿐만 아니라, 이 돌 판들은 모세에 의해 깨트려진다. 그런데, 돌 판들은 그 자체로 하나님의 이미지였고, 하나님의 **'말'**의 이미지였다. 이러한 이미지가 모세에 의해 파괴된 것이다. 라이저Ryser는 다음 같이 언급한다. "따라서 출애굽기 32장 19절은 하나님의 이미지가 세상과 접촉할 때 하나님의 이미지에 일어날 수밖에 없는 바를 우리에게 보여준다. 하나님의 이미지는 인간에게 있어 유한한 것이 되지 않도록 깨지고 소멸되어야 한다. 하나님이 자신의 아들 안에서 세상에 올 때, 세상이 소멸하느냐 혹은 하나님이 자신의 아들 안에서 소멸하느냐 라는 두 가능성만이 있다." 그러나 '가시적인 신성神性'의 이러한 파괴는 모세로 하여금 '가시적인 허위 신성'을 파괴하게 한다. 거기에서 성화상聖畵像을 파괴하는 유대인과 그리스도인의 소명이 나온다. 결국, 하나님의 구체적이고 가시적인 유일한 '표상'147)을 파괴하는 것은, 다음 같은 점들을 우리에게 끊임없이 일깨워 줄 수밖에 없다. 즉, 그 구체성 속에서 성서는 읽혀짐으로써 보이게 된 하나님의 **'말'**이 아니라는 점이고, 자기 자신을

---

147) [역주] '표상表象'(représentation). 일반적으로는 '마음이나 의식에 나타나는 것'을 뜻하는 철학·심리학 용어이다. 시각視覺이나 청각 등의 지각을 통해 의식에 나타나면 '지각 표상'이고, 과거 지각된 대상이 이미 목전目前에 나타나 있지 않을 때 이것을 기억에 의해 의식에서 다시 불러내면 이것은 '기억 표상'이며, 이전의 지각 내용을 주관적으로 재편성하고 연결하여 즉시 의식에 초래되면 이것은 '상상 표상'이 된다. 따라서 '표상'은 '심적 이미지'와 거의 같은 뜻이라고도 할 수 있다. 예술의 영역에서 '표상'이라는 말이 사용되는 경우에는 거의 '표현한 것' 혹은 '표현된 것'을 의미 한다고 볼 수 있다. 예를 들어, 초상화는 모델이 된 어떤 특정의 인물을 재현하고 모방한다는 의미에서 그 인물의 '표상'인데, 모델이 된 인물이 실존하지 않는 경우에도 이 그림이 어떤 인물을 표현하고 있음에는 변함이 없다. 재현과 모방의 계기가 약해지고 때로 소실되며, 상상의 계기가 강하게 개입되더라도, '표현된 것'은 역시 '표상'이다. 그리고 '표현된 것'을 무엇 무엇이라고 지정할 수 없는 경우, 즉 '표현된 것'이 구상적具象的인 것이 아니라 추상적인 것인 경우에도 이것도 역시 '표상'이다. 그러므로 프랑스어 'représentation'을 '표현' 혹은 '표현된 것'으로 옮기는 것도 가능하지만, 좀 더 포괄적인 의미를 나타내는 '표상'으로 옮기기로 한다.

기록하려고 예레미야의 비서가 되었던 것이 하나님이 아니라는 점이다. 하나님은 자신의 '말'을 보이게 하지 않았다. 여기서 '표기'와 '말' 사이에는 우리가 인간적인 측면에서 마주쳤던 동일한 거리가 있다. 이것은 바로 동일한 현상이다. 성서는 하나님에 대한 일종의 가시적인 표상이 아니다.

그래서 반드시 돌은 깨져야 한다. 실제로, 돌 판들을 다시 가져오던 모세는 갑자기 이 돌로 된 조각품과 그 민족이 세웠던 금송아지를 동일시한다. 하나님의 '말'은 숭배의 대상이 될 멋지고 윤이 나는 돌로 남는 것이 아니라, 인간의 유일한 마음속에 언급되고 새겨진 순간적인 **말**로 남아야 한다. 그 민족이 자기가 만들었던 금송아지를 숭배한다면, 그 민족은 하나님의 손이 붙잡았고 그 위에 하나님의 손가락이 기록했던 절대적인 **돌**을 얼마나 더 숭배했을까! 계명이 각자에게 전해진 살아 있는 '말'로 남아 있으며 어디에도 객관적으로 존재하지 않게 하려고, 율법 판들은 깨졌다. 계명은 그 자체가 포함하는 움직이는 모든 것, 직접적인 모든 것, 해석된 모든 것, 엄밀히 개인적인 모든 것과 더불어 '말'로 남는다. 그래서 인간이 기록하기 시작하는 것도 인간의 일이고, 인간이 율법을 기록하고 다음에 복음서를 기록하는 것도 인간의 일이다. 그러나 이것이 인간의 행위임을 분명히 자각해야 한다. 드물게, 그리고 어떤 선지자들에 있어서는 아주 드물게, '기록하라'고 언급된다. "이 율법을 기록하고 네 이마와 팔에 두르라."는 선포는 상징적인 듯이 보이고, 작은 주머니들 속에 실제로 넣어진 텍스트들이 이러한 선포를 통해 반드시 생겨나지는 않았을 것이다.

'말'의 역할과 능력

"하나님은 말하고, 사람들은 하나님에게 대답해야 한다." 하나님에 의해 창조된 인간은 '말하는 자'parlant이다. 아마도 이것은 하나님의 이미지에 대한 의미들 중 하나이다. 이 의미들이란 간격과 의사소통 속에서 대화를 할 '응답자'répondant, '책임자'responsable, '닮은 자'semblable이며, 따라서 창조 전체에서 '말'을 할 수 있는 자이다. 말하는 하나님은 소위 '말하는 자'이기 때문에, 인간이 '말하는 자'가 되는 것은 자신의 창조자로부터 오는 인간의 이러한 능력으로부터이다. 이것은 다른 모든 존재에 대립하는 하나님의 특수성으로서 인간의 특수성이다. 하나님은 '말'을 통해 인간을 불러내고, 인간과 대화하려고 인간에게 '말'을 하도록 부추긴다. 하나님이 자유라면, 자유를 경험할 어떤 사람이 있다.

하나님이 사랑이라면, '말'을 통해 하나님의 이 사랑에 대답하기 위한 어떤 사람이 있다. 인간의 '말'은 하나님의 '말'에서 나온 것이라는 이유만으로 존재한다. 당신이 전에 이미 나를 불렀다면, 나는 말하지 않을 것이다. "말은 여전히 내 혀에 있지 않고, 야훼Yahvé 당신은 이미 그 말을 모두 알았습니다." 시139:4 인간이 하나님은 말한다고 선언하는 것은, 인간의 '말'에 대한 모방에 의해서가 아니다. '말하는 자'인 창조자가 자신에게 대답하는 자인 인간에게 '말'을 부여하는 것은, '말'과 창조 사이에 '당연한 일치'connaturalité가 있기 때문은 아니다. 우리가 인간의 '말'에서 식별하는 자연적이고 객관적인 모든 특성이 그러하고, 이 책의 1장에서 우리가 언급했던 특성은 그러하다. 왜냐하면 이 특성들은 창조자인 하나님에 대한 표현인 '말'의 특성 자체이기 때문이다.148) 또한 인간의 '말'에는

---

148) 여기서 우리는 보샹(P. Beauchamp)의 훌륭한 연구와 다시 마주하는데, 이 연구 중 특히 설득력 있고 명확히 설명해주는 텍스트를 인용할 필요가 있다. "하나님은 인간의 말이 하나님의 말에 대한 대답으로 선언되도록 내게 사물들에 대해 말하기 전, 하나님이 사물들 이야기를 했던 만큼이나 내가 말하는 사물들을 창조하지 않았다. 하나님은 말을 통해 만들어진 차이 관계를 비밀을 알고 있는 위탁받은 인간으로 바뀌게 했다. 인간은 자기 자신의 말로 된 율법을 세상에 둘 것이고, 창세기의 텍스트는 어떻게 이 텍스트가 그 점에서 하나님에게서 비롯되는지 보여주려 한다. 하나님이 이런 '기법'(artifice)의 여백과 위험과 영광을 인간에게 남겨둔다는 의미에서 마치 자연을 창조했다는 듯이, 여섯 째 날에 완결된 일을 자신의 작업을 통해 성취하려는 인간의 사명에 대해 말하기를 도대체 왜 고집해야 하

탁월한 존엄성이 있기 때문이다. 인간의 '말'은 행동보다 더 결정적이고, 더 폭로적이다. 그러나 하나님이 수단으로서 '말'을 선택했기 때문에, 특히 인간의 '말'은 한없는 중요성을 띤다. 계시가 이와 같이 성취된다는 점은, 인간의 '말' 자체를 위한 의미와 가치를 포함한다. 하나님은 자신의 행동과 계시를 위해 다른 어떤 수단이건 선택했을 수도 있지만, 하나님은 '말'이라는 수단을 선택했다. 따라서 인간의 언어는 인간이 전에 갖지 못했던 존엄성을 이끌어낸다. 하나님은 말하기 때문에, 인간이 말할 때 인간이 언급하는 것에 결부된 신비한 힘이 존재한다. 인간의 모든 '말'은

는가? 하나님과 인간이 서로 마주치게 되는 것은 말의 기법 속에서 이다. 하나님으로 하여금 맨 처음 말하게 함으로써 창세기는 인간의 모든 언어를 어떤 대답으로서 위치시킨다. 인간은 자신의 존재를 통해 자신이 하나님의 이미지임을 파악한다. 하나님이 말했다고 인간이 밝히는 것도 자신의 말을 통해서이다. 이는 하나님에게 첫 번째 말을 부여하는 것인데, 다시 말해 거기에 존재 전체가 달려 있는 인간의 말의 진리에는 하나님 자신 외에는 다른 어떤 위탁받은 사람도 있을 수 없다. 말에 대한 인간의 모든 경험은 말을 재연과 반복으로 파악한다. 말을 만들어내는 이들이 우선 하나님에게 말하지 않았다면 아무도 말하지 않을 것이다."
마찬가지로 다음 텍스트도 하나님의 말에 대한 인간의 말의 관계에 대한 것이다. "인간은 자기 자신에게로 밀어붙일 수 없는 세상을 이야기한다. 그래서 인간은 세상을 관계 망과 운동 망으로 변모시킨다. 하지만, 말하기 위해서는 어제나 내일이나 나와 타인에게 있어, 어떤 사물을 사물이 있는 그대로의 것과 동일시해야 한다. 말은 손짓이 보장할 수 없는 **지속적인 위상을 사물들에게 만들어준다.** 창조를 말과 연관시키는 것은 생성의 첫 순간에 대한 표상 너머를 지향하는 것인데, 이 표상은 그 뒤를 이어 변화가 생겨날 어떤 상태를 제시했을 수도 있다. … 말은 창조라는 개념에 내재하는 이타성의 감정에 더 가깝다. … 말은 용도나 이행을 내포하거나 혹은 '불법침입'(effraction)조차 내포하며 결단도 분명히 내포한다. 여기서처럼 심지어 계명을 담고 있지 않더라도 모든 말은 의지에 관한 것이다. 말은 선택하고 정돈한다. … 죽음에 맞선 삶의 투쟁이 있는 곳에서 말은 자체의 도약을 발견한다. … 단어들을 통해 사물들을 창조하면서 하나님은 결국 인간에게 말한다. … 인간은 자기 자신의 말로 된 율법을 세상에 두게 되고, 창세기의 텍스트는 그 **점**에 있어서 어떻게 이 텍스트가 하나님에게서 비롯된 것인지 보여주려 한다. … 하나님에게 첫 번째 말을 부여하는 것은, 인간의 말의 진리가 하나님 자신 외에는 다른 어떤 누구에 의해서도 맡겨질 수 없고 판단될 수 없음을 의미하는데, 존재 전체는 인간의 말의 진리에 달려 있다. 말에 대한 인간의 모든 경험에 비추어 말은 재연과 반복이다." 그리고 보샹은 자신의 육적인 존재 속에 있는 동시에 자신의 말 속에 있는 인간과 창세기의 밀접한 관계를 강조하면서, "말은 앞서와 마찬가지로 내 혀 위에 아직 있지 않았고, 여호와(YHWH) 당신은 말을 전부 알고 있습니다. 나의 오장육부를 만들었고 나의 어머니 뱃속에서 나를 짜 맞춘 것은 당신입니다."라는 바고 그 시편 139편을 인용한다. 인간의 말은 하나님의 **말**의 창조이고 결과라는 이런 확신은 굼란(Gumm)의 찬양에도 존재한다. 창세기 1장에서 우리는 하나님에 의한 인간의 말의 창조를 직접 목격하지는 않는다. 하지만, "우리는 샘이 흘러나오는 곳 앞에 있는 지하 수맥의 흐름처럼 목격한다. 창조·분리의 순간에 하나님에 의해 행해진 이 말들은 인간의 말의 진정한 기원이고 인간의 기원이다. … 하나님에 대한 인간의 친자관계라는 주제는 '명령하는' 말의 전달로서 여기서 해석된다."

다소 명확히 하나님의 '말'을 표현하기로 되어 있다. 사정이 이러하지 않을 때, 힘의 남용과 단어들의 오용이 일어난다. 인간이 자기 자신을 파괴하거나 자신에게서 모든 의미를 박탈당하지 않고서는 피할 수 없는 영원한 준거準據가, 그 때부터 인간의 언어에 존재한다. 인간의 '말'이 지닌 가치는 하나님의 '말'에 달려 있다. 또한 인간의 '말'은 비판적 가치와 윤리적 결정 속에서 표현되는 결정적이고 궁극적인 특성을 하나님의 '말'로부터 받아들인다. 이 받아들임은 인간의 '말'과 하나님의 '말'의 친족 관계에서 비롯되고, 하나님이 인간의 이러한 '말'을 떠맡는다는 점에서 비롯된다. 또한 이런 받아들임은 인간의 '말'과 하나님의 '말' 서로 간에 비연속성과 아울러 연속성이 있다는 점에서 비롯되고, 하나님의 '말'과 관련된 인간의 '말'의 '궁극목적'finalité에서 비롯된다. 왜냐하면 히브리서의 저자가 히브리서 4장 1절에서 우리에게 언급하듯이, 하나님의 '말'은 "양날이 달린 검보다 더 예리하고, 혼과 영을 분리하고 관절과 골수를 쪼갤 정도로 날카로우며, 마음에 품은 감정과 생각을 판단하기" 때문이다. 이와 같이 하나님의 '말'은 더 할 나위 없이 비판적인 힘이다. 물론, 하나님만이 이 힘을 행사할 수 있고, 하나님만이 이 힘의 결과를 안다. 하나님의 '말'은 구별하고 분리한다. 또한 하나님의 '말'은 비판하기 때문에 판단한다. 이것은 저절로 이루어진다. 인간의 '말'이 자체의 기능을 이끌어내는 것은, 하나님의 '말'이 지닌 이런 기능과 효용과 힘으로부터이다. 하지만, 인간의 '말'이 진리를 담을 수 있듯이 거짓도 담을 수 있기 때문에, 인간의 '말'에는 하나님의 '말'이 지닌 효용과 힘이 없을 수도 있다.

그런데, 하나님의 '말'은 비판적이기 때문에, 하나님의 명령에 대한 표현이기도 하다. 하나님의 '말'은 명령적이다. 하나님의 '말'은 명령하는 힘이며, 바로 이 때문에 윤리를 정하는 힘이다. 그로 말미암아 인간의 '말'은 자체의 역할을 이끌어낸다. 그러나 이 엄청난 차이와 더불어, 인간의 '말'은 윤리를 정하지 못하고, 윤리를 결정지을 수 없다. 하지만, 하나님의 '말'의 명령에 따라, 인간의 '말'은 인간으로 하여금 선택을 하고 결정을 내릴 수 있게 한다. 그런데, 이 일은 개인적으로 하는 것이고, 요구를 갖고 서로 마주보며 하는 것이다. 또한 이 일은 어려운 판별을 통해 하는 것이고, 자신의 개입이라는 견디기 힘든 중압감 속에서 하는 것이다. 그러나 인간이 처음으로 말할 때, 이것은 하나님에게 대답하기 위함이 아니라, 짐승들의 이름을 짓기 위함이다. 매우 자주 해석된 이 텍스트에 대해 장황하게 이야기를 늘어놓는 것은 아무 쓸데가 없다. 그렇지만 자주 잊혀 지긴 하나 해야 하는 첫 번째 지적이 있다. 즉, 아담이 짐승들의 이름을 짓는다고 언급하는 것은, 언어의 '무상성無償性'gratuité과 '편의성'facilité을 주장하는 것이다. 아담은 기존의 미리 등재된 이름들을 보지 않는다. 아담은 단어에 대한 자연과학 지식이 없다. 또한 아담 앞을 지나가는 짐승은 이전의 이름, 일례로 하나님에 의해 주어진 이름을 갖고 있지 않다. 아담은 이름을 짓는다. 다시 말해, 아담은 이러이러한 짐승을 지칭하려고, 자기에게 적합한 단어를 선택한다. 그리고 나서 전혀 다른 것을 선택한다. 성서적으로, 언어와 이름 지어진 대상 사이에는 어떠한 '당연한 일치'도 없다. 7세기의 어떤 텍스트에서[149] 다음 같은 분명한 주장을 발견한다는 점을 강조하는 것은 어쨌든 꽤 중요하다. 즉, 인간이 말하는 능력을 갖고 있다면 이것은 하나님으로부터 오지만, 자기 자신을 위해 임의적으로 단어와 규칙과 통사법統辭法을 선택하는 인간에 의해 언어가 만들어진다는 주장이다. 임의적으로 그렇게 한다는 것은 지칭된 대상에 관하여 그렇다는 것이지만, 의미와 구조에 따라서는 그렇지 않다. 나는 이 마지막 분야에는 관여할 필요가 없다.

---

149) 7세기의 이 텍스트는 어디에서든 간에 시도된 언어에 대한 온갖 고찰 이전의 것이다. [본문 내용을 역자가 각주로 설정]

다른 주제는 훨씬 더 자주 다루어진 것이다. 즉, '명령'이라는 주제이며, '우위' 혹은 '지배'라는 주제이다. 이름은 영적 위치와 영적 가치를 부여한다. 짐승들의 이름을 짓는 것은 짐승들에 대한 아담의 힘을 입증하는 것이며, 짐승들을 **창조**의 어떤 질서 속에서 제 위치에 두는 것이다. 거기에는 여전히 아담의 주도권이 있다. 인간은 이름을 부여하면서 그저 기억할 따름일 수도 있는, 미리 정해지고 설정된 어떤 질서는 없다. 이러한 인간은 '하나님과 결별'rupture 이전에 이미 자신에게 속한 어떤 질서를 세운다. 또한 이러한 인간은 하나님이 인간에게 부여한 지배권의 자유롭고 고안된 표현으로서 "분류학"taxinomie을 만들어낸다. 하나님은 이러한 선택으로부터 아담을 자유롭게 내버려둔다. 이것은 텍스트에 나와 있듯이, 아담이 짐승들의 이름을 어떻게 짓는지 보기 위함이며, 모든 존재가 인간이 그 존재에 부여했을 수도 있는 이름을 지니게 하기 위함이다. 그러나 창조된 세상에서, 또 하나님과 끊어지지 않은 일치와 '합일'communion 속에서, 인간은 자기 아내에게 이름을 부여하지 않는다. 아담이 자기 아내의 이름을 짓는 것은, '하나님과 결별' **이후**일 따름이고, 힘들의 무질서 속에서 이다. 아담은 자기 아내의 이름을 '하와'라고 한다. 왜냐하면 그녀는 생명이 있는 모든 것의 어머니이기 때문이다. 이것은 힘들의 무질서이다. 왜냐하면 하나님의 힘은 억제된 힘이기 때문이다.150) 하나님은 자리 전체를 차지하지 않는다. 말하는 하나님은 '말'을 부여한다. 하나님은 온갖 소음과 표현을 뒤덮으면서 끊임없이 말하지는 않는다. 각자는 정해지지 않은 자신의 특수성 속에서 하나님과 더불어 자기 자리를 가진다. 심지어 이런 '말'이 요구일 때에라도, 이 말은 자체의 결정과 선택과 표현의 자유 전체를 타인에게 남겨 둔다. 이와 같이, 이러한 **창조** 속에서 어떠한 힘도 초과되지 않고, 어떠한 힘에도 장벽이 있다. 하나님이 말한

---

150) [역주] 창세기 3장 20절 참조.

다는 이미지가 표현하는 것도 이 점이다. 하나님은 말할 따름이다. 모든 '말'에 있어서처럼 대화 상대자는 이 '말'을 중시할 수 있거나 혹은 중시하지 않을 수 있고, 들을 수 있거나 혹은 들을 수 없으며, 대답하거나 혹은 대답하지 않는다. 하나님이 말한다고 언급하는 것은, 일상의 대화 상대자들의 수준에 하나님을 두는 것이다. 이것은 평범한 인간이면서도 하나님인 예수를 이미 예고하는 것이다. 이와 같이 힘들의 질서 속에서 인간도 힘을 부여받는데, 우선은 말하는 힘을 부여 받는다.151) 창조의 첫 번째 이야기에 나오는 창조의 주인으로서 인간을 위치시키는 하나님의 선언은152), 창조의 두 번째 이야기에 나오는 아담에 의한 짐승들의 이름 짓기라는 이야기에153) 정확히 일치한다. 땅을 정복하라. 모든 짐승을 지배하라… 여기에서 기술의 토대와 현대의 기술적인 시도 전체의 토대를 미친 듯이 찾으면서, 또 영광스럽게도 조물주의 자격이 부여된 인간이 행하는 일에 대한 정당화를 미친 듯이 찾으면서, 최근 몇 십 년 간 이 텍스트에 대해 얼마나 헛소리를 해대지 않았는가?

그러나 한편으로 이 두 본문이 대응된다는 점이 바로 잊혀 진다. 특히, 하나님이 일관성 없는 전체주의적인 무제한의 힘을 인간에게 주지 않는다는 점이 바로 잊혀 진다. 인간이 제멋대로 세상을 이용할 수 있는 것은 아니다. 무엇보다 인간이 하나님의 이미지인 바에는, 인간은 하나님이

---

151) "우리는 창세기 1장에서 인간의 '말'이 나타나는 것을 목격하지 않지만, 우리는 샘이 흘러나오는 곳 앞에 있는 지하 수맥의 흐름처럼 목격한다. 하나님에 의해 행해진 이 '말들'은 인간의 '말'의 진정한 기원이고 인간의 기원이다… 사람들은 이와 동시에 창조가 마감되고 완결된다는데 놀랄 수 있고, 이것은 변화시키는 '말'의 전달을 통해 마무리 지어진 창조 행위이다. 하지만, 한계와 도약은 대립되지 않는다. 인간의 역정이 어떠할지라도, 이 역정은 역정의 '유한성'(finitude)에 따라서만이 의미가 있을 수 있다. 인간은 모든 것을 피할 수 있다. 하지만, 개별적이고 집단적인 측면에서, 말하고 투사하기 위해 인간에게 필요한 '–이었다'(avoir été)는 사실을 피할 수 없다. 성직자의 자료에서 **창조** 이야기가 인간의 계획을 확립하고 인간의 계획에 근거를 제공하면서 특히 과거를 표현하는 것은 까닭 없이 그렇지는 않다. 막연한 담화는 의미가 박탈된 '담화'일 수도 있기 때문에, '말'은 전과 후의 법칙을 따르고, 어떤 용어를 향해 나아가며 길을 개척한다." (보샹의 앞에 나온 책)
152) [역주] 창세기 1장 28절 참조.
153) [역주] 창세기 2장 19절 참조.

창조를 이끌어 가는 것처럼 땅을 이끌어야 한다. 인간은 하나님이 세상을 지배하는 것처럼 짐승들을 지배해야 한다. "-처럼"comme은 하나님이 행할 수도 있는 것과 행하지 않는 것에 대한 동일한 존중과 신중함을 가지고 동일한 방식을 본 따는 것이지, 미친 듯이 날뛰는 급격하고 격정적인 힘도 아니고, 모든 것을 뒤덮고 질서도 신중함도 없이 모든 것을 사용하며 땅을 황폐하게 하고 소진시키는 '힘의 힘'puissance de puissance도 아니다. 특히, 하나님이 자신의 '말'에 의해 창조하고 다스린다면, 또한 인간이 하나님의 이미지라면, 또한 인간이 복종시키고 다스리고 지배하도록 명령하도록 하나님에 의해 촉구된다면, 이것은 동일한 수단에 의해서, 곧 '말'에 의해서일 따름이다.

인간이 짐승들 가운데서 자신의 당당한 직무를 수행해야 하는 것은, '말'에 의해서이지 도구들의 폭력에 의해서가 아니다. 여기서는 기술에 대한 어떠한 암시도 절대로 없다. 단지 '말'의 힘에 대한 암시가 있을 따름이다. 겉으로 보기에 풀리지 않는 다음과 같은 모순이 '말'에 의해 해결된다. 즉, 인간이 완전하게 창조된 세상, 곧 완성된 세상 속에 있는 동시에, 행동의 힘과 변형의 힘이 부여된 세상 속에 있다는 모순이다. 인간의 '말'이 자유의 역할을 맡는 완성된 세상에서, 변혁적인 것은 인간의 '말'이다.154) 나는 단편적인 사실을 일반화하고, 텍스트를 한정하는가? 그렇지는 않다! 창세기 1장 29절을 9장 1-7절에 나오는 노아의 언약과 비교 대조하는 것으로 충분하다. 이 둘 사이에는 하나님으로부터 인간의 결별, 곧 인간의 자율성이 있다. 이것은 힘들의 무질서가 자리 잡는 것이며, 4장 17-22절에 나오는 가인과 명백히 결부된 기술의 발명이다. 새로운 세상이 대홍수로부터 비롯된다. 그래서 하나님과 인간 사이에 세워

---

154) 이 주제에 대해서는 앞으로 출간될 자끄 엘륄의 『기술과 신학』*Technique et Théologie* 에서 설명을 참조할 것.

진 새로운 언약이 있다. 이것은 창조 때의 언약과 거의 같다. 두 가지 미묘한 차이는 이때부터 인간은 먹기 위해 짐승을 죽일 수 있다는 것이다. 이 점이 창조에서는 언급되지 않았는데도 그러하다. 이다음에 공포가 온다. "너희들은 땅의 모든 짐승에게 있어 **공포와 두려움**의 대상이 될 것이다. 짐승들은 너희들 손에 **맡겨진다**…" 더는 '말'이 문제가 아니라, '손'이 문제이다. 더는 '말'에 의한 명령과 계명이 문제가 아니라, 살인을 포함한 물질적 제약의 힘에 의한 명령과 계명이 문제이다. 기술이 자체의 정당성을 찾는 것은, '말'이 힘 전체가 되었던 첫 번째 언약에서가 아니라, 여기에서 이다.155) 왜 하나님은 무無에서 다시 시작하려고, 역사적이고 비극적인 시기를 단순히 없애지 않았는가? 왜 하나님은 인간의 불행과 세상의 불행을 위해, 인간이 만들어 냈던 것을 집어넣는가? 이것은 바로 하나님이 자신의 유일한 '말'을 통해 계속 지시하고 명령하기 때문이고, 하나님은 결코 제약하지 않기 때문이다. 또한 하나님은 인간이 악 가운데서 행하는 것을 포함하여 인간이 행하는 모든 것을 고려하기 때문이고, 말하는 것 외에는 결코 아무 것도 하지 않기 때문이다.156) 그러나 자신의 기계들과 더불어 그토록 더 잘 행할 수 있다고 믿었던 인간에 의해 거부된 '말의 능력'parole pouvoir은, 인간을 명확히 하는 것으로 남았고, 인간을 인간으로 만드는 것으로 남았으며, 더 할 나위없는 하나님의 선물로 남았고, 진리로 통하는 인간의 신비로 남았다.

성서적으로 모든 것이 귀결되는 '말'

이와 같이, 우리는 성서적으로 모든 것이 '말'로 귀결됨을 보여주려고

---

155) 이 주제에 대해서는 앞으로 출간될 자끄 엘륄의 『기술과 신학』*Technique et Théologie* 에서 설명을 참조할 것.
156) 이 논점에 대한 모든 논거들은 자끄 엘륄의 *Sans feu ni lieu* (Paris, Gallimard, 1973) (『머리 둘 곳 없던 예수』, 2013, 대장간 역간) 에 있다.

애썼다. 성서적으로, 하나님과 인간, 하나님과 인간의 관계, 하나님과 인간의 능력, 진리와 창조와 세상의 질서에 대한 유일한 표현도 '말'로 귀결된다. '말'은 이러한 계시에서 모든 것이다. 아무 것도 시각視覺에는 남겨지지 않는다. 하지만, '말'은 본질적이다. 성서적인 '시각적 인식'에 대한 연구와 더불어 중간 단계로서, 나는 이 모순을 철학적 용어로 표현하는 리꾀르의 놀라운 연구157)를 여기서 언급하고 싶다. '선포'는 '나타남' manifestation에 대립된다. 성서해석학을 전제로 하는 '선포'는 전달의 역사성과 해석 활동과 더불어 '말'의 행위이다. '나타남'은 신성한 것에 대한 입증이다. 신성한 것은 '이에로파니'158) 가운데서 나타나지만, 언제나 힘과 더불어 나타난다. 힘과 효율성은 이런 시각적인 것에 연결되어 있다. "성스러운 특징을 나타내는 요소는 우선 언어가 아니다. 힘을 언급하는 것은 '말' 외에 다른 것을 언급하는 것이다… 힘은 의미의 '유기적 결합' articulation을 거쳐 가는 것이 아니라, 효율적인 것이다." 이것은 결정적인 대립이다. 의미와 관계되는 '말'은 '선포'를 유발한다. '나타남'은 시각적인 것과 관계되고, 효율성과 관계된다. "신성한 것은 로고스가 아닌 '이마지날'159)이라고 불릴 수밖에 없는 '나타남'의 시각적 공간을 펼쳐 보인

---

157) 『신성한 것』*Le Sacré* (Milan, Castelli, 1975)에서 리꾀르(P. Ricoeur)의 「나타남과 선포」Manifestation et Proclamation
[역주] Paul Licoeur(1913-2005). 프랑스의 철학자. 인문과학 및 사회과학과 지속적으로 대화하면서 현상학과 해석학을 전개하고, 기독교 실존주의와 개신교 신학에 관심을 기울인다. 또한 현상학을 통하여 인간 존재의 유한성을 밝히고 이러한 유한성으로 초월적 존재인 신을 해명하려고 노력한다. 그의 저서는 특히 문학과 역사에서 의미와 주관성이란 개념 및 허구의 발견적 기능이란 개념을 중심으로 삼는다. 주요 저서로 의지에 관한 현상학적 기술을 다룬 『철학과 의지 1권, 의지적인 것과 비의지적인 것』*Philosophie de la volonté. Tome I: Le volontaire et l'involontaire*, 종교적 상징에 대한 해석학을 다룬 『철학과 의지 2권, 유한성과 죄의식』*Philosophie de la volonté. Tome II: Finitude et culpabilité*, 정신분석학적 상징에 관한 해석학을 개진한 『해석에 관하여, 프로이트에 관한 시론』*De l'interprétation. Essai sur Sigmund Freud*이 있으며, 그 외 『타인으로서 자기 자신』*Soi-même comme un autre*이 있다.
158) [역주] 이에로파니(hiérophanie). 신성한 어떤 것이 드러나고 나타나는 것을 의미한다.
159) [역주] 현대 서양 철학이 '상상력'(imagination)에 대하여 드러냈던 불신을 향해 신조어 '이마지날'(imaginal)은 이미지에 대한 철학적인 찬양을 담고 있는데, 이러한 찬양은 원형들의 '실재'에 대한 상징적인 인식으로 통해 있다.

다." 신성한 것은 주시해야 할 징표 속에서, 의미 있는 행동 속에서, 본질적으로는 종교의식 속에서 나타난다. 종교의식은 시각적인 것을 효율적인 것과 결합시키는데, 이것은 힘이 있는 행위와 관계된 것이다. 결국 신성한 것의 '나타남'은 그 역시 시각적인 것에 결부된 **자연**의 '상징체계' symbolisme 속에서 형상들과 더불어 표현되고, '이에로파니'는 땅, 불, 물, 천체 같은 **자연적인** 특성을 띤 상징들을 통해 실현된다. 리쾨르는 어떻게 자연적인 '이에로파니'가 언어의 상징체계에 연결되고 모순되는지 보여주는 것과 마찬가지로, 어떻게 시각적 종교의식이 '말해진 신화'에 연결되는 동시에 모순되는지 아주 섬세히 보여준다. 하지만, 그는 이러한 상징체계는 "밀착성이 있고", 이것은 진정한 언어 행위가 아니라고 언급한다. 일례로 진정한 것은 '담화'의 자유로운 발명품인 은유이다. 언어에서 신성한 것에 대한 상징은 우주의 **'형상들'** configurations에 **연결되어** 있으며, 따라서 우주의 보여 진 이미지들에 연결되어 있다. 상징체계의 이러한 밀착성은 언어에서 상징체계가 요소들 자체의 신성한 가치들에 의해 전달됨으로써만이 가치가 있다는 것을 전제로 한다. 이것은 '말'의 작업이나 해석 작업과 관계되는 것이 아니라, '말'에 반드시 필요한 잠잠한 광경과 관계되는 것이다. '이에로파니'의 특징들은 이러하다. '이에로파니'에 대한 현상학적 방법론이 만들어지고 '이에로파니'가 묘사될 수 있지만, 단지 '선포'를 위해서만 가능한 성서해석학은 만들어질 수 없다.

리쾨르는 이스라엘의 신학 전체는 '담화', 이야기, 토라라는 가르침, 예언으로부터 체계화되는 것이지, '성스러운 것' numineux으로부터 결코 체계화되지 않음을 상기시킨다. 성서의 신화들은 모두 자연 종교에 대립하는 **논쟁의 소지가 있는** 신화들이다. 이스라엘 안에서 "**이름**의 신학은 우상들의 '이에로파니'에 대립한다". "말에 대한 경청은 징표들에 대한 '시각적 인식'을 대신했다. 물론 이스라엘 안에 여전히 종교의식들이 있다면, 삶의 '종교의식화'ritualisation는 신화와 종교의식 사이에 상호연관관계 위에 더는 토대를 두지 않고", 현실에 대한 근본적으로 역사적인 '시각적 인식' 위에 토대를 둔다. 사람들은 자연 신학에 대립하는 역사 신학에 이른다. 리꾀르는 "이러한 차이는 신성한 우주 속에서 상응의 논리에 대립시키려고 내가 사용하는 의미의 논리로부터 온통 기인한다."라는 놀라운 표현으로 요약한다. 우리는 역설적인 것이 '말'의 열쇠 그 자체라고 우리 입장에서 언급했고, 리꾀르는 의미와 신성한 것과 '나타남'과 '선포'의 이러한 갈등 속에서 완벽히 역설적인 것을 표현한다. 즉, 시각적 세상에서 상징은 우주적 상응의 순환 논리적 특성에 속한다. 시각적 이미지가 아닌 것, 곧 하나님나라를 내비치거나 혹은 예고하면서 평범한 언급을 단절시키는 '말' 자체처럼, "표현의 한계"expressions limites는 비유와 "격언"과 종말론적 언급으로 이루어진 세계인 역설적 세계를 나타나게 한다. 따라서 '담화'는 당연히 성화상聖畵像 파괴적이다.

그러나 결국 리꾀르는 성화상 파괴적인 '담화'를 그 엄밀함 전체에서 포착할 수 없음을 상기시키고, 이와 마찬가지로 유일한 '말'을 위해 시각視覺을 없앨 수 없음을 상기시킨다! 우리는 이러한 세상과 어떤 다른 세상 속에 있다. 따라서 사람들은 이미지들을 갖지 않을 수 없으며, 이 이미지들은 우리의 영성에서 살아 있는 중요성을 다시 띠지 않을 수 없다. 이스라엘의 역사 전체와 교회의 역사 전체에서 불가피하게 "신성한 것의 상징적인 재출현"이 일어난다. 신성한 것과 시각적인 것과 우주적인 것은 '말'의 가능성에 대한 조건이다. "우주적이고 매우 중요한 신성한 것의 뒷받침과 중계 없이는, '말' 자체는 추상적이고 정신적이 된다. 끊임없이 재해석된 옛 상징체계 속에서 '말'은 계속 도식화된다. 이 옛 상징체계 속에서 '말'이 구체화됨으로써만이, '말'은 지성과 의지에게 말하게 될 뿐만 아니라, 상상력과 마음에게 말하게 되고, 요컨대 인간 존재 전체에게 말하게 된다." 리꾀르는 성화상 파괴적인 선포와 상징적인 '나타남' 사이에 있는 교회에, 곧 강론과 성사160)의 변증법 속에 있는 교회에 지속적인 순환이 있음을 상기시킨다. 강론에서는 케리그마적인161) 요소가 우세하고, 성사에서 우세한 것은 시각적 상징체계의 되풀이이다… 그러나 이미지와 상징체계 속에서 진리 전체를 회복하려는 유혹이 지속적으로 있는 동시에, 덜 구체적이고 덜 명백하며 더 준엄하고 더 까다로운 '말'을 없애려는 유혹이 지속적으로 있다. 이것은 교회의 모든 시대에서 조각상과 스테인드글라스와 건축물과 그리스도 수난상과 성聖유물과 같은 이미지의 승리가 되풀이 되는 일이었다. … 시각과 '말'이 분리될 수 없다면, 예수의 '성육신'만이 소망 속에서 하나님 나라의 충만함을 기다리면서, 균형이나 혹은 정확한 통합을 우리에게 제시한다.

2. 우상과 '시각적 인식'

'말'과 예수 그리스도의 성육신

그렇지만 성서에서 시각視覺이 몹시 문제가 된다. 이것은 '신의 나타남'162), '시각적 인식', 우상, 성화상,163) 거짓 신과 연결된다. 실제로, 성

---

160) [역주] 성사聖事(sacrement). 눈에 보이지 않는 하나님의 은총이 눈에 보이는 방법으로 전달되는 예식, 다시 말해 하나님의 은총을 받는 예식으로서, 가톨릭에서는 고해와 영성체領聖體 등이 성사에 속한다. 기독교 교파별로 개신교에서는 성례聖禮나 혹은 성례전聖禮典, 성공회에서는 성사나 혹은 성례전, 그리스 정교회와 로마 가톨릭에서는 성사라고 한다.

161) [역주] 케리그마(Kerygma)는 기독교 신학에서 세례를 받기 원하는 사람들에게 세례를 받기 전에 행하는 복음의 선포를 가리킨다. 케리그마는 원래 신약성서에 기록된 사도들의 설교를 지칭한다. 그들의 메시지는 "구약성서의 예언을 완성하기 위해 하나님이 예수 그리스도를 보냈다. 예수는 하늘나라가 가까이 왔음을 선포하고 죽었고 묻혔으며 죽은 자들 가운데서 부활하여 하늘에서 하나님의 오른쪽에 앉아 있다"는 내용으로 되어 있다.

162) [역주] '신의 나타남'(Théophanie). 신성神性이 구체적인 형태로 나타남을 의미한다.

163) [역주] 성화상聖畵像(icône). 예수 그리스도나 성모 마리아나 성인들을 그린 그림으로서, 그림을 성화聖畵, 조각을 성상聖像이라 한다. 8세기 동방 가톨릭교회의 그리스도인들은

서의 계시는 근본적으로 시각적인 모든 것에 반대된다. 이 책의 독자는 '시각적 인식'에 대해 말하면서 즉시 반발하지 않기를 바라는데, 우리는 이에 대해 연구해야 할 것이다. 왜냐하면 하나님과 유일한 관계는 '말'의 관계이지 다른 아무 관계가 아니기 때문이다. 또한 성서의 하나님은 말하는 하나님이지, 다른 아무 하나님이 아니기 때문이다.

또한 '말'의 영역에는 사랑, 자유, 자기 자신이 주체가 되는 타자의 각성과 같은 앞에서 언급된 온갖 함축된 뜻이 포함되기 때문이다. 또한 모든 것은 진리의 범주 안에서 '말'에 의거하기 때문이다. 시각에는 아무 것도 없고, '시각적 인식'도 그러하다. 성서 전체에서 하나님을 보는 것이 불가능함을 떠올려야 한다. 출애굽기 33장 20절에서 여호와YHWH는 "너는 내 얼굴을 볼 수 없을 것이다. 왜냐하면 인간은 나를 보고서 살아 있을 수 없기 때문이다."라고 모세에게 언급한다. 귀이예J. Guillet164)가 강조하듯이, 하나님에게는 얼굴과 손이 있다고 할 수도 있지만, 사람들이 하나님과 접촉할 수 있다고 여기는 그 순간 무한한 거리가 나타난다고 할 수도 있을 것이다. 그 전에 "모세는 하나님을 바라보는 것이 두려워서 자신의 얼굴을 가렸다."165) 그리고 하나님에 대한 모든 증언자는 같은 경험을 한다. 삼손의 부모와 마찬가지로 호렙 산에서 엘리야와 이사야가 그러하다. 선택을 해야 한다. "하나님을 보는" 것이 문제가 되는 텍스트

성화상 문제에 대해 우상숭배냐 아니냐는 신학 논쟁을 벌인다. 이 문제는 787년 니케아에서 열린 제7차 공의회에서 논의의 대상이 되며, 교회는 "성화에 바치는 공경은 성화에 그려진 성인聖人들에 대한 것이지, 성화를 숭배하는 게 아니므로, 성화 공경은 절대 우상숭배가 아니다."라고 결론을 내린다. 성화상의 종교적 기능과 의미를 놓고 논란을 벌인 8~9세기의 우상 타파 논쟁 이후, 동방 가톨릭교회는 성상 숭배의 교리상의 근거를 공식화한다. 하나님이 예수 그리스도의 몸을 입어 실제 인간의 형상으로 나타났기 때문에 그림으로도 나타낼 수 있다는 것이다. 그리하여 성화상은 교회의 필수적인 부분으로 간주되며, 특별한 경배의 대상이 된다. 또한 제단을 감싸주는 성상 칸막이에는 신약성서에 나오는 장면, 교회의 종교의식, 유명한 성인들을 묘사한 성화상이 가득 그려져 있어, 교육받지 못한 신자들에게 교리를 가르치는 수단이 되기도 한다. 전통 성화상은 사실적이기보다는 상징적인 미술로서 선과 색을 통해 교회의 신학적 가르침을 전달하는 기능을 갖는다.

164) 『시나이의 영광』 *La Gloire du Sina* (Christus, 1956).
165) [역주] 출애굽기 3장 6절 참조.

들과 이 텍스트들을 동등하게 두어야 하는가? "평범한" 단편적인 해석을 취해야 하는가? 나는 '시각적 인식'의 불가능성이라는 일종의 불변요소가 실제로 있다고 생각한다. 또한 추가하여 제시할 어떤 것이 있거나 혹은 관계되는 것이 진정으로 하나님이라면, '시각적 인식'의 특수성의 의미를 이해하려고 애쓰면서, 이 텍스트들과 관련하여 다른 텍스트들을 해석해야 한다고 나는 생각한다. '시각적 인식'에 대한 텍스트들은 이미지에 대한 저주와 관련하여 위치되어야 하는 것과 마찬가지로, '시각적 인식'의 불가능성과 관련하여 위치되어야 한다.

물론, 시각視覺은 그 자체로 단죄되지 않는다!166) 시각은 현실의 차원, 유용성의 차원, 사물들에 대한 힘의 차원 속에 완전히 위치하고 정당화된다. 시각은 무한히 귀중하지만, 시각의 영역에는 이런 차원만이 있다. 시각은 영적인 것에 관여하려는 순간, 또 진리의 차원에 접근하려는 순간, 근본적으로 단죄된다. 시각으로 하나님을 포착하는 것167), 사람들이 보는 바가 하나님일 수 있음을 주장하는 것168), 영적인 영역에 속하는 바를 나타내는 것169), 이런 것들이 배제된다. 이 점은 영적인 것과 종교적인 것 사이에 갈등을 불러일으킨다. 단지 이런 점을 전제로 하면서, 시

---

166) 간혹, 베르고뜨(A. Vergotte)의 『빛과 욕구』*Dette et Désir* (Paris, Editions du Seuil, 1978)에 따르면, '시각적 인식'과 '말'은 신비주의자들에 의해 합쳐지거나 혹은 혼동된다. "듣기는 보기이다."라고 장 드 라 크루아(Jean de la Croix)는 언급한다. 베르고뜨가 간접적으로 강조하는 중요한 견해가 있다. "신비주의자들은 말들이 인간에 의해 단지 생겨나는 것이 아니라 '시각적 인식'과 청각을 통해 자신들에게 주어진다고 생각한다." 또한 베르고뜨는 장 드 라 크루아가 단지 인간으로부터만 올 수도 있는 말들도 믿지 않음을 보여준다. 즉, 그는 "마치 실제로 사람들이 있는듯이 많은 사람들은 자신들에게 서로 말한다."라고 언급한다. 하지만, 이 말들은 "다른 곳에서" 오기 때문에, "이 말들에는 '시각적 인식'의 일관성이 있다."
[역주] Jean de la Croix(1542-1591). 스페인의 신비주의 성인聖人. 카르멜 수녀회의 개혁자인 떼레즈 다빌라(Thérèse d'Avila)의 요청으로 맨발의 카르멜 남성 수도회를 창설하고 이끌면서 "어두운 밤"(nuit obscure)이라는 아주 유명한 신비적인 체험을 한다. 사후에 떼레즈 다빌라처럼 가장 위대한 신비주의자 중 한 사람이자 성인으로 여겨진다.
167) 그것은 진리를 현실로 되돌아가게 하는 것을 의미한다. [본문 내용을 역자가 각주로 설정]
168) 그것은 현실을 가지고 진리를 만드는 것을 의미한다. [본문 내용을 역자가 각주로 설정]
169) 종교는 늘 시각적 유형에 속하기에 이것은 어떤 종교에 질서를 바로잡는 것을 의미한다. [본문 내용을 역자가 각주로 설정]

각적인 것 전체는 어떤 면에서 전염에 의해 성서적으로 의심스러워지기 시작한다. 시각적인 것은 작용된 힘, 장악, 사용, 제약에 대한 수단이자 도구이자 첫 여건이다. 아시리아 왕들은 적에게서 힘을 없애려 했을 때, 그들의 눈을 찔러 보지 못하게 했다. 그 이후로 얼마나 많은 다른 예가 있었는가. 시각에 의해 포착된 현실 속에는 모호함이 없듯이, 시각에 의해 요구된 힘 속에도 모호함이 없다. 따라서 분명히 단죄되는 것은 다음 같은 삼중적인 의지이다. 즉, 하나님을 현실로 귀착시키고, 현실을 어떤 하나님으로 삼으며, 사랑의 관계를 종교로 변형시키려는 삼중적인 의지인데, 이 때문에 시각도 단죄된다. 그러나 시각이라는 동일한 표제 아래에 위치한 완전히 다른 두 문제가 있다. 한편으로는 '시각적 인식'과 '신의 나타남'이고, 다른 한편으로는 우상과 거짓 신이다. 첫 번째 방향에서는 사람들이 성서의 하나님이면서, 여호와YHWH이면서, 계시의 하나님이면서, 계시되는 하나님인 하나님을 볼 수 있는가라는 것이다. 두 번째 방향에서는 인간이 신들을 만들고 도처에 이미지들을 세워 숭배하는 것인데, 곧 우상과 성화상聖畵像의 문제이다. 특별한 점은, 바로 이것이 가시적인 표상을 늘 전제로 하는 보아야 할 이미지와 대상과 관계된다는 것이다.

물론, 성서에 따른 '신의 나타남'이라 계속 지칭되는 것, 다시 말해 성서에 따른 하나님의 구체적이고 가시적인 '나타남'을 자세히 살펴보는 것은 문제 밖이다.170) 모든 종교에서171) 발견되는 '신의 나타남'에 실제로 비교될 수 있는 진정한 '신의 나타남'이 성서 어디에도 없다는 것이 나

---

170) 나는 관례에 따라 '신의 나타남'이란 단어를 하나님의 가시적인 '나타남'을 표현하는데 쓰기로 하는데, 이는 보샹(Beauchamp)의 확장된 의미에서가 아니다. 보샹은 가시적이거나 혹은 말해진 '하나님의 나타남'에 대해 말하는데, 이것은 '하나님의 나타남'을 계시와 혼동하는 것과 다름없다.
171) 적어도 하나의 신이나 혹은 여러 신에 의거하는 종교들에서. [본문 내용을 역자가 각주로 설정]

의 일반적인 논지이다. 성서를 위해 이러한 종교사의 용어가 사용되었던 것은, 텍스트에 대한 간략한 분석 결과 때문이고, 비교 연구와 동일화의 의지 때문이며, 단순화 때문이다. 너무 급조된 이러한 잡탕을 없애버리려면, 간단하지만 텍스트에 정확히 일치하는 몇몇 설명으로도 충분할 것이다. 미리 지적을 함으로써 시작하기로 하자. 하나님의 영광을 본다는 것은, 하나님이 숨어 있고 보이지 않음을 실제로 지칭하는 표현이다. 보샹Beauchamp은 다음 같은 두 가지 근본적인 진리를 이 주제와 연관시킨다. 첫째는 성서의 하나님이 너무 자주 어두운 구름을 동반한다는 점이다. 특히, 욥기 22장 14절, 38장 9절, 36장 30절, 37장 21절 등의 텍스트에서처럼, 하나님과 나머지 모든 것 사이에는 차단막이 있다.

하나님은 자신을 드러낼 때, "자신의 입김으로 하늘을 청소한다."172) 어두움이 하나님을 앞서가고, 하나님의 계시 행위는 하나님의 입김인 영靈이 구름을 물러나게 하는 것이지만, 이것은 결코 시각視覺을 위해서가 아니다! 이것은 보샹의 두 번째 설명으로서, 왜냐하면 창세기 1장에서는 완전히 놀라운 일이 이루어지기 때문이다. "이러한 '신의 나타남'의 특성은 하나님을 드러내는 대신 하나님을 숨기는데 있다. 이런 불완전한 '신의 나타남'은 '루아'173)와 '말'을 간직할 따름이다. 그 밖의 것은 하나님의 직접적인 나타남으로서 더는 지속되지 않는 흑암과 빛이다. 여전히 '루아'는 신비를 연상시키려고 거기 존재할 따름이다. 즉, 하나님은 자신의 '말'과는 다르다. 이미 활동적인 만큼이나 그렇게 구상되지 않은 계획이면서 방향이 정해지는 계획이, 창조 이전에 미리 존재한다.

---

172) 이번만은, 나는 욥에 의한 하나님에 대한 "시각적 인식"(vision)에 관한 마이요(Maillot)의 설명에 동의하지 않을 것이다. 이것이 이교적인 맥락 속에 포함되는 "이교적인" 텍스트이기 때문에, 또 이 텍스트의 결과가 신앙이 아니라 침묵에 놓이게 된 욥의 으스러짐이기 때문에, 마이요에게 있어 이 "시각적 인식"은 그러한 것으로서 기술된다… 나는 거기서 차라리 '종말론적인 환상'(vision eschatologique)을 찾고 싶은데, 이것은 마지막 장에서 만물의 놀라운 "회복"을 통해 확인되는 듯이 보인다.

173) [역주] 루아(rûah). 히브리어로 '숨결'을 뜻한다.

하지만, 우리는 이 계획에 대해 아무 것도 모를 것이다. … 따라서 그 주된 요인이 **보이지** 않는 어떤 이야기가 우리에게 있지만, 이 부족함은 긍정적으로 부각된다. …" 하나님에 대한 "시각적 인식"vision의 모든 이야기를 위치시켜야 하는 것은 이러한 틀 속에서이며, 이러한 계시와 관련하여서이다. 게다가 거기로부터 상당수의 구분을 해야 한다. 실제로 '신의 나타남'이란 이름하에 꿈, 징표, '시각적 인식'과 같은 많은 것이 덮어진다. 이것이 꿈과 관계되는 것일 때, '신의 나타남'에 대해 절대 말할 수 없다. 이것이 가시적인 '징표'signe와 관계되는 것일 때, 거의 언제나 텍스트는 그저 징표일 따름인 것에 대해 우리에게 주의해서 말한다. 이 보다 훨씬 덜한 것은 '신호'signal인데, 이것은 이와 같이 주의를 끌려고 하나님이 나타나게 하는 어떤 점멸 식 방향등이다. 호렙 산의 떨기나무 불꽃을 '신의 나타남'으로 간주하는 것은 받아들일 수 없는 듯이 보인다. 모세는 떨기나무 외에는 아무 것도 보지 못한다. 불꽃이 모세의 주의를 끈다는 것, 불꽃이 소진하지 않는다는 사실이 모세의 관심을 불러일으킨다는 것, 이것이 전부다. 신명기 4장 15절에는 "여호와가 떨기나무 불꽃 가운데서 너희에게 말했던 그 날 너희는 아무 모습도 보지 못했기 때문에, 어떠한 '표상'représentation이라도 만들까 두려워하여 너의 마음에 주의하라. 또한 하늘을 향해 눈을 들어 해와 달을 **보면서** 이것들 앞에 엎드리는 유혹에 빠질까 두려워하여 너의 마음을 살펴라. 이것들은 너의 여호와 하나님이 다른 모든 민족의 몫으로 주었던 **사물들**이다."라고 자세히 설명되어 있다. 따라서 사람들이 보는 모든 것은, 어떤 사물도 아니고 보이지도 않는 하나님에 의해 창조된 그저 사물들일 따름이다. 중요한 것은 떨기나무 불꽃이 아니라, 이 때 언급된 '말'이다. 마찬가지로 얍복 강에서 야곱에게 있어 '신의 나타남'은, 야곱이 보는 그저 사람일 따름이다.

그 다음으로 마므레의 상수리나무 아래에서 아브라함에게 있어 '신의 나타남'이나 혹은 마노아174)에게 있어 '신의 나타남'에서처럼 관례적으로는 천사가 언급될 것이다. 야곱이 사람으로 간주했던 것도 하나님이 아니고, 아브라함이 마므레의 상수리나무에서 보았던 것도 하나님이 아니다. 시내 산에서 '신의 나타남'에 관해서는 모든 것이 구름과 연기로 둘러싸여 있다는 점을 주목해야 한다. 출애굽기 19장 21절에서처럼 눈을 들어 바라보는 것이 백성들에게 금지되어 있다. 출애굽기의 이야기에는 모세가 하나님을 본다고 결코 언급되는 것이 아니라, 하나님이 모세에게 말한다고 단지 언급되어 있다. "마주보고"175)라는 바로 그 표현에는 모세가 보는 것에 대해 결코 언급되는 것이 아니라, 하나님이 친구와 함께 말하듯이 마주보고 **말했다**고 단지 언급되어 있다. 결국 광야에서 이스라엘이 자신들 앞에 보는 것은 연기 기둥이다. 중요한 것은 성서에서 어떠한 실제적인 '신의 나타남'도 없다는 점이다. 하나님에 대한 가능한 유일한 이미지는 인간이다.

그러나 인간은 하나님이 아니다. 또한 하나님으로 여겨질 수 있는 것은 어떤 인간의 표상이 아니며, 이러한 이미지인 것은 **살아 있는 인간**이다. 따라서 여기서 시각적인 것은 아무런 중요성이 없다. 보이는 것으로서 주어진 것은 일례로 떨기나무 불꽃같은 징표이지만, 이러한 징표는 기적과 마찬가지로 그 자체로 아무 것도 의미하지 않는다. 매번 징표가 설명되어야 함을 확인하는 것은 매우 주목할 만하다. 모세가 호렙 산으로 가던 길에서 옆길로 빗겨날 때, 불은 모세의 주의를 끌었던 것일 따름이지 하나님의 이미지가 아니다. 결정적인 것은 어떤 것을 보았던 것이 아니라, 계시와 약속과 사명을 동시에 담고 있는 완전히 명확하고 명백한 '말'을 듣는 것이다. 이것은 시각視覺을 통한 이러한 인식의 모든 가능

---

174) 구약성서 사사기 13장에 나오는 삼손의 아버지.
175) [역주] 출애굽기 33장 11절 참조.

성을 기피하는 것이고, 시각과 '말'을 대립시키는 것이다. 이 '시각적 인식'을 '신의 나타남'과 분명히 구별해야 한다. '신의 나타남'은 폭발적이고 감지될 수 있다. '신의 나타남'은 우리가 사는 세상에 속하는 외적이고 확인할 수 있는 대상 속에서 표현된다. '시각적 인식'은 이와 아주 다르다. '시각적 인식'은 내적일 수 있고, "열린 하늘"이 될 수 있으며, 보여진 이미지와 관련된다. 하지만, '시각적 인식'은 감지할 수 있는 우리 세상을 구성하는 '실재들'réalité과는 완전히 다른 '실재들'에 속한다. 따라서 여기서 우리는 '실재'réalité와 관련되지 않은 시각의 다른 차원과 마주한다.176) 그래서 성서에 나오는 '환상' vision177)이 의미하는 바를 고려하는 것이 중요하다.

하나님에 의해 언급된 '말' 이외에 다른 것이 실제로 있지 않다면, 우선 '환상'이라는 단어 자체를 사용하는 텍스트들을 떼어놓아야 하는 듯이 보인다. "보여 진" 것이 아무 것도 없는 곳에는 눈에 전해지는 것이 아무

---

176) 앞에 나온 책 『빚과 욕구』Dette et Désir 에서의 베르고뜨의 아주 흥미로운 지적을 이 점에 다 덧붙여야 한다. 그는 사람들이 일반적으로 생각하는 바와 반대로 위대한 신비주의자들이 신비적 경험을 '시각적 인식'과 절대 혼동하지 않는다는 점을 강조한다. 떼레즈 다빌라(Thérèse d'Avila)는 외부의 육체적인 시각적 인식을 결코 지녔던 것이 아니라 단지 상상의 '시각적 인식'을 지녔다고 분명히 주장한다. 게다가 그녀는 승천 이후 그리스도는 지상에 가시적으로 더는 나타나지 않았음을 신학적 이유로 확신한다. 장 드 라 크루아(Jean de la Croix)에 있어 "몇몇 '시각적 인식'이 하나님으로부터 온 것이라 가정하더라도" 육체적인 '시각적 인식'은 어쨌든 "신앙에 대한 장애물"이다. "따라서 '시각적 인식'이 어디로부터 생겨나는지 살펴보지 않고서 눈을 감고 '시각적 인식'을 넘겨버리는 것이 영혼에게는 바람직하다." 분명히 상상적인 이해는 전혀 다르지만, 문제되는 것은 신비주의자가 오랜 영적 수행 이후에 품는 이미지들이다. 이와 반대로, '시각적 인식'은 주의를 완전히 끌 위험성이 있고, 실제로 하나님으로부터 돌아서게 할 위험성이 있다! 베르고뜨가 다음 같이 지적하듯이 그러하다. "신비적인 '시각적 인식'의 종교적 내용은 신앙의 내용과 다를 뿐이고, 상형적인 표상은 자연적인 지각에서 나온다." '시각적 인식'은 계시로서는 아무 것도 덧붙이지 않는다. "따라서 이것은 신비주의자가 믿기 원하는 그러한 것으로서의 '시각적 인식'에 속하지 않는다. 간혹 신비주의자들은 나타내는 대신에 착각을 일으키는 '시각적 인식'을 의심한다. 어떤 시각적 포장은 악마적 실체를 전달할 수 있다…"
[역주] Thérèse d'Avila(1515-1582). 가톨릭 성녀이자 카르멜 수녀회의 개혁자. 기독교 영성의 주요 인물로 여겨지며, 기독교 교의를 가르치는 신학자에 대한 호칭인 '가톨릭교회 박사'로서 인정된 첫 번째 여성이다.
177) [역주] 우리말 성서에는 '시각적 인식'(vision)에 해당하는 것이 주로 '환상'으로 표현되어 있다. 따라서 성서 텍스트와 직접 관련될 때는 'vision'을 문맥에 따라 '환상'으로 옮기기로 한다.

것도 나타나지 않는다. 창세기 15장 1절처럼 "여호와의 말이 '환상' 가운데서 아브라함에게 임했다."는 것이다. 어린 사무엘의 "환상"도 마찬가지이다. 그러나 '환상'의 아무 것도 묘사되지 않는다. 거기서 사용된 단어가 무엇이든 간에, 이것이 시각과 이미지와 관계되는 것인지 자문해 볼 수 있다. 거기서 히브리어로 사용된 단어가 "예언하다"라는 어근에 속하는 만큼 더 그러하다. 그런데 이렇게 말하는 방식은 빈번히 반복된다. 여기서 '환상'은 계시와 다른 의미가 분명히 아니다. 따라서 이 텍스트들을 무시될 수 있다. "꿈"이 '환상'을 의미하는 텍스트들도 마찬가지이다. 이 경우 이것은 진정한 시각이 아니라, '환각'illusion이며 우리 뇌에 의해 만들어진 이미지이다. 따라서 야간의 '시각적 인식들'은 이미지의 문제나 '말'의 문제와 관계없다. 이렇게 언급되고 나면, 다양한 종류의 '환상'이 존재한다. 우선, 선지자들의 '환상'이다. 즉, 보여 진 것은 "인간적인 형태로서"라는 점을 매번 고려해야 한다. 사람들은 확고한 "이미지" 속에 남아 있다. 그러나 선지자의 역할은 자신의 '환상'을 이야기하는 것이 아니라, 하나님의 '말'을 표현하는 것이다. 왜냐하면 에스겔서의 텍스트가 이러한 범주에 들어가기 때문에, 하나님에 대한 시각視覺을 입증하는 묵시적이지 않은 유일한 본문이 이사야 6장이다.

여기서 확실히 우리는 하나님에 대한 '시각적 인식' 앞에 있다. "웃시야 왕이 죽던 해에 나는 아주 높은 보좌 위에 앉아 있는 주‡를 보았는데, 그의 옷자락은 성전에 가득 차 있었다. 그의 위에는 스랍들이 서 있었는데, 스랍들은 저마다 여섯 날개를 가지고 있었다. …" 다음 같은 세 가지 지적이 있다. 즉 '환상'은 성전 안에 위치해 있다. 그런데 비어 있는 성전이다! '환상'은 아주 거룩한 장소에 있는 보이지 않는 현존과 연결되어 있다. 그래서 이것은 문화적이라고 지칭할 수 있는 '환상'이다. 그 다음으로, 이것은 보좌 위에 앉아 있다는 인간적인 형태로 있는 하나님에 대한 '시각적 인식'vision이다. 이러한 것으로서 보여 진 것은 하나님이 아니라, 요한계시록에서처럼 인간의 이미지이다. 그렇지만 이사야는 이 이미지를 하나님으로 즉시 인정한다. 결국 이사야는 자신이 본 것에 대해 아무 것도 언급하지 않는다. 어떠한 묘사도 없다. 이것은 절대적인 표현상의 간결함으로서, 이러한 '시각적 인식'에 의해 제시된 것은 **하나님에 대한 인식**이 아니다. 이것은 계시가 아니다. 무가치함과 더러움이란 끔찍한 감정 외에는, 아무 것도 이사야가 본 것으로부터 나오지 않는다. 또 다시 중요하고 결정적인 것은 8절 이하에서 주主가 곧 말하려는 것이다. '환상'은 "내가 누구를 보낼까? 누가 우리를 위해 갈 것인가?"라는 질문에 이사야로 하여금 긍정적으로 대답하게 하려고 이사야에게 제시된 일종의 충격일 따름이다. 달리 말해, 이러한 '환상'은 분명히 하나님에 대한 '시각적 인식'이지만, 특별한 아무 것도 제시하지 않는다. 시각은 결정적이 되는 **말** 속으로 즉시 흡수되고 통합된다.

더욱이 '시각적 인식' 자체는 즉시 **말**을 참조하게 한다. 이사야가 "나는 **입술**이 더러운 사람이기 때문에 큰일 났구나."라며 자책하는 것은, 하나님의 **말**을 하지 않고 인간의 '말들'로 마음이 산란한 사람이라는 것이다. 하나님의 현존 가운데 남아 있을 가능성이나 혹은 불가능성의 기준은 **말**이다. 스랍이 이사야의 입술을 깨끗하게 할 때, 이사야는 **말**을 전달하는 자가 된다.

출애굽기 24장을 또 언급해야 한다. 거기에서 어떤 이들은 모세와 아론 등이 이스라엘의 '엘로힘'[178]을 두려워했다는 관례적 해석 대신 이스라엘의 '엘로힘'을 보았다고 해석해야 한다고 판단한다. 그러나 주석학

---

[178] [역주] 히브리어 '엘로힘'(Elohim)은 '엘로아'(Eloah)의 복수형으로서 일반명사로 쓰일 때 이방의 신들, 재판장, 천사들을 의미한다. 그러나 하나님의 성호聖號를 나타낼 때 고유명사로서 복수형이지만 실질적으로 단수명사로 쓰였다. '엘로힘'은 구약 성서에서 가장 많이 나타나는 하나님의 이름이다.

자 도레D. Doré179)는 이스라엘의 하나님이 보인다면, 하나님의 보좌가 낮아지는 것에 대해서만 말할 수 있음을 자세히 설명한다. 언어와 신성한 '실재'réalité에 대한 시각視覺 사이에 전적인 부적절함이 있다. 도레는 렝그즈펠트Lengzfelt의 다음 같은 탁월한 표현을 상기시킨다. "어느 날 인간의 표현이 신성한 '실재'réalité와 직접적이고 절대적인 동일성의 관계 속에 있다면, 이미 이러한 표현은 '저편의 세계'에서 우리가 하나님을 기다리는 것처럼 하나님의 뛰어넘을 수 없는 결정적인 '나타남'일 것이다. 그래서 인간 언어의 '로고스'logos는 계시를 전달해야 할 뿐만 아니라, 이러한 계시 자체가 될 것이다. …" 게다가 하나님은 '여호와'IHWH로 선언되었는데도, 이 텍스트에서는 '엘로힘'으로 지칭된다는 점을 주목해야 한다. 사람들이 주변부나 혹은 '표출된 것'objectivation을 볼 수 있으나, "자기 자신 그대로의" 하나님은 완전히 보이지 않은 채로 남아 있다고 하는 것이 정확한 표현이 아닐까. 따라서 이중적인 '벗어남'décrochage이 있다. 즉, 하나님을 볼 수 없다는 것이다. 하나님은 자신에 대해 인간이 받아들일 수 있는 바를 보여주며, 이것에 대해 인간은 아무 것도 언급할 수 없고 전할 수 없다. 다시 말해 '시각적 인식'과 '신의 나타남'은 완전히 빈약해진다는 것이다. 어쨌든, '시각적 인식'이 있다면, 어떠한 방식으로든 이러한 '시각적 인식'을 나타내기가 절대 불가능하다. 바울의 '환상'vision에 일치하는 것은 완전한 불확실성이다. 고린도후서 12장 2절에 "나는 14년 전 셋째 하늘까지 이끌려 올라 간 그리스도인을 알고 있습니다. 나는 그가 자신의 몸 안에 있으면서 그렇게 되었는지, 자신의 몸 밖에 있으면서 그렇게 되었는지 모르지만, 하나님은 압니다."라는 내용이 나온다. 여기서 늘 그렇듯이 하나님과의 관계는 "몸 밖에서와 몸 안에서" 이루어지지만,

---

179) 앞에 나온 책 『구약성서, 접근과 해석』*L'Ancien Testament : Approches et lectures* 에서 도레(D. Doré)의 「화합의 식사」Un repas d'alliance.

사람들은 더는 이것을 모른다. 왜냐하면 이 관계는 시각을 넘어서기 때문이다. … 갤리A. Galy가 행한 연구에서 창세기 12장에 대해 명확히 설명하는 바와 같이, 하나님에 대한 '시각적 인식'을 고려해야 한다. 아브라함의 신앙은 하나님이 보거나 혹은 볼 수 있을 것이라는 확신 속에서 표현된다. 하나님은 희생 제사를 드릴 준비가 된 아브라함을 보면서 "나는 이제 안다. …"라고 언급한다. 아브라함은 하나님의 '말'을 들었으며, 하나님이 본다고, 따라서 하나님은 안다고 단언했다. 산은 희생 제사에 효과적인 장소라기보다는 차라리 '시각적 인식'에 효과적인 장소이다. 이 텍스트는 "산 위에서 주±가 보여 진 대신에 보게 한다."이거나 그렇지 않으면 "산 위에서 주가 본다."라는 두 가지 해석이 가능하다. 이 모든 점에 있어 이와 관계되는 것은, 하나님과 하나님의 '실재'réalité와 하나님의 진리에 대한 단언일 따름이다. "산에서 주±가 보여 진다."거나 "주±가 본다고 단언하는 아브라함에게 주±가 보여 진다는 메아리가 울린다."라는 선포로 바로 넘어갔더라도, 이것은 인간이 하나님에 대해 품을 수도 있는 '시각적 인식'과 관계된 것은 아니다. 그러나 이 이야기에 포함된 이 점은 하나님이 지나가고 활동한 이후에 온다. 보여 진 것은 자기 자신 그대로의 주±가 아니라 주±의 활동 결과이다.

   그가 주±였는지 알려면 보여 진 활동으로부터 주±에게로 거슬러 올라가야 한다. 선지자를 진정한 선지자로 만드는 것은 '시각적 인식'이 전혀 아니다. 게다가 흔히 '시각적 인식'이 생겨날 때, 이것은 하나님에 대한 황홀경에 빠진 '시각적 인식'이 아니라, 전혀 다른 '실재'réalité에 대한 '시각적 인식'이다. 전형적인 예는 과일 바구니와 동아줄에 대한 '환상'vision이 나오는 아모스 7장과 8장이다. 마찬가지로 이 예는 예레미야의 '환상'이나 혹은 스가랴의 '환상'인데, 선지자는 완전히 평범한 경험을 하며 선지자가 보는 것은 평범하지만, 이 설명은 평범하지 않다. 설명의 '말'은 다름 아닌 계시이다. 보여 진 것은 현실과 창조물의 범주에 속하며, 이러한 범주를 넘어서지 않는다. 창조자를 가시적인 것 속으로 들어가게 하는 것은 불가능하다. 분명히 '말'도 창조물에 속하지만, 우리에게는 언급된 것과 확인된 것 사이에 자리 잡는 일종의 거리가 있다. 이 거리는 어떤 작용이 있게끔 하는데, 이 작용 안으로 다른 것이 끼어든다.

선지자들에게는 '환상'이 의심스럽다고 여기는 흥미로운 경향조차 있다. 어쨌든, '환상'은 '말'과 어긋날 수 없다. 드물게 '환상'은 하나의 보증으로서 '말'을 동반하고, 가끔은 하나의 틀로서 '말'을 동반한다. 그러나 심지어 '환상'을 비판하는 경향이 있고, '말'과 '환상' 간의 대립을 참 선지자와 거짓 선지자 사이에 구분선으로 삼는 경향이 있다. 한편으로 모호함이나 이원성이 없이 엄밀한 객관성을 띤 하나님의 힘 자체를 알리는 '말'의 선지자들이 있다. 다른 한편으로 '환영幻影을 보는 자들'visionnaires이 있는데, 그들의 예언은 신용할 수 없고 모호하며 막연하고 해독解讀되어야 한다. 상당수의 본문에서 '환상'이 무엇보다 거짓 예언이 되고, 거짓 선지자가 자신이 선지자임을 확증하려고 '환상'을 내세운다는 점을 고려해야 한다. '환상'은 논증인 동시에 거짓이다. 자신을 하나님이라 착각하게 하고 **말**에 의해 이루어진 **계시** 밖으로 이끌고 가는 왜곡의 힘에 의해 '환상'은 고취된다. 흔히 선지자들은 하나님의 **말**이 지닌 확실성에 대립되는 '환상'의 거짓된 특성을 강조한다. 그래서 우리는 시각과 '말'의 대립이 확인된다고 언급할 수 있다. "인간 마음의 시각적 인식"에 대해 우리에게 언급된 바도 이 점에 결부된다. 이것은 마치 하나님의 진리와 관계된 듯이 인간이 독단적으로 만들어 낸 것이다. 결국, 이것이 선지자들이 방금 지녔던 현실에 대한 이해와 관계된 것일 때, 선지자들은 "나는 보았다. …"라고 역시 언급한다. 이것은 천상의 추상적인 "시각적 인식"이 더는 아니라 감지되는 현실 세상에 대한 시선인데, 이 시선을 통해 '시각적 인식'의 의미인 진리가 나타난다. 성서에서 시각의 대상인 것은 결국 하나님의 '말'이다. 비셔가 분명히 보여주듯이, 시각의 대상은 하나님의 '말'을 통해서만 알려진다. 예레미야가 본 토기장이의 손가락은 하나님의 손가락이 된다. 꽃피는 편도나무의 가지는 **'말'**의 성취를 앞당기는 것이고, 그 아가리가 북쪽으로 향해진 가마솥은 하나님의 심판의 이미지이다. 선지자가 보는 이 구체적인 물건들의 의미를 선지자는 안다. "보통의 '환상'은 지칭이고, 예언적인 '환상'은 의미이다. 인간의 관점에 따르는 용어 목록으로부터 가치들이 느닷없이 튀어 나온다."180) 선지자의 '환상'은 사물들의 의미와 세상의 의미에 대한 '통찰력'intelligence이다. 그래서 이러한 '환상'에는 그 자체로 가치가 있고, **'말'**의 효력과 비슷한 진리의 효력이 있다고 간주할 수도 있다. 실제로는 그렇지는 않다. 왜냐하면 '환상'이 이런 의미심장한 힘을 갖고 있다면, '감지되는 것'이 사물들과 세상에 대해 의미를 갖는데 따라서만 그러하기 때문이다. 그런데 '감지되는 것'이 사물들과 세상에 대해 의미를 갖는 것은, '감지되는 것'이 말에 의해 창조되었던 한에서이고, 활동적이고 살아 있는 강력한 **'말'**을 표현하는 한에서이다. '감지되는 것'은 창조적인 '말'의 실질적인 나타남이다.181) 현실 뒤에 있는 이러한 '말' 없이는, 현실은 아무 것도 더는 의미하지 않는다. 단지 선지자가 **'말'**의 선지자이기 때문에 선지자는 의미와 징표를 파악하고, 선지자는 '말들'을 통해서만 이러한 의미를 표현한다. 이와 같이 선지자가 본 현실은 선지자에게 어떤 가치를 부여하는 '말'에 의해 처음과 마지막에 둘러싸인 채로 있다. 그래서 선지자들의 "내가 보았다. …"는 표현은 '말'의 유일한 진리와 전혀 어긋나지 않는다.

 신약성서에는 시각 및 '시각적 인식'과 관계되는 세 가지 종류의 텍스

---

180) 네헤르(Neher), 『예언주의의 본질』*L'Essence du prophétisme* (Paris, PUF, 1955).
181) 트레몽땅(Tresmontant).

트가 있다고 할 수 있다. 맨 먼저 예수와 관계되는 텍스트들인데, 거기에는 '보다'voir라는 동사가 의도적으로 사용된다. 그 다음으로 요한계시록의 성격을 띤 텍스트들이다. 마지막으로, 사도행전의 텍스트들이다. 우리가 첫 번째 부류의 텍스트들을 취한다면, 그 텍스트들은 특히 요한복음에 있다. "아무도 하나님을 결코 보지 못했다"라는 권두의 문장과 대조적으로, 이 복음서 전체는 사도들과 동시대 사람들이 예수에 대해 가졌던 '시각적 인식'의 중요성을 강조한다. "너희는 나를 보았어도 믿지 않는다."요6:36와 "**아들**을 보고 그를 믿는 자는 누구나 영원한 생명을 얻는다."요6:40이다. 그런데 이것은 "나를 보는 사람은 나를 보내신 자를 보는 것이다"요12:45와 "나를 본 사람은 **아버지**를 보았다"요14:9는 아주 명확한 의미를 갖고 있다. 이 점은 **아들**과 **아버지** 사이에 완전한 일치를 전제로 하고, 더욱이 **아들**은 **아버지**의 이미지이다. 이것은 유일한 이미지이다. 예수 그리스도 외에는 하나님에 대한 다른 '시각적 인식'이 없고, **아들** 외에는 다른 표상이 없다. 인간에게 있어 예수의 성육신 외에는 하나님을 볼 어떠한 가능성도 없다. 한 번 더 말하건대, 이것은 신비 사상을 주장하는 것에 대한 부인이다. 공관복음서와 요한의 서신서들의 몇몇 다른 텍스트가 이 점과 결부된다. 그러나 여기서 우리가 취했던 관점에서 예수 그리스도에 대한 시각視覺의 중요성은 무엇을 의미하는가? 이것은 **성육신**을 의미한다. '**말**'은 감지될 수 있는 세상으로 들어왔다. 자세히 설명하자면, 우리가 이미 개괄적으로 기술했듯이 이미지가 현실과 관계되는 반면, '말'은 진리와 관계된다. 진리가 현실과 만나게 되고, 이 현실을 완전히 꿰뚫으며, 이 때문에 진리가 현실을 그 뿌리에서 변화시키는 지상의 역사의 유일한 지점이 성육신이다. 이것은 현실이 더는 진리의 왜곡이 되지 않고, 진리가 더는 현실에 대한 치명적인 심판이 되지 않는 지점이다. 이 순간 '말'은 **보여** 질 수 있다. 거기서 단지 '시각적 인식'

은 진리와 관계되기 때문에, '시각적 인식'은 **믿겨 질** 수 있다. 정상적으로는 어떠한 진리의 힘도 없는 것인 이미지는, 이것이 살아 있는 하나님의 이미지인 예수 그리스도일 때 진리를 받아들인다. 바로 이 때문에 요한은 시각을 그토록 강조하는데, 이는 진리를 통해 현실을 꿰뚫는 것이다. 그러나 이 점은 일시적이다. 이것은 **성육신**의 때이다. "곧, 너희는 나를 더는 보지 못할 것이다."[182]와 같이, **성육신**이 종결되자 진리와 현실은 서로 갈라진다. 이 순간, 우리는 불구 상태로 다시 떨어지고, 현실이 진리가 아닌 우리의 인간 상황으로 다시 떨어진다. 이 때문에 요한복음은 '믿기'croire 위해 '보기'voir를 필요로 하는 도마의 이야기로 마친다. **성육신**과 더불어 이러한 가능성은 끝이 난다. "보지 않고 믿었던 자들은 복이 있다."[183]는 것이다. 다시금 우리는 **보았던** 자들의 **'말'**만을 믿어야 하는데, 그들은 실제로 진리가 현실을 꿰뚫고 지속되며 '말'만이 또다시 진리의 표현이 된다는 것을 입증할 수 있었던 이들이다. 이제 시각은 현실에만 관계될 것이다.

성육신 이전처럼 **성육신** 이후에도 신앙과 시각 사이에 대립이 지속된다. 신앙은 '말'에서 생겨난다. "너희가 믿었던 것은 기적을 보았기 때문이 아니라 빵을 먹었기 때문이다."[184] 또다시 기적은 그 자체로 의미 없는 징표가 된다. 기적은 기적을 동반하는 '말' 속에서만이, 또 기적이 부여하는 체험 속에서만이 진리를 지닌다. 시각은 우리가 포착하기 원하는 현실로 우리를 늘 이끌어가기 때문에, 또한 시각은 불가피하게 증거를 향해 우리를 이끌기 때문에, 시각은 신앙의 관계 밖으로 우리를 늘 이끌어간다. 사람들이 보는 것은 증거의 가능성을 전제로 한다. 이것이 바로 도마가 요구하는 바요, 예수가 대답한 바이다. 도마에게는 증거들이 있

---

182) [역주] 요한복음 16장 16절 참조.
183) [역주] 요한복음 20장 29절 참조.
184) [역주] 요한복음 6장 26절 참조.

었는데, 가시적인 것과 만져서 알 수 있는 것과 경험적인 것은 밀접히 연관되어 있다. 그러나 증거나 혹은 증거의 요구가 있는 곳에는, 신앙에 의해 연루된 관계와는 다른 관계가 있다. 말했던 자와의 신뢰 관계가 세워지기 때문에, 입증도 없이 아무 것도 보는 것 없이 믿어야 한다. '말'은 내게 말하는 사람을 내가 신뢰할 때만이 효력이 있다. '말'의 진리는 '말'의 객관적인 내용에서도 논리적인 일관성에서도 기인하는 것이 아니라, 이 '말'을 하는 사람에서 기인한다. 여기서 나는 시각에 의해 연루되었던 동일한 흐름을 전개할 수 없다. 들려지기 위한 **말**은 신앙을 전제로 하지만, 신앙은 나에게 전해진 **말**에서 생겨난다. "신앙은 사람들이 듣는 것에서 나온다."185)라고 바울은 언급한다. 절대로 신앙은 사람들이 보는 것에서 결코 나오지 않는다. 사람들이 보는 것, 곧 명백한 것은 신뢰 관계와 충성 관계를 우리에게서 떼어 놓는 듯이 보인다. 신앙의 관계일 수밖에 없는 하나님과의 관계 그리고 시각에 기초할 수도 있고 완전히 배제될 수도 있는 관계 사이에는 전적인 모순이 있다. 신약성서는 탐욕에 있어 구약성서의 내용을 확고히 뒷받침 한다. 이것은 "눈의 탐욕"에 대해 분명히 말하는 요한 일서이고, 가장 의미심장한 것은 예수 안에 반反탐욕을 보여주는 빌립보서의 바로 그 텍스트이다.

그러나 **성육신** 자체로 돌아가야 한다. 그런데, 하나님의 **영**과 세상의 화합으로서, 하나님과 결별의 소멸로서, 일치 속으로 회복으로서, 따라서 현실과 진리의 화해, 다시 말해 이미지와 '말'의 화해로서 **성육신**을 해석할 수 있는가? 그러므로 이미지를 만드는데 대한 금지 및 옛 언약 안에서 이해될 수 있는 진리를 이미지에 결부시키는데 대한 금지는 성육신과 더불어 사라질 수도 있다는 것이다. 왜냐하면 어쨌든 사람들이 볼 수 있었던 예수 안에 하나님의 이미지, 곧 하나님에 대한 유일하게 가능한 시

---

185) [역주] 로마서 10장 17절 참조.

각이 있는 동시에 인간의 진정한 이미지가 있기 때문이라는 것이다. **성육신**의 **현재의 효력**이 이와 같이 절대화될 때, 나는 언제나 어안이 벙벙하다고 말할 수밖에 없다. 도대체 무슨 말인가! 사실상 **성육신**이 실제로 보편화되지도 일반화되지도 않는다는 점을 납득시키기 위해서는, 현대 세상의 끔찍함과 우리 일반 역사의 끔찍함으로는 충분하지 않다. 성육신으로부터 이끌어낸 이러한 논증이 현대인의 시도들을 기독교적으로 정당화하려는 궤변적인 논증일 따름이라는 점을 이해하기 위해서는, 기독교 정치도 경제도 철학도 사회도 존재할 수 없다는 기존의 입증으로는 충분하지 않다! 물론 **성육신**이 하나님이라는 절대자가 인간의 육신 속으로 오고 하나님의 사랑인 진리가 인간의 육신 속으로 온 것이지만, 이것은 한 시기와 한 장소에서 한 번 일어났던 것이다. 이것은 **변용**186)만큼이나 순간적이다. 성육신한 하나님의 아들이 진정으로 메시아라면, 상황이 구체적으로 변했을 것이라고 유대인이 말하는 것은 옳다. 또한 성육신으로 인간의 행동을 지금 정당화하며 인간 전체에 대한 일종의 신성화를 이미 이루어놓은 신학자들을, 유대인이 거부하는 것도 옳다. **성육신**은 확실한 약속과 담보와 첫 열매이면서, 하나님이 성취할 바에 대한 전제이다. 이것은 진리와 자유와 소망의 원천이다. 그렇다. 그러나 이것은 보편적인 '성취된 것'accompli이 아니다. 이것은 결정적으로 '성취된 것', 다시 말해 하나님도 아무도 파기할 수 없는 '성취된 것'이지만, 단지 완전한 성취의 시작으로서 '성취된 것'이다. 즉, 죽은 자들 가운데 맏아들로 태어난 그리스도이다. 그러나 부활이 아직 일어나지 않았다. 인간의 마법이 뒤섞인 이러한 **성육신** 신학은 지지할 수 없는 듯이 보인다. 이것은 "아직

---

186) [역주] 변용變容(Transfiguration). 신약성서 마태복음 17장 1-8절에 나오는 내용을 가리킨다. 예수는 베드로, 야고보, 요한 세 제자를 데리고 높은 산에 올라간다. 거기서 제자들은 예수의 모습이 변형되고 모세와 엘리야와 더불어 이야기를 나누는 것을 목격한다. 그 때 베드로는 "우리가 여기 있는 것이 좋으니 예수가 원하면 여기에 초막 셋을 짓겠다"라고 예수에게 말한다.

성취되지 않은 것"pas encore을 고려하지 않는 동시에 우리가 단지 그 "보증"arrhes을 갖고 있는 약속 아래에 살고 있음을 고려하지 않는 "이미 성취된 것"déjàaccompli의 신학이다. … 왜냐하면 최근의 어떤 신학자들의 비판에도 불구하고, 나로서는 "이미 성취된 것"과 "아직 성취되지 않은 것"의 변증법, 곧 '천국'과 '하나님나라'187)의 변증법에서 그만 두어야 하기 때문이다. '이미 성취된 것'이 있다. 즉 그리스도가 이미 왔고, 하나님은 인간을 위해 있으며, 죽음은 일단 패배 당한다. 따라서 결정적으로 악은 일단 패배 당하고, 우리는 사랑과 소망의 확신 속에서 살 수 있다. 그러나 보편적으로 아무 것도 아직 실현되지 않는다. 우리는 아직 부활하지 않았고, 아직 거룩하지도 복을 누리지도 않고 있으며, 화해가 하나님과 이루어져 있더라도 화해는 보이지 않는다.

인간은 인간으로서 또한 신앙의 밖에서 자신의 구원을 확신하지 못한다. 또한 인간은 진리로 가득 차 있지 않고, 해방되지도 않으며, 이러한 시도들 속에서 정당하지도 않다. 달리 말해, 바로 이 마법의 반지를 돌리는 일이란 없다. 왜냐하면 이것이 바로 내가 논박하는 '승리주의 신학'이 나타내는 것이기 때문이다. 승리주의 신학은 "이제부터 모든 것은 변하고, 하나님은 이제 인간에게 결합되어 있으며, 인간은 신앙의 밖에 있더라도 또한 하나님의 사랑과 뜻을 전적으로 의식하지 않더라도 인간이 시도하는 모든 것에서 이제부터 하나님의 일을 행하는 것이다."라고 주장한다. 이와 같이 **성육신**은 마법의 반지를 돌리는 일이 된다. 인간이 이것을 알든지 원하든지, 이것을 믿든지 믿지 않든지, 모든 것은 변했고 현실 속에서 구체적으로 변한다. 나는 이것이 근본적으로 반성서적이며, 신앙에 있어서가 아니라면 아무것도 변하지 않았다고 생각한다. 존재론적으

---

187) [역주] 이어지는 내용에서 보듯이 엘륄은 '천국'(royaume des Cieux)과 '하나님나라'(royaume de Dieu)를 구별한다.

로 아무 것도 변하지 않았지만, 의미와 징표와 진보의 측면에서는 모든 것이 변했다. 소망과 진리에서가 아니라면, 인간의 악과 불행에서 아무 것도 변하지 않았다. 그러나 이것은 숨겨진 진리이다. 인간이 반反존재론적이듯이 반反실체론적인데도, 사실상 이런 신학적 입장표명은 실체론적인 태도에 여전히 근거를 둔다. 성체의 빵이 그 실체가 변하듯이188), 사물들도 실체가 변해야 한다는 것이다. **성육신**에 의해 전혀 신격화되지 않는 본성으로서 인간의 변화는 일어나지 않는다. 예수는 한 인간이지 인류가 아니다. 일어난 변화는 사랑을 늘 배제했던 세상 속으로 사랑의 진리를 도입시킨 변화이다. 그러나 이것은 진리의 '말'만큼이나 은밀한 도입이다. '천국'은 우리 가운데 현존해 있고 활동하고 있다. '천국'은 우리 안에 있다. "천국은 너희 가운데 너희 안에 있다."189)는 것이다. 그러나 '천국'은 모든 사람 안에 있지는 않다.

이것이 죄인과 구원받은 자 사이에 구별이 아님을 즉시 떠올리자. 또한 진리의 하나님을 알고 인정하는데 그리스도인의 어떠한 우위성도 없음을 즉시 떠올리자. 그러나 이와 반대로 이것이 책임이자 직무임을 떠올리자. '천국'은 세상 내부에서 이루어지는 비밀스러운 작업을 하려는 힘이다. 그런데 이것은 형이상학적 변화를 통해서가 아니라, 신비하고 보이지 않는 개입이라는 느린 작업을 통해 세상을 변화시키려는 것이다. '천국'은 눈앞에 명백히 나타나지 않는다. 그리스도인이 된다는 것은 바로 다음 같은 작업에 참여하는 것이다. 이 작업은 "사물들의 본질"을 변

---

188) [역주] '성체의 빵이 그 실체가 변한다.'는 것은 로마 가톨릭의 이론인 사효론事效論과 관계되는 듯이 보인다. 사효론이란 성사聖事를 통해 본래 활동하는 이는 그리스도이고 성사 집전자는 단지 그리스도의 도구이기 때문에, 성사가 교회의 의향에 따라 거행되면 집전자의 개인적인 성덕聖德과 관계없이 은총이 성사를 통해 틀림없이 전해진다는 것이다. 따라서 성사는 성사를 시행하는 자에게도, 성사를 받는 자에게도, 하나님의 활동에도 달려 있지 않고 스스로 활동하기에, 성찬식 같은 성사도 성체의 빵을 집는 동시에 일어나는 것과 마찬가지로, 성체의 빵도 스스로 활동함으로써 단순한 빵에서 성스러운 빵으로 그 실체가 변한다는 것이다.

189) [역주] 누가복음 17장 21절

화시키는 것이 아니라, 진정한 주± 때문에 또 진정한 주± 안에서 사랑과 소망이란 새로운 차원 속으로 깊숙이 들어가게 하는 것이다. 이 작업은 일어나기는 하지만, 가시적인 것과 구체적인 현실 속에 위치하지 않는다. "말세에" 권세와 더불어 오는 것은 하나님나라가 아직 아니며, 모든 것은 약속된 것의 성취를 통해 근본적으로 변할 것이다. 이것은 영광스러운 그리스도가 "구름을 타고" 올 때이며, 모두가 그리스도를 인정할 수밖에 없을 때이다. 그동안 우리는 거기까지 이르지는 않는다. 그리스도는 '**천상중의 천상**'Cieux des Cieux에서 보이지 않은 채 영광을 받는다. 우리는 변하지 않은 채로 지상에 남아 있다. 인간의 어리석음이나 혹은 비극은 단지 사랑을 갉아 먹으면서, 있는 그대로 남아 있다. 반죽 속에 숨겨진 효모도190), 땅 속에 숨겨진 씨앗도191), 수프 속에 던져진 소금도192) 마찬가지이다. 따라서 시각은 **'말'**에 합류하지 못했다. 시각에는 다른 위상이 없다. 아무 것도 기독교의 이미지들 전체와 우리가 끊임없이 세우는 온갖 종류의 우상을 정당화할 수 없다. **성육신**은 시각을 진리의 영역 속으로 침투해 들어가게 하지 않았다. **성육신**은 '말'만을 진리의 영역 속으로 침투해 들어가게 했다! 물론 예수 자신이 하나님의 이미지, 곧 하나님의 가능한 유일한 이미지라는 문제를 피할 수 없다. 그러나 아마도 매우 신중할 필요가 있다. 복음서는 예수의 신성이 눈앞에 명백히 나타나지 않았음을 우리에게 분명히 보여준다. 예수의 신성은 전혀 가시적이지 않았다.

이사야의 텍스트에 따르면, 예수에게는 시선을 끌만한 아무 것도 없었고, 아름다움도 위엄도 없었다. … 변함없는 모호함이 감돌았다. 아마도 예수가 자신을 메시아로 혹은 심지어 하나님의 아들로 선언하더라도,

---

190) 그러나 반죽은 발효되지 않고 있다.[본문 내용을 역자가 각주로 설정]
191) 그러나 씨앗은 돋아나지 않고 있다.[본문 내용을 역자가 각주로 설정]
192) 그러나 소금은 녹여지지 않고 있다.[본문 내용을 역자가 각주로 설정]

'인자人子'라는 칭호를 너무 자주 사용하며, 예수는 자기 자신을 하나님으로 결코 선언하지 않는다. 예수는 보여 진 '실재'réalité로서 어떤 하나님도 아니고, 가시적이고 식별할 수 있는 어떤 하나님도 아니다. 예수는 티베트 유형의 성육신한 어떤 하나님이 아니다. 예수를 **봄으로써** 바로 하나님이라고 절대 언급할 수 없다. 세례 요한은 기적과 음성으로 예수를 식별한다. 그러나 인간인 예수를 봄으로써 식별한 것은 아니다.

복음서 저자들에 뒤이어 오리겐193)은 예수라는 진리의 이러한 "불가시성"invisibilité을 완전히 이해했다. "그리스도의 행동들을 목격하는 각자에게 이 행동들의 의미는 즉시 이해되지 않았다. 마지막 날에 **'말'**이 마리아에게서 나와 육신을 입고 이 세상에 왔지만, 눈이 그의 용모로부터 보았던 바가 달랐고, 영靈이 이해할 수 있었던 바가 달랐다. 모두가 그의 육신적인 얼굴을 알아볼 수 있었지만, 택함을 받은 자들만이 그에게서 신성을 인정하는 은총을 받았다."194) 요한복음은 예수를 둘러싼 오해들을 끊임없이 강조한다. **'말'**에 대한 신학적인 재해석 작업 전체가 이루어졌기 때문에, 하지만, 하나님은 결코 우리의 현실 속에서 보이거나 포착될 수 없기 때문에, 이것은 하나님의 이미지이다. 예수가 **아버지**에게 다시 올라갔을 때, 예수가 부활 후에 자신의 신성을 "되찾았을" 때, 제자들은 예수를 알아보지 못한다. 즉 엠마오로 가던 제자들도, 게네사렛 호수가의 제자들도 예수를 알아보지 못한다. 예수가 더는 인간 예수로서 보이지 않은 것이다. 이 때문에 바울은 "육체를 따라" 예수를 아는 것을 과소평가하는데, 예수를 그렇게 아는 것은 아무 소용이 없었다는 것이다. 모세에게 계시되는 하나님에게 있어서처럼, **이후에** 한 번 더 바울은 예수

---

193) [역주] Origène(185-254). 알렉산드리아파를 대표하는 기독교의 교부. 매우 독창적인 신학체계를 세운 것으로 알려져 있으며, 그 때문에 교회와 적지 않은 마찰을 일으킨 것으로 기록되고 있다.
194) 마태복음 16-20장에 대한 주석. [본문 내용을 역자가 각주로 설정]

에 대해 다음 같이 언급할 수 있다. 즉 "예수는 우리 가운데 현존하는 하나님이었고, 예수는 영원한 그리스도였다."거나, "이것은 하나님의 이미지인 그리스도의 영광이다."거나, 그렇지 않으면 "창조의 맏아들로서 예수 안에서 만물이 창조되었다."는 등이다. 예수는 "보이지 않는 하나님의 이미지"이다. 그러나 일단 사람들이 더는 예수를 보지 못하면 바로 그러하다! 우리에게는 늘 하나님에 대한 가시적인 어떤 이미지가 있는 것이 아니다. 시각은 이러한 방식 속에서 계속 아무런 구실도 하지 못한다! 예수의 사진을 보는 것은 그 이상의 아무 것도 입증하지 못할 수도 있고, 예수의 '말들'에 아무 것도 덧붙이지 않을 수도 있다.195) 우리가 있는 실제 상황에서, 이와 반대로 이것이 종교적 불신앙의 과정일 수도 있다고 나는 생각한다. 이 때문에 우리가 알고 믿을 수 있는 모든 것인 나사렛 예수를 위해 하나님을 없애고 싶어 하는 현재의 어떤 신학적 흐름들의 주장은, 가시적인 것을 다시 도입하려고 애쓰는 마음에 밀접히 연결되

---

195) 예수는 시각에 따라 하나님으로서 인정될 수 없기 때문에, 우리가 예수였다고 상상하는 바를 나타내는 스케치와 그림과 조각을 만드는 것은 물론 허용된다는 것도 이 점은 의미한다. 하지만, 이 점에는 두 가지 방향이 있다. 문제되는 것이 상징적인 표상이라면, 이 점은 완전히 옳고 계시와 모순되지 않는다. 12세기의 조각은 예수를 실제로 표현하려는 것이 아니라, 순전히 상징적인 보이지 않는 하나님의 영광의 구현을 나타내려 한다. 이와 반대로, 12세기의 '종교 물품'(saint-sulpicerie)이나 그림에서처럼 사진으로도 예수의 "인성"을 보여주려고 애쓰자마자, 사람들은 우스꽝스러움과 우상숭배에 빠진다. 바로 이것은 금지된 것이다. 하지만, 예수를 표현할 가능성이 이렇게 사라짐으로써, 나는 '생 쉬에르'(Saint-Suaire)에 어떠한 신빙성도 부여하지 못한다. '생 쉬에르'는 하나님의 계시에 조금도 소용되지 않고, 단지 우리의 호기심만을 자극한다. 또한 '생 쉬에르'는 하나님의 **말**을 이해할 수도 **진리**를 받아들일 수도 없게 하며, "너희들은 나를 보지 못할 것이다."라는 예수의 말과 직접적으로 배치된다. 그리고 약속된 유일한 현존은 성령의 현존인데도 불구하고, '생 쉬에르'는 우리 가운데 예수의 이미지를 영속시키는 경향을 띨 수도 있다. "기적"의 가치에 대해 말하자면, 우리는 기적이 그 자체로 아무 가치도 없고 단지 기적에 수반되는 **말**을 통해서만이 가치가 있음을 충분히 살펴보았다. 여기에 무덤의 침묵만이 있을 따름이다.…

[역주] '종교 물품'(saint-supicerie). 예전에 파리(Paris)의 생 쉴뻬스(Saint Sulpice) 거리에서 십자가나 소형 입상이나 부적으로 팔려고 만들어진 우상과 관계된다. 간단히 말해, 이것은 모든 종교에서 대거 나타나는 부적 효과를 지닌 온갖 성물聖物이다.

[역주] '생 쉬에르'(Saint-Suaire). 어떤 그리스도인들에 있어서는 나사렛 예수의 얼굴을 완전히 뒤덮었던 천을 지칭하기도 하고, 혹은 신약성서에 나오듯이 예수가 죽은 후 유대인의 장례 관습에 따라 예수의 시체를 무덤에 안치하기 전에 예수의 시체를 감싸는데 사용된 염포殮布를 가리키기도 한다.

어 있는 듯하다.196) 그런데 가시적인 것을 다시 도입하는 일은, '말'이 불러일으킨 신앙에다 이와는 다른 종류로 대체된 종교적인 것을 새롭게 도입하는 것이다. 달리 말해, 예수의 이미지는 다음 같은 종교들과 다음 같은 '말'의 선포 사이에 괴리197)에 우리가 직면한다는 확신을 굳게 한다. 종교들은 시각과 '시각적 인식'의 종교들로서, 명백함이 입증을 위해 유지되는 표현할 수 있는 현실과 관계된다. 또한 이 **'말'**은 귀를 기울이는 곳에 전해지면서, 다른 인식과 이해와 순종을 유도한다. 이 종교들과 이 **'말'**은 전적으로 배타적이다.

마찬가지로, 인간이 하나님의 이미지로 창조되었다면, 성취된 유일한 이미지가 예수 그리스도라면, 이는 다음 같은 것을 의미한다. 즉, 살아 있는 하나님이 물질적이고 메마른 이미지들을 용납할 수 없으며 살아 있는 **이미지들**을 요구한다는 점이 성육신의 토대라는 것이다. "포착할 수 없는 하나님은 사라져버리는 이미지들을 원하는 것이 아니라, 고착된 적 없고 한정된 적 없는 이미지들을 원한다."198)

시각화의 문제

성육신과 관련된 이 몇 가지 지적을 한 후, 우리는 신약성서에서의 '시각화' visualisation라는 다른 문제로 재빨리 넘어갈 것이다. 우리는 이 책의 마지막 장에서 요한계시록의 '환상' vision과 마찬가지로 요한복음을 연구할 것이다. 왜냐하면 요한계시록처럼 요한복음도 다음 같은 점을 우리에게 입증하면서, 우리를 종말론으로 향하게 하기 때문이다. 즉, 보이게 된 진리에 대한 접근이 새로운 창조에 연결되어 있고, 인간과 하나님의

---

196) 아무도 하나님을 결코 보지 못했으나 어떤 사람들은 역사적 인물인 예수를 볼 수 있었다.[본문 내용을 역자가 각주로 설정]
197) 아마도 신성함의 괴리와 관계있는 괴리.[본문 내용을 역자가 각주로 설정]
198) 마이요(Maillot).

완전한 화해에 연결되어 있으며, 하나님의 충만함 속에서 인간의 회복에 연결되어 있다는 점이다. 우리는 사도행전에 기록된 대로, 초기 그리스도인의 '환상'으로 넘어갈 수 있다. 요한계시록의 성격을 띤 스데반의 '환상'을 옆으로 제쳐 놓기로 하자. 또한 예수의 변용變容 때 제자들이 보았던 대로, 살아있는 예수의 '실재'réalité를 사울로 하여금 접하게 하는 사울의 '환상'을 옆으로 제쳐 놓기로 하자. 진정한 '환상들'을 살펴보기로 하자. 이 '환상들'은 모두 공통된 특징이 있는데, 이것들은 도구적인 '환상들'이라는 점이다. 이것은 다소의 사울을 맞아들이라는 명령을 받은 아나니아의 '환상', 베드로를 오게 하라는 명령을 받은 고넬료의 '환상', 부정한 짐승을 먹으라는 명령을 받은 베드로의 '환상', 마케도니아로 와 달라고 바울에게 부탁하는 마케도니아 인에 대한 바울의 '환상', 고린도에서 전도하라는 명령을 받은 바울의 '환상' 등이다. 이를 통해 우리는 사도행전에서 문제가 되는 모든 '환상'에는 아주 특별한 의미가 있음을 이해할 수 있다. 즉, 행동에 관여해야 하고, 구체적인 명령을 내려야 하며, 어떤 일을 하게 해야 하는데, 이 모든 것은 현실의 영역과 실천의 영역에 속한다. 바로 여기서 '환상'은 마주쳐야 하거나 혹은 변화시켜야 하는 현실에 속한다. 이 '환상'은 실제적인 목적을 갖고 있으며, 결국 추구되는 목적에 적합한 도구들이 된다.

하지만, 거기에는 진리의 영역이나 영적 계시의 영역에 속하는 것은 아무 것도 없다. 이와 같이 '성서'Ecriture에서 언급되는 '환상'은, 우리가 지적했던 진리와 관계되는 '말'의 배타성이라는 방향으로 완전히 나아간다. '환상'이 산발적인 사건들인데도, 성서가 전체적으로 '말'이란 점을 고려하면, 성서에서는 '환상'의 경우와 '환상'의 예가 드물다는 점을 결국 기억해야 한다. 성서에 나오는 '신의 나타남'과 '시각적 인식'vision에 대한 급히 이루어진 이 지적의 말미에서, 진정으로 성서의 하나님은 몇몇 예외를 제외하고 볼 것을 아무 것도 제시하지 않는다고 어쨌든 언급할 수 있다. 하나님에 대한 어떠한 입증도 없다. 마찬가지로, 하나님에 대한 어떠한 논증도 없다. 이와 같은 시대에 이와 같은 움직임이 성서의 계시를 시각화하기를 지향했고, 계시의 위치를 시각에 다시 두기를 지향했으며, 하나님의 존재를 입증하는 연구를 지적 측면에서 수행하기를 지향했다.

'말'에 의한 이미지로부터 결별

물론, '시각적 인식'과 성서가 말하는 "거짓 신" 사이에는 아무런 공통점도 없다. 바로 시각이 아니면 아무런 공통점도 없다는 것이다. 언제나 거짓 신은 볼 수 있고 만질 수 있는 신이다. 거짓 신이 신으로서 거짓되고 존재하지 않음을 입증하는 것이 바로 이 점이다. 이사야의 다음 같은 비꼬는 표현이 있다. 즉, 너희는 그 신을 집어서 받침대 위에 둘 수도 있지만, 땅바닥에 집어던질 수도 있다는 것이다. … 너희는 그 신을 있는 그대로 보기 때문에, 그 신은 흙덩이가 아니면 도대체 무엇이란 말인가. 아마 이 시대의 세련된 민속학자와 종교사가의 눈에는 이사야가 중대한 실수를 저지른다. 이것은 신의 조각상을 조롱하는 그리스도인에 의해 전통적으로 저질러진 실수 그 자체이다. 이교적인 종교들은 훨씬 더 세련되어 있다. "결코" 이교도는 신과 조각상을 동일시 한 적이 없다. 접근할 수 없고 규정할 수 없는 신성한 권세에 대한 추상적이고 우월한 개념도 있었다. … 나는 이 모든 점을 안다. 그러나 이러한 세상 가운데 살았고 우리와는 같지 않았던 이사야가 어쨌든 옳았다면 결국 어떨까? 바로 이 조각상에게 희생 제물과 봉헌물이 바쳐졌고, 기도가 드려졌다. 물론, 표상이 있는 곳에는 반드시 '표현된 것'représenté이 있다. 그러나 조각상이 그렇게 대단한 역할을 한다면, '표현된 것'은 완전히 허망하게 사라져 버린다. 다음과 같을 때, 나는 그런 인상을 받는다. 즉, 내가 학자들의 복잡한 해석을 읽을 때이고, 또한 이것이 재빨리 파악된 불확실한 '표기들' notations로부터 자신들의 '담화'를 말하는 민속학자들의 시적 표현이 아닌지 내가 의아하게 생각할 때이다. 그래서 '신심信心'199)은 좀 더 견고한 어떤 것 위에 고착되어야 하거나, 그렇지 않으면 '표현된 것'과 표상 사이에는 일관성이 있다. 그래서 이사야가 언급하는 모든 것은 이렇게 완벽히 성립된다. 이러한 신은 탁자나 혹은 옷걸이일 따름이다. … 이런 신은 확실하고 만족스러운 유용한 것을 채워준다. 실제로 이것이 신성의 역할이 아닌가. 게다가 그렇지 않으면 사람들은 조각상에게 벌을 주고, 벽으로 돌려놓는다. 신이 타격을 입어야 한다는 것이다! 이것은 인간에게 없어서 안 될 우상이다. 인간은 자신을 나타낼 필요가 있고, 볼 필요가 있으며, 자신의 현실 영역에 권세들이 관여하게 할 필요가 있다. 이것은 인간이 신을 자기 마음대로 다루는 것이다.

성서는 거짓 신과 우상을 분명히 구별한다. 거짓이기는 하지만, 존재하는 거짓 신은 인간이 세상에서 식별하는 온갖 종류의 권세이고, 우상은 이러한 권세와 신비한 힘을 시각화하는 것이다. 이 권세와 힘은 인간에 의해 이름 붙여지지만, 이것은 충분하지 않다. 이 권세와 힘은 인간이 안심하도록 현실로 옮겨져야 한다. 왜냐하면 인간은 현실에 의해서만 안심하기 때문이다. 인간이 볼 수 있는 것과 파악할 수 있는 것은 확실하며, 인간은 이것들을 마음대로 사용할 수 있다. 결국 인간이 받아들일 수 없는 것은, 자신이 이러한 신들의 처분에 맡겨지는 것이고, 신들에 대해 아무 영향력도 행사할 수 없는 것이다. 왜냐하면 기도나 혹은 헌물이 인간을 만족시키지 않기 때문이다. 인간은 확실한 영향력을 갖고 있지 않

---

199) [역주] 엘륄은 '계시'(révélation)와 '종교'(religion)를 구별하듯이 '신앙'(foi)과 '신심'(croyance)을 구별한다. 그는 자신의 저서 *La foi au prix du doute* (『의심을 거친 믿음』, 2013, 대장간 역간)에서 "신앙이라는 용어는 예수 그리스도의 계시에 대략 해당하는 것을 지칭하는 반면에, 신심이라는 용어는 종교적인 것과 비합리적인 것을 준거로 삼는 온갖 태도와 비非기독교적인 체험을 준거로 삼는 온갖 태도를 지칭한다."라고 설명한다.

다. 이와 반대로, 인간이 자기 자신의 이미지를 만들어 이것이 신이라고 주장할 수 있다면, 인간은 더는 두려움을 갖지 않는다. 우상은 두려움을 덜어준다. 물론, 이미지는 영적 의미와 권세 자체로 가득 차 있고 신성한 세상에 통합된다. 하지만, 이미지는 현실에 속해 있고 인간의 이러한 세상 속에 있는 것이지, 내가 마음대로 할 수 없는 불가능한 관계 속에 있지 않다. 우상은 그 자체로 신이 아닐 수 있으나, 그래도 우상은 '동일한 것'identique이나 '일치하는 것'identité이지 '시니피앙'이 아니다. 우상은 신이 존재하는 데 기여하고, 신을 유지하며 신을 나의 수준으로 되돌리기 위한 수단이다. 앞에서 인용된 책인 금송아지에 대한 탁월한 연구에서 라이저F. Ryser는 시각과 우상숭배 사이에 관계를 잘 보여준다. 이 이야기에서 모세는 사라졌다. "이 '말'을 언급하는 자에게 연결된 덧없이 사라지는 '말'이 아니라, 각자가 접근할 수 있는 가시적인 어떤 것을 인간에게 제시하는 것이 중요하다. 이 어떤 것은 사람들이 하나님에게 애착을 가지고 매달리는 만큼이나 애착을 가지고 매달릴 수 있는 것이고, 더 쉽게 애착을 가지고 매달릴 수 있는 것이다." 따라서 이것이 첫 번째 움직임이다! 이것은 객관화이자 일반화인데, 가시적인 대상은 '말'과는 반대로 영속적이며 마음대로 사용된다는 것이다. '말'은 아무에게나 전해지는 것이 아니라 어떤 특정한 사람에게 전해지는 한편, 가시적인 대상은 아무나 그 대상을 볼 수 있게 한다. 거기서부터 이 텍스트에 대한 세 가지 근본적인 지적이 나온다. 우선, '들리는 것'entendu을 가시적인 것으로 대체하기이다. 아주 세밀하게 라이저는 금귀고리 문제에서 사실대로 파악한다. 즉, 황소는 "귀를 장식하는 귀고리"의 금으로, 다시 말해 '말'을 들을 수 있게 하는 신체 기관을 가치 있게 하는 귀고리의 금으로 만들어진다는 것이다! "아론은 귀의 가치를 떨어뜨린다. 즉, 중요한 것은 더는 귀가 아니라 눈이다. 이것은 더는 하나님의 '**말**'을 듣는 것이 아니라, 이미지를 보고 주시하는 것이다. 시각은 신앙을 대체한다. 인간의 손으로 만들어진 성과로 나타나려고 인간의 마음에서 올라오거나 혹은 인간의 뇌에서 나오는 개념은, 보이지 않는 저 높은 곳에서 나오는 계시를 대체한다." 두 번째 지적은, 표현된 하나님인 가시적인 '바알'200)이 힘과 소유와 지배와 풍요의 신이라는 것이다. 이것은 가시적인 것과 권세 사이에 관계이다. 가까이 있고 눈에 보이며 실제로 알려진 신을 가지려는 인간의 욕구는, 끔찍한 신과 인정사정없고 폭군 같은 신을 만드는 것으로 귀결된다. 세 번째 지적은, 황소를 보여주면서 "이스라엘이여, 바로 이것이 이집트로부터 너를 나오게 한 너의 신이다."라고 하는 아론의 선포에서 나온다. 이 점이 중요하다. 즉, 이것은 신을 바꾼 것이 아니다. 이것은 가시적인 이미지가 어떤 이미지로 남지 않는다는 사실이다! 그 이미지는 이제 하나님 자체가 되었다. 이집트로부터 이스라엘을 나오게 했던 것은 그 이미지이다.

하나님과 우상은 유일하고 동일한 사물이 되고, 동일한 '실재'réalité가 된다. 그런데 승리하는 것은 우상이다. 이 점은 다음 같은 설명과 대립된다. 이 설명에 따르면, "물론 조각상과 표상은 하나님이 아님을 모든 사람은 안다"는 것이다. 그렇지 않다! 혼동이 늘 일어난다. 가시적인 것은 늘 모든 것을 포함한다. 그런데 하나님만이 모든 것을 포함하고, 하나님만이 **진리**를 볼 수 있다. 출애굽기의 텍스트는 여전히 이렇게 언급한다.3:9 "내가 보았다"라고 하나님은 언급한다는 것이다. "내가 보았다"는 것은 분명히 그 민족이 요구하는 "보기"voir와 대립된다. 하나님은 현실과 진리를 동시에 본다. 하나님은 그 민족이 행하는 것의 진리를 본다.…

왜냐하면 모든 것이 우상이 될 수 있기 때문이다. 성서는 놋 뱀과 예루

---

200) 바알(Baal). 가나안 및 수리아에서 섬기던 땅의 생산력과 가축의 번식력을 주관하는 신. 이스라엘 민족은 가나안 정착 초기부터 바알 신앙의 영향을 받는다.

살렘 성전과 희생 제물이 우상이 될 수 있음을 우리에게 보여준다. 이런 것들이 우상이 되는 경우는, 유일한 역할과 한정된 기능이 시각에 의해 고착될 때이다. 또한 이 경우는 산산조각 난 진리의 단편들인 상징들 속에서, 인간이 결국 붙들고 있는 틀에 박힌 고착성에 의해 진리의 작용이 멈추어질 때이다. 나는 우상에 대해 가뷔J. P. Gabus가 행한 탁월한 분석으로 다시 돌아간다.201) "우상은 의미가 과중한 개념이기 때문에, 어떤 의미에서 우상은 상징이다. … 그러나 우상을 통해, 치유하는 능력으로서 뱀, 안전한 장소로서 **성전**, 신성한 혜택을 얻는 수단으로서 **희생 제물**과 같은 상징의 유일한 의미론적 요소에 대해 확고한 주의를 기울이게 된다. 실제로, 우상을 통해 상징적 다의성多義性이 없어진다. 우상을 통해, 의미의 몇몇 측면 사이에서 의미의 유포가 더는 이루어지지 않는다. 우상을 통해 상징은 은폐된다."202)

따라서, 여기서 우리와 관련 없는 것인 "거짓 신들"에 대한 투쟁뿐만 아니라, 영적인 것의 모든 가시적인 표상에 대한 투쟁이 성서적으로 존재한다. 공격을 받는 것은, 인간이 자신의 조각상으로부터 받아내려는 '보증'assurance이다. 인간이 자신을 위해 만들 수 있는 두 가지 종류의 신성한 조각상, 곧 다음 같은 두 가지 시각화를 분명히 구분해야 한다. 즉, 이것은 이방신과 송아지나 혹은 황소와 관계되는 시각화이고, 이스라엘의 하나님 자신과 관계되는 시각화이다. 그런데, 다음 같은 점은 동일한 단죄이면서, 실수이면서, 확인된 불가능성이다. 즉, 인간이 진리와 현실을 혼동한다는 점이며, 인간이 불가피하게 책임자가 되는 '말'의 영역에 속할 수밖에 없는 것을 인간이 주인으로서 지배하는 시각의 영역으로 귀

---

201) 가뷔(J. P. Gabus), 『신학적 담화 비판』*Critique du discours théologique* (Paris, Delachaux, coll, Bibliothèque théologique, 1977).
202) 가뷔(J. P. Gabus), 『신학적 담화 비판』*Critique du discours théologique* (Paris, Delachaux, coll, Bibliothèque théologique, 1977).

결시킨다는 점이다. 어떤 성화상聖畫像이 우상으로 지칭되더라도, 다른 성화상은 이 문제에서 아무 것도 변화시키지 않을 것이다! 그런데, 이제 우상의 역설은 다음과 같다. 즉, 우상은 존재하지 않는다는 것이다. 언뜻 보아 모호한 텍스트에서, 바울은 다음 같이 아주 흥미롭게 언급한다. "우리는 세상에 우상이 없음을 알고 있습니다. … 여러 신과 여러 주主가 실제로 존재하기 때문에 하늘에서든 땅에서든 신이라 불리는 존재들이 있더라도, 그럼에도 불구하고 우리에게는 유일한 하나님 아버지와 유일한 주主 예수 그리스도가 있습니다."203) 이것은 여러 단계로 된 텍스트로서, 사람들이 늘 명심하는 영적인 이의제기의 텍스트이다. 즉, 유일한 하나님과 주主가 있으며, 나머지 모두는 거짓 신들이라는 것이다.

하지만, 여기서 우리를 멈추게 하는 것은, 다른 한편으로 신들과 주主들이 있다는 다른 단계이다. 이 신들과 주主들은 실제로 존재한다. 또한 이 신들과 주主들은 전능하다거나 혹은 구원시켜 준다고 자부하는 권세의 일부를 이루고, 인간들의 사랑과 종교적 신심을 끌어당기는 권세의 일부를 이룬다. 이 권세들은 존재하며, 자신들을 신으로 불려 지게 한다. 그러나 우상은 존재하지 않는다. 다시 말해, 이와 같은 권세의 감지되고 가시적인 표상은 어떠한 가치도, 어떠한 근거도, 어떠한 실체도 없다. 다음 같은 비유로 이 점에 대해 언급할 수도 있다. 돈은 물론 존재하지만, 은행권은 "존재하지" 않는다. 은행권은 종잇조각일 따름이고, 심지어 더 솔직히 말하자면 '기호'signe이다. 그래서 다음 같은 모순이 있다. 즉, 우상은 현실과 가시적인 것과 구체적인 것에 영적인 힘을 관여시키려 하기 때문에, 정확히 말해 우상은 존재하지 않는다. 우상은 가시적인 것으로도 구체적인 것으로도 존재하지 않는다. 왜냐하면 여기서 우상은 영적인 것으로서도 "진리·거짓"으로서도 정말 아무 것도 아니기 때문이다. 또

---

203) [역주] 고린도전서 8장 4-6절 참조.

한 여기서 우상은 영적인 것이나 진리나 거짓에 도달하지 못하기 때문이다. 우상에는 정확히 어떠한 종류의 존재도 없으므로, 우상은 '말'의 불확실성을 벗어나 있는 확실한 존재를 얻기를 지향한다.

우상은 존재하지 않지만, 우상은 우상을 만드는 자를 소외시킨다!

마이요Maillot는 신명기에 나오는 내용을 다음 같이 놀라운 방식으로 강조한다. "다른 신들과 다른 신들의 표상과 종교적 상실에 대해 사람들이 가질 수 있는 시각視覺에 대한 접근이 있다. 즉, 어떤 신을 만드는 것과 어떤 신을 그리고 조각하는 것은, 즉시 굴복하여 속박 상태에 떨어지는 것이다. 눈은 게으름의 신체기관이 될 뿐 아니라 '종교적 상실'의 신체기관이 된다.204) '보기'voir는 '현존에 대해 안심하기'일 뿐 아니라 '소유하기'이다. 그런데 성서는 이것이 즉시 **소유되기**임을 보여준다."

모든 '형상'205)은 엄격히 단죄된다. "깎아 만든 형상"이 문제된 것이긴 하지만, 사람들은 여전히 다른 형상을 모르고 있었고, 그림은 거의 존재하지 않았다. "너희는 깎아 만든 형상을 불살라 버려야 한다." 신7:25 "깎아 만든 형상을 만드는 자는 저주를 받는다." 신27:15 "모든 금은세공사는 자신들이 깎아 만든 형상을 부끄러워한다." 렘10:14 "형상을 섬기는 자는 모두 부끄러움을 당한다." 시97:7 물론, 이것이 단죄를 받는 그 자체로서 형상의 문제가 아니라, 단지 우상 숭배, 즉 숭배되는 형상이나 숭배를 유발하려고 만들어진 형상의 문제라고 할 수 있을 것이다. 이것은 자명하

---

204) [역주] 눈은 청각보다 더 적은 일을 요구하는 신체기관이다. 즉, 보는 일은 듣는 일보다 훨씬 덜 피곤하다. 따라서 '청취'를 선택하기 보다는 '시각視覺'을 선택하는 것은 게으른 선택이 된다. 하지만, 눈은 '종교적 상실'(aliénation religieuse)의 신체기관이기도 하다. 왜냐하면 사람들이 유일하고 진정한 하나님의 말을 귀로 듣는 반면에, 거짓 신이나 사람의 손으로 만들어진 우상을 눈으로 보기 때문이다. 그러므로 여기서 '종교적 상실'이란 표현은 우상숭배와 관련된다.

205) [역주] 여기서 '형상'에 해당하는 프랑스어 표현은 'image'인데, 앞에서는 'image'라는 표현이 나타내는 포괄적인 의미를 고려하여 우리말로 '이미지'로 옮겼지만, 성서에서는 이 표현이 주로 '형상'으로 되어 있기 때문에 이 점을 고려하여 이 부분에서는 'image'를 '형상'으로 옮기기로 한다.

다. 그러나 '말'과 형상 사이에 대립이라는 흥미로운 사실이 여전히 남아 있다. '말'의 하나님은 형상의 신들을 허용할 리 없다. 왜 그러한가? 기본적이고 명백한 대답은 신들이 이와 같이 나타났던 형상의 사회에 사람들이 있었다는 것이고, 이스라엘의 유일신론이 이 점을 허용할 수 없었다는 것이다.206) 가장 영적인 종교는 이런 조잡한 물질주의를 받아들일 수 없었다. 형상의 종교들이 이것만큼 물질적이지 않다는 것을 제외하고, 이 점은 언뜻 보아 정확하지만, 분명히 불충분하다. 바울의 어떤 텍스트는 이 문제를 약간 밝혀준다. "그들은 썩지 않는 하나님의 영광을 썩을 사람이나 새들이나 네 발 달린 짐승이나 기어 다니는 동물을 나타내는 형상들로 바꾸었습니다." 롬1:23 심각한 사실은 무엇인가? 이것은 영광이 형상으로 바뀌었다는 점이다. 이 영광은 그가 하나님인 이상 그가 이러하다는 것을 위해 하나님이 나타내는 것이다. 이 영광은 눈에 보이지 않고, '말' 속에서 어림잡음으로 포착될 수 있을 따름이다. 이 영광은 하나님 자신의 반영이며, 결코 사물화 될 수 없다. 이 영광은 **진리**의 나타남이고, 어떤 인격의 현존이다. 형상을 만드는 심각성은 단지 우상 숭배라는 사실만이 아니다. 형상은 하나님과 관련되는 것이 아니라 가시적인 사물들과 관련되며207), **현실**에 의거한다. 따라서 진리를 현실로 바꾸고 인격

---

206) 이런 형상들에 대해 이스라엘에서 어떤 변화가 있었음은 확실하다. 애초에 이스라엘은 아마도 다음 같은 형상들을 체험했다. 이것은 아마도 다윗에 의해 여부스 족에게 전해지고 모세의 높은 권위 아래에서 성소에 놓인 놋 뱀이고, 아마도 가나안의 황소를 본 따 꽤 나중에 이스라엘 민족에 의해 받아들여진 형상인 금송아지이다. 아마도 성전 안에 조차 야훼의 형상이 있었다. … 이 모든 것은 가능하고, 따라서 이 모든 것은 형상들에 기인된 이런 존중이 꽤 나중에 떨어지게 한다. 하지만, 주변 종교들의 일반적인 상황 때문에, 또 공통된 민중의 흐름 때문에, 중요한 것은 전적인 뒤바뀜이 있었다는 점이다. 이것은 놋 뱀을 마법의 수단으로 바꾸어버리고 금송아지를 파괴된 우상으로 바꾸어버리는 뒤바뀜이고, 영원한 하나님이 형상들의 적이라는 점을 아모스와 호세아 이후부터 적어도 주장하는 뒤바뀜이다. 그런데, 이 뒤바뀜은 사람들이 **말**의 진리를 더 깊이 파고드는데 따라 생겨나고, 말과 형상 사이에 근본적인 대립을 터득하는데 따라 생겨난다. 중요한 것은 하나님의 유일한 말에 따라 하나님의 민족에 의해 진실하다고 인정되는 것이 도달하는 지점이다.

207) 분명히 형상은 다른 것이 될 수 없다. [본문 내용을 역자가 각주로 설정]

을 사물로 바꾸는 일이 생긴다. 따라서 이것은 신들 사이에 일종의 경쟁보다, 또 진리와 거짓들 사이에 일종의 경쟁보다 훨씬 그 이상이다. 이것은 진정 근본적이고 철저한 변화이다. 하나님이 표현될 때, 하나님은 진정으로 더는 하나님이 아니다. 그래서 인간이 고려하는 것은 진리와 더는 아무런 관계가 없다. 바로 이 때문에 바울은 "그들은 **바꾸었다.** …"라고 언급하는데, 형상은 이러한 바뀜이다. 이것은 형상 그 자체로 그렇기도 하나, 형상이 불러일으키는 감정이나 혹은 형상을 유발시켰던 감정에 관하여서만 그런 것은 아니다. 따라서 겨냥되는 것은 숭배라는 사실만이 아니라, 형상이라는 사실이다. 왜냐하면 형상과 더불어 우리는 종교를 바꿀 뿐만 아니라, 영역 자체를 바꾸기 때문이다. 우리는 현실의 영역으로 넘어가려고 진리의 영역으로부터 나온다. 바로 이것은 선지자들이 창조주 대신 피조물을 숭배하는 인간의 어리석음을 드러낼 때, 모든 선지자들이 이해하는 것이다. 이와 같이, 형상은 하나님 자신에 대한 부인으로서 단죄된다. 물론, 이 점은 모든 형상과 조각품과 그림이 그렇다는 것을 의미하지 않는다! 바로 이것은 종교적 영역의 형상들과 관계될 따름이다. 그러나 하나님이 '말'을 택했다는 사실로부터 모든 '말'이 그 중요성을 이끌어 내는 것과 마찬가지로, 모든 형상은 성서에 의해 부여된 위치로부터 그 특성을 이끌어낸다. 분명히 모든 형상이 우상 숭배적이거나 악마적이지는 않다.

    그러나 실제로 형상은 '말'에 대립되고, 말과 다른 영역에 속하며, '말'을 보완하는 것이 아니라 '말'과 본질적으로 모순된다. 숭배의 측면에 위치한 이 모순은 모든 측면에 영향을 미친다. 형상은 그것이 무엇이든 하나님에 대해 표현할 수 없다. 일상생활에서도 '말'은 하나님이 선택한 표현으로 남아 있다. 형상은 아주 다른 영역, 곧 하나님이 아닌 것의 영역이면서 어떠한 이유로도 결코 하나님이 될 수 없는 것의 영역에 있다.

"너는 깎아 만든 어떠한 형상도 만들지 말고, 그것 앞에서 절하지 말라." 는 시내 산에서의 경고로부터 다시 출발해보자. 습관적으로 저지르는 잘못은, 이 경고를 "거짓 신들"에 대한 유일한 숭배와 관련시키는 데 있다. 그러나 이 문제는 '첫 번째 말'208)에서 이미 대상이 된다. 여기서, 대상이 된 것은 거짓 신들에 대한 숭배가 아니라, 사람들이 숭배하는 것을 형상으로 나타내려 하는 데 따른 혼동이다. 이것은 단지 우상만은 아니다.209) 우상이 있기 전에, 표상의 의지가 있다. 이것은 형상으로 표현하는 것과 관계되기 때문에, 반드시 가시적인 사물들, 곧 하늘이나 땅이나 바다에 있는 사물들과 관계된다.210) 따라서 이것은 보이지 않는 것을 가

---

208) [역주] 여기서 '첫 번째 말'은 십계명 중 첫 계명이라고 볼 수 있다.
209) 앞에 나온 책 『성화상 파괴론자들』*Les Iconoclastes* 에서 구(J. J. Goux)는 하나님을 표현하거나 형상들을 숭배하는 것에 대한 성서의 금지에서 정신분석학적 토대를 찾는 것을 물론 필요로 한다. 이것은 신들의 형상을 만드는 것은 물질적인 형상을 만드는 것이라는 추론인데, 물론 이 논리는 명백히 성서의 문제인 가시적인 것의 문제로부터 나온다. '물질'(materia)은 몽상적인 어원인 '어머니'(mater)로부터 나오기 때문에, 따라서 이것은 '어머니'(Mère)의 형상을 만드는 것이다. 이는 어머니 같은 얼굴을 관능적으로 숭배하는 것을 의미할 따름인데, 그렇기 때문에 신성을 나타내는 것에 대한 금지는 근친상간에 대한 금지의 근본적인 형태로서 유대교의 형태이다. 또한 우상숭배자들 앞에서 모세의 노여움은 어머니의 사랑을 수반하는 거세의 위협을 의미한다. 이것은 '인증된 것'(CQFD)이다! 이런 종류의 "추론들"과 더불어 아무렇게나 언급할 수 있음은 분명하다. 게다가 이 점을 통해 놀랍게도 구(Goux)는 놀라운 결과에 이른다. 즉, 금송아지는 암소라는 것이다. 모든 성서 텍스트가 남성으로 되어 있다는 점, 실제로는 황소였던 것을 조롱하기 위해 그것을 암소로 선언한다고 우리에게 언급된다는 점, 이것이 풍요의 남성적인 종교의식에 결부되고 가나안이나 혹은 바빌론의 황소에 결부된다는 점, 이 모든 점은 근친상간에 대한 금지라는 대단한 발견에 의해 사라진다. 따라서 송아지는 암소여야 한다는 것이다! 또한 이 모든 금지가 여성적 신성에 대한 숭배를 목표로 해야 하는데, 이 숭배는 훨씬 더 나중에 구약성서의 이방 여신 아스다롯에 있어서 만을 제외하고 결코 문제되지 않는다는 것이다!
210) 『말과 사회』*Parole et Société* (Paris 1호, 1978년)에서 「보편성과 맥락성」Universalité et Contextualité 이라는 벨로(F. Belo)의 글에 의해 제시된 깎아 만든 형상들을 지니지 말라는 계명에 대한 아주 심오하고 새로운 해석을 여기서 참고해야 한다. 그는 이 텍스트가 보완적인 두 방향을 포함한다고 간주한다. 즉, 어떤 것을 닮은 형상을 지니지 말라는 것과 이 형상들 앞에서 모임을 전제로 하는 엎드려 절하기이다. 이것은 세상에 참여하는 것을 배제하는 닫힌 모임이고, "형상들과 유사성 관계를 갖고 있기 때문에 함께 이렇게 모인 이들에게 유사함의 효과를 펼치는" 형상들의 주위에서 모임이다. 따라서 형상과 더불어 서는 닫힌 상상의 장면이 문제된다. 또한 인간들로 하여금 더는 능동적이지 않게 하는 '거울 놀이'(jeu de miroir)와 더불어 서는, 수동적이고 굴복적이 되기 위해 인간들의 삶이나 혹은 하나님과의 관계가 문제된다. 인간들은 이러한 형상과 자신을 동일시하고, 이와 동시에 자신들의 숭배 대상과 동일시함으로써 자신들 사이에서도 서로를 동일시한다. 인간들은 형상들을 통해 통합되기 위해 더는 개별화되지 않는다. 하지만, 벨로는 사회적 실천을 통해 사람들이 개별화된다고 언급하는데, 나는 오히려 각자에 대한 하나님의 부름을 통해, 또 말의 세

시적인 것의 영역으로 옮기는 일이다. 이 점은 바울이 고린도후서 4장 18절에서 덧없는 가시적인 사물들과 보이지 않는 것들을 대립시킬 때 정확히 표현된다. 이스라엘의 하나님은 하나님과 관계되는 것에 있어 시각적 표현의 모든 가능성을 거부한다. 이집트의 인접한 다른 종교들에서나 지금의 '초승달의 종교'211)에 있어서도 그렇다고 인정되듯이, 모든 가시적인 표상 너머에 권세의 개념, 곧 어떤 "신"이 역시 있었다고 분명히 말할 수 있다. 그러나 예외는 없었다. 가시적인 표상들은 바로 신성神性들이었다. 그 신이 시각화되지 않는 한, 시각적인 것은 근본적이었다. 또한 그 신은 완전히 막연하고 불확실하며 밝혀질 수 없는 존재만을 지니고 있었다. 여기서 시각적인 것은 '신심'croyance을 보장해 주는 것이고, '신심'의 내용을 자세히 설명해 주는 것이다. 그런데, 이스라엘의 하나님과 더불어 예외가 생긴다. 이스라엘의 하나님은 다른 신들과의 우연한 혼동도 허용하지 않을 뿐 아니라, 사람들이 하나님의 존재에 대한 어떠한 시각화를 시도하는 것도 허용하지 않는다. 지성소는 비어 있다. 이러한 하나님의 영광을 비유적으로 떠올리게 하는 사물들이 나타날 수 있으나, 그 이상의 것은 아무 것도 없다. 영광 그 자체는 거기 있지만, 눈에 보이지 않는다. 하나님은 자신이 어떠한 방식으로든 나타날 수 없다고 끊임없이 선포한다. 금송아지에 대한 단죄나 혹은 '여로보암의 소들'212)에 대한 단

계로의 편입을 통해 사람들이 개별화된다고 언급할 것이다. 이러한 형상은 거울에서 거울로 반사하는 반사적이고 닫힌 담화와 더불어 신화적인 이야기로부터 나오는 상상의 형상도 될 수 있는데, 이 담화는 신의 형상을 제시하고 지나간 사건이나 조상과 관계되며 형상들의 반복된 전례의식을 가능하게 한다. 이 계명은 신화적이 아닌 역사적인 하나님으로부터 나오기 때문에, 또 이 계명은 인간을 어떤 모험에 끌어들이고 인간을 종결시키지 않기 때문에, 이 계명이 부수는 것은 바로 그 점이다. **계시**에는 야훼의 형상이 없다. 야훼는 성전에서 조차도 갇혀 있지 않은, 즉 어디에서도 갇혀 있지 않은 하나님이고, 인간들이 "하나님 이야기"의 실천자들이 될 때 삶과 행동 속에서 추진력을 인간들에게 있어 만들어 내는 하나님인데, 이 실천자들은 전례의식의 반복 속에 붙들려 있지 않고 열린 모험 속으로 보내진 이들이다. 고정되고 고착되며 관조된 형상의 궁극적인 문제는 바로 이러하다.
211) [역주] '초승달의 종교'는 이슬람교를 가리킨다.
212) [역주] 열왕기상 12장 28-30절 참조.

죄는, 이방신과 주변 민족의 신에 대한 숭배를 대상으로 하는 것도 아니고, 다른 신을 본 딴 우상에 대한 숭배를 대상으로 하는 것도 아니다. 이 단죄는 이스라엘에게 보이지 않는 것으로서 드러났던 것을 가시적인 방식으로 나타내려는 의도를 대상으로 한다. 다른 종교들을 본 따 택해진 황소의 형태가 사람들이 다른 신을 섬긴다는 것을 의미할 수도 있었다는 점은 부차적일 따름이다. 본질적이면서도 역사가들이 흔히 파악하지 못했던 점은 다음 같은 사실이다. 즉, 이스라엘이 믿는 진정한 하나님을 나타내고 시각화하려는 것은, 이런 행위 자체를 통해 사람들이 하나님을 바꾼다는 점을 의미하고, 하나님이 이스라엘의 주主가 더는 아니라는 점을 의미한다는 사실이다. 이것은 바울이 하나님의 영광을 **형상으로** 바꾼 죄를 떠올리게 할 때, 바울이 정확히 언급하는 것이다. 하나님은 근본적으로 또 본질적으로 보이지 않는다. 누구든 하나님을 **보고서는** 살아남을 수 없다고 매번 선포되고 설파된다.

출애굽기 33장 20절에 나오듯이, 모세에게 조차 그러하다.213) 모세가 하나님에게 하나님의 영광을 보여 달라고 요청할 때, 근본적인 대답은 다음과 같다. 즉, "내가 네 앞으로 나의 선함을 지나가게 할 것이고, 네 앞에서 여호와IHWH의 이름을 **선포할** 것이다. 내가 은총을 베푸는 자에게는 은총을 베풀고, 내가 자비를 베푸는 자에게는 자비를 베푼다. 하지만, 인간은 나를 보고서는 살아남을 수 없기 때문에, 너는 내 얼굴을 **볼 수 없을** 것이다"이다. 하나님이 지나가는 동안 하나님이 모세를 숨길 것이며, 모세는 뒤에서 하나님을 볼 수 있겠지만 아무도 하나님의 얼굴을 볼 수 없다고 하나님이 모세에게 언급하는 바로 그 텍스트이다.214) 이것은 하나님이 지나간 후에 하나님의 **흔적**, 곧 하나님의 일과 활동을 볼 수

---

213) 우리는 모세를 다시 다루어야 할 것이다.[본문 내용을 역자가 각주로 설정]
214) [역주] 출애굽기 22장 22-23절 참조.

있으나, 활동 중인 하나님이나 현존하는 하나님을 결코 볼 수 없음을 의미한다. 이 텍스트는 '보기' voir와 '듣기' entendre을 엄밀히 대립시킨다. 우리는 사사士師 삼손의 출생과 관련하여 삼손의 아버지가 "우리는 하나님을 보았기 때문에 곧 죽을 것이다."라고 탄식할 때, 이 점을 다시 발견한다. 여기서 나의 흥미를 끄는 점은 시각과 청각이 다르게 취급된다는 것인데, 이러한 하나님은 보여 질 수는 없지만 들려질 수는 있다는 것이다. 그런데 "영화靈化"215)가 문제되었다면, 왜 '영화'가 가시적인 표상에만 작용하는지는 알 수 없다. 그 다음으로 이스라엘은 가장 오래된 시대의 하나님을 놀랍게도 명확히 밝히는 듯이 보이는 어떤 '금지'를 표명한다. 이것은 신학적 진보가 아니라, 원래의 계시를 받아들이는 것이다.216)

이것은 고대 민족들에 있어, "**비어 있는 성전**"이라는 유일한 상황에 놓인 하나님을 나타내는 것에 대한 금지이다. 또한 '**비어 있는 성전**'은 바로 "물신숭배적인 주관성을 지닌 전혀 다른 종교를 철저하게 추방하는 장소"217)이다. **하늘**과 **땅**의 유일한 창조주에게 속하고, 따라서 **땅**의 영역에 속하지 않는 것을 가시적이고 감지되는 물질에 관련시키는 것은 금지된 일이다. 이와 같이, 이것은 이러한 하나님의 근본적인 '이질성' altérité을

---

215) [역주] '영화靈化'(spiritualisation). 여기서 '영화靈化'란 성서 텍스트를 암시적으로 해석하는 것을 의미한다. "우리는 하나님을 보았기 때문에 곧 죽을 것이다."라는 삼손 아버지의 말을 영화靈化한다는 것은, 하나님을 본 사람들이 정말 죽게 되는 것이 아니라 단지 상징적으로 죽게 된다는 것을 의미할 수도 있다.
216) [역주] 여기서 엘륄은 '보기'와 '듣기'를 엄격히 대립시킨다. 즉, '보기'와 '듣기'는 엄밀히 반대되는 두 가지 작용이라는 것이다. 하나님의 말에 대한 '청취'는 더 높은 가치가 부여되는 반면에, "우리는 하나님을 보았기 때문에 곧 죽을 것이다."라는 삼손 아버지의 말은 '시각'에 대해 내려진 아주 가혹한 판단을 가리킨다. 하나님은 보여 질 수 없지만, 들려질 수 있다는 것이다. 따라서 단죄 받는 '시각'과 더 높은 가치가 부여된 '청각'의 근본적인 대립처럼, 엘륄의 입장에서는 삼손 아버지의 말은 글자그대로 이해되어야 하고 진지하게 받아들여져야 한다. 하나님을 보거나 혹은 나타내려고 시도하는 것에 대한 금지는 나중에 가서야 만이 이루어지겠지만, '시각'에 대해 내려진 이런 부정적인 판단은 여기서 이미 현존한다는 것이다. 따라서 어떤 시대와 다른 어떤 시대 사이에 신학적 작업에서 진보가 이뤄진 것이 아니라, 아주 일찍 이미 표명되었던 바, 곧 "하나님을 보는 것과 하나님을 나타내는 것에 대한 포기"를 뒤늦게 받아들인다는 것이다.
217) 앞에 나온 책, 구(J. J. Goux)의 『성화상 파괴론자들』 Les Iconoclastes

입증하는 것이다. 그리고 바로 이것은 시편 115장과 135장, 예레미야 10장 3절 이하, 이사야 40장 18절 이하와 46장 6절 이하 등이 의미하는 바이다. 인간에 의해 만들어진 우상은 **땅**의 영역에 속하고, "이쪽에" 있으며 218), 가시적인 현실 속에 있지만, 우상이 신이 아님을 드러내는 것은 바로 이 점이다. 즉, 배후에도 '저편의 세계'에도 아무 것도 없으며, 진리도 미래도 없는 우상은 격리된 사물이라는 것이다. 이스라엘을 명시하고 **금송아지**의 유혹에 정확히 일치하는 '**비어 있는 성전**'은 모든 시각화에 대한 비판 장소인데, 이것은 근본적으로 다음 같은 점을 의미한다. 즉, 하나님이 원할 때 하나님이 언급하는 '**말**'이 아니면, 이 하나님은 직접 접근되지도 않고 비교되지도 않는 '**전적 타자**' Tout Autre라는 점이다. '**말**'이 비판적이듯이, 또 '비어 있는 무덤'이 **부활**에 대한 우리의 모든 표상에 대해 절대적으로 비판적이듯이, '**비어 있는 성전**'은 비판 장소이다. 모든 표상에 대한 이러한 절대적 금지와 마주하여, 유대인에게나 그리스도인에게 요구되는 유일한 태도는 성화상聖畵像 파괴의 태도이다. 이것은 형상을 부수는 것이고, 인간이 그 앞에서 절하는 조각상을 파괴하는 것이다.

그런데, 인간은 자신의 현실 속에 진리를 가두었던 주인처럼, 또 성스러운 공간을 한정했기 때문에 '**전적 타자**'의 출현을 방해하는 주인처럼, 조각상 앞에서 절을 한다. 형상을 부수는 일은, 인간에게 느닷없이 말을 거는 크게 벌어진 공허 앞에 인간으로 하여금 다시 있게 강요하는 것이다. 또한 형상을 부수는 일은, 인간으로 하여금 두려움과 추문과 분노 속에서, 혹은 지상에서 자신의 신을 보는 어리둥절함 속에서, 질문을 던지고 말을 듣게 강요하는 것이다. 그러나 구체적으로 성화상 파괴운동이 교회 초기에 혹은 4세기 이집트 사막의 수도승과 더불어 혹은 종교개혁과 더불어 기독교의 비타협성을 특징적으로 드러내는 행위였다면, 이 성

---

218) 이 때문에 인간들은 우상을 선호한다. [본문 내용을 역자가 각주로 설정]

화상 파괴운동이 무엇보다도 먼저 우리와 관계되는 것은 더는 아니다. 더 정확히 말해, 지금이 극단적인 시각화의 시대이기 때문에, 실제로 이 성화상 파괴운동은 이 시대의 영적 문제이지만, 반드시 조각상과 관계된 것은 더는 아니다! 하나님에 대한 돌로 된 표상이나 혹은 그림으로 된 표상을 둘러싼 갈등은, 더는 우리와 관계되지 않는다. 왜냐하면 현대인에게 있어 이 예술 작품들은 더는 아무 것도 나타내지 않기 때문이다. 이것은 다른 아무 것도 아닌 단지 예술이다. 따라서 우리는 아무 것도 언급할 것이 없다. 이와 반대로, 성화상 파괴운동은 다른 신들과 다른 표상들이 나타나는 한에서 언제나 중요하다. 우리가 맞서 싸워야 할 것은, 다곤219)이나 혹은 아스다롯220)이나 혹은 멜카르트221)가 아니라, 권세와 지배이다. 이 권세와 지배는 새로운 영적 삼위일체인 **'돈'**과 **'국가'**와 **'기술'**이라 이름 붙여지고, 완전히 **가시적인** 우상들이면서 **가시적인** 영역에만 속하는 우상들 가운데서 나타난다. 바로 이것은 동일한 과정이다. 우리 시대에 있어 성화상 파괴운동은 이것을 겨냥한다. 시각적인 것은 완전히 승리했으나, 시각적인 것은 자체를 영적인 것으로 착각하게 한다. 그 과정만이 다르다. 예전에는 이것이 영적 진리를 시각 속에서 포착하려고 사람들이 구체화시켰던 영적 진리에 대한 분별과 관계된 것이었다. 오늘날 이것은 현실의 승리와 관계된 것인데, 현실은 모든 것을 휩쓸었고, 우리의 모든 힘과 계획을 차지하며, 어디서든 형상을 차지한다. 하지만, 이제부터 우리는 이 현실에 영적 존엄과 영적 진정성과 영적 진리를 부여하고, 이 현실 속에 진리의 영역에 속하는 모든 것을 가둘 것이다. 또한

---

219) 다곤(Dagon). 풍요와 생산의 신으로서 블레셋 사람들이 주로 섬기던 신의 이름. 사무엘상 5장 2-5절, 역대상 10장 10절 참조.
220) [역주] 아스다롯(Ishtar). 이집트에서 탈출한 이스라엘 백성은 여호수아가 죽은 후 하나님이 아닌 이방신을 섬겼는데 그 중 대표적인 가나안 우상 중 하나가 아스다롯이었다. 사사기 2장 13절, 10장 6절 참조.
221) [역주] 멜카르트(Melkhart). 소아시아와 고대 시리아 지방의 지중해 연안지방인 레반트 신화에 나오는 가장 강력한 힘을 지닌 신으로서 페니키아의 헤라클레스에 해당한다.

'말'은 이 현실 속에 한정되고, 공간과 조잡한 현실이 될 것이다. 따라서 성화상 파괴운동은 눈에 보이지 않는 권세들에 대한 가시적인 이 모든 징표를 우선 대상으로 한다. 예전보다 훨씬 그 이상으로 우리가 이 가시적인 징표들을 공격할 때, 전체적으로 위태로워지는 것은 악마적인 신성한 권세이다. 왜냐하면 이 권세는 이런 가시적인 것일 따름이기 때문이다.

그러나 또 다른 성화상 파괴운동이 있다. 이는 조각상이나 그림을 만들지 않고서도 그리스도인이 스스로를 위해 만드는 하나님에 대한 표상들을 겨냥하는 성화상 파괴운동이다. 우리는 우리의 머리 안에서, 또 우리의 개념 속에서 시각화한다. 우리는 이러한 '공간화'spatialisation를 매우 어렵게 벗어날 수밖에 없다.222) 또한 우리는 내부적이기 조차한 우리의 시각視覺으로 모든 것을 귀결시키려는 궁극적인 우리의 의지를 매우 어렵게 벗어날 수밖에 없다. 우리는 우리의 사고를 고정시키려고, 하나님의 형상을 필요로 한다. 하나님 아버지는 하얀 수염이 달린 선한 하나님이라는 것이다. 의義의 하나님은 자신의 보좌 위에 있는 엄한 재판관이라는 것이다. 표현될 수 없는 하나님은 빛으로 둘러싸인 **삼각형**이 된다. 만물을 아는 하나님은 엄청난 눈이 된다. 우리는 상징적인 것과는 다른 예수와 관련된 형상들이, 예수에 대한 표상으로서도 더는 정당화되지 않으며, 이런 민망스러운 종교화를 통해 하나님을 드러나 보이게 하려는 시도로서도 더는 정당화되지 않음을 이미 보았다. 모두 다 공간 속에 위치해 있고 시각과 관계되어 있기 때문에 모두 다 당연히 거짓된 이 형상들에 맞서 우리는 싸워야 한다. 언제나 이것은 동일한 과정이다. 바아니

---

222) 그리고 로빈슨이 높은 저 위에 있는 하나님에 대해 말하는 것이 우스꽝스럽다고 언급한 것은 당연했다. 하지만, 로빈슨은 깊숙이 깊은 곳에 있는 하나님에 대해 말하면서 그 역시 공간화하고 있다는 것을 고려하지 않는다. … [본문 내용을 역자가 각주로 설정]

앙223)이 하나님이 죽었다고 선언할 때, 그가 말하는 것은 이 모든 형상에 대해서이다. 또한 바아니앙이 그리스도인의 삶의 첫 번째 행위이면서 지속적인 행위로서 성화상 파괴운동을 제시할 때, 그가 대상으로 삼는 것은 이 모든 형상이다. 이것은 '말'을 통한 형상으로부터 결별이다.

진리의 영역에 속하는 '말'

그렇지만 끊임없이 결별로 되돌아가야 한다. **창조** 속에서 모든 것이 '말'에 부여된다면, 시각도 전혀 예외가 아니라는 점은 분명하다. 하나님 안에서 시각과 '말'의 긴밀한 연합이 있다. 어떠한 모순도 없다. 진리로부터 현실로, 또한 현실로부터 진리로의 계속된 흐름이 자리 잡는다. 실제적인 창조, 시각視覺이 우세한 공간, 창조주, 이 세 가지가 만나는 지점이 되는 탁월한 역할을 우선 맡는 것은 인간이다. 그리고 진리는 '말'을 통해 인간에게 전해지는 것이다. 이것은 존재의 일치이고, 현실과 진리의 일치이며, 창조주와 자신의 창조의 일치이다. 그러나 어쨌든, 이것은 인간의 매개를 통해 이루어진다. 이것은 반反모순이고 충만함이다. "사람들이 모든 것을 가졌을 때, 사람들은 아무 것도 바라지 않을 수도 있다."는 것이다. 창세기의 텍스트 자체에 의해 연합이 표시된다. 즉, 창조의 각 단계에서 하나님은 **언급하고, 보며, 이름을 붙**인다. 하나님은 빛이 있으라고 언급했고, 빛이 아름답다고 보았으며, 빛을 낮이라고 이름을 붙였다는 것이다. 연속성은 완벽했고, 각 행위는 존재의 진정성에 일치한다. 하나님과 인간 사이에 분리와 결별이 생겨날 때 폭발이 일어난다. 심지어 그 전이라도 이러하다. '말'과는 무관하게 시각이 문제되자마자, 또한 진리와 관련된 시각이 문제되자마자, 이미 결별은 설정될 수 있다!

---

223) [역주] Gabriel Vahanian(1927-). 프랑스 태생의 개신교 신학자로서 '하나님의 죽음'의 신학의 주도자였으며, 그 신학에 있어서 선구적인 업적으로 잘 알려져 있다.

창세기 3장에는 "여자는 그 나무가 먹음직하고 보기에 좋으며 지혜를 열어 줄 정도로 귀하다고 보았다."라고 되어 있다. 시각이 별개로 문제가 되는 첫 번째 경우이다. 그런데 이 시각은 **선과 악에 대한 인식의 나무** 224), 다시 말해 진리를 분별하는 나무와 관계된다. 여자는 본다. 여자는 선과 악과 진리가 어디 있는지 알기 위해, '말'을 더는 듣지 않는다. 여자는 본다. 이것이 현실이고, 이 나무의 '**실재**' réalité이다. 여자가 보는 것은 '말'과 아무런 관계가 없다. 또한 여자가 보는 것은 뱀의 '말'과도, 그 다음으로 여자 자신과도, 결국 하나님에게 말하는 아담과도 아무런 관계가 없다. 여자는 **명백히** 본다. 확실성과 확신의 징표가 되는 것은 **명백함**이다. 곧 사라지고 기억 속에만 간직되는 '말들' 옆에, 보이지 않는 하나님의 '말들'이면서 해석하기 어려우며 이미 자유의 느슨함 전체를 담은 '말들'이 있다. 그런데, 이 '말들'에는 어떠한 견고한 확실성도 결부될 수 없다. 이 '말들'로 말장난을 하기는 아주 쉽다. 하나님은 **실제로** 언급했는가… 이것은 유일하고 진정한 논쟁이다. 결국, 나는 내가 들었던 바를 그토록 확신하는가? "실제로"라는 것은 이러한 현실과 관련된다. 사람들이 나로 하여금 그 불확실성을 알아차리게 하는 이런 막연함과 모호함과 기억 전체 대신, 확실한 눈의 명백함이 여기 있다. 바로 어떠한 토론도 받아들이지 않는 것이다. 나는 본다. 내가 보는 것은 명백하고 확실하다. 이것은 '**말**'에 맞서는 명백함이다. 실제적인 "유혹"은 이러하고, 사람들이 진리를 의심할 때 거치는 진행과정은 이러하다. '경청·말·기억·선택·대답'이라는 유동적인 관계 속에 남아 있기보다는 차라리, 여자는 단지 안정되어 있다고 여겨지는 현실의 차원에서 무언가를 차지하고 획득할 수 있음을 보고, 진실한 '**말**'에 대한 의심의 소리를 듣는다. 이 두 가

---

224) 사람들이 그 "인식"에 대해 너무 짧다고 언급하기를 고집하듯이 그렇지는 않다! 내가 보여주었듯이, 이러한 인식은 **선과 악인** 것을 그 자체로 **결정하는** 힘이다.

지 사실은 긴밀히 연결되어 있다. 이미지와의 대립, 그리고 이미지와 '말'의 양립할 수 없는 모순이 근거를 갖고 명확히 설명되는 것은, 긴밀히 연결된 이 두 가지 사실 위에서이다. 그런데 이 두 가지 사실 위에서 나중에 신학적 이론 수립이 이루어질 것이다. 명백함은 '절대 악'이다. 데카르트 Descartes가 권고하는 바와 반대로, 명백함으로부터 아무 것도 받아들이지 말아야 한다. 현실의 명백함은 행동을 위해서는 전적으로 유용하지만, 우리 삶의 의미를 이해하는데 조금도 우리를 도와 줄 수 없다. 우리가 명백함에 대한 이런 염려에 휩싸이자마자, '말'의 신중함은 사라지고 우리는 '담화'에 무감각하게 된다. 이 '말'이 하나님의 **'말'**이더라도, 이 '말'은 의미를 잃고 우리는 이 '말'에 더는 주의하지 않는다. 창세기의 이 텍스트에 대한 아주 뛰어난 분석을 통해, 우리에게 다음 같이 언급된다. 즉, 나무의 탁월함을 하와가 발견한 직후, "그들의 눈이 열린다." 이 눈은 그때까지 닫혀 있었다! 얼마나 많은 철학자와 신학자가 여기서 함정에 빠졌는가. "당신은 본다고 그들은 언급한다. 이러한 하나님은 얼마나 고약한가. 아담과 하와는 눈이 멀어 있었다. 하나님은 그들을 눈이 먼 상태로 두었다. 그들의 눈이 결국 열릴 수 있기 위해서는, 결별, 자유의 멋진 사용인 불순종, 위반, 하나님에 대한 무례함, 하나님의 '말'에 대한 의심, 하나님의 명령에 대한 거부가 필요했다. 그들은 더는 어리석지 않고, 통찰력이 있게 된 동시에 현명하게 되었다." 이것은 역사와 과학을 생겨나게 하는 다행스런 불순종이며 "타락"이라는 것이다. 결국 그러하다는 것이다! "이 이야기를 이와 같이 기록했던 유대 신학자들, 또 하나님을 그들 나름대로 표현하는 데 있어 거기다 얼마나 폭발적인 것을 두었는지 이해조차 못했던 유대 신학자들은 얼마나 어리석은가. 그들의 하나님은 사악하거나 혹은 어리석다. 그들은 정말 유치한 신학자들이다!" 이와 같이 말함으로써 그들 자신이 어리석은 자가 될 수도 있다는 생각이, 이러한 역사가와 주석학자와 성서해석학자와 철학자에게 떠오르지 않는다! 눈이 열린다. 그러나 이미 그 전에, 아담과 하와는 빛을 본다고 분명히 언급되어 있었다. 그들의 눈이 무엇에 대해 열리는가? 그들의 벌거벗음이다. 이것이 바로 대단하고 으뜸가는 발견이다. 이것이 전부다. 그들의 새로운 시각視覺을 통해 발견하고 이해할 수 있는 것이라고는 단지 벌거벗음이다. 또한 이런 발견을 통해 그들은 자신들을 위해 옷을 만들게 된다.

그런데, 이것은 도덕적인 일로 즉시 해석된다. 그들이 이와 같이 있는 것을 부끄러워한다는 것이고, 이것이 도덕적인 의식과 관계되는 것이며, 이것이 "정숙함"의 출현이나 혹은 옷의 기원에 대한 신화라는 것이다. 그러나 이것은 아주 부분적으로 이 문장의 의미일 따름이지, 이 문장에는 훨씬 더 깊은 의미가 있다. 성서적으로 벌거벗음이란 본질적으로 취약함과 연약함의 표시이다. "나는 가난하고 벌거벗고 있다."라는 표현이 흔히 나온다. 그런데, 이것은 가난함의 표현으로서가 아니라 약하다는 표현으로서 이다. 옷은 보호의 표시이고, 보호를 구하는 것이다. 따라서 열리는 눈 덕분에 이루어진 신기한 발견의 핵심은 바로 다음 같은 것이다. 즉, 인간은 약하고 보호받지 못하며 방어할 수 없다는 것이고, 게다가 그 다음 절에 나오듯이 하나님의 음성을 들으면서 느낀 첫 감정이 두려움이라는 것이다. 이와 같이, 열리는 눈은 인간의 빛나는 상승의 출발점도 전혀 아니고, 인간이 역사를 이해하고 시작하는 가능성도 전혀 아니다. 이것은 하나님이 없는 인간은 아무 것도 아니라는 끔찍한 현실의 발견이다. 인간은 보호받지도 못하고, 힘도 없으며, 숨결처럼 연약하다. 시각은 인간에게 인간의 실제적인 현실을 드러내준다. 본질적으로 과학과 기술이 이러한 연약함에서 벗어나고 보호와 힘을 얻기 위한 수단이기 때문에, 물론 이것이 "과학과 기술의" 출발점이라고 할 수도 있다. 또한 역사는 유지되고 지속되기 위해 인간의 온갖 노력으로 이루어지기 때문에, 이것이 역사의 출발점이라 할 수도 있다. 그러나 이것에는 웅대하고 숭고한 것이라곤 아무 것도 없다. 이것은 인간의 고통과 비참과 약함이라는 끔찍한 모험 속으로 들어가는 일로서, 바로 다음 같은 시각을 통해 발단되는 것이다. 이 시각은 **진리를 벗어나 있는** 현실, 곧 그 자체를 위해 가치가 있고 그 자체 혼자서 존재하는 현실을 갑자기 드러내 보이는 시각이다. 또한 이 시각은 **그 순간까지 시각을 변모시켰던 빛**을 벗어나 있는 시각이면서, 하나님으로부터 오는 빛을 벗어나 있는 시각, 다시 말해 하나님의 빛으로 간주되었던 빛을 벗어나 있는 시각이다. 제한된 피조물로서 인간은 허약하고 연약하지만, 하나님의 사랑 안에 놓여 있다. 이러한 현실은 영원하고 완전한 사랑 안에서 보여 졌으며, 하나님의 시선 자체에 의해 보여 졌다. 그래서 이것은 다행스런 현실이다. 약함은 기쁨과 완전함 이상의 것으로서, 아버지의 품속에서 웅크리고 있으면서도 자기 아버지가 아주 강하기 때문에 약한 것이 행복한 어린 아이의 약함이다. 그러나 눈이 열리고 만다. 그들은 있는 그대로의 현실을 실제로 정확히 본다. 이것은 하나님의 사랑을 벗어나 있는 현실인데, 그래서 불쾌하고 위험하며 단절된 현실이다. 이것이 명백함의 결과이다. 눈은 이런 배타적인 유일한 현실에 대해 열렸다. 보여 진 현실의 명백함에 대립하여, 하나님은 '말'로써만, 다시 말해 제안과 신중함으로써만 인간에 대해 계속 행동할 따름이다.

하나님은 결코 명백하지 않다. 이것은 하나님이 결코 보여 질 수 없음을 다른 방식으로 언급하는 것이다. 하나님은 징표와 부름과 질문을 만들어 전한다. 하나님은 말하는데, 이것은 인간이 '청취'audition와 '말'의 모험 속에서 받아들여야 하는 징표들이다. 하나님은 말하는데, 이것은 결코 제약적이지도 않고 현실만큼 결코 놀랍지도 않은 징표들이다. 하나님은 징표의 하나님이다. 우리가 언급했듯이, 이것은 한편으로 '신의 나타남'이라고 불리는 것이고, 다른 한편으로 '기적'이라 불리는 것인데, 기적은 인간의 주의를 끌기 위한 징표일 따름이다. 결국, 인간은 이것이 사랑의 음성이기 때문에 결코 요란하거나 무섭지 않은 이러한 음성에 귀를 기울인다. "나는 문 앞에 서서 문을 두드린다."225)는 것이다. 결코 그는 문을 부수지도 않으며, 결코 그는 장애물을 파괴하는 성을 공격하는 무기도 아니다. 성을 공격하는 무기는 가시적인 '바알'Baal이다. 하나님은 거두어들일 징표만을 전하고, 현실의 허세를 간파하는 감지되지 않는 '징후'indice만을 전하며, 도처에 흩어진 온갖 '말'과 뒤섞인 '말'만을 전한다. 여전히 두 개의 분명히 구분된 영역이 존재하지 않는가. 이것은 한편으로 인간의 영역일 수도 있는 '명백함-현실-시각'의 영역이고, 다른 한편으로 하나님의 영역일 수도 있는 '신중함-말-징표'의 영역이다. 물론, 인간은 진리에 의해 자신의 영역을 완전하게 한다고 자부했다. 그런데, 이것은 존재하는 진리가 아니라 만들어진 진리이며, 사랑의 진리가 아니라 위험하고 굴욕감을 주는 현실을 탈취할 수 있게 하는 힘의 진리이다. 그래서 인간은 언어를 독차지했으며, 인간 역시 징표를 만들어냈다. 인간은 징표에 의해 움직인다. 시편 74장 4절에서처럼, "당신의 대적對敵들은 **자신들의 '표장'**226)**을 표장으로 세웠다.**"는 것이다. 이것은 인간의 독자적인 성과에 대한 아주 강렬하고 실제적인 묘사이다. 이와 같이 인간이 받아들이는 것은 하나님의 징표가 더는 아니라, 인간에게 전해진 인간의 징표에 해당하는 것이다. 무엇에 대한 징표인가? 거기에 언어학과 기호학의 극심한 어려움이 있다! 사람들은 끊임없이 이것에 대해 토론한다. 구조만을 간직하려고 '시니피에'의 가능성을 없앤 후, 이제 사람들은

---

225) [역주] 요한계시록 3장 20절 참조.
226) 표장標章(signe). 프랑스어 'signe'를 기독교에서 신적인 활동에 속하는 것으로서 인식되거나 신적인 힘의 나타남으로 인식된 현상과 관련될 때에는 '징표'로 옮길 수 있지만, 여기에서처럼 무엇을 표시하고 나타내거나 상징하기 위한 표시물이나 휘장을 의미할 경우 '표장'으로 옮길 수 있다.

'시니피앙'에도 아무런 가치가 없음을 깨닫는다. 또한 사람들은 "시니피앙의 독재"로부터 해방되어야 함을 깨닫고, 따라서 구조로부터 해방되어야 함을 깨닫는다. 그리고 사람들은 완전히 불확실한 '유출'flux이 생겨나도록, '시니피앙'을 내던져버려야 함을 깨닫는다.227) 이와 같이, 인간에 의해 만들어진 징표들의 위상은 완전히 불확실하고 근거가 없으며 무의미하다. 징표는 결국 어떠한 역할도 하지 않는다. 하나님에 의해 전해진 징표들이 그 희생물이 되는 엄청난 혼란 가운데서, 징표는 그 자체만을 참조하게 한다. 하나님의 '말'이 '언어들'의 혼란의 희생물이 되듯이 그러하다. '언어들'의 이런 혼란은 바벨Babel에서 하나님의 **복수**인가? 이것은 여전히 지나치게 단순한 해석이다.

나는 도시의 건설에 따른 이러한 혼란에 대한 설명의 첫 번째 측면을 제시했다.228) 이 설명의 두 번째 측면은 진리와 관련된 '말'이다. 이것은 하나님과 의사소통으로서 '말'이다. 이것은 신중한 '말'이면서, 가장 심오하고 가장 숭배할 만한 것을 표현할 수 있는 '말'이다. 현실에 대한 눈의 열림을 통해, 또 하나님을 벗어나 있는 현실에 대한 염려와 이해를 통해 시작된 여정은 계속된다. 물론, 우리는 바벨에서 '말'과 언어가 개입하는 것을 본다. 그러나 무엇을 언급하기 위해서인가? "자! 벽돌을 만들어 불에 단단히 구워내자. 자, 도시를 세우자."는 것은, '말'이 현실에 연루되는 것이다. 이것은 활동의 수단과 현실의 수단인 '말'이다. 물론, 나는 '말'이 현실 세계에서 일상 용법에 쓸모가 없다거나 혹은 쓸모가 없어야 한다고 생각하는 어리석음을 드러내고 싶지 않다. '벽돌을 만들자.'거

---

227) [역주] 여기서 엘륄이 말하려는 바는 다음과 같다. 즉, 구조주의는 구조만을 간직하기 위해 '담화'의 의미를 없애버렸다. 하지만, 언어학에서 이런 경향의 첨예화는 구조 자체를 없애버리기까지 한다. 이 때문에, 의미나 일관성을 지닌 것이 더는 아무 것도 없다. 우리는 언어학의 대상 자체에 대한 완전한 불확실성 가운데 있다. 따라서 진정한 규칙 없이 모여드는 소리의 움직임인 '유출'(flux)만이 있으며, 모든 것은 무가치해져 버린다는 것이다.
228) 자끄 엘륄의 *Sans feu ni lieu : signification biblique de la Grande Ville* (『머리 둘 곳 없던 예수』, 2013, 대장간 역간)참조.

나 혹은 '내게 빵을 달라.'고 언급하는 것은 전적으로 당연하다. '말'은 형이상학이나 혹은 '전례의식'229)을 위해 따로 남겨진 것이 아니다! 그러나 내가 언급하고 싶은 바는, 신화에서 요소들은 우의적이지 않고 의미심장하다는 것이고, 여기서 사람들이 '말'의 이런 용법을 어설프게 강조한다면 이는 다음 같은 점을 우리에게 언급하기 위해서라는 것이다. 즉, 하나님의 '말'로부터 나오고 하나님에게 말하기 위해 만들어지며 진리와 관계되고 가장 심오한 것을 표현하는 이러한 '말'이, 현실 속에 개입된 활동의 도구이면서 현실의 사물과 정보 같은 전혀 다른 것을 전달하기로 예정된 활동의 도구가 된다는 점을 언급하기 위해서이다. 이러한 '말'에는 자체의 근본 진리와 본질적인 '뿌리 내림'이 더는 없고, 자체의 내용과 영향력과 일치가 더는 없기 때문에, '말'은 파열한다. 이것은 하나님의 '말'에 더는 일치하지 않는 인간의 '말들'이다. 또한 언어들은 다른 현실에 종속됨에 따라, 분리되고 다양해진다. 진부해지고 도구가 된 '말'은 활동을 가능하게 하는 기능만을 갖고 있기 때문에, 한편으로 자체의 '기원적 단일성'unité de genèse을 상실하고, 다른 한편으로 활동에 연결된 다양성을 얻는다. 현실에 개입된 '말'은 변했고, 이해할 수 없는 언어가 되었다.

하나님과의 결별 속에서 이렇게 큰 역할을 하는 시각視覺, 곧 인간 전체와 '말'을 흔들리게 했던 시각은 빈번히 성서의 텍스트들에 의해 죄와 관련된다. 시각은 죄의 원천이고, 눈은 현실과 육신과의 관계이다. 눈은 오로지 육체의 확대경, 곧 시선의 탐욕이며, 시선은 탐욕의 원천이자 수

---

229) [역주] 전례의식(liturgie). 교의敎義 혹은 관례에 따라 규정된 공적 장소에서 드리는 예배의식을 가리킨다. 가톨릭교회의 전례의식 외에 그리스정교회, 루터파 교회, 개혁파 교회 등의 전례의식이 각기 다르다. 가톨릭교회의 전례의식의 중심은 미사이지만, 이 밖에도 그리스도 자신이 제정한 성사聖事 및 교회가 제정한 관례에 의한 성무일도聖務日禱, 준성사, 성체 행렬, 성체 강복식降福式 등이 포함된다. 가톨릭에서는 제2차 바티칸공의회에서 「전례의식 헌장」이 개정되어 전통적인 전례의식 용어와 외형 등에 대한 대폭적 개혁이 단행된다. 그리하여 전례의식 속에 국민적 독창성이 받아들여지며, 라틴어로만 행해지던 전례의식 부분에 자국어가 쓰이게 되고, 전례의식이 사제만의 일이 아니라 신도도 참여하도록 강조되는 등 많은 변화가 일어난다.

단이다. 탐욕은 문제 전체의 핵심이며, 죄는 늘 탐욕 속에 있다. 또한 "탐내지 말라"가 십계명 중 마지막 계명이라면, 이것이 다른 아홉 계명 전체를 요약하기 때문이다. 그리고 인간이 다른 신들을 찾는다면, 이것은 힘에 대한 탐욕이다. 인간이 자신을 위해 우상을 만든다면, 이것은 종교에 대한 탐욕이다. 살인과 간음과 도둑질 모두 언제나 탐욕의 표현이다. 탐욕은 권세나 혹은 지배를 지향하는 정신과 같은 것이다. 이것은 단순한 도덕적 문제가 아니라 근본적인 문제이다. 그런데, 분명히 성서는 탐욕을 시각에 밀접하게 연결시킨다. 물론, 이 점은 창세기의 바로 그 이야기에서 나온다. 하와는 하나님과 동등해지기를 갈망했고, 선과 악을 알기를 갈망했으며, 독자적으로 결정하기를 갈망했다.

이 모든 것은 하와가 이 과일에 던졌던 시선으로부터 나왔다. 이것은 명백함에 근거를 둔 탐욕이고, 바벨의 탐욕이다. 하와는 바라보았고, 이 과일은 탐욕을 일으킬 만한 것으로서 하와에게 나타났다. 이러한 자세와 정확히 반대되는 것이 빌립보서의 텍스트에 나온다. 이 텍스트는 신성을 박탈당하고 인간의 상태로 들어가서 불쌍한 종이 되어 결국 십자가에 의한 죽음을 받아들이기로 하는 **아들** 예수의 결정을 묘사한다. 그런데, 출발점이 "그는 하나님과 동등해지는 것을 **억지로 얻어낼 탈취 물로 바라보지 않았다.**"230)이다. 다시 말해, 하나님이나 혹은 예수의 일 전체의 출발점에는 시선으로부터 나온 탐욕에 대한 거부가 있다. 탐욕이 정복되는 것과 새로운 시작이 이루어지는 것은 오로지 거기에서 이다. 이것은 시각의 문제인데, 거기에 비유적인 의미가 있을 지라도, 예수는 "바

---

230) [역주] 빌립보서 2장 6절 참조. 이 구절의 프랑스어 원문 "Il n'a pas regardé comme une proie à arracher d'être égal à Dieu."에서 'regardé comme'를 여기서 '—로 간주하지(여기지)'라고 옮기는 대신 '—로 바라보지'로 옮긴 것은, 엘륄이 바로 아래에서 'regardé'라는 표현을 '바라보지'라는 뜻으로 강조하기 때문이다. 이 구절은 우리말 성서에서 "하나님과 동등 됨을 취할 것으로 여기지 않으신.", "하나님과 동등함을 당연하게 생각하지 않으신.", "굳이 하나님과 동등한 존재가 되려 하지 않는다."등으로 나와 있다.

라보지" 않았다는 것이다. … **아들** 예수는 자신이 보유했던 권세의 '실재'réalité도, 자신이 떠맡았던 비참한 상황의 '실재'réalité도 바라보지 않았다. 예수는 '말'이었으며, 지상에서 '말'로 살아갔다. 이것은 **겉모습으로** 판단하지 않는 하나님 **아버지**에 정확히 일치했던 것이다. 그러나 우리는 명백함에 연결된 탐욕 속에서 늘 살아간다. 오늘날 누가 그렇다는 것을 이해하지 못하는가? 인간의 탐욕 전체는 우리 사회가 인간에게 제시하는 것인 돈과 기계와 지식의 탁월함이 명백하다는데 연결되어 있다. 이것은 명백하므로, 이것을 갈망해야 한다는 것이다. "욕구"에 대한 현재의 찬사는, 시선으로부터 나온 이러한 탐욕의 영역에 속한다. 죄의 굴레 속에 있는 시각은 죄의 기원이면서 지속적인 재연이다. 왜냐하면 시각은 유일한 현실 속에 뿌리내리기 위한 하나님과 결별의 기원이기 때문이다. 물론, '말'이 요인이나 수단이 아니란 것도 아니고, 악에 속하지 않는다는 것도 아니다! '말'은 거짓의 수단이기 때문에, 본질적으로 '말'은 요인이나 수단이며 악에 속한다! 하지만, 주의해야 한다. 이것은 사용 목적에서 벗어난 '말'이고, 바벨과 함께 '말'이 현실 속에 포함되었다고 우리가 언급했던 '말', 다시 말해 시각에 종속된 '말'이다. 이것은 현실의 탐욕의 도구인 '말'이다. 여전히 자세한 설명이 필요한데, **신화에 대한 이러한 분석을 어떤 현실로 삼지 말아야** 한다. 나는 '말'은 좋고 '시각적 인식'은 나쁘다고 언급하지 않겠다! 또한 '말'은 순수하고 시각은 순수하지 않다고 언급하지도 않겠다! 이렇게 언급하는 것은 여전히 '현실주의'réalisme의 세계로 들어가는 것이고, 독자적인 시각視覺이 있는 이러한 현실의 세계로 들어가는 것이다!

그러나 나는 '말'이 진리의 영역에 속하고, 시각이 현실의 영역에 속한다고 단지 언급하겠다. 또한 '말'과 시각, 이 둘은 단절되고 이 둘의 일치는 사라졌기에, 현실에만 종속된 인간은 진리에서 분리되었다고 언급하겠다. 그리고 '죄'라고 이름 붙여진 것이 하나님과 결별이라고 언급하겠다. 그래서 현실은 미친 듯 날뛰는 탐욕에 한없이 종속된다.

3. 성화상의 신학

우리가 방금 기술했던 모든 것은, 그리스 정교 사상에서 우리가 마주치는 바와 같은 성화상 신학과 완전히 모순된다. 우리는 이 신학을 간략히 떠올리기 위해, 에프도키모프231)를 살펴 볼 것이다. 물론 성화상은 그 자체를 위해 숭배되지 않고, 그 자체로 어떠한 가치도 없으며, 예술 작품도 아니다. 그리스 정교의 성화상 신학과 중세 가톨릭 신학의 완화된 방향들 사이에 차이가 몹시 강조된다. 성화상이 신비하게 전달하는 것은 숭배되는 대상이 아니라, 유사함을 통해 나타나는 미美이다. 성화상은 "말로 표현할 수 없는 신적인 미美의 광채"를 높이 드러낸다. 이미지는 분명히 '말'보다 우위에 있는데, "말이 언급하는 바를 이미지가 보여준다."는 것이다. 또한 아주 흥미롭게도 사람들은 성화상을 진리 전체를 위해 운행해야 했던 성령의 탓으로 돌린다. 이러한 진리를 유형화有形化하는 것이 성령이라는 것이다. "성화상은 '표현할 수 없는 것'에 관여하도록, '위격位格'232)과 합일하게끔 하는 동시에 상징을 초월하게끔 하는 '상징 · 위격적 표상' représentation symbolico-hypostatique이다. 성화상은 성화

---

231) 에브도키모프(P. Evdokimov)의 『성화상의 예술, 미美의 신학』 L'art de l'icône, Théologie de la beauté (Paris, Desclée de Brower, 1970). 저자에게 있어 미美가 성화상과 단지 관계된다는 점은 이미 완전히 의미심장하고 중요하다. 오로지 보여 진 대상, 곧 그려 진 대상과 관련하여 일반적으로 미美의 신학이 만들어진다. 음악과 시와 관계되는 모든 것이나 말과 수사학과 미각적인 것과 향기의 미美와 관계되는 모든 것은 잊혀 진다. 보이지 않는 것에 대한 관조에 이르기 위해 우선시되는 유일한 의미는 시각이다.

232) [역주] '위격'(hypostase). 기독교 교리에서 삼위일체의 세 위격位格 중 각 위격을 가리키는 표현으로서, 삼위일체를 전체로서가 아니라 별개의 세 부분으로 지칭하는 것이다. 기독교 교리에서 각 위격은 별개로 간주되지만, 실체적으로는 하나인 동일체이다.

상을 넘어서기 위해 거쳐서 지나가야 할 경로이다. 성화상을 없애는 일이 중요한 것이 아니라, 성화상의 초월적인 차원을 발견하는 일이 중요하다." 성화상은 "인도하는 이미지"이다. 달리 말해, 이것은 신비주의적이고 초월적인 경로에 대한 뒷받침과 관계된 것이다. '말'로는 충분하지 않다. 성화상은 상징이지만, 넘어서야 하는 상징이다. 성화상은 그 자체로 아무 것도 아니지만, '신비주의적 관조'contemplation mystique에 반드시 필요하다. 성화상은 그 자체로 이미 초월적이기 때문에, 초월적인 '합일' communion을 가능하게 하는 일종의 성사聖事이다. 성화상만이 '표현할 수 없는 것'에 관여할 수 있게 한다. 왜냐하면 한편으로 성화상은 빛이기 때문이고233), 다른 한편으로 성화상은 "초상화"인 모든 것에 대립하기 때문이다. 즉, 이것은 동정녀나 혹은 예수의 초상화와 관계된 것이 아니다.234) 성화상은 '위격'이나 천상의 몸이나 "인격"personne과 관계될 따름이다. 성화상은 변용變容된 몸을 떠맡으면서 절대적 유사함과 '위격'의 천상의 모습 자체를 가로채는데, 이것이 그 자체로서 성화상이다. 이 모든 것은 "물질의 성화聖化와 육신의 변용"인 '성육신의 신학'과 밀접히 연결되어 있다. 성화상은 영적인 몸과 그리스도 화된 본성을 보게 한다. 달리 말해, 예수 안에서 성육신이란 사건을 통해 인류 전체와 본성 전체가 변화되었다. 이것은 완전히 성취된 일이다. 이 새로운 본성을 통해, "간접적인 사고"에 의해 '신적인 것'divin을 관조할 수 있다. 인간은 이미 신격화된다. 이러한 상징적 인식은 어떤 뒷받침을 필요로 한다. 하지만, 무언가를 떠오르게 하는 진실한 상상력과 관조에 힘입어 생겨난 상징으로부터, 이 상징적 인식은 현존하는 초월자의 '공현적 특성'235)을 포착한

---

233) 그리고 사람들은 원래의 빛에 대한 상징적인 반영을 성화상에 부여하기를 원한다. [본문 내용을 역자가 각주로 설정]
234) 그래서 살아 있는 자의 성화상은 불가능하다고 강조된다. [본문 내용을 역자가 각주로 설정]
235) [역주] '공현적公顯的 특성'(caractère épiphanique). 'Epiphanie'는 가톨릭교회에서 예수를

다.

그런데 초월자의 현존은 비유적이고 상징화되어 있으나, 아주 실제적이다. 성화상은 '높은 자'Haut, 곧 '지극히 높은 자'Très-Haut에게 시선을 향하게 한다. 성화상은 기호나 그림이 아니라, 현존의 상징이고 이미지가 된 신비를 명백히 드러내는 공간이다. "**말**은 성화상의 형태로 관조로 나타나고, 시각적 신학으로 나타난다. '**말**'은 자기 혼자서 '준성사準聖事'236) 중 하나가 된다. 복음서가 '말'을 통해 우리에게 언급하는 바를, 성화상은 색채를 통해 우리에게 전하고 **현존하게 한다**." 그렇기 때문에 분명히 이 작용 전체를 성령의 표현으로 나타내는 일이 중요하다. 성화상은 도식적으로 발산되는 **유사함**에 의하여 그 자체로 '**전적 타자**'에 관여한다. 이와 같이 성화상에는 '신의 나타남의 가치'valeur théophanique가 있다. 성화상은 어떠한 볼륨감도 드러내지 않기 때문에, 모든 입체화를 배제한다. 성화상은 순수하게 영적이다. 성화상은 시각적일지라도, 절대로 영적이다. "성화상은 역동적 현존을 나타내는데, 이 역동적 현존은 자체의 '응집점凝集點'237) 주위에 한정되거나 갇힌 것이 아니라, 거기서 빛을 발하는 것이다." 성화상은 보이지 않는 것들을 바라보라는 히브리서의 언급을 성취한다. 하지만, 이러한 바라봄은 우리 육신의 눈과 더불어 시각적일 수밖에 없는가? 물론, 그리스도의 성화상이 그리스도가 아니라는 점이 강조된다. 또한 이 성화상은 원형原型이 아니라 이미지이지만, 아주

경배하러 온 동방 박사들에게 예수 그리스도의 나타남, 즉 '예수의 공현公顯'을 가리키거나, 이것을 특별히 기념하는 종교적 절기, 즉 '공현절公顯節'을 가리킨다. 따라서 형용사인 'épiphanique'를 '공현적公顯的'으로 옮기기로 했다.

236) [역주] '준성사準聖事'(sacramental). 가톨릭에서 영적인 도움을 얻기 위해 일곱 가지 성사聖事에 준하여 제정한 의식으로서, 사람이나 사물에 복을 빌어주는 축성祝聖이나 축복, 악마를 내쫓는 구마驅魔 등이 이에 속한다. 준성사에는 언제나 기도가 포함되며, 흔히 안수, 십자 성호, 성수 뿌림 같은 일정한 표징이 따른다.

237) [역주] '응집점凝集點'(point de condensation). 수학 용어로서, 주어진 집합의 한 점 X의 주위에 그 집합에 속한 무한히 많은 점들이 몰려 있을 때, 이 점을 '응집점'이라 한다. 예를 들어 $1/n$ 에 해당하는 집합에 속한 무한히 많은 원소들은 숫자 0 주위에 몰려 있는데, 이 때 숫자 0 은 '응집점'이 된다.

명확한 현존을 입증한다는 점이 강조된다. 그리고 이 성화상은 그리스도의 '**인격**'Personne과 '영적 합일'communion spirituelle을 가능하게 하기 때문에, '성체 성사적 합일'communion eucharistique이 아닌 '기도를 통한 합일'communion orante을 가능하게 한다는 점이 강조된다. "성화상의 현존은 그 중심이 성화상 속에 있지만 그 둘레는 어디에도 없는 원이다.238) 성화상은 **초월자**가 터진 틈을 통해 돌입할 때, 이 터진 틈을 여는 세상의 구체적인 지점이다" 바로 이와 같다! 이러한 관계에 힘입어, 지상의 인간은 '**천상의 인간**'homo caelesitis이 된다. 성화상에 나타나는 것은 진정으로 그리스도의 '위격'hypostase이다. 성육신을 재론하면서, 다음같이 언급함으로써 결론 지을 수 있다. 즉, "두 본성으로 된 '위격'은 보이거나 보이지 않는 두 유형으로 된 이미지를 의미한다. '신적인 것'은 보이지 않지만, 인간의 보이는 것 안에서 반영된다. 그리스도의 성화상은 가능하고 **진실하며 실제적이다**. 왜냐하면 인간의 유형에 따른 그리스도의 이미지는, 신적인 유형에 따른 보이지 않은 이미지와 같기 때문이다." 성화상은 본질적으로 상징적이기에, 요컨대, 성화상의 신학은 기호로부터 상징으로의 이행을 우선 전제로 한다. 그 다음으로 성화상은 전례의식 전체 속에 포함되어 있다. 성화상은 '영적인 것'과 신적인 빛에 대한 구체적인 현존의 신학을 전제로 하는데, 이것은 상징적으로 다시 옮겨 쓰일 수 있으며 영광 자체의 이미지이다.

우리는 성서적 사고의 핵심인 듯이 보이는 모든 것과 정확히 반대되는 이런 신학을 어느 정도 지적하려고, 이 점에 대해 충분히 언급했다. 게다가, 우리의 주의를 끌었던 이 중요한 책에서 이런 신학의 토대들은, 그리스의 교부들을 인용하거나 가톨릭 종교회의의 결의문을 인용한 것이지,

---

238) 이러한 정의定義는 바르트(K. Barth)가 예수 그리스도와 관련하여 교회에 대해 제시하는 정의임을 기억해야 한다. 이는 성화상의 우상숭배적인 특성 전체를 나타나게 하는 것이다.

실제로 성서적인 것은 아무 것도 없음을 분명히 지적해야 한다. 300페이지로 된 이 책에서 성서적 토대는 고작 두 페이지와 일곱 개의 인용뿐이다! 그리스 정교도인 내 친구들에게는 미안하지만, 이런 성화상의 신학은 성서적으로 금지하는 행위에 정확히 일치하는 듯이 보인다. 즉, 이 신학은 우상 숭배적이다. 이 신학은 성육신에 대한 어떤 개념에 근거를 두는데, 이 개념은 성취되는 않은 것과 기다림과 소망을 전혀 고려하지 않는다. "고대의 위엄 속에서 더럽혀진 이미지를 **복원한** 후, '**말씀**'Verbe은 이미지를 신적인 **미**에 연결시킨다." 이 신학에 따르면, 모든 것은 이미 이루어져 있다. 다음으로 이 신학은 구체적인 유사함과 더불어, 창조 속에서 하나님의 이미지에 대한 어떤 개념에 근거를 둔다. 즉, "하나님의 이미지"는 가시적인 인간에 대한 구체적인 표현이라는 것이다. 이 신학은 인간을 '다볼 산'239)의 광채 속에 영구히 두려고 애쓰는데, 성화상이 다볼 산의 광채를 전달한다는 표현이 끊임없이 떠오른다. 다시 말해, 이 점은 변용變容 속에 결정적으로 안주하려고 초막을 세우기를 원했던 예수와 동행한 제자들의 잘못에 정확히 일치한다.

하나님이 인간화되는데 따라 인간이 신격화되는 것을 다시 발견하는 일은 거기서 중요하지 않다. 인간이 하나님이 되도록 하려고 하나님은 인간이 된다. 우주의 축도縮圖로서 인간은 신의 축도이다. 그러나 가장 구체적으로, 인간은 물질적이고 육체적이고 시각적이다. 우리가 보는 대로 참모습 그대로의 인간은 하나님의 모습이다. 그래서 왜 복음서가 "여기 인간이 있다."라고 예수에 대해 우리에게 언급할 필요를 느끼는지 사람들은 의아하게 생각한다. 단 **하나밖에 없는 유일한** 전형은 하나님의 형상인 인간이다. 하지만, 이 단 **하나밖에 없는 유일한** 전형은 단죄 받은 자

---

239) [역주] 다볼 산. 나사렛 동쪽에 위치한 산으로서 그 위용이 장엄하여 구약성서에서 하나님의 창조 위업을 찬송하는데 헤르몬 산과 함께 대표적으로 사용된다. 예수가 그 모습이 빛 같이 희게 변용된 장소인 '변화산'으로 알려져 있다.

이면서 채찍질 당하는 자에 대한 가시적인 이미지 속에 있다.…

물론, 이 점은 순수하게 영적이고 내부적인 '시각적 인식'일 수 있는 것을 구체적으로 시각화할 필요성에 연결된다.240) '시각적 인식'은 원하던 원하지 않던 간에 성화상 속에서 육적으로 '시각적 인식을 할'visionner 어떤 대상이 된다. 사람들은 이것을 피할 수 없다. 어쨌든, 우리는 겸허한 신자들의 계율 실천의 문제를 제기해야 한다. 신비적 체험과 마찬가지로, 또 성화상이 그 중심이나 혹은 매개물이 되어야 하는 '위격적인 고양高揚'241)과 마찬가지로, 우리가 앞에서 요약했던 신학적 여건이 그들에게 완전히 낯설다는 점은 명백하다. 그러면 무엇이 남는가? 가톨릭 신학이 이미지에 대해 매우 조심성이 있고 신중하며 흔히 부정적이었는데도242), 민중 가톨릭적인 환경에서 발전했던 조각상에 대한 우상숭배적인 경향 전체를 생각할 때, 그리스 정교도가 성화상을 어떤 신이나 마법적 대상이나 기적의 집적체 등으로 삼는다고 어떻게 여기지 않을 수 있을까. 성화상은 그 **자체로** 하나님과 동정녀와 예수의 현존이 되었다. 모든 것은 이미지와 숭배와 기도에 부여된다. 그런데, 미신을 향한 잘 알려진 일탈, 곧 신앙의 타락은, 아무 것도 보지 않고서 숭배하고 기도하며 믿게끔 우리에게 주어진 것에 대한 시각화로부터 **오로지** 나온다.

그리스 정교 권에서의 성화상 파괴 논쟁에 대해 마무리 짓기 위해, 한 마디를 덧붙이겠다. 이 문제가 니케아 7차 공의회에서 타결되었음에도, 성화상 파괴론자들은 성화상에서 상징적인 특성을 거부했으며, 결국 "이미지 속에 있는 '**모델**'Modèle의 신비한 현존"을 믿지 않았다. "성화상

---

240) 정신적인 이미지들에 대한 주석을 볼 것.
241) [역주] '위격적인 고양高揚'(exaltation hypostatique). 그리스정교 신학에서 '위격적인 고양'은 성화상에 의해 표현된 위격과의 '신비적 합일'(communion mystique)을 가리키는데, 일반적으로 예수 그리스도인 이 위격과의 '신비적 합일'은 성화상을 관조하는 것에 힘입어 이루어진다.
242) 예를 들어, 토마스 아퀴나스! [본문 내용을 역자가 각주로 설정]

파괴론자들은 초상화라는 가시적인 '실재'réalité에 대한 가시적인 표상 옆에 전혀 다른 예술이 존재한다는 점을 파악하지 못했다. 그런데, 이 예술에서 이미지는 보이지 않는 것의 가시적인 것을 제시한다." 실제로, 성화상 파괴론자들은 이것을 거부했다! 그들은 성화상에 신성한 특성을 부여하기를 거부했기 때문에, '도세티우스 교파'243)로 비난 받았으며, 예술에 대한 순전히 사실주의적 시각視覺만을 갖고 있다고 비난 받았다. 그들은 그리스도와 동정녀의 표상이 어떤 표상과는 다른 것임을 부인했다. 또한 그들은 이 표상이 심지어 상징적일지라도, 이 표상에 최소한의 '준準성사적 특성'caractère sacramental이 있음을 부인했다.

그러나 그들에게 대항하는 논증은 완전히 잘못되어 있다. 우상은 '존재하지 않는 것'과 허구와 시뮐라크르244)와 무無에 대한 표현이기 때문에, 성화상과 마주하여 우상 숭배가 있을 수 있음을 사람들은 거부한다. 즉, 성화상을 우상처럼 숭배하는 것과 본성에 따라 성화상을 숭배하는 것은 성화상을 파괴하는 것이다. 니케아 7차 공의회에서는 "신자가 성화

---

243) [역주] '도세티우스 교파'(docétisme). 그리스도의 몸이 순수한 겉모습이었을 따름이라고 주장하고 그의 수난과 죽음의 실재를 부인하는 초대 기독교의 이단.
244) [역주] '시뮐라크르'(simulacre). 배후의 어떠한 '실재'(réalité)에도 의거하지 않으면서 이 '실재' 자체와 동일한 가치가 있다고 이 '실재'처럼 자처하는 겉모습을 가리키는 표현. 프랑스 철학자이자 사회학자인 보드리야르(Jean Baudrillard)의 이론으로, '실재'가 '파생 실재'로 전환되는 작업이 '시뮐라시옹'(simulation)이고, 모든 '실재'의 인위적 대체물을 '시뮐라크르'라고 부른다. 그에 의하면 우리가 사는 이곳은 '가상 실재', 곧 '시뮐라크르'의 미혹 속에 있다. 현대 자본주의 사회는 사물이 기호로 대체되고 현실의 모사나 이미지, 곧 '시뮐라크르'가 '실재'를 지배하고 대체하는 곳이다. 이제 재현과 '실재'의 관계는 역전되며 더는 흉내 낼 대상, 원본이 없어진 '시뮐라크르'는 더욱 '실재' 같은 '극極 실재'(hyper-réalité)를 생산해낸다. 더는 원본은 없고 어느 의미에서는 원본과 모사물의 구별도 없다는 것이다. 이러한 '시뮐라시옹'의 질서를 이끌고 나아가는 것은 정보와 매체의 증식이다. 온갖 정보와 메시지를 흡수하지만, 그것의 의미에는 냉담한 스펀지 혹은 블랙홀 같은 존재가 현대의 대중이다. 사유가 멈추고 시간이 소멸된 현대사회에서 역사의 발전은 불가능하며 인권이란 미명 아래 강요된 정보에 노출된 대중과 '시뮐라시옹'의 무의미한 순환이 있을 뿐이다. 보드리야르가 자신의 사상 체계를 만들어 가던 1960년대는 프랑스가 본격적인 대량 소비 사회로 접어들던 시기로서, 거리, 상점, 가정에 물건들이 넘치기 시작하고 라디오와 TV가 가정필수품으로 자리 잡아 가던 즈음이었다. 넘치는 물건, 넘치는 일자리, 넘치는 이미지 앞에서 보드리야르는 우리가 실제 사용할 수 있는 것보다 훨씬 많이 넘치는 물건들이 우리의 삶과 어떤 의미 관계를 맺는지를 고찰했다.

상을 더 바라볼수록 표현된 존재를 더 기억한다. 이미지를 숭배하는 자들에게 재앙이 있을 것이다."라고 선언된다. 성서에서 단죄되는 많은 종교에서 우상은 바로 이 우상이 의거하는 보이지 않는 종교적 '실재'에 대한 가시적인 표상이었다는 점에서, 이러한 논증은 잘못되어 있다. 대체로 우상은 그 자체가 상징적이다. 다른 면에서 이러한 논증은 십계명의 첫 두 계명을 하나로 만든다는 점에서 잘못되어 있다. 두 번째 계명은 아주 엄격하다. 즉 하늘에 있는 것에 대한 상징적이기 조차한 어떠한 표상도 없다는 것이다! 이 성화상 파괴론자들의 견해는 옳다. 그러나 그들은 패배 당했다. 성화상 파괴론자들이 도세티우스 교도들이며 **성육신**의 '실재'를 거부한다는 논증에 관해 말하자면, 그것은 다음과 같다. 즉, 이 논증은 십자가에 못 박힌 예수가 이미 모든 면에서 영광스러운 그리스도이기 때문에 약속의 때와 역사 자체를 동시에 없애면서, **성육신**에 대한 상황에 맞게 수정된 우주적 개념에 근거한다. 이 논증은 도세티우스 교파적인 진정한 이단과 정확히 짝을 이루는 "이단"이지만245), 그보다 더 낫지는 않다!

4. 증언자의 '말'

하나님은 말한다. 그리고 아주 드물게 직접적으로 들려질 따름인 이런 '말'로부터, 또 인간이 하나님의 단어들을 언급할 수 없기 때문에 있는 그대로 결코 전달될 수 없는 이런 '말'로부터 신화가 생겨난다. 이 신화를 구체적으로 설명하면 다음과 같다. 즉, 우리로 하여금 하나님이 언급했

---

245) 이 점에 대해 성화상 파괴론자들은 잘못된 비난을 받는다.[본문 내용을 역자가 각주로 설정]

던 바의 의미를 파악할 수 있게 하는 유추적 이야기이다. 또한 계시를 풀이해서 설명하는 '담화'의 구성이다. 또한 듣는 자에게 이와 같이 전달된 것 너머로, 듣는 자를 이끌어 가야 하는 은유의 설정이다. 또한 계시된 하나님의 '말'로부터 나온 신화, 곧 가시적인 이미지가 없는 비유적 신화이다. 또한 신성한 '네 글자로 된 낱말'246)처럼 '말로 표현할 수 없는 것'과 '발음할 수 없는 것'의 가장자리와 한계 자체에 도달하는 '말'에 대한 최고조의 표현이다. 또한 즉시 텍스트가 되어버리는 살아 있는 '말'인 신화이다. 나에게는 텍스트만 주어지고 나는 텍스트만을 안다. 신화가 '말'의 범주 내에서 유지되듯이, 텍스트는 신화의 범주 내에서 유지된다. 하나님의 계시와 관계되는 신화의 여백이 있다. 이 여백 속에 우리의 감정 토로와 기도와 직접적 관계가 포함된다. 또한 신화와 관계되는 텍스트의 여백이 있다. 이 여백 속에 우리의 생각과 탐구와 질문이 포함된다. 그런데, 신화와 텍스트와 '말' 사이에 어떤 정확한 일치도 없으므로, 우리는 직접적으로 조종되지도 않고, 로봇의 상태에 놓이지도 않으며, 구원받기는 하나 기계처럼 만들어지지도 않는다.

각 단계에서, 나의 선택 가능성과 자유의 가능성과 주도권의 가능성이 자리 잡는다! 나는 텍스트를 읽을 때, 거기에 의미를 다시 도입하고 '말

---

246) [역주] '네 글자로 된 낱말'(tétragramme)이란 이 책에서 엘륄이 '여호와'를 나타내는 표현으로 쓰는 'IHWH' 혹은 'YHWH'를 가리킨다. '여호와'에 해당하는 표현은 영어 성서인 NIV, KJV, NASB에는 철자가 모두 대문자인 'LORD'로 나와 있고, 프랑스어 성서에는 주로 'Eternel'로 나와 있으며, 한국어 성서인 개역개정에는 '여호와'로, 표준새번역에는 '주主 혹은 주님'으로, 공동번역에는 '야훼'(Yahweh)로 각각 나와 있다. 이 이름은 모세에게 4개의 히브리어 자음인 'YHWH' 혹은 'JHVH'로 계시된다. 특히, 기원전 3세기부터 유대인들은 두 가지 이유에서 '야훼' 혹은 '여호와'라는 이름을 더는 사용하지 않는다. 첫째, 이스라엘의 하나님이 다른 모든 신들에 대해 보편적인 주권을 갖고 있음을 과시하기 위해 '신'이라는 뜻을 지닌 일반적인 명사 '엘로힘'(Elohim)을 '야훼'라는 이름 대신 사용하게 된다. 둘째, '야훼'라는 이름은 너무 거룩하여 발언할 수 없는 것으로 간주하여, 회당 예배에서는 '아도나이'(Adonai), 곧 '주님'으로 발음한다. 그런데, 구약성서 그리스어 번역본인 '70인 역'에서는 이 단어가 '퀴리오스'(kurios), 곧 '주主'로 번역된다. 6~10세기경에 히브리어 성서 원본의 재 간행 작업을 벌인 마소라 학자들은 'YHWH' 혹은 'JHVH'라는 이름을 구성하는 모음들을 히브리어 '아도나이' 혹은 '엘로힘'의 모음 부호들로 대치한다. 이 때문에 '여호와'(YeHoWaH) 혹은 '제호바'(JeHoVaH)라는 인위적인 이름이 등장하게 된다.

을 다시 부여한다. 이것은 하나님으로 하여금 말하게 하면서 내가 말을 할 가능성을 있도록, 어떤 면에서 텍스트가 너무 완벽하거나 너무 절대적이지 말아야 하며, 또 텍스트가 하나님의 묘사할 수 없는 '말' 자체와 너무 명백히 동일하지 말아야 한다는 것이다. 말하는 하나님이 아담에게 '말'을 부여하면서 자리 전체를 차지하지 않듯이 그러하다. 이러한 '말'의 진리를 감추는 이 텍스트가 너무나 정확한 나머지, 이 텍스트를 되풀이하기만 하면 되는 것은 결코 아니다. 이 텍스트는 나를 부추겨 신화를 다시 언급하게 하고 다시 만들어내게 한다. 그리고 다시 만들어진 신화는, 나를 부추겨 궁극적이고 절대적인 '말'을 듣게 한다. 이것은 나로 하여금 말을 하도록 강요하는 '말'이다. 이런 분리할 수 없는 일련의 과정은, 텍스트가 결코 고착되지도 구조로 한정되지도 그 자체로 닫혀 지지도 말아야 함을 의미하고, 마치 텍스트가 정확하고 명확한 수학 공식인 듯이 이해되지 말아야 함을 의미한다. 어떤 텍스트에도 하나님의 '말'을 은유로 간주하는 '기호학적 정사각형'247)이라는 도식이 적용되지 않는다. 텍스트는 해부되는 대신 말해져야 한다.

---

227) [역주] '기호학적 정사각형'(carré sémiotique). 그레마스(Greimas)가 주창한 대립되거나 모순되는 2항의 용어들로 이루어진 어떤 구조의 토대에 있는 개념들을 나타내는 도식을 가리킨다. 정사각형의 꼭대기에 위치한 S1 과 S2 라는 주어진 두 개념의 대립으로부터, '기호론적 정사각형'을 통해 이 개념들과 모순되는 ~S2 과 ~S1 라는 개념들과 이 개념들과의 관계가 설정된다. 따라서 이 네 가지 개념 사이에 관계는 다음과 같다. S1 과 S2 의 관계는 대립의 축이고, 대각선 방향인 S1 과 ~S1 그리고 S2 와 ~S2 는 모순의 축이다. S1 과 ~S2 는 양성陽性 지시인 내포이고, S2 와 ~S1 는 음성陰性 지시인 내포이며, ~S2 와 ~S1 는 어느 쪽도 아닌 중성의 축이다. '기호론적 정사각형'을 통해 첫 네 개념으로부터 합성된 여러 '메타 개념'(méta-concept)이 얻어질 수 있는데, 이 중 가장 중요한 것은 'S1 인 동시에 S2 인 것'과 'S1 도 아니고 S2 도 아닌 것'이다. 예를 들어, '남성'과 '여성'이라는 대립된 개념의 쌍으로부터 S1 이 '남성'이고 S2 가 '여성'이라면, ~S2 는 '비非여성'이고 ~S1 은 '비非남성'이므로, 'S1 인 동시에 S2 인 것'은 '남성인 동시에 여성', 다시 말해 양성적 존재이거나 자웅동체이고, 'S1 도 아니고 S2 도 아닌 것'은 남성도 아니고 여성도 아닌 것, 다시 말해 '성별이 없는 존재'가 된다.

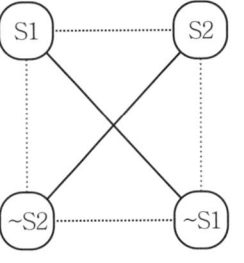

성서가 우리에게 언급하듯이, 하나님의 계시는 인간의 '말'을 통해 전달된다. 하나님의 계시는 '말'을 통해 전달되는 것이지, 다른 아무 것을 통해서도 전달되지 않는다. 행위와 기적과 일은 '말'에 동반되는 것일 따름이며, 인증하고 입증하는 것일 따름이면서 부수적인 것일 따름이다. 행위와 기적과 일은 '말' 없이는 아무 것도 아니다. 오직 '말'만이 하나님의 '말'을 전달할 수 있고, 하나님이 인간에게 계시되기 위해 사용하는 수단일 수 있다. 이것은 인간의 '말'이다. 하나님에 대한 증언자는 말하는 인간이다. 이런 '말' 속에서, 또 이런 '말'을 통해, 하나님은 자기 자신에 대해 말한다. 성육신에 있어 인간의 육신이 필요했던 것과 마찬가지로, 하나님의 **말**은 인간의 '말'을 받침대로 사용하고, 인간의 '말'을 통해 전달된다. 증언자는 하나님이 자신의 예견할 수 없는 판단 속에서 그 '말'이 "진실하고 들을 만하며 진정으로 충실하다."248)고 선언하는 그대로의 '말'을 언급하는 자이다. 거기서 여전히 언어가 중심에 있다.

그러나 하나님에 대한 증언자가 성서적으로 '마르투로스' Marturos, 곧 순교자임을 잊지 말아야 한다. 순교자는 자신이 선포했던 '말'의 대가를 자신의 피나 생명으로 치르는 자이다. 따라서 이 점은 성서에서 또 다시 '말'과 진정성이 연결되어 있음을 뜻한다. '말'은 이 '말'을 언급하는 자를 죽음에까지 관여시킨다. 이것은 대단한 교훈이다. 증언자가 순교자가 되는 것은 자신의 활동을 위해서가 아니다! 증언자가 순교자가 되는 것은, 자신의 '말'에 의거해서이다. 왜냐하면 활동의 속성은 하찮기 때문이고, 활동은 언제나 수많은 가치를 "의미할" 수 있으며 여러 해석을 포함할 수 있기 때문이다. 바로 언어가 하찮을 수 없는 것인데도 그러하다. 이 점은 언어가 가끔 하찮지 않을 수 있음을 의미하지도 않고, 의도적으로 인간이 언어를 하찮게 만들지 않음을 의미하지도 않는다. 그러나 언

---

248) 칼 바르트(Karl Barth).

어의 역할 자체는 명백해지는 것이고, 명확히 설명하는 것이며, 모호함을 없애는 것이다. 인간의 정직함이 쉽게 측정되고 인간의 언어가 이중적인 의미를 띠지 않는 것이 여기이다. 왜냐하면 모든 것이 이중적인 의미를 띠지만, '말'은 이 두 의미를 분리하고 드러내기 위해 만들어지기 때문이다.

'말'은 단일성이다. 우리는 '말'의 유동적이고 불안정하며 모호한 특성에 대해 길게 역설했지만, 증언자의 '말'은 명확해야 한다. 바울이 말하듯이, 증언자의 '말'은 "자체의 막연함"을 만들지 말아야 한다. 다시 말해, 증언자는 자신의 '말' 속에 온전히 있어야 하고, 존재와 '말'의 통일을 되찾아야 한다. 이와 동시에 증언자는 가장 엄밀하고 분명하며 단호한 '말'의 형태를 찾아야 하고, 오해를 없애버려야 한다. 또한 증언자는 자신에게 계시되었던 진리를 모든 가능한 형태로 고집스럽게 반복하고 다시 언급하며 복원해야 한다. 그러나 언어는 불완전하고 불충분하게 남아 있어서 성서는 우리를 성령에 의거하게 하는데, 이것은 조금도 편리함을 위해서가 아니다. 성령은 **'기록'**을 **'말'**이 되게 하는 존재이다. 또한 성령은 우리의 혼잡하고 모호한 '말들'을 명확하고 오해가 없는 이해할 수 있는 것이 되게끔 하는 존재이다. 그러나 내가 되풀이 하듯이, 이것은 편리함과도 안이한 방편과도 관계된 것이 아니다. 하나님의 '말'을 입증하려고 나의 모든 수단과 참여와 노력 및 지혜 전체와 더불어 가능한 것과 불가능한 것 모두를 행했을 경우에만, 성령의 활동을 기대할 수 있다. … 늘 이것은 제자들의 빵 다섯 개로부터 예수 그리스도가 일으킨 빵의 기적이란 문제이다. … 그래서 이와 같이 말하는 자는, 인간들 앞에서 절대적으로 사회·정치 문제에 참여한다. 이런 활동이나 태도를 설명하고, 이런 활동이나 태도를 받아 들일만 하게 만들거나 혹은 역겨운 것으로 만드는 것은 그의 '말'이다. 인간의 진정성이 이 같이 드러나는 것은 단지 언어의 사용에서이고, 이러한 방식에서 그의 '말'만이 중요성이 있다. "각자는 자신의 '말'에 따라 심판을 받을 것이다."라고 언급되어 있다. 또한 요한복음 5장 30절에는 그리스도는 "내가 들은 바대로 나는 심판한다."라고 되어 있다. 활동을 갈망하는 사람들에게 있어서는 정말 놀라운 구절이다! 예수는 너의 '말'에 의해 너는 의롭다고 여김을 받을 것이고, 너의 '말'에 의해 너는 단죄를 받을 것이라고도 언급한다! 이 점은 우리에게 '말'의 궁극적인 중요성을 떠올리게 한다! 아무 것도 촉구하지 않고 아무런 의미도 없는 이러한 단어와 구절에 대한 현대적인 경멸과는 우리는 아주 거리가 멀다.

그러나 성서가 우리로 하여금 우리의 '말'에 진실하도록 촉구하는 것은, '말'이 인간에 대한 결정 근거 및 인간의 결정 근거이기 때문이다. 왜냐하면 인간은 물론 '말'을 남용할 수도 있고, 헛된 '말'을 입 밖에 낼 수도 있으며, 헛된 증언부언으로 행동할 수도 있고, 신성모독의 '말'과 가치 없는 '말'을 할 수도 있기 때문이다. "하나님나라는 말에 있지 않다…"거나 "나는 '말'이 아니라 능력을 경험할 것이다."라는 바울의 언급 및 "너희들은 주여, 주여 라고 할 것이다."라는 이 모든 것은 본질적이다. 하지만, 헛된 '말'에 대한 이러한 단죄는 왜 있는 걸까? 또한 모든 '말'이 헛되고 '말'이 소음과 광란일 따름이라면, 마태복음 12장 36절에서처럼 "그들은 온갖 헛된 '말'을 해명해야 할 것이다."라는 경고는 왜 있는 걸까? 바로 이 경고가 심각한 것은, '말'은 하나님이 자신을 표현하기 위해 선택하는 방식이기 때문이다. 그래서 단지 사람들은 '말'의 왜곡과 잘못된 사용 및 거짓말이 극도로 중요하다는 점을 이해한다! 그래서 왜 '긍정'oui이 오로지 완전히 '긍정'이어야 하는지, 왜 '부정'non이 오로지 완전히 '부정'이어야 하는지 파악된다. "더 많은 것으로부터 오는 모든 것은 사탄으로부터 온다."는 것은 사소한 일이 아니다! 단지 이것은 '말'을 모호하게 만들려는 것이고, '말'을 '말'과 다른 것으로 만들려는 것이며, '말'을 왜곡시키려는 것이다. 하나님의 **말**에 대한 증언자, 곧 하나님이 **말**이며 하나님은 말한다고 증언하는 자는, 완전한 증언자인 동시에 인간의 '말'에 '충만함'plénitude을 회복시키는 자이다. 우리는 하나님의 '말'에서 나온 것인 동시에 하나님을 나타내려고 하나님에 의해 선택된 것으로부터, 인간의 모든 '말'이 이런 특성과 가치를 이끌어낸다는 점을 보았다.

그러나 이런 관계는 이성과 분석을 벗어나서는, 은밀하고 이해할 수 없는 것으로 남아 있다. 또한 이러한 '말'은 다음 같은 증언자의 '말'일 경우에만, 명쾌하고 확실하다. 다시 말해, 이 증언자는 이 둘 사이에 관계를 분명히 만드는 자이다. 또한 이 증언자는 "내가 언급하는 바는 하나님의 '말'을 표현하는 것이고, 나의 '말'은 하나님의 '말'을 투사하는 것이다."라고 선언하는 용기와 대담함과 열정과 자만심을 자신의 가장 겸허함 가운데서 지닌 자이다. 물론, 이것은 생각도 못할 일이며 편집병偏執病이다. 그렇지만 인간의 언어 전체가 힘과 새로운 기원을 갖게 되는 것은, 단지 거기서이다. 이것은 내가 누구인가라고 하면서 우스꽝스럽게 되는 용기이고, 나 자신을 알면서 내가 '**지극히 높은 자**'의 진리를 표현할 수 있다고 생각하는 망상이다. 이것은 잠재적 자만인가? 그렇지 않다. … 왜냐하면 나는 언급해야 할 '말'의 진리에 의해 짓눌리고 깨어지며 분쇄되기 때문이다. 키르케고르는 이것을 완전히 경험했다. 그러나 루터와 아우구스티누스는 어떠한가. 증언자는 이렇게 엄청난 것을 경솔히 언급할 수 없다. 그래서 가장 끔찍한 모험적인 일이 설교이다. 나에게는 하나님을 거짓말하게 하면서 스스로 착각할 권리가 없다. 그러나 누가 내가 틀리지 않을 것임을 보장해 줄 수 있을까… 나는 면도날 위에 있다. … 그러나 나의 설교가 일요일 오전의 경건한 연설 연습일 따름이라면, 나는 침묵할 수밖에 없다. 나의 설교가 나의 '말'에 의해 전달되는 하나님의

'말'에 대한 선언이나 선포가 아니라면, 이 설교는 아무런 의미가 없으며, 가장 얼토당토하고 가장 추악한 연설이 된다. 또한 나의 설교가 입증이 거나 입증이 되고자 한다면, 나는 나의 주장 자체에 의해 완전히 문제시 되고, 나는 하나님을 거짓말쟁이로 만듦으로써 완전한 **거짓말쟁이**가 될 수 있다. 그리고 내가 착각하여 나의 견해와 생각으로 하나님의 **계시**를 대체한다면, 또 내가 나의 '말'에 무게감과 광택을 부여하고 나의 청중을 현혹하기 위해 나의 '말'을 하나님의 **말**로 선포한다면, 하나님이 되찾지도 않고 성령이 인정하지도 않는 나의 '말'은 나에 대한 단죄의 빌미가 될 것이다. 어떠한 '말'이건 나에 대한 단죄를 생겨날 수 있게 하는 것이 아니라, 예수 그리스도 안에서 계시된 하나님의 진리와 관계된 '말'만이 나에 대한 단죄를 생겨날 수 있게 한다. 왜냐하면 내가 **거짓말쟁이**가 될 수 있는 것은 거기서일 따름이기 때문이다. 이것은 증언자의 절대적인 위험이며, 인간이 겪을 수 있는 유일한 심각한 위험이다. 이것은 인간이 언어에다 자신의 진정성을 부여할 수 있는 상황이다.

그러나 이와 동시에, 말하는 이러한 인간은 진정한 증언자이다. 실제로, 증언자는 상황의 돌변과 단절을 야기하는 새로움과 예기치 않음을 주어진 상황 속으로 들어가게 하는 자이다.249) 소송에서 증인은 사람들이 지닐 수 있는 현실에 대한 확신이나 혹은 '시각적 인식'을 변화시키는 사실을 제시한다. 그런데, 하나님의 '말'에 대한 증언자는, 상상할 수 있는 가장 큰 변화와 혁신과 단절을 생겨나게 한다. 이것은 우리가 **영원**, **절대**, **궁극** 같은 단어들로 규정하는 '**전적 타자**'와 '**보이지 않는 자**'와 파악할 수 없는 차원에 대한 입증이다. 그런데 이 단어들이 지칭하는 바를 우리가 상상할 수도 이해할 수도 없기 때문에, 이 단어들은 아무런 의미

---

249) 『증언자』 *Le Témoin* 에서 자끄 엘륄의 「증언에 대한 해석학」Herméneutique du témoignage 를 참조할 것.

가 없다. 하지만, 이 단어들에 의해서만이, 우리는 이 "다른 존재"에 대한 실마리를 얻는다. 그런데, 우리가 이 "다른 존재"의 아들이며 사랑받는 자임을 우리가 알았던 것은, 이 "다른 존재"의 '말'을 통해서이다. 증언자는 가시적이고 구체적이며 잴 수 있고 분석할 수 있는 우리의 현실 속으로, 이러한 '**전적 타자**'가 관여하게 한다. 그리하여 '**전적 타자**'는 현실을 떠맡고 한정하며 재면서, 현실에 다른 차원을 부여한다. 하지만, 어떠한 일도 활동도 이러한 증언을 전달하지 못한다. '말'에 의거하는 '말'만이 이러한 증언을 전달한다. 이것은 전적으로 이것에 참여하는 자에 의해 전해진 인간의 '말'이다. 거기에는 성령이 필요하지만, 이와 동시에 증언자도 필요한데, 이 증언자 없이는 아무 것도 일어나지 않을 것이다. 국가화 된 이 기술 세상을 특징짓는 복합적인 전체주의, 인간관계의 폐쇄성, 인간 심성의 냉담함과 관련하여, '**전적 타자**'의 현존은 우리 사회와 우리 시대의 가장 근본적인 급선무 중 하나이다. 인간을 전향시키는 우리 사회가 전체적이라면, 근본적인 '**전적 타자**'의 선포만이, 또 이러한 선포를 통한 동화될 수 없고 측정될 수 없으며 이용될 수 없는 '**전적 타자**'의 개입만이, 터진 틈, 빙산의 해빙, 톱니바퀴 장치 속에서 움직임, 채워지지 않은 공간을 생겨나게 할 수 있다. 그러나 이것은 체계에 내재한 내적인 어떠한 힘으로부터 나올 수 없는데, 이 힘은 즉시 원상으로 되돌려질 수도 있을 것이다. '말'만이 자유롭기 때문에, 이것은 '말'을 통해서만이 이루어질 수 있다. 그러나 이것은 '고착된 언어'langue de plomb가 아니라 **생생히 살아 있는 '말'**이다. 그런데, 본래부터 본질과 진리와 독립과 기원이면서 자가생산적이고 자주적이며 독자적인 다른 '**말**'에 대해, '말'이 그 메아리와 반향과 대답과 질문이 될 때만이, '말'은 생생히 살아 있을 수 있다. 이것은 '**말**'로써 창조하는 '유일한 자'에 의해 끊임없이 다시 시작되는 '말'이고, **증언자**에 의해 끊임없이 다시 취해져야 하는 '말'이다. 그래서 이 '말'을 언급하는 '인격'personne과 이와 같이 밀접하게 연결되어 있는 것이 '말'이다. '말'은 이러한 '인격'의 직접적이고 구체적인 표현이다. 즉, 이 '인격'이 존재하지 않으면, 아무 것도 남지 않는다. 발음되고 완결된 **말**은 과거에 속하지만, 이 과거에는 어떠한 종류의 현실도 없다. 이러한 '말'은 다시 오지 않는다. 잠잠한 파동들이 '말'을 공간 속으로 이끌어 간다. 이 '말'은 더는 '말'이 아니다. 이 '말'은 들려지고 '지금 여기서'hic et nunc 믿겨지지만, 언급되자마자 '말'은 더 존재하지 않는다. 그래서 우리가 알았던 것, 곧 우리가 '말'을 통해 믿었던 것이 남는데, 이것은 다른 '인격'에 대한 우리 '인격'의 집착이나 혹은 거부이다.

그러나 '말'은 사라졌다. '말'은 삶에 연결되어 있기 때문에, '살아 있는 것'에 속한다. 그런데, 이 '살아 있는 것'은 결코 굳어질 수 없고, 불변의 것으로 보존될 수 없으며, 순수한 대상이 될 수 없다. 이와 같이 '말'은 결코 대상일 수 없다. 하나님의 **말**도, 인간의 **말**도 그러하다. 그래서 우리는 이미지와의 근본적인 대립을 다시 발견한다. 이미지는 대상이며, 대상일 따름이다. 이미지는 생명이 주어질 때에라도 결코 살아 있지 않고, 결코 '인격'의 표현이 아니다. 하나님은 **말**을 선택하면서 인간 쪽에서의 모든 익숙함과 소유를 금지하는 계시의 방식을 택했다. 하나님의 **말**은 대상으로 변할 수 없으며, 결코 인간 마음대로 할 수 있는 것이 아니다. 하나님이 현존할 때 '말'은 하나님의 **말**이든지, 그렇지 않으면 하나님이 부재할 때 아무 것도 없든지 이다. 이 '말'은 불가피하게 현재적이고 직접적이다. 그렇지 않으면 이 '말'은 존재하지 않는다. '말'이 기록될 때 엄밀히 따지면 '말'은 이와 같이 대상이 될 수 있는데, "기록된 율법은 소멸했다."250)는 그리스도의 말을 우리는 잘 알고 있다.

---

250) [역주] 프랑스어 원문 "La lettre est morte."에서 '기록된 율법'에 해당하는 표현인 'lettre'는 한글 성서인 개역개정과 표준새번역에서 '율법(의) 조문'으로 되어 있다.

3장 · 승승장구하는 '시각적 인식'

　인간이 존재한 이래로 모든 사회에는 자체의 이미지들이 있었고, 마찬가지로 인간은 언제나 보았으며 이미지들에 의해 늘 사로잡혔다. 라스꼬Lascaux 동굴의 벽화, 샤르트르Chartres 성당의 스테인드글라스, 알제리 오가르Hoggar 지역의 자연이 빚어낸 조각품, 이집트 카르낙Karnac 신전의 양각陽刻 작품을 보면, 인간에 의해 만들어진 이미지들이 언제나 있지 않았는가? 인간은 자신이 해석하는 것에 대한 가리개를 자신과 세상 사이에 두려고 늘 애쓰지 않았는가? 깎아 만든 형상을 금지하는 성서의 계명은 지속적인 경향을 나타내지 않는가? 또한 이 성서의 계명은 이런 결정의 계기가 되기 위해 특이한 중요성을 띠지 않는가? 이것은 늘 마찬가지이다.
　또한 이것은 사람들을 안심시키면서, "하늘 아래 새로운 것은 아무 것도 없다"는 표현을 남용하는 것이다. 즉, 우리 문명은 지나간 시대의 문명과 마찬가지인데, 스스로 질문을 제기하는 것은 무슨 소용이 있는가? 왜냐하면 인간은 늘 마찬가지이기 때문이다. 그런데 그렇지 않다! 예전 사회의 이미지와 우리 사회의 이미지 사이에는 어떠한 공통된 척도도 존재하지 않는다. 명백히 지적할 수 있는 점은, 이런 조각과 그림은 수가 아주 적었다는 것이다. 이런 조각과 그림은 매 순간 시선이 향하는 불가피한 정지 지점은 아니었다. 아주 예외적으로, 인간은 상황 속에서, 또 예외적인 장소에서 이미지를 알아보았다.

그리스 시대나 혹은 로마 시대의 조각을 누가 감탄하면서 바라보았는가? 우리는 이 점을 별로 알지 못하지만, 아마 도시에서 멀리 떨어져 사는 농부는 아니었다. 갈대아 궁전이나 혹은 로마 궁전의 조각상 및 폼페이의 그림과 모자이크도 그러했음을 우리는 안다. 즉, 왕과 그의 신하 그리고 부유한 원로원 의원과 기사, 다시 말해 아주 적은 수의 개인들이 이것들을 감탄하면서 바라보았다. 이들의 노예들도 거기에 덧붙여야 하지만, 이 노예들에게는 이런 이미지들을 기쁨으로 받아들이지 않을 이유가 있었다. 대중은 이러한 창작품에 완전히 낯선 채로 남아 있었음이 분명하다.

더 최근의 시대로 넘어가면, 우리는 동일한 사실을 더 확실히 고찰할 수 있다. 간혹, 예술가를 통솔하는 것은 부유한 사람이고, 이것은 통상적인 상황이 될 것이다. 즉,『매우 풍요로운 시기』251)를 만든 세밀화가가 이에 해당하고, 그 다음으로는 가구나 건축물에 초상을 새기거나 그려 넣은 원형의 장식을 만드는 화가가 이에 해당한다. 뒤이어 자신의 초상화나 혹은 부인의 초상화만을 주문하는 것이 아니라, 어떤 유화이든 저명한 화가가 그린 유화를 주문하는 부유한 후원자의 지원을 받은 화가가 이에 해당한다. 이러한 작품 전체는 완전히 내밀한 것으로 남아 있음은 당연하다. 훌륭한 유화는 복제되지 않고, 미술관도 없으며, 전시회도 없다. 귀족이나 혹은 영주는 자신의 사적인 용도를 위해 자기 집에 걸작을 소장하고, 같은 사회 계층에 속하는 친구들과 더불어 혼자서만 이 걸작을 만끽한다. 어쨌든, 이들은 저녁 식사를 하러 오거나 혹은 어떤 축일을 맞아서 올 때, 가끔씩만 유화나 혹은 흉상을 감탄하면서 바라볼 따름이다.

---

251) [역주]『매우 풍요로운 시기』*Les Très Riches Heures*. 15세기 초 프랑스의 공작 베리(Berry)가 주문해서 만들어진 가톨릭 평신도를 위한 전례의식집으로서 각각 60여개의 대형 세밀화와 소형 세밀화가 들어 있다.

물론, 이미지는 존재한다. 심지어 어떤 사람이 이미지들 중 하나에 열중할 수 있다. 하지만, 그뤼네발트252)의 제단화를 새롭고 강렬하게 주시하는 것과 최신 영화 상영을 주 2회마다 어쩔 수 없이 보는 것 사이에 누가 차이를 느끼지 않겠는가. 대다수 사람은 이미지의 작용에서 배제되어 있고, 이미지를 소유하는 이들은 늘 마찬가지인 적은 양의 이미지만을 지닌다. 그래서 그림은 즐거움이나 혹은 취향의 형성에 소용될 수 있다. 그림은 집단의 심리적 구조를 변화시키는 집단적인 힘은 아니다.

하지만, 민중을 위한 이미지들이 분명히 존재했다. 나는 성당의 스테인드글라스나 조각을 떠올리는데, 각자는 상상속의 교훈이나 신앙심에 관한 교훈을 얻으러 성당에 오곤 했다. '저능한 이들을 위한 책'253)에 대해서는 우리가 나중에 다시 언급해야 할 것이다. 하지만, 어쨌든, 이러한 이미지들도 수가 아주 적다. 이 이미지들은 민중을 대상으로 하기에, 민중은 지역 예배당에 있는 것만을 알 따름이다. 민중은 이 수십 개의 장면을 즉시 헤아리고 터득했으며, 이 장면들이 비슷하다고 여기게 된다. 즉, 이 장면들은 변하지 않고, 새로워지지 않는다. 또한 이 장면들은 자체의 세계에 속해 있지만, 그 자체로 독특하고 자율적인 세계가 아니다.

구경꾼은 이 이미지들에 의해 휩쓸리지 않고 좌우되지도 않는데, 이와 반대로, 이 이미지들은 구경꾼의 주의를 집중시킨다. 하지만, 이 이미지

---

252) [역주] Mathis Grnewald(1470-1528). 독일의 화가로서 대작 「이젠하임 제단화」로 유명하다. 독일 알자스 지방의 이젠하임(Isenheim)에 있는 성聖 안토니우스 수도원의 병원에 그려진 이 작품은 아홉 개의 패널로 구성된 대규모 작품이다. 이 작품의 주제는 '맥각중독麥角中毒'으로 고통 받는 환자들과 직접적으로 관련되어 있다. 몸이 타들어가는 환각에 빠지기도 하여 당시 '성 안토니우스의 불'이라고 불리던 이 병은 맥각을 만드는 균류에 감염된 빵을 먹어 걸리는 무서운 병으로서, 근육 경련, 심한 통증, 피부 괴저壞疽, 환각 등의 증상을 일으킨다. 따라서 이젠하임 제단화의 중앙 패널에 묘사된 예수 그리스도의 극적인 수난 장면, 곧 죽음의 고통으로 움츠러들고, 몸에는 상처가 가득하며, 고통으로 일그러진 예수 그리스도의 끝없는 수난 광경은 이 병으로 고통 받고 비참하게 죽어가는 환자들에게 위안을 주었을 것으로 여겨진다.
253) [역주] '저능한 이들을 위한 책'(libri idiotarum). 엘륄은 『뒤틀려진 기독교』*La subversion du christianisme* 3장에서 이 책에 대해 무지한 이교도로 하여금 신성한 이야기를 단순화시킨 기초개념을 배울 수 있게 하는 그림책이라고 설명한다.

들은 친숙하기 때문에, 구경꾼의 삶의 현실 저 너머로 구경꾼을 결코 이끌지 못한다. 그래서 분명히 오늘날의 문명을 이미지의 문명이라고 절대 말할 수 없었다. 이미지가 증가함으로써 현상의 본질이 변했다. 양의 변화를 통해 질이 변화한다는 것은, 마르크스적 개념이 사실인 경우 중 하나이다. 인간이 전통적으로 이미지로서 인식했던 것과 우리가 알고 있는 것 사이에는 비교가 결코 가능하지 않다. 그래서 시각視覺은 자연적인 광경과 관련되었다. 즉, 인간은 **자연**의 이미지만을 지니고 있었는데, 시각은 인간을 둘러싼 현실과의 주된 접촉이었다.

인간은 이 현실의 진가를 알아보았으며, 자신의 시선을 이용해서 이 현실과 관계를 맺었다. 이것은 장래의 행동 영역들을 취하는 수단이다. 관조 자체는 사물들의 외적 측면에만 관련되었고, 시각에 결부된 사색만이 '저편의 세계'에 도달하려 했다. 서로 연결되는 시선조차도 영혼에까지는 침투하지 않는다. 시선은 진정으로 관계이고 타인에 대한 이해이지만, 자체의 현실에서만 관계이고 타인에 대한 이해이다. 이것은 내 행동의 대상이 되고, 나와 관련하여 진정으로 대상이 된다. 존재하는 것은 단순한 시선을 통해 이미 대상으로 변한다. 물질에 대한 과학자의 시선뿐만 아니라, 자신이 거기서 움직이는 세계를 자신의 것으로 절대로 간주하는 각 인간의 냉담한 시선도 그러하다. 인위적 이미지들이 증가함으로써, 이 모든 것이 준비되었다.

1. 이미지의 침입

이미지에 파묻힌 현대인의 삶

물론, 우리 사회에서 이미지의 당당한 발전과 '말'의 퇴보를 길게 설명하는 것은 필요하지 않다.254) 우리는 이미지들의 세계 속에서 늘 살고 있다. 사진, 영화, 텔레비전, 광고, 벽보, 신호, 삽화가 이런 이미지들이다. 우리는 모든 것을 시각화하는 습관이 있다. "한 장의 스케치가 긴 연설보다 더 낫다"는 나폴레옹Napoléon의 바로 그 '말'은, 우리에게 있어 분명히 틀림없는 것이 되었다. 한 번 더 말하건대, 활동가와 현실주의자의 주장만이, 또 직접적인 구체성과 관계되는 주장만이 문제될 수 있다고 판단하기로 하자. 일단의 기사들의 작전을 지도 위에서 나타내기 위해서는, 어떤 도식이 말해진 설명보다 더 낫다는 점은 분명하다. 하지만, 우리는 이 도식을 일반적인 진리로 삼았다. 더 정확히 말하면, 이미지의 명백함은 전혀 다른 표현 방식을 쓸모없이 만든다. 그러나 사람들이 우리에게 보여줄 수 있는 것은 언제나 불가피하게, 우리를 둘러싸고 있는 현실의 영역에 속한다. 이것은 표상의 세계이면서, '구경거리'255)의 세계이면서, 시각적인 것과 혼동된 정보의 세계이다.

사람들이 이미지를 갖지 않는 한, 오늘날 정보는 의심스러운 채로 남아 있다. '정보 · 통신' 이론은 시각적인 것이 발달하는 순간에만 비약적 발전을 한다. 물론, 전문가들은 이 점이 말해진 정보와 똑같이 관계된다고 하겠지만, 역사적 일치가 반드시 필요하다. 사실상, 모든 정보에는 시각적인 것의 특징이 주어진다. 실제로, 이 시각적인 것으로부터 통신 이론 전체가 이루어진다. 게다가, 통신 이론 자체는 스케치와 도식으로 표현된다. 이런 표현에 부여되었던 온갖 희석과 기름얼룩이 덮인 확장과

---

254) 문제되는 것이 오로지 정신적인 이미지들이 아니라 실제적인 이미지들임을 단지 지적하기로 하자. "정신적인 이미지들"에 대한 가장 훌륭한 전문가 중 한 사람은 다음 같이 기술한다. "문제되는 것은 어떤 진정한 이미지가 아니다. '음화 사진'(cliché photographique) 같은 진정한 이미지들은 사람들이 바라볼 수 있고 조작할 수 있으며 벽에 붙일 수 있는 구체적인 대상들이다. 이것은 뇌의 정신적인 눈이 알아보는 것과 아무런 관계가 없음은 분명하다." 〈『연구』La Recherche (1980년 2월) 에서 미카엘 코슬린(S. Michal Kosslyn)〉 여기에는 몸짓이나 영화 등에 적용된 "언어"를 위한 동일한 은유적인 확대해석이 있다.

255) [역주] 여기서 '구경거리'에 해당하는 프랑스어 'spectacle'은 '광경'으로 옮겨지기도 한다.

위족僞足과 비상식과 더불어, '구경거리 사회'에 대해 무엇이 언급되지 않았으며, 무엇이 되풀이되지 않았는가. 또 다시, 나는 엄밀하고 설명적인 드보르256)의 견해를 실제로 참조하라고 당부할 것이고, 그의 저서의 텍스트에 아무 것이든 집어넣지 말라고 당부할 것이다. '구경거리 사회'란 자체가 구경거리로 되는 사회이고, 모든 것을 구경거리로 변화시키는 사회이다. 또한 '구경거리 사회'란 구경거리로 모든 것을 마비시키는 사회이고, 비의도적이고 무의식적인 장본인을 구경꾼의 역할에 위치시키는 사회이며, 기술적이지 않은 것을 시각화 속으로 고착시키는 사회이다. 이 사회는 시각화를 통해, 시각화를 위해, 시각화에 따라, 시각화에 의해 만들어진 사회이다. 모든 것이 시각화에 종속되고, 시각화를 벗어나서는 아무 것도 의미가 없다.

전통적인 인간의 유일한 '광경'은 **자연**의 '광경'이었다. 그런데, 이런 **자연**은 가능한 삶의 원천이었던 동시에 그 위협에 맞서 미리 대비해야 할 지속적인 위협이었기 때문에, 바로 **자연**의 '광경'은 어떤 '광경'이 아니었다. 이 **자연**은 자신이 등반하는 산의 정상에 도달하거나 혹은 대양의 폭풍 가장자리에 이른 여행객이 즐기는 '광경'이 아니었다. 따라서 이 미지의 침범이 지닌 특이성은 여기서 다음과 같다. 즉, 이제 **자연**과 대체된 사회는 인간에게 생존 수단을 보장하고, 인간의 모든 수단과 가능성을 보장한다. 하지만, 이와 동시에 사회는 인간의 가장 큰 위험이 되고, 전체적이고 지속적이며 개인적이고 집단적인 위협이 된다. 그러므로 특이한 변화가 일어나서, 이러한 사회는 '구경거리'가 되었고, '구경거리'로서만 파악된다는 것이다. 마치 200년 전, 폭풍 한가운데 있는 배의 선원

---

256) [역주] Guy Debord(1931-1994). 프랑스의 작가이자 수필가이자 영화인이자 혁명가. 자신의 주요 저서 『구경거리 사회』*La société du spectacle* 에서 '구경거리'(spectacle)라고 불리는 바를 개념화한다. '국제 무정부주의자 연맹'(Internationale situationniste)의 창설자 중 하나이다.

들로 하여금 셰스피어의 「폭풍」 *La Tempête*이란 연극 공연을 관람하게 하기 위해, 이 선원들을 한데 모았듯이 말이다. 즉, 이 생각할 수 없고 기괴한 상황은 바로 우리가 겪는 상황이다! 이것은 폭발, 전쟁, 페스트, 기아, 항공 참사, 테러라는 '구경거리'이다.257) 게다가, 이 '구경거리'는 더는 '구경거리'가 아닌 것, 곧 도형수의 상황이나 이데올로기에 미친 자의 상황을 은폐하거나 혹은 대량 생산 방식의 연속공정에 매인 노동자의 상황을 은폐한다. 하지만, 우리는 이런 것도 '구경거리'로 삼을 줄 알고, 우리의 이미지 세계로 들어가게 한다. 시각視覺은 진리와 더는 마주하지도 대면하지도 않기 때문에, 시각은 현실을 비워버릴 수 있게 한다. 시각은 현실에 대한 표상을 가능하게 한다. 현실에 대한 표상은 현실만큼 확실하기 때문에, 또 이미지가 현실보다 더 실제적이기 때문에, 현실에 대한 표상은 현실로 간주되고 현실과 동일시된다.258) 표상은 우리에게 정신적인 틀 구실을 하고 우리는 사실들을 생각한다고 믿지만, 이것은 표상들일 따름이다.

우리는 행동한다고 믿는다. 그러나 그 모두가 종합적이긴 하나 일관성이 없고 항상 변하는 다량의 이미지들로부터 나오는 뒤섞인 현실의 표상들 가운데서, 우리는 쩔쩔매고 있다. 이 이미지들은 환등기를 보여주는 자에 의해 제시된다. 그런데, 이 환등기는 우리의 정신적 전경小景을 가변적으로 선택하고 착색하며, 이 전경을 구성한다. 이것은 내가 내 자신에게 부여하는 표상에 일치하는 환등기의 제시이다. 또한 이것은 내가

---

257) 그가 아직도 베르꼬르(Vercors)가 아니었던 시절의 브륄러(Brler)의 놀라운 스케치들을 여기서 인용할 필요가 있는데, 「병 속에 파리들처럼」*Comme mouches en bouteille*에는 이 주제가 놀랍게 예시되어 있다. 『살아있는 자들의 춤』*La Danse des vivants* (Paris, édité chez l'auteur, 1933-1936)에서 「병 속에 파리들처럼」*Comme mouches en bouteille*.
258) 그토록 아름답고 그토록 잘 전시된 이미지로 사진에서 그가 보았던 예술품의 '실재'(réalité)가 그토록 실망스럽다면 누가 이 예술품을 마주치고서 실망하지 않겠는가. 『스키티아인의 황금』*L'Or des Scythes* (Paris, Editions des musées nationaux, 1975)의 놀라운 삽화들을 참조할 것.

누구인지 정확히 고찰하기를 거부하면서 내가 행하는 역할이고, 내가 지금 있는 그대로를 내게 만들어주는 역할이다. 이것은 '담화'이다. 이미지들은 그토록 기대에 더 부응한다. 물론, 이런 상황과 문화와 자유를 칭송하는 것은 언제나 가능하다! 르몽드의 뉴스 보도 기자의 다음과 같은 재미있는 텍스트가 있다.259)

"체념하고 받아들여야 한다. 우리는 시청각 시대에 살고 있다. 대부분의 사람, 특히 젊은이들은 책을 거의 읽지 않고, 학교에서 배웠던 것을 잘 기억하지 못하고 잊어버리며, 텔레비전에서 말해진 것이나 겨우 기억한다. 날마다 단어는 이미지 뒤로 한층 더 물러나는데, 이 이미지는 아무렇게나 된 이미지가 아니다. 이것은 책에서처럼 또 삶에서처럼 그런 이미지가 아니라, 움직이고 말하는 이미지이다. 물론, 사람들은 이 이미지를 바라본다. 사람들은 버튼을 누르면서, 다른 이미지를 지워버린다. 예전에 영화관에서는 영화를 보는 권리를 누리기 전에, 브라질에서 다이아몬드 채굴에 관한 혹은 작가 샤또브리앙Chateaubriand의 브르따뉴Bretagne 지방에서 어린 시절에 관한 조잡한 전통 다큐멘터리를 어쩔 수 없이 꾹 참고 보아야 했다. 지금은 이런 일이 사라져서, 사람들은 자유롭게 자신의 프로그램을 구성한다. 아무도 우리의 의향에 어긋나게 '배우도록' 우리를 강요할 수 없다."

이와 같이 우리는 자유로우며, 극히 자유롭다. "시청각 문화" 속으로 물론 들어간다는 조건에서, 또한 다른 식으로는 할 수 없다는 점을 받아들이고 무엇보다 '말'과 '담화'와 독서가 퇴보한다는 점을 받아들이는 조건에서 그러하다. 이런 일이 이루어지면, 놀라운 문화와 자유가 생겨날 것이다. … 어디서든 텍스트가 점진적으로 퇴보한다. 교과서나 혹은 잡지를 살펴보는 것으로도 충분하다. 상황의 돌변이 1950년과 1960년 사이

---

259) 1978년 7월.

에 일어났다. 그때까지는 주된 요소인 텍스트의 단순한 삽화가 이미지였고, '담화'는 단연 가장 중요한 부분이었다. 또한 '담화'의 내용을 더 구체적으로 만들기 위해, 또 주의를 고정시키기 위해, 부수적으로는 이미지가 있었다. 이것이 이미지가 유일하게 관심을 끈 부분이었다. 하지만, 상황이 뒤바뀐다. 즉, 이미지는 모든 것을 담는다. 전혀 다른 정신적 과정에 따라, 우리는 페이지를 넘기면서 이미지들의 연속을 좇아간다. 텍스트는 공백과 결함을 메우기 위해 거기 있을 따름이고, 이미지에서 분명하지 않을 수도 있는 것을 경우에 따라서는 설명하기 위해 거기 있을 따름이다. 간혹 실제로 이미지가 명백하다면, 이미지는 거기서 이해해야 할 바를 분명히 언급하지 않는다. 따라서 관계가 뒤바뀌었다. 본래 이미지는 어떤 텍스트의 삽화인데, 이제 텍스트가 이미지에 대한 설명이 되었다.

교육

우리의 이미지 세계를 잽싸게 훑어보기로 하자. 어린아이는 교육을 받기 시작하자마자, 그림과 카드로 둘러싸여 있다. 어린아이의 책에는 언제나 더 기민하고도 화려하게 삽화가 그려져 있다. 어린아이가 선물로 받은 책뿐 아니라 교과서도 다음 같은 것만을 목적으로 삼는다. 즉, 어린아이의 감수성에 직접 말하는 것만을 목적으로 삼고, 어린아이의 주의를 강요하는 것만을 목적으로 삼으며, 음울하고 조밀한 텍스트가 유발하지 못할 수도 있는 흥미를 일깨우는 것만을 목적으로 삼는다.

초등학교의 아주 현대적인 교실에서조차, 풍경 사진이나 복제 그림이 어떤 교육내용을 설명하려고 있는 것이 아니라, 무의식적인 문화의 초기 단계를 도입하려고, 또 교실과는 공통척도가 없는 차원들을 지닌 세계를 제시하려고 거기에 있다. 게다가 교육내용은 이미지를 이용하여 더 쉽게 확산된다. 그런데, 이미지는 어떤 강의를 지속시킬 뿐 아니라, 아마도 어떤 강의를 대체하기도 한다. 그리고 사람들은 긴 '담화'보다 어떤 이미지가 한층 더 단번에 강의에 대해 알려준다고 이구동성으로 주장한다. 토론은 전혀 없다. 교수들은 교육내용을 이미지로 보여주기에 충분한 기자재가 늘 없어서 단지 가슴아파하거나, 혹은 시각적 상징으로 온통 변할 수 없는 어떤 학문을 가르쳐서 단지 가슴아파한다. 우리가 앞에서 인용한 "한 장의 스케치가 긴 연설보다 더 낫다"는 표현에 대해 의견 일치가 이루어진다면, 그것은 이 표현이 모든 사람의 의견 일치에 대한 깊은 확신을 나타내기 때문이다. 그리고 이런 고찰을 시작하자마자, 우리는 번복하지 않도록 이런 공통된 의견을 염두에 두어야 한다. 왜냐하면 우리가 어떤 결과를 알아 차렸을 때, 우리는 그렇게 하고 싶은 생각이 들 수도 있기 때문이다.260)

사인과 간판

내가 집을 나서면, 나는 도시의 거리에서 그 대상이 무엇이건 벽보와 광고와 선전과 선언문과 흥미를 끄는 것에 즉시 사로잡힌다. 내가 지나가면서261) 단지 읽을 따름인 아무 것도 아닌 게 텍스트인데, 이 텍스트는 색채와 형태와 그림이 된다. 이것이 바로 내 기억 속에 새겨지는 것이다. 또한 이것이 바로 길모퉁이에서 얼핏 보이거나 순식간에 스쳐 지나가는 버스 상단의 대형 광고판으로부터, 혹은 지하철이 도착하고 출발할 때

---

260) [역주] 여기서 엘륄은 나폴레옹이 말한 "한 장의 스케치가 긴 연설보다 더 낫다"는 표현이 모든 사람에게 있어 명백한 진리가 되었음을 언급하면서, 비꼬는 투로 다음 같은 내용을 덧붙이려고 한다. 즉, 우리는 이런 표현에 대해 모든 사람의 의견이 일치한다는 점을 염두에 두어야 한다. 그렇지 않으면 우리는 '말'을 이미지로 대체하는 현대 교육의 참담한 결과를 보면서, 우리가 이러한 주장에 대해 비판 정신을 발휘할 우려가 있다. 결국, 어떤 것에 대한 모든 사람의 의견 일치를 추구하는 입장의 특징은 다음과 같은 것으로 볼 수 있다. 즉, 모든 사람의 의견 일치로 말미암아 사람들이 저지를 수도 있는 비극적인 결과에도 불구하고, "모든 사람처럼" 사고하도록 부추기는 것이 그 특징이다.
261) 내게 과연 멈추어 설 시간이 있을까? [본문 내용을 역자가 각주로 설정]

나를 엄습하는 소리를 내는 색채 표지판으로부터 내게 남겨지는 것이다.

벽보는 나와 비슷한 사람들에 의해 만들어진 상상의 세계로 나를 채우고, 수많은 그림을 통해 전해진 상상의 세계로 나를 채운다. 그런데, 이 그림들은 일시적이고 착색된 사회를 예술적으로 만들어내는데 나를 관여시킨다. 또한 이런 사회는 나의 반응을 형성하거나 변형시키고, 내게 필요한 것들의 방향을 정해주며, 내 생각을 차지한다. 벽보가 내게 자랑스럽게 내세우고 제시하는 것에 대한 나의 무관심이 어떠하더라도, 나는 벽보에서 벗어날 수 없다. 왜냐하면 그 법칙들의 결합이 나의 주의를 강요하고 나의 시선을 고정시키는 것을 결과로 초래하는 아주 정확한 법칙들에 따라, 벽보가 만들어지기 때문이다. 벽보에 관심이 없다고 자부하는 사람도 아마 벽보의 영향을 가장 잘 받지만, 이에 대해 깨닫지 못한다.

전시회와 박물관

내가 나의 하루 여정을 계속 살펴본다면, 나는 어떤 전시회나 박물관에 와 있지 않을까? 박물관은 대형 작품이나 혹은 소형 작품을 모아 놓은 곳이다. 온갖 종류의 박물관이 있는데, 오늘날 예술 박물관이나 혹은 역사박물관이 가장 중요하지는 않다. 나는 우리의 이미지 문명의 주요 요소들 가운데 인장印章 박물관이나 혹은 레이스 박물관을 염두에 두어야 한다고 생각하지는 않는다. 그렇지만 이런 박물관들은 존재한다. 그렇기에 우리들 가운데 이 박물관들은 바로 우리의 지성에 자리 잡고 있는 이미지이다.

그러나 전시회가 훨씬 더 공격적이다. 이것은 기술 전시회, 해양 전시회, 해충 전시회나 혹은 방공防空 전시회인데, 일반인에게 재미있는 지식을 알려주는 설명 광고판과 카드와 축소모형과 투영도와 통계도표로 이루어져 있다. 하지만, 교과서에서처럼 바로 이미지를 통한 교육이 문제가 되고, 형태들의 특이한 매력이 문제가 된다. 또한 현실 전체를 단번에 파악하게 하는 추론되지 않은 직관적 지식이 문제가 된다. 이런 문화적이고 교육적인 노력이 충분히 제한된 채로 남아 있을 거라고 몇 년 전에는 생각할 수 있었다. 얼마나 많은 프랑스인이 도시화 전시회를 보러 갔는가? 하지만, 프랑스에 있어 보부르262)는 모든 것을 변화시킨다는 것이다! 우리는 이미지의 승리, 구경거리의 승리, 표상에 의한 문화'의 승리를 목격하고, 이것들에 대한 예찬을 목격한다. 거대한 도서관이 수 킬로미터나 되는 이미지들 곁에 있는 하찮은 것이기 때문에, 또 도서관에서 가장 이목을 끄는 것은 여전히 그림책이기 때문에, 모든 것은 이 문화적 세계에서 시각적인 것에 바쳐져 있고, 모든 것은 설득력이 있다. 보부르에서 우리는 이미지 문명의 방식과 목적, 이미지 문명에 대한 기대, 이미지 문명의 실현 등이 집중되어 있음을 목격한다. 이것은 모든 것의 이미지이고, 모든 것에 대한 이미지이다. 백만 명의 방문객이 이미지들을 동시에 지각함으로써, 자신들이 사는 세상을 이해한다. 또한 사람들은 이미지, 사진, 시제품, 도면, 초안, 도식, 슬라이드를 통해, 이 방문객으로 하여금 사회의 변화를 이해하게 한다. 이것은 그 어느 때보다 더 필사적인 현실 속에 뿌리내림, 곧 유일한 현실 속에 뿌리내림이다. 보부르는 이런 현실이 제시됨으로써 오히려 현실이 없어져 버린 것인 '전시회'ex-positon를 절정에 이르게 한다.

---

262) [역주] 보부르(Beaubourg). '퐁피두센터'(Centre Pompidou)가 있는 파리(Paris)의 지역을 가리킨다. 이 센터의 건립에 힘을 기울인 대통령 조르쥬 퐁피두(Georges Pompidou)의 이름이 붙여진 퐁피두센터는 이 센터가 위치한 지역의 명칭을 따서 '보부르 센터'라 불리기도 한다. 거대한 철골 트러스로 이루어진 이 센터에는 도서관, 공업창작센터, 음악·음향탐구 조정 연구소, 파리국립현대미술관 등이 있다. 대담한 이미지와 자유롭게 내부의 변경이 가능한 설계로 유명한 이 건물은 적색과 청색의 원색으로 칠해진 설비 배관이 건물 바깥으로 나와 있는 것이 특징이다.

영화

영화는 또 다른 문제를 우리에게 제기한다. 여기서 우리는 이미지의 남용에 직면해 있으며, 일주일에 한 번씩, 흔히는 일주일에 두 번씩 어떤 인간에게 닥치는 이미지의 홍수에 직면해 있다. 다음과 같은 점은 의심의 여지가 없을 수도 있다. 즉, 심리학자와 의사는 영화가 인간을 멀쩡하게 남겨두지 않음을 인정하는데 일치한다는 점이다. 감정적인 충격은 너무 강력하다. 하지만, 이것은 서술된 이야기가 아니라, 이미 이것은 영화관 객석의 분위기이고 집단적인 어두운 그림자이다. 거기서 각자는 군중 가운데서 고독하고, 화면의 최면적인 빛에 사로잡힌다. 영화가 상영되는 동안 생물학적이고 심리적인 변화가 일어나며 맥박의 빨라지는 것은 당연하고, 황홀경에 빠지는 동시에 피곤하고 신물이 나는 얼굴 표현의 변화가 생겨나는 것은 당연하다.

하지만, 이미지의 충격은 영화 상영 후 몇 시간이 지나서도 이어진다. 정신적 긴장이 완화되었다는 점을 이용하기 때문에, 감정과 감동의 조절은 모호함으로 말미암아 덜 효과적이었고, 현실 세계에 대한 어떤 포기가 생겨났으며, 이미지가 남기는 인상은 최고조에 달한다. 사고나 혹은 육체뿐만 아니라 존재 전체도 영화에 의해 유발된 감정에 관여한다. 또한 영화는 그때까지 다른 어떠한 도구에 의해서도 얻어지지 않은 힘을 보유한다.

관객은 '영향'과 '형태'와 '허구'를 향해 자신을 활짝 열리게 하는 감정적인 개방 상태에 놓인다. 관객은 자신을 허구에 관여하게 하는 이미지에 힘입어, 자신의 본능 중 어떤 본능의 제약으로부터 자유로워지고, 평범한 감정의 가면 아래에서 자신의 개인적 욕구를 세상에 투영한다. 그런데, 이런 상황은 주기적으로 다시 생겨나고, 그 결과는 지속된다. 관례적인 영화는 새로운 개성을 만들어낸다. 또한 관례적인 영화는 감정적이거나 혹은 상상력이 풍부한 내적 불균형을 증가시키면서, 어떤 마약중독으로 귀결된다. 모든 영화 애용자가 마약중독자는 아닌 것은 분명하다. 하지만, 영화 애용자의 개성은 그가 자주 접하고 현실 세계와 겹쳐지는 이미지의 세계에 의해 변형된다.

텔레비전

그럼에도 불구하고, 우리는 아마도 일주일에 한 번은 마주치는 이미지들과 여전히 마주해 있다. 하지만, 이 이미지들은 텔레비전이나 혹은 신문의 일상적인 이미지들에 의해 두 배로 늘어나고 강화되며 강조될 것이다. 텔레비전을 통해 절대적인 이미지는 친숙해지며, 가족적이고 내적인 삶의 수준에 이르게 된다. 정말로 이것은 우리 앞에 펼쳐지는 한편의 일정한 연극과 더불어 살아가는 것에 관련된다. 우리의 집은 어떤 배경일 따름이다. 정말로 이것은 현실을 지워버리는 늘 새로워진 상상속의 변화에 관련된다. 정말로 이것은 우리와 우리의 세계 사이에 놓이는 이미지들의 화면, 곧 나 자신의 삶보다 더 진실해지는 이미지들의 순환에 관련된다. 나는 이 이미지들을 치워버릴 수 없다. 텔레비전이라는 마약은 가장 효력이 있다. 결국, 나는 나를 몰아내는 것 속에 존재한다.[263]

---

[263] 따라서 나는 여기서 맥루한(McLuhan)과 또 다시 의견이 일치하지 않는다. 분명히 텔레비전에 대한 그의 이론은 극히 매혹적이지만, 미묘한 차이를 고려하여 그 이론을 표현해야 한다. 그가 텔레비전은 이미지들을 전달하는 것이 아니라 감각을 유발한다고 언급할 때, 또 텔레비전이 귀로서 눈을 사용하고 독서 습관을 깨뜨린다고 언급할 때, 이것이 확실한 것은 포괄적이고 즉각적인 시각인 것과 관계하는데도 불구하고 바로 독서가 '구두口頭 언어'의 연속에 관련되기 때문이다. 하지만, 텔레비전이 이미지들을 전달하지 않는다고 어떻게 언급하겠는가? 나는 맥루한의 입증을 잘 알고 있고, 무의식의 영역에서는 그가 옳을 수도 있으며, 우리가 이미지로 파악하는 수수께끼 같은 빛나는 점들로 구성된 텔레비전 영상은 깊은 영향을 지닐 수도 있다. 나는 이 점에 대해 쉽게 그와 의견이 일치할 수도 있다. 하지만, 받아들여지고 감지된 것은 이미지이다. 완전히 이것은 시각적 영역에서 이다. 그는 자신이 원하는 바를 언급할 수 있는데, 즉 내가 눈을 감으면 화면에 있는 것을 보지 못한다는 것이다! 눈은 눈으로서 기능을 수행한다. 텔레비전이 즉각적인 것과 포괄적인 것을 만들어내기 때문에 텔레비전인 귀를 눈으로서 기능을 수행하게 한다고 그가 언급할 수 있는 것은, 단지 연속적인 시각視覺과 즉각적인 음향에 대한 사전의 가정에 따라서일 따름이다. 나는 다른 식으로 만들어진 이미지를 텔레비전과 더불어 감지하지만,

신문, 잡지, 만화

매일처럼 여기에 나의 신문이 있다. 물론 삽화가 들어간 신문이다. 거기에는 현실 자체를 더 잘 파악하고 이해한다는 감정을 내게 부여하는 사진들도 있다. 거의 삽화가 없는 르몽드 같은 그토록 진지한 신문을 읽을 때, 또한 다른 일간지에서 사진들이 선명하지 않을 때, 누가 가벼운 좌절감을 느끼지 않겠는가? 대규모 주간지들이 백만 명의 독자를 확보하는 것은, 미미하고 쓸데없으며 터무니없는 논평과 더불어 사진이 현대인에게 있어 필수적인 것이 되기 때문이다. 이것은 텍스트 전체가 조금씩 이미지로 변하고 '말'이 없는 이야기가 이상적인 것이 되는 놀라운 예이다. '말'이 없는 이야기는 우리 현대인에게 분명히 가장 잘 어울린다. 게다가, 아주 분명한 '담화'가 현대인에게는 낯선 듯이 보이는데도, '말'이 없는 이야기는 이미지들의 가장 은밀한 의미를 파악하는 놀라운 능력을 드러낸다. 초현실주의적 벽보와 괴상야릇한 광고 영화의 의미를 단번에 파악하기 위해, 어떤 미묘함이 필요하지 않을까 … 혹은 기억해두는 것이 바람직한 암시와 세부사항으로 가득한 어떤 기법에 대한 이상하고 '우스꽝스러운 도취상태'comic trips를 단번에 파악하기 위해, 어떤 미묘함이 필요하지 않을까 … 관객은 고착된 무언극의 의미를 파악하면서, 수월하게 이러한 해석에 몰두한다. 또한 관객은 이제 각 신문이 그에게 제

이 이미지는 '표기表記'(écriture)를 제외하고 모든 이미지가 늘 지녔던 온갖 특성, 곧 즉시성과 포괄성과 '점들에 의한 구성'을 제시한다! 어떤 풍경을 바라보라. 당신은 포괄적인 시각視覺을 갖게 되고, 화면에서처럼 거기에 있는 수많은 세부적인 것들로부터 오는 즉각적인 인상을 갖게 되지만, 각각의 세부적인 것은 "보지" 못한다! 또한 당신이 눈을 돌리면, 당신의 기억 속에서 이 세부적인 것들을 다시 발견하지 못한다. 당신이 이러한 세부적인 것과 그 다음에 이러한 다른 세부적인 것을 알아보는 것은 단지 상세하게 관찰함으로써 만일 수도 있다. 이미지와 더불어 텔레비전은 당신에게 상세하게 설명할 수 없다. 즉, 이미지는 그 전에 사라졌다. 하지만, 작고 수많은 화필의 터치로 만들어진 점묘법點描法으로 된 유화가 이미지가 아니라고 어떻게 언급할 수 있겠는가! 실제로, 텔레비전은 이미지들의 세계를 강화하는데 그치고, 언어의 논리인 논리를 문제 삼기다! 나는 맥루한의 주장을 바꾸게 하고 싶고, 음을 종합하는 것이자 음향을 인위적으로 만들어내는 것인 현대 음악이 귀로 하여금 눈으로서 기능을 수행하게 한다고 언급하고 싶다.

시할 수밖에 없는 하찮은 이런 허구 속에 빠져서 그렇게 한다. 이것은 현재의 인간이 받아들였던 눈길을 끄는 교육과 이미지들의 의미에 대해 입증할 필요가 분명히 있음을 드러낸다.

사진

내게 제시되고 나를 엄습하는 이미지만이 있는 것은 아니다. 내가 만드는 이미지도 있고, 이미지를 만들어내는 흐름 속에 적극적으로 개입하면서 내가 만들어내는 이미지도 있다. 사진에 대해 잠시 고찰해 보기로 하자. 이것은 여행의 추억이다. 여행 중에는, 특히 시각적이지만 포괄적이기도 한 인상을 받아들이는 태도가 있을 수 있다. 이것은 어떤 장소의 분위기를 실현하는 일로서, 장소의 현상학이다. 이런 인상은 강하게 느껴질 수밖에 없다. 그런데, 이것은 사용가능성을 전제로 하듯이, 이해 가능성의 확대를 전제로 하고, 가능한 한 가장 원활한 방식으로 이루어진다. 왜냐하면 중요한 것은 가능한 한 가장 많은 여건에 대한 이해이기 때문이다.

하지만, 다른 한편으로, 이런 '전체'ensemble와 이런 인상들과 예기치 않은 놀라운 이런 체험을 "통합하고" 동화해야 한다. 그래서 분명히 두 방향이 있다. 우선, 이름과 장소와 광경과 만남을 기억해 두는 것, 곧 순수한 기억에 토대를 두는 방향이 있다. 다음으로, 지적이고 인간적인 측면에서 이 현실과의 대립 경험이 자신의 구성요소가 되게끔 하는 것, 곧 동화의 방향이 있다. 이것은 더는 외적인 기억에 속하는 것이 아니다. 이것은 고찰과 비교를 통한, 또 나의 존재 모자이크 속에 새로운 여건들의 지적인 조직을 통한 점유이다. 이 점은 내 안에서 통합되는 새로운 현실에 자신을 바치는 것을 전제로 하고, 나 자신이 되는 자연이나 인간 환경에 대한 깊은 경험을 전제로 한다. 이런 상황에서 여행은 어떤 진리와 어떤 현실 사이에 만남의 원천일 수 있다. 하지만, 이 점은 "추억"을 훨씬 뛰어넘는다. 그런데, 사진기를 가진다는 사실만이, 포괄적인 이해를 통한 전체를 파악하지 못하게 하고, 더 나아가 문화적 동화를 하지 못하게 한다. 왜냐하면 이 두 작용은 사용가능성에서만 이루어지고, 다른 사물에 전념하지 않는데서만 이루어지며, "여기에 존재하는" 데만 이루어질 수 있기 때문이다. 또한 이 두 작용은 연속적으로 당장의 일 속에 위치할 수밖에 없기 때문이다. 이런 일이 일어나는 것은 몇 시간 후에도 아니고, 밤샘을 하는 저녁에도 아니다. 이런 일이 일어나는 것은 새로운 현실의 충격이 내게 가해질 때이다.

그런데, 사람들이 사진을 찍으려고 신경을 쓸 때, 또 사람들이 어떤 전체에서 기억해야 할 구석을 잘라내는 유지해야 할 시각視覺을 선택하려고 신경을 쓸 때, 우리는 포괄적인 것을 내버려두면서 시각적인 유일한 문제에 온통 고정된다. 그리고 어떤 경험이 될 뻔 했던 것은 광경이 된다. 게다가, 당신이 전문가일지라도, 사진기의 조작과 사진기에 대한 염려와 광도와 시각적 각도는 당신을 기술적인 연습에 집중하게 하고, 지적 메커니즘과 고찰을 근본적으로 가로막으며, 또한 바람과 바다와 사람들의 왕래에 자신을 내맡기는 것을 근본적으로 가로막는다. 그리고 얼마나 더 이런 것들은 유일한 것 앞에서 깊은 열광이 증대하는 것을 가로막겠는가. 또 누군가 그리스도인이라면, 얼마나 더 이런 것들은 하나님에 대한 감사의 기도를 가로막겠는가. 사진기는 명령한다. 사람들은 더는 보지 않고, 사진을 찍어야 할 것을 바라보고 찾는다.

마침내 좋은 사진이 찍혔을 때, 당신은 이 모든 여행객이 모든 것에 무관심함을 목격한다. 해야 할 일이 이루어졌던 것이다. 따라서 그들은 파르테논 신전의 폐허 한가운데서 더 이상 무엇을 할 수 있을까? 사람들은 거기서 무언가 하는 것을 갑자기 의아하게 생각한다. 추억이 필름에 일단 고정되면, 사람들은 거기에 있는 것이 갑자기 싫증난다. 사진술은 여행의 경험을 엄청나게 덜 중요하게 하고, 여행의 경험을 외재화하며, 내재화를 가로막고, 이 "시각적 추억"에 모든 것을 집중시킨다. 사진에 대한 나중의 '시각적 인식'은, 그런 몸짓이나 언급되었던 그런 단어에 대한 "추억들"을 회상시킨다. 이것이 전부이다. 어떠한 깊은 이해도 없다. 자신들의 여행 슬라이드를 보여주는 사람들의 '담화'와 대화를 듣는 것으로 충분하다. 모든 것은 외부에 남았다. 사진을 찍는 행위가 체험했어야 할 포괄적인 현실의 단편을 잘라내었듯이, 이와 마찬가지로 보여준 사진은 살아 있는 추억을 없앤다.

추억은 전체적인 내 삶의 기능이다. 추억은 나타나고 사라진다. 어떤 기억작용을 통해서 뿐만 아니라, 나의 문화와 나의 전체적인 체험에 통합된 현실과 내가 맺는 관계에 의한 발전을 통해서, 내가 동화시킨 내게 속하는 어떤 세상 전체를 이동시키는 기능이 바로 추억이다. 각각의 추억은 거대한 모자이크 속에서 다양한 면과 여러 색깔이 있는 입방체와 같다.

사진은 이러한 움직임과 증대를 가로막는다. 사진은 그림의 소재가 될 만한 아름다움을 이용했고, 가장 외적인 것을 이용했는데, 이것은 영원히 외적일 것이다. 감수성은 눈부신 시각視覺으로 향해지는 것이지, 다른 어떤 것으로도 향해지지 않는다. 사람들이 사진을 다시 볼 때, 사진은 완전히 사용할 수 없는 순전히 외적인 거짓 추억을 다시 생겨나게 한다. 사진은 아무 것에도 소용되지 않고, 아무 것에도 쓸모없다.

나는 다음 같은 격분한 고함소리를 듣는다. … "당신은 당신이 잊는다는 점을 잘 알고 있소! 사진은 회상하는데 소용된다 말이오… 사진 없이는, 당신이 어디에 갔다는 것도, 어디서 「파리 여인」 *la Parsienne*이라는 프레스코 화를 보았다는 것도 당신은 잊어버릴 것이오." 얼마나 대단한 실수인가… 기억되어야 할 만 것이나 깊이 체험되었던 것은, 나의 존재와 기억 속에 각인되고, 나를 변화시켰으며, 나를 새롭게 했다.

내가 잊어 버렸던 것은 무엇인가? 내가 수많은 장소와 얼굴과 그림을 잊어버렸던 것은 사실이기 때문에, 내가 잊어버렸던 것은 단지 내게 있어 아무 것도 아니었던 것이고, 내가 체험하지 못했던 것이다. 또한 내가 잊어버렸던 것은 공허하고 호기심이었던 것이고, 내게 낯설게 남아 있었던 것이며, 어떠한 가치도 어떠한 진리도 내게 제시하지 않았던 것이다. 그러면 종이쪽지 위에 이런 것을 간직하는 것은 무슨 소용이 있는가? 나는 산의 지평선에 의해 놀라움에 사로 잡혔다. 어떤 사진이 내게 유용할까? 내가 거기서 광경만을 보았다면, 이 광경을 회상하는 것은 무슨 소용이 있는가? 이것은 누군가 분명히 거기에 있었음을 확실히 하려는 노력이며, 누군가 분명히 이런 여행을 했음을 확실히 하려는 노력이다.

여기서 우리는 이미지의 중심점에 도달한다. 현대인의 정체성 위기 가운데서, 또 기술적인 흐름의 한가운데서와 '분산'dispersion의 한가운데서, 이미지는 현대인에게 존재한다는 것에 대한 확신을 주고, 사진은 현대인에게 과거를 확실하게 해준다. 사진첩을 넘기는 일은 나는 체험했음을 확신하는 것이다. … 사진은 끊임없이 이미지처럼 살아 있는 것의 대체물이 된다. 이와 동시에, 사진은 세상과의 개인적이고 실존적인 관계를 몰아내는 것이고, 자기 자신과 환경 사이에, 또 자기 자신과 타인 사이에 단절이다. 또한 사진은 새로운 것의 충격을 체험하지 않는 수단이고, 이러한 체험 실패를 고착된 허위 현실로 더할 나위 없이 대체하는 것이다. 이것은 기술의 징후를 몹시 드러낸다.

기술은 직접 체험하는 것을 가로막고, 당신이 체험한다는 아주 강한 인상을 부여하며, 당신이 분명히 살아 있음을 당신에게 확신시킨다! 어쨌든 그러하다. 모습도 당신의 친구도 그러하다. 이것은 노는 아이의 즐

겹고 신기한 순간을 당신을 향해 들어 올린 아이의 시선으로 고정시키는 것이고, 우리가 사랑한 사라진 이들의 특징을 다시 발견하는 것이다. … 얼마나 대단한 거짓인가. 당신은 그들을 사랑했고, 그들은 당신 안에 각인되어 있으며, 당신의 사고와 세계관과 일상 경험 속에 그들의 흔적이 남아 있다. 그렇지 않으면 당신은 그들을 사랑하지 않았다는 것인데, 그런데 무슨 소용이 있는가?

당신이 이 스냅사진을 보더라도 채워지지도 않고 보장되지도 않는 부재不在의 흔적을 당신 안에 갖고 있지 않다면, 광택지나 혹은 필름에 이 표현들과 한순간의 모습들을 간직하는 것은 무슨 소용이 있는가? 그렇지 않다. 사진에 남아 있는 소중한 존재들은 마음속에 존재하기 마련이다. 어떤 시인264)이 말하듯이, "판이 끝났기 때문에 카드를 던져 버리시오…"라고 해야 한다. 이 모습들의 사진은 내 안에 아무 것도 그 흔적을 더는 전해주지 않는데도, 내가 거기에 집착했다고 나로 하여금 믿게 하는 거짓이다. 한 번 더 말하건대, 이것은 시각적인 것의 거짓이고 이미지의 거짓이다. 당신은 가장 사랑하는 이들에 대해 무엇이라 **언급할 수 있**겠는가? 어떠한 적응된 언어인가? 당신은 어떠한 진리를 체험했는가? 당신은 그들과 더불어 어떻게 앞으로 나아갔는가? 당신은 어떠한 경로를 기억해두었는가? 당신이 침묵하다면, 사진은 단순한 환각으로 남는다. 당신이 그렇게 언급할 줄 안다면, 사진은 전혀 쓸모없다.

어쨌든, 사진술은 어떤 예술이고, 나는 어떤 작품을 만든다. … 물론 그러하다! 이와 반대로, 나는 아주 아름다운 사진이 구현될 수 있음을 부인하지 않지만, 우리는 일상의 사진으로부터 벗어난다. 내가 아름다운 사진을 만들려고 여행을 한다면, 또 내가 예술 초상화를 만들려고 얼굴

---

264) 이 시인은 유행에 의해 배척되기 때문에 이름을 언급할 필요가 없다. [본문 내용을 역자가 각주로 설정]

을 사진 찍는다면, 이것은 또 다른 목표이고 목적이다. 즉, 나는 어떤 체험을 하면서 여행하지도 않고, 어떤 추억을 유지하지도 않는다. 나는 사진 예술을 인정하지만, 수백만의 '리플렉스 카메라'265)의 소유자에 의한 사진의 실행을 인정하지 않는다. 어쨌든 모호함이 지속되고, 내가 앞에서 언급했던 모든 것은 계속 유효하다. 어쨌든, 가장 아름다운 사진들이 이미지 세계의 일부를 이룬다. 그런데, 이미지 세계는 현실 자체를 대신하고, 우리로 하여금 둘로 나뉘거나 겹쳐진 시각적인 것 속에 살게 하며, '말'에 대한 접근을 이중적으로 막는다.

정치적이고 종교적인 전례의식

이미지의 영역 전체를 훑어보는 것은 불가능하다. 하지만, 어떻게 체험된 이미지와 대규모 전례의식의 생생한 그림을 기억하지 않을 수 있겠는가? 집단화된 개인을 집단적인 과정 속에서 외부로부터 통합하려고, 시각적인 것의 중요성을 발견했던 것이 교회였음을 우리는 살펴볼 것이다. 그러나 우리는 이 첫 시도들을 오랫동안 지나쳐버렸는데, 이 시도들은 초월적인 진리를 기준으로 삼음으로써, 불가피하게 제한되고 방해된다. 전례의식 이미지는 어떤 접근할 수 없는 것의 상징체계이며 표시일 따름이다. 우리는 이 모든 것을 변화시켰다. 하나님은 죽었다. 초월자도 진리도 더는 없다. 더 정확히 말해, 우리가 진리를 만든다. 그래서 우리는 유형의 시각적인 '통합 전례의식'을 한없이 이용할 수 있다.

이 전례의식을 대단하게 창시한 자는 무솔리니였지만, 이 전례의식을 대단하게 실현한 자는 히틀러였다. 시각적인 것 전체는 개인을 '전체' ensemble 속에 혼합하려고 개인을 없애는데 기여할 수도 있다. 이것은 정

---

265) [역주] 리플렉스(Reflex) 카메라. 렌즈를 지나 입사한 빛을 렌즈 뒤에 45도로 설치된 반사경으로 반사 굴절시켜 초점 스크린에 상을 맺게 하여 초점을 맞추고, 구도와 피사체의 상태를 보면서 찍을 수 있는 형식의 카메라이다.

확히 계산된 리듬과 기다림과 움직임에 따라 세밀하게 조직된 거대한 모임이다. 이것은 긴 행진과 행렬이다. 이것은 표현된 힘이고, 결국 보여진 힘인데, 보여 진 힘이므로 진실한 힘이다. 이것은 온통 상징으로 나타난 민중이다. 외부에 남아 있었던 것은, 이미 보이지 않는 지구 표면으로부터 흩뜨리고 쓸어내야 할 먼지일 따름이었다.

장엄한 '시각적 인식'은 반박을 사라지게 하는 동시에, 존재를 사라지게 한다. 이미지는 진리를 현실 속에 통합한다. 더 정확히 말해, 이러한 '전례의식적인 현실'réel liturgique은 어떠한 '말'이건 간에 그 '말'에 진리의 '음조'consonance를 부여한다. 퓌러266)의 터무니없고 일관성이 없는 '담화들'은, 행렬과 깃발의 엄청난 전개 속에서 절대적 **진리**로서 받아들여질 수 있었던 것과는 다르게 받아들여질 수 없었다. 우리의 세상에는 이런 것들의 흔적이 결정적으로 남겨졌다.

물론, 정치적 전례의식에서 이미지의 이러한 승리는 이미지 문명의 한 측면일 따름이다. 히틀러가 만들어냈던 것은 이미지의 일반적인 격상에 달려 있다. 나치의 전례의식이 이런 효과를 갖고 있었다면, 이 전례의식이 우리 문명의 이러한 과정에 바로 속해 있었기 때문인 동시에, 이 전례의식이 이 과정을 발전시키고 강화했기 때문이며, 이 과정에 새로운 표현을 제시했기 때문이다.

바로 민중들의 모임에서도 이 동일한 현상이 있는데, 이 민중들의 모임에는 마찬가지의 엄밀함은 더는 없으나 마찬가지의 기능이 있다. 분명히 여기서, 모든 것은 무질서이고 자발성이다. 파업 노동자의 행진이나 중국 문화대혁명의 시위에서 표현되는 것은, 민중 자체라는 것이다. 얼마나 지나친 단순화인가! 중국 문화대혁명의 운동들이 어느 정도로 발레

---

266) [역주] 퓌러(Führer). 지도자, 우두머리를 뜻하는 독일어로서 20세기에 와서는 아돌프 히틀러(Adolf Hitler)를 지칭하는데 주로 쓰였다.

처럼 통제되었는지 떠올리는 것으로 충분하고267), '천안문 사건'268)처럼 중국에서 모든 자발적인 운동에 가해졌던 압제를 보는 것으로 충분하다. 또한 대책을 다시 찾으려고, 중국의 민중 축제에서 대중 운동들의 놀라운 정확성을 감탄하며 바라보는 것으로 충분하다. 여기서 여전히, 모든 것은 구경거리이고, 전례의식은 새로운 현실 속으로 개인을 사라지게 한다. 하지만, 이것은 구경거리이기도 하면서, 잘 지도되고 훈련되고 조직된 수십, 수백, 수천 명의 노동자들인 프랑스 공산당과 프랑스 노동총동맹의 행진이다. 이 노동자들은 민중의 힘을 나타내기로 되어 있으나, 실제로는 수동성을 보여준다.

온갖 정황에서 모임과 시위와 행진이 끝없이 다시 시작된다. 이 점은 우리의 이미지 세계에 속한다. 전통적인 전례의식은 가톨릭 미사에 필요하듯이, 정치적 삶에도 필요하다. 모든 전례의식처럼 이런 시위들은 '말'과 '담화'와 사고의 궁핍을 대체한다.

어떤 모임에서 사람들은 아무렇게나 말할 수 있다. 이 점은 어떠한 중요성도 없다. 내용은 존재하지 않는다. '말'은 만장일치를 강화하기로 되어 있는 자극이다. 사람들은 적당한 때에 박수갈채 하고, 더할 나위 없이 야유한다. 사람들은 단순한 시각적인 것에 사로잡혀 있고, '말'에는 어떠한 의미도 효력도 없으며, 게다가 '말'은 시각적 표현의 계기가 된다. 주먹이 올라가고, 손은 박수갈채 한다. 사람들은 자기 자신에게 전념하듯이, 구경거리는 그 자체로 충분하다. 종교적 전례의식이나 파시스트적

---

267) 『혁명에서 저항까지』*De la révolution aux révoltes* (Paris, Calmann-Lévy, coll. 「정신의 자유」 Liberté de l'esprit, 1972) 에서 내가 행했던 문화 혁명에 대한 분석을 참조할 것.
268) [역주] 천안문 사건. 중국에서 발생한 천안문 사건은 1976년과 1989년 발생한 사건을 말한다. 하지만, 흔히 말하는 천안문 사건은 1989년 민주화를 요구하며 베이징의 천안문 광장에서 연좌시위를 벌이던 학생, 노동자, 시민들을 계엄군을 동원하여 해산시키며 사상자를 발생시킨 것을 지칭한다. 1976년 사건은 중국 마오쩌둥 체제 말기에 있었던 민중반란으로 중국 문화대혁명 이래의 마오쩌둥 사상 절대화 풍조와 마오쩌둥 가부장 체제에 대한 중국 민중의 저항을 나타낸 사건이다. 이 책이 출간된 것이 1981년이므로 여기서 엘륄이 언급하는 천안문 사건은 1976년 사건으로 볼 수 있다.

전례의식이나 마오적 전례의식이나 혹은 민중적인 전례의식은, 시각적인 것에 힘입어 현실 속으로 진리를 상징적으로 통합하는 지속적인 경향을 결정적으로 표현한다. 시각적인 것은 시간을 벗어나 한순간에 존재의 총체를 드러내고, 힘과 영원의 이미지가 풍부하게 사용된 표현을 제시한다.

우리 문명의 선택된 표현 형태로서 이미지

우리가 다루는 문제는 우연하고 산발적이며 불안정한 사실에 대해서가 아니라, 존재 전체가 거의 완전무결하게 전개되는 거의 완전한 환경에 대해서이다. 정말로 이것은 우리가 그 한 가운데 관객으로 위치해 있는 이미지 세계이다. 우리의 시각적 기능은 놀랍게도 확대되었다. 우리의 뇌는 현실이 아닌 상상적인 것에 대한 '시각적 인식'의 충격을 끊임없이 받아들인다. 그리고 우리는 이러한 준거準據와 위희慰戲269) 없이 지낼 줄을 오늘날 더는 모를 수도 있다. 우리는 구경꾼으로서 우리 삶의 대부분을 체험한다. 지금까지 시각視覺을 통한 현실에 대한 이해는 우리를 행동으로 부추겼다. 또한 우리에게 온종일 제시되는 배경 없는 구경거리는, 이제 우리를 이미지에 대해 무기력하게 내버려두고, 이미지를 수동적으로 받아들이게 내버려둔다. 이미지의 이러한 증대, 우리를 완전무결하게 속박할 정도로 너무나 촘촘하게 짜인 이미지들의 결합, 이미지에 대해 각자가 겪는 필요 등을 통해, 거기에 우연함이 문제되는 것이 아니라, 확실한 발전이 문제된다는 점이 분명히 입증된다.

이미지는 우리 문명의 선택된 표현 형태이다.270) 우리 문명의 선택된

---

269) [역주] 위희慰戲(divertissement). 철학용어로서 본질 문제를 외면케 하는 유흥 활동을 가리킨다.
270) 구(Goux)가 칸딘스키(Kandinsiy), 몬드리안(Maondrian), 말레비치(Malevitch) 등의 추상화를 이미지들을 표현하는 것에 대한 금지와 일치하는 영적 전환점으로 해석하는 것은 정말 놀랍다. 그들이 계시의 영적인 진정성을 다시 발견할 수도 있고 어떤 메시아 세계의 선

표현 형태는 이미지이지 '말'이 결코 아니다. 왜냐하면 우리 시대가 말을 하고 인쇄된 종이가 넘치더라도, 또 기록된 사고가 오늘날처럼 결코 유포되지 않았더라도, '말'에서 그 중요성을 앗아가는 이상한 움직임이 생겨나기 때문이다. 이것은 아무도 거기에 중요성을 부여하지 않는 연설과 신문의 '수다스러움'moulin à parole이다. 누가 어떤 책을 결정적이며 자신의 삶을 바꾸어놓을 수 있는 것으로 간주할 텐가. 이것은 흔히 있는 일이다. 수백만 인간의 '말'의 물결 아래로 매몰된 한 인간의 '말'에는 의미도 효력도 더는 없다. '말'은 수천 킬로미터에 걸쳐 수백만의 같은 종류의 것으로 확산되기 때문에, '말'에는 어떤 듣는 자를 위한 중요성도 없다.

신문의 굵은 제목을 한번 흘끗 보는 것을 통해 주의가 산만해진다. 게다가, 이런 제목은 어떤 문장이나 혹은 합리적 사고를 수록하려는 이를 위한 것이 아니다. 이런 제목은 갑자기 자신의 기억 속에 새겨진 이미지이다. 그리고 이런 제목은 내용을 알기 위해, 또 정보나 혹은 추론에 관여하기 위해 신문기사를 읽을 필요를 내포하지 않는다. 이 표현은 개인에게 확증을 주고 개인을 안심시키기에 충분한 일련의 상투적 표현을 연상시켰다. 시사적인 뉴스는 안정되어 있는 동시에 취약한 이러한 여론을 조장하는데 소용될 이미지들을 쌓아올리는데 관여한다. 우리는 그 구호 가까이에 있다. 여기서 단어는 자체의 합리적이고 이치에 맞는 내용이 완전히 박탈된다. '구두口頭 선전' 전체는 다음 같은 사실에 토대를 둔다. 즉, 언어가 자체의 의미를 상실하고, 언어에는 '선동 가치'와 '유발 가치'만 있다는 사실이다. 단어는 소리가 되었고, 순수한 신경 자극이 되었다. 인간은 반사 행동을 통해서나 혹은 환경에 대한 집착을 통해, 이 신경 자

지자일 수도 있다는 것이다. … 불행히도 구(Goux)는 기술 체계를 무시하고 추상화를 이런 체계 속에 위치시킨다. 그가 비어 있는 성전과 물론 비어 있는 추상화의 이런 결합을 주장하는 것은 '언어적인 점진적 변동들'(glissements verbaux)과 '직관적인 섬광'(fulgurance intuitive)을 통해서이다.

극에 반응을 보인다. 증오와 열정과 모임과 헌신과 혐오를 저절로 야기하는 이 '마법적인 단어들'271)이 무시된다면, 언어의 잔재는 '이런 인간들'272)에 있어 불명료한 마그마와 녹아내리는 '단색화'grisaille로 용해된다. 또한 언어의 잔재는 행동을 막거나 혹은 방해하기 때문에, 무시해도 상관없는 안개가 되며, 힘이 없는 언어 표현이 된다.

이미지의 다양성은 특이하고 새로운 세계를 생겨나게 했다. '말들'의 다양성은 이미지의 내용과 가치가 이미지로부터 사라지게 했다. 우리는 행동 없이 늘 말만 하는 인간들을 경멸한다.273) 우리는 우리의 기술 시대에서 '말'의 헛됨을 알고 있다. 우리 각자는 헛된 '말들'이 불필요하게 반복되는 격앙된 상황에서, "더는 '말'이 아니라 행동이다."라는 표현을 때로는 발설했다. 이미지는 행동의 언어이다. 하지만, 여기에 단순화하는 사건이 있다. 현실에 대한 시각視覺과 행동이 연결되어 있음에도, 구경꾼으로 변함으로써 행동은 빈약해진다.

2. 유용성

'시각적 인식'의 유용성

'시각적 인식'은 자체의 유용성 때문에 승승장구한다. 이것은 인위적

---

271) [역주] '마법적인 단어들'이란 예를 들어 '혁명', '계급투쟁', '부르주아', '제국주의', '민족적 위대함', '국가의 보다 중요한 이해관계' 등이다. 이 단어들은 비이성적인 반응을 불러일으키고, 대중을 더 잘 마음대로 부리기 위해 대중을 동원할 수 있게 하는 것이다.
272) [역주] '이런 인간들'이란 선전을 통해 세뇌당하는 자로서, 파도처럼 밀려드는 '말'을 당해내면서 성찰에 의해서라기보다 반사에 의해 자동적으로 반응하는 인간들을 가리킨다.
273) [역주] 여기서 엘륄은 대중매체에서 '말'이 굴욕당하는 상황을 제시한다. 대중매체가 사용하는 몇몇 '마법적인 단어들'이 있는데, 이 단어들은 독자와 텔레비전 시청자로 하여금 기계적인 반사를 통해 반응하게끔 한다. 하지만, 이 단어들을 벗어나서는 더는 아무 것도 의미가 없다. 즉, 중요한 것이 무엇인지 이들이 분간할 수 없도록 정보의 홍수가 이들에게 밀어닥치고, 이것은 이들로 하여금 행동할 수 없게 만든다. 어떤 한계를 넘어서서 부터 다량의 '말들'이 그렇게 된 나머지 '말'은 굴욕을 당한다는 것이다.

이고 넘쳐나는 과다한 이미지에 대한 '시각적 인식'이고, 새로운 세계를 구성하는 이미지에 대한 '시각적 인식'이다. '시각적 인식'은 사고하기를 회피하는데 유용하고, 자기 혼자서 회상하기를 회피하는데 유용하다. 또한 '시각적 인식'은 표상을 통해 존재하는데 유용하고, 대체를 통해 살아가는데 유용하며, 집단의 단결력을 이루는데 유용하다. 예를 들어, 전례 의식에서 '말'은 분열시키고, 의식적으로 조직된 이미지는 통합한다.

인위적 이미지는 그토록 자주 묘사된 이런 움직임을 또다시 확증한다. 인간은 이런 움직임을 통해 자신이 발견한 것에 따라, 자신에게 특유했던 자질을 어떤 기계에 떠넘긴다. 결국, 이것은 인간을 대신해 "사고하기로" 되어 있는 컴퓨터이다. 나는 회상할 필요도 더는 없고, 나는 내 사진첩을 갖고 있다. 나는 느린 고찰 방식이 더는 필요 없으며, 명백함을 통해 기능을 수행한다. 나는 공동으로 살아갈 수단을 힘들게 찾을 필요도 더는 없다. 이미지의 '포괄적 정체성'identité englobante을 통해, '합일'communion이 이루어진다. 기술들은 증가하는 활동 속에서 나를 대체하고, 내가 그 속에 위치해 있는 이미지 세계는 이러한 대체를 놀랍도록 조장한다.

이미지는 기술 사회의 구성에 있어 반드시 필요하다. 인간이 '담화'의 단계에 머물러 있다면, 인간은 불가피하게 비판적 고찰로 이끌려 갈 수도 있다. 이미지는 비판을 배제한다. 이미지가 풍부하게 사용된 세상에서 살아가는 습관을 통해, 나는 변증법과 비판을 포기하기에 이른다. 포기하기도 그토록 더 쉽고, 이미지의 늘 새로워진 '유출'flux을 통해 내가 이끌려가기도 그토록 더 쉽다.

그런데 이미지의 이런 유출은 필요한 자극의 분량을 가끔 틀림없이 내게 제시한다. 또한 이미지의 이런 유출은 내가 견딜 수 있고 일상의 단조로움 속에서 반드시 필요한 감정 수준과 분노 수준과 감동 수준을 가끔 틀림없이 내게 제시한다. 이미지는 내가 위치해 있는 일상적인 현실을 보는 것을 회피하는데 반드시 필요하다. 이미지는 내 주위에서 끊임없이 영롱하게 빛난다. 나는 일종의 이미지의 휘황찬란함 속에서 살아간다. 이미지는 보상으로서 반드시 필요하다. '말'은 나의 공허와 무력함과 하찮음과 나의 상황에 대해 한층 더 의식하게 할 수도 있다. 그런데, 모든 것은 이미지의 매력과 찬란함에 의해 적절히 지워지고 채워진다.

특히, 이것은 현실을 알아차리지 않는 것이다. 이미지는 또 다른 현실로 대체한다. '말'은 나로 하여금 진리의 관점에서 현실을 고찰하게 한다. 자체를 진리로 여겨지게 하는 인위적 이미지는 나로 하여금 이미지가 풍부하게 사용된 훨씬 더 열광시키는 현실에 관여하게 하려고, 나의 삶과 사회의 현실을 없애고 지워버린다. 비극적 사건이나 재앙 혹은 위기와 관련된 텔레비전으로 방송된 정보조차, 기이한 것과 열광시키는 것과 추상적인 것 속에 이것들을 위치시킴으로써, 이것들을 심각하게 여기지 않게 한다. 이미지의 최면이 나를 평온하게 하는 만큼, 더욱더 구경거리는 끔찍하다.

실제로, 정치적 측면에서 가장 폭력적인 영화나 혹은 가장 나쁜 잔혹함을 고발하는 영화는 상황에 만족하는 수단이다. 이런 영화는 구경꾼으로서 고발에 참여함으로써, 그 홀로 거리낌 없는 양심이 된다. 오래 전에, 이론적 분석이 없던 1937년 당시, 나는 "평화주의" 영화「서부전선 이상 없다」274)를 전쟁을 억제하려는 의지를 고갈시킬 수도 있으면서 전쟁을 받아들이는 여론을 준비할 수도 있는 영화라고 비판했다. … 이것은 나로 하여금 대리로 이러한 삶에 만족하도록 강요하는 이미지의 마술이다. 구체적인 것은 그 반대이지만, 나는 이 점에 대해 알아차리기조차 못할 것이다. 이것은 이미지의 끊임없이 새로워진 이런 유출의 주된 유용

---

274) 레마르크(Remarque)의 소설로부터 나온 것이지만, 기록과 이미지 사이에 간격 전체가 있으며, 의미가 진정으로 뒤바뀐 영화이다.[본문 내용을 역자가 각주로 설정]

성이다.

　물론, 이미지의 이런 배출에는 권모술수나 숨겨진 의도가 전혀 없다. 능수능란한 독재자가 이미지의 온갖 방편을 이용하려고 애쓰는 것은, 아주 예외적으로 그렇게 할 따름이다. 게다가, 이것은 아주 오래 성공하지는 않는다. 우리의 사고와 존재를 얽어매는 은밀한 물결은, 의도와 궁극 목적 없이 생겨난다. 이미지는 존재한다. 왜냐하면 선의의 교육자는 시청각 수단의 효율성에 열광하기 때문이고, 선의의 광고업자는 분명히 유용한 상품을 팔려고 애쓰기 때문이다. 또한 선의의 영화인이나 사진사는 천재적인 작품을 열망하기 때문이고, 선의의 신문기자는 책임 맡은 정보가 가능한 한 잘 전달되기를 원하기 때문이며, 텔레비전 제작자는 "기분 풀어주기와 정보 제공하기와 교양 쌓기"라는 삼중의 임무를 떠맡기 때문이다. 나는 가난한 민중을 좀 더 소외시키려고 불길한 예측을 하는 거대 자본가도 모르고, 집단적인 우둔화를 음모하는 자도 모르며, 자신들의 행동을 감추려고 이미지를 사용하는 타락한 정치가도 모른다.

　나는 나의 분석이 짧다고 사람들이 언급할 것이라는 점을 잘 알고 있다. 또한 나는 어떤 이들에게는 "형편없는 자본주의"이면서, 다른 어떤 이들에게는 "본질적으로 타락한 공산주의"인 근본적인 원동력이 내게 부족하다고 사람들이 언급할 것이라는 점을 잘 알고 있다. 하지만, 그렇게 멋진 표현을 읽는 이들 자신도, 이미지로 된 동화童話이면서 '시각적 인식'의 명백함 전체가 부여된 동화의희생자일 따름이라고 나는 생각한다. 여기서 이미지 역시 '담화'의 엄밀함을 대체했고, 결국 이미지는 전광석화처럼 발전한다. 또한 '이미지 도구'instrument à images의 사용에 관여된 선의의 기술전문가들이 다른 문제를 제기하지 않고서, 자신들의 업무를 가능한 한 최선을 다해 수행한다는 단지 그 이유만으로, 이미지는 사방에서 우리를 엄습한다. 유일한 문제는 보여주어야 할 새로운 어떤 것을 항상 발견해야 한다는 것이다. 이 새로운 어떤 것은 모든 차원에서 유용하고, 모든 것을 위해 유용하다. 더 가까이서 들여다보기로 하자.…

이미지의 실제적 유용성

우선, 이미지는 분명히 인식 도구이다. 교과서의 삽화는 아마도 어린아이로 하여금 사람들이 어린아이에게 언급하는 바를 더 잘 상상할 수 있게 해 준다. 사람들은 미켈란젤로의 화풍이나 혹은 중세 농노의 생활 방식을 한없이 묘사할 수 있다. 어린아이가 모세의 복제품이나 혹은 프랑스 아미엥Amiens 성당의 원형 부조를 본다면, 훨씬 더 진실한 느낌을 가질 것이다. 의복이나 작업 방식이나 도구를 묘사할 필요는 없다. 어린아이는 눈앞에 그것들을 두고 있다. 역사에 있어 진실한 것은, 물리학이나 화학이나 생물학에 있어서도 마찬가지로 진실하다. … 이 모든 것은 명백하다.

더 흥미로운 것은, 문학과 라틴어와 철학 같이 본래부터 이미지에 종속되지 않은 듯이 보이는 영역에도 삽화가 침범한다는 점이다. 이것은 장소의 재현, 사람들의 재현, 표기법의 재현 같은 외적 도구를 통해, 무엇이 창작자의 맥락이었는지 파악하게 하는 일이다. 그리고 이것은 다음 같은 조건에서, 무엇이 사고나 혹은 방식을 결정지을 수 있었는지 파악하게 하는 일이다. 즉, 예측할 수 없는 것이 바로 이런 환경에 의해 결정지어지고, '물질적 조절'이 결정적이라는 조건에서이다. 또한 창작자의 맥락을 이미지를 통해 도식적으로 표현함으로써, 이 맥락과 무관한 학생에게 창작자의 창작물을 설명할 수 있다는 조건에서이다. 진실하든 그렇지 않든 간에, 이러한 전제는 우리 시대의 어린아이에게 틀림없는 것으로 나타난다. 이런 종류의 삽화는 구체성에 대한 어린아이의 필요에 부응하며, 무미건조한 텍스트 읽기가 채워주지 않을 수도 있는 어떤 의미를 충족시킨다.

하지만, 더 나은 게 있다! 왜냐하면 라틴어 사전이나 혹은 그리스어 사전에도 삽화가 그려져 있기 때문이다. 어떤 단어의 가능한 의미를 제시하는 것으로 더는 충분하지 않다. 즉, 단어를 시각적으로 표현하는 것이 필요하다. 거기에는 어떠한 필연성도 없다. 사람들은 삽화 없이 라틴어를 완벽히 배웠다. 하지만, 사전이 이런 추세를 따랐다면, 아마도 이 점은 의미가 없지는 않다. 물론, 우리 교육학을 지배하는 구체성에 대한 관심이 존재한다. 사람들이 사물에 대한 정확한 시각視覺을 어린아이에게 제시하는데 전념하는 것도 좋고, 단어에서 그 단어가 표현하는 대상이 비워지지 않는 것도 좋다.

또한 어떤 추상적인 용어에서 다른 용어로의 전환이 단지 일어나지 않는 것도 좋고, 이미지를 통해 예전의 언어나 혹은 현재의 언어가 살아 있는 언어가 되는 것도 좋다. 하지만, 이것은 단순한 이론적 관심사가 아니다! 이미지의 중요성을 발견했던 것은, 학문적인 교육학자가 아니다. 나는 구체적인 교육학 이론이 이미지의 필요성을 갑작스럽게 확인하는데 있어 지적인 정당화일 따름이라고 손쉽게 짐작할 수도 있다. 우리는 현재의 집단적 필요와 표상과 재현이 존재하지 않는지 나중에 살펴보아야 할 텐데, 어린아이와 어린아이의 교과서가 그 특별한 경우일 따름이다. 그러나 우리는 이미 다음 같은 점을 분명히 확인할 수 있다. 즉, 학생들이 반세기전의 조밀하고 잘못 표현되어 있으며 삽화도 없고 작은 글씨로 인쇄된 교과서로는 실제로 더는 공부할 수 없을 거라는 점이다. 그 시대의 어린아이들은 이런 교과서로 학습함으로써 싫증을 냈으며, 오늘날의 어린아이들도 똑같이 싫증을 낸다.

하지만, 오늘날의 어린아이들이 이런 옛 교과서로 배우는 것은 완전히 불가능할 수도 있다. 페이지의 명료함과 여백과 행간과 뛰어나게 장정된 책만이, 지겨움을 약간 몰아내고 허울뿐인 다양성과 흥미를 부여한다. 삽화만이 어린아이들의 저하되고 빨리 꺾이는 주의를 집중시키게 한다. 이미지와는 다른 것에 자신의 주의를 집중하는 것은, 어린아이뿐만 아니라 오늘날의 어른에게 있어서도 거의 불가능하다. 오늘날 누군가 어떤 것을 가르치고 알게 하기를 원한다면, 망설임 없이 그것을 표현해야 하고 사진이나 도식이나 복제물로 그것을 나타내야 한다. 설명은 귀찮게 하고 청중을 지겹게 하며, '말'은 주의와 흥미를 더는 붙잡지 못한다. 오늘날 인식은 이미지 속에서 표현된다.

이 점은 전혀 다른 측면에서도 틀림없다. 즉, 사고의 거의 모든 영역에서 도식의 방식, 그래프의 방식, 도표로 된 통계적 표현의 방식이 도입된다. 지질학과 지리학에서 지도와 단면도가 분명히 사용된다는 점은 평범한 듯이 보인다. 왜냐하면 결국 단순화되고 도식화되며 더 쉽게 감지될 수 있을 따름인 실제 대상이 문제되기 때문이고, 물질과 물질의 표상 사이에 일관성이 있기 때문이다. 해부 단면도, 근육과 핏줄 혹은 신경망의 정적인 이미지, 분해할 수 있는 두개골, 여러 면으로 트인 피부를 벗긴 인체도, 혈액순환의 동적 이미지를 주는 인체해부도, 이 모든 것은 여전히 같은 종류에 속한다.

하지만, 상대적으로 추상적인 학문이나 혹은 추상에 근접한 학문에서 이런 것들의 사용을 확인하는 것은, 훨씬 더 의미심장하고 흥미롭다. 실제로, 우리는 직접 접근할 수 없는 메커니즘을 본 따서, 우리가 지적했던 도식화된 표현으로부터 생물학으로 넘어갈 수 있다. 즉, 이것은 심장과 뇌의 내밀한 움직임의 '실재' réalité 자체를 포착하는 것이고, 이 '실재'와 어떠한 관계도 없는 이미지로 이 움직임을 옮겨놓은 것이다. 이 움직임의 '실재'를 추상화하는 과정 전체가 있고, 그 다음으로 이렇게 추상화된 것을 '실재'의 도식으로 다시 옮겨 놓는 과정 전체가 있다. 이 도식은 가시적이고, 이해될 수 있으며, 진정으로 표현력이 강하다. 이것은 심전도나 뇌전도이다. 놀라운 사실은 다음과 같은 점이다. 즉, 가시적인 곡선 이미지가 직접적인 존재에서는 포착될 수 없는 어떤 대상을 우리로 하여금 상상할 수 있게만 하는 것이 아니라, 이 대상을 포착할 수 있게 한다는 점이다.

이 점은 다음 같은 더 추상적인 것으로 우리를 이끈다. 즉, 경제학에 있어서도 과정은 마찬가지이다. 구두口頭 표현은 경제생활을 잘 포착할 수 있고 설명할 수 있지만, 어떤 시간과 노력을 들인 대가로 그러하고, 용어의 정확성에 대한 어떤 관심을 기울인 대가로 그러하다. 따라서 고전적인 어휘가 새롭게 확인된 현상을 꽤 정확히 획정하는데 충분하지 않기에, 각 학문에서처럼 경제학자는 새로운 단어를 만들어낼 수밖에 없다. 이러한 노력 끝에, 사람들은 엄밀함이 전혀 없다는 점과 어떤 긴 추론이 정확히 뒤이어지지 않았다는 점을 알아차린다. 이와 반대로, 통계를 이용하는 것은 얼마나 쉬우며, 이를 바탕으로 곡선그래프를 그리는 것은 얼마나 쉬운가. 통계 곡선그래프는 어떤 조직이나 혹은 어떤 분파의 경제생활과 상호관계와 변화를 시각적이고 가시적이며 직접적인 방식으로 나타내는 이미지이다. 이런 방식으로 포착될 수 있는 바를 어떤 '담화'로 표현하는데 여전히 집착하는 것은 무슨 소용이 있는가?

우리는 사회학에서도 동일한 움직임을 다시 발견한다. 사회학에서는 이미지들이 필요해짐으로써, 수학적 언어로 통용될 수 있는 것이 곡선 그래프로 표현되고 말았다. 그러면 언어학에서는 어떠한가? '기호론적 정사각형'은 구조들을 볼 수 있게 한다. 게다가 이 흐름은 생물학에서도 동일하다는 점을 주목하기로 하자. 즉, '그래프 표현'représentation graphique은 '실재'réalité를 추상화하는 메커니즘의 끝에 위치한다. 어떤 '사회'corps social에 적용된 수학적 추론은 바로 추상작용이다. 그런데, 이 추상작용은 우리의 정신에 유일하게 말하는 어떤 '표기-이미지'graphie-image를 제시할 수 있게 한다. 하지만, 사회학은 거기서 멈추지 않는다. 한 집단을 묘사하거나 어떤 도식을 통해 제시된 한 집단에서 인간들 사이에 관계를 묘사하는 '소시오그램'275)도, 시각적 수단의 중요성을 나타낸다. 한 국가나 정당이나 기업 등의 조직을 어떤 도식을 통해 묘사하는 '조직도' organigramme이면서, 구조뿐만 아니라 역동적인 관계나 다른 기관의 내적 움직임을 표현할 수 있게 하는 조직도가 소시오그램에 직접 결부된다. 이런 조직도는 사회학에서 뿐 아니라 정치학에서도 사용될 수 있다.

결국, 심리학의 가장 내밀한 분야에서 '심리도표'psychogramme의 이미지를 통해 움직임과 관계를 복원할 수 있게 하는 것도 동일한 원리이다. 이제 이런 경향을 벗어나는 어떠한 인식 분야도 없다. 이렇게 되는 것은, 아마도 인식이 어디서든 과학적이 되는 한에서이다. 하지만, 이렇게 되는 것은, 분명히 '시각적 인식'connaissance visuelle이 오늘날 우리의 사고 형태에 훨씬 더 적응되기 때문이다. 이미지는 진정으로 인식의 수단이고, 인식 표현의 주요 수단이다. 게다가, 많은 정밀과학 분야에서 언어가 오로지 불가능하기도 하고 단지 쓸모없기 때문에, 언어와 표상은 경쟁이 되지 않는다. 과학적으로 또 기술적으로, 계산을 통해 발견되는 것을 '말들'로 표현하는 일은 흔히 불가능하다. 물리 실험을 언어를 사용하여 묘사하려 드는 것은 일반적으로 무의미하다. 또한 무선 전신기를 설명하려 드는 것도 완전히 무의미하다. 오로지 도식만이 대상에 대해 일관성이 있고, 설명적이며 이해될 수 있다. 그 정도로 더는 경쟁이 없고, '말'은 배제된다. 하지만, 이것은 가장 흔한 경우는 아니다. 통상적으로, '구두口頭 묘사'description verbale가 있을 수도 있다. 하지만, 실제로 우리는 설명에 대한 이미지의 승리를 매번 확인한다. 즉, 도식이 말을 하고 강렬하며 직접

---

275) [역주] 소시오그램(sociogramme). 한 집단에 소속된 사람들 사이의 관계를 나타내는 도표.

적인데도, 긴 '담화'를 늘어놓는 것을 쓸데없는 일이다.

'담화'라는 용어 자체에는 이런 경향에 대한 부분적인 설명이 이미 있다. 즉, '말'은 오랫동안 천천히 앞으로 나아가는 것을 전제로 하고, 간접적인 접근을 전제로 하며, 계속 어림잡아 가는 일종의 빙빙 도는 움직임 276)을 전제로 한다. 시각적인 표상은 편의와 효율성과 급속함의 방식이다. 시각적인 표상은 단 한 눈에 전체를 파악할 수 있게 한다. 분해하는 것도 분석하는 것도 더는 필요 없다. 문제되는 것이 무엇인지 사람들이 단번에 파악할 수 있었을 때, 설명과 명시가 더는 필요하지 않다. '구두口頭 입증'démonstration orale을 따르기보다, 이미지에 빠져 드는 것이나 혹은 이미지에 스며드는 것이 훨씬 더 쉽다. 지적으로 쉬울 뿐만 아니라, 성격상의 관점에서 다음 같은 점을 언급할 수도 있을 것이다. 즉, 추론과 입증은 이 추론과 입증을 따르는 인간에게 있어 일종의 동의가 있을 때만이 효율적이라는 점이다. 또한 말해진 사고를 듣는 이에게 있어 비슷한 엄밀함이, 말해진 사고의 엄밀함에 일치해야 한다는 점이다. '말'이 진정으로 설득력이 있으려면, 또 '말'이 한 순간에 얻어질 수 있는 내적 규율이 되려면, 어떤 엄격한 절제가 필요하다.

그 반면에 이미지는 그 자체로 엄밀함과 강제력을 담고 있다. 구경꾼에게 있어 인간의 자질이 이미지에 일치할 필요는 없다. 엄밀함은 인격으로부터 사물로 옮겨지는데, 얼마나 대단한 휴식이고 편이함이며 절약인가!277) 유용성과 효율성의 시대에서, 우리 모두에게는 터득해야 하고

---

276) [역주] '계속 어림잡아 가는 일종의 빙빙 도는 움직임'이란, 사람들이 말할 때 우선 주위를 빙빙 돌면서 정확히 말하고자 하는 바에 조금씩 접근하기 위해 적절한 단어를 찾고 정확한 표현을 모색하는 것을 뜻한다.
277) [역주] 여기서 엘륄이 나타내려는 바는 다음과 같다. 즉, '말'은 듣는 사람에게서 인내, 집중, 경청하는 능력 같은 인간의 자질을 요구한다. 하지만, 이미지에 있어서는 이 같은 것이 아무 것도 요구되지 않는다. 즉, 구경꾼은 엄밀해질 필요가 없는데, 대상을 대체하는 것은 바로 이미지에 의해 나타난 대상이다. 따라서 구경꾼은 게을러질 수도 있고 쉴 수도 있다. 이것은 시간과 에너지의 엄청난 절약인데, 이 마지막 표현은 엘륄이 비꼬는 내용이다.

알아야 할 그토록 많은 것이 있는데도, 또 진보는 끊임없이 빠르게 진행되고 우리는 이 진보를 따를 수밖에 없는데도, 어떻게 우리 자신이 '담화'가 가르치는 내용을 따르는데 시간을 허비할 수 있겠는가? 이미지를 읽고 파악하기 위해 반드시 필요한 개념을 터득하는 것은 꽤 귀찮은 일이다. 왜 엄격한 절제 가운데서 기진맥진하는가. 이 엄격한 절제는 완전히 객관적인 이미지에서 자체의 대체물을 쉽게 발견할 수 있는데도 말이다. 또한 순전히 지적인 자질은 객관적인 이미지에 집착할 수 있게 하는데도 말이다. 시간을 벌게 하고 힘을 절약하는 것은,

　이미지의 실제적인 유용성이다. 이런 명백함에 대립할 이유가 없다. 이미지는 어떤 사실이나 상황에 대한 종합적인 '시각적 인식'을 가능하게 하는데, 우리는 현실에 대해 언급할 수도 있을 것이다. 어떠한 묘사도 잘 찍힌 사진처럼 풍경을 이해하거나 혹은 느끼게 할 수 없다. 구경꾼의 어떠한 증언도 영화처럼 시위에서 일어났던 것을 총괄적으로 실감하게 할 수 없다. 사진은 틀과 행동과 인물과 표현을 동시에 단번에 제시한다. 진정 이것은 종합적 인식으로서, 전혀 다른 것에 대한 종합적 인식의 우위가 알려져 있다. 현실을 흩어진 조각들로 잘게 쪼개는 단어는 얼마나 초라한가. 또한 그 문장을 언급하는 자에 의존하는 문장은 얼마나 불확실한가. 그리고 스냅사진처럼 우리에게 이미지를 재현하는 이런 현실을 늘 불완전한 방식으로 표현하기 위해, 시간과 구성을 축적해야 하는 '담화'는 얼마나 불확실한가.

　이런 종합적 인식이 독서 방법 속으로 도입되는 것은, 아마도 의미가 없지는 않다. 포괄적인 독서가 알려져 있다. 이 독서에서 어린아이는 단어를 그 전체에서 하나의 그림으로 간주하는 것을 배우고, 집이나 혹은 탁자 그림과 같은 방식으로 단번에 단어를 식별하는 것을 배운다. 그래서 음절이나 글자로 분해하는 일은 더는 필요하지 않다. 지적 곡예를 전

제로 하는 정말 어렵게 이뤄지는 글자들의 조합을 통한 분석도 '우회적 수단'도 없다. 결국, 그림의 상태와 사실상 표의 문자의 상태로 되어버린 단어는 '우회적 수단'도 설명도 없이 인식 속에 갑자기 나타나고, 존재하는 것을 직접적인 이해를 통해 떠올리게 한다. 분명히 이 메커니즘은 통상적인 독서 메커니즘과 아주 다르고, 단어 자체를 이미지로 귀착시킨다!

하지만, 시각적인 표상은 종합적 인식을 가능하게 할 뿐 아니라, 게다가 시각적인 표상은 구경꾼을 어떤 결과로 직접 이끌기 때문에 빠른 이해를 가능하게 한다. 즉, 시각적인 표상은 그 자체로 어떤 결과를 제시한다. 조금씩 어떤 과정을 따르는 것도, 어떤 추론을 따르는 것도 필요하지 않다. 그 결과는 온통 궁극적인 이미지 속에 있다. 이 궁극적인 이미지는 그 결과가 도달했던 이미지이고, 결국 유일하게 중요한 이미지이다. 우리가 통계 곡선그래프를 검토할 때조차, 다음 같은 점은 명백하다. 한편으로, 우리가 의견이 대립되지 않는다면 혹은 우리가 곡선그래프를 작성하는 법을 알고 싶지 않다면, 곡선그래프의 작성을 가능하게 했던 계산을 우리가 다시 할 필요가 없다는 점은 명백하다. 다른 한편으로, 우리가 단번에 곡선그래프의 선을 보고 움직임 전체의 결과를 파악한다는 점은 명백하다. 우리는 "경제적 현실의 마지막 지점"을 우리에게 제시하는 곡선그래프의 끝으로 즉시 갈 수 있다. 그런데 분명한 것은, 예전의 어떤 움직임의 연속으로서 결과가 어떤 설명을 통해 직접적으로 단순하게 제시되지 않는다는 점이다. 이미지는 현대적 인식의 확실한 방법이다.

어떤 증거로서 이미지의 유용성

이미지의 또 다른 유용성, 곧 표상이 어느 정도로 현대인의 인식 속에 결정적인 위치를 차지했는지 보여주는 이미지의 유용성은 다음 같은 점이다. 즉, 오늘날 평범한 인간에게 있어, 이미지는 이미지가 표현하는 것을 입증한다는 점이다. 사진이 표현하는 것의 '실재'réalité와 정확성을 납득하려면, 사진을 보는 것으로 충분하다. 사진은 그 자체로 확실한 입증이고, 사람들이 의문을 제기하지 않는 있는 그대로의 자료이다. 일반적인 느낌은 이러한데, 이런 느낌은 불합리하다. 어떤 영화나 사진은 놀랍게 다시 손질될 수 있고 수정될 수 있다고 알려져 있다. 영화나 사진은 수정되지 않더라도 왜곡을 한다.

우리는 잘 알려진 어떤 사실들을 단지 인용할 것이다. 이것은 그림과 조각상의 복제 문제이다. 복제를 잘 아는 사람이 전혀 다른 원본을 발견하고서 놀랐던 것은, 복제가 나쁘거나 혹은 충실하지 않기 때문이 아니라, 흔히 복제가 너무 치밀하기 때문이다. 캔버스의 크기를 수정하는 것으로 충분하고, 세부 묘사를 무시하는 것으로 충분하다. … 벨라스케즈의 초상화에 나오는 캔버스 전체에서 보이지 조차 않는 장미나 이젠하임 제단화에 나오는 완전히 무시된 초록 하늘 위에 갈고리모양으로 굽은 나뭇가지는 분명히 존재한다. 하지만, 능숙하게 행해진 복제에서는, 그것들에 중요성이 절대로 부여되지 않는다. 옮겨지는 것은 그림의 '실재'réalité가 아니고, 다시 만들어지는 것은 또 다른 '실재'이다. 전체에 융합되기 위해 행해진 어떤 세부 묘사의 고립을 통해 그림의 텍스트가 변하기 때문에, 이것은 다른 '실재'이다.

아마도 이 점은 조각품에 대한 사진 촬영과 더불어 훨씬 더 감지된다. 조명과 '시각적 인식'의 각도와 영상배치의 완벽한 솜씨와 더불어 사진가는 자세를 정하고, 조각상이 자체의 살아있는 입체감과 감동적인 깊이를 취하게 되는 순간을 선택한다. 하지만, 이 조각상을 보게 되는 사람은 어떤 자세를 통해 발견할 수 있었던 형태들의 조화도 결코 다시 발견하지 못할 것이고, 조화롭게 배치된 흑백의 선명함도 다시 발견하지 못할 것이다. 그는 복제가 자신에게 걸작으로 나나탰던 어떤 조각상의 평범함 앞에서, 실망한 채로 지나간다. 여기서 진정으로 우리는 인위적인 창조 한가운데에 있다. 게다가, 이 점이 풍경에 있어서도 틀림없다고 알려져 있다. 나의 집 앞에 꽤 지저분하고 넓지 않은 호수가 있다고 하자. 그러나 솜씨 좋은 어떤 사진작가가 이 호수를 가지고 진정한 아마존 강을 간혹 만들기도 했다. 또한 이 사진작가는 사진으로 촬영되었기 때문에 아마도 정확하지만, 내가 이러한 물에서 결코 관찰하지 못했던 푸른색의 석호를 간혹 만들기도 했다!

우리가 관심사의 다른 극단으로 넘어간다면, 또 우리가 미의식을 떠나 '정치적인 것'에 이른다면, 우리는 동일한 사실을 발견한다. 동일한 심증으로 히틀러주의자에 의해서나 혹은 소련 인에 의해 학살된 것으로 제시되고 양 진영을 위한 선전으로 사용된 폴란드 장교들의 시체를 담은 카틴카Katynka의 학살 구덩이 사진들을 누가 여전히 기억하겠는가. 또한 1961년 벨기에 령 콩고에서 벨기에 인에 의해 저질러진 학살이라고도 하고, 저항부대원에 의해 저질러진 학살이라고도 하며, 루뭄바에 대한 저항자에 의해 저질러진 학살이라고도 하면서 제시된 고문당한 죄수들의 사진들도 있다.

다음 같은 두 경우를 더 자세히 거론해보자. 1956년에 렉스프레스 지의 사진들의 이야기를 누가 기억하겠는가. 어느 날, 세르반 슈라이버 Servan-Schreiber가 쓴 권력당국에 대해 상당히 격렬함을 드러내는 알제리에 관한 탐방기사에, 전쟁 장면이나 혹은 아랍인을 담은 알제리에서 찍은 사진들이 실렸다. 사진들에 대한 설명이 전혀 없었지만, 이 시대의 렉스프레스 지에서 늘 그랬듯이 암시적인 문장은 있었다. 그렇기는 하지만, 사람들은 이 사진들이 "자료"이며, 텍스트에 인용된 사실에 대한 언급으로서 이 사진들이 그 자체로 충분하다고 여길 수 있었다. 세르반 슈

라이버의 기사를 의심하는 정부 부서가 이 사진들이 기술된 사실들과 전혀 관계가 없음을 밝힌다. 즉, 이 사진들은 다른 장소에서 다른 날짜에 촬영되었다는 것이다. 이 사진들은 자료가 아니었다. 그러나 렉스프레스지의 편집장이 설명했듯이, 이것은 단지 "삽화"일 따름이었다. 그런데, 이 점은 엄청나게 여론의 빈축을 샀고, 독자들을 의심으로 가득 채웠다. 실제로 대중은 사진이 "삽화"라는 점을 인정하지 않기 때문에, 정부 부서에 의해 가해진 충격은 상당했다. 대중은 사진을 어떤 사실로 여기고, 의심의 여지가 없는 증거물로 여긴다. 사진이 지닌 연상시키는 힘은 왜곡될 수 없다는 것이다.

아주 전형적인 다른 사실을 떠올려보기로 하자. 1954년 오스트레일리아에서 소련 외교관의 아내 페트로프 부인은 소련으로 돌아가기를 거부했고, 그래서 크레믈린의 두 요원에 의해 오스트레일리아에서 체포당해 강제로 끌려가게 될 때, 오스트레일리아 당국에 의해 석방되었다는 이야기이다. 오스트레일리아 언론에 의해 보도된 사실은 이러하고, 이 사실은 영국과 미국과 프랑스 언론에 의해 다시 보도된다. 러시아에서는 이 사실이 다르게 나타난다. 즉, 페트로프 부인은 러시아로 돌아가기를 원했으나, 그녀는 오스트레일리아 경찰에 의해 체포당했고 억류되었다는 것이다. 그런데, 모순되는 이 두 이야기가 각각 확실하고 설득력 있도록 만들기 위해, 동일한 사진이 이 두 이야기를 설명했다. 맨체스터 가디언지에 실린 이 사진은 소련 인들의 억류로부터 페트로프 부인을 구출하는 오스트레일리아 요원들을 분명히 나타냈다. 정확하게 동일한 사진이 폴란드 신문 스비아트에도 실렸고, 이 사진은 페트로프 부인이 비행기를 막 타려고 했을 때 그녀를 체포하는 오스트레일리아 요원들을 마찬가지로 정확히 나타냈다.

이 사소한 모든 예들은 알려져 있다. 필름이 수정될 수 있고, 편집된 영화가 편집에 따라 아주 다른 의미를 제시할 수 있음이 잘 알려져 있다. 게다가, 우리는 다른 선입견을 따르는 구경꾼들에게 있어, 동일한 사진이 전혀 다른 것을 저절로 또 분명히 의미할 수 있음을 안다. 영국 독자나 폴란드 독자가 페트로프 부인의 사진에 적합한 의미를 부여하게끔 하기 위한 설명은 필요 없다. 라이프 지는 건강미 넘치고 웃음 짓는 활동적이고 환히 빛나는 소녀를 주기적으로 우리에게 보여준다. 이 소녀는 진정한 미국적인 삶을 떠올리게 하는데, 진정한 미국적인 삶이란 밝고 훌륭하며, 균형 잡힌 젊음을 만들어내고 미래를 신뢰하며, 민주주의와 페어플레이와 자유주의의 우수함을 상징한다. 하지만, 1936-1938년 사이에 나치 잡지들이 주기적으로 우리에게 보여준 것도 바로 마찬가지였는데, 이것은 국가 사회주의의 우수함, **종족**의 아름다움, 경제 국가 관리주의를 명백히 상징하는 건강한 치아와 머리털과 참여와 즐거움이었다.

우리는 동독 잡지인 알디에이RDA 잡지에서나 혹은 가장 오래된 소련 잡지에서도, 이와 비슷한 건강한 가슴과 미소를 다시 발견하게 되고, 삶의 풍성함과 노동의 기쁨을 다시 발견하게 된다. 마찬가지로 이것은 공산주의와 해방된 프롤레타리아와 계획 경제의 우수함을 명백히 상징한다. 이것은 약간은 다른 '실재들'réalités에 대한 마찬가지의 사진이고 의미들이다.

모든 사람은 이 점을 알고 있다. 그렇지만 모든 사람은 사진의 존재를 계속 믿고, 이 사진에 가치와 의미를 계속 부여하며, 사진에 계속 집착한다. 단어는 언제나 마찬가지로 남아 있다. 즉, 이 의미들은 "명백하다". 이 의미들에 대해 토론할 필요도 전혀 없으며, 이 의미들을 찾을 필요도 전혀 없다. 사진은 사람들이 우리에게 언급하려고 애쓰는 것의 명백함을 우리가 분명히 식별할 정도로 상징이 된다.

우리는 회의적이지 않다. 심지어 우리가 사진이 아무 것도 의미할 수 없음을 합리적으로 인정하더라도, 사진은 늘 우리에게 도달한다. 어쨌든, 어쨌든 그러하다. 사진은 우리를 어떤 사실과 마주하게 한다. 우리가 사실과 접촉하는 것은, '시각적 인식'을 통해서이다. 사실을 우리에게 재현하는 것은 이미지이고, 우리가 이미지와 마주할 때 우리는 사실 그 자체와 마주한다. 우리는 우리 무의식의 가장 깊은 곳에서 우리의 신경 속에 새겨진 오래된 반사행동으로 거슬러 올라갈 수 없는데, 이 반사행동은 인류의 가장 오래된 경험의 표현이다.

우리가 보는 것은 현실이다. 사진의 속임수에 대한 명확한 인식은 너무 새롭고 익숙한 나머지, 인간과 마찬가지로 오래된 이 경험을 없앨 수 없다. 인간의 눈은 '사실'에 대해 인간을 결코 속이지 않았다. 우리는 이미지가 '사실'에 분명히 부합한다는 점을, 우리 조상들에 의해 축적된 수많은 경험을 통해 안다. 우리를 위해, 우리는 극복할 수 없는 자동성과 더불어 사진을 현실과 계속 동일시한다. 모든 것이 우리로 하여금 이렇게 동일시하는 일을 중단하도록 강요할 때, 우리는 분개하거나 혹은 불편함을 느낀다. 기껏해야 우리는 "나는 무엇을 아는가?"라고 언급할 수 있을 것이다.

하지만, 이 점은 결코 빈번하지는 않다. 이런 가능성에 대한 지적 인식을 통해서도, 우리의 자발적 확신은 변하지 않는다. 달리 말해, 우리는 '사실' 앞에 있다. 그러나 이 시대의 인간에게 있어, '사실'이 궁극적인 이유이고, 지고의 가치이며, 확실한 증거임을 잊지 말기로 하자. 모든 것은 '사실' 앞에 굴복한다. '사실'에 복종해야 하고, '사실'을 믿지 않은 것은 사리에 어긋나고 이상적이며 몽상적이다. 이것은 단지 '사실'을 고려하는 것이 아니라, '사실'에 결정적인 가치를 부여하는 것이다. '사실' 앞에서 버티는 정의도 진리도 인간성도 없다. 모든 것을 결정하는 것은 '사실'이다. **역사가 판단하리라는 것이다.** 다시 말해, 물질적 승리라는 '사실들'을 통해, 우리가 지닌 대의명분의 올바름이 입증되리라는 것이다. 역사의 방향으로 가는 것은 선의 방향으로 간다는 것이다. 어떤 상대방이 "이것은 어떤 사실이다"라고 언급할 수 있을 때, 대답할 것이 아무 것도 없기 때문에 이것을 통해 토론은 끝난다. 우리 사회는 온통 조용하다. 즉, '사실들'에 반대하기 보다는 차라리 정의와 진리가 사라진다는 것이다. 가치로 변한 '사실'에 대한 이런 집단적 복종 및 '사실'의 '실재'réalité만을 알려고 드는 이런 광기를 통해, 우리 사회에서 우리가 알고 있는 물질적 승리가 이루어진다.

하지만, 사정이 이러하다면, 사진과 영화 등과 같은 '사실'의 이미지가 현대인에게 있어 결정적인 힘을 갖고 있다 하더라도 어떻게 놀라겠는가. 이런 이미지는 우리가 '사실'에서 인정하는 권위 자체를 담고 있고, 그래서 이런 이미지는 진정으로 증거가 되고 확실한 증인이 된다. 그런데, 이 확실한 증인 때문에, 우리는 '사실'의 기초가 되고 '사실'을 설명하는 배경 전체를 인정할 수밖에 없다.

그런데, 여기서 우리는 사실 앞에 있을 뿐 아니라, 게다가 '사실'의 현실성이 우리에게 재현된다. 기념할 어떤 사건을 계기로 신문이 기록보관소로부터 오래된 연판을 끄집어낼 때, 사람들은 늘 난처해한다. 아마도 이 점을 통해, '사실'의 '실재'가 우리에게 제시된다. 하지만, 감지되지 않는 후퇴 움직임이 있다. 우리가 그 영화에 출연한 배우들이 죽은 예전의 영화를 볼 때도 이와 마찬가지인데, 우리는 이 점을 알고 있다. 살아있고 말하는 르부아르 쥬베Revoir Jouvet, 르누아르Renoir, 레뮈Raimu는 불편을 야기한다. 이 점은 우리가 보는 것과 우리가 같은 시대에 있다는 것에 여전히 기인한다. 우리는 거기서도 인간의 경험 전체에 의해 결정지어진다. 우리는 과거도 미래도 보지 않는다. 즉, 우리는 현재를 본다. 이미지는 현실성과 현존과 직접성의 감정을 우리에게 늘 제시한다.

그 '실재'를 인정하지 않는 것이 그토록 어려운 영화에 의해 이런 인상은 여전히 강화되고, 텔레비전에 의해서는 훨씬 더 강화된다. 마치 우리가 행진과 접견과 시합에 당장 참여하는 것처럼, 여기서 우리는 '사실' 그 자체를 목격한다. 우리는 접견 홀이나 혹은 경기장에 있고, 우리는 사건이 전개되는 순간에 사건을 구성하는 것을 본다. 실제로, 이미 며칠 전에 '사실'이 흘러 지나갔더라도 그러하고, 텔레비전이 우리에게 어떤 영화를 보여주더라도 그러하다. 우리는 식별할 수 없다.[278] 심지어 우리가 알더라도, 우리 앞에 있는 장면의 직접적인 진정성에 어떻게 사로잡히지 않겠는가. 우리는 현존의 충동에 저항할 정도로 충분히 무감각하지도 않고, 제어되어 있지도 않다.[279] 나는 자신이 속지 않는다고 언급하는 이들을 가장 믿지 않는다. 그들은 단지 자신들의 연약함을 부끄러워한다.

그런데, 이와 동시에 현실성의 감정인 이미지는, 아주 강한 객관성의 감정을 우리에게 역시 제시한다. 의심해야 할 인간의 주관성과 신뢰해야 할 기계장치의 객관성을 구분하는 법을 분명히 터득했던 현대인으로서 우리는 여기서 반발한다. 기계장치는 해석을 하지 못한다. '사실'을 살아 있는 물질로 변화시키고 현실을 진리나 혹은 오류로 바꿀 우려가 있는 인간 뇌의 이상한 연금술은, 기계장치 안에서 일어나지 않는다. 기계장치는 기계장치가 흡수했던 것만을 재현한다. 기계장치가 담아두었던 사실을 기계장치가 우리에게 돌려줄 때, 있는 그대로의 '사실'은 거기에 존재한다. 이것은 그 자체로 늘 동일하고 변함없는 '사실'일 것이다. 백 번 다시 상영되더라도 영화는 반복을 통해 영원의 차원에 이른 동일한 장면

---

278) 우리에게 해당하지 않는 모든 것을 잘 알아야 할 것이다. [본문 내용을 역자가 각주로 설정]
279) [역주] "우리가 현존의 충동에 저항할 정도로 충분히 무감각하지도 않고 제어되어 있지도 않다."는 것은 다음을 의미한다. 즉, 이미지는 "어떤 것이 거기 있다."는 현존에 의해 나타난다. 그래서 이런 현존에 저항하기도 매우 힘들고, 거의 마법적인 이런 현존 앞에서 매혹 당하지 않기도 매우 어렵다는 것이다.

과 몸짓을 정확하게 백 번 우리에게 재현하겠지만, 일정한 현재의 차원에 이른 관객에게 있어서도 그러하다. 우리의 현대적 기질에 있어 모든 묘사와 추론은 주관성으로 얼룩져 있고 의심스러우며 믿을 수 없는데도, 기계장치는 변형되지 않는 객관성 속에서 의심의 여지가 없다. 인간이 개입할 우려가 있는 곳에 슬그머니 끼어드는 것은 오류와 거짓이다. 기계장치는 정직하며 이미지 속에서 '사실'을 우리에게 제시한다. 사회과학이나 혹은 정치학에서 이미지의 사용으로 이끌어가는 것은 이러한 괴리이다. 가장 적절한 것일지라도 인간의 의한 모든 고찰과 확인과 추론은, 오늘날 아무도 납득시킬 수 없다. 이것은 어떤 인간의 '사실'이므로 무시해도 좋다는 것이다. 하지만, 통계 자료와 곡선그래프와 도표는 설득력이 있을 것이다. 특히, 기계를 설치하는 임무가 기계에 맡겨질 수 있었다면 그러하다.

 기계장치가 인간에 의해 다루어진다는 점과 기계장치는 인간에 의해 고려되고 기억된 사실만을 담았다는 점이 쉽게 잊힌다. 이런 사실은 기계의 객관성에 대한 우리의 맹목적인 신뢰를 무너뜨릴 수 없다. 우리가 이 점을 자각할 때, 이것은 이 보잘것없는 분쟁유발자가 기계장치의 장엄한 평온을 막는 것을 한탄하기 위함이다.

 어쨌든, 우리의 자발적인 움직임은 "목적"에 의해 재현된 이미지를 신뢰하는 일일 것이다. 우리는 어떤 인간, 곧 자신의 영향력과 경험과 엄밀함 전체를 쏟아 놓을 어떤 인간에 의해 주어진 '말'을 의심할 각오가 완전히 되어 있다. 즉, 이 점은 결코 그렇지 않다는 것이다. 어떤 역사의 흐름에서 지난 사회에서 서약의 용도가 떠올려질 때, 또 어떤 소송에서 서약이 소송의 판결에 결정적일 수 있었을 때, 즉시 학생들의 대범한 미소를 통해, 그들이 주어진 '말'에 결부시키는 가치가 드러난다. 서약을 하는 것이나 서약을 지키지 않는 것은 그토록 쉽다. **현재의 인간은 그러하다.** 하지만, 이 마찬가지의 인간은 다음 같은 점을 고려하기 위해 난관을 만들지는 않는다. 즉, 이미지가 어떤 증거라는 점과 이미지가 사진 촬영된 자를 연결시킨다는 점이다. 증인은 수상쩍지만, 목적은 그렇지 않다. 이처럼 진정으로 우리 사회에서 이미지는 삶의 거의 모든 분야에서 어떤 증거이다. 이미지는 명백한 힘과 더불어, 또 가장 멀리 지나간 것으로부터 인간에게 오는 영향력과 더불어, 인간의 마음에게 또 인간의 감각에게 말한다.

3. 텔레비전

텔레비전280)은 제도에 대한 적응력을 갖고 있는데, 이 점은 결코 부인할 수 없는 듯이 보인다. 여기서 우리가 다루는 문제는 이런 목적으로 조직화되고 선전을 위해 사용된 텔레비전에 대한 것이 아니다. 텔레비전은 이미지의 유출을 통해 그 자체로 그러하다. 텔레비전은 '사회화'socialisation의 요인인데281), 개인의 '자아 존재'être soi를 단념하고 포기함으로써 '사회'corps social나 집단 속으로 통합한다는 의미에서이다. 왜냐하면 본질적으로 모호한 '사회화'라는 이 용어를 자세히 설명해야 하기 때문이다. 텔

---

280) 이 첫 지적들은 나의 지도로 준비 중인 브르또누(D. Brethonoux)의 박사 논문인 『텔레비전과 노동자 세계』*La Télévision et le Monde ouvrier* 에서 도출된다. 텔레비전에 관한 도서목록은 엄청나다. 까즈뇌브(Cazeneuve)와 셰퍼(P. Schaeffer)의 저작을 주로 볼 것. 특히 셰퍼의 『통신 기계』*Machines à communiquer* 와 『권력과 통신』*Pouvoir et Communication* (Paris, Edtions du Seuil, coll. 「살아 있는 돌」Pierres Vives, 1972), 까즈뇌브의 『라디오 · 텔레비전의 사회학』*Sociologie de la Radio-Télévision* (Paris, PUF, 1963, 3e éd. 1974) 과 울리프(J. Oulif)와의 공저인 『텔레비전의 대운大運』*Les Grandes Chances de la télévision* (Paris, Calmann-Lévy, 1963) 을 볼 것. 『권력과 텔레비전』*Les Pouvoirs et la télévision* (Paris, Gallimard, 1970), 『텔레비전 시청자로서 인간』*L'Homme Téléspectateur* (Paris, Denol, 1972), 『대중 통신』*Les Communications de masses* (Paris, Denol, 1976).
281) 이런 '자아 존재'가 존재하지 않는 개인의 불합리한 요구일지라도, 이 요구는 적어도 요구로서 존재한다. 나는 이 점을 고려하지 않을 수 없다.

레비전은 획일화의 요인이며, 세상에 대한 '순응화' conformisation의 요인이다. 텔레비전이 이런 요인들이 되는 것은, 보상과 동경의 움직임을 통해서일 뿐만 아니라, 명백히 보여 진 대상이 끊임없이 양분되는 과정을 통해서이며, 이미지의 다양성과 가변성에 의해 가려진 대상의 가능한 의미작용들이 끊임없이 양분되는 과정을 통해서이다. 의미는 배제되고, 대상은 거기에 존재한다. 텔레비전은 반드시 반反초현실주의처럼, 또 의미의 연마제처럼 작용하고 충족시키는데, 왜 더 멀리서 찾고 있는가? 나는 대상 그 자체를 보았다. 이것은 '즉자'282)이다.

이런 변화는 '보기' voir를 '시각적 인식'으로 변형시킴으로써 일어난다. 사람들은 어떤 영화를 본다. 이것은 나 자신의 시각을 통한 대상이나 현실에 대한 파악이 더는 아니라, 현실의 이미지에 대한 파악이다. 그런데, 이 현실은 어떤 타인에 의해 보여 지고 코드화된 현실이면서, 일관성 없는 단순한 이미지로 내게 제시된 현실이면서, 내 시각이 나로 하여금 현실 자체로 여기게 하는 현실이다. 이러한 이미지는 "시니피에"와 명백한 유사성이 있는데, "시니피에"는 현실이다.

하지만, 이런 명백함은 허위이다. 다시 말해, 진리의 측면에서 판단된 명백함은 거짓이다. 왜냐하면 여기서 진리는 이미지와 현실의 일치일 따름이기 때문이고, '시니피앙'과 '시니피에'의 일치일 따름이기 때문이다. 단지 그 뿐이다. 우선, 이미지들의 연속 화면에 대한 판독과 시각적 파악에 있어 불가피한 추상작용이 일어나기 때문에, 그 다음으로 현실은 절단되고 재구성되기 때문에, 이것은 현실과의 잘못된 관계이다. "탈시간화되고 분해된 다음 재시간화된 현실을 재편성한 것이 바로 시청각이

---

282) [역주] '즉자卽自'(en soi). 철학 용어로서 '대자對自'(pour soi)와 대조되는 개념이다. '즉자'는 정신의 내용과는 독립적으로 존재하는 것 혹은 칸트(Kant)에게 있어서는 외관이나 인간의 의식과는 독립적으로 존재하는 것을 말한다. 그리고 실존주의에서는 의식되지 않는 것의 존재 양식을 나타낸다.

다.” “사회 조직 속에서 절단되고 서로 간에 다소 독립적인 것으로 제시된 일련의 이미지로 사회가 세분화되는 것이, 사진을 통해 목격되기도 하지만, 영화와 텔레비전을 통해 훨씬 더 목격된다. … 이런 세계는 구조 없이 세분화되어 있다. 그래서 사물들의 논리가 자리 잡는 곳에서, 사회는 이미지들의 만남의 광장으로서 모습을 보인다. 이 이미지들의 결합은 사회에 대한 재해석으로부터만 나온다. 사람들은 세분화로부터 재구성으로 넘어가는데, 현실 자체로 여겨지는 것은 이런 제시된 재구성이다. 사람들은 개인과 개별 행동의 사회로부터 역할의 사회로 넘어간다.” 그러나 현실의 구조와 구성만이 변모되는 것이 아니라, 현실의 리듬도 변모된다. 시청각 연속 화면에 대한 판독 리듬이 불가피해진다.283) 이것은 당신의 '시각적 인식'도 아니고, 당신의 리듬도 아니다. 즉, '시각적 인식'이나 리듬을 정돈하고 나에게 있어 현실 자체가 되는 것을 간결하게 표현하거나 혹은 늘이는 것은, 연속 화면이 된 이미지들을 만들어낸 사람이다. 나는 따를 수밖에 없고, "이미지야, 멈추어라, 너는 참 아름답다."라고 어떠한 순간에도 언급할 수 없다. 이미지는 달아났고, 나는 이미지를 결코 다시 보지 않을 것이다.284) 삶의 본질적인 리듬은 나를 벗어난다.

"예를 들어, 사회적 현실과 사회적 현실에 대한 텔레비전 이미지는 깊이 모순되고, 선별된 이미지들의 전개만이 나타나게 내버려두려고 사회적 모순은 지워진다. …" 우리는 자명한 이치를 통해, 그것이 정치적 선택임을 납득할 수도 있다. 하지만, 다음 같은 점을 떠올리는 것이 중요한 듯이 보인다. 즉, '시각적 인식'이 되기 마련인 이미지화된 현실을, 체험

---

283) 이것은 '표기表記'(écriture)의 판독과 더불어 주요한 차이가 되는 것이다. 나는 나의 리듬에 따라 읽고, 다시 읽기 위해 끊임없이 뒤로 되돌아갈 수 있다.
284) 비디오테이프녹화기를 갖추지 않고서도, 또 나의 흥미를 끄는 것을 바로 재치 있게 포착하지 않고서도 그러하다!

되고 보여 진 현실로 대체할 필요가 있다는 점이다. 체제가 어떠하든지, 또 사회·경제적 조직이 어떠하든지, 이 결과들은 마찬가지일 것이다. 사회적 모순이 부각되더라도, 사회적 모순이 불가피하게 선별된 이미지들이라는 유일한 사실을 통해, 어쨌든 사회적 모순은 지워지고 완화되며 사라질 것이다.

"설명은 현실의 구성과 같고 묘사는 현실에 의해 구성되는 것과 같다는 원리를 토대로, 텔레비전은 기능을 수행한다." 이미지는 단지 현실의 단편을 내 앞에 투영하는 것만이 아니다. 이미지는 단지 내가 따라야 할 수밖에 없는 연속 화면만이 아니다. 진정으로 이미지는 나를 위해 충분한 설명이 생겨나게 하는 것인 현실의 구성이다. 사방에서 오고 의미 없이 혼합되며 뒤섞이는 이미지들의 뒤죽박죽 속에서, 어떤 정돈방식이 나타난다. 이것은 연속 화면이며, 이미지 제작자에 의한 선택이다. 그래서 나는 빛을 본다. 모든 것은 이런 실제적인 구성의 명백함 자체를 통해 설명된다. 이런 실제적인 구성은 불가피하다. 예를 들어, 생방송처럼 현실에 의해 구성된 단순한 묘사는 나를 공중에 떠있게 항상 내버려둔다. 사람들은 내게 설명해야 하고, 지금 일어나고 있는 것에 대한 설명은 이해에 대한 나의 갈증을 충족시키지 못한다. 저 분명한 현실이 필요하다. 나를 위해 구성되고 재구성된 현실이다.

하지만, 연계된 이미지들로 된 이런 환각적인 현실은, 간격을 전제로 하고 영향을 벗어나는 것을 전제로 하는 비판적 '담화'와 설명과 고찰을 견딜 수 없다. 그럼에도 불구하고, 이미지는 우리가 다음 같은 구경꾼이 되는 것을 끊임없이 전제로 한다. 즉, 영향과 충격 속에서 수동적이지만 낯설지 않은 구경꾼, 다시 말해, 나를 벗어나 전개되고, 또 나의 사고 리듬이나 선택 리듬이 아닌 리듬에 따라 전개되는 이미지들의 과정 속에 통합된 구경꾼이다. 이미지가 영향을 끼치는데 있어서, '담화'의 과정을 통해 껍질이 벗겨지고 분해되며 분석되는 것보다 더 불길한 것은 아무 것도 없다. '말'은 이미지에 대한 환멸이고, 이미지의 최면적이고 마법적인 힘을 박탈하는 것이다.

하지만, 인위적 이미지는 주로 텔레비전에서 자체의 일시적 특성을 통해, 이런 위험을 대개 모면한다. 방송은 달아나고, 지속되지 않으며, 다시 보이지 않는다. 방송에는 즉시 다른 방송이 이어진다. 프로그램의 이런 연속을 통해, 어떤 단편 화면이나 연속 화면에 대한 모든 '의사표현' prise de parole이 가로막힌다. 방송은 다음에 밀려오는 것에 의해 즉시 뒤덮인다. 시청자는 자신이 방금 보았던 것에 대해 토론하고 의견을 개진하고 싶을 수도 있기 때문에, 버튼을 누름으로써 자신의 즐거움을 중단할 수도 있다. 하지만, 그렇게 할 수 있는 시청자의 자유가 예상되어도, 시청자는 그렇게 하지 않을 것이다. 요컨대, '담화'는 공허에만 전해지기 때문에, 이것은 쓸데없는 '담화'이다. '말'이 시작될 때, 결과는 없어져버릴 것이다. 이것은 텔레비전 비평의 극도로 쓸모없는 역할이다. 텔레비전은 더는 아무도 보지 않을 방송에 대한 자체의 비평을 그 다음 날을 위해 어쩔 수 없이 만들어낸다.

텔레비전, 더 일반적으로 말해 이미지의 다양성은 이 모든 방법을 통해 사회적 통제에 몹시 관여한다. 「초원의 늑대」Le Loup des steppes에서처럼, 이미지를 내보내고 통제하는 자는 어떤 일치를 만들어낸다. 또다시 나는 이것이 단지 우연한 일이고 의도가 없음을 인정하고, 어떠한 선전 의도도 거기에 없음을 시인한다. 하지만, 사실이 거기에 있다. 게다가 이러한 '순응화'conformisation는 어떤 특별한 체제에도, 자본주의적 소외 유형에도 연결되어 있는 것이 아니라, 그 사회가 무엇이든 간에 그 사회에 연결되어 있다. 논점은 자본주의와 공산주의가 전혀 아니라, 단지 "개인의 자유와 사회의 전체적인 기능"이다. 예를 들어, 자본주의 사회 같은 특별한 사회에 이데올로기적으로 대립하는 이미지를 만들어내는 자는, 사회적 통제의 무의식적 요인이 된다. 단지 그 이유는 이미지를 만들어내는 자가 그 자체로서 사회적 기계인 거대한 기계장치에 관여하기 때문이다.

구경거리는 다음 같은 이중적 확신을 동시에 생겨나게 한다. 즉, 그것이 단지 구경거리일 따름이기 때문에, 그 구경거리 뿐 아니라 사회도 변화시키기가 아주 쉽다는 확신이다. 또한 그것이 단지 구경거리일 따름이기 때문에, 이 점은 사회적 현실에 대한 일치를 유발하지 않는다는 확신이다. 그러나 이것은 무기력과 불개입과 받아들임으로 통한다. 이러저러한 돌발적인 일과 사소한 사건과 결함을 받아들이는 것이 문제가 아니라, '사회'corps social로 삶을 되돌려놓는 일, 다시 말해 진리에 대한 포기로 삶을 되돌려놓는 일을 포괄적으로 받아들이는 것이 문제임을 분명히 고려한다면 그러하다. '사회'corps social로부터 생겨나는 표상 그리고 구경거리에 대한 지속적인 '시각적 인식'을 통해, 사회적 압력이 강화되는 동시에, 사람들이 실행하고 싶은 변화가 흡수된다. 이러한 사회의 규범과 패러다임을 벗어나 위치하는 모든 것은 한정되고 통합된다. 또한 가장 추잡스럽고 인상적이며 도발적인 이미지가 사진과 영화로, 또 텔레비전에서 분명히 보여 질 수 있다. 이것은 구경거리일 따름이고, 이미지의 물결 속에 통합된 이미지일 따름이다.

그런데, 이것은 **현실**에 대한 이미지이다. 이 때문에 이 혁신적인 현실은 전통적인 이미지 속에 통합되고, 보수적인 이미지로 환원된다. 정확히 나아가지 않는 어떤 것이 진정으로 있다면, 이미지가 적응되기 위해서는 가벼운 '왜곡'biaisage으로도 충분하다. 그런데, 이런 이미지는 아마도 일치하지 않는 유별난 움직임이나 집단이나 인물에게서 우리가 결코 체험하지 못할 현실 전체이다. 그러나 그것들이 유별난 것으로 내게 제시되면 될수록, 점점 더 그것들은 이미지의 일치 자체 속에서 부수적이

될 것이다.

이와 같이, 이미지의 작용을 통해 현실과 '비현실'irréalité 사이에 명확한 구분이 사라짐으로써, 시각적인 것 전체는 살아 있는 것 전체를 규정한다. 그 속에 진리의 행위가 끼어들 수도 있는 공허는 결코 없다. 인위적 이미지는 언제나 가득 차 있고, 우리는 가득 찬 이미지로 영구히 둘러싸여 있다. 사회에 대한 동일화 과정은 이 가득함과 채워짐을 통해 이루어진다.

보여 진 세상은 공허를 남겨두는데, 이것은 일반적으로 시골에서 도시인을 그토록 지겹게 하는 것이다! 이와 반대로, 산과 대양의 광경은 가득 차 있는데, 사람들이 지겹도록 보는 것이다. … 하지만, 인위적 이미지로 만들어진 세계는 지겨움을 유발하지 않는다면, 당연히 가득 차 있어야 한다! 공허란 결코 없다. … 이것은 '말'과의 주된 차이이다. 사람들은 어떤 지속적인 '담화'를 귀 기울여 들을 수 없다. '담화'는 반드시 공허와 가득함이 번갈아 나타남을 전제로 한다. 그 뿐 아니라, 그 자체로 '담화'는 '개방 상태'béance를 여는데, 듣는 자에게 있어서도 그러하다. '말'은 발견해야 할 공간들을 연다. 이 때문에 '말'은 비판적이고, 비판적인 감각을 일깨우며, 비판을 야기한다. '말' 그 자체가 이미지로 분명히 변화되지 않고 시각적 체계 속에 통합되지 않는 한, 또 '말'이 타락되어 화려한 전례의식에 속해 버리지 않는 한, '말'에는 이런 역할이 있다. 그래서 개선하는 전차에 매달린 이미지의 승리에 대해, '말'은 미미한 소리를 내면서도 잠잠한 증인만이 되기 위해 '말'이 되기를 그만두었다. '말'은 이 승리를 입증하기 위해 뒤따라가고, 단지 소음이 될 따름이다. 시청각의 역할은 바로 소음이다. 또한 시청각의 역할은 이미지의 물결 속에 '말'을 통합시키는 것인데, 이미지는 '말'을 헛되고 공허하게 만들고, 구경꾼의 정신을 시각적인 것의 가득함에 온통 사로잡히게 만든다.285) 왜냐하면 이미지는 어떠한 휴식도 남겨놓지 않기 때문이다. 당신은 다른 일을 하면서 '담화'나 혹은 정보를 건성건성 귀로 들을 수 있다. 당신이 텔레비전을 보든 보지 않든지 간에, 이미지는 우리의 마음을 빼앗는다. 당신은 편지를 쓰거나 혹은 옆방에서 설거지를 하면서 텔레비전을 볼 수 없다. 이미지는 온통 주의를 끌고, 매혹되고 환각에 사로잡힌 우리는 모든 것을 포기한다. 이 때문에, 이미지의 가득함 속에서 우리를 살게 하기 위해, 이미지는 체험된 현실, 곧 **모든** 현실에로부터 우리를 벗어나게 한다.

프랑스에서 1968년 5월 봉기 때, 트랜지스터라디오가 어떤 놀라운 역할을 담당했는지 알려져 있다. 투사들은 뉴스를 들었고, 메아리 효과와 새로운 전개 효과가 있었으며, 사람들은 바리케이드를 쌓으면서 뉴스를 들었다. 사람들은 다른 도시나 다른 지역으로부터 전해진 숨 가쁜 뉴스에 따라 전략을 세웠다. 다른 곳에서 일어났던 일을 **보기** 위해 텔레비전 화면 앞에 둥그렇게 앉아 있는 투사들은 분명 상상이 되지 않는다. 텔레비전은 불가피하게 행동을 멈추게 하고 방해했을 수도 있을 뿐 아니라, 구경꾼들의 의식을 약화시켰을 수도 있다. 어떤 움직임을 구경거리 속에 끼워 넣으려고 움직임이 공중에서 멈추어졌을 때, 사람들은 그 움직임을 다시 취하지 않는다. 전적인 주의력을 요구하는 모든 것처럼, 주체를 포괄하고 다른 모든 관심사를 배제하는 텔레비전은 냉혹한 매체라고 이런 관점에서 언급할 수 있다.

그래서 우리는 텔레비전과 관련하여 간략히 기술된 두 개의 단평을 다시 다루어야 한다. 구체적 현실에 대한 '시각적 이해력' vue appréhension은,

---

285) "우리가 시청각 문명이나 혹은 특유한 시각적 문명 속에 들어왔다고 해야 하는 것이 아니라, 소음의 문명, 특히 시각적인 것을 위한 엄청난 불균형과 더불어, 소음이 나는 시각적 문명과 소음이 없는 시각적 문명 같은 시각적 문명 속에 들어 왔다고 해야 한다." 마이요(A. Maillot)의 앞에 나온 책.

행동을 가능하게 하고 행동을 이끈다. 꾸며낸 이미지는 행동의 언어 자체이다. 하지만, 우리가 빠져 있는 인위적 이미지 세계에서는 행동이 거세되고 차단된다. 우리는 이미지, 곧 영화나 혹은 텔레비전에 의해 전달된 이미지와 현실 사이에 완전한 대립을 확인한다. 인위적 이미지는 어떠한 행동도 유발하지 못하고, 인간을 자신의 안락의자로부터 빠져나오게 하지 않는다. 이와 반대로, 인위적 이미지는 인간을 무기력 속에 빠지게 한다. 인간은 보지만 수동적으로 남아 있다. 왜냐하면 인간은 자신에게 제시되는 표상을 근거로 자신이 어떠한 영향력도 갖지 않음을 알기 때문이다. 이런 서비스나 혹은 저런 서비스를 전화로 요청하도록 권유하면서, 텔레비전시청자가 놀이나 대화에 참여하게 하는 것은 무언가를 몹시 암시한다. 이것은 행동이다! 그런데, 이것은 구경거리에 참여하게 하는 행동이지만, 실제로 아무 것도 변화시키지 않는 행동이고, 놀이 같은 것이나 가장 피상적인 것에 언제나 속하는 행동이다.

이미지가 선전일 때에만, 수동적인 구경꾼에게 내보여지고 주어지며 수동적인 구경꾼에 연계된 이미지는 행동을 유발한다. 이 순간, 주체가 시각을 통해 경험하는 현실에 따라 주체가 원하는 행동은 더는 문제되지 않는다. 이 순간, 시각이 단지 유혹의 매개물이기 때문에, 그 행동을 보는 자가 객체가 되는 외부에서 예측된 행동이 문제된다. 이 경우를 제외하면, 시각적인 것의 인위성은 깊이 변화한다. 이제 시각적인 것은 '비현실'irréalité의 이미지, 곧 꾸며낸 진부한 이미지에 그토록 집중된 나머지, 기술화된 도시인이 신호와 겉모습 외에 다른 것을 보는데 있어 '비현실'은 점점 더 소용이 없어진다. 그런데, 이것이 통합적인 이미지 세계 전체를 특징짓는 것이다.

사회에 의한 "회유"récupération에 대해 특히 젊은이들 쪽에서 그토록 자주 나온 항의를 통해, 젊은이들은 이미지의 역할에 대해 인식하기 마련이다. 회유적인 것은 부르주아 사회가 아니다. 체험되고 이루어진 모든 것을 구경거리로 삼기 위해, 이 모든 것을 다시 취하는 것은 이미지 세계이다. 고갈시키고 회유적인 것은, 이미지의 절대적인 승리와 시각화의 절대적인 승리이다. 하지만, 이것은 단지 텔레비전만은 아니다. 이미지의 승리는 만화신문의 승리이기도 하고, 연재만화가 혁명적일지라도 연재만화의 승리이다. 혁명적이든 아니든, 내용은 아무 것도 변화시키지 않는다. 일관성 있고 이치에 맞으며 의미를 담은 '말'을 없애는 것이, 특히 회유적인 행위이다. 이미지는 언제나 파괴적이다.

하라키리286)와 브레떼쉐르287)와 볼린스키288)의 그림은 이런 승리의 부산물일 따름이다. 우리는 적을 그의 방향에서 벗어나게 함으로써, 적의 행동 수단 중 하나를 적에게서 없앴다는 인상을 받는다. "우리는 땡땡289)과 아스떼릭스290)의 몹시 순응적인 역할을 알았지만, 우리는 이런 수단을 다시 취했고, 적의 활동영역에서 적에 맞서 싸웠다." 이것은 완전한 환각이다. 왜냐하면 내용 너머에는 이미지 자체에 대한 논쟁이 있고, 이미지의 타락이 있기 때문이다. 적의 활동영역에 위치하는 것과 '국제 무정부주의자들'291)에게 소중한 방향전환을 하는 것은, 동일한 흐름 속에 실제로 놓이는 것이다. 이미지의 가득함은 구경거리를 통해 나의 혁명 의식을 충족시킨다. 나는 보았고, 그러므로 나는 행동했다는 것이다.

이 '결합체'ensemble 전체를 통해, 개입이 고갈될 뿐 아니라, 허위적인 현

---

286) [역주] 하라키리(Hara-kiri). 프랑스의 풍자 잡지.
287) [역주] Claire Brétécher(1940-). 프랑스의 여류 만화가
288) [역주] Georges Wolinski (1934-) 자기와 동 시대 사람들의 풍속들에 대해 힐난한 프랑스의 풍자만화가. 대표작으로는 『1968년의 앨범, 나는 바보로 죽기를 원하지 않는다』가 있다.
289) [역주] 땡땡(Tintin). 프랑스 만화의 주인공.
290) [역주] 아스떼릭스(Astérix). 프랑스 만화의 주인공.
291) [역주] '국제 무정부주의자들'(situationnistes)은 기성 사회체제와 질서에 대항하는 '국제 무정부주의 학생 운동'(situationnisme)의 추종자들을 가리킨다. '국제 무정부주의 학생 운동'은 1960년대에 특히 대학 사회에서 발전된 문화적이고 정치적인 전위 운동으로서, 그 운동의 소비 사회에 대한 급진적인 항의 형태와 분석은 프랑스의 1968년 5월 혁명에 특별한 영향을 미쳤다.

실에 대한 허위 관계가 만들어진다. 나는 내게 내보여진 것을 현실로 간주하고, 현실은 사라진다. 모든 것은 내가 그 안에 살고 있는 연속된 현실의 세분화에 기인하는데, 이 현실은 불연속 이미지, 곧 어떤 모자이크 요소들로 되어 있다. 이 모자이크 요소들은 세상의 온갖 장소로부터 나오고, 혼합되어 있으며, 새로운 결합체들 속에서 서로 관련되어 위치해 있다. 또한 이것이 이제부터 내가 현실과 맺을 유일한 관계이기 때문에, 이 모자이크 요소들은 유일한 현실로 간주된 다른 연속성을 형성하도록 재구성된다. 이와 같이, 사람들이 나로 하여금 매우 집착하도록 부추기는 현실은 허위적인 현실이다. 내가 이 현실과 맺는 관계는 허위 관계이다. 그 이유는 한편으로 체험된 현실 속으로 개입이 별로 의미심장하지 않기 때문이고, 다른 한편으로 우리가 진리라고 이름붙이는 것과 관련된 일련의 가치와 선택에다 이런 경험을 별로 대조해보지 않기 때문이다.

인위적으로 이미지가 많이 사용된 세상에서, 관계는 순전히 근거도 없고 일시적이며 흥미 거리에 속한다. 하지만, 이런 관계는 나의 주의를 흩뜨리는 일시적 흥미 거리와 마찬가지로 존재하지 않는다. 이런 허위 관계를 통해, 나는 현실로부터 배제된다. 다시 말해, 이 허위관계를 통해, 나는 익숙함과 무관심과 공개되지 않은 경험 탐구라는 누에고치 속에 갇히고, 국가주도의 계획경제와 사회 통제에 의해 상쇄된 가치혼란 속에 갇힌다. 나는 까다로운 현실이 무엇인지 더는 모르고, 내 자신의 삶의 '실재' réalité가 어디에 위치하는지 더는 모른다. 이미지에는 기준이 더는 없기 때문에[292], 나는 밀려오는 이미지 가운데서 의미가 풍부할 수도 있는 이미지보다는 차라리 가장 쉽게 이해할 수 있는 이미지를 선택하는 경향이 있다. 따라서 우리는 재현된 허위 현실에 직면해 있을 뿐 아니라, 이미지의 매개로 현실과 맺은 허위 관계에 직면해 있고, 허위 언어에 직

---

292) 나는 이미지들에 기준들이 더는 없음을 안다.[본문 내용을 역자가 각주로 설정]

면해 있다.

실제로, 우리는 두 번 되풀이하여 두개의 모순된 주장을 내세웠다. 우선, 이미지의 연속은 진리와 관련된 '구두口頭 언어'에 따라 고찰된 언어가 아니라는 주장이다. 다음으로, 이미지의 연속은 언어의 구조 속에서, 또 '시니피앙'으로서 언어의 연쇄 속에서 고찰된 언어가 아니라는 주장이다. 여기서 우리는 세 번째 주장에 도달한다. 즉, 문제되는 것은 허위 언어, 다시 말해 메시지와 의사소통의 겉모습이다. 하지만, 이 겉모습은 단지 공허만이 있다는 식으로 포괄적인 맥락 속에 위치한다. 이런 언어는 "진리-현실"이라는 완벽한 복합체로 간주된다. 그런데 한편으로, 이 언어가 허구가 아니라면 아무 것도 참조할 것이 없는데도, 이 언어는 그렇게 간주된다.

다른 한편으로, 구경꾼이 표현하지도 드러내지도 못하지만 자신의 포괄 과정에서 사용하는 사회적 포괄성 속으로 이 언어가 구경꾼을 통합하는데도, 이 언어는 그렇게 간주된다. 지배 문화를 통합하는 테러행위일 수도 있는 언어에 대한 비난들은, 다음 같은 것에 있어서만 정확하다. 즉, 시청각 언어, 모자이크, 인위적인 퍼즐, 허위 언어 같이 이런 비난들이 바로 겨냥하지 않는 것이긴 하지만, 우리 사회에서는 그토록 명백하여 용인될 따름인 것에 있어서만 이 비난들은 정확하다. 따라서 '언어표현'verbe을 문제 삼는 시청각 언어, 모자이크, 인위적인 퍼즐, 허위 언어 자체는 순응적인 것이 이미지라는 점을 고려하지 않으면서, 이미지의 폭발적이고 파괴적인 특성을 심하게 용인한다. 그러나 의미가 없는 이것들의 '담화'는 무無의 이미지인 거짓 언어의 무의미에 덧붙여지는 동시에, 거짓 언어의 무의미에 기꺼이 직면한다. 그렇지만 이것은 명백히 확인되는 삶에 대한 이미지의 영향일 따름이다. 이것은 광고의 영향인데, 광고 모형을 토대로 하여 살기 시작해야 한다는 것이다.293) 또한 이것은 선전의 영향이며, 이제는 난폭한 행동을 토대로 하는 영향이다.294)

그러나 다음 같은 사실에 분명히 주의해야 한다. 즉, 이미지에 의해 가장된 허구적 현실의 비현실적인 세상에서 개인이 살아가는 바로 그 때부터, 이런 이미지는 중대한 영향력을 지닌다는 사실이다. 갑작스런 행동은 실제 생활의 행동이 아니지만, 인위적인 이미지로 된 세계에서 살아가는 사람에게 있어, 이런 행동은 정상적인 행동이 된다. 또한 이미지가 무질서한 세계에서 규범이기 때문에, 이런 행동은 정상적이 된다. 그 자체로서 인간에 대한 그 자체로서 이미지의 영향이 작용하지는 않는다. 따라서 폭력을 유발하는 것은, '폭력 이미지'이다. 하지만, 이것은 결국 어떠한 것도 화면 위에 그림자일 따름인 이미지로 된 세상에서 '폭력 이미지'이다.

이것은 어떤 사람을 때리는 것이지만, 이 어떤 사람은 그렇게 자주 주시된 배우 이상으로 존재하지 않는다. 타격을 가하는 것조차도 이미지나 폭력 장면일 따름이고, 자기 자신에게 주어지는 구경거리일 따름이다. 모든 것은 구경거리이고, 어렴풋한 유령이다. 또한 모든 것은 영상의 흔들림이고, 사전에 작성된 시나리오이다. 매를 맞는 사람은 어떠한 현실도 없고, 아무 것도 나타내지 못한다. 맹인이 길을 건너는 것을 도와주는 것이나 혹은 맹인을 때리는 것은, 더는 중요성도 없고 의미도 없다. 때리는 사람은 존재한다는 것을 확신하고, 영향력도 의미도 없이 이미지 놀

---

293) 나는 삶의 모델로서 광고에 대한 첫 기본적인 연구가 1935년의 에스프리(Esprit) 지紙에서 샤르보노(B. Charbonneau) 덕분이라는 점을 언급하고 싶다! (「광고」Publicité, 에스프리지 紙, 1935년 4월 1일, 31호)
294) 물론, 이 점에 관한 토론들이 알려져 있다. 즉, "영화와 광고의 이미지들이 젊은이의 폭력에 정말 영향이 있는가?"라는 것이다. 이 문제에 대한 연구위원회의 신중하지만 긍정적인 결론들이 있고 (샤바농C. Chavanon), 1976년 3월 10일의 피가로지紙에 실린 「텔레비전, 폭력과 이미지」TV, la violence et l'image 라는 르누아르(R. Lenoir)의 탁월한 글이 있다. 극단적인 폭력 이미지를 통해 정확하지만 일시적인 모방행위가 생겨나든지, 일반화된 난폭함과 언어의 빈약함이 포괄된 행위가 생겨나든지 한다.

이에서 자신도 배우임을 느낀다. 때리는 것과 죽이는 것은 당장 영향력을 준다. 이것은 이미지로 한정된 자아의 이런 부재를 회피하기 위한 절정의 추구인데, 마약과 오르가즘과 폭력의 절정을 추구하는 거나 마찬가지다. 이것은 자아를 상실한 사람이 억지로 주입된 모조 이미지의 과도함을 통해, 존재감과 자아실현을 막연히 느끼는 유일한 순간들이다.

4. 기술[295]

기술과 시각적인 것의 관계

나는 이미지의 승리 전체를 기술로 귀결시키는 것을 고정관념이라 생각하지 않는다. 이 문제는 쉽게 확인될 수 있는 듯이 보인다. 기술은 이미지가 폭발할 가능성이고, 이미지가 무한히 증가할 가능성이다. 또한 기술은 '말'을 이미지로 대체할 가능성이고, 이미지 세계를 구성할 가능성이다. 하지만, 이미지와 기술 서로 간의 요구도 존재하고, 결국 이 둘 사이에 일종의 '당연한 일치'connaturalité가 존재한다.

이것은 가능성이다. 우리를 이미지로 둘러싸는 것은 '멀티미디어 메모리카드'MMC임은 분명하다. 이미지를 통해 우리의 눈과 사고에 이런 침범을 초래했던 것은, 시각적 기술의 증가이다. 우리가 이미지를 만들어내는 것은, 오로지 우리가 기계장치를 가지고 있기 때문이다. 기술적인 도구가 없다면, 이미지의 어떠한 승리도 없을 것이다. 이 기술적인 도구는 우선 인쇄기이고, 다음으로 사진술이다. 뒤이어 카메라, 자동식자기, 텔레비전, 인공위성 같은 수단이 폭발적으로 증가하는데, 이것들은 끊

---

[295] 기술과 이 용어에 부여해야 할 의미에 대해서는 자끄 엘륄의 『기술 혹은 시대의 쟁점』*La technique ou l'enjeu du siècle*, (Paris, Armand Colin, 1954) 과 『기술 체계』*Le système technicien* (Paris, Calmann-Lévy, 1977) 을 참조할 것.

임없이 이미지를 만들어낸다. 이미지 세계는 오직 기술로부터 오는 것이다. 이미지 세계는 인간의 어떤 의도로부터도, 철학이나 혹은 경제 구조로부터도, 이윤의 필요로부터도, 계급투쟁이나 혹은 오이디푸스의 갈등으로부터도 결코 오지 않는다. 이와 같은 사이비 지적인 짐 덩어리 전체는 오늘날 최소한의 설명으로도 해결이 가능하다. 상황은 더 단순하고 냉정하다.

    기술은 이미지 수단이다. 기술은 한편으로 이미지의 가능성을 설명하고, 다른 한편으로 이미지의 확산과 다양성을 설명한다. 우리가 보여주려고 애썼듯이, 이미 이 점은 발전의 어떤 논리를 그 자체로 내포한다. 기계장치가 존재할 때, 기계장치는 적용되어야 한다. 현대인은 자신의 발견을 효과가 없는 채로 내버려 둘 수 없고, 자신의 가능성을 가능성이란 유일한 영역에만 내버려 둘 수 없다. 그래서 기술의 힘과 영향력을 통해 인간에게 강요된 어떤 필요와 습관이 만들어질 수 있다. 단지 이런 풍부함이 기술에 의해 자신에게 제시되고 강요되기 때문에, 현대인은 이미지의 증가에 익숙해진다. 또한 단지 그렇게 하는 것이 가능하기 때문에, 기술은 풍부함을 받아들이게 한다. 기술들의 세상에서 사람들은 부득이하게 가능성으로부터 결과로 넘어간다. 사람들은 세상의 끝에서 다른 끝으로 위성을 통해 이미지를 순식간에 보낼 수 있을 때, 그렇게 한다. 이미지 수단들의 증가가 반드시 필요할 때, 사람들은 거기서 즉시 어떤 정당화를 발견한다.

    그러나 거듭 말하건대, 인간이 이미지를 원했기 때문에, 또 인간이 텔레비전이나 혹은 위성을 원했기 때문에, 이것들이 만들어지지는 않았다. 이것들은 기술의 발전 과정을 통해 만들어졌고, 이어서 사람들은 이것들을 소비하는 것이 얼마나 마음에 들고 현명하며 좋은지를 발견했다.296)

---

296) 분명히 보기에 좋고 먹음직하며 통찰력을 열어줄 수 있는 것이었다. [본문 내용을 역자가

그래서 사람들은 이미지가 많이 사용된 허구적인 세계, 곧 기술들에 의해 만들어지고 증가되며 확산된 이미지 세계 속으로 경쾌한 발걸음으로 들어갔다. 단지 현실 자체 속에서 현실에 영향을 미치는 기술들은, 이런 현실에 일치하는 것인 이미지를 만들어내었지, 다른 아무 것도 만들어내지 않았다. 또한 이 기술들은 점점 더 비현실적인 이런 현실에 인간을 계속하여 한층 더 집중시켰다. 아마도 전화와 라디오 같은 '말'의 확산 기술들도 있다고 할 수 있다.

하지만 이에 대해 두 가지 지적을 해야 한다. 우선, 매혹하는 힘이 완전히 다르다. 텔레비전 방송과 '프랑스 뀔뛰르'297) 방송 사이에서 대중이 선택하는 것이 무엇인지 알려져 있다. 라디오를 통해 전달된 '말'에 있어서는 상황이 전혀 그렇지 않은데도, 이미지는 매혹적이고 마음을 끌며 본래 최면을 일으킨다. 실제로 무언가를 듣기 위해서는, 그것을 결정해야 하고, 선택해야 하며, 원해야 하고, 가장 어려운 것에 몰두해야 한다. 라디오가 어떤 '말'이 아니라 소리 나는 어떤 배경을 전달하다면 몰라도, 이것은 가장 흔한 경우이다. 사람들이 아무 것도 듣지 않고 다른 것을 이야기하는 동안, 사람들은 트랜지스터라디오가 작동하도록 내버려두고 그것이 음악이나 혹은 연설을 전달하도록 내버려둔다. 그런데, '말'을 소리 나는 배경이 되게 하는 것은, 분명히 침묵이나 혹은 '말'의 부재보다 훨씬 더 심각하다. 이것은 '말'의 가능한 모든 내용에 대한 평가절하이고, 완전한 경멸이다.

두 번째 지적은 아주 간단하다. 엄밀히 말해, 이미지를 확산시키는 수단과 '말'을 확산시키는 수단 사이에는 어떠한 공통된 척도도 없다. 실제로, 우리의 세계를 변화시켰던 것은 바로 이미지 기술이며, 이 점에 대해

각주로 설정]
297) [역주] '프랑스 뀔뛰르'(France-Culture). 프랑스 라디오 방송으로 문화를 중심으로 한 방송을 주로 한다.

맥루한은 분명히 옳다. 구체적으로 사람들이 이미지 기술 목록과 '말'의 기술 목록을 만들 때, 그 불균형에 대해 어안이 벙벙해진다. 이미지 기술 목록만이 어떤 일관성이 있고 일치의 망을 구성한다. '말'의 기술 목록은 산발적인 활동과 관련되고 언제나 우발적이다. 확성기, 녹음, 카세트, 전화, 이 모든 것은 인간의 직접적인 활동에 직접 결부된 수공업적인 수단에 속한다. 라디오만이 시각적 수단의 힘을 갖고 있을지도 모른다.

하지만 기술과 시각적인 것의 관계는 더 깊다. 이것은 일반화된 시각화를 결과로 삼는 기술적인 수단들의 증가만이 아니라, 기술은 발전하기 위해 시각적인 어떤 인간을 주로 필요로 한다는 사실이기도 하다. 기술은 '담화'를 배제한다. 도식과 스케치가 결정적인 것은 바로 기술 분야에서이다. 사람들은 그림이나 혹은 사진을 통해 그렇게 할 수 있기 때문에, '말'을 통해 기술적인 과정을 결코 설명하지 않을 것이다. 기술적인 발전은 바로 시각적인 표상과 동일한 외연外延을 갖는다. 인간이 기술적인 인간이 되기 위해서는, 시각적인 것에 의해 집중되어야 한다. 현실에 대한 이해, 사용할 수 있는 요소들로 현실의 환원, 현실에 대한 작용은 '담화'의 우발성이 제거됨으로써만이, 또 이미지의 정확성을 통해서만이 이루어질 수 있다. '호모 사피엔스'[298]가 기술적인 인간이 되기 위해서는, 어떤 정신적 변모가 필요하다. 그런데, 이런 변모는 '말해진 것'에 대한 시각적인 것의 독점을 통해 이루어진다. 이 점은 다른 언어, 예를 들어 그래프로 표현될 수 있는 통계적 언어가 생겨나는 것을 수반한다. 즉, 완전한 일치에 이르러야 한다. 따라서 모든 기술은 '말'의 영역에 속했던 것을 그림으로 만들어버릴 가능성에 토대를 둔다. 사람들이 레온티에프[299]의

---

298) [역주] '호모 사피엔스'(homo sapiens). '지혜가 있는 사람'이라는 뜻으로 생물학이나 고인류학에서 '사람 속屬'(Homo Genus) 가운데 현생인류와 같은 종류로 분류되는 생물을 가리키는 학명學名이다. 철학에서는 이성적인 사고 능력을 인간의 본질로 파악하는 인간관을 나타내는 표현으로 쓰인다.
299) [역주] Wassily Leontief(1905-1999). 소련 출신의 미국 경제학자. 계량경제학 분야인 '투

'인풋'in-put과 '아웃풋'out-put 도표로 모든 것을 귀결시킬 수 있을 때, 갑자기 정치경제학이 '궁극목적'finalité의 문제에 대한 심리적이고 도덕적인 고찰로부터 생겨난다. 즉, 이렇게 정치경제학이 생겨나는 과정을 통해 결국 사람들은 도표나 그래프에 중점을 두게 되고, 이 때문에 정치경제학은 기술화될 수 있다.

하지만 이 점은 이런 종류의 이미지로 귀결될 수 없는 것을 배제함을 분명히 전제로 한다. 따라서 언어의 어떤 내용 전체와 인식의 어떤 접근 전체가 존재하는데, 이 언어의 내용 전체와 인식의 접근 전체는 시각화될 수 없기 때문에 배제된 다. 인간은 스케치를 통해 이해해야 하고, 인간은 기술들의 발전과 조작에 적합하기 위해 신호를 따라야 한다. 그러나 소리 나는 신호가 있는가? 물론이다! 숙련된 귀는 엔진의 상태를 엔진의 소리로 알아볼 수 있다. 그리고 사이렌 소리와 휘파람 소리를 내는 부표가 있다. 그렇지만 소리 나는 것의 불확실함과 시각적 신호의 확실한 명백함을 비교해야 한다.

경찰관의 호루라기 소리는 많은 것을 의미할 수 있다. 게다가 호루라기 소리를 경찰관이 내지 않고 아무 사람이나 낼 수도 있다. 즉, 나는 그 신호가 누구에게서 나오는지 알기 위해, 경찰관을 보았어야 한다. 이와 반대로, 붉은 신호등은 논란의 여지가 없다. 그러기 때문에 시각적 신호와 밝은 계기판이 증가한다. 기술에 적응하기 위해 인간은 무엇보다 시각적이 되어야 하고, 하루 종일 시각적인 것에 집중해야 한다. 인간의 노동일과가 그러하고, 다음으로 인간의 휴식 일과가 그러하다. 이것은 시각적인 것과 기술적인 것 사이에 상호적인 요구의 첫 번째 측면이다. 두

입·산출'(input-output) 분석의 시조로 널리 알려져 있다. 이 분석은 누구도 시도하지 않던 산업 각 부문의 투입과 산출을 비교해 산업 연관표를 만들려는 시도로서 국제적으로 인정받는다. 또한 컴퓨터를 경제학 연구에 본격적으로 활용한 최초의 인물이기도 하다. 주요 저서로는 『미국 경제구조』*The Structure of American Economy* 가 있다.

번째 요구는 다음과 같다.

앞에서 우리는 이미지의 용이함과 급속함에 있어, 이 시대에 이미지의 명백한 유용성을 지적했다. … 그런데, 여기서 우리는 상반된 내용을 강조해야 한다. 즉, 기술 환경에 의해 형성된 인간은 바로 이미지를 통해 살아갈 필요가 있는 인간이라는 것이다. 항상 늘어나는 수록해야 할 다량의 지식은 이미지의 도움을 청하기를 요구한다. 인간은 지도를 힐끗 보고 시나이 평원에 대한 영화를 봄으로써 현실에 대한 더 큰 감각을 지닐 수 있기 때문에, 이스라엘에 관한 일련의 책 전체를 읽었던 것 이상으로 이스라엘 정치에 관해 더 잘 이야기할 수 있을 것이다. 하지만, 분명히 거기서 문제되는 것은, 이미지의 수록이 여전히 아니다. 사실상, '말'과 텍스트에 의뢰하기보다 이미지에 의뢰하는 것이, 우리 기술 사회에서 살아가기 위해 가장 유용한 것이다. 이와 같이, 작용은 아주 분명히 이루어진다. 즉, 기술은 시각적 인간을 요구한다. 기술 환경 속에 살아가는 인간은 모든 것이 시각화되기를 요구한다.

기술과 시각적인 것의 일치

더 깊이 나아가서, 우리는 기술과 시각화와 인위적 이미지의 '당연한 일치'와 마주한다. 이것은 명백함과 유용성이며, 확실하고 실제적이다. 기술은 명백함의 영역에 속한다. 기술의 결과는 분명하다. 대체로, 잘 되어가거나 혹은 그렇지 않거나 이다. 사람들이 달에 가거나 혹은 그렇지 않거나 이다. 로켓이 궤도를 벗어났거나 그렇지 않거나 이다. 토론이란 있을 수 없는데, 우리에게 명백함을 제시하는 시각처럼 그러하다. '담화'가 확신을 만들어낼 수 있는데도, '담화'에서 확신으로 넘어가는 것은 막연하고 불확실하다. 동일한 '담화'가 어떤 사람에게는 확실함이 생겨나게 하고, 다른 사람에게는 의심이 생겨나게 한다. 동일한 '말'이 어떤 순간에는 진실하더라도, 그 다음에는 더는 진실하지 않다. '담화'의 흐름이 아무리 논리적이고 엄밀하더라도, 오류가 없는 입증을 할 수 없다. 정치 연설과 마찬가지로, 반대 변론이 그럴듯하기도 하고 설득력이 있음이 알려져 있다. '말'의 인간을 내버려두었던 것은, 이런 불확실함의 특성이다. 하지만, 주의할 필요가 있다. 인간은 단지 시각화가 승리하는 순간부터 내버려졌을 따름이다. 시각화와 기술300)이 제시하는 것과 같은 종류의 분명한 확신과 확실한 결과를 '담화'가 제시하지 않았기 때문에, '담화'가 수다로 간주되기 시작했던 것은 다음 같은 때이다. 즉, 시각적인 것과 동일화된 기술 그리고 기술에 의해 생겨난 시각적인 것이, 인간에게 부인할 수 없는 명백함을 제시했던 동시에, 무한한 힘의 감정을 제시했을 때이다.

기술적인 이미지가 이렇게 승리하기까지, '담화'는 가장 진지한 행동이었던 동시에, 가장 섬세한 작용이었다. 하지만, '담화' 속에 결합된 진지한 행동과 섬세한 작용이, 기술과 시각적인 것의 두 번째 일치를 만들어내는 것, 곧 효율성에 어떻게 맞섰겠는가? 거창한 구호이면서 기술의 첫 번째 특성인 것이 효율성임을 다시 언급할 필요는 전혀 없다. 그러나 여기서 기술은 이미지와 똑같다. 이미지에는 늘 긍정적인 특성이 있으며, 나는 그것을 프로그래머라고 할 수도 있다. 전체를 담고 있는 이미지는 인간에게 행동의 틀과 행동의 동기를 부여한다. 시각적인 것은 현실에 개입할 필요성과 관계를 맺고, 이런 개입 수단을 제시한다.

이와 반대로, 각자는 '말'의 비효율성을 안다. 우리가 '말'이라 부르는 것은, 유대의 '다바르'Dabar와 더는 아무런 관계가 없다. '말'은 상황에 대한 확인할 수 있는 결과도 없고, '말'은 행동에 대한 직접적인 프로그래밍

---

300) 시각화와 기술은 각기 서로 다른 것에 일치하고 서로 동일화되어 있다. [본문 내용을 역자가 각주로 설정]

도 결코 아니다. '말'이 이렇게 될 때, 이것은 '말'에 강요된 일종의 제약을 통해서거나 혹은 "본성"의 진정한 변화를 통해서이다. 예를 들어, 소렐301)이 신화의 효력을 위한 효율성에 사로잡혀 있을 때, 동적인 이미지에 대해 말하는 것은 공연히 그런 것이 아니다. 즉, 말해지고 이야기된 것은, 실제로 '말'을 이미지로 변모시키는 일이 될 수밖에 없다.

동일한 관심사가 시각적인 것과 기술에 깃들어 있다. 이미지는 특히 효율적인 의사소통이고, 기술은 모든 분야에서 효율성 자체이다. 하지만, 시각적인 것 없이는 기술도 없다. 보아야 하고, 수단을 적용시켜야 할 현실에 대한 이미지를 가져야 한다. '기술적인 것'의 효율성이 이미지의 효율성을 가능케 하듯이, 이미지의 효율성은 '기술적인 것'의 효율성을 보장한다. 모든 분야에서 '기술적인 것'은 채산이 맞다. 푸꼬302)가 벤담303)의 '전체가 한눈에 다 보이는 구조 체계'système panoptique를 재발견하

---

301) [역주] Georges Sorel(1847-1922) 프랑스의 사상가. 그의 저서『폭력에 대한 고찰』Réflexions sur la violence 은 좌익 혁명가와 극우 혁명가뿐 아니라 많은 정치가와 사상가에게 영향을 끼치는데, 이 책의 내용은 다음 같은 두 요소로 특징지어진다. 하나는 유보 없는 대담함으로 폭력을 찬미하는 것으로서 극좌 혁명주의에 몰입해 있던 그는 이 책에서 부르주아 지배체제와 자본주의 경제체제를 끝장낼 힘은 혁명적 프롤레타리아의 폭력 밖에 없다고 단언한다. 즉, 폭력만이 역사 진보의 원동력이기 때문에 폭력을 약화시키려는 모든 시도는 평화주의든 타협주의든 일종의 범죄가 된다는 것이다. 다른 하나는 '신화'로서 마르크스주의가 사회주의 운동에 부여했던 '과학'의 지위를 그는 '신화'로 대체한다. 소렐에 따르면 과학적 법칙을 따르는 역사 발전의 자동적인 경로는 없고, 역사가 혁명적으로 비약하려면 이 역사를 만드는 대중이 하나의 거대한 '신화' 속에서 뭉쳐야 한다. 또한 그는 '신화'가 근본적으로 한 집단의 신념체계와 같은 것이고 이 신념을 운동의 언어로 표현한 것이라고 주장한다. 이것은 논리적 구성물이 아니라 이미지인데, 그가 이 '신화'의 가장 핵심적인 이미지로 제시하는 것이 '총파업'이다. '신화'가 없으면 총체적 봉기도 없고 폭력도 없으며 완전한 혁명도 없다는 그의 주장은 거의 비관주의적인 현실 부정의 세계관을 품고 있다.

302) [역주] Michel Foucault(1926-1984). 프랑스의 철학자. 정신 의학에 흥미를 가지고 연구하면서 서양문명의 핵심인 합리적 이성에 대해 그 독단적 논리성을 비판하고, 소외된 비이성적 사고, 즉 광기의 진정한 의미와 역사적 관계를 파헤친다. 또한 인간의 지식은 어떤 과정을 거쳐 형성되고 변화하는지 탐구하고 해답을 모색한다. 이 과정에서 각 시대의 앎의 기저에는 무의식적 문화의 체계가 있다는 사상에 도달한다. 그리고 억압적인 권력의 구조를 예리한 통찰력으로 파헤치며, 정신병의 원인을 사회적 관계 속에서 밝혀내려 한다. 주요 저서로『광기와 이성의 결여』Folie et Déraison,『지식의 고고학』L'Archéologie du savoir 등이 있다.

303) [역주] Jeremy Bentham(1748-1832). 영국의 윤리학자이자 법률학자. 인생의 목적은 '최대 다수의 최대 행복'의 실현에 있으며 쾌락을 조장하고 고통을 방지하는 능력이야말로

는 것도 공연히 그런 것이 아니다.304) 이 체계는 간수를 위해 한 눈에 모두를 지속적으로 봄으로써 일반화된 놀라운 감시 체계이다. 푸꼬는 이 보편적인 시각화를 통해 우리 '사회'corps social를 해석함으로써, 이 감옥 감시 체계가 실제로 우리 사회 전체에 확대된다는 점을 보여주려 한다. 그러나 그는 두 가지 점을 놓치고 있다. 즉, 이 '전체가 한눈에 다 보이는 구조'는 매우 발전된 기술적인 수단들을 통해서만 가능하고, 기술 사회의 질서와 효율성에 대한 요구를 통해 필요해진다.

문학에 대한 무관심과 철학에 대한 부정은, 문학과 철학이 도표로 변형될 수 없음을 반영하는 것이다. 이것은 현실에 대한 마찬가지의 기준이기 때문에, 효율성에 대한 마찬가지의 관심이다. 우리가 보여주었듯이, '시각적 인식'은 현실의 영역에 속하고, 기술은 이 영역에서만 활동한다. 이것은 명백한 것이고, 양적인 것이며 셀 수 있는 것이다. 인간은 기술을 통해 사물에 영향을 미치고, 사물에만 영향을 미친다. 이것은 자체의 '유형성有形性'corporalité을 통해 현존하고 현실을 구성하는 결합체이다. 심지어 모든 것은 기술의 대상이 되기 위해, 대상화되고 사물화되어야 한다. 모든 것은 자체의 유형성으로 귀결되고, 인간은 결국 기계가 될 따름이다. 거기에다 "희망적인"이라는 용어를 덧붙여 "희망적인 기계"라는 표현을 쓰더라도, 아무 것도 변하지 않는다.

모든 도덕과 입법의 기초원리라는 공리주의功利主義를 주장한다. 즉, 인간 행위의 동기는 쾌락을 추구하고 고통을 피하는 데 있으므로, 개개의 행위가 일으키는 결과로서의 쾌락과 고통을 계측하여 쾌락을 많게 하는 것이 도덕이라고 본다. 이로부터 각 개인의 이익을 만족시키는 공리共利가 '최대 다수의 최대 행복'을 얻는 수단이라 하면서, 이기주의를 긍정하고 자본주의 사회의 존재 방식을 예찬한다. 주요저서로는 『정부소론政府小論』 Fragment on Government, 『도덕과 입법의 원리 서설』Introduction to Principles of Morals and Legislation 등이 있다.
304) 『감시하기와 벌하기』Surveiller et Punir (Paris, coll. 「인문과학 총서」Bibliothèque des sciences humaines, Gallimard, 1979) 에서. 한눈에 감시할 수 있는 원형 교도소가 벌집구멍처럼 배치된 감방으로 이루어진 원형의 감옥 체계였고, 그 앞 뒤 칸막이벽이 유리로 되어 있어서 고리 모양의 중앙에 위치한 간수들이 모든 죄수를 언제나 볼 수 있었다고 나는 언급한다.

라 메트리305)로부터 들뢰즈306)까지 혹은 스키너307)까지 많은 진보가 이루어지지 않는데, 이것은 늘 마찬가지의 과정이다. 또한 이것은 시각적인 동시에 기술적이다. 시각적이라는 것은, 내가 영혼도 정신도 보지 않았다는 것이다. 또한 기술적이라는 것은, 인간이 자신에게 집중하는 수많은 기술을 통해 기술적으로 다루어지기 위해, 기계가 되어야 한다는 것이다. 사물화는 철학적인 작용도 모호한 경제적인 작용도 아니다. 또한 사물화는 소외가 설명될 수 있었던 것처럼 인간을 착취하는 방식도 아니다. 사물화는 기술적인 발달의 결과이며, 시각적인 것의 배타성에서 나온 결과이다. 이것은 '보기'voir와 '보여 지기'être vu이다. 인간 전체는 이 작용으로 귀착되고, 기술은 이 작용을 조금 전에 확인했다.

---

305) [역주] Julien Offray de La Mettrie(1709-1751). 18세기 프랑스 계몽시대의 대표적 유물론자. 물질을 감수력感受力과 자기운동의 능동성을 갖는 실체로 파악한다. 혼이나 관념이나 사고 등은 물질의 역학적 작용에 지나지 않고 독립적인 비물질적 존재가 아니기 때문에, 물질과 사고의 차이 및 동식물과 인간의 차이는 단지 물질의 동질적이고 연속적인 감수력의 차이에 불과하다고 보면서, 운동의 제1원인으로서 신神 등을 상정할 필요가 전혀 없다고 주장한다. 자신의 저서『인간기계론人間機械論』L'Homme-machine 에서 모든 정신작용의 근원인 감각이란 물질적 기능이며, 이것이 뇌에 물질적 작용을 미치게 하여 의식의 여러 가지 현상이 발생한다고 밝힌다. "뇌가 없으면 정신도 없다.", "세계정신世界精神으로서의 신도 존재하지 않는다."고 주장하면서, 감각적 쾌락을 인생의 목적으로 하고, 덕을 자기애自己愛로 환원시키며, 무신론을 행복의 조건으로 삼는다. 주요 저서로『영혼의 자연사自然史』Histoire naturelle de l'âme 가 있다.

306) [역주] Gilles Deleuze(1925-1992). 프랑스의 철학자. 미셸 푸꼬(Michel Foucault), 자끄 라깡(Jacques Lacan)과 더불어 대표적인 프랑스 현대철학자로 손꼽힌다. 마르크스주의, 정신분석학, 구조주의 등을 폭넓게 섭렵한 그는 지적 동반자인 프랑스의 정신분석학자 펠릭스 가따리(Félix Guattari)와 함께 여러 공동 저서를 남긴다. 들뢰즈가 현대 서구 철학 계를 요동시키며 논쟁의 중심에 서기 시작한 것은 펠릭스 가따리와 더불어 정치학과 정신분석의 상호관계에서 현대적 삶을 조명한『안티 오이디푸스, 자본주의와 정신분열증』L'Anti-Œdipe, Capitalisme et schizophrénie 이라는 책을 통해서다. 들뢰즈는 이 책에서 욕망을 한없이 조장하는 자본주의를 가리켜 '탈코드의 시대'라고 부르는데, 자본의 힘이 끊임없이 기존 체계와 가치를 파괴하면서 새로운 욕망을 창출하는 구조가 바로 탈코드의 현상이라는 것이다. 펠릭스 가따리와의 또 다른 공동 저서인『천개의 고원』Mille Plateaux 은『안티 오이디푸스, 자본주의와 정신분열』의 속편인데, 이 책에서는 '유목론'(nomadisme) 등 새롭고 풍부한 사유가 거침없이 펼쳐진다.

307) [역주] Burrhus Frederic Skinner(1904-1990). 미국의 심리학자이자 사상가. 스키너 상자, 티칭 머신의 고안으로 잘 알려져 있다. 인간과 동물을 동일시하여 인간을 환경과 상호작용하는 동물로 인식하고 분석해야 한다고 주장함으로써, 인간을 단순한 반사기계가 아닌 행동의 결과로 자신의 행동까지도 바꿀 수 있는 대상으로 간주한다. 주요 저서로『유기체의 행동』The behavior of organism,『자유와 존엄을 넘어서』Beyond Freedom and Dignity 등이 있다.

시각적인 것과 기술의 일치 결과

시각적인 것과 기술의 '당연한 일치'는 결국 이상한 결과들을 포함하는데, 이 결과들은 뒤바뀜에 해당한다. 우리는 다음 같은 점을 언급했다. 즉, 인간은 세상에서 자신의 존재 속에서 시각을 통해 자기 환경의 현실을 파악하고, '말'을 통해 인류와 변증법적 관계를 맺으며 진리를 향해 다가간다는 점이다. 하지만, 시각적인 것과 기술의 승리는 이 모든 것을 변화시켰다. 많은 이미지는 제한된 시간에 완결된 '시각적 인식'을 우리에게 받아들이게 하는데[308], 이 '시각적 인식'에서 벗어나기란 실제로 불가능하다. 신문 같은 공간 방식의 매체로부터, 기록 영화나 텔레비전 탐방보도나 비디오카세트 같은 시간 방식의 매체로의 이동이 목격된다. 표기나 '말'이 공간 속에 포함되듯이, 시각은 시간을 향해 열려 있다. 이것은 다른 엄청난 작용과 일치하는 근본적인 급격한 방향전환이다. 즉, 이것은 언어를 도식이나 그림이나 그래프로 환원시키려는 노력이다. 어떤 '담화'를 계산 단위로 만들어버리는 것, 정보 기본단위를 배열하는 것, 모든 방향에서 화살표와 더불어 스케치를 하는 것, 그레마스Greimas의 '기호론적 정사각형'을 구성하는 것, 허구의 형식화를 위해 리까르두[309]의 어떤 현상에 대한 이데올로기적 해석을 설정하는 것, "가로좌표에서 인접관계와 세로좌표에서 대립"의 그래프를 설정하는 것이나 혹은 진술이나 허구를 설정하는 것 등, 이 모든 것은 기술화로부터 나온 어떤 측면만을 나타낼 따름이다. 이것은 과학적인 종류의 작업이 아니라, 전형적으로 기술적인 작업이다. 이것은 언어와 '담화'에 관련되는 도식을 매개로,

---

308) [역주] 예를 들어, 사진으로 찍힌 이미지가 아닌 영화로 촬영된 이미지는 관객이 그 안으로 들어갈 수밖에 없는 어떤 시간을 받아들이게 한다. 즉, 관객은 정해진 시간 동안 지속되는 이미지들의 연속을 억지로 받아들일 수밖에 없다는 것이다.

309) [역주] Jean Ricardou(1932-). 프랑스의 작가. 누보로망(Nouveau roman)의 대표 작가 중 한 사람이자 누보로망의 이론연구가로서, 대표 저서로 소설『미세하고 새로운 혁명들』 Révolutions minuscules, nouvelles 과 이론서『누보로망의 이론을 위하여』Pour une théorie du Nouveau roman 등이 있다.

'말'을 시각화하는 일이다. 하지만, 이것은 '말'을 기술의 어떤 대상으로 삼는 것이다. 물론, 사람들은 원하는 바를 늘 결정할 수 있다. 단지 다음 같은 이중적인 사실을 고려해야 한다. 즉, 이와 같이 행동함으로써, 지나친 과학만능주의를 절정에 이르게 한다는 사실이다. 다시 말해, 이것은 과학적 이해와 시각적 도식화로 귀착될 수 없는 모든 것을 존재하지 않는 것으로서 배제했던 과정이다. '말'은 이런 압력에 가장 잘 대항할 수밖에 없는 것이었다. 이제 사람들은 '말'과 관계되는 모든 것을 시각적으로 형식화하고 말지만, 이것은 의미를 배제하는 대가를 치르고서 이다. 이 점은 완전히 의미심장하다! 두 번째 지적은 다음과 같다. 즉, 이와 같이 행동함으로써, 사람들이 예전에 '말'과 언어에 결부된 편견에서 벗어난 자유로운 정신을 결코 드러내는 것이 아니라, 이미지의 보편화에서 비롯된 엄밀한 사회적 '순응행위'conformisme를 단지 드러내고, 일반화된 기술화에 대한 어김없는 복종을 단지 드러낸다는 점이다. 구조적인 방식의 급격한 진보는 매체들의 뒷받침을 통해서만, 다시 말해 평범한 사고의 기술화를 통해서만 설명될 따름이다. 개선되거나 보완된 어떠한 인식도 없다. 또한 사람들이 명확하게 믿는 시각적인 것에 대한 불확실한 수긍이 변화된다. 언어와 현실의 관계로 우리를 다시 데려오기 위해, '말'과 진리의 관계가 배제된다.

그런데, '말'에 어떤 효율성이 있기 위해서는, 한편으로 이것이 가능하고 다른 한편으로 이것이 조건이라는 점을 오늘날 이해해야 한다. 그러나 '말'은 시각적인 표상만큼 큰 힘에 결코 이르지 못한다. 우리가 효율성이 있는 '담화들'을 생각할 때, 우리는 이것이 어떤 틀과의 관계이며 여러 시각적 인상과의 관계임을 늘 잇는다. 예를 들어, 선전에서 언어는 자극이 되기 위해 더는 언어나 '말'이 되지 않는다. 언어에 영향력을 부여하는 것이 대중과 행진과 깃발과 거대한 틀과 같은 배경인 한에서만이, 언어는 힘을 가진다. 시각적인 것에 속하는 것은 행동의 개입과 일치하는데, 이것은 시각적인 영역에서이고, 따라서 기술이 끼어드는 곳인 현실의 영역에서이다.

4장 · 굴욕당한 '말'

'말'에 대한 이미지의 이러한 침범 및 이러한 뒤바뀜과 종속은, 우리의 현대적 현실의 다른 측면인 굴욕당한 '말'로 우리를 이끌어간다.

1. 사실상의 평가절하

말하는 자와 '말' 사이에 단절

아무도 그것을 추구하지 않음에도 불구하고, 사실상 '말'은 우리 사회에서 가련한 신세이다. 우선 잘못이 있다. 물론, 이 용어를 도덕적 함의 없이 사용해야 하지만, 잘못과 결함과 결핍과 책임이 있고, '말하는 자'의 잘못이 있다. 아무 것도 말하지 않기 위한 '말하기'parler가 '말'을 악화시켰다. 이것은 시나 신화나 전설적인 역사의 필수불가결한 이야기와는 다르게 '말하기'이다. 또한 이것은 정보나 가르침의 유용한 교환과는 다르게 '말하기'이다. 그리고 이것은 세상을 코드화하는 코드화된 의식이나 신비와는 다르게 '말하기'이다. 이제부터는 쓸데없이 '말하기'인데, 이것은 수다이다.

수다의 기원은 멀리 거슬러 올라가지만, 스콜라 철학은 그 원리에 있어서나 그 기원에 있어서 수다가 아니었다. 그런데 스콜라 철학이 수다가 되었다. 이것은 매우 진기하게도 지식 체계를 침범하는 수다이고, 이 세계에 대한 보증 구실을 하는 수다이다. 라블레310)와 몰리에르311)가 이러한 수다, 곧 이 무의미한 단어들의 증인이다. 그러나 셰익스피어는 "단어들, 단어들, 단어들"이라고 한다. 이것은 단어들은 단어들일뿐 활동하는 힘이 아니라는 갑작스럽고 비극적인 발견이다. 또한 이것은 '담화'의 무용성에 대한 날카로운 인식이다. 즉, 중세 시대에 사람들은 이러한 인식을 가지지 않았으며, 당시 '말'은 자체의 모든 형태에서 떠받들어졌다. 그런데 '말'이 떠받들어진 것은, 단지 전례의식 형태에서 뿐만은 아니었다. 16세기 이후에는 점점 더 쓸모없어진 '담화'가 눈사태처럼 밀려든다. 사건들을 도식화하는 경향이 되어버린 '말'이면서, 사람들이 실제로 언급하고 싶지 않은 것에 대한 가리개로서 '말'을 부르주아 계급과 동일시하기란 쉽다. 이것은 강의의 우아함과 '섬세하게 멋을 부린 말'marivaudage 속에서, 또 실제 체험과 관련 없는 일상적인 평범함 속에서 무의미해진 '말'이다. 이것은 헉슬리312)의 놀라운 작품『대위법』Contrepoint이 설명하는 사교계의 수다와 지성적인 수다가 뒤섞인 수다이다. 이런 수다는 결국 실어증으로 무너지며, 이오네스코313)는 이것을 통해 자신의 평판을

---

310) [역주] François Rabelais(1483-1553). 프랑스의 작가이자 인문주의 학자. 프랑스 르네상스의 최대 걸작인 『가르강뛰아와 팡타그뤼엘 이야기』La Vie Inestimable du Grand Gargantua, Père de Pantagruel 의 저자이면서 프랑스 르네상스의 여러 문제를 취급한 인문주의자로서 중세 신학과 종교제도를 비판하여 인간성의 진보와 학문에 대한 신뢰를 고취한다. 풍부한 어휘를 바탕으로 하여 힘찬 표현으로 구성된 그의 작품 모두 당시의 사회와 교육과 종교를 신랄하게 풍자하는 내용으로 되어 있다.

311) [역주] Molière(1622-1673). 프랑스의 극작가. 자신의 작품 『따르뛰프』Tartuffe ou l'Imposteur 와 『인간 혐오자』Le Misanthrope 같은 성격희극에서 그려진 인물들은 당시 사회에서 볼 수 있는 어느 특정한 폐단을 집약한 상징적인 인물로서, 그는 이 성격희극을 통해 17세기 프랑스의 상류사회에 파고든 가짜 신앙, 대귀족의 퇴폐상, 경박한 사교생활 등을 착실한 시민의 양식良識으로 비판적으로 묘사한다. 그는 이 인물들의 표면에 나타난 풍속뿐만 아니라 그 심리까지 깊이 파고들기 때문에, 인간을 모랄리스트적으로 고찰한 함축성 있는 희극을 이루어낸다.

312) [역주] Leonard Huxley(1894-1963). 영국의 소설가이자 비평가. 자신의 작품을 통해 20세기의 정치와 과학기술에 대한 깊은 불신감을 드러낸다. 또한 과학문명에 대한 맹목적인 신뢰에 바탕을 둔 변하지 않는 신분제도를 지닌 악몽 같은 미래 사회의 모습을 표현하고, 당시 사회의 공허함과 무無목적성을 신랄하게 비판한다.

313) [역주] Eugène Ionesco(1909-1994). 루마니아 출신의 프랑스 극작가. 대표작으로 '반反희곡'이라는 부제를 붙인 『대머리 여가수』La Cantatrice chauve 가 있으며, 『수업』La Leçon 과

높였다.

이것은 "말해야 할 것"이 없는 '말하는 자'의 잘못이다. '말하는 자'는 더는 아무것도 말할 것이 없지만, 프레베르314)가 언급하듯이 계속 말하고 말하며 말한다. 이것은 의미와 진실성이 결여된 '담화들'의 과잉이다. 이 '담화들'이 엄밀하게 아무것도 언급하지 않음을 우리가 그토록 확신하는 선거 '담화'와 정치 '담화'에 우리는 진저리가 난다. 또한 우리는 거짓된 대화와 더 많은 고료를 위해 원고의 글을 늘인 책에 대해 우리는 넌덜머리가 난다.315) 이것은 바람에 의해 분주히 돌아가는 풍차처럼 아주 수다스럽게 계속 말하는 '말하는 자'의 잘못이면서, 아무도 **어떠한 말을** 더는 진지하게 받아들일 수 없는데 대한 책임을 지는 '말하는 자'의 잘못이다. 왜냐하면 이런 단어들의 대량 유입을 통해, 격류 속에서도 의미를 담고 있고 들을만한 가치가 있는 단어를 발견하는 일이 막히기 때문에, **어떠한 말도** 더는 진지하게 받아들여지지 않는다.

그리고 이런 평가절하는 지식인의 현상일 수 있는데, 지식인은 오늘날 우리에게는 이에 대한 수많은 예를 제시한다. 예를 들어, 밀러316)와 들뢰즈와 가따리317)의 작품에 나오는 고집스런 수다만을 단지 고려해 보기

『의자들』*Les Chaises* 등을 발표하여 전위극의 대표 작가로 인정받는다. 인간이 언어에 의한 세계의 지배력을 상실할 때 '말'은 핵분열을 일으키게 되고, 물체, 예를 들어 의자라든가 부풀어 오르는 시체 등의 지배가 시작된다는 것이 그의 지론이다. 전통 연극에 대한 도전적인 태도로 일관하는 그는 현대생활의 밑바닥에 깔려 있는 형이상학적 불안감을 생리적인 고통으로 극화한다.

314) [역주] Jacques Prévert(1900-1977). 프랑스의 시인. 초기 작품에는 초현실주의의 흔적이 엿보이고, 샹송풍의 후기 작품에는 무엇보다도 우열愚劣과 불안의 시대에 대항하는 통렬한 풍자와 소박한 인간애가 친근감 있고 평범한 그의 작품에 생명을 불어넣어 준다. 대표작으로『말』*Paroles*,『광경』*Spectacle* 등이 있으며, 샹송「고엽枯葉」*Les feuilles mortes* 의 작사가이기도 하다.

315) 그래도 글을 써야 하고 작가라는 직업을 수행해야 한다! [본문 내용을 역자가 각주로 설정]

316) [역주] Henry Miller(1891-1980). 미국 소설가. 파리 생활의 경험을 토대로 한 대표작『북회귀선』은 소설이라기보다 일종의 초현실파적인 파리 생활의 스케치이지만, 그의 반反문명적 사상이 신선한 문체로 생생하게 묘사된 작품이다. 그의 작품 특성은 유연한 필치로 남녀의 성생활을 적나라하게 그려내는 것이어서, 그는 현대의 가장 논쟁의 대상이 되는 작가 중 하나이지만, 성性을 방패로 한 통렬한 문명 비판가로도 알려져 있다.

317) [역주] Félix Guattari(1930-1992). 프랑스의 정신분석학자이자 철학자. 대표적인 프랑스의

로 하자.318) 바로 이 작품들에 나오는 병적인 수다는, 현혹하는 무의미한 언어의 밀물 아래로 어떤 단순한 자료들의 얄팍함을 숨긴다. 하지만, '말'은 허망할 따름이고, '말'은 "무언"을 통해, 또 '담화'의 과잉을 통해 완전히 평가절하 된다. 그러나 이 점은 찬란한 단어를 차지하고 이제부터 모든 것을 설명하게 되는 자를 만족시킨다. 그는 '**추동력**'319)이나 '**도약**Elan에 대한 중세 이론의 반복만이 거기에 있을 뿐이라는 점을 깨닫지 못한 채, "흐름"flux이나 혹은 "욕구"라는 표현을 엄숙히 사용하면서 그렇게 한다. 그래서 이것으로부터 뷔리당320)의 계승자들은 헛된 '말들'의 그토록 그럴듯한 결과를 이끌어낸다!

자질이나 특성을 완전히 고갈시키는 것은, 불모지인 헛되고 공허한 '담화'의 과잉인 동시에, 모든 것과 관련된 도처에 확산된 정보들의 과잉이다. 우리는 가장 개량된 볼펜, 교황 선출, 모나코 왕가의 결혼식, 이란 혁명, 세금 인상, 새로운 대출 가능성, 환경오염 주범의 환경오염방지로의 전환에 대한 정보를 뒤죽박죽 받아들인다. 그런데, 우리는 이 수많은 정보의 '말들'을 한 순간에 실제로 들을 수 없다. 만일 우리가 정말로 모든 것을 진지하게 받아들여야 한다면, 우리는 미쳐버릴 것이다. '말들'의 흐름은 흘러가고 우리는 이 흐름이 흘러가게 내버려둔다. 요컨대, '그것' ça321)이 말하던 말하지 않던 간에 마찬가지이다. 나는 건성건성 귀로 듣

현대철학자 질 들뢰즈(Gilles Deleuze)의 지적 동반자로서 그와 더불어 『안티 오이디푸스, 자본주의와 정신분열』, 『천 개의 고원』, 『철학이란 무엇인가?』등 여러 공동 저술을 남긴다.
318) "대가들"만 인용하기 위해!
319) [역주] 추동력(impetus). 물체에 힘을 가하여 앞으로 나아가게 하는 힘이나 어떤 일을 추진하기 위하여 고무하고 격려하는 힘을 가리킨다.
320) [역주] Jean Buridan(1292-1293). 프랑스의 철학자이자 스콜라 학자. 서양에서 종교적 회의주의의 추진자로서 '추동력'(impetus) 이론을 재발견한다.
321) [역주] 정신분석학에서 '그것'(ça)은 독일어에서 '에스'(Es), 영어에서는 '이드'(id)에 해당하는 표현으로 게오르그 그로덱(Georg Groddeck)에 의해 처음으로 만들어진 정신분석학적 개념이다. 이후에 프로이드(S. Freud)가 다듬어서 사용한 정신분석 용어이며 본능적 충동에서 유래하는 심적 에너지를 말한다. 프로이드는 '이드'의 내용을 처음에는 자기보존 본능과 성적 본능으로 나누고 나중에는 생의 본능인 에로스와 죽음의 본능인 타나토스로 나누었다. '이드'는 유전적 · 계통발생적으로 주어진 본능 에너지의 저장고이고 무의식

고 약간의 표현이나 감동적인 어조를 우연히 포착하지만, 어쨌든 '말'은 나에게 더는 중요하지 않다. 이것은 단어와 정보의 과잉이다. 나는 이러한 침범에 맞서 내 자신을 지켜야 하기에, 저절로 내 정신은 닫힌다. 정보를 제공하는 '메나드 무녀들'322)에게 넘겨지고, 사방에서 교리와 단어들로 주의가 분산되며, 온갖 함정에 유인되는 오르페우스처럼, 나는 내 자신이 산산이 잘게 찢기도록 내버려둘 수 없다. 나는 더는 귀를 기울이지 않는다. 나는 심지어 그것을 알지 못한 채 듣기를 거부한다. 익명의 '말'은 계속 흘러간다.

이것은 소음이면서 소음들이다. 왜냐하면 '말'은 어떠한 종류의 관계도 더는 맺지 않기 때문이다. 이제부터 '말'은 그 문장을 말한 사람으로부터 결정적으로 분리된다. 그 뒤에는 아무도 없다. 자신들의 언어 분석 논리를 극단으로 몰고 가는 이론가들은, 말하는 사람도 없고 의도적으로 "말해야 할 것"도 없으나 '그것'(ça)이 말하고 '사람들'(on323)이 말한다는 점을 전적으로 인정해야 한다고 주장한다. 그들이 이렇게 주장하면서, 이런 주장을 일반 법칙으로 삼는 것은 잘못이다. 또한 그들이 객관적인 언어분석이든, "비非주체"에 대한 새로운 정신분석이든, 그것을 우리에게 제시하기를 바라는 것도 잘못이다. 그리고 그들이 이런 것을 영구불변한 것으로 제시하는 것도 잘못이다.

적이며 쾌감원칙만 따라서 현실원칙을 무시하고 만족을 추구한다. 그 때문에 현실에 거부되거나 '초자아'(Surmoi)에서 비판되어 불안이나 죄악감이 생길 수 있다. 그래서 '이드'는 '자아'(Moi)의 방어기전에 의해 의식되지 않도록 억압되거나, 의의 있는 형태로 승화되거나 한다.

322) [역주] 그리스 신화에서 바쿠스 신을 섬기는 무녀들로 축제 초청을 거부한 오르페우스를 찢어 죽였다고 전해진다.

323) [역주] '사람들'(on)은 당시의 정신분석학이나 프랑스의 정신분석학자 라깡(Jacques Lacan, 1901-1981) 혹은 '라깡주의'(lacanisme)를 조롱하고자 엘륄이 만들어 낸 표현인 듯이 보인다. 라깡은 무의식의 정신세계를 언어학적으로 탐구하는 데에 관심을 보여, 무의식이 언어와 같은 구조를 가지며 인간의 욕망이나 혹은 무의식이 말을 통해 나타난다고 주장한다. 즉, "인간은 말하는 것이 아니라 말해진다."는 것이다. 말이란 틀 속에 억눌린 인간의 내면세계를 해부한다고 하여, 정신분석학계는 물론 언어학계에 새 바람을 일으킨다.

우리 사회와 우리 시대의 차원에서, 또 우리 지식인 집단이나 혹은 부르주아 집단의 차원에서는, 그들의 견해가 옳다. 그런데, 이것은 사회학적으로 확인된 사실이지, 언어학적으로나 혹은 정신분석학적으로 확인된 사실이 아니다. 오늘날 여기에, 한없이 흘러가고 24시간 중 20시간 동안 재현되며, 특별한 입을 통해 표현되는 일종의 사회적 '담화'가 있다. 이 '담화'가 독특한 매개체를 통해 강력하고 확실하게 표명된다 하더라도, 이것은 완전히 익명의 '담화'이다.324) 이 점은 익명성에 일치하는데, '담화자'discoureur는 익명성으로 자신을 지킨다. '말'의 유일한 '실재'réalité가 서로 알고 서로 인정하며 의견을 교환해야 하는 살아 있는 두 사람의 만남이었기 때문에, '말'은 익명이 되고 따라서 아무런 중요성이 없다. … 단어들은 바람과 같다. 단어들은 지나가고, 단어들에는 아무런 중요성이 없다. 즉, 아무도 자신이 하는 '말'에 자기 삶의 온전한 무게를 더하지 않는 순간부터, 우리가 이 '말'이나 혹은 다른 '말'에 어떠한 진지함을 더할 수 있겠는가? '말하는 자'와 그의 '말' 사이에 단절이 결정적인 파탄이다. 만일 인간이 자신의 '말' 속에 있지 않으면, '말'은 소음이 된다. 또한 누군가 철학적 표현이나 혹은 정치적 표현에서, 이 표현을 말했던 사람과 무관하게 어떤 진리의 영향력을 찾고자 했을 때, 본질을 벗어나게 된다. 그가 겁쟁이나 거짓말쟁이나 위선자처럼 살았다는 점은 정말 중요한데도, 그가 '말들'로서 남겼던 것은 아주 그럴싸했다! 거기에 첫 번째 허망함이 존재한다.

성서에서 '말'은 인격에 통합된다. 그 인격이 진실하면, 그 '말'은 진실하다. 예수의 '말들'은 이 '말들'이 예수의 인격으로부터 분리된다면, 어

---

324) 물론, 나는 라깡(Lacan)과 푸꼬(Foucault)와 데리다(Derrida) 등의 저서들을 지적 측면에서 익명의 사회적 담화이자 내용 없는 개인적 담화의 특징을 완전히 드러내는 것으로 간주하는데, 이 저서들은 그 자체로 말하는 모든 인간을 위해 그들이 묘사하는 것에 대한 입증이다.

떠한 종류의 가치도 유익도 없다. 예수 안에 체험, 행위, '말', 관계, 인식의 완전한 통일이 있다. '말하는 자'와 '말' 사이에 현재의 단절은 '말'을 벌거숭이로 만들지만, '말'은 곧 어떤 가치를 되찾는다. 하지만, 어디서인가? 불가피하게 '비인간' non-humain 안에서이다. 또한 '말'의 가치는 이성과 학문과 '독사' doxa와 사회적 흐름에 대한 기준일 것이고, 미의 개념이나 혹은 진리의 개념에 대한 기준일 것이다. 이것은 어떤 개념이다. 그리고 이것은 자기 자신과 조화를 이루는 체험의 아름다움도 전혀 아니고, 어떤 인격에 대한 통일의 진리도 전혀 아니다. 이 순간부터 '말'은 온갖 풍조와 변화에 넘겨지고, 모든 영향력과 의미를 상실한다. '말'은 도구가 된다. 이를 전제로 하여 '말'은 조작될 수 있고, '말'은 아무것도 관여시키지 않으며, 아무 것에도 관여하지 않는다.

최고도로 자체가 비워진 '말'은 구호이다.325) '말'은 어떠한 기계장치이든 그 기계장치를 위한다. '말'은 거짓말을 위해, 곧 존재와 '말'의 통일과 관련된 거짓말인 근본적인 어떤 거짓말을 위해 선전이 된다.326) 그 자체로 검토된 모든 정치적 교리는 다른 아무 교리와 마찬가지이기 때문에, '말'은 어떤 교리를 위해 아무 교리가 된다. '말'은 어떤 모험 속에서건 매춘부가 될 수 있다. 이것은 이름이 없는 익명의 '말'이고, 따라서 '말'이 아닌 말'이다. 아무도 이 '말'을 하지 않았다. '말'은 기준이 없는 세상에서 원활히 퍼진다. 그리고 기호와 시니피앙과 시니피에와 지시대상과 함의含意에 관한 '담화' 전체는, '말'이 더는 존재하지 않는 순간부터 완전히 비어 있는 '담화'이다. 이것은 '말하는 자'의 잘못이다.

---

325) '말'의 현대적 평가절하에 대한 올리비에 르불(Olivier Reboul)의 본질적이고 아주 명확히 설명해 주는 연구인 『슬로건』*Le Slogan* (Bruxelles, éd. Complexe, 1975) 을 볼 것.
326) 나는 선전이 현실에 비해 거짓말에 기초해 있다고 하지는 않는다. 다른 곳에서 나는 선전이 정확한 사물들과 관련될 때만이 효율적임을 지적했다.

'말'에 대한 평가절하

그러나 '말'은 오늘날 '말'이 표현되는 상황 자체 때문에도 평가절하 된다. 왜냐하면 이미지를 통한 사고의 승리는 '말'의 축소를 전제로 하기 때문이다. 다양한 방식으로 언어를 해체함으로써, 우리 시대에 흔적을 남기는 놀라운 현상을 우리는 알고 있다. 이 현상은 의성어로 충분한 선전과 광고에서 '말'의 사용이기도 하고, '말'의 의미 제거이기도 하다. 왜냐하면 '말'은 어떤 자극으로 귀결되기 때문인데, 이것은 현대시에서도, 또 '말'로부터 의미를 분리하려는 의도에서도 분명하고 의미심장하다.[327] 또한 이 현상은 정보 전달만이 되도록 '말'을 한정시키는 것이고, 의사소통과 정보라는 용어로 모든 것을 분석하도록 '말'을 한정시키는 것이다. 그렇기 때문에, '구두 언어'에 대한 대수학의 우위 혹은 '말'에 대한 이미지의 우위라는 결론에 도달한다.

그러나 이 모든 것은 단지 이미지의 침범의 결과로 생겨난다. 또한 역으로, 이것을 전제로 하여 아무것이든 언어라 불리고, 의상 패션 언어와 영화 언어와 신체 표현 언어가 존재한다. … 그러나 이 모든 경우에서, 이것이 시각화로의 이동과 이미지로의 이동과 관계된다는 점이 식별된다. 말해진 것과 들려진 것은 의사소통의 특별한 경우에 불과하기 때문에, 그렇게 원하지 않는 듯이, 그리고 마치 그것이 자명한 것처럼, 모든 "언어들"은 융합된다. 그러나 실제로, 이것은 또 다른 방식의 사고를 위해, 어떤 방식의 사고가 사라지는 것이다. 그리고 이 점을 통해 현재에서만 살아가는 경향이 확인된다. 여기서 여전히, 만일 역사의 후퇴와 역사에 대한 거부가 있다면, 이는 우연이 아니다. 마찬가지로, 역사의 연속성이 인정되지 않는다면, 또한 과거로부터 도출된 의미가 인정되지 않는다면, 이는 우연이 아니다. 이 점은 분명히 '말'의 시간적 차원과 일치

---

327) 몰레스(Moles)의 경험.[본문 내용을 역자가 각주로 설정]

하지 않는다. 이와 반대로, 이 점은 시각적 이미지의 제시 과정과 일치한다. 이미지 인간은 과거가 없는 인간이다. 자신이 알아야 하는 것의 전체를 각각 담고 있는 이미지의 도움으로 살아가는 이런 인간은, 기억을 필요로 하지 않고, 자신이 오늘 터득하는 것을 간직할 필요가 없으며, 경험을 필요로 하지 않는다. 이미지의 결합을 통한 지식 전달 및 이미지는 사람들이 즉시 필요로 하는 모든 것을 전달한다. '역사학자의 역사'의 무용성도 물론 이 점에 일치한다.328) 교육으로부터 이런 역사가 제거되더라도, 이는 우연이 아니다. 마침내 구조주의는 '공시적인 것'synchronique에 대한 자체의 압도적 지배와 더불어, 시각적 이미지 체계를 일관성 있게 갖춘 방법론 및 철학적 유행이 된다. 구조주의가 언어를 구조의 유희로 만들어버리는 것은 공연히 그런 것이 아니다.

그리고 '말'은 모든 사물에 대한 기술화의 영향도 입는다. '말'이 완전히, 또 모든 면에서 기술과 모순된다는 점을 근본적으로 자각해야 한다.329) 또한 기술의 절대적인 승리를 통해, 박탈당한 채 방황하고 굴종하는 '말'이 축출된다는 점을 근본적으로 자각해야 한다. '말'은 기술적인 틀 속에서 단지 수단만이 되는 처지에 놓인다. 이것은 수다 때문에 무의미해진 '말'이고, 기술들 때문에 도구가 된 '말'이다. 여기에 변화를 요구하는 맥락이 있다. '말'은 더는 의미를 담을 필요가 없으며, 자체의 의미가 상실된다. 한 번 더 말하건대, 의미의 무용성을 확인하면서 모든 것을 언어의 구조에 관련시키는 과학적 분석가들은, '말'이 무엇인지에 대해 정확히 설명하는 것이 아니라, '말'이 지금 여기서 무엇이 되었는지에 대

---

328) [역주] '역사학자의 역사'(histoire historienne)란 특히 기록으로 남겨진 고문서와 자료에 대한 분석에 토대를 둔 엄밀하고 인내심을 요하는 역사학을 가리킨다. 이 분야는 이미지와 직접성이 지배하는 시대에 들어오면서 쓸모가 없어진다.
329) 물론, 나는 언어 자체도 기술이며 언어는 예를 들어 수사학과 더불어 기술의 대상임을 안다. 하지만, 가장 전통적인 기술 가운데 포함된 이런 기술과 오늘날 기술이 되었던 것 사이에 어떠한 공통 척도도 없다.

해 정확히 설명한다.

'말'은 자체의 옛 영광의 일부를 지니고 있기 때문에, 완전히 축출되지는 않고 사용된다. 심지어 아무런 의미도 유효한 가치도 더는 없을 때에라도, 심지어 진리에 대한 어떠한 기준도 더는 없을 때에라도, 사람들이 계속 말하는 것은 불가피하다. 왜냐하면 인간은 다음 같은 기억을 지니고 있기 때문이다. 즉, 하나님의 율법을 세상에게 받아쓰게 하는 당당한 '말'에 대한 오래 된 조상 전래의 기억이다. 마찬가지로, 각자는 정치적 '담화'를 경멸하고, 사람들은 선서나 서정적 표현 앞에서 무관심의 표시로 어깨를 으쓱한다. 하지만, 사람들은 정치적 '담화' 없이 지낼 수 없다. 또한 이런 유희에 몰두하지 않는 정치인은 신뢰받을 수 있는 어떠한 기회도 없을지 모른다. 이러한 '말'이 아무 것에도 얽매이게 하지 않는데도 그러하다. 기술은 우리로 하여금 행동과 숫자와 입증과 효율성의 세계 속에서 살아가게 한다. 그러나 여기서 익명의 소신 없는 '말하는 자'의 '말들'이 지닌 무의미함이란 이중적 요소가, 행동의 효율성이 지닌 당당한 명백함과 결합한다. 이제 행동은 언제나 기술화된다. 그리고 이러한 '말'은 효율성에 완전히 종속될 경우에만, 또 기술들의 작용의 절대적 필요성에 완전히 종속될 경우에만, 보잘것없는 자리라도 차지할 수 있다. 이것은 이미지가 된 '말'이고, 컴퓨터를 위해 만들어진 '말'이다. 또한 이것은 기록과 입력과 인쇄물에 의해 지배된 '말'이고, 사물과 공간과 시각적인 것으로 변화된 '말'이다.

이제 '말'을 믿기 위해서는, '말'을 보아야 한다. 우리가 '기호론적 정사각형'을 '담화'에 적용할 수 있을 때, 우리는 결국 언어의 전체를 깊이 이해했던 것처럼 보인다. 예를 들어, 컴퓨터나 인쇄물을 위해 '말'이 실제로 사용됨으로써 의미를 상실한 '말'은, 그 자체와 다른 것으로 이와 같이 변형된다. 표기表記는 이미지에 상응하기 때문에, 표기가 시작되면서 부터 이러한 유혹은 컸다. 어떤 동일한 사회에서 동일한 기호를 통해 '표상 기호'signe représentatif로부터 음절이나 혹은 글자로 넘어갈 때, 왜곡이 분명히 나타난다. 예를 들어, '바다'를 나타내는 기호는 "메르"330)라는 단어와 어떠한 동음조331)도 지니지 않은 어떤 글자나 혹은 음절이 되고 만다. 따라서 동일한 기호가 두 번 읽힐 수 있다. 첫 번째는 "메르"란 단어를 발음하면서이고, 두 번째는 "a"라는 글자를 발음하면서이다. 그래서 '말'은 불확실하고 불안정하게 된다. 그러나 분명히 이것은 매우 지배적으로 남아있었던 '말'의 실행에서 실제적인 변화는 아니다. 상황은 인쇄술과 더불어 변한다. 인쇄술을 통해 너무 많은 글이 보급된 나머지, 독서가 말하는 능력보다 더 중요하게 된다. '문맹자'라는 표현은 '비문명인'에 해당하게 된다. 그리고 매우 습관적으로, '말'의 문명은 진정으로 발달된 문명으로 간주되지 않는다. 인간의 측면, 관계의 측면, 인격 통일의 측면에서 지배적인 것은 '말'이고 글은 아주 부차적인데도 그러하다. 글은 '말'을 모호하고 수세적인 상황으로 몰아넣었다. '말'의 평가절하가 시작된 것은 바로 이 순간부터이다. 이 평가절하에 대한 마지막 예는 분명히 컴퓨터로부터 나온다. 이것은 전문화된 언어이며, 그 다음으로 이제는 직접적인 언어이다. 오래지 않아 우리는 자연 언어로 컴퓨터에 말을 걸고, 자연 언어로 기록된 답을 받을 수 있을 것이다. 그러나 어떤 언어인가? 컴퓨터가 모호함도, 함의含意도, 알레고리도, 은유도, 환유도, 생략도, 환언관계도 이해할 수 없는 것은 분명하다. 컴퓨터에는 모호함도, 이중적 의미도, 섬세함도, 복잡성도 없는 언어가 필요하다. 마찬가지로, 이

---

330) [역주] '메르'(mer). '바다'를 뜻하는 프랑스어.
331) [역주] '동음조同音調'(consonance). 어떤 용어를 언어적으로 받아들이는데 있어, 의미가 박탈되어 있으나 화자話者가 어떤 의미작용을 감지하는 구두口頭 표현의 특성을 가리킨다. 화자의 언어나 혹은 '담화', 화자의 출신이나 혹은 민족적·지역적·사회적 소속을 밝혀주는 것으로서 일반적으로 해석되는 '동음조'는 화자의 음운 체계 및 화자의 언어문화와 관련된다.

것은 어휘의 한정된 틀 안에 머무는 것이다. 진귀하고 희귀한 단어나 두운법이 있을 수 없고, 여전히 어휘적 가치는 없지만 듣는 이에게 있어 수많은 반응과 이미지를 환기하고 야기하는 새로운 단어도 있을 수 없다. 컴퓨터는 미쇼332)의 시 한편을 만들기만 하면 된다. 컴퓨터에는 반응도 이미지도 없다.

분명하고 결코 애매모호하지 않은 언어가 필요하다. 이것은 기계장치가 알아듣도록, 말하는 자가 적용해야 하는 문법 규칙을 정확히 상술하는 통사론적 접근이다. 다음 같은 예가 제시된다. 프랑스의 렌느Rennes와 샬롱Châlons에는 주민이 몇 명인가? 답은 0명이다. 왜냐하면 컴퓨터는 "렌느와 샬롱에 동시에 사는 사람이 몇 명인가?"로 듣기 때문이다. 컴퓨터는 질문이 둘이라는 것을 이해할 수 없다. 통사론적 접근은 의미론적 접근을 겸해야 하는데, 의미론적 접근을 통해 문장의 "지배적인" 단어들이 식별되고, 이 단어들로부터 의미가 정립된다. 그러나 이 작업 전체는 이러한 언어가 어떤 '말'이 되지 않게끔 하는데 있다. 왜냐하면 '말'의 풍성함 전체, 곧 진리에 대한 열림 전체는, 컴퓨터가 알아들을 수 있도록 제거해야 하는 것으로부터 오기 때문이다. 물론 다음 같이 언급될 것이다. "이 점에는 어떠한 중요성도 없고, 인간들 사이에 언어는 복잡한 언어로 남는다. 이는 변화하는 것이 무엇이든, 사람들이 컴퓨터에게 말하기 위해 어떤 규율에 따라야 하기 때문은 아니다." 그런데 이것은 잘못이다! 1930년부터 전보문과 같은 간결한 문체의 발전과 '베이직'333)을 통한 언어의 빈곤화가 주목되었다. 굴절도 없고 수식도 없는 순전히 실용적인 것이 되어버린 문장의 구성을 통해, 컴퓨터 언어가 완성하는 것이 시작

---

332) [역주] Henri Michaux (1899-1984). 벨기에 출신으로서 프랑스로 귀화한 작가이자 시인이자 미술가. 그는 초현실운동에 가담하지 않았지만, 그의 작품은 흔히 초현실주의적인 흐름에 연결된다.
333) [역주] '베이직'(basic). Beginner's All-Purpose Symbolic Instruction Code의 약어로 초보자 교육용 다목적 상징 코드를 가리킨다.

되었다. 그러나 당신은 어떤 사람에게 말하기 위해, 복잡하거나 혹은 화려한 언어를 사용하는데 언제나 자유로운 채로 남아 있는가? 물론이다! 그러나 누가 유미주의자와 시인의 언어나 중요성이 없는 언어에 매여 있겠는가? 그리고 바로 이것이 실제적인 평가절하이다. 한편으로, 진지하고 강하며 유용하고 정확하며 사회의 일반적 흐름 속에 위치한 언어가 있다. 기술과 기술의 발전에 정확히 일치하기 때문에, 자체의 위상을 지닌 언어이다. 이것은 진지한 일에 일치하기 때문에, 진지하게 받아들여진 언어이다. 그리고 다른 한편으로, 지식인이나 예술가에게 알맞은 표류하는 언어가 있다. 그런데, 이 언어에는 어떠한 위상도 상황도 없기 때문에, 그 의미나 변화가 결국 어떠한 중요성도 없는 소일거리의 언어이자 상상의 언어이다.

누가 이러한 단절과 파열 속에서, '말'에 대해 이루어진 평가절하를 보지 않겠는가. 1968년 혁명의 격렬한 구호를 새겨 넣은 누군가가, 십년이 지나서 국립행정학교 졸업생의 간결하고 정확한 언어를 택할지, 혹은 조직에서 성공한 투사의 '상투적인 정치 선전 구호' langue de bois를 택할지 누가 알겠는가?

2. '담화'에 대한 경멸

게다가, 이 점을 통해 우리는 '담화'에 대한 경멸의 양상 중 하나와 마주한다. 왜냐하면 우리가 언어의 파열에 일치하는 다른 두 가지 실천 속에서, '담화'에 대한 경멸을 포착할 수 있기 때문이다. 기술전문가에게 있어 '담화'의 거의 돌이킬 수 없는 잘못은, '담화'가 양면성과 다양한 가치를 지닐 수 있다는 점이고, 결코 절대적인 확실성에 이르지 못한다는 점이다. 언급되는 것이 단일가치를 지니게 해야 하고, 불확실성을 몰아내야 하며, 언어를 입증의 유용한 부속물로 변형해야 한다. 이것은 어떤 미지의 것에 대한 모든 기준을 단순히 사용하는 것이다. 도식을 아주 좋아하는 기술전문가는, 엄밀히 말해 어떤 논점을 설명하기 위한 부속요소로만 '담화'를 바뀌게 할 수 있을 따름이다. 결코 의미나 혹은 입증의 실마리가 아니다. 그렇기 때문에, 컴퓨터 사용에 종속되어서 평가절하 된 언어가 더할 나위 없는 중요성을 지닌다고 우리는 앞에서 언급했다. 이 순간에 제한되는 것은, 컴퓨터와의 대화가 아니다. 컴퓨터와의 대화는 모든 대화의 모델이 된다. 또한 최소한의 정도로 이런 대화는 이미 있었으며, 모든 기술전문가와의 관계에서 일어나는 것이다. 즉, 행정가, 법률가, 경제학자, 물리학자, 화학자, 마케팅전문가, 의사, 기술자, 심리학자, 광고전문가, 영화인, 프로그래머 등 온갖 종류의 모든 기술전문가이다. 이것을 통해 언어의 엄청난 부분이 만들어지고, 아마도 언어의 거의 전체가 만들어진다.

그런데 무엇보다 오해가 없어야 한다. 즉, 내가 대상으로 하는 것은 문외한에게는 난해한 전문가의 언어가 아니다. 문제되는 것은 '담화'의 구조와 궁극목적이다. "본론으로 들어가기로 하자 …"는 표현처럼, 문제는 바로 이런 것이다. 이것은 순전히 도구적인 언어이고, 따라서 언어의 전문성 속에서 무시된 언어이다. 기술전문가는 명제의 연쇄에 오로지 기초한 스콜라학파 유형의 연구방식에서의 모든 가치를 인정하지 않는다. 기술전문가에게 이 점은 공허하고 효과 없는 것으로 보인다. 분명히 기술적인 유효성이 결여된 것이다. 따라서 이러한 종류의 의사소통을 몰아내야 하고, 순수한 의사소통에 도달해야 한다. 언어는 오직 유용한 정보를 전달하기 위해 만들어지는데, 이것은 의사소통에서 중언부언도 이중 의미도 "소음"도 없을 경우에만, 만족스럽게 생겨날 수 있을 따름이다. 나는 당신이 전달하는 바를 완전히 이해한다. 이것은 이상理想이다. 불확실성이 없어야 하고, '저편의 세계'au-delà로부터 오는 의미를 해독하기 위해 시간을 허비하지 말아야 한다. 우리는 여기, 곧 '이편의 세계'en-deçà에 있다. 그리고 이 점만이 중요하다. 나머지는 철학에 속한다. 다시 말해, 나머지는 실제적인 어떠한 영향력도 없는 어떤 이들의 심심풀이와 이상한 기벽奇癖이다. 국토개발전문가와 건축가와 개발자와 관계를 맺지 않았던 이가 누구인가. 또한 사람들이 '삶의 질'이라는 막연한 용어로 말하는 것이 아니라, 이런 종류의 어휘가 의미하는 것을 정확히 말할 때, 이들을 엄습하는 짜증에 사로잡히지 않았던 이가 누구인가. "당신은 인문주의자군요."라는 표현에서, 우리는 '담화'에 대한 경멸을 분명히 본다. '삶의 질', '환경 보호' 같은 어떤 문구가 갑자기 생각에 떠오른다. 사람들은 이런 문구들을 낚아채고, 관할구역 이전, 인간과 경관의 파괴, 환경의 변질 같은 어떠한 시도도 이런 문구들로 가려버린다. 왜 그렇지 않겠는가? 이 단어들은 단지 단어일 뿐이고, 따라서 아무것도 아니다. 단지 유행하는 문구들일 따름이다. 우리로 하여금 성장과 설비 같은 진지한 것을 실행하게 내버려 두라. 그리고 이 "문구들"이 매우 막연한 내용과 가치를 가지고 있으며 기본 선택을 전제로 한다는 점을 당신이 보여줄 때, 거절이 생겨난다. 사람들은 가치를 지닌 단어들과 언급에 의해 인도되거나 이끌릴 수 없다. 실행은 당신의 '담화'와 다른 것이다. 철학자와 인문주의자에 대한 경멸은, 국립토목학교 출신의 책임 기술자의 냉담한 예의바름에서 즉시 나타난다. 당신도 단어들을 가지고 유희를 해보고, 우리도 장식용으로 몇몇 단어를 취하겠으니, 상황을 우리에게 맡겨 두라.

    그러나 유감스럽게도, 쉴 사이 없이 '담화'를 옹호했어야 할 이들에게서도, '담화'에 대한 이런 경멸을 나는 오늘날 발견한다. 사실상, 그들의 경멸은 우리가 이미 말한 평가절하, 곧 '말하는 자' 자신에 의한 남용에서 비롯된다. 자신의 미친 사람 역할과 '재미나게 하는 사람'amuseur 역할에 국한되는 것을 받아들이는 예술가는, 언어와 더불어 유희를 벌인다. 초현실주의자와 '다다이스트'dadaïste는 그들이 그렇게 했듯이 '담화'를 공격할 때, 사람들은 자유의 격렬한 감정을 느꼈다. 이것은 활기 없는 전통 규칙의 파열이다. 또한 이것은 단어들에 의해 '저편의 세계'를 향해 놓인 우리 일상성의 직접적인 의미와는 다른 의미를 언어가 지니고 있었다는 점의 발견이다. 그러나 문장과 단어들의 파괴는 치명적이었다. 초현실주의자들은 '피로스의 승리'334)를 얻었지만, 그들의 발견은 결국 초현실의 황폐였고, 언어의 공허함과 허망함에 대한 입증이었다. 그들은 과학자와 기술전문가의 입장을 극적으로 강화했다. 즉, '말'은 유희라는 것이다. 손쉽게 이루어진 의미와 소리 사이에 단절은 재앙이었다. 이것은 편의와 습관에 맞서 싸우는 것이었다. 하지만, 이와 동시에 인간이 천천히 이루어냈던 가장 치열하고 힘든 쟁취 중 하나가 파괴되었다는 점을 사람들은 깨닫지 못했다. 단어에 의미를 연결하는 것은 진부함이 아니라, 인간 발전과 지적 가능성의 조건 자체였다. 누군가 "부족部族의 단어들에 더 순수한 의미를 부여한다."고 주장했는데, 그 결과는 전혀 의미가 존재하지 않음을 발견하는 것이었다.

그리고 이 점은 우리가 이제 익숙해진 언어의 유희로 즉시 귀결되었다. 초현실주의적 단절의 의지에는 출구와 해결책에 대한 열광적인 탐구가 있었다. 하지만, 이런 언어의 유희를 통해, 해결책을 가능하게 하는 것이 파괴되었다! 이것은 광기의 언어이면서, 비이성의 언어이다. 사람

---

334) [역주] '피로스의 승리'. 패전이나 다름없는 의미 없는 승리로서 값비싼 대가를 치르고 얻었으나 실속 없는 승리를 가리킨다. 고대 그리스 지방인 에피로스의 왕 피로스(Pyrrhus)는 로마와의 두 번에 걸친 전쟁에서는 모두 승리를 거두지만 대신 장수들을 많이 잃어 마지막 최후의 전투에서는 패망한다. 이후부터 많은 희생이나 비용의 대가를 치른 승리를 '피로스의 승리'라 부르게 된다.

들은 "이 점은 중요하지 않다."라고 하면서, 무관심의 표시로 어깨를 으쓱했다. 이것은 몇몇 지식인의 일이며, 시인들의 몽상이라는 것이다. 그런데 그런 것이 아니었다. 이미지로 변화된 도구적이고 기술적인 언어에 직면하여 일상적인 진부함이 남았거나, 그렇지 않으면 '말'을 최고의 차원 전체를 지닌 언어로 복원하는 일이 남았다. 그래서 초현실주의를 통해 공격받고 파괴되었던 것은 바로 이 점이다.335) 아무 것이 아무 것을 언급한다. 이것은 생각의 구실을 하는 언어의 유희이다. 요인들의 순서를 뒤바꾸는 것으로 충분하며, 이것은 하나의 유행병이었다. 의미에 대한 탐구가 탐구의 의미라고 하는 등, 어떠한 진부함이든 그것으로도 심오하게 보일 수 있다는 것이다.

그 다음으로, 이것은 끄노Queneau나 프레베르Prévert 식의 유희적 구조 상실이다. 또한 이것은 문장의 해체와 분할이고, 라깡Lacan에게 있어 이런 분할로부터 솟아나오는 "진리"이며, 녹음기를 가지고 문장과 언어의 소리를 섞는 일이다. 이것은 비기술적인 언어 전체에 영향을 미치는 조작이다. 실제로, 이것은 절망적인 포기와 마지막 정당화의 표현일 따름이다. "당신은 우리가 이런 언어를 계속 말하는 것을 알지만, 이것은 진지하지 않다. 우리가 어떻게 이 단어들과 문장들로 유희를 벌이는지 보라. 어쨌든 우리는 '조커'joker처럼 받아들여지는데, 이것은 그토록 진지한 사회에서 단어의 마술사를 위한 작은 접이식의자이다." 우리는 모두 다음 같은 표현에 동의한다. "당신은 이러한 '말'로는 아무것도 언급하지 않는다. 그리고 우리가 기분전환을 하게 될 때, 한 순간 당신의 재치는 우스꽝스럽다. 당신이 기술적 수단들을 취할 때, 또 동시에 녹음에서 인간의 '말'이 갈기갈기 찢어지고 능지처참을 당할 때 더욱 그러하다." 하지

---

335) 내가 여기서 언급하는 것을 통해 많은 초현실주의 시인에 대한 나의 경탄이 줄어들지는 않는다. 영향력과 사회학적 의미작용에 대한 평가는 내가 이러저러한 생성과 이러한 언어 작용으로부터 받아들일 수 있는 미적 쾌락과는 전혀 다르다.

만, 이것은 그 효과가 언어 전체에 미쳤던 끔찍한 연구방식이다. 사람들은 어떤 것이든 만들 수 있고, 이 단어들로 어떤 것이든 말하게 할 수 있으며, 어떤 '담화'이든 구성할 수 있다. 이 단어들이 자체를 변호하지 않는다. 그러나 인간의 이성이나 지성뿐만이 아니라, 인간의 삶 자체가 이 단어들로 인해 근본적으로 변질된다.

여전히 어떤 노력이 있다. … 언어학과 소쉬르Saussure가 재발견되었던 이래로, 과학만능주의 사고방식이 언어를 덮쳤고, 과학만능주의 사고방식은 우리로 하여금 '말'을 객체 상태, 곧 과학적 대상의 상태에 놓이게 하는 일에 관여케 했다. 의미론과 기호학과 어의론 가운데서, 기호학이 가장 광범위한 듯이 보인다. 로베르Robert 사전에 따르면, 기호학은 기호와 소리에 관한 이론이면서, 사회에서 기호와 소리의 순환에 관한 이론이다. 또한 렉시스Lexis 사전에 따르면, 기호학은 기호에 관한 일반과학이면서, '의미 작용 양상'mode de signifier에 관한 일반과학이다. 그래서 언어는 '의미 작용 양상' 중 하나에 불과하고, 언어학은 기호학의 한 분야일 따름이다.

로베르Robert 사전에 따르면, 기호학은 사회생활에서의 기호 체계에 관한 연구이다. 즉, 이 기호 체계는 사회적 기능을 지닌 기호 체계이다. 그런데 매우 흥미로운 것은, 기호의 '지시대상들'références이 거의 언제나 시각적이라는 점이다. 그리고 언어학이 기호학의 가능성 중 하나인 한, 이 점은 언어학이 기호의 유희가 되어버리는 것을 의미하는데336), 이 유희의 모델과 기능은 시각적이다! 그리고 의미의 관점에서 언어 연구인 의미론조차도 '말'에 관련되는 것이 아니라, "발화체enoncé의 의미 표현 수단"이나 혹은 "어휘의 시니피앙과 연결된 시니피에"와 관련된다. 그리

---

336) 암묵적으로 의미하는 것이지, 결코 공언된 것은 아니다. [본문 내용을 역자가 각주로 설정]

고 의미론을 기초로 하여 과학적 방식으로 처리해야 하기 때문에, 의미의 최소 변별 단위인 "의소意素"sème와 같은 축소할 수 없는 단위들이 존재한다. 놀랍게 보이는 것은, 한편으로 의미와 무의미와 반反의미의 유희가 변별 단위가 되어버릴 수 있다는 점이다. 다른 한편으로, '말해지고 들려진 기호'는 동일시되지만, 그 모델은 "드러내지고 보여 진 기호"이기에, '말'이 결국 시각적 기호의 과학에 포함되었다는 점이다.

내가 이런 '반의미'를 취하는 것은 매우 의도적이다. 왜냐하면 모든 기호학은 자체가 '말'을 배제한다고 밝히지만, 이는 사실이 아니기 때문이다. 업무상으로 언어학자와 구조주의자는 언어를 극도로 진지하게 받아들인다. 하지만, 그들이 언어를 다루는 것은, 물리학자와 화학자가 과학 원리가 엄밀히 작용해야 하는 단지 사물로서 근본적인 경멸감을 가지고 재료를 다루었던 것과 같다. "언어-대상"에 과학 원리를 적용하는 연구 방식은, 하나님의 계시를 과학적으로 다루는 것과 똑 같은 연구방식이다. 무엇이 과학적 방법의 당당한 지배적 경향을 피할 수 있을까? 여기에서 경멸당하는 것은, 과학적 분석에 의해 단순화되지 않을 수도 있는 어떤 것을 언급하려는 '말하는 자'의 의도이다. 이것은 '말'의 신비인가? 그러면 해부를 해 보자. 나의 해부용 칼 아래에는 영혼이 존재하지 않는다는 점을 분명히 보게 될 것이다. 이러한 '말'에 대한 경멸은, 인간에게 '저편의 세계'에 대한 단절감을 주었다. '말'의 '저편의 세계'란 없다. 어떤 '담화'의 정확한 구조들이 있고, 이 '담화' 속에 '추론'dis-cursus 337)이 아닌 모든 것은 결국 구조들의 유희가 되고 만다. 의미란 존재하지 않으며, 텍스트의 전체가 구조들의 관계로 귀결된다.

그러나 이것은 바로 '말'에 대한 부정이다. 이 '말'에 대한 부정은 과학

---

337) '추론'(dis-cursus)은 말하는 자의 상상과 신뢰 속에서만 '추론'이며, 가차 없이 파괴될 수밖에 없는 것이다. [본문 내용을 역자가 각주로 설정]

적 방법을 회피한다. 또한 이 과학적 방법은 법칙이기 때문에, 모든 과학에서 발견된 과정에 따라, 종속될 수 없는 것, 곧 객체를 비현실적이고 관심을 끌지 않는 것으로서 배제하기로 하자. 왜냐하면 모랭338)의 문제 제기에도 불구하고, 심지어 과학자 자신은 주체가 아니라고 주장할 때에라도, 과학자가 주체이고 자연이 객체라는 점에는 오늘날 변함이 없기 때문이다. 우리는 아직 '말'에 대해 겸허한 자세를 취하지 않았다!

그래서 두 가지 방향이 드러난다. 한편으로 언어의 자의성이 드러나고, 다른 한편으로 '시니피앙'에 대한 과대평가가 드러난다. 이 둘은 '담화'에 대한 암묵적인 경멸 속에서 서로 결합한다. 분명히 언어는 자의적인 것으로서 나타났다. 단어와 그 단어가 지칭하는 사물 사이에는 어떠한 자연적 관계도 없다. 바다의 소음을 재현하면서 언어에서 바다를 지칭할 수도 있는 의성어는 없다. 언어에서 늑대를 가리킬 수도 있는 어떠한 울부짖음도 없다. 따라서 언어는 인위적인 창조물이고, 단어는 사물이 아니며, 사물의 아무 것도 단어 속에 포섭되지 않는다. 단어는 순전히 협약에 의한 것이다. 단어는 아이들에게 환경에서 살아남기 위해 반드시 필요한 경험으로서 습득되는 것이 아니라, 사회적 협약의 자의적인 강요로서 습득된다. 이런 주장들은 명백하지만, 언어와 '말'에는 몹시 해롭다. 더 이상 아무것도 이런 주장을 지지하지 않는다. 통사론의 어떠한 규칙도, 어원학의 어떠한 규칙도, 상식의 어떠한 규칙도 일리 있게 강요되지 못한다. 모든 것이 자의적이라면, 왜 이 단어들과 규칙들을 바꾸거나 뒤집거나 밀어내지 않는가? 결국, 어떤 자의성이 다른 자의성을 단지 대체할 따름이다. 이것은 역사에 대한 부정이다. 이것은 매우 당연한 것으

---

338) [역주] Edgar Morin(1921-). 프랑스의 사회학자이자 철학자. 그의 연구 작업은 지중해 연안 국가와 남아메리카 및 동북아시아 국가에서 현대적 고찰 방식에 큰 영향을 미친다. 일신론(monothéisme)을 인류의 재앙으로 간주하는 그에 따르면 불교가 신이 없는 종교일 수도 있기 때문에, 그는 종교 중에서 불교를 높이 평가한다. 주요 저서로 『문명 정치학을 위해』 *Pour une politique de civilisation* 가 있다.

로서, 우리는 '말'과 역사 사이에 관계를 살펴보았다. 또한 이것은 언어적 획득물의 신뢰성에 대한 부정이다. 사람들은 '베이직'basic의 생성이나 혹은 언어의 구조 상실에도 관여하고, '표음정서법'orthographe phonétique에도 관여할 것이다. 아무 것도 더는 중요하지 않다.

이 모든 시도는 나로 하여금 1791년 프랑스 입헌의회 의원들의 우스꽝스러운 모험을 어쩔 수 없이 늘 떠올리게 한다. 그들은 구체제 하에서의 주州들이 순전히 협약에 근거하고 인위적이라고 간주하면서, 프랑스를 똑 같은 크기의 사각형으로 나누려고 했다. 이것은 적어도 합리적이었다. 물론 이것은 인간성에 대한 부정이었다! 그러나 언어를 이와 같이 문제시하는 데는, 이에 대한 온갖 논리적 이유와 자명한 이치가 있다.

그리고 누군가 다음 같은 주장을 밀어붙일 때, 사람들은 '담화'와 '말'에 대한 마찬가지의 경멸과 마주친다. 즉, 누군가 매우 의기양양하게, 또 몹시 근엄한 모습으로, 중요한 것은 무엇이 언급되는지를 아는 것이 결코 아니라, "말하는 사람이 속한 사회계층의 위치"lieu d'où l'on parle를 정하는 것이라는 주장을 밀어붙일 때인데, 이것은 강력한 주장이다. '말'이 포함하고 표현하는 것은 무엇인지에 대해서는 어떠한 관심도 없다. 이와 반대로, 말하는 사람이 부르주아인지, 지식인인지, 노동자인지, 학생인지 혹은 교수인지, 판사인지 혹은 피고인지 등을 아는 것이 중요하다는 것이다. 실제로 언어학의 모든 "발견"처럼, 이것은 기초적 사고들을 사이비 과학적 어휘로 과장하고 포장하는 일이다. 그런데, 언어의 비과학적인 나머지 부분을 짓누르는 과학적 방법을 통해, 이 기초적 사고들은 '절대'absolu에 이른다. 그 때문에 이 기초적 사고들은 자체의 과학성을 통해, 다음 같은 잘 알려진 과정에 따라 허위적이 된다. 즉, 과학이 현실을 보다 편하게 연구하기 위해 한조각의 현실을 도려내고 과학의 대상이 구성될 때, 과학은 현실을 왜곡하고 자체의 대상을 상실하는 과정이다!

이것은 '말하는 사람이 속한 사회계층의 위치'와 관계된다.339) 만일 이

---

339) 현실을 인위적으로 잘라냄으로써 과학에 의해 명백한 오류로 변한 아주 단순한 명증성의 다른 예를 제시하고 싶다. 다음은 1977년 1월 26일자 르몽드에 실린 라발라르(J. L. Lavallard)의 뛰어난 글의 서두이다. 그는 끌로델(Claudel)의 표현을 제목으로 삼으면서 그렇게 한다.
"눈은 듣는다.: 바바(Baba) + 가가(Gaga) = 다다(Dada)"
"우리는 우리의 눈과 더불어 바라보고, 우리의 귀와 더불어 듣는다. 적어도 우리는 그렇게 믿는다. 하지만, 서레이 길드포드(Surrey Guildford) 대학교 심리학과의 해리 맥거크(Harry McGurk)와 존 맥도날드(John Mac Donald)라는 두 영국 연구자는 그 반대를 입증했다. 즉, 우리의 감각은 분리된 기능을 갖지 않는다는 것이다. 그들은 우리는 우리의 귀와 더불어도 '듣는다'는 점을 반박할 수 없는 방식으로 입증했다."
"이 특성은 아주 일반적이며 어린아이뿐 아니라 성인과도 관련된다. 이 특성은 우리 각자에 있어 참되며, 대화상대자의 입술 동작을 관찰함으로써 대화상대자의 '말들'을 '읽는데' 성공하는 귀머거리에 한정되지 않는다."
"발견은 뜻하지 않은 결과에 대한 경험으로부터 시작했다. 말하는 여자의 얼굴을 표현하는 유성 영화가 어떤 주체에게 제시된다. 이 여자는 초당 두 번씩 같은 음절을 되풀이한다. 그녀는 가가(Ga-Ga)를 발음한다. 하지만, 영화에 수반되는 음향 필름은 원래의 필름이 아니다. 그 필름에는 가가(Ga-Ga)가 아니라 바바(Ba-Ba)가 집어넣어졌다. 따라서 주체의 눈은 가가(Ga-Ga)를 언급하는 어떤 사람을 보는데도 불구하고, 주체의 귀는 바바(Ba-Ba)를 감지한다. 실험자는 주체가 감지하는 것을 주체에게 물어본다. 그 대답은 어리둥절하게 한다. 단지 성인의 응답 중 2퍼센트만이 이 음향 필름에 일치할 정도로, 기대되는 바와 같이 주체는 바바(Ba-Ba)를 듣지 않는다. 또한 응답이 0퍼센트일 정도로 주체는 가가(Ga-Ga)도 역시 '듣지' 않는다. 응답의 거의 98퍼센트일 정도로 모든 사람이 다다(Da-Da)를 듣는다고 주장한다!"
"현상은 극히 난해하다. 연구 주도자들은 자신들이 언급되고 보여 진 것을 완전히 알고 있는데도 불구하고, 자신들이 착각으로부터 빠져나올 수 없다고 밝힌다. 눈을 감음으로써 그들은 바바(Ba-Ba)를 정확히 듣지만, 그들이 이미지를 바라보기 시작하자마자 또 다시 다다(Da-Da)를 감지한다."
"이 결과들은 놀랍다. 소리에 대한 감지가 단지 청각적 현상이 아니라는 점과 뇌가 의식적인 진단을 내리기 전 우리의 다양한 감각을 통해 제시된 정보들이 결합되는 곳인 뇌 차원에서의 복잡한 작용으로부터 소리에 대한 감지가 생겨난다는 점이 이 결과들을 통해 명백한 방식으로 밝혀진다. 청각적 특성을 지닌 이런 종류의 정보에 있어서는 잘된 것이기는 하나, 우세한 것은 흔히 시각적 정보이다. 청각적이거나 혹은 시각적인 두 가지 진정한 소리 중 하나를 듣는다고 주장하는 주체들 가운데서, 시각적 소리를 감지하는 이들은 거의 언제나 가장 수가 많다… 눈은 귀보다 우세하다."
이런 실험에 대해 무엇이라 언급해야 하는가? 눈이 귀보다 우세하다는 결론을 이 실험으로부터 이끌어낼 수 있는가? 이 점은 말하는 이의 입술을 우리가 부분적으로 읽을 수 있음을 의미하는데, 모든 귀머거리가 그렇듯이 이것은 명백하다. 아무 것도 발견되지 않는다. 그렇지 않으면 더 강하게 표현해서, 우리는 어떤 전체, 다시 말해 자신의 얼굴과 손과 더불어 말하는 어떤 개인을 듣는다. '말'은 존재 전체의 표현이고, 말하는 자로부터 분리될 수 없다. 실제로 이것은 우리가 앞에서 언급했던 바이다. 여기서 여전히 또 다시 아무 것도 발견되지 않는다! 그런데, 이것은 바로 이 실험으로부터 도출될 수 있는 것 전체이다! 왜냐하면 나머지에 있어 이런 실험은 불합리하고 아무 것도 입증하지 못하기 때문이다. 이 실험은 사람들이 어떤 개인으로 하여금 아무 것도 의미하지 않는 소리를 언급하게 하기 때문에 불합리하다! 구경꾼이 기대하는 것은 어떤 '말'인데도 불구하고, 사람들은 구경꾼에게 어떤 소리를 발견하도록 요구한다. 이것은 언어에 관한 어떠한 종류의 결과도 없는 소리가 문제될 때 시각視覺과 청각 사이에 불일치이다. 예를 들어, 500미터 거리에서 큰 망치로 내려치는 노동자를 보는 것과 같은 거리에서 경적소리를 듣는 것은 더는 관

점이 판사와 피고가 말한 똑 같은 문장에 동일한 영향력과 의미가 전혀 없음을 뜻한다면, 또 이 점이 '담화'를 그것을 말한 이와 관련하여 해석해야 함을 뜻한다면, 이것은 오래 전부터 알려진 지나치게 단순한 자명한 이치이다. 언제나 그러했던 실행해야 할 조정이 있다.

그러나 "과학적으로" 변형되어, 이제 이 점은 다음과 같은 것을 뜻한다. 즉, '말하는 사람이 속한 사회계층의 위치'에 대한 표현만이 '담화' 속에 있다는 것, 다시 말해 그는 거기서 **오로지** 자신의 계급적 이익만을 표현할 뿐이라는 것을 뜻한다. 이것은 어리석은 짓이 되지만, 담화에 대한 일반화된 경멸에 일치하는 어리석은 짓이다. 이것은 정치적 투쟁이나 사회적 투쟁이나 다른 투쟁을 위해, 어떤 의미이든 의미를 배제하는 것이다. 이것은 지배 도구인 언어이다. 우리는 이 문제를 다시 다룰 것이다. 그리고 이 점은 '시니피앙'에 대한 과대평가라는 또 다른 주요 경향과도 일치한다. 관심을 끄는 '실재'réalité는 시니피앙이다. '시니피앙'이 의미하는 것, 곧 가치나 혹은 사고에 대한 기호의 관계는 더는 아무런 관심도 끌지 못한다. 우리는 다음과 같은 주장을 얼마나 여러 번 들었던가. 즉, 의미는 우리에게 중요하지 않고, 텍스트에 대한 구조적 분석을 하는 것은 더 잘 이해하기 위해서가 전혀 아니며, 마찬가지로 말하는 주체의 의

심을 끌지 않는다… 내가 큰 망치의 충격을 보면서 청각과 더불어 충격의 소음을 기대하는 것은 명백하다. 이것이 전부이다! 하지만, 이 실험에서 의미심장한 것은, 이 실험을 통해 우리가 알 수도 있는 것이 아니라 실험자들에 대한 폭로이다. 이것은 그들에게 있어 언어가 소음이나 소리로 귀결된다는 사실이고, 어떤 소리든지 선택하는 것을 통해 언어에 관한 결과들이 도출될 수 있다는 사실이다. 소리들은 어떠한 지시대상도 없는 소리일 따름이기 때문에, 들려진 것과 보여 진 것의 혼합을 통해 소리들은 변형된다. 만약 의미를 지닌 단어들이 관계된다면, 어떠한 혼동도 생겨나지 않을 것이다. 이것은 외국 영화가 잘못 더빙될 때 아주 흔히 이루어지는 실험이다. 나는 프랑스어 문장을 듣고 화면에서는 독일어를 발음하는 것을 본다. 하지만, 나는 독일어를 프랑스어와 전혀 혼동하지 않는다! 또 다시 사이비 과학을 통해 아무 것도 발견되지 않지만, 사이비 과학을 통해 문제의 핵심이 사라진다! 이것은 언어에 대한 경멸의 표현이다! 조금 나중에, 크리스티안 짐머는(Christian Zimmer)는 로제이(Losey)의 영화 「돈 지오바니」Don Giovanni 에 대해, 로제이가 시간보다는 공간에 훨씬 더 관심을 갖는 연출이자 사실주의의 유혹으로 음악을 배제하는 지나치게 시간을 많이 빼앗는 연출에 대한 비판에서 「귀는 본다」L'oreille voit (르몽드, 1980년 2월 1일자) 라는 글을 쓸 수 있었다.

도나 저자가 언급하고자 했던 것도 아무런 관심을 끌지 않는다는 주장이다. 우리와 관계되는 모든 것은 전달 과정이고, 순환 메커니즘이다. 또한 우리와 관계되는 모든 것은 '시니피앙'의 조직 속에서 '시니피앙'이고, '시니피앙'의 구조이다. 주의력 전체는 이 '시니피앙'으로 향해진다. 아마도 이것은 언급해야 할 사물이나 혹은 사고에만 관심을 가졌던 이전 세대의 이상주의에 대한 반발을 통해서 이루어진다. 따라서 의미만이 거부된 것이 아니라, "언급할 것"à-dire이 있다는 점도 거부된다. 언급할 것은 아무 것도 없고, '시니피앙'의 표출에 선행하는 사고도 없다. 사고는 글로 쓰이는 것이나 언급되는 것으로부터 나온다. 언급해야 할 것은 언급된 것이나 혹은 기계장치 자체로부터 생겨난다.340) 따라서 '시니피앙'의 구조가 남김없이 파헤쳐 졌을 때, 알아야 할 모든 것이 이를 통해 알려진다. 말하면서, 또 글을 쓰면서 '시니피에'가 만들어진다. 따라서 '시니피에'에는 아무런 우위가 없다. 그리고 의미는 그 자체로서 표기의 무의미로부터 나온다. 게다가, 우리가 이미 언급했듯이 의미는 아무런 관심도 끌지 못하기 때문에, 이 점은 중요하지 않다.

여기서 여전히 '시니피앙'에 대한 이러한 과대평가의 이유를 의아하게 생각하는 것은 당연하다. 나는 이에 대한 두 가지 이유를 안다. 우선, '시니피앙'이 관찰할 수 있는 것이기 때문이다! 나는 '시니피에'도 관찰할 수 없고, '시니피앙'과 '시니피에'의 관계도 관찰할 수 없다. 이것은 "철학"

---

340) 이런 의미 붕괴가 어디까지 갈 수 있는지 이해하기 위해 '누보 로망'(Nouveau Roman)에 대한 장 리까르두(Jean Ricardou)의 박식하고 명확히 설명해주는 분석을 또 다시 참조해야 한다. (『누보 로망의 문제』*Problèmes du nouveau roman*, Paris, Editions du Seuil, coll. "Tel Quel", 1967; 『누보 로망의 이론을 위하여』*Pour une théorie du nouveau roman*, Paris, Editions du Seuil, coll. "Tel Quel", 1972; 『누보 로망』*Le Nouveau Roman*, Paris, Editions du Seuil, coll. "Ecrivains de toujours", numéro 92) 또한 자끄 엘륄의 *L'Empire du non-sens* (Paris, PUF, 1980) (『무의미의 제국』2013, 대장간 역간) 을 참조할 것. "언급할 것"(à-dire)에 대해 사르트르(Sartre)에 맞서 리까르두가 제기하는 논쟁을 특히 언급하기로 하자. 리까르두에게 있어, 사람들이 표현할 사고된 "언급할 것"이 있다고 믿는 것은 사르트르의 주된 약점이다. 실제로, 의미에 대한 증오에 부합하여 리까르두는 "말해진 것"이 결코 없다는 점과 언어는 언어 구조의 작용을 통해 자가생산적이라는 점을 입증한다.

의 문제이다. 이와 반대로, 문장의 표출과 순환과 변형과 청취는 내가 관찰할 수 있다. 심지어 나는 그럴듯한 도식을 만들 수도 있다. 우선 이것은 전통적인 "과학적" 태도를 또 다시 따르는 것을 의미한다. 고전적인 과학적 방법에 의해 관찰될 수 있고 분석될 수 있는 것만이 관심을 끌고, 결국 존재할 따름이다. '시니피앙'과 관련된 의사소통 과정만이 이와 같이 분석될 수 있기 때문에, 이 과정만이 우리에게 중요하다. 나머지는 과학적 객관성을 혼란스럽게 할 뿐인 형이상학자들의 논쟁거리이다. 그러나 우리는 근본적인 "도식"과 마주쳤다. 잘 파악될 수 없는 이 언어는 결국 이미지로 옮겨질 수 있고, 의사소통 작동의 윤곽 및 심지어 정보 작동의 윤곽이 그려질 수 있다. 사람들은 '시니피에'와 더불어 상상적인 것과 신화적인 것과 시적인 것 속에서 산책을 감행한 후에, 다시금 땅으로 내려온다. …

내가 깨달은 두 번째 이유를 통해, 나는 기술로 돌아간다. 즉, '시니피앙'에 대한 과대평가는 기술적인 정신구조에 일치한다. 사람들은 이것이 어떻게 작동하는지 찾으려 애쓴다. 순환 과정과 변형 과정은 무엇인가? 우리가 앞에서 지적했듯이, 수고할만한 가치가 있는 것은 과정이다. 그런데 사실상, 이것은 바로 기술전문가와 관련된 것이다. 궁극목적은 기술전문가와 관련이 없다. 또한 의미도 기술전문가와 관련이 없다! 구조주의자는 자기도 모르는 사이에 기술의 정신에 사로잡혀 있다. 이상적인 것은 존재하는 모든 것을 기계로 변형시키는 일이다. 즉, 언어도 기계이고, 의사소통도 기계이며, 관계도 기계이다. 들뢰즈와 모렝이 행한 용어의 선택은 특징적이다. 1세기 전에는 단지 몇몇 독창적인 사람들만이 생명체를 기계로 만들어버리려 했다. 지금은 그 주체가 '단어'이다.

그런데, 기계는 문제도, 이유도, 궁극목적도, 의미도 제기하지 않으며, 단지 그것이 어떻게 작동하는지 보여준다. 그리고 이것은 실제로 언어와 의사소통과 관련된 관심사이다. "기계에 의존하는 병"machinite을 통해, 언어와 '말'에 대한 기술적 정신구조의 침범에 불과한 '시니피앙'에 대한 과대평가가 완전히 밝혀진다. 사물들의 다양한 작동에 의해 어디서든 침범을 받고 있기에, 이 불가피한 길을 좇아가야 하고, 실제로 모든 것을 이 작동으로 귀결시켜야 한다. 지배적인 모델이 기술적이기 때문에, 그래서 모든 것이 기술적이 될 수밖에 없기 때문에, 여기서 우리는 모든 것을 어떤 동일성과 단 하나의 모델로 귀결시키는 강박관념을 다시 발견한다. 그리고 가장 덜 기술적인 '실재'réalité인341) '말'은 분해할 수 있는 것으로 되어버리기까지는 배제될 수밖에 없다. 우리의 기계적 강박관념 속에서, 우리는 '분해할 수 있는 것'을 '입증할 수 있는 것'과 혼동한다. 즉, 우리는 "의사소통-정보"와 '시니피앙'을 분해할 줄 알았기 때문에, 우리는 '말' 전체를 입증했다고 여긴다.

'시니피앙'에 대한 당치않은 과대평가의 두 가지 근원은 그러하다. 그러나 '시니피에'를 몰아낸 직후, 불가피하게 다음 같은 질문이 제기된다. 요컨대, "이 시니피앙이 정말로 그렇게 중요한가?"라는 질문이다. 이것은 되돌아가는 것이나 '시니피에'에 우위를 다시 부여하는 것과는 전혀 무관하다. 그렇지 않다! '시니피에'의 청산이 이루어지고, 그것도 훌륭히 이루어진다. 모두가 동의하고, 아무것도 의미가 없다. '말'은 아무것도 언급하지 않는다. 사람들은 단지 그 길을 좇아갈 뿐이다. 이것은 '말'에 대한 경멸이라는 **지옥**으로 내려가는 일이다. '시니피앙'은 여전히 '말'의 일부를 이룬다. 그리고 온갖 과학적 노력에도 불구하고, 사람들은 완전히 '말'을 무한정으로 보관해두지 못하고 만다. 의미의 조각들이나 혹은 진리의 파편들이 모든 측면에서 '말'로부터 언제나 다시 튀어나온다. 완전히 기계적이지도 않고 기계화되지도 않은 '말', 심지어 '시니피앙'이 되

---

341) 그렇고말고. 나는 이점을 강조한다. [본문 내용을 역자가 각주로 설정]

어버리지도 않은 '말'과 더불어 사람들은 편안하지 않다. 우연과 예측하지 못한 결함이 잔존하는데, 르페브르342)와 에스까르삐343)의 연구 작업을 참조하는 것으로 충분하다.

그렇다면 왜 '시니피앙'에서 벗어나지 못하는가? 우리는 들뢰즈Deleuze와 가따리Guattari가 행한 '시니피앙'의 해체라는 즐거운 시도가 알려져 있다. 이것은 미리 '시니피에'가 배제되었을 때만이 가능한 작업이다. "욕망을 가진 기계"344)에 대해 용납할 수도 허용할 수도 없는 절대 권력을 행사하는 것으로 비난받을 수 있는 '불완전하고 일관성 없는 기계'345)가 이제 존재한다. 전 단계에서 칭송받던 시니피앙은 폭군이 되는 동시에, 우스꽝스럽고 부당하게 된다. 바로 그 '분열 분석'346)을 통해, 언어의 구조가 나타내는 시니피앙의 부당한 과잉상태로부터 인간이 결국 벗어나는 것이 어느 정도로 꼭 필요한지 모두의 눈에 명백하게 드러내기 위해서는, 이 부당성을 입증하는 것으로 충분하다. 그런데, 이 시니피앙이 어

---

342) [역주] Henri Lefebvre(1901-1990). 프랑스의 사회학자이자 철학자이자 지리학자. 마르크스주의자가 되어 반反파시즘 운동에 참가하기도 한다. 데카르트(Descartes) 및 디드로(Diderot)에 대한 연구도 있으나 연구의 본령은 마르크스주의 철학에 대한 연구에 있다. 사상사뿐만 아니라 미학과 사회학 분야에서 활약한다. 주요 저서로 『현대 세상에서 일상생활』*La vie quotidienne dans le Monde moderne*, 『전문기술관료에 대항하여』*Contre les Technocrates*, 『마르크스주의』*Le marxisme* 등이 있다.

343) [역주] Robert Escarpit(1918-2000). 프랑스의 작가이자 대학교수. 주요 저서로 『통신의 부분 체계』*Systèmes partiels de communication*가 있다.

344) [역주] '욕망을 가진 기계'(machine désirante). 들뢰즈와 가따리가 자신들의 저서 『안티 오이디푸스』*L'Anti-Œdipe* 에서 만들어내어 많이 사용한 개념이다. 들뢰즈와 가따리에 있어 이 개념은 인간의 동인動因으로서 욕망 및 삶과 자유를 생기게 하는 것으로서 욕망을 지칭한다. 구조주의와 더불어 시니피에가 사라졌기 때문에, 이 개념은 시니피에를 내포하지 않는다. 따라서 이 개념은 시니피에로의 회귀와 관계된 것이 아니라, 시니피앙에 대해 해방되는 것과 관계된다. 다시 말해, 이 개념은 결국 시니피에도 시니피앙도 없는 어떤 허무주의와 관계된다.

345) [역주] '불완전하고 일관성 없는 기계'(machine imparfaite et inconséquente). 이 표현은 일단 시니피에가 사라지자마자 생겨난 시니피앙의 독재를 지칭한다. 이 시니피앙의 독재는 견딜 수 없으므로, 그 다음 순서로 시니피앙이 사라진다.

346) [역주] '분열 분석'(schizo-analyse). 들뢰즈와 가따리에 의해 역시 만들어진 개념으로서, 엘륄이 이 책을 집필하던 당시 아주 유행하던 개념이다. 이 개념은 욕망에 대해 억압적인 기술로서 간주되는 '정신 분석'을 비판하기 위한 것인데, '정신 분석'과는 반대로 '분열 분석'은 욕망을 해방시킨다.

떠한 '시니피에'도 더는 참조하지 않는 순간부터, 이런 입증을 하기란 쉽다. 일이 매듭지어진다. 다른 어떤 것과도 비교할 수 있는 욕구와 흐름에 엄밀히 종속될 수밖에 없는, 중요하지 않은 막연한 어떤 현상으로 언어가 귀결되는 곳에는, '말'이 더는 없다. '말'에 대한 터무니없는 경멸의 단계적 진행은 서구 지식인들을 점차 지배했다. 이 진행은 더는 말해지지 않는 언어를 대체하기로 된 어름어름 말하기, 말더듬기, 침묵, 딸꾹질, 말줄임표, 횡설수설, 두운 법, 의성어, 활판인쇄 배열의 남발로 나타났다. '말'은 기술적이고 기계적인 언어가 아니기 때문에, 사람들은 말할 줄을 더는 모른다.

이런 경멸의 단계에서 언어는 메시지의 매개물과 의미의 주창자와 대화의 장소만 제외하고, 정말로 아무것이든 되어버린다. 말하기란 **어떤 사람**에게 **어떤 것**을 언급하는 것이 아니라면, 아무것이든 말하는 것이다. 나는 이 마지막 열 단어를 표명하면서 전율을 느낀다! 이것이야말로 쁘띠부르주아적이고 반동적이며 역행적이고 보수적인 정신이며, 진보에 대한 거부이다. 또한 이것은 우파의 반혁명적인 정신구조이다! 그러나 이런 판단을 내리는 이들은 자신들이 이런 판단을 가지고 있음에도 불구하고, 자신들의 태도가 좌파도 아니고 혁명적이지도 아님을 아주 분명하게 깨닫지는 못한다. 그들의 태도는 가장 보잘 것 없고 가장 순응주의적이며 가장 바보 같은 짓을 하는 기술지상주의의 단순하고 평범한 반영이다. 왜냐하면 정말로 기술을 구사하는 기술전문가는 자신의 역할을 수행하기 때문인데, 그는 현실의 차원에 있으며 이것은 괜찮다. 그러나 자신의 영역에 기술적인 정신구조를 옮겨놓고서 모든 것을 기계들처럼 처리하려는 지식인은 단지 '순응행위'를 따를 뿐이고, 어떠한 현실도 얻지 못하며, "어머니 없는 어린아이처럼" 행동한다. 나의 어머니인 **기계**, 이것이 들뢰즈와 가따리의 위대한 교훈이다.347) 이것은 사회적 어댑터, 조종과 순응화의 도구, 신호, 이데올로기적 재생산, 틀, 말하는 자의 소외 등 아무것이나 되어버린 언어이다. 이 언어는 아무것이긴 이지만, 의미의 모태母胎도 결코 아니고, 살아 있는 인간 존재에 의해 전달된 '말'도 결코 아니다.

3. '말'에 대한 증오

'말'로부터 의미 박탈과 '말'에 대한 파괴

'담화'와 언어에 대한 경멸로는 충분하지 않았다. 사람들은 경멸에서 증오로 넘어갔다. '말'에 대한 증오를 드러내는 로슈348)의 텍스트나 혹은 그토록 많은 다른 텍스트를 읽어야 하는데, 이것은 인간의 부적절한 표현이 지닌 헛됨을 조롱하거나 드러내는 것과 관계될 뿐만 아니라, 아예 이런 표현을 파괴해야 한다는 것과 관계된다. 이것은 이론적 분석의 차원에서가 아니라, 수치스러운 실천의 차원에서 언어의 구조를 상실하게 하는 것이다. 그런데, 이것은 말할 줄도 모르고, 자신이 구사할 수 있는 어휘도 거의 없으며, 자신의 사고 속에 일관성도 거의 없는 사람의 빈약한 표현이 아니다. 또한 이것은 언어를 대상으로 간주하는 철학자나 혹은 형식주의자의 연구도 아니다. 이것은 언어를 자유자재로 완벽히 구

---

347) [역주] 여기서 엘륄은 들뢰즈와 가따리의 공동 저술인 『안티 오이디푸스, 자본주의와 정신분열증』의 내용을 언급하는 듯이 보인다. "무의식은 고아다.", "오이디푸스가 유효하게 된 것, 즉 우리가 '아빠·엄마'를 소비하게 된 것은 자본주의와 함께이다."라는 유명한 선언을 통해, 들뢰즈는 정신분석학을 오이디푸스 콤플렉스로 상징되는 '아빠·엄마·나'의 삼각구도로부터 구출해냄으로써, 좌익적 정신분석학이라 부름직한 욕망의 정치사회학을 수립한다.
348) [역주] Denis Roche(1937–). 프랑스의 시인. 엘륄은 1960–1970년대의 프랑스 전위前衛 시 문학의 대표자인 그를 시의 모든 토대를 파괴했다고 비난한다.

사하는 사람의 심사숙고한 후의 행동이다. 또한 이것은 다음 같은 점을 모두의 눈에 드러내 보이는 우스꽝스러운 실행을 통해 언어를 죽이려는 사람의 심사숙고한 후의 행위이다. 즉, '말'이 아무것도 담고 있지 않고 아무것도 언급하지 않는다는 점이고, 말하는 자는 고장 난 기계일 따름이거나 혹은 제대로 조정된 적이 결코 없는 기계일 따름이라는 점이다. 중간 휴지(休止)부분이 여기에서 생겨난다. '담화'에 대한 경멸의 단계에서는, 모든 것이 기계들로 귀결되었다. '말'에 대한 증오의 단계에서, 이것은 아무렇게나 작동하는 고장 난 기계들에 해당된다. … 언어는 음절과 소리의 기괴한 연속에 불과한데, 이 음절과 소리는 두뇌의 기능 이상을 제외하고는 아무 것과도 관계없고 아무것도 언급하지 않는다.

    로베르 뺑제349)나 끌로드 시몽350)의 문체 연습도 책임이 없지는 않다. 왜냐하면 이것들은 지적 유산에 있어, 또 어떤 사람을 위해 전해진 '말'에 대한 사랑에 있어, 해소되지 않는 증오를 근본적으로 표현하기 때문이다. 언급해야 할 수도 있는 모든 것에 맞서서 일종의 분노가 지식인을 사로잡는데351), 이것은 의미에 대한 증오이다. 어떤 대가를 치르더라도, 사람들이 언급하기 원했던 것과 의미를 지닐 가능성이 있는 것으로부터 벗어나야 한다. 이런 분노와 증오는 나에게 의심스럽게 보인다! 실제로, 이것은 언어 자체로부터 오는 문제제기에서 벗어나는 일이다. 또한 이것은 다음 같은 잠재적 가능성으로부터 오는 문제제기에서 벗어나는 일이다. 즉, 우리가 광적으로 무의미에 틀어박히고 우리가 자발적으

---

349) [역주] Robert Pinget(1919-1997). 스위스 출신의 프랑스 소설가이자 극작가. 누보로망(Nouveau roman)의 대표 작가 중 한 사람으로서, 대표작으로 소설 『어떤 사람』*Quelqu'un* 이 있다.

350) [역주] Claude Simon(1913-2005). 프랑스의 작가. 제2차 세계대전을 다룬 『플랑드르로 가는 길』*La Route des Flandres*, 스페인 내란을 무대로 삼은 『호화로운 건물』*Le Palace* 등의 작품을 통해 그가 추구한 것은 역사적 혼란을 겪으면서도 살아남는 인간과 사물의 영속성을 발견하는 것이다. 누보로망의 대표 작가 중 한 사람으로서, 상황의 전개와 의식의 흐름이 뒤섞인 다소 혼란스런 문체가 특징이다.

351) 리까르두(Ricardou).

로 인간 이하의 망상에 유폐되는 가운데서, 작은 틈과 균열이 있을 수 있다는 잠재적 가능성이다. '말'에 대한 증오는 인간에 대한 증오와 동일시됨으로써만이 격화된다. 그러나 '말'에 대한 증오는, 아주 신기하게도 인간에게 있어 자유 의지의 표현처럼 제시된다. 문제제기는 매우 단순하다. 즉, 첫 번째 주제는 언어가 구성된다는 것이고, 한정된 어휘와 통사론과 어법과 철자법이 있다는 것이다. … 따라서 언어는 규범적인 동시에, '말하는 자'가 설정하지 않았던 규범들의 기능이다.

사람들은 말하기를 배운다. 어떤 사람이나 성인들이 우리에게 언어를 가르친다. 따라서 사람들은 우리를 틀에 맞추고, 우리를 빚어내며, 우리를 가둔다. 내가 언어를 배우자마자, 나는 나의 자유를 박탈당한다. 무엇에 대한 나의 자유인가? 내 자신의 언어를 무無로부터 창조하는 자유이다. 그런데 이것은 나의 권리 중 가장 신성한 것, 곧 나를 나 자신으로 만드는 권리에 대한 용납할 수 없는 박탈이고 침해이다. 사람들은 이미 준비된 도식 안으로 나를 들어가게 하고, 어떤 모델에 따라 말하기를 내게 가르친다. 파렴치한 짓이다. 내가 이러한 '말'을 미워하는 이유는 오직 다음과 같다. 즉, 성인인 내가 어린 시절로 돌아가더라도, 아무것도 미리 정해지지 않았고 모든 가능성과 모든 것이 완전히 열려있었던 절대적 진솔함의 단계로 내가 더는 돌아갈 수 없음을 깨닫기 때문이다. 사람들은 내게서 이런 가능성들을 제거했다. 언어를 통해 나는 강요된 행동 가운데 처해졌다. 나는 빼앗겼다. 나는 내 자신의 언어 창조력을 빼앗긴다. 내가 순진무구하고 방어할 능력도 없는데도, 사람들은 내게 힘을 행사했다. 이것은 힘의 도구인 언어이다. 이런 감탄할 만한 항의 가운데서, 사람들은 단지 하나의 문제를 무시한다. 즉, '말'은 바다 바람 속에서 불분명한 격렬한 소리를 내지르는 것이 아니라, '말'은 어떤 사람으로부터 다른 사람으로의 매개 수단, 곧 어떤 사람이 어떤 사람과 맺는 관계일 따름이라는 것이다. 그리고 만일 관계가 존재한다면, 소리의 가치와 기호의 가치에 대한 합의인 어떤 '코드'code가 있어야 한다는 것이다. 그렇지 않으면 어떠한 관계도, 어떠한 의사소통도, 어떠한 관련도 가능하지 않다. 그렇지 않으면 언어가 결단코 존재하지 않는다. 우리를 '완전 부재상태' degré zero에 위치시키는 광기는 단순한 바보짓이다.

언어는 언어이기 때문에, 반드시 언어는 '이미 거기 있는 것'déjà-là이다. 바로 루소Rousseau의 사회계약론이 최초의 협약이 결코 아니듯이, 언어는 언제나 '이미 거기 있는 것'이다. 그리고 만일 우리가 '이미 거기 있는 것'을 거부한다면, 언어란 존재하지 않는다.352) 이것이 전부다. 새롭거나 자유로운 것은 아무것도 창조 되지 않았다. 어떠한 혁신도 없으며, 어떠한 인간 해방도 없다.

언어에 대한 이런 분노는 단지 "천사를 만들려는 자는 짐승을 만든다."353)는 표현일 따름이다. 자신에 의해 습득되고 결정지어진 언어에서 해방된 인간이 되기를 바라기에, 사람들은 타인과의 관계를 단지 포기하고, 인간의 진정한 특수성을 이루었던 것인 '말'과의 관계를 단지 포기한다. 사람들은 자유의 '저편의 세계'를 향해 가는 것이 아니라, '백치 상태' crétinisme를 향해 간다. 나는 인간의 동물적 측면을 언급하는 것이 아니다. 왜냐하면 사람들이 '말'을 거쳐 지나갔을 때와 '말'을 죽이려고 할 때, 동물의 단계로 "돌아오지" 않기 때문이다. 나를 지금의 나로 만들었던 언어에 맞서는 이런 열정적인 입장표명에서는, 앞 단락에서처럼 어떤 현상에 대한 경멸적인 분석이 문제가 아니라, 언어에서 느껴지는 풀 수 없는

---

352) 여기서 체스터튼(G. K. Chesterton)의 뛰어난 중편소설 『차드 교수의 광기』*La folie du professeur Chadd* (in Le Club des métiers bizarres, Paris, Gallimard, 1938)를 다시 읽는 것이 언제나 좋다.
353) [역주] 파스칼(Blaise Pascal)의 금언에서 유래된 표현으로서, 인간 본성은 완전하지 않기 때문에 아주 선해지려고 하는 사람일지라도 본의 아니게 결국 나쁜 면을 지니고 만다는 뜻이다.

일종의 분노가 문제이며, 자신을 괴롭히는 자를 미워하기 시작하는 일종의 분노가 문제이다. 그러나 자신의 비非자유를 깨닫는 자의 순진한 반발 단계는 곧 지나가고, 이데올로기 단계에 이른다. 언어는 내가 고분고분한 사람이었을 때 사람들이 나로 하여금 겪게 만들었던 추상적인 조작일 뿐만 아니라, 게다가 언어는 지배 이데올로기를 위한 조작이다. '떠벌이는 말'grand mot이 느닷없이 내뱉어진다. 언어는 지배계급이 피지배계급의 예속상태를 유지하기 위해 사용하는 억압과 소외의 수단이다.

다음 그림을 보라. 어떠한 '말'도 언급되기 전에, 가엾고 순진한 악의가 없는 다른 사람들을 노예로 만들려는 음흉한 구상을 하는 무시무시한 우두머리와 지배자들이, 미묘한 예속 도구인 언어를 철저히 만들어냈다. 우두머리와 지배자들은 자신들의 언어를 순진하고 가엾은 사람들로 하여금 받아들이게 했다. 이 가엾은 사람들은 자신들의 주인처럼 말하기 시작하면서 주인의 견해를 분명히 따랐고, 이 때문에 그들은 '메에' 하고 우는 순종하는 양떼가 되었다. 내가 방금 글로 쓴 것이 우스꽝스러운가? 그러나 이것은 고작 과장되었을 뿐, 다음 같은 문구의 표현은 이론의 여지없이 진리로서 받아들여진다. 즉, "지배계급은 피지배계급을 자신의 이데올로기의 노예로 만들고 사고하는 것을 막기 위해, 피지배계급으로 하여금 지배계급의 언어를 배우게 한다."는 것이다.

언어는 무엇이든 전달하고 모든 것에 소용될 수 있는 중립적인 도구가 아니다. 그리고 이 점은 명백하다! 그러나 언어는 '담화'의 방향을 미리 결정하고, 따라서 사고를 어떤 방향으로 향하게 한다. 언어는 경찰보다 훨씬 더 무서운 사회적 통제 도구이다. 왜냐하면 언어는 검열보다 훨씬 더 내밀하기 때문이고, 사람들이 반발할 수 없는 어떤 인생의 시기에 무의식 속에 뿌리를 내렸던 통제이기 때문이다. 그래서 사람들은 지배계급이 만든 틀 속에서 생각하게 되고, 지배계급의 도식과 선입견과 관점을 그 자체로 받아들이게 된다. 언어는 다른 모든 수단보다 더 사고에 대한 절대 권력이 된다. 이 때문에, 모든 것이 너무도 유명한 그 "재생산"354)처럼 작동한다. 그 무엇도 이것을 벗어날 수 없고, 우리는 지배 의미들에 매여 있다. 그래서 내가 말할 때마다 나를 가두고 나를 지배계급과 동일시하는 이 언어에 대한 분노가, 이러한 분석 가운데서 치솟는다. 이것은 부르주아 문화를 피하기 위해서, 반드시 필요한 문화혁명이다. 하지만, 무미건조하고 순응화 된 '담화' 속에 '반反 문화'355)도 포함되기 때문에, 누가 언어 자체가 전달하는 것에서 우리를 벗어나게 할 것인가. 매우 심각하게도, '반反 말'anti-parole의 지배가 시작된다. 그리고 '말'의 교환가치에 대한 명료하고 단호한 "파괴"인 모든 것이 기꺼이 받아들여진다. 언어와 문화 사이 관계에 대한 단순한 분석과 사이비 마르크스주의 이데올로기 사이에 결합 때문에 일어났던 일탈이, 어떤 명백함으로부터 쉽사리 보일 수 있었다. 그러나 오늘날 대단히 확산된 이런 지적 태도의 공허함을 드러내는 것은 얼마나 쉬운가? 첫 번째로 제기되는 비판은, 사람들이 언어에 대해 품는 개념과 관련된다. 이 폭력적인 비난이 언어와 '말'의 기계론적이고 경직된 개념에만 적용된다는 점을 어떻게 보지 않겠는가? 다음 같은 조건에서만이, 언어가 기여한 바를 부르주아 이데올로기와 동일시하거나 지배도구인 언어와 동일시하는 것은 적절할 수도 있다. 즉, 언어가 엄밀하고 명확하다는 조건에서이고, 문장이 화자話者의 의도와 정확히 일치한다는 조건에서이다. 또한 '말'이 이데올로기를 정확히 재현하고 후광이나 안개나 공허나 여백을 포함하지 않는다는 조건에서이고, 듣는 사람이 화자가 말하려 한 것을 정확히 듣기 때문에 '말'이 듣는 사람에 의해 마찬가지로 정확히 받아들여진다는 조건에서이다. 그러

---

354) [역주] 여기서 '재생산'(reproduction)이란 사회학 용어로서 동일한 사회관계가 반복되는 것을 나타낸다.
355) [역주] '반反 문화'(contre-culture). 기존의 지배적 문화를 부정하는 문화 풍조를 가리킨다.

나 우리는 전혀 이와 같지 않음을 안다. 또한 우리는 '담화'에는 구멍이 가득하고, '말'에는 균열이 있으며, 언어에는 개방 상태가 있음을 안다. 달리 말해, 듣는 사람은 해석할 수 있을 따름이다. 또한 듣는 사람은 언급되었던 것과는 전혀 다른 것을 배우고 듣고 받아들인다. 물론, 나는 문화가 오늘날 부르주아 계급의 현상이 아니라고 하려는 것도 아니며, 모두의 뇌를 사로잡는 것이 부르주아 계급의 이미지라고 하려는 것도 아니다. 그러나 어떤 진정한 재생산도, 어떤 동일시도 없다. '담화'의 결함 속에는 다른 곳에서 생겨나는 다른 창조물과 다른 이미지가 있다! 사실상 매우 흥미로운 것은, 바로 그 비난이 시각적 "언어"에만 실제로 적용된다는 점이다. 지배 문화를 전달하고, 부르주아 계급을 표현하며, 다른 흐름들을 동일시하고, 다른 문화의 가능성을 고갈시키는 것은, 이미지와 영화와 텔레비전이다. 그런데 주목할 만한 것은, "재생산"에 대한 미친 듯한 증오 속에서, 공격받는 것은 언제나 '구두 언어'라는 점이고, 또한 공격받는 것은 영화가 아니라 '말'이라는 점이다! 시각적 이미지에는 이러한 위세가 있다! 그리고 사람들은 시각적 대중문화에 대한 기성관념에 의지하여, 그토록 기만적으로 살아간다. … 이 점은 내버려두기로 하자. 그러나 곧 바로 두 번째 비판이 나타난다. 역사에서 '말'이 끊임없이 혁명적인 요인이었고 대규모 반란자들의 도구였다는 점이 확인될 때, 다음 같이 어떻게 말할 수 있겠는가? 즉, 언어가 단지 지배계급 이데올로기의 매개물이고, 부르주아 계급 속에 받아들여진 관념의 매개물이며, 자본주의 이미지의 매개물이라고 어떻게 말할 수 있겠는가? 또한 언어가 우리를 이런 '순응행위' 속에 빠뜨리고, 언어가 국가의 이데올로기적 장치라고 어떻게 말할 수 있겠는가? 로베스삐에르356)와 생쥐스뜨357)는 무엇으로 행동했는가? 또한 마르크스와 레닌은 무엇으로 행동했는가? 언어가 그들의 힘이었다. 반反지배계급은 이미지로도 **어떤 행동으로도** 자신을 표현하는 것이 아니라, 우선 무엇보다 새로운 '말'로 자신을 표현하고, 일관성 있고 이치에 맞는 '말'로 자신을 표현한다. 그런데, 이 일관성 있고 이치에 맞은 '말'은 지배계급이 언급하고 가르칠 수 있는 것과 근본적으로 반대되는 분석과 견해와 인식과 비판과 열망과 유토피아를 나타낸다. 모든 이데올로기가 지배계급 이데올로기의 반영이라면, 이런 충동들은 어디로부터 나오는 것일까? 언어가 부르주아적 순응화의 충실한 요인이라면, 어떻게 언어가 혁명 자체를 나타내는 것일까? 실제로, '말'은 그 자체로 이미 혁명적이다. '말'이 동물들 가운데서 인간을 동물들과 구별하여 길러냈던 것과 꼭 마찬가지로, 오늘날 '말'은 '절대 거부' grand refus 의 요인이다. 오직 '말'만이 혁명적이고, 언어는 인간 소망의 실현으로 이끌 수 있다. '말'을 연루시키는 것은 진리와의 '말'의 관계이다. 이러한 두더지 굴 파기를 막기 위해서는, 지배계급의 무한한 투쟁이 필요하다. '말'을 없애고 길들이며 에워싸는 의지가 필요하고, '말'에 알맹이가 빠지게 만드는 의지가 필요하며, 언어를 중립적인 단순한 도구로 삼는 의지가 필요하다! 정립된 언어에 맞서 싸우고 '말'을 증오하는 것은, 바로 부르주아 계급의 일을 행하는 것임을, 또 지배계급을 문제 삼는 유일한 힘을

---

356) [역주] Maximilien de Robespierre(1758-1794). 프랑스의 정치가 프랑스 대혁명이 일어나자 자코뱅 당에 가입하여 사실상의 당 지도자가 되고, 당통(Georges Danton) 및 마라(Jean Paul Marat)와 더불어 산악파山岳派 거두로 일컬어진다. 산악파가 독재체제를 완성한 후로는 농촌의 봉건제도 불식, 소 농민과 소 생산자 층에 바탕을 둔 국가체제의 실현을 서두르며, 공안위원회에 가입하여 공포정치를 추진한다. 우파인 당통 파를 일소하여 독재체제를 완성하나, 부르주아 공화파를 중심으로 하는 의원들의 반격을 받고, 생쥐스뜨(Saint-Just) 등과 함께 처형된다.

357) [역주] Louis Antoine de Saint-Just(1767-1794). 프랑스의 정치가. 프랑스 대혁명에서 로베스피에르를 지지하여 그와 함께 운명을 같이 하다 함께 처형된다.

고갈시키는 것임을 어떻게 모르겠는가! 마르크스의 언어로부터 다다358)의 언어나 혹은 아르또359)의 언어로 넘어갈 때, 부르주아 계급은 안도의 한숨을 크게 내쉰다. 이 때 언어는 파괴되어 더는 아무 것도 언급하지 못하고, 따라서 두려워 할 아무 것도 더는 존재하지 않는다! 언어의 파괴와 구조상실과 의미박탈과 더불어 혁명적인 일이 행해진다고 믿는 것은, 얼마나 광적인 어리석음인가! 선전은 의미가 박탈된 언어에 힘입어서만이 제대로 기능을 수행한다! 360)이 "혁명적인 것"은 지배적인 선전의 영향에 최고로 굴복하기 위해, 필요한 것을 정확히 만들어낸다! 이것은 완전히 일관성이 없는 '담화'이며, 의미를 포함하지 않은 '담화'인가? 또한 이것은 혁명적인 일을 행하는 어름어름 말하기이며, 알아들을 수 없는 소리인가? 불행히도, 이런 확신은 이 열렬한 지지자들의 절대적인 정신적 빈곤과 그들의 근본적인 무능력을 드러낼 따름이다. 그래서 사람들은 자신들이 아무 것도 이해하지 못하는 사회에 맞서 아무 것도 할 수 없기 때문에, 나름대로 힘껏 앙갚음을 하고, 단어들처럼 저항할 수 없는 것을 공격하며, 혁명적 에너지를 적이 아닌 것을 향해 돌리고, 취약한 조직에 대해 엄청난 승리를 거두며, 그렇게 대단한 심오함을 자랑스럽게 여긴다.

---

358) [역주] '다다'(Dada). 제1차 세계대전 말엽부터 유럽과 미국을 중심으로 일어난 조형예술뿐 아니라 넓게는 문학과 음악의 영역까지 포함하는 반反문명적이고 반反합리적인 예술운동으로, '다다이즘'(dadaism)이라고도 한다. 제1차 세계대전을 초래한 전통 서구 문명을 부정하고 기성의 모든 사회적, 도덕적 속박에서 정신을 해방하여 개인의 진정한 근원적 욕구에 충실해지는 것을 목적으로 한다. '다다'란 명칭이 탄생한 경위에 대해서는 여러 가지 설이 있으나, 어떤 시인이 사전을 놓고 펜나이프를 아무데나 집어넣어 온 '다다'라는 아무 의미 없는 음성어를 그 명칭으로 결정했다는 설이 유력하다.

359) [역주] Antonin Artaud(1896-1948). 초현실주의 운동에 참가한 프랑스의 극작가이자 시인. 자신의 저서 『연극과 그 분신』 Le Théâtre et son double 에서 세계를 움직이는 것은 서로 투쟁하는 힘이라고 하면서 '잔혹 연극'(théâtre de la cruauté) 이론을 밝히고, 연극은 대사뿐만 아니라, 몸짓, 조명, 음향 등의 종합 효과에 의해 관객을 집단적 흥분 상태에 빠뜨리고 무대와의 사이에 신비적 일체감을 자아내야 한다고 주장한다. 그의 이론은 훗날 전위극에 큰 영향을 줄 뿐만 아니라, 근년에는 언어와 예술 전반에 관계되는 것으로서 높이 평가된다. 대표작으로 『로데즈의 편지』 Lettres de Rodez, 『반 고흐, 사회의 자살자』 Van Gogh, le suicidé de la société 등이 있다.

360) 자끄 엘륄의 Propagandes (Paris, Armand Colin, 1963) (『선전』, 2012, 대장간 역간)을 참조할 것.

그러는 동안, 지배자는 그의 적이 자신의 가장 충실한 지지자가 되었어야 했던 것을 스스로 파괴하는 것을 보며 즐거워한다. 언어와 '말'에 대한 증오는, 지식층에 넘쳐나는 순응화된 사이비 혁명가들의 무능력과 허영심의 표현일 따름이다.

여기서 구Goux의 텍스트361)를 대략이나마 분석하는 것이 중요한 이유는, 이 텍스트가 철학적이고 과학적인 중립성의 측면에서 제시되기 때문이다. 원근법의 생성이 현실의 표상과 기호의 사물화를 내포하는 개인주의적이고 자기중심적이며 부르주아적 시각視覺임에도, 구Goux는 추상 화가들이 그림에서 물질성을 제거한다는 점을 보여주려고 애썼다. 그래서 그는 다음 같이 언급한다. "만일 기호 이론이 자체의 물질성 속에 있는 시니피앙에 내재하고 밀착된 것으로서 의미를 해석한다면, 이것은 물신 숭배적이고 사물화 하는 환각일 수도 있다." "그 자체로서 시니피앙이란 없다. 만일 자본주의적 부르주아 계급을 나타내는 방식에서 기인하는 '기호의 사물화'réification du signe의 토대들이 고려되지 않는다면, '기호의 사물화', 다시 말해 그 자체로 취해지고 그 자체로 어떤 의미를 갖는 기호는 형이상학적 순진함으로 나타날 수도 있을 것이다."362) 이 첫 번째 논점은 이미 주목할 만한 하다. 왜냐하면 구Goux가 바로 직전에 우상의 과정을 묘사했기 때문이다. 이 점은 기원전 10세기의 가나안 인들이 자본주의적 부르주아 계급을 표시하는 이 방식을 따랐음을 전제할 수도 있다. 그런데, 전혀 그렇지 않다. 구Goux에게 있어, 원시적 생산 방식과 교환 방식에 연결된 인식 형태 속에서, 모든 민족과 모든 행위는 의미로 가득 차 있거나 의미가 과다하다. 따라서 시각적인 것과 청각적인 것은 동

---

361) 앞에 나온 책, 구(J. J. Goux)의 『성화상 파괴론자들』Les Iconoclastes 67쪽.
362) [역주] 여기서 구(Goux)는 구상화에 맞서 추상 예술을 옹호한다. 따라서 그는 시니피앙과 시니피에 사이에 아주 밀접한 관계가 있다는 개념, 곧 그가 '기호의 사물화'라고 부르는 것을 비판한다. 그의 견해에 따르면, 이것은 부르주아적 이데올로기이다.

일하다. 그러나 나중에는, "과도하게 의미가 부여된 언어 기호나 표기 기호의 대상 같은 '제한된 대상'matériel limité을 배제하고서, '의식적으로 지각된 것'perçu conscient의 의미를 특정한 의도로 박탈하는 결과를 얻는 어떤 움직임이 있다. 마치 언어학적 유형의 시니피앙과 이 시니피앙의 추상적인 '의미론적 분절'articulation sémantique이 과다하고 불안정하며 유동적인 의미 전체를 흡수하는 것처럼, 또 이 시니피앙과 '의미론적 분절'이 의미작용의 배타성과 의미작용의 독점을 자체에 부여하는 것처럼, 모든 것이 일어난다. … 비언어학적 현실이 의식적이고 직접적인 의미를 박탈당했던 반면에, 이처럼 모든 것이 일어난다.

그런데, 의미작용을 만들어내는 이 독점화 움직임은 자아중심적인 주체의 관점에서 세상을 한 눈에 조망하는 일을 수반할 수밖에 없다. … 자기 자신이 반성反省에 의해 위치하지 않는 어떤 주체363)의 끊임없는 투영 행위를 통해, 모든 '지각의 대상'percept에 과도하게 의미가 부여되기는커녕, '탈脫투영'dé-projection의 움직임이 생겨난다. 그런데 이 움직임이 일어나는 동안, 언어학적 기호들만이 사용 가능한 의미의 총체를 떠맡는다. …"364) 이와 같이 곤란한 점은, 언어나 '말'에 과도하게 의미가 부여되고, 언어나 '말'이 의미의 진정한 담지자가 된다는 것이다. 이 점은 빈곤화로서, 모든 면에서 과다한 의미의 상실로서, 독점적인365) 작용으로서 우리에게 제시된다. 또한 언어가 "제한된 상징적인 소재"라고 우리에

---

363) 이 어떤 주체에 있어, 모든 것은 '지각된 것' 안에서 매우 상징적이며 즉시 의미작용을 만들어낸다. [본문 내용을 역자가 각주로 설정]
 [역주] "자기 자신이 반성反省에 의해 위치하지 않는 어떤 주체"라는 표현은, 어떤 주체가 자기 자신과 관련하여 거리를 두지 않고서, 또 자기 자신을 문제 삼지 않고서, 자신의 관점에 따라 모든 것을 보는 것을 의미한다.
364) [역주] 위의 인용 부분이 의미하는 바는 대체로 다음과 같다. 즉, 언어는 가능한 의미작용 전체를 조금씩 취했고, 이 때문에 다른 모든 표현 체계에 그때까지 있었던 어떤 의미를 이 모든 표현 체계로부터 박탈한다. 따라서 언어에 의한 의미작용의 이런 독점을 통해, 주체는 우주의 중심에 위치한다는 것이다.
365) 이 단어는 책임이 없지 않다! [본문 내용을 역자가 각주로 설정]

게 언급된다. 그러나 모호한 것과 빠져나올 수 없는 상징들의 숲과 비인격적인 것과 집합적인 것을 위해, 모든 것이 주체와 인격적인 것과 존재하는 것에 대한 증오에 기초를 둔다. 그리고 어떤 의미에서 구Goux의 견해가 옳다. 언어와 인격과 주체가 연결된다는 점은 분명 틀림없다. 또한 유동적인 어떤 의미를 띤 상징들의 숲과 언어 사이에 갈등이 있다는 점도 분명 틀림없다. … 이것은 사실이다. 이것은 바로 하나님의 **'말'**이 우상에 대한 단죄에서 우리에게 묘사하는 갈등이다. 또한 반대되는 의미에서, 이것은 구Goux가 드러내는 말하는 인간의 상실을 통해, 우리가 체험하는 갈등이다.

'말'에 대한 증오의 배경

그러나 '말'에 대한 이런 증오는 결국 최후의 흐름 속에 표현된다. 의미작용을 하는 정립된 언어를 파괴해야 할 뿐 아니라366), 이와 반대로 다음과 같은 사람인 "미치광이"에게서 진정한 기준을 취해야 한다. 즉, 이런 사람은 이유도, 내용도, 맥락도, 명확함도 없이 이런 언어를 무의식적으로 말하지만, 말해진 단어들의 의미와 완전히 다른 잠재된 의미를 갖고 이런 언어를 말하는 사람이다. 파시즘의 악취가 나는 편집증환자의 언어보다는 차라리 분열증환자나 신경증환자의 언어가 모델과 이상이 된다. 이것은 일관성을 파괴하면서 이성을 부수려는 의지이며, '말'과 이성 사이에 있는 끈을 끊으려는 의지이다. 그래서 사람들은 이상한 마법을 목격한다. 즉, 미치광이가 의사소통과 의미와 연속성을 파괴하고, 사람들은 그토록 대단한 독창성에 놀라워하며 경탄한다. 그러나 이 점이 언어와 여전히 맺어야 할 관계는 무엇인가? 사람들은 그것에다 '단절

---

366) 꼬치꼬치 따지는 개인들의 일인 이런 작업이 최선은 아니다. [본문 내용을 각주로 설정]

의 언어'367)라는 이름을 영광스럽게 붙이지만 소용이 없는데, 이것은 바로 더는 언어가 없다는 것이다! 만일 의미도 없고 의사소통도 없다면, 전체는 다른 것이나 어떤 것이든 될 수 있는 소리들의 분출로 귀결된다! 물론, 미치광이는 언어를 가지고 있다. 그러나 미치광이가 모델이 될 수 있을까? 또한 미치광이가 끔찍스러운 합리주의와 합리성을 넘어서 더 진정한 의미의 해방이 될 수 있을까? 마법과 '하위 세계'infra-monde의 매혹이 있고, 미치광이는 단순히 인간적인 진리가 아닌 다른 진리를 찾던 자들을 언제나 이렇게 매혹했다. 이 미치광이는 그 위에 신이 "걸터앉은" 미치광이이고, 악마에 "사로잡힌" 미치광이이다. 또한 이 미치광이는 '저편의 세계'와 소통하고, 영감과 직접적인 지식을 지니고 있으며, '의식적인 두뇌'cerveau conscient를 거치지 않는 미치광이다. … 이것은 미치광이에 의한 '상위 언어'supra-langage의 구조 상실 속에서, '상위 언어'를 추구하는 것이다.

이치에 맞지 않는 이런 문장들이 떠받들어질 때, 확립된 언어, 곧 규범으로서 언어에 대한 공격이 거기에 있을 때, 이런 '담화들'을 통해 억압적인 언어의 이면과 사회 협약에 대한 거부가 우리에게 드러날 때, 일상 언어, 일상 언어의 기본 공리, 선형성, 의미의 우위, 소통에 대한 관심으로

---

367) 떼보(M. Thévoz)는 자신의 저서 『단절의 언어』*Langage de la rupture* (Paris, PUF, coll. "Perspectives critiques", 1978) 이후에 더 심해졌다. 그는 『있는 그대로의 글』*Ecrits bruts* (Paris, PUF, coll. "Perspectives critiques", 1979)에서 미치광이들에 대한 전형적인 텍스트를 펴낸다. 이 미치광이들은 사회와 단절했고 사회의 확립된 가치들과 단절했으며 사회의 관례적 언어와도 물론 단절했다는 뛰어난 가치를 가지고 있다. 이 미치광이들 모두가 감금되었는데, 물론 이것은 어떤 기준이 아니다. 또한 그들 중 어떤 여성인 로르(Laure)는 성 베드로의 배우자였다고 주장했다. 나로서는 여기서 어떠한 판단도 내리지 않겠다. 하지만, "저항"을 위해, 확립된 질서와의 단절을 위해, 언어의 억압에 대한 항의를 위해, 틀에 박힌 문화에 맞선 저항 행위를 위해 지식인들이 이런 빈약한 텍스트, 허튼 표현, 단어의 해체, 어떠한 내용도 참조도 없는 요란한 결합, 단순한 두운법을 검토할 때, 나는 이 지식인들이 꼭 두각시이고 무능한 자이며 호기심에 이끌린 구경꾼이라고 언급한다. 이런 빗나감의 "신선함"과 "초보적 특성" 등을 주장하려고 애쓸 필요가 없다. 이것은 말로 표현할 수 없는 빈약함과 무능함과 불행을 입증하는 텍스트들이다. 이 점에서 이 텍스트들을 집필한 이들은 애호되고 이해되어야 하지만, 이 텍스트들을 자랑하고 이 텍스트들에 어떤 힘을 부여하는 것은 이 지식인들에게 있어 '말'의 죽음을 드러낸다.

부터 단절이 찬탄을 받을 때, 단어들의 의미에 대한 평가 절하가 찬탄을 받을 때, 누구에게 있어 이런 광기가 의미가 있는지, 또 그토록 심한 구조 상실의 의미가 어떻게 표현되는지 자문해야 할 것이다. 떼보M. Thévoz가 본의 아니게 보여주듯이, 심오한 해석학적 능숙함을 지닌 자, 곧 매우 능숙한 해석학자에게 있어서만이, 이런 광기가 의미가 있다! 또한 가장 엄밀하고 표현력이 있는 언어에 힘입어서만이, 그토록 심한 구조 상실의 의미가 표현된다! 의미가 없는 것에 의미를 복원하는 것이 그의 작업이다! 또한 이치에 맞지 않는 이런 단어들을 쏟아내는 자들, 그리고 듣는 사람이나 혹은 독자, 이 둘 사이에 의사소통을 확립하는 것이 그의 작업이다! 따라서 이 들리지 않는 언어적 폭발이 하찮은 가치를 지니는 것은, 의미와 의사소통을 담고 있는 가장 나은 언어를 통해서이다. 중국어에 대해 아무 것도 이해하지 못하는 내 앞에서 어떤 중국인이 중국어를 말할 때보다, "언어의 토대 자체에 대한 공격"과 '말'의 파괴가 더 이루어질 때는 없다! 그러나 통역하는 자가 있다. 그렇지만 상황은 약간 다르다. 말하는 미치광이가 사회적 관례에 대한 자신의 거부를 나타낸다고 사람들이 주장할 때, 나는 해석학자가 이에 대한 해석을 내게 해준다는 점을 인정한다. 하지만, 단지 나는 의아하게 생각할 따름이다. 만일 미치광이나 해석학자가 언급하는 것 속에 의미가 없다면, 왜 어떤 의미를 찾아야 하는가? 만일 단어들과 언어적인 구조들이 완전히 평가절하 된다면, 어떻게 거기에서 메시지를 발견하겠는가? 한편으로, 나는 미치광이의 이런 '담화들'이 이와 같이 말하는 자에 대한 진단 수단으로서 연구 되어야 한다는데 완전히 동의한다. 다른 한편으로, 나는 이 텍스트들이 자체의 무의미 속에서 '시적 환기'évocation poétique라는 대단한 힘을 지닐 수 있다는데 완전히 동의하고, 적어도 후기 초현실주의 시의 개념에서 거기서 진정한 시를 발견할 수 있다는데 완전히 동의한다.

하지만, 한 번 더 말하건대, "이성"의 일관성 있는 언어를 말하는 주체만이, 이해하고 느끼며 표현한다! … 이런 글들이 "확립된 담화"를 조롱하고 우리를 "언어로부터 벗어나게 한다는"368) 것에서 얻는 즐거움에 대해 다음 같이 설명할 수 있다. 즉, 이런 즐거움은 하나의 '확립된 담화'가 있다는 아주 단순한 확신과 이것은 "언어로부터 벗어나는" 진보라는 아주 단순한 확신을 근거로 한다는 것이다. 그러나 만일 상황이 이와 같다면, 왜 이 저자들이 의사소통을 염려하면서 완전히 이해할 수 있는 문장들을 계속 쓰는지 사람들은 의아하게 생각한다. 사람들이 그토록 몹시 즐거워하는 '말'에 대한 조롱은, 군중의 힘과 망령의 힘과 살인자의 힘이 승리하는데 기여한다. 그런데, 사회적인 망상들도 결코 그 책임이 없지 않다!

'말'에 대한 증오를 통해 표현되는 진리에 대한 거부

그러나 한 가지 질문이 머리에서 떠나지 않는다. '말'에 관한 무의미하지만, 심오하게 여겨지는 표현들 전체, 언어에 대한 증오, "확립된 담화—지배계급—언어"의 지나치게 단순한 일체화 같이, 이제는 죄다 사회통념이 되어버린 것들이 도대체 어떻게 생겨나고 확산될 수 있었을까? 물론, 내가 다른 곳에서 비판했던369) 비합리적인 것을 향한 충동 전체가 있고, 반反이성에 대한 중시를 향한 충동 전체가 있다. 나는 이에 대해서는 재론하지 않겠다. 그러나 두 가지 주제가 설명적인 듯이 보인다. 이러한 태도 속에는 이미지의 발전에 대한 사회적 '순응행위'의 표현이 있고, 시각적인 것으로의 집중에 대한 사회학적 '순응행위'의 표현이 있다. 미치광

---

368) 드라깡빠뉴(C. Delacampagne), 「천재 미치광이들」*Des fous de génie*, 르몽드, 1978년 5월 26일.
369) 자끄 엘륄의 *La Trahison de l'Occident* (Paris, Calmann-Lévy, 1975) (『서구의 배반』, 2008, 솔로몬 역간)을 참조할 것.

이의 언어는 어떠한 사상도 최소한의 지속성도 더는 전달하지 않기 때문에, 느닷없이 열광적이다. 미치광이의 언어는 이미지를 연상시킨다. 또한 미치광이의 언어는 독특하고 기이한 '시각적 인식들'의 세계 속으로 들어가게 한다. 달리 말하면, '담화'와 언어에 대한 증오로 표출되는 것은, 이성적이거나 혹은 선포적인 '말'에 대한 시각적 이미지의 승리이다. 거기에는 지배적인 "사회 · 기술적" 흐름에 대한 단순한 복종이 있다. 또한 거기에는 우리 사회에서 모든 차원에서 일어나는 것에 대한 단순한 순응이 있다. 그리고 거기에는 만화책의 독자와 가장 평균적인 텔레비전 시청자의 평범한 반응에 불과한 것에 대한 세련되고 자각된 표현이 있다.

우리가 자주 확인했듯이, 활동적이지만 여전히 규탄 받지 않는 사회집단의 근본적인 경향에 대한 가장 단조롭고 평범한 순응행위를 실제로 '담화'가 표현하는 만큼, 더욱더 '담화'는 맹렬하게 혁명적이고 비순응적이며 폭발적으로 나타난다.370) 신체 표현의 결정적 중요성, 무언극을 위한 '말'에 대한 평가절하, 제도화된 교수법의 혁신, '소박 파 미술'art brut 이나 혹은 나체주의를 통한 해방371)을 부르짖는 것은, 이미지의 침입에서 비롯된 당연한 결과들에 정확히 부합하는 사이비 혁명적 태도를 취하는 것이다. 하지만, 당당한 시각적 이미지에 대한 단순한 순응행위와 자율적인 반응과 조건 반사와는 다른 것이 어쨌든 있음을 분명히 인정해야 한다. 왜냐하면 '말'에 대항하여 표현되는 증오와 분노와 비난은, 단지 사회적 '순응행위'의 산물만이 아니기 때문이다. 그 이상의 것이 있다. 이 격분은 진리와 현실 사이에 갈등 속에 뿌리를 두는 듯이 보인다. 이것은 심층이나 혹은 '저편의 세계'로부터 올 수도 있는 접근할 수 없는 진리

---

370) 자끄 엘륄의 『새로운 사회통념에 대한 해석』*Exégèse des nouveaux lieux communs* (Paris, Calmann-Lévy, 1966)을 참조할 것.
371) 나는 겉으로 보기에 잡다한 이런 것들 전체를 일부러 택한다.

에 대해 열린 가능성, 그리고 인간이 요구하는 자기 자신에 대한 폐쇄성, 이 둘 사이에 갈등이다. 또한 이것은 "우리는 세상에서 혼자가 아니다."라는 것, 그리고 "나 외에는 아무것도 없다."라는 것, 이 둘 사이에 갈등이다.

다음 같은 진리에 대한 거부가 '말'에 대한 증오를 통해 표현된다. 즉, 우리를 현실과 구체적인 것과 인간의 획득물에 단지 집중시키기 위해 사라지는 '담화'의 침묵 가운데 들려지는 진리이며, 여백에서 주어지고 읽혀지는 진리이다. 이것은 딱 그뿐이면서 다른 아무 것도 아닌 이런 현실 속에 우리를 가두려는 현대 사상 전체의 노력이다. 또한 이것은 우리로 하여금 이 현실을 유일한 진리이자 진리 자체로 간주하게 하려는 현대 사상 전체의 노력이다. 이것은 과학을 통해 확인할 수 있는 진리이다. 이것은 현실 속에 확립된 진리이며, 유일한 현실에 근거한 마르크스주의에서 비롯된 진리이다. 현실은 의로움과 선과 진리의 기준이 된다. '말'은 이런 주장을 한없이 의심케 한다. 따라서 한없이 이런 주장을 되풀이해야 하고, 이를 위해 '구두口頭 · 기술記述 언어' langage oral-écrit의 의미와 개방성과 불확실성을 파괴해야 한다. 오직 이 점만이 '담화'와 의미를 분해했다고 주장하는 이들의 증오와 의기양양한 말투를 설명한다. 그리고 이것은 결국 종교적 갈등이다.

5장 · 이미지와 '말'의 종교적 갈등

1. 이미지의 교회 침입

교회는 이미지에 의해 침입당하는 것을 방임했다.372) 교회는 가시적이 되려 했고, 명백함에 근거를 두었다. 그리고 이 점은 교권 신학 및 권력의 탐욕과 더불어 발달했으며, 제도 속에 구현되었다.

나는 기독교 예술을 통해 만들어진 놀라운 예술작품들과 관련하여 언급할 수밖에 없는 불쾌한 내용에 대해 몹시 유감스럽게 생각한다. 나는 활짝 피어난 예술 앞에서 감탄한다. 프라 안젤리코373), 샤르트르Chartres 성당의 조각상, 아미앵Amiens 성당의 선한 하나님, 무아삭Moissac 성당의 정면 합각머리의 삼각 면, 스트라스부르Strasbourg 성당의 성스러운 심판

---

372) 어떤 의미에서, 앞에 나온 책 『성화상 파괴론자들』 *Les Iconoclastes* 에서 구(Goux)가 기독교 안에서 창궐하는 이미지를 문제 삼는 것은 옳다. 하지만, 이미지가 기독교 계시에 내재한다고 생각하고, "… 성스러운 이미지에 집착하고, 그 이미지의 내재적 진리를 신봉하는 기독교적 심령은…"이라고 선포할 때, 그는 오류를 범한다. 그가 거기에서 묘사하는 것은 복음서의 완전한 왜곡이다. 그리고 가톨릭교회와 정교회의 어떤 시기와, 매우 소양이 없는 계층이 이러한 표현에 부응했다고 해서 그것을 절대적인 것으로 소개하는 것은 근본적인 무지에서 비롯된 것이다. 불행하게도 자신의 책에서 기독교에 대해 말할 때 구(Goux)는 계속해서 이러한 무지를 확실히 보이고 있다. "기독교 삼위일체의 하나님은 인간의 얼굴을 하고 있다"고 선포하는 것은 참으로 놀랍다! 그리고 유대교의 하나님만이 '극단적인 이타성'을 가지고 있다니! 그는 기독교 사상과 신학에 대해 전혀 모르고 있는 것 같다.

373) [역주] Fra Angelico(1387-1455). 꼼꼼한 묘사로 성서에 나오는 내용을 주로 그린 이탈리아의 화가이자 도미니크수도회 수도사. 주요 작품으로 「리나이누올리의 성모聖母」, 「그리스도 강탄降誕」 등이 있다.

자 상 앞에서 나는 경외심으로 마음이 뭉클해진다. 그렇다. 이 모든 것들은 정말 논란의 여지없이 매우 아름답다. 그런데, 상징체계 속에서는 완전히 기독교적인 이 모든 것이, 이미지를 통해 드러나는 신비를 보여주려 할 때는 기독교적이지 않다. 스테인드글라스나 '저능한 이를 위한 책 libri idiotarum 조차 이러하다. 이런 조각은 보여주어야 할 것, 예컨대 악마나 마귀를 보여줄 때 기독교적임을 드러낸다. 스트라스부르 성당의 사탄, 물론 그것은 보이는 것이다! 그 나머지는 잘못이다.

하지만, 나는 화가, 조각가, 건축가로서 자신들의 작업을 그렇게 완벽히 수행한 이들을 어떤 면에서도 물론 비난하지 않는다. 그들도 자신들의 신앙과 봉헌과 섬김 전체와 더불어, 하나님을 찬양하고 하나님에게 영광을 돌리기 위해, 할 수 있는 한 최선을 다해 작업했기 때문이다. 그들은 모두 성모 마리아의 광대이다. 또한 잘못이 그들의 차원에 있는 것은 아니다. 그들은 한 편으로 놀라운 예술가였고, 다른 한 편으로 헌신적이고 진정한 그리스도인이었다. 그들은 예술을 통해 하나님을 섬기기를 원했고, 실제로 하나님을 섬겼다. 다시 말해, 틀림없이 하나님은 그들의 작품을 받아들였고, 이 작품은 천상의 예루살렘에 완전히 통합될 나라들의 영광에 속한다.

그들은 시각적인 것과 '말'을 양립시키는 예언적 행위를 수행했다. 하지만, 우리가 보게 되듯이, 이것은 단지 예언적 행위, 다시 말해 말세와 관련된 행위이다. 잘못은 다른 곳에 있는데, 이것이 말세의 행위가 아니라, 교회의 권력 강화를 허용하는 현실적인 행위였다는 것이다. 하나님의 메시지에 대한 시각화를 통해, 일련의 온갖 마력과 미신과 우상숭배와 이교와 다신교가 초래되었다. … 원하든 원하지 않던 간에, 이미지의 확산, 종교의식의 아름다움, 전례의식의 시각적 승리, 순수한 시각적 상징체계 등 이 모든 것은 로마교회와 그리스정교에서 중세와 그 이후의 모든 잘못의 주된 원천이었다.

그런데 내가 이미 언급했듯이, 효율성을 고려하여 의도적으로 모든 것을 시각적인 것으로 편향시켰던 교회 지도자와 신학자로부터 이 놀라운 예술가들을 구분해야만 한다. 그리고 이 점은 분명히 언급되고 일부러 되풀이된다. 즉, 더 효율적이기 때문에, 이미지를 만들어야 한다. 또한 뽈랭 드 놀[374])이 언급하듯이, "색채가 입혀지고 색채로 장식된 이런 음영들을 보더라도 농부의 거칠고 멍청한 정신에는 어떤 인상이 결코 주어지지 않을 수도 있는지" 파악하기 위해, 이미지를 만들어야 한다. 이미지는 상상력을 자극하고 종교적 주제에 대한 관심을 일깨우는 것을 목적으로 한다. 또한 이미지는 "우리를 위하여 십자가에 못 박힌 예수 그리스도에 대한 기억을 자주 되살리거나 혹은 성인들의 신앙이나 경건한 마음을 따르도록 우리에게 전파하는 것"[375])을 목적으로 한다.

그러나 이미지도 어떤 가르침이다. 즉, 성서와 기독교 교리는 제단화나 스테인드글라스나 저부조 등으로 요약된다. "이것들은 순박하고 무지한 사람들을 위하여 기록된 이야기 같은 것이다." 어쨌든 이미지는 이렇게 유일한 가르침을 훨씬 넘어서서, 경배의 감정을 불러일으킨다. "왜냐하면 본래 인간이 이미지를 좋아하기 때문이다. 어린아이조차도 인형을 좋아하고, 인형의 옷이 잘 입혀져 있다면 특히 그러하다. 또한 인형이 어딘가 특별한 장소에 놓이면, 뭔가 알 수 없는 존경심이 인형에 깃든다. 이런 유치한 감정이 종교로 넘어왔다. 인형이 어린아이의 우상이듯이, 이미지와 조각상은 어른의 장난감이다. 이미지와 조각상은 근사하게 차려입을 때 더욱 숭배된다. 왜냐하면 우리의 인식 전체가 감각을 통해 오기에, 인간이 가시적인 숭배 대상을 보기 원하기 때문이고, 자신의

---

374) [역주] Paulin de Nole(353-431). 프랑스 출신으로 로마에서 주로 활동한 라틴어 시인이자 성직자.
375) 뿌아시(Poissy) 학회.

관심을 끌 수밖에 없는 어떤 것을 눈앞에 두기 원하기 때문이다. 이 점으로 이끌어 가는 것은, 용이함과 눈의 즐거움이다. 왜냐하면 교리를 이해하는 것보다, 그림을 보는 것이 더 쉽기 때문이다. 또한 하나님의 형상을 본 따서 인간을 뜯어 고치는 것보다, 인간의 모습을 본 따서 돌의 형상을 만드는 것이 더 쉽기 때문이다."376)

이 텍스트가 반영하는 16세기의 이미지 논쟁은, 이러한 창조의 마지막 측면도 보여준다. 중세 사람들에게 있어서와 마찬가지로 중세 사람들을 앞섰던 모든 사람들에게 있어, 이미지는 항상 어떤 영적 의미를 담고 있다. 이미지는 결코 순수한 표상이나 순수한 데생이나 순수한 미학이 결코 아니다. 우선, 이미지는 메시지나 혹은 힘을 담고 있다. 이미지는 성스러운 것의 세계에 통합된다. 그렇기에 이미지는 지시적이고, 의미심장하며, 마음을 끈다. 사람들은 이미지의 매력을 느끼지 않은 채로 있지 않는다. 당신이 원하지 않더라도, 이미지는 이 세상이 아닌 종교의식의 초자연적 영역이나 혹은 마법의 초자연적 영역으로 당신을 데려간다.

이미지는 언제나 수단이나 매개물이나 우상이나 혹은 신화이지, 결코 심심풀이가 아니다. 이미지가 도피라면, 이것은 상상 속에서가 아니라, 초자연인 것 속에서이다. 그러므로 이미지는 세속화되고 합리화되고 대중화된 오늘날 이미지의 역할과 근본적으로 다른 역할을 한다. 이미지의 희귀성과 영속성과 성스러운 특성을 통해, 18세기 이전에는 인간의 삶 속에서 매우 특별한 위치가 이미지에 부여되었다.

---

376) 뒤 물랭(Du Moulin).
　[역주] 위의 인용 부분이 의미하는 바는 다음과 같다. 즉, 인간들은 자신들이 그렇게 하도록 요청받듯이 하나님의 형상을 더욱 본 따기 위해 자기 자신들을 변화시키기 보다는, 차라리 인간들 자신을 나타내는 돌덩어리로 된 입상들을 경배하기를 편의상 선호한다는 것이다. 따라서 이것은 내적 변화나 윤리적 행위를 감안하지 않은 채 교회 생활에서 시각적인 것을 사용하고 남용하는 것에 대한 비판이다. 이 비판의 요점은, 하나님으로부터 오고 우리에게 하나님을 닮도록 요청하는 하나님의 '말'을 신뢰하여 받아들이는 것이 '신앙'인데 반해, 인간으로부터 오고 인간의 비위를 맞추는 인간적 현상이 '종교'라는 것이다.

그런데, 그 위치는 이미지가 우리 사회에서 차지하는 위치와 조금도 일치하지 않는다. 그러나 교회에서 이미지는 재빨리 인간이나 인간들에 대한 찬양이 된다. 그리고 바로크식의 조각은 이런 사도들과 성인聖人들의 능력에 대한 시각화로 모든 것을 집중시키고, 그들의 고유한 역동성에 모든 것을 집중시킨다. 결국, 이것은 교회의 권력과 관계되는데, 교회의 권력에 대한 시각화를 통해 순진한 신자들은 공포와 경외심으로 가득 찬다. 물론, 이것은 하나님의 영광을 위한 대성당들이긴 하지만, 교회의 확실한 권력을 입증하는 대성당들이다. … 또한 이것은 사회를 지배하려는 교회 군주들의 의지와 결부된 이미지이다. … 더는 십자가에 못 박힌 주主나 불쌍한 사람들의 주를 섬기거나 증언하는 것이 아니라, 복음서 교리의 집대성으로부터 도출된 어떤 철학에서 나온 원리와 사상에 따라 사회를 만드는 것이다.

이것은 지배와 정복의 의지이다. 이것은 긍휼히 여기는 주主에게로 데려오기 위해서가 아니라, 하나님과 교회의 계명에 복종하게 하기 위해 필요한 효율성이다. 이런 효율성은 교회 제도의 승리와 정확히 겹친다. 우리는 이 관계에 대해 다루어야 할 것이다. 당장에는, 다음 같은 것들 사이에 진정으로 확실한 관계를 단지 확인하기로 하자. 즉, 이것들은 권력 의지, 구체적 현실 속에서 효율적으로 행동하려는 의지, 단지 '말'일 따름이었던 메시지의 시각화, 이런 시각화의 결과로서 이미지의 생성, 교리로 형식화된 **진리**를 위한 사랑의 배제, 모든 영역에서의 제도화이다. 이것들은 서로 뗄 수 없는 관계를 형성한다.

그리고 모든 것의 열쇠는 시각視覺과 이미지이다. 한 번 더 되풀이하면, 시각이 악이고 죄이며, 이미지가 나쁘다는 점을 나는 언급하려는 것이 아니다. 거짓이란 진리의 영역에 속하는 것을 현실 속에 포함시키려고, 진리의 영역에 속하는 것을 시각적인 것으로 국한시키는데 있음을 나는 언급하려 한다. 물론, 기독교 조각상은 그 자체로 우상 숭배적이지 않았다. 그리고 쉬제르377)의 신학은 완벽했는데, 우리는 이에 대해 재론해야 할 것이다. 하지만, 이 신학은 필연적으로, 숙명적으로, 상황에 의해 우상 숭배를 야기했다. 교회의 영적이고 도덕적이며 인간적인 붕괴가 최악에 이른 때인 14세기에 바로 폭발은 일어난다. 분명히, 그전에도 많은 조각상과 미술작품이 있었지만, 이것들에는 전혀 다른 의미와 내용이 있었으며, 신비를 시각적으로 표현하려는 유혹이 거기서 결코 발견될 수 없었다. 그 당시, 이미지와 온갖 이미지의 범람이 목격되고, 민중 속에서 시각화의 결과들이 천재지변처럼 나타나는 것이 목격된다. 최고조에 달한 제도, 그리고 완전히 우상숭배적인 온갖 목적에 사용되는 이미지, 이 둘은 효율성이라는 동일한 목표를 지향한다.

그런데, 교회가 이 둘에 필사적으로 매달리는 것은 바로 교회가 가장 끔찍한 위기를 겪을 때이다. 이것은 복음 전파를 위한 이미지의 효율성인데, 당시의 대중 설교자들은 모두 의견을 같이 한다. 이미지만이 설득력이 있다는 것이다. 이것은 주의를 끌기 위한 효율성이고, 신비로운 효율성이며, 이교 신앙을 물리치기 위한 효율성이지만, 이 효율성에 굴복함으로써 그러하다. 영적이고 인간적인 재앙의 시대인 그 시대에, 예술과 신학의 완전한 변동이 일어난다. 뒤비378)는 과감하고 열정적인 견해를 제시한다. 그에 의하면, 민중은 13세기까지 완전히 형식적인 방식으로가 아니라면, 기독교에 대해 극히 국외자적인 입장을 취할 수도 있었다. 14세기에 민중은 영적인 삶에 전적으로 관여하고, 그 때까지 사제들

---

377) [역주] Suger de Saint-Denis(1080-1151). 프랑스의 성직자이자 정치가. 법 이론의 재능 및 관리·조직과 외교적 수완이 뛰어나 봉건제에 대항하여 왕권의 강화를 꾀하는 등 정치가로서도 공적을 쌓고, 파리(Paris) 북쪽에 위치한 쌩드니(Saint-Denis)에서는 성 베르나르(Saint Bernard)의 개혁운동을 본받아 수도원의 개혁과 기강의 확립에 힘쓴다.
378) [역주] Georges Duby(1919-1996). 프랑스의 역사학자이자 중세 역사 전문가. 주요 저서로는 『중세 서구에서 농촌 경제와 시골의 삶』*L'économie rurale et la vie des campagnes dans l'Occident médiéval*, 『중세의 남성과 구조』*Hommes et structures du Moyen Âge* 등이 있다.

의 일이었던 것의 양적 팽창이 이루어진다. 교회가 문호를 여는데, 이 점은 참여의 가능성을 전제로 한다. '말'은 너무 복잡하고 너무 어렵다. 사람들은 이미지가 가장 단순한 방법이기 때문에, 직접적으로 이미지의 힘을 빌린다.

민중은 바라보면서 참여하기 시작한다. 민중은 모호한 경배나 혹은 부정적인 신학 지식 속에서 헤매지 않고, 구체적인 것을 요구한다. 그리고 이 점은 이와 동시에 신학적 방향 전환을 수반한다. "시각적 인식은 사랑이 생겨나는 것을 주관했고, 사랑에 자양분을 제공했다. … 이 시대의 모든 인간은 이 점을 확신했다. … 사랑하려면 **보아야** 한다." 그리고 추론적 신학은 신비적 신학으로 대체된다. 이상적인 것은 바라보는 대상이 하나님일지라도 하나님을 바라보는 것이다. 그러기 위해 우선 경건한 이미지를 바라보는 것으로 시작해야 한다. "네 영혼의 **시선** 전체를 다해 예수 수난상에 현신現身하라. … 어떤 사람들이 십자가를 땅에 박는 것을 네 영혼의 눈으로 보아라 …" '보기'voir는 더 큰 확신과 더 접근할 수 있는 목표를 준다. 이미지는 신앙심과 신학에서 중심 위치를 차지한다. 물론, 조각상과 그림과 스테인드글라스 같은 모든 이미지는 성서의 장면이나 혹은 성인의 삶을 나타낸다. … 하지만, 이미지와 마찬가지로, 성聖유물도 점점 더 화려하게 제시된다. "성聖유물함은 시선이 성물聖物에 닿을 수 있게 하는 성체현시대나 투명한 상자로 만들어진다." 이것은 전례의식의 이미지이다. 바로 이 때, 전례의식 및 전례의식의 장식과 몸짓이 훨씬 더 눈길을 끌고 시각적이 된다. '말'은 억제된다. 언급되는 내용을 이해하는 것은 별로 중요하지 않다. 중요한 것은 행해지는 바를 보는 것이고, 이를 통해 육체적으로 참여하는 것이다. "성체聖體의 빵을 들어 올려 보여주는 것이, 14세기 종교의식에서 그토록 중요한 위치를 차지하는 이유가 바로 이것이다. 또한 거양성체擧揚聖體를 할 때, 즉 축성祝聖된 성체의 빵이 민중들의 '**시각적 인식**'에 제시될 때, 미사가 그렇게 오래 중단되는 이유도 바로 이것이다."

성서들 속에 이미지는 점점 더 장식으로 아름답게 꾸며진다. "가난한 사람들의 성서에서, 그 이야기는 일련의 단순하고 표현력이 풍부한 이미지들로 나뉜다. 하지만, 여전히 이 이미지들은 육체적 이미지인데, 육체를 통해 성스러운 신비에 참여하는 것이다. 또한 이것은 한 마을의 주민 전체가 참여하여 그리스도의 수난을 흉내 내는 집단 놀이를 만드는 것인데, 이런 집단 놀이를 통해 육체와 영혼은 육체와 영혼을 속박하는 모든 것으로부터 벗어난다. …" 이것은 **성스러운 재현**이다. 신앙 안에서 살아가기보다는, 육체를 통해 흉내 내고 참여하는 일이 훨씬 더 낫다는 것이다. 또한 계시된 진리를 알기보다는, 육체적 모방에 관여하는 일이 훨씬 더 낫다는 것이다. 어떤 이들에게는 몸짓이, 다른 어떤 이들에게는 시각이 모든 것을 대체한다. 육체는 일종의 옮아감을 통해 상당한 위치를 차지한다. 신비적이라고? 어떤 이들에게는 이 점이 논란의 여지가 없는 듯이 보인다. "**수조**379)는 예수의 수난을 **모방하면서**, 어떤 이미지, 곧 십자가에 못 박힌 그리스도의 이미지에 대한 관조를 향해 나아갔다. …" 이 몇몇 지적은 자신이 만들어낸 것을 그토록 뽐내는 현대인이 월등히 추월당했다는 점을 어쨌든 보여준다.

이미지의 교육적 역할에 대한 현학적이고 딱딱한 '담화들'을 대할 때, 나는 이 모든 것이 14세기의 사제와 수사에 의해 아주 정확히 언급되었다고 생각한다. 새로운 연극에 대해, 직접적인 참여의 놀라운 발견에 대해, 놀이에 관여하는 관객에 대해 이야기하는 이들의 확신에 찬 열정적인 모습을 바라볼 때, 나는 그렇게 생각한다. 혹은 육체를 감추고 사라지게 하며 속박했던 가증스러운 기독교에 맞서 싸우면서 육체를 재발견하

---

379) [역주] Friedrich Heinrich Suso(1844-1905). 독일의 교회사학자이자 도미니크회 수도사.

고, 쓸모없는 '구두 언어'를 대체하기 마련인 육체적 표현에 대해 우리에게 거창하게 이야기하는 전문가와 젊은이의 자만심을 바라볼 때, 나는 그렇게 생각한다. 육체와 무언극을 통해, 또 시각적인 것에서 비롯된 옮아감을 통해 무엇인지 모르나 무언가 전달된다는 것이다. 그렇지 않다. 사람들은 더는 아무 것도 전달하지 않는다. 사람들은 참여한다. 혁신적이고 혁명적인 이 모든 '담화'를 이해하고, 서구에서 결코 알려진 적이 없는 것의 발견을 이해하면 그렇다. 왜냐하면 제3세계 민족들이 육체적 표현과 연극과 자연발생적인 종교의식과 카니발과 육체적인 미사의 진실성을 물론 간직했기 때문이다.

나는 이 모든 것을 이해할 때, 아주 정확히 14세기의 상황에 다시 놓인다. 이 시기에는 이 모든 '담화들'이 엄밀하게 똑같이 그리스도인에 의해 이미 취해졌다. 모든 것이 무시되기 때문에, 달을 발견하는 것 같이 현대인의 자만에서 나온 엄청난 작업은 그러하다. 그러나 이런 작업에는 다른 근거가 있는데, 우리는 그것을 재론할 것이다. 교회와 14세기에 있어 이미지를 향한 쇄도나 영적인 것과 계시된 것의 "실현"을 향한 쇄도는, 마법이나 가장 조잡한 신심으로 귀결된다. 사람들은 신학적 엄밀함과 '말'의 명확성으로부터 아주 동떨어져 있다. 이것은 감정의 토로, '편달 고행자'380), "신비적 위기", 그 자체로서 이미지에 대한 숭배이다. 예컨대, "비참한 죽음의 날에 죽지 않음을 확신하려면 '성 크리스토퍼'381)의 이미지를 바라보는 것으로 충분하다"는 확신이 생겨나는 것은 바로

---

380) [역주] '편달鞭撻 고행자'(flagellant). 채찍으로 자신의 몸을 때리며 고행하는 수도자를 가리킨다.
381) [역주] '성聖 크리스토퍼'(saint Christophe). 여행자의 수호자로 여겨지는 기독교의 성인. '크리스토퍼'라는 이름은 '그리스도'를 뜻하는 그리스어 '크리스토스'(Kristos)와 '나르다'를 뜻하는 그리스어 '포라인'(phorein)으로부터 나온 것이다. 다시 말해, 아이 예수가 강을 건너는 것을 도와주었다는 전설적인 거인에 대한 암시로서 '그리스도를 나르는 자'를 뜻한다. '성 크리스토퍼'의 조각상을 바라보는 자는 누구나 '성 크리스토퍼'에 의해 질병으로부터 보호받는다고 전해진다.

이 때이다. 이미지는 초자연적 효율성을 취하는데, 이것은 그 자체로서 이미지이다. 사람들은 신앙의 정반대 쪽에서, 가장 터무니없는 미신 가운데 있다. 이미지의 효율성이라는 명목으로, 설교자들은 이미지에 대한 숭배를 퍼뜨렸다. 어떠한 기호의 간격도 없이, 시니피에에 대한 어떠한 '지시대상'référence도 없이 그렇게 했다. 명백함과 시각의 직접성을 통해, 예를 들어 예수의 기적 같은 가르쳐진 모든 것이 이미지 자체로 귀착되었다. 그리고 "중세의 미신"에 대해 이야기할 때, 이 미신을 시각적인 것과 육체적인 것과 표현된 것과 현실적인 것의 폭발에 연관시켜야 하는 것은, 특히 14세기에서이다. 편리함의 때인 이때부터 길은 열린다. 민중으로 하여금 보게 해야 한다. 또한 사람들은 이 조각상에서 저 조각상으로 옮겨 다닐 것이다. 또한 사람들은 바로크 시대로 귀결되고 17세기와 18세기의 "영광"으로 귀결되는 점점 더 매력적인 사물들에 대한 시각에 빠져들 것이다. 그때까지 하나님은 표상을 벗어나 있었고, 사람들은 영광과 더불어 하나님을 볼 수 있다. 사람들은 점점 더 세밀하게 사실적인 사물들에 대한 시각에 빠질 것이다. '종교 물품'saint-supicerie에는 다른 이유가 없다. 사람들이 보아야 한다면, 또 조각상에 그 자체로 능력과 성스러움이 있다면, 조각상은 더는 '기호'signe가 아니어야 하고, 현실을 충실하게 사진처럼 재현해야 한다.

그리고 이 모든 점은 14세기와 15세기에 기독교 정체성의 근본적인 위기에 일치하고, 교회와 사회 사이에 관계의 위기에 일치한다. 정체성의 위기는 이중으로 나타나는데, 신앙의 확신이 상실되는 것이고, 확립된 신학이 상실되는 것이다. 이 시기는 사회적이고 대중적인 커다란 위기의 때이다. 예컨대, 비극적인 대흑사병을 통해, 2년 동안 유럽 인구의 4분의 1이 사라졌다. 이는 죽음의 승리이고, 복음에 대해 말해진 확실성을 의문시하는 것이다. 사람들이 이런 비극을 겪기 때문에, 하나님은 전능하지 않다는 것이다. 그리고 공식 교회가 자신들을 보호할 수 없기 때문에, 사람들은 공식 교회의 전통적인 설교를 신뢰할 수 없다. 다른 보호, 다른 길, 다른 방책, 다른 확실성이 필요하다. 이것은 약속에 대한 신뢰의 상실이다. 즉, 보여 진 현실에 매달려야 하고, 결국 이론의 여지가 없는 어떤 것에 매달려야 한다. 가장 끔찍하고 정치적인 동시에 종교적인 논쟁의 와중에서, 종합적이고 통합적인 신학의 상실을 통해, 유명론唯名論과 세속화와 부정적인 신학이 득세를 한다. 그래서 목소리는 침묵할 수밖에 없다. 신학적 '담화'에서 존속된 것을 이해하든, 이것을 추구하든, 그 가능성이 없기에, 사람들은 신비적 시선을 통한 관조와 시각적인 것에 만족한다. 그러나 이것은 도덕성의 위기이며, 아비뇽Avignon 교황청과 '교회의 대분열'382) 같은 교회의 내적 위기인 동시에, 정치권력에 의해 억압받고 종교적인 것에 틀어박힌 교회 같은 교회의 외적 위기이기도 하다.

  교회는 시각적 측면과 제도적 측면에서 더 강하게 자신의 존재를 뚜렷이 나타내면서, 이런 이중적인 위기에 대응한다. 박탈당하고 유랑과 가난으로 돌아가기를 받아들이는 대신에, 또 "지상에서 떠돌이와 나그네"의 위치로 되돌아오는 대신에, 또 아시시의 성 프란체스코와 **다른 많은 이들이** 한 세기 전에 지적했으나 곧 바로 계승자들에 의해 버려진 것인 궁핍 가운데 순수한 복음 전파의 위치로 되돌아오는 대신에, 교회는 더 강하게 자신의 존재를 뚜렷이 나타내려는 의지를 고수한다. 진리가 더는 영향력이 없기 때문에, 사람들이 승리를 구가하는 것은 현실 속에서 인

---

382) [역주] '교회의 대분열'(Grand Schisme). 로마 가톨릭교회의 관점에서 기독교 역사상 두 개의 주요한 분열이 있다. 하나는 '동방교회의 대분열'이라고도 불리는 1054년에 일어난 분열로서 로마 교회와 콘스탄티노플 교회와 정교회 사이에 분열이고, 다른 하나는 '서방교회의 대분열'이라고도 불리는 14세기에 일어난 분열로서 이 시기에는 서로 경쟁하는 교황들이 선출된다. 일반적으로 '교회의 대분열'은 이 두 번째 분열을 지칭하는데, 서방교회에서는 이 분열 이전에도 교황 권에 대한 이의제기로 20여 차례 분열이 일어나지만 1378년에 시작된 이 분열이 특히 오래 지속된다는 역사적 이유에서 이 분열이 '교회의 대분열'로 규정된다.

데, 곧 가시적인 것과 제도적인 것이라는 현실 속에서 이다. 이것은 제도의 위대한 시대인 동시에 시각화의 위대한 시대인데, 오늘날도 그렇듯이 이 둘은 항상 함께 나아간다. 제도는 현실의 정립이고, 현실을 포착하려는 시도이며, 시각을 통해 포착된 현실의 상부구조이다. 만일 중요한 것이 단지 경제적이고 정치적이며 사회적이고 가족적이며 직업적인 현실이라면, 또 인간의 삶 전체가 사회적이고 생산적이 되어 버린다면, 또 모든 것이 현세에 있다면, 또 '감지될 수 있는 것'의 우위383)를 발견하는 일에 **제도적 방식을 통한 조직화 의지가 일치한다면**, 제도는 시각화의 당연한 결과이다. 사실상, 교회는 제도의 증가와 제도의 엄밀함을 통해, 많은 위기를 해결하려고 시도했다. 이 두 움직임은 동시에 일어나며, 시각화와 이미지의 침범에서 유래하는 제도를 통해 이미지의 침범이 다시 일어난다.

이미지의 권력이 확립되는 것은, 제도의 바탕 위에서이다. 뭔가 보여줄 것을 가져야 한다. 제도만이 그러하다. … 화려한 것과 빛나는 것이 필요하다. 또한 대중 축제와 불꽃놀이를 가능하게 하는 것은 제도이다. 전례의식은 화려해진다. 제도가 정비되고 존재를 나타내기 때문에, 교회는 '과시하는 교회'Eglise de monstration가 된다. 그리고 하나님을 보는 것과 같은 순전히 영적인 신비주의 경향조차도, 제도의 바탕 위에서만이 존재할 수 있다. 신비주의자가 자신의 열정과 초연함과 만물에 대한 무관심에 빠질 수 있는 것은, 제도가 확고하고, 제도가 인간과 사물을 잘 관리하며, 제도가 '사회'corps social로 하여금 기능을 수행하게 하기 때문이다. 정치적으로나 혹은 군사적으로 결정적인 영향을 미치는 사람에게 있어, 정치적 혹은 군사적 "관리"intendance는 완벽하기 마련이다. '관리'가 없다

---

383) [역주] '감지될 수 있는 것'(sensible)의 우위는, 보이지 않는 것보다 보이는 것에 우선권을 부여하는 것이다. 예를 들어, 내적인 삶과 기도 같은 보이지 않는 것보다, 웅장한 대성당과 장엄한 예배행렬과 화려한 사제복 같은 보이는 것에 우위를 두는 것이다.

면, 이런 사람은 더는 아무 것도 아니다.

그리고 다음 같은 점이 사실이라면, 그 반대도 틀림이 없다. 즉, 지나치게 초월적인 신학을 통해, 세상의 권세로부터 완전히 벗어나고, 절대권력을 허용하는 단절이 일어난다는 점이다. 엄밀하고 정확한 제도적 체계를 통해, 순전히 영적인 신비주의 신학이 초래되고 허용되며 생겨난다. 시각視覺은 이 둘 사이에 공통된 척도이다. 그리고 애초에 교회 안에서 아주 명확한 시각적인 것과 제도 사이에 관계는, 오늘날에도 완전히 다시 발견된다. 이처럼 현대 연극과 몸짓과 육체적 표현이 과감해지고, 연극에서 '구두口頭 언어'의 배제가 엄청나게 급증하는 것은, 국가가 나누어주는 보조금과 제도의 관대함에 힘입어서 만이 가능하다. 사실상 더 깊은 일치가 있는데, 현실만이 이 둘에 있어서 마찬가지로 중요하다. 그러나 '말'과 우상 사이에 갈등의 결론을 이렇게 내리면서, 이것이 우선 종교적 갈등과 관련되고, 이 갈등이 종교계, 곧 교회 안에 자리 잡았다는 점을 분명히 인식해야 한다.

그런데, 이 갈등에서 우리는 교회 안에서 이미지의 전적인 승리를 확인한다. 현실이 승리하고 진리가 제거되는 것은, 바로 거기에서이다. 자체의 세계에 틀어박힌 이 세상의 '닫힘'은, '말'에 의해 특히 유지되는 또 다른 '열림'에 대한 접근방식을 거부한다. '말'은 어떤 세계에서 다른 세계로, 또 초월적인 것에서 내재적인 것으로 끊임없이 옮겨간다. 이미지는 '이쪽'ce côté-ci이고 그 자체로서 충분한다. '시각적 인식'의 우위가 이루어지고 **말**이 점차 배제되는 것은, 다른 어디에서도 아닌 바로 교회 안에서이다. 이것은 노래로 불려 진 '말'이고, 전례의식인 '말'이며, 구경거리의 요소로서 존속하는 이해할 수 없는 언어로 된 '말'이다.[384] 그리고

---

[384] 라틴어가 적어도 12세기 이래로 오늘날만큼이나 일반 신자에게 완전히 이해될 수 없었음을 잊지 말아야 한다.

이것은 더는 의미를 전달하는 '말'이 아니라, 전례의식 행위, 색채, 의복의 변화, 주술, 신도송信徒頌을 위하여 배제된 '말'이다. 둘 다 '말'의 영역에 속하는 사회 운동과 윤리적 문제제기에 대한 제도의 우위가 이루어지는 것은, 다른 어디에서도 아닌 바로 교회 안에서이다. 이것은 인간 문제와 사회 문제의 전적인 해결책으로서 법의 생성과 법의 준엄함이다. 해석이나 '담화'에 더는 결부된 것이 아니라 사물의 현실에 결부된 새로운 과학적 사고 및 비종교적이고 세속화된 사고가 형성되는 것은, 다른 어디에서도 아닌 바로 교회 안에서이다. 즉, 이것은 이 세상이고, 실제적이고 가시적인 세상이며, 유일한 세상이다. 교회에 맞서 이 점을 발전시킨 것은, 교회 밖의 사상가와 철학자와 학자가 아니다. 이런 '재전환'reconversion을 유일하게 표명한 것은, 사제이거나 대개는 성직자이다. 세속화는 교회로부터 생겨난 동시에, 교회 안에서 생겨났다. 현대 과학도 현대 제도의 개념처럼 교회로부터 생겨난 동시에, 교회 안에서 생겨났다. 그리고 **인간의 영광**에 대한 교회 안에서의 확인을 통해, 또 **세상을 소유하려**는 의지를 통해, 모든 것의 방향이 결정되었다.

 이것은 엄청난 변화이다. 그 뒤에 등장할 모든 속인俗人과 유물론자와 현실주의자는 거기서 생겨난 것의 뒤를 잇기만 할 따름이다. 예컨대, 이것은 모든 것에 대한 시각적인 것의 우위를 통해 표현되는, 인간의 영광과 세상의 소유와 삶에서의 태도이다. 현대 세계가 경험하는 이미지의 급격한 확산은, 교회 안에서 그 원천을 취했다. 또한 이미지의 급격한 확산은, 이미지에 대한 "열광"에서도 그 원천을 취했다. 이런 열광은 계시된 진리에 대한 포기, '말'의 의미에 대한 포기, 성육신의 겸허함에 대한 포기, 계시의 은밀함에 대한 포기, '다른 곳'ailleurs과 반향을 향한 불확실한 '열림'에 대한 포기를 교회 안에서 정확히 나타낸다. 교회는 가시적인 것을 택했고, 이와 더불어 힘과 권위와 효율성을 택했으며, 마침내 보여지고 파악된 현실385) 주위에서 군중들의 결집을 택했는데, 이것은 장차 드러날 근본적인 선택이었다. 이것은 '**과시**'Monstration와 입증이다. 그러나 '**말씀**'Verbe은 거기에 더는 존재하지 않았다.

이처럼 되는 이유는 다음과 같다. 즉, 시각과 언어 사이에 갈등이면서도, 현실과 진리가 괴리되는 순간부터 우상과 '말' 사이에 갈등이 되는 이 갈등은, 본질적으로 **종교적** 갈등이기 때문이다. 계시된 진리는 현실을 병합하거나 자체에 동화시키거나 이동시키려 들지 않는다. 이와 반대로, 현실은 진리라고 자처하는 경향이 있는데, 이것은 배타적인 유일한 진리이다. 그리고 **계시**386)를 받아들일 책임을 맡은 교회가 현실을 택한다면, 현실 세계가 종교 세계가 되도록 부추기는 것도 교회이고, 모든 이미지의 종교적 의미와 모든 현실의 종교적 상층 구조를 정립하도록 부추기는 것도 교회이다. 18세기부터 20세기의 반反기독교 운동들은 드러나는 특징을 단지 바꾸면서, 다시 말해 새로운 세속 종교387)를 교회에 맞서는 무기로 삼으면서, 정확히 같은 길을 따라간다. 그런데, 교회는 자체의 불충실함 때문에, 세속 종교의 성공에 잘 어울릴 것이다.

---

385) 물론, 나는 이 선택이 14세기 이전에 이루어졌음을 안다. 하지만, 이러한 방향에는 많은 모호함과 불확실성이 여전히 있었는데, 이 모호함과 불확실성은 14세기부터 사라진다. 또한 나는 14세기 이전부터 교회에 이미지가 급증했음을 안다. 하지만, 이 이미지들은 완전히 다른 것이었고, 다른 의미를 지닌 것이었다. 이 점에 관해서는 뒤비(G. Duby)의 뛰어난 저서인 『대성당의 시대』*Le Temps des cathédrales* (Paris, Gallimard, 1978.)를 참고할 것.
386) 계시는 종교가 아니다. 계시가 진실한 채로 남아 있다면 계시는 종교에 포함될 수 없다. [본문 내용을 역자가 각주로 설정]
[역주] 엘륄은 종교를 계시에 대립시켜 그 대립이 "종교는 올라가고 계시는 내려간다."라는 표현으로 한정될 수 있다고 간주한다. 태초부터 올라가기를 애쓰는 인간에게 있어, 종교는 상승의 주된 도구인 동시에 상승의 표현이다. 종교는 신이 지배하는 숭고함 속으로 결국 들어가고 말 것이라는 희망을 담고 있다. 다시 말해, 인간은 올라감으로써 신에게 도달하려고 애쓴다. 하지만, 인간을 향해 내려오는 것은 신이지, 어떠한 영역에서든지 어떠한 방식으로든지 인간이 신을 향해 결코 올라갈 수 없다. 즉 신이 내려가기를 택했고, 인간의 수준에 있기로 정했다는 것이다. 결국 종교적인 인간은 올라가기를 원하나, 성서의 신은 내려가는 어떤 신이다. 계시는 바로 이런 신과 관계되므로 계시는 종교와 반대된다는 것이다. (자끄 엘륄의 『의심을 거친 신앙』*La Foi au prix du doute* 166쪽 참조.)
387) 이러한 운동의 모든 것에 대해서는 자끄 엘륄의 『새로운 악령 들린 자들』*Les Nouveaux possédés*, (Paris, Fayard, 1973)을 참고할 것.

결국 오늘날, 마이오A. Maillot에게 있어, "실제로 전례의식의 부흥은 기독교 예배를 '가나안 종교'로 만드는 것이다.388) 이것은 시각적인 것이 '말'을 파묻히게 하려고 애쓰는 연출되는 종교의식이다. … 그런데, 특히 어린이들의 교육에 대해, 또 얼마 전까지도 교리문답이라고 불렀던 것에 대해 걱정해야 한다. 그것에서는 행해지지 않는 것이 없다. 낙서를 하고, 그림을 그리며, 사진을 찢고, 영화를 보여주는 등, 기록된 '말'로 되돌아오는 것은 단지 잊혀 진다. …"

2. 궁극적 가치와 사로잡힌 '말'

이런 종교적 갈등이 '유대 · 기독교'judéo-chrstianisme에 처음으로 해당된 것이 아니라, 현대 세상의 비기독교적 종교 세계에 처음으로 해당된다는 점이 여기서 우리가 다루는 문제이다. 시각적 이미지의 승리를 통해, 우리는 '말'의 세계와는 다른 종교 세계로 이끌려간다.

이 갈등은 다른 두 영역에 위치하는 듯한데, 이 두 영역은 "궁극적 가치"라는 영역과 숨겨진 것의 배제라는 영역이다. 첫 번째 영역은 오늘날 인간은 무엇을 신뢰하는가라는 질문을 중심으로 짜여 진다. 이 영역은 우리를 둘러싼 현실에 대한 시각의 현상과 관련되는 것이 아니라, 끊임없이 우리들의 관심을 불러일으키는 시각적이고 인위적인 이미지의 증가와 관련된다. 우리가 놓인 상황은 모순된다. 즉, 시각적인 것은 내가 위치한 현실에 각별한 가치를 부여한다는 점에서 그러하다. 나는 이러한

---

388) [역주] 성서적인 전통은 이미지를 배격하고 '말'에 집중하는데 반해, 구약성서에서 '가나안 종교'는 눈길을 끄는 아주 시각적인 연출로 특징지어진 이방 종교를 가리킨다. 기독교 예배를 '가나안 종교'로 만든다는 표현은, 구경거리를 지향하는 이교적 경향에 의한 예배나 교리문답의 오염을 언급하는 것이다.

대립에 굴복한다. 그리고 시각을 통해 나는 실제로 이런 현실 속에 놓일 수 있으며, 이 현실에 영향을 미칠 수 있다. 그런데 이미 인위적 이미지의 증가를 통해, 이런 관계가 변화한다. 실제로, 엄청난 양의 시각적인 것은 현실에 궁극적 가치를 부여하는 경향이 있다. 또한 나의 주의를 흩뜨리고 환각과 최면을 유발시키며 다양하게 변하는 수많은 이미지에 의해 내가 빠져 있는 현기증은, 현실에 궁극적 가치를 부여하는 경향이 있다. 모든 것, 전체, 전체의 진리는 이제부터 이미지 현실과 관련하여 위치될 수밖에 없고, 위치되는 것 이상으로 판단되며 평가될 수밖에 없다. 가치는 이러한 현실과의 관계로부터 나온다. 또한 가치는 이러한 현실에서 자리를 찾을 가능성과 이러한 현실을 변화시킬 가능성으로부터 나온다. 가시적이고 보여 진 이런 현실에 영향을 미치지 못하는 것은, 어떠한 관심도 끌지 못한다. 물론, 내가 여기서 말하는 것은 의식적이고 명확한 철학적 사고에 대해서가 아니라, 평범한 인간의 충동적인 감정에 대해서이다. 그런데, 이 감정은 그 인간을 사로잡고 있는 이미지를 통해, 그 인간의 짧은 사고 속에서 유발된다.

하지만, 한 시대의 종교적 입장이 되는 것은 평범한 인간의 선입견이다. 이 현실에 종교적으로, 의례적으로, 명백하게 더 높은 가치가 부여되는 것이 아니라, 이 현실의 궁극적 가치가 신뢰된다. 그런데, 마르크스가 '현세現世'Diesseits에 의하여, 또 사고의 진리가 영향력을 미칠 수 있는 현실에 의하여, 사고의 진리를 평가하려 했을 때, 이 점이 마르크스의 철학 사상과 일치한다는 것은 아주 이상한 일이다. 당시에 의식적이고 정립된 유물론의 표현이었던 것이 어조를 바꾸었는데, 이것은 시각적 이미지의 유희의 명백함이다. 모든 것은 이런 가시적인 현실과 관련될 수밖에 없다. 사고의 진리와 '거짓'을 판별하는데 소용되는 것은, 이런 가시적인 현실이다. 그런데, 사실상 이것은 진리와 '거짓'이 아니라, '정확함'과 '부정확함'이다. 이런 의미에서, 정밀과학은 이러한 현실에 작용하는 기술을 만들어낼 수 있거나 혹은 현실을 설명할 수 있다. 그러나 이 점은 진리와 아무런 관련이 없다. 게다가, 일상 언어에서 혼동은 아주 전형적이다. 예컨대, '정확한 혹은 진실한'은 동의어이고, '거짓된', '기만적인', '부정확한'은 동의어이다. 그런데 바로 감지되지 않은 커다란 차이가 있다. 시각화된 현실은 철학과 신학 같은 사고의 영역에 속하는 모든 것에 대한 통제 수단을 제시하려 드는데, 현재 대부분의 신학적 갈등을 유발하는 것이 시각화이다!

하지만, 이 첫 번째 지적을 통해 우리가 생각하게 되는 것보다, 상황은 훨씬 더 복잡하다. 왜냐하면 모든 사람이 알고 있듯이, 시각화된 현실은 이미지가 기술적으로 전달됨으로써만이 현실이 되기 때문이다. 이것은 경험된 현실이 아니라 멀티미디어 메모리카드를 통해 매개된 현실이다. 우리는 시각적인 것의 승리를 확실하게 하는 것이 이런 현실임을 보았는데, 이 현실은 인간을 어떤 세계에 위치시킨다. 그런데, 인간이 이 세계를 보기 때문에 이 세계를 실제적이라 믿지만, 엄밀하게 이미지에 불과한 이미지로 된 환경만이 인간에게 있기 때문에, 사실상 이 세계는 순전히 허구적인 세계이다. 인간이 마주치는 실질적인 유일한 현실은 텔레비전 화면에 나타나는 현실이다. 인간이 실제적이라 여기는 그 위에서 일어나는 모든 것은, 전자신호로 된 점묘법일 따름이다.

그러나 인간은 이 점묘법을 실질적인 현실로 간주한다. 우리는 이 현실이 사람들이 실제로 체험할 수 있는 현실에 비해 무한히 과대평가된다는 점을, 다른 곳에서 밝힐 수 있었다. 중요한 현실이 되는 것은 텔레비전에서 보여 진 것이고, 체험된 것은 더는 관심을 끌지 않는다. 그리고 이미지의 놀랄만한 증가를 통해, 그 안에 우리가 자리 잡고 있는 이미지 세계 전체가 형성된다. 달리 말해, 한편으로 우리가 살고 있는 구체적 현실이 있다. 하지만, 이 현실에는 마찬가지의 광채와 자극적인 색조가 없기 때문에, 모든 관심을 상실한다. 그리고 일과 가족 같은 "일상생활"이든, 실질적이고 구체적인 의미에서 "정치 생활"이든, 우리는 이 구체적 현실로부터 점차적으로 떨어져 나간다.

다른 한편으로, 이미지가 풍부히 사용되고 단지 이미지로만 구성된 현실은, 우리에게 환각적 세계를 만들어준다. 하지만, 이 세계가 워낙 인상적이고 강렬한 나머지, 되도록이면 우리는 이 세계 안에 자리 잡고 대리인처럼 살아간다. 그렇다고 해서 이것은 상상의 세계가 아니라389), 그냥 하나의 세계이다. 이런 세계의 광경은 인위적이다.390) 주거와 결혼, 그리고 지금은 임신과 교육이 인위적 산물이기 때문에, 물론 일상생활 같은 구체적 현실도 인위적이라 할 수 있을 것이다. … 하지만, 커다란 차이가 있다. 왜냐하면 이미지로만 구성된 현실에 대해서는 내가 영향을 미치고 개입할 수 있기 때문이며, 나의 결정은 내가 살고 있는 세계의 형성 가운데 뒤섞이기 때문이다.

구체적 현실은 내가 그것에 대해 완전히 아무 것도 할 수 없고 그것이 나를 벗어나서 이루어진다는 의미에서 인위적이다. 이렇게 이미지의 증가를 통해, 나는 주체로서 내가 거기에서 배제된 세계에서 살게 된다. 나는 책임감도, 행동도, 대화도, 권력도 없다. 그런데 우리가 현재의 종교적인 것을 위치시키는 것은, 이러한 현실 속이다. 다시 말해, 이미지 세계가 되는 이미지와 같은 이런 수단을 거쳐 가는 것만을 우리는 신뢰하고 믿는다. 우리는 이런 구경거리로부터, 우리의 문화적이고 도덕적인 가치

---

389) 이 세계가 상상적이라 하더라도 매우 특별한 의미에서이다. 왜냐하면 이 세계를 만드는 것은 우리의 상상력이 아니라, 이러한 광경을 만들어내는 이들의 상상력이기 때문이다. [본문 내용을 역자가 각주로 설정]
390) 나로서는 이 표현 속에 어떠한 조소적인 의미가 담긴 것은 아니다. 나는 **자연**에 특별한 가치를 부여하면서 자연적인 것을 특별히 취급하지 않는다. 하지만, 절대적으로 인위적인 세계의 결과들을 고려하는 일이 중요한데, 자연에 해당하는 모든 것은 단지 표현되었기 때문에 이 세계로부터 배제된다.

를 받아들인다. 우리는 이 구경거리와 관련하여 매개 방식을 만들어 내는데, 이 구경거리는 우리의 가장 커다란 만족감과 우리의 실망감의 이유가 된다. 인간은 종교의식이 진행되는 때보다 더 철저하게 구경거리에 신경을 쓴다! 이렇듯 이중적인 흐름이 있었다. 우선, 이미지에 월등한 가치를 부여하는 것, 곧 '말'을 물리치는 '시각적인 것'에 월등한 가치를 부여하는 것이다. 그 다음으로, 우리가 위치한 이미지 세계를 형성하는 것, 따라서 순수한 '시각적인 것'391)이기는 하지만, 환각적인 '시각적인 것'을 형성하는 것이다. 그리고 우리는 예전의 종교적 과정을 다시 발견한다. 보여 진 현실은 더 큰 종교적 확실성의 원천이다.

나는 본다. 그리고 내가 보는 것에 나의 확신과 경험 등을 결부시킨다. 그리고 나서, 나는 상상적이면서도 환각적인 완전히 시각화된 종교 세계인 신의 세계를 세운다. 나는 이 세계를 항상 더 정확하게 한없이 상세히 설명할 수 있다. 이것은 신들의 이미지인 우상이다. 그 다음으로, 이것은 신들의 기능에 따른 신들의 무한한 확대이다.

이미지의 환각 속으로 옮겨진 가시적인 현실은 생각하기 위한 우리의 궁극적 기준이 되는 것이 아니라, 살아가기 위한 우리의 궁극적 기준이 된다. 하지만, 우리가 이 현실에 부여하는 가치는 완전히 허구적이다. 왜냐하면 이 현실은 메커니즘에서 나오고, 허구적인 세계에 위치하기 때문이다. 그리고 현대인의 온갖 신심은 이러한 현실 속에 위치한다. 현대인은 가시적인 **변화**만을 기대하고, 다른 모든 것은 현대인에게 허위인 듯이 보인다. 현대인은 가시적인 것의 변화 과정 속에 자신의 소망을 위치시킨다. 그리고 격변을 일으키는 신심들의 팽창은 늘 절대적으로 이러한 환경 속에서 일어난다. 아무도 창조적인 '말'이나 토대가 되는 '말'을 믿지 않는다. 시각과 '말'의 이러한 갈등은, 바로 사회가 자체에 부여하는

---

391) '말'은 보조제일 따름이다. [본문 내용을 역자가 각주로 설정]

궁극적 가치의 갈등이다.

  그런데 '말'이 겪는 현재의 굴욕은 지속적인 현실의 심화일 따름이다. 인간은 자신의 존재를 인간적인 존재로서 세우는 근본적인 '말'을 증오한다. 그리고 그렇게 생각될 수 있듯이, 이것은 모든 인간의 주된 비극이다. 이것은 죽음의 본능의 다른 측면이고, 자살 의지의 열쇠이다. 인간이 자신을 창조했던 것을 거부하고 부정할 때, 이것은 인간 가운데 있는 분리의 진리 자체이고, 인간 분열의 진리 자체이다.

  이것은 키르케고르Kierkegaard가 천재적 통찰력으로 누구보다도 더 잘 파악했던 것이다.392) 또한 이것은 인간의 모든 '말'이 불협화음으로 짓눌리기 때문에, 비알라넥스N. Viallaneix가 『사로잡힌 말』*Paroles captives*이라는 제목으로 모은 것이다. 사로잡힌 '말들' 가운데서, 창조의 '말'인 잊혀진 '말', 철학의 '말'인 고착된 '말', 시의 '말'인 노래로 불린 '말'이 구별될 수 있다. 인간은 이러한 '말들'로 살아가도록 만들어진다. 하지만, 이 '말들'이 언급될 때, 이 '말들'은 인간에게 이해할 수 없는 것이 되었고, 이 '말들'은 오해를 불러일으킨다. 창조 전체가 말하지만393), 인간은 이 '말'을 듣기보다는 창조의 비밀을 '보기'voir 원하는데, 과학적 요구를 부추기는 것이 '보기'이다. 창조의 '말들', 세상의 노래, **자연**의 메아리는 분명치 않은 '말들'이다. 왜냐하면 키르케고르에게 있어, 이런 방식으로 말하는 것은 하나님이기 때문이고, 창조는 그 창조자를 설명하기 때문이다. 하지만, 우리는 하나님과의 단절 때문에 인간이 더는 들을 수 없는 창조적인 '말'의 흉내이며 모방인 메아리만을 포착할 따름이다. **자연**은 "조화를 약속하고 인간에게 '신의 담화'dicsours divin를 알리지만, **자연**은 해석하

---

392) 그리고 이 분석을 위하여 나는 이미 인용된 비알라넥스(N. Viallaneix)의 책 1부를 참조한다. 거기에 '말'의 실추가 특히 잘 밝혀져 있다. 그의 텍스트 전부를 반드시 읽어야 한다.
393) [역주] '창조 전체가 말한다.'는 표현은 하나님의 창조 전체가 '말'을 통해 이루어진다는 점을 나타낸다.

는 것이 바람직한 이해할 수 없는 기호들만을 인간에게 전달한다." 그런데, 처음으로 알리는 가능한 '말'을 들을 수 없게 하는 잡음과 소음에 의해, 이것이 본질적으로 불가능해진다. 그리고 '삶의 소란'이 온갖 불협화음을 불러들이고, 이해할 수 있는 '말'을 덮어버린다.

그래서 키르케고르는 오늘날 우리가 경험하고 그가 심각성을 파악했던 이 소란을 예언자적 단호함으로 보여준다. 도시의 소란, 속도의 소란, 정치와 혁명의 소란, 언론과 광고의 소란, "눈처럼 어지럽게 움직이는 도시의 수다와 소란스러움", 이 모든 것이394) '말'을 극도로 억누른다. "일간지의 악은 일간지가 순간을 떠받들기 위해 일부러 만들어진다는데 있다." "헛소리, 험담, 장광설, 이것들은 '말'을 희화戱畵시키고, '말'을 불경건한 수다와 재잘거림으로 변화시킨다. 메시지의 내용은 이상한 소음으로 흩어진다." "객관적 정보의 재 전달은 지식의 전달을 모방한다." 그래서 '말'에 대한 경멸과 마주하여, 키르케고르에게는 "침묵의 정화"만이 있다. 이것은 이러한 소음들을 잠잠하게 하는 것이고, 잠잠히 있는 것이다. 자연의 메아리를 통해 자신의 길을 여는 진리의 '말'을 다시 들을 수 있게 하는 것은, 침묵 외에는 다른 것이 없다.

그런데 인간은 이와 반대로 이 소음들을 차지한다. 그리고 인간은 사로잡힌 '말'이나 혹은 왜곡된 '말'이라는 다른 영역에 관여한다. 이것은 이상적인 것을 듣기를 열망하는 철학의 고착된 '말'이다. 여기서도 키르케고르는 '말'과 언어의 관계라는 중심 문제를 제기하면서, 놀라울 만큼 앞서 있는 듯이 보인다. 그러나 그는 이 문제를 인간과 하나님 사이에 단절과 관련하여, 또 인간의 '말'과 하나님의 '말' 사이에 단절과 관련하여 위치시킨다. "왜냐하면 신의 코드가 다르고, 자연의 코드가 다르며, 인간의 코드가 다르기 때문이다. 그래서 인간은 하나님의 메시지를 자신의

---

394) 그런데 그는 오늘날에는 무어라고 할 것인가!

힘으로 이해하려 애쓰면서, 하나님의 메시지를 다른 언어로 된 다른 메시지로 억지로 대체하는데, 이 다른 언어란 바로 인간의 언어이다." "창조를 통해 자신의 주위에 새어나오게 된 모호한 '말들'에 뒤얽힌 인간은, 이 '말들'을 어떤 언어 체계에 관련시킨다. 그런데, 인간은 이 언어 체계를 통해 이 '말들'의 의미가 나타나기를 기대한다. … '말'은 언어로 전개된다. 다시 말해, '말'은 어떤 언어와 변증법적으로 결합된 채로 있다."

그리고 키르케고르는 "근대성의 근본 오류는 소통이 무엇인지에 대해 관심을 쏟은데 있지 않았고, 소통해야 할 것에 대해 어디서든 관심을 쏟은데 있었다."라고 표현하면서, 당대에 놀라운 사실을 입증한다. 하지만, 그는 이상적인 것으로서 언어를 깊이 연구하고 나서 다음 같은 점을 발견한다.395) "사회의 모든 요소에 '담화'의 한 요소가 일치한다. 하나는 삶 속에서, 다른 하나는 언어에서, 둘 다 유사한 역할을 수행한다. 이런 요소들 사이에 작용은 같은 형태를 띤다. 간단히 말해, 인간 세계와 '담화'의 세계 사이에는 동형성이 있다. '담화'의 세계를 만들어내는 것이 인간이기 때문에, 이는 당연할 따름이다. 인간 유형학이 언어 연구와의 유사성을 통해 이해될 수 있는 것은, 바로 그런 이유에서이다."

이렇듯 언어는 인간의 가장 심오한 것을 표현한다. 명확성과 일관성이 있을 수도 있지만, 현실은 아주 다르다. 즉, 이것은 혼란이고 횡설수설이다. 키르케고르가 놀랍게 입증하듯이, 언어가 '말'을 완전히 물리치고 승리했기 때문에, 인간의 '담화'는 오해와 '비非소통'non-communication에 빠졌다. 그래서 "언어와 사고는 같은 혼란에 빠진다." 거듭 말하건대, 키르케고르는 지금의 이러한 변질이 인간이 하나님의 '말'을 들을 수 없다는 데서 기인한다고 본다. 인간은 하나님의 '말'을 자기 자신의 방식, 예컨대

---

395) 이것은 얼마 전에 우리가 발견했다고 믿었던 것이다! 키르케고르가 어느 정도로 선구자인지 밝힌 것은 비알라넥스(N. Viallaneix)의 커다란 공헌이다!

논리나 혹은 철학적 사색 등으로 대체한다. 비알라넥스의 책에서 도출된 이 개요들을 늘려보았자 소용없고, 노래로 불린 '말'과 관련된 세 번째 움직임도 유사하다. 즉, 시인은 진실한 '말'을 언급할 수도 있다. 하지만, 시적인 소통은 악화되고, 시에 진정성을 되돌려주기 위한 재발견과 다른 '담화'가 필요할 수도 있다. … "자연의 소리는 헛된 메아리로 울리고, 거기서 원래의 '말'은 첫 충동과 더불어 사라진다. **체계의 수립자인 철학자**들은 자신들의 추상적 개념이라는 뻣뻣한 그물코로 체계의 의미를 포착하려고, 성과도 없이 애쓴다. 그들은 자신들의 지식 전체와 더불어 움직이지 않은 채, 성찰의 잡담 속으로 빠져든다. **시인들은** 자신들이 귀로 감지하는 메시지에 대한 상상의 해석을 즉시 꾸며낸다. 그러나 이 해석은 가능성의 영역에서 사라진다. 철학자도, 시인도, 자기 자신들의 힘으로 하나님과의 소통을 회복하는데도 성공하지 못하고, 하나님의 언어를 듣는데도 성공하지 못한다."

이렇듯 '말'의 특수성과 더불어, '말'에 대한 과도한 파괴와 더불어, '담화'의 탕진과 더불어, 과장과 횡설수설과 더불어, 우리 사회의 굴욕당한 '말'은 근원으로부터 우리에게 이르는 긴 과정과 느린 움직임의 연속이 되거나, 이런 과정과 움직임의 정반대가 된다. 키르케고르가 지각하고 보여주는 것은, '말'에 대한 지속적인 파괴이다. 또한 키르케고르는 하나님의 '말'과 인간의 '말' 사이에 단절 및 인간과 하나님 사이에 단절도, '말'에 대한 지속적인 파괴에서 기인한다고 본다. 그러나 '말'에 대한 지속적인 파괴가 보편화되는 가운데서 '말'에 대한 지속적인 파괴가 일어나더라도, '말'과 언어가 모든 사회에서 지녔던 가치에서 아무 것도 사라지지 않고, 오늘날 발생하는 것의 특이함에서 아무 것도 사라지지 않는다. 현재의 상황을 바라보면서, "결국 항상 마찬가지다."라거나 혹은 "모든 것이 하나님과의 단절에서 유래하기 때문에 지속되는 상황이다."라고만 할 수는 없다. 신경 써야 할 게 없다는 것이다. 이와 반대로, 이것이 각 세대에 제기되는 존재론적 질문임을 고려한다면, 이것을 오늘날 우리의 질문으로 삼아야 한다. 그리고 영원한 환각 속에서가 아니라, 오늘날의 표현으로 질문을 제기해야 한다.

결국, 이 문제를 제기하고, '말'의 단절과 언어에 대한 평가절하를 인식한 것이 키르케고르라면, 이는 우연하게 그런 것이 아니라고 생각해야 한다. 그는 우리의 시대인 현대 초기에, 다시 말해 이런 굴욕이 막 시작되던 시기에, 이러한 단절과 평가절하가 보편적임을 정확하게 보여준다.

3. 숨겨진 것의 배제

시각화를 통한 숨겨진 것의 배제

이 논쟁의 두 번째 측면은 시각화를 통해 은밀한 것, 곧 숨겨진 것이 배제된다는 점이다. 첫 번째 논쟁에서 시각의 승리를 통해 영적인 것과 종교적인 것이 배제되고, 진리에 대한 문제제기가 배제된다면, 이 논쟁은 기독교 계시의 제거로 우리를 더 특별히 이끌어간다. 시각적인 것의 승리에는 기독교에 대한 근본적인 부정이 있는데, 아마도 이것이 지금 위기의 중심일 것이다. 왜냐하면 성육신이 더는 인정될 수 없고, 숨겨진 하나님은 바로 숨겨져 있기에 하나님이 아니기 때문이다.

'하나님의 죽음'이라는 거대한 흐름이 우리 이미지 세계에서 생겨난다면, 이는 우연이 아니다. 하나님을 시각적으로 표현할 수 없다는 점을 통해, 우리 시대에 하나님이 존재할 수 없다는 것에 불가피하게 이른다. 하나님은 죽었다는 것이다. … 왜냐하면 일반적으로 제시된 온갖 명확한 이유들을 넘어서, 하나님은 보이지 않기 때문이다. 우리는 배경 없이 표현되고 단지 시각적 차원에서 표현된 가시적인 하나님만을 신뢰할 수 있다. 우리가 과학과 기술의 성공을 종교의 실패와 대립시킬 때, 우리가 위치하는 것은 항상 시각적 영역 안에서이다. 단지 서술될 수 있을 따름인 성스러운 역사에 대한 거부가 마찬가지로 있는데, 신비롭고 제어할 수 없는 흐름인 이 성스러운 역사는 인간과 함께하는 하나님의 비밀스런 역사이다. 공통되고 집단적이며 유일하고 이중성이 없는 역사, 곧 가시적인 역사가 있을 따름이다. 또한 신문에 들어갈 수 있는 역사, 곧 인간들에 의해 만들어진 역사가 있을 따름이다. 그리고 우리가 계속 하나님을 믿는다면, 우리는 우리의 정치적 선택에 따라 통치자나 혹은 혁명가 같은 역사를 만드는 이들의 행위 속에 하나님의 행위를 포함시킨다.

이것은 세상 속에 숨겨진 '천국'royaume des Cieux을 마찬가지로 배제하는 것이다. 은밀하게 작용하고 보이지 않으며 단지 '말'로 증언될 수 있는 누룩과 씨앗의 숨겨진 특성에 대한 예수의 모든 비유, 이 모든 것은 우리 시대에 완전히 중요성이 없어졌다. 왜냐하면 우리는 사진으로 찍힐 수 있는 것, 통계적으로 그 결과를 측정할 수 있는 것, 그것에 대한 도표를 만들 수 있는 것을, 받아들일 수 있는 유일한 진리로서 요구하기 때문이다. 숨겨진 천국은 약속된 "낙원"Paradis 만큼이나 더는 누구의 관심도 끌지 않는다.

"나의 왕국은 이 세상에 속하지 않는다."를 우리에게 알려주는 **말**은, 이 왕국이 시각적으로 표현될 수도 확인될 수도 없기 때문에, 존재하지 않음을 의미한다. 그래서 우리는 다른 영역, 곧 정치적인 것을 향해 갑작스럽게 보내진다. 나는 영적 논쟁, 곧 종교적 논쟁은 '말'의 영역에 속하는데 반해, 정치적인 것은 시각적인 것의 영역에 속한다고 무엇보다 언급할 수도 있다.396) '말'과 시각 사이에 갈등이 거기서 이루어진다. 정치

---

396) 정치적인 것은 시각화시킬 수 있는 목적에 종속된 수단으로서 '말'을 사용한다.

적인 것은 잠재적일 수 있는 모든 것을 드러내고 그 결과를 평가하기 위하여, 이 모든 것의 폭로를 전제로 한다. 정치적인 것은 힘이고, 힘의 수단에 대한 독점이다. 하지만, 힘은 반드시 시각적인 것 속에 위치한다. 심지어 성서적으로도 **말**이 힘으로서 드러날 때, **말**은 가시적인 결과인 **창조**를 만들어낸다. 하지만, 이것은 가시적인 것이 보이지 않는 것을 통해 이루어졌다는 바울에 의해 제시된 흐름에 따라서이다. 정치는 가시적인 것으로부터 가시적인 것으로만 나아가려 하고, 힘의 효율성 속에 모든 것을 제한하려 하는데도 그러하다. 정치는 증언의 과정과 반대된다. 증언은 결코 구속적이지 않고, 힘의 경쟁 속에 결코 위치하지 않으며, 듣는 자에게 독립성을 남겨둔다. 왜냐하면 증언자는 항상 시각적인 것에서 '말'로 옮겨가기 때문이다.

부활에 대한 현재의 토론은 특별하다. 우리가 더는 '말'의 창조적 힘을 믿을 수 없기 때문에, 역으로 우리가 우리의 시각적 세계에서 **부활**을 상상할 수 없기 때문에, 우리에게 언급된 대로의 **부활**은 불가능하다. 이것은 숨겨진 것을 참조하게 하는 '말'이며, 은밀하고 구분하는 '말'이다. 즉, '말'에 의한 분리는 첫 번째 결정적인 계시이다. 그런데, 시각적 세계는 비非구분의 세계이고, 총체성의 세계이며, 강렬한 대조가 있는 단일성의 세계이다. 이미지가 근본 기준이 됨으로써, 또 '말'이 불신됨으로써, 기독교 계시의 핵심 전체는 다른 진지한 차원에서 문제시 된다.

하나님의 '말'에 대한 경멸과 포기를 의미하는 인간의 '말'에 대한 경멸과 포기

오늘날 대부분의 신학 논쟁은 이런 갈등을 반영한다. 하나님은 '말'이라는 점에 대한 거부도 그러하고, 정치적인 것을 위한 신학적인 것의 배제도 그러하다. 또한 초월과 계시의 불가능성도 그러하고, 기도의 효력에 대한 부인도 그러하다. 그리고 다른 영역인 윤리의 영역에서, 경청과 인내와 순종과 기다림과 깨어 있음과 같은 지금까지 기독교적으로 간주된 행위 전체에 대한 검토는, 다른 많은 현대적 경향과 마찬가지로 다음과 같은 것을 의미한다. 즉, 이러한 검토는 구어에 대한 시각적인 것의 우위를 단지 의미하고, 시각적인 것으로부터 내려진 비효율성에 대한 판단을 단지 의미한다. 그런데 우리가 살펴보았듯이, 멀티미디어 메모리카드의 영향이나 연예계의 영향이 없다면, 우리는 아주 오래되고 단지 되풀이된 논쟁 가운데 있을 것이다. 이 순간, 나는 이러한 입장 표명이 단지 시각적인 것에서만 나오는 것이 아니라, 기술적인 장치를 통한 시각적인 것의 변화에서도 나온다는 점을 언급하게 된다. 또한 나는 신학적이고 윤리적인 평가가 엄밀히 사회학적 과정의 산물이며, 이미지 세계에 대한 비판 없는 수용이라는 점을 언급하게 된다.

하지만, 다수의 신학자들은 자신들의 좋지 않은 습관에 따라, 사회가 지향하는 방향으로 들어갔고, 가장 심한 경사를 지닌 방향으로 들어갔다. 다시 말해, 그들은 열정적으로 이미지를 택했고, '말'에 대해 부끄러워하기 시작했다. 우리는 교회의 현대화와 복음화에 대한 늘 같은 내용의 다음 같은 설교를 얼마나 읽고 듣지 않았던가. 즉, 현대인은 '담화'를 역겨워하고, 더는 듣지도 읽지도 않으며, 이와 반대로 텔레비전을 본다는 설교이다. 효율적이 되려면 이미지로 처리해야 하고, 말하기를 포기해야 한다는 것이다. 이것은 전례의식을 신체 표현, 살아있는 것 같은 그림, 매혹적인 구경거리로 바꾸는 것이다. 또한 이것은 말해진 '담화'를 팝음악이나 록음악으로 변화시키는 것이다. 이런 음악은 아무 것도 언급하지 않는다. 하지만, 이런 음악은 성령으로부터가 아닌 극도의 자극에 대한 반응의 일치로부터 오는 일종의 '합일'communion 속으로 리듬을 통해 통합시킨다.

가톨릭교회가 시각화의 길로 나아갔을 때, 가톨릭교회는 효율성을 명목으로 가능한 한 가장 큰 오류를 범했다. 이 오류는 교회가 받은 큰 유혹을 나타내는 다음 같은 이중적 과정에 포함되었다. 한편으로, 이것은 세상의 모든 종교를 본 따 **계시**와 신앙을 종교로 변형시키는 것이다. 다른 한편으로, 이것은 전 세계에 걸친 기독교 사회와 기독교 문명을 만들고, 기독교 질서를 세우려는 의지이다. 실제로, 이것은 시각화를 통해서만 이루어질 수 있었고, 삶의 모든 '실재들'réalités에 있어 이미지의 에워쌈을 통해서만 이루어질 수 있었다.

하지만, 8세기와 9세기 사이에 서구에서 이루어진 이 커다란 변질은 397), 오늘날 일어나고 있는 것과 두 가지 관점에서 매우 다른 듯하다. 우선, 교회에 의해 만들어진 동시에 신자들이 완전히 이해할 수 있던 상징 체계에 힘입어, 모든 것이 기능을 수행했다는 것이다. 그러나 상징 작용 속에는 진정한 영적 교육이 있었고, 모두의 발전이 있었다. 반면에, 오늘날 교회는 좋지 못한 구경거리를 제시하는데, 거기서는 아무 것도 인간들을 새로운 상징화에 끌어넣지 못한다. 그러면서도 오늘날 교회는 깊이 없이 이미 만들어진 일시적인 이미지를 인간들에게 단지 제시한다.

두 번째 차이는 중세 교회가 이런 흐름을 만들어냈다는 것이다. 중세 교회 자체가 시각의 중요성을 발견했고, 조각상과 전례의식에서 혁신을 일으켰으며, 다른 누구도 실현하지 못한 것을 만들어냈다! 중세 교회는 시사하는 바가 풍부했다. 이것은 신학적인 오류였지만, 적어도 어떤 발명이었다. 반면에, 오늘날 이것은 도처에서 이루어지는 것에 대한 가장 평범한 모방이고, 사회학적 흐름에 대한 종속이다. 모든 사람이 텔레비전을 취미로 삼는데, 도대체 왜 우리는 모든 사람처럼 하지 않는 걸까. 지금의 기독교적 지혜의 시작과 끝은 그러하다. 하지만, 행위의 동기, 곧

---

397) 5세기 직후부터 성화상의 훨씬 더 중요한 위치가 알려져 있는 비잔틴에서는 좀 더 일찍 이런 변질이 일어난다. [본문 내용을 역자가 각주로 설정]

효율성은 예전과 다름이 없다. 이미지는 더 효율적이다. 따라서 매체에 의해 배포되는 이미지도 그러하고, 까다롭지 않은 관객이 기대하는 것과 일치하는 이미지도 그러하다! 당연한 귀결로 '말'은 말살된다. 기독교 신학자들이 어떤 광기에 사로잡혔기에, 구조주의를 받아들이거나 혹은 '의사소통 불능'incommunicabilité의 이론 속으로 들어간 것일까. 듣는 자가 발언하는 자가 언급하는 바를 전혀 듣지 않는다고 한없이 되풀이하는 것은, 무슨 가학 취미에서 오는 즐거움인가. '말'이 통하지 않는다면, 또 아무 것도 '말'을 거치지 않는다면, 말하는 것을 포기하고 그만두기로 하자. 언어는 독재적이라는 견해에 대한 집착은 과연 무엇이며, '담화'는 듣는 사람에 비해 말하는 사람이 갖는 부당하고 적합하지 않은 우월성의 표현에 불과하다는 견해에 대한 집착은 과연 무엇인가. 종교개혁이 모든 것을 '말'에 집중시켰기 때문에, 개신교도에게 있어 일종의 특이한 집착과 더불어 적어도 '말'의 무용성을 둘러싼 합의가 이루어진다. 하지만, '말'에 대한 '경멸'은 가장 명백한 확인 사실을 내세우고, 가장 칭송할 만한 의도를 내보이게 하며, 가장 큰 **명백함**과 최상의 상식이라는 양상을 띤다.

복음화의 기술들을 향상시켜야 한다는 것, 인간은 더는 기독교 어휘를 이해하지 못한다는 것, 그래서 어휘를 바꿔야 한다는 것, 이 모든 것은 진실하기도 하고 거짓이기도 하다. 이것은 어휘의 문제보다 훨씬 더 심각하다. 상황을 정말로 변화시키는 것은 다른 단어의 선택이 아니기 때문에, 인간이 이해하지 못하는 것은 이러이러한 단어가 아니라, 그것이 무엇이든 '말' 그 자체이다. '말'이 한 차례의 선전에서 단순한 신경질적 자극이 되지 않는다면 그러하다. 당신의 어휘를 새롭게 해보라. 그러면 당신은 더 이해받지 못할 것이다. 왜냐하면 여기서 문제 되는 것은 사고방식이고, '말'의 가치이며, '말'이 더는 신뢰받을 수 없다는 사실이기 때문이다. 중요한 사실은, 인간이 오늘날 진리의 문제에 완전히 무관심하다는 점이다. 왜냐하면 개별적인 인간 존재뿐만 아니라 사회 전체가 기술의 힘과 더불어 인간을 현실의 영역에 완전히 철저하게 얽매이게 하고, 이미지를 통해 인간의 정신을 이 영역에 붙들어놓기 때문이다. 인간은 자신의 운명과 삶의 의미를 비웃는다. 이 모든 것은 "인위적인 것" littérature이 되었을 따름이고, 그 이상 말할 필요도 없다! 인간은 거대한 기술적 시도에 말려들고, 거기에 헌신하며, 이미지는 이것을 완벽하게 표현한다. 그러기에 적응해야 한다고 사람들은 말할 것이다. 즉, 인간이 더는 '말'을 듣지 않기 때문에, '말'을 행동으로 대체하자는 것이다. 이것은 기독교의 적극적 행동주의, 사회사업, 노조나 혹은 정치에 참여하는 노동 사제 같은 경향 전체이다. 우리가 이미 언급했듯이, 행동은 이미지의 영역에 속한다. 사람들이 현실 속에 다시 놓이기 때문에, 또 평범한 인간의 가치 척도에서 행동이 '말'에 비해 비교할 수 없는 가치를 지니기 때문에, 행동은 인간들에게 실질적으로 영향을 미치고, 인간들의 마음을 사로잡는다.

인간이 더는 '말'을 듣지 않기 때문에, '말'이 음향 배경이나 혹은 핑계거리에 불과할 "시청각 도구"나 전시회나 대규모 집회 같은 선전 수단을 통해 행동하자는 것이다. 집회 자체도 이미지이다. 군중의 이미지와 행사 조직과 조명기기가 있고, 이런 상황에서 말하는 사람 자체도 이미지일 뿐이다. 빌리 그레이엄[398] 목사는 완벽한 예이다. 이것도 분명히 군중 속의 인간에게 영향을 미칠 것이다. 성서를 연재만화로 만드는 것은 분명히 효과적이다. 유일한 문제는 이 연재만화가 여전히 하나님의 **'말'**인지 알아보는 것이다. 왜냐하면 결국 제기된 질문은 우리가 왜 인간에

---

398) [역주] Billy Graham(1914-). 미국 개신교 부흥목사로 1949년 로스앤젤레스 전도대회 때 많은 군중을 모아 크게 성공함으로써 대부흥사로 급부상한다. 이후 세계적인 부흥목사로서 신문·방송 등 매스컴과 해외여행을 통한 전도 사업에 열성을 보인다.

게 영향을 미치려고 애쓰는지 알아보는 것이기 때문이다. 바리새인들에게 던지는 예수의 꾸짖음을 기억하자. "너희는 개종자 한 사람을 만들려고 바다와 육지를 두루 다니지만, 개종자가 생기면 너희는 그를 너희보다 갑절이나 더 악하게 만든다."399) 여기서는 이것이 바로 문제가 아니라, 문제는 사용된 수단들이 예수 그리스도의 진리를 전달 할 수 있는지 그렇지 않은지 자문해 보는 것이다. 이 수단들은 사람들을 감동시킬 수 있고, 사람들을 모을 수 있다. 또한 이 수단들은 사람들을 설득시킬 수 있고, 심지어 사람들을 교회로 데려올 수 있다. 그런데 실제로, 이 수단들은 예수 그리스도의 진리를 인간에게 아무 것도 전달하지 못하고, 이 수단들의 영향을 받은 사람들을 기독교에 대한 온갖 오해 가운데로 끌어들인다. 행동은 집회나 혹은 영화 클럽처럼 인간들과 접촉하는 수단일 수 있다. … 하지만, 이것은 그 이상을 넘어서지 않는다. 즉, 행동이나 영화는 어떠한 진리도 제시하지 못한다. 왜냐하면 이미지로서 행동이나 영화는 현실 외에 다른 것을 전달 할 수 없기 때문이다. 소위 '복음화 전시회'는 복음에 있어 어떤 위험요소이다. **'말'**의 교회가 보여주어야 할 게 무엇이겠는가? 이미지인가? 무엇에 대한 이미지인가? 개신교도에게 있어서는 문제가 명확한데, 이것은 과거의 이미지이다! 낡은 성서와 판화가 예수 그리스도의 진리를 전달할 것인가? 이와 반대로, 이것들은 구경꾼을 온갖 오해와 혼란 속으로 끌어들이지 않을까? 구경꾼은 교회의 삶을 자신의 이야기와 비슷하다고 생각하고, 겸허한 그리스도인을 영웅과 혼동한다. 또한 구경꾼은 기독교를 어떤 종교와 비슷하다고 생각하고, 종교의식과 신도 수를 진리와 동일시하기에 이른다.

다시 말해, 사람들은 이런 종류의 작업을 통해, 거짓 한 가운데로 들어온다. 모든 이미지는 그 자체 속에 같은 위험을 담고 있다. 이렇게 신학

---

399) [역주] 마태복음 23장 15절.

자와 사제와 목사는 이미지의 가차 없는 승리에 의해 감염되고, 자유의 영역을 포기하면서 필연성의 영역으로 들어선다. 그리고 또 다시 그들은 진리를 향한 도약 대신에, 현실에 대한 염려 속으로 들어간다! 그래서 가장 상상할 수 없는 급격한 방향 전환이 이루어진다. 즉, 하나님의 **'말'**로서 인정되고 받아들여지고 들려진 '말'인 동시에, 하나님의 **'말'**에 상응하는 인간의 '말'을 통해서만 표현될 수 있는 '말', 이러한 '말' 위에 기독교 전체와 교회와 신앙이 단지 근거를 둘 때, '말'에 대한 경멸과 포기는 하나님의 '말'에 대한 경멸과 포기를 불가피하게 의미한다. 이미지에 몰두함으로써 기독교는 아마도 효율성에서 이득을 얻겠지만, 기독교는 기독교 자체 및 기독교 자체의 토대와 내용을 파괴한다. '말'이 거짓이기 때문이 아니라 이미지가 '말'을 배제했기 때문에, 또 독실한 그리스도인들이 시각적 매체와 이미지의 창궐이 선하고 아름다우며 취향에 맞고 예지를 열어줄 수 있다는 확신에 사로잡혔기 때문에, 사실상 말할 것이 더는 없다.

6장 · 이미지의 인간

'말'에 대한 서구인의 경멸

본 장에서 우리는 인간이 석기시대 이래로 겪었던 가장 큰 변화를 다룰 것이다. 그것은 시각과 청각사이에 섬세한 균형, 곧 말과 행동 사이의 섬세한 균형이, 신호와 시각으로 인해 단절되었다는 것이다. 서구인은 더는 듣지 않으며, 모든 것은 자신의 시각을 거친다. 또한 서구인은 더는 말할 줄 모르고, 보여주기만 한다. 그렇지만, 우리를 아주 강하게 붙잡았던 '담화'에 대한 경멸 및 말과 언어에 대한 증오를, 단지 지식인들의 일로 여기려는 욕구가 우리에게 가득하다.

그런데, 이것이 단지 사제들만의 논쟁거리인가? 또한 이것이 단지 말을 남용하고, 담화를 고갈시키고, 헛되게 새 문장을 찾으며, 자신들이 그토록 이용했던 것을 원한에 차서 경멸하고 미워하는 이들만의 논쟁거리인가? 이들은 지식인, 시인, 정치인, 성직자, 교수, 변호사일 뿐만 아니라, 과학자, 철학자, 몰리에르 작품에 나타난 의사들[400]이다. 이들에게 있어 '말'은 언제나 발의 먼지를 털 수 있는 신바닥 흙 털개와 같은 것이

---

[400] [역주] 동 시대의 어느 작가보다 당대의 풍속에 대하여 신랄한 풍자를 서슴지 않은 몰리에르의 희극에서는 다양한 계층의 인사들이 등장한다. 특정 직업에 종사하는 사람들을 조롱하는 직업에 대한 풍자에서 가장 빈번하게 희화의 대상이 된 사람들은 의사들이다. 서른 편이 넘는 그의 작품 목록에서 의사나 환자가 제목으로 등장한다. 더구나 의술과 의사들에 대한 몰리에르의 풍자는 의사나 환자가 주된 인물로 등장하지 않는 작품에서도 종종 발견되기도 한다.

되었는데, 그 재질은 항상 말랑말랑하고 전연성이 강해서, 이런 재질과 특성으로 인해 온갖 남용이 허용되었다.

모든 것은 과장되게 언급되었다. 무언가 주장할 수 있었던 것처럼 보일 때마다, 누군가 방 한 쪽 구석에서 손을 높이 들어 주의를 끌면서, 루쉰401) 혹은 히포다무스402)가 이미 그것을 언급했음을 상기시키려 했다. 그래서 격앙된 거부가 생겨났다. 이런 '말'의 감옥과 반복으로부터 빠져나와야만 했고, 모든 것이 동일하지 않은 현실 세계 속으로 들어가야 했다. 사실, 우리는 과학으로부터 대단히 좋은 교훈을 얻었다. 과연, 지식인의 일은 평범한 사람과 관계가 없는가? 먼저, 적어도 프랑스에서 사회와 여론에 대한 지식인의 놀라운 실제 영향력을 잊지 말아야만 한다. 우리는 이전 시대와 완전히 다른 시대에 살고 있다. 이전 시대에서 지식인은 어떤 영향력도 없었고, 지식인의 사상은 환경에 대한 어떤 영향도 끼치지 않는 듯이 보였다. 하지만, 정확하지 않았을지라도, 지적 혁명의 영향은 천천히 그리고 점진적으로 느껴졌다. 현재, 지식인이 대중매체에 접근한 순간부터, 지식인은 대중과 직접적인 관계 속에 자리를 잡게 되었다. 지식인은 소수 전문가를 위해 글을 쓰거나 단지 코시누스403)의 우스꽝스런 모습을 대중에게 내보이면서, 따뜻한 연구실에 틀어박힌 연구자가 더는 아니다. 결코 그렇지 않다. 이제, 지식인은 라디오에서 이야기하고, 텔레비전에 모습을 드러내며, 평범한 사람의 일상적인 파노라마에

---

401) [역주] 루쉰魯迅(1881-1936). 『광인일기』, 『아큐정전阿Q正傳』 등을 쓴 중국 문학가이자 사상가. 특히, 대표작 『아큐정전阿Q正傳』은 세계적 수준의 작품이며, 후에 그의 주장에 따른 형태로 문학계의 통일전선이 형성되었다. 그의 문학과 사상에는 모든 허위를 거부하는 정신과 언어의 공전空轉이 없는, 어디까지나 현실에 뿌리박은 강인한 사고가 뚜렷이 부각되어 있다.
402) [역주] 히포다무스(Hippodamus). B.C 5세기경 건축가. 오늘날 세계의 여러 도시에서 가장 널리 사용하고 있는 격자형 도로 패턴을 창안한 인물이다.
403) [역주] 코시누스(Cosinus). 학자 코시누스는 만화영화의 등장인물로서, 이 인물의 성격상 주된 특징은 멍하니 방심해 있는 것이다. 즉, 그의 모습은 머리도 제대로 빗지 않고 늘 생각에 잠겨 있는 이상한 남자의 모습이다.

직접적으로 속해 있다. "사회참여를 하지 않은" 지식인조차도 완전한 체계와 이론보다는 간결한 표현과 여론을 더 지향하는데, 이것은 정확히 들어맞는다. 이제 지식인은 흥분한 상태에서, 대중이 이해할 수 있는 것이지만 어쨌든 대중이 기대하는 것을 약간만 넘어서서, 대중을 위해 표현하는 아무 것에나 매달린다. 지식인은 슬로건과 단어를 만들어낸다.

그리고 이 단어들은 이미지를 만들어내기 때문에 통용된다. **신의 죽음**이나 **인간의 죽음** 같은 단어들이 통용된다. **계급투쟁, 제국주의, 구조, 체계, 욕망, 성적 자유, 마초주의, 남성우월주의** 등과 같은 단어들도 마찬가지이다. 사람들은 이 단어들이 내포하는 것을 많이 알지 못한다. 하지만, 이 단어들은 사용하면 좋은 효과가 있는 일종의 마법을 지니고 있다. 평범한 사람은 이것을 통해 풍조 속으로, 시류와 유행 속으로 들어간다. 그러나 닥치는 대로 우선 사용된 이미지 표현들은, 계속된 이미지의 지원을 자양분으로 삼는 무의식 속에서, 연속된 퇴적물로 깊이 쌓인다. 그 다음으로, 이 무의식을 통해 확신과 입장표명이 정해질 것이다.

오늘날 지식인이 텔레비전에 접근하여 여론에 부합하는 한, 또 지식인이 대중이 느끼고 경험하며 기대하는 것을 약간만 더 앞서서 표현하는 한, 지식인은 특별한 여론생산자가 된다. 지식인이 언어를 말살하고 '말'을 조롱하며 합리적 표현에 대해 끊임없이 증오하는 것을 대중이 보고 들을 때, 대중이 자기 자신의 신념과 그렇게 정확히 일치하는 것을 성찬식의 빵 같은 거룩한 것으로 어떻게 받아들이지 않을 수 있을까? 지식인은 오직 효율적인 행동만이 중요하다고 하는 무익한 감언이설자이다. 왜냐하면 그렇게 언급하는 것이 바로 지식인이기 때문이다! '말'은 두 배나 더 수상쩍고 우스꽝스럽다는 것이다! 지식인의 이 거창한 논쟁은 모든 차원에서 실제로 일어났다. 그리고 '말'에 대한 증오는 가장 보잘 것 없는 사람도 사로잡았다.

1. 이미지의 소비자

이미지 과잉의 시대와 현대인의 변화

역으로, 평범한 사람을 이미지 세계에 접근시킴으로써 평범한 사람의 변화가 일어난 동안, '말'에 대한 증오는 가장 보잘 것 없는 사람을 사로잡았다. 이 변화는 인간이 숙고한 후에 의식적으로 시각과 이미지화된 세계를 선택하고 중시했기 때문에 생겨난 것이 아니라, 환경과 상황이 변화된 결과로 생겨났다. 어떤 심사숙고도 없고 의식적인 방향성도 없다. 인위적 이미지가 급증했고, 이 때문에 우리가 사는 환경은 변했다. 본의 아니게 우리는 인위적 이미지를 중시했다.

우리는 풍경보다 사진을 보는 것을 더 좋아한다. 그런데, 우리가 이 풍경을 보게 될 때, 이것은 사진으로서 풍경이다. "정말로 그림과 같다!"는 것이다. 그러나 우리는 어떤 예술작품의 진품에서보다 복제품에서 예술작품의 아름다움을 더 잘 알아본다. 우리는 이 변화에 대해 조금도 생각하지 않은 채 변했다! 늘 그렇듯이 기술 세계가 변화할 때, 변하지 않는 최고의 존재로 남아 있는 나 자신이 중립적인 도구들을 단지 마음대로 사용하게 될 것처럼 보인다. 그러나 나는 항상 '나'이다. 증가하는 사물들은 나를 위해 있지만, 나는 이 사물들의 영향을 받지 않은 채로 있다. 이것은 문제를 제기하지 않는 가련한 범인凡人404)의 가련한 주장이면서, 의기양양한 채로 있는 학자의 가련한 주장이다. 그럼에도 우리는 일반적으로는 우리의 도구들에 의하여, 특별하게는 이미지 환경에 의하여 완전히 변화되었다.

---

404) 나는 이탈리아어 'uomo qualunque'에서 파생된 '범인凡人'이란 표현을 많이 사용한다. 나는 이것에 대해 매우 엄밀한 연구를 했는데, 이것이 과학적 특성을 가진 사회학적 범주일 수 있으며, 게다가 필수불가결한 특성을 지닌 사회학적 범주일 수 있다는 점을 입증하기 위해서였다. "사회학 연구 전제로서 범인凡人의 개념"La notion d'homme quelconque en tant que'une hypothèse de travail sociologique, (Revista de sciencias sociales 1964).

일어난 변화와 인간이 완전히 일치하니까, 이 변화는 더욱 잘 이루어졌다. 지식인에 의해 주장된 언어에 대한 증오는, 거의 모든 사람의 언어 무능력과 잘 일치했다. 이미지가 활짝 피어난 것은 현대인의 모든 성향과 잘 일치했는데, 현대인은 이미 기술의 일반적 작용에 의해 이미 영향을 받고 변화된다. 현대인은 이미 달라졌다. 현대인은 자신의 새로운 '자아'peau 속에서 잘 지내기 위하여, 자신의 소일거리와 유용성을 위한 이미지가 현대인에게 필요했다. 따라서 무한히 이미지를 생산할 기술적 가능성이 있었고, 그것과 일치하여 이미지를 받아들이는 범인凡人의 욕망이 있었다.

항상 더 많은 이미지에 대한 주체할 수 없는 갈증은, 나에게는 매우 비싼 대가를 요구한다. 대체 왜 이런 갈망이 드는 것일까? 무엇보다 게으름과 편리함 때문이다. 모든 것은 매우 쉬워지고 이미지로 변한다. 나는 베이루트에서 붕괴된 건물을 본다. 나는 한번 훑어보고서는 마치 내가 전쟁 이야기를 읽었다는 듯이 여긴다. 이미지의 빠른 연속은 나로 하여금 직접적이고 즉각적으로 많은 사건을 포착할 수 있게 한다. 나는 꾸물거릴 시간이 없다. 보아야할 것이 많다. … 게다가 나는 점점 더 알아야 한다. 객관적으로 알아야 할 것이 많이 있을 뿐만 아니라, 여전히 나는 알아야만 한다. 이때 이미지가 강요된다.

이미지 덕분에 나는 내 직업의 새로운 기술과 필요한 정보를 직접적으로 알게 될 것이다. 나는 이미지를 통해 모든 것과 직접적이고 포괄적인 접촉을 했다. 만약 내가 '담화 분석'analyse discursive과 통합이라는 느린 경로를 거치고, 지적 이해를 통해 단계별로 나아갈 수밖에 없다면, 이 모든 것은 대단히 복잡할 것이다. 더구나 더 깊은 것이 있다. 우리는 휴가 때에 미친 듯이 되찾고자 애쓰는 자연 환경과 점점 더 분리된 채 살고 있다는 것이다. 우리 삶의 실질적인 현실이었던 이 현실과 접촉을 잃음으로써, 우리는 또 다른 현실이 극도로 필요하게 된다. 추상적이고 이론적이며 우리의 전통과 상응하지 않은 환경, 즉 인간 혼자서 사는데 적합하지 않는 환경 속에서 사는 현대인은 아직 기술 환경405)을 현실로 생각할 수 없다. 따라서 현대인은 자연적인 것을 향한 피난처 속에, 즉 우리가 항상 자연 속에 있다는 허구 속에 살고 있다. 그리고 현대인의 가장 큰 고통은, 자연406)으로부터 배제되어 다른 세계로 들어간 인간으로 자신을 생각하는데 있다. 그래서 물, 바람, 나무 그리고 동물의 세계에서 늘 영원히 존재한다는 허구가 있다. 그렇지만 현대인이 존재하는 실제 세계는 그에게 비현실적으로 보인다. 현대인에게 콘크리트, 자동차, 강철, 아스팔트, 이것들은 우발적인 것이다.

그런데 우리가 이 이중적인 허구 속에, 또 현실에 대한 거부 속에 갇혀 있는 순간, 우리는 현실과 구체적인 것에 대한 강박관념을 갖게 된다. 그래서 사상과 사유는 제거되고, 단지 현실과 관련된 행위만이 우리의 관심을 끌고, 돈과 기계와 직업 같은 구체적인 것만이 우리의 관심을 끈다. … 이제 구체적인 것만이 우리의 확신과 삶의 선택에서 중요하다. 놀라운 모순이다. 이때 자비로운 이미지가 모든 문제를 해결하려고 개입한다. 이미지는 현실과 일치한다. 우리는 끊임없이 이미지에서 자연을 되찾는 것을 기뻐한다. 다시 말하지만, 우리는 망원 렌즈를 사용한 장엄한 망망대해 사진이나 혹은 동물에 관한 솜씨 좋은 영상을 집에서 접한다. 우리는 결코 이 자연을 그리 잘 알지 못했다. 비록 잘 보았다고 할지라도 말이다. 이런 이미지들 덕분에 우리는 먼 바다와 높은 산꼭대기의 분위기를 만끽한다. 이와 동시에, 이미지는 '구상화된 현실'réalité hypostasiée 속에서 기술 세계를 우리에게 제시한다.

---

405) 환경으로서 기술에 관하여는 자끄 엘륄의 *Le système technicien* (『기술 체계』, 2012, 대장간 역간)를 참조할 것.
406) 혹은 배제된 **자연**! [본문 내용을 역자가 각주로 설정]

종종 우리를 불편하게 만들고 우리를 고통스럽게 하는 기계적인 세상은, 친밀함 속에서 마법적으로 현존하게 된다. 그러나 위엄 있고 고상하며 뛰어난 것을 의미하는 **드러난 친밀함**이란, 드러날 만하고 찬양받을 만하다. 이것은 환각이다. 환각 이미지는 모순들을 양립시키고, 부재하는 자연을 현존하고 실제적인 것이 다시 되게 한다. 또한 환각 이미지는 기술 환경을 친숙하고 경탄할 만한 것이 되게 하며, 구체적인 것과 현실에 대한 우리의 목마름을 채워준다. 이미지는 모든 추상작용을 상쇄한다. 그리고 마침내 이미지는 거기서 살아야 할 현실을 우리에게 복원해준다. 복원된 현실은 이미지 세계의 현실이다.

우리는 에드거 앨런 포가 한 예언을 정확하게 실험하고 있는 중이다. 자기 애인을 모델로 하여 자신의 예술에 열정을 쏟는 화가는, "그가 화폭에 늘어놓은 색깔들이 그 옆에 앉았던 애인의 뺨으로부터 추출되었다는 점을 보기를 원하지 않았다. 몇 주가 지나갔고, 입술에 대한 붓 터치와 눈에 대한 '글라시 칠'407) 외에 해야 할 것이 거의 없을 때, 애인의 영혼은 램프 안에 불꽃처럼 요동쳤다. 그때 붓 터치가 시작되었고, 글라시 칠이 행해졌다. 한 동안, 화가는 그가 작업한 작품 앞에서 황홀경에 빠졌다. 그러나 조금 후에 그는 두려움으로 떨었다. '진실로 이 자체가 바로 **인생이다**'라고 쩌렁쩌렁한 목소리로 외치면서, 그는 애인을 보기 위하여 갑자기 돌아섰다. 그녀는 죽었다" 우리가 죽어가고 있는 것에 대한 이런 시선을 가지고 있는지, 또한 우리가 우리의 이미지 속에서 그토록 잘 사는 것을 보는지는 확실치 않다.

---

407) [역주] '글라시 칠'. 밑그림이 마른 뒤 투명 물감을 얇게 칠하여 화면에 윤기와 깊이를 주는 유화 기법.

이미지를 소비하는 인간

그러므로 인간 자신은 분명히 변했다. 인간은 무엇보다 이미지를 소비한다.408) 서구 기술 세계에 속한 이러한 인간은 다양한 방식으로 규정되었다. 즉, '대중 인간'409), '조직 인간'410), '외향적 인간', '양적 인간'411), '기술화된 인간', '타인지향 인간'412), 그리고 다른 많은 것으로 규정된다. 각 지칭은 분명히 정확하다. 또 각 분석을 통해, 우리는 깊은 심리학적 · 도덕적 · 정신적 · 영적 · 지적 변화, 즉 일어나고 있는 진정한 변화를 파악하게 된다.

우리는 우리 각자 안에서 결국 일어나는 것을 잘 이해한다고 확신하지 못한다. 그러나 나는 이 변화의 결정적 요인 중 하나가 바로 이미지 세계 안에서 언제나 산다는 사실이라고 생각한다. 다시 말해, 이것은 현실 전체의 지속적이고 확실한 현존이다. 또한 이것은 확고하게 현재에 사는 것이다. 현재의 이미지는 과거를 없애고, 미래를 구체화하면서 기대를 가로막는다. 보여 진 현실성은 지금 지체 없이 우리의 욕망을 실현하는 것을 전제로 한다. 위기를 해결하기 위해 2년이 필요할 것이라고 말하는 정부는 비난받는다. 어떤 목표를 향해 끈기 있게 기다리며 행동하라고 가르치는 도덕은 거부된다. 내일을 위한 약속이란 그 약속을 표명하는 사람을 거짓말쟁이로 여기게 한다. '모든 것'과 '즉시'는 이미지의 현존을 표현하는 것이며, 이것을 통해 실제로 우리가 한눈에 모든 것을 보는데 익숙해진다.

이렇게 해서 현실은 통째로 현존한다. 그런데 현실이 통째로 현존하지 말아야 할까? 왜냐하면 현존하는 것은 이미지로 된 현실이기 때문이

---

408) 상징의 소비에 관하여 보드리야르의 모든 작품을 볼 것.
409) 오르테가 이 가세트(Ortega y Gasset).
410) 화이트(Whyte).
411) 롱즈(Ronze).
412) 마일스(Miles).

다. 그러나 이미지도 일종의 현실이다. 따라서 현실이 이미지와 일치하지 않기 때문에 현실에 대한 경험이 우리를 실망시킬 때, 우리는 이 잔인한 실망을 통해 불공정한 상황을 납득한다. 우리는 신기한 자동화 장치들을 보는데, 이 장치들은 존재한다. 우리는 심장 혹은 뇌에 대한 놀라운 외과수술을 본다. 이런 수술은 행해진다. 그러면 왜 모든 환자에게 행해지지 않는가? 왜 모든 것을 자동화하지 않는가? 이 조건에서, 왜 매일 한 시간씩 작업 감축을 하지 않는가? 왜 모든 사람이 언제나 휴가 상태에 있지 않고, 최첨단의 진보에 신경을 쓰지 않는가? 상황이 그렇게 되지 않으려면, 어두운 음모와 마키아벨리식의 계산, 비열한 이해관계가 있어야 한다. 즉, 노동자를 권리 포기 상태에 고정시키려는 의도, 가난한 자를 무지와 질병 속에 고정시키려는 의도가 있어야 한다. 고용주와 파시스트, "그들"만이 이미지가 우리에게 제시하는 신기한 사회의 도래를 가로막는다. 이것은 '절대 시간'이 거기에 이미 없다는 체험된 분노와 더불어, '절대 시간'의 도래에 대한 끊임없이 다시 생겨나는 신념이다. 마르크스주의의 힘 전체를 이루는 게 바로 이것이다. 마르크스가 '말'과 '담화'의 인간의 모델인데도, 마르크스로부터 비롯된 마르크스주의 운동이 이미지를 통해서만, 또 그 이미지로부터 생겨난 심리학을 따라서만 전개되고 지탱될 때, 이것은 얼마나 놀라운 뒤바뀜인가![413]

그러나 이미지에 의해 주어진 현재의 현실, 즉 오로지 기계적인 기적으로 인한 현실은, 위협을 가하는 현재이며 위험한 현재이기도 하다. 우리는 중유로 뒤 덮인 새들을 본다. 또 느리지만 놀랍게 증가하는 독버섯은 우리 운명을 지속적으로 보여준다. 개입된 이미지를 통해 우리 눈에

---

[413] [역주] 여기서 엘륄은 다음 같은 역설을 비꼬아서 강조한다. 즉, 마르크스주의 운동은 이미지를 통해 전개되는 반면에, 마르크스는 '말'의 사람이라는 것이다. 특히, 마르크스는 이미지를 통해서가 아니라, '말'을 통해 동시대인들에게 접근했던 저작가이자 연설가라는 사실이다.

끊임없이 제시되고 끊임없이 위협하는 파국적인 현재 앞에 우리는 놓여 있다. '담화'를 통해 이 현재의 실체를 밝힐 수도 없으며, 우리를 둘러싼 위협을 '말'을 통해 간접적으로 전달할 수도 없다. 왜냐하면 마치 우리가 거기에 있는 것처럼, 우리는 이 위협을 보기 때문이다. 실제적인 위협이 아닐지라도, 이미지는 불안하고 공포를 주는 영상의 허구적 위협으로 여전히 우리를 둘러싸고 있다. 마치 현실이 그것을 충족시키지 못하는 것처럼 말이다. '말'에는 이런 기능도 힘도 결코 없었고, 특히 이런 지속적인 현존도 결코 없었다. 실제 이미지나 혹은 상상의 이미지는, 끊임없이 드러난 세상과 문명의 종말의 당연한 결과로서, 세상의 종말을 우리로 하여금 직면하게 한다. 그런데, 다음 같은 두 가지 경향이, 종말론적이고 메시아적인 흐름과 '절대 시간'의 도래를 도처에서 유발하기 위해 결합한다. 이 두 경향은 모든 것에 대한 즉각적인 요청이고, 세상의 종말에 대한 공포이다. 우리가 겪는 첫 번째 큰 변화는 이러하다. 두 번째 변화는 지성의 변화와 지적 사유과정의 변화이다.

2. 지적 사유과정

이미지를 통한 사고방식의 첫째 특성 – 연상과 환기

이미지는 예전의 사유과정이나 혹은 고전적인 교육에 의하여 발전된 사유과정과 다른 지적 사유과정을 야기한다. 이 사유과정이 완전히 새로운 것이 아님은 자명하다. 물론, 시각視覺이 존재했고 인간 스스로가 이미 자신의 이미지를 선택했기 때문에, 인간은 이미지를 통해 사고했으며, 이미지를 통한 사고방식에 관여했다. 하지만, 이미지가 지배적이지 않았기 때문에, 이미지를 통한 사고방식은 제한되었고 드물었다. 반면에, 전혀 다른 것에 대해 시각적 재현이 지배한 결과로, 이제 새로운 것이 생겨난다. 이 점을 통해 우리는 새로운 사고 형태의 우위에 관여한다. 그런데, 이 사고 형태가 새롭다는 것은, 절대적인 새로운 것이란 사실에 의해서가 아니라, 이 사고 형태의 우위라는 사실 자체에 의해서이다.

실제로, 무엇이 이런 사고 형태를 특징짓는가? 우선 이것은 연상과 환기를 통한 사고이다. 그러나 이것은 개념의 연상이 전혀 아니라, 이미지의 연상이다. 출판물처럼 영화는 우리를 '시각적 인식'vision으로 채웠다. 우리는 '음화 사진'clichés photographiques에 익숙해지고, 우리의 잠재의식은 격동할 때마다 '음화 사진'을 우리에게 제시한다.

그런데 격동 그 자체가 이미지이다. 우리가 사진을 볼 때, 서로 연관된 이미지들의 사유과정이 시작된다. 이 일련의 이미지들은 우리로 하여금 어떤 표상된 사고에서 다른 사고로 넘어가게 하는데, 이 사고들 사이에는 반드시 있어야할 관계성이 없는 채로 그렇게 된다. 서로 결합하고 우리를 그 결과로 이끄는 것은 바로 형태, 색깔, 움직임, 경치, 모습이다. 그런데, 우리는 이런 식으로 인도받고 어느 정도 지배받는 것이 편하기 때문에, 저항할 욕구를 느끼지 못한 채로 있다. 물론, 소리의 연상도 존재한다. 우리는 소리에 관한 비슷한 현상에 대해 말할 수 있다. 단지 우리는 소리의 세계에서 살아가는 것이 아니라, 이미지 세계 속에 살아갈 뿐이다.

오늘날 '말'이 아무리 풍성할지라도, 이성의 가치를 상실했으며, 부산물로서 이미지의 가치만을 얻을 따름이다. 실제로, '말'은 이미지를 연상시킨다. 그러나 그것은 나의 개인 경험의 대상인 직접적 이미지가 전혀 아니고, 신문 혹은 텔레비전의 이미지이다. 선전과 광고 때문에, 우리 현대 어휘의 핵심어는 다음 같은 단어들이 된다. 즉, 시각적 재현에 종속되고 모든 합리적 내용이 제거된 단어이며, 우리를 매혹적인 세계로 끌어들이는 '시각적 인식'을 단지 연상시키는 단어이다. 파시즘, 진보, 과학, 정의를 언급하는 것은 어떤 개념으로도 이끌지 않고, 어떤 고찰도 불러 일으키지 않는다. 하지만, 이것들을 언급하는 것을 통해, 우리 속에 이미지의 팡파르 및 시각적 사회통념의 폭죽이 터져 버린다. 그런데, 정확히 서로 연결되어 있는 이 이미지와 시각적 사회통념은 섭취하기 쉬운 공통의 진리와 실제 내용을 나에게 제시하는 만큼 더욱더, 나에게 전달된 완전히 준비된 이미지는 이미 사전에 이해된다.

그런데 착각하지 말아야할 것은, 이런 것이 현대인의 정상적인 사고방식이라는 점이다. 우리는 순전히 감성적인 사고 단계에 도달한다. 이제 지적으로 반응하기 위해서, 인간은 이미지화된 선동을 필요로 한다. 거칠고 단순한 정보나 혹은 신문 기사나 혹은 책은 더는 인간에게 효력을 미치지 않는다. 인간은 그것들로부터 생각하는 것이 아니라, 그것들에 실린 삽화로부터 고찰한다. 사고의 움직임을 촉발하기 위해서, 이런 식의 충격과 이런 시각적인 격한 감정이 필요하다. 이미지에서 이미지로 뛰어 넘으면서, 사람들이 뛰어 넘는 것은 실제로 감정에서 감정으로이다. 다양성과 다면성에서는 풍부하지만, 사고의 특수한 효율성에서 특히 고갈된 우리의 사고가 움직이는 것은, 분노에서 분개로, 두려움에서 원한으로, 열정에서 호기심으로 뛰어 넘는데 있다.

한편, 현대인의 사고를 유발하는 감정적 특성의 결과로 나타나는 것은, 극히 일관성 없는 논거와 결합된 극도로 폭력적인 확신이다. 물론, 현대인의 사고는 기술전문가나 혹은 과학자의 사고와 관계가 없다. 여기서 우리는 지적 엘리트를 다루는 것이 아니라, 평범한 사람을 다루고 있음을 다시 한 번 상기하길 바란다. 한편, '사실'이 가진 의미와 결과를 공정하고 독립적으로 찾는 것은 어림없는 일이다. 왜냐하면 '사실'은 자체의 이미지 속에서 강요되기 때문이다. 또한 '사실'은 이런 사고 형태에서 자체의 진정한 맥락이 되는 다른 이미지와 확실한 방식으로 연결되기 때문이다. 이미지가 여론을 유발하거나 혹은 여론을 정돈한다는 점을 입증하는 것이 감정들인데도, 여론은 지적이고 논리 정연한 측면을 띤다. 물론, 어떤 옮아감이 늘 있었다.

선입견과 고정관념은 최근에 생겨난 것이 아니다. 열정적인 사고가 잘 알려져 있는데, 낭만주의가 우리에게 이런 사고의 훌륭한 전형을 보여주었다. 하지만, 아마도 옛날에 범인凡人은 사고하고 추론하려는 욕구를 덜 가졌을 것이다. 분명히 범인凡人에게 자신의 감정을 일으키기 위한 시각적 자극은 덜 체계적으로 주어졌다. 그런데 오늘날 새롭게 보이는 것은, 바로 다음 같은 사실이다. 즉, 정보와 적합한 여론에 이 같은 요구 및 대중 속에 퍼진 사고에 대한 이 같은 요구가, 이미지의 이러한 연상 형태에 연결되어 있고, 거기서 직접 파생되는 열정적인 추론 형태와 연결되어 있다는 사실이다.

이미지를 통한 사고방식의 둘째 특성 – 직관에 의한 총체적 포착

그러나 우리가 이미 확인했던 것의 결과를 이 첫째 특성에다 덧붙여야 한다. 즉, 이미지는 '사실'을 총체적으로 포착하게 만든다는 점이다. 따라서 이것은 직관과 관계되는 문제이다. 이것이 바로 우리가 확인한 것이다. 시각적 의사소통 수단은 총체적 이해 메커니즘을 불러일으킨다. 사람들은 순간적인 직관을 통해 상황과 현실 전체를 포착한다. 실제로, 우리는 젊은이들에게서 직관을 통한 인식 방식의 발전을 확인한다. 그들은 단숨에 깨닫고, 자신들의 인식을 통해 현실의 핵심 자체에 놓인다. 이 직관은 엄청나게 효과적이다.

이때 인식 방식은 매우 흥미롭다. 마치 직관은 뇌를 통과하지 않는 것 같고, 이성은 부재한 것 같으며, 지능은 더는 기여하지 않는 것 같다. 다시 말해, 이미지를 보여주는 자와 관객 사이에 형성된 신비스런 관계에 의하여, 인식 차원에서 일종의 직접적인 의사소통이 일어난다. 이미지는 현실에 대한 비밀스런 이런 이해방식을 유발하기 위하여 선택되었다. 실제로, 이미지는 그 목적을 달성했다. 사람들은 가끔 현실을 명백히 의식하지 못한 채, 현실이 뜻하는 것이 무엇인지 안다. 인식에 대한 일종의 암묵적인 동조가 동일한 이미지에 사로잡힌 사람들 간에 형성된다. 때때로 그들은 그것이 의미하는 바를 말로 표현하는데 어려워 할 것이다. 그들은 대단히 분명한 인식을 말로 옮길 수도 없을 것이다. 그들은 형용사와 암시 속으로 도피하고, 몸짓은 어휘의 부재를 보완한다. 그렇지만 인식은 존재한다. 인식은 소통될 수 있지만, 다른 총체적 이미지를 통해서이다. 다시 직관이 역할을 해야 한다. 또한 기존의 다른 이미지들과 관련하여 의미를 담고 있으나 합리성이 결핍된 시각적인 것을 매개로, 의사소통은 존재 전체로부터 존재 전체로 설정되어야 한다.

이해나 의사소통 같은 이런 단어들은 이미 일종의 존재의 등장을 나타낸다. 그런데, 이것이 바로 이미지를 통한 추론 방식 속에서나 혹은 인식의 전달 방식 속에서 생겨나는 것이다. 우리는 이미지가 관객에게 현실 자체를 전달하고, 가공할만한 충격력과 주장을 활기차게 전달한다고 언급했다. 하지만, 그 외에도 우리는 이미지가 감정적인 힘을 지니고 있다는 사실을 덧붙였다. 이렇게 결합된 요소들은, 얼마나 관객들이 현대적인 시각 도구와 더불어 결코 수동적으로 머물러 있지 않고 공연의 전개에 매우 빠르게 참여하고 있는지, 또 개인적으로 관련되어 있음을 느끼는지 우리에게 설명한다. 그런데, 여기에는 지적 태도가 또한 문제이다. 즉, 시각적 의사소통에서 관객은 "끌어들여져 있고", 전달된 것에 개입되어 있다. 물론, 여기에서부터 교육 분야에서의 효율성이 나오는데, 이것은 관심과 참여 때문이다.

하지만, 이 점은 객체에 대한 주체의 거리감이 더는 없음을 의미한다. 자연의 맥락에서 사용된 시각이 현실과의 직접적인 의사소통을 창출한다고 우리가 생각한다면, 이 점은 당연하다. 그런데, 현실과의 직접적인 의사소통은, 사람들이 이러한 현실에 개입되어 있음을 전제로 하고, 곧바로 행동을 자극한다. 하지만, 이미지가 인위적이 되었거나, 순수한 인식 도구가 되었을 때, 반발이 존속한다. 나는 선사시대 사람이 그랬던 것처럼, 내가 보는 것을 통해 직접적으로 관련되었다. 그리고 대상 혹은 관념의 문제라면, 나는 진실로 독립적이지도 않고, 진실로 이 대상들과 관련하여 거리를 둘 수도 없다. 그리고 지적 관점에서, 이것은 내가 진실로 비판 기능을 수행할 수 없다는 점을 의미한다. 수단들이 개입하는 힘으로 말미암아, 이미지를 통한 인식의 전달은, 인간과 인간의 인식 사이에 거리를 점차 사라지게 하는데, 인간의 인식은 생각하는 주체의 자율 능력과 비판 능력으로서 존재한다. 물론, 이 점은 기술 문명과 완전히 일치하고, 기술 문명을 위해 바람직하다.

그러므로 이미지를 통해 전달된 인식은, 우리가 앞에서 지적한 직관과 연상이란 두 가지 특성을 제시하는 사고방식으로 귀결된다고 말해도 지나치지 않을 것이다. 명백한 사고가 문제이다. 즉, 사고를 불러일으키는 이미지는, 불합리한 것에 대한 명백한 감정과 확신을 유발한다. 이런 사고 형태를 통해, 우리의 동시대인들에게서 매우 자주 확인된 반응이 설명된다. 즉, 사람들이 그들이 지닌 견해의 이유를 물을 때, 그들은 "그것은 명백하다"라고 대답한다. 선입관과 고정관념을 만드는 이러한 사고는 토론할 수 없는 영역에 속한다. 사람들이 어떤 이미지와 더불어 토론하지 않고, 영화 주인공과 더불어 논쟁을 하지 않는 것은 분명하다. 하지만, 이 점은 영화에 의하여 막 생겨난 정신적 이미지에까지 확장된다. 말하자면, 비판도 없고 토론도 가능하지 않다. 왜냐하면 이것들은 일치하지 않는 두 가지 사고방식이기 때문이다. 총체적으로 포착된 것은 분석적으로 비판받을 수 없다. 또한 즉각적인 집착을 부추기는 것은, '담화'의 진전을 감당할 수 없다. 확실한 신념은 오직 자체의 영역에서만 공격당할 수 있다. 즉, 확실한 신념은 다른 이미지에 의하여 혹은 다른 "명백함"에 의하여 공격당할 수 있다.

그러나 이 경우에, 일치하지 않고 전달될 수 없는 두 이미지 체계 사이에 대립이 더욱 자주 문제된다는 점을 분명히 인정해야 한다. 심리학자들, 특히 미국 심리학자들은 20여 년 전에 특히 인종차별의 토대인 선입관과 정신적 고정관념의 증가로 그들에게 몹시 충격을 주었던 문제에 대단히 민감했다. 사람들은 틀에 박힌 불합리한 이미지가 문제된다는 점을 인정한다. 왜냐하면 주체가 끌어 모을 수도 있는 분산된 특징들과 더불어 이런 이미지를 구축하는 것은 주체가 아니기 때문이다. 그러나 다음 같은 점들을 더 검토해야할 것으로 보인다. 즉, 이런 이미지는 담화나 '말'이나 보도 기사나 대화의 전환이 아니라는 점이다. 진실로 이런 이미지는 벽보나 사진 등과 같은 물질적인 의미에서의 어떤 이미지를 정신적으로 받아들이는 것이다. 이 고정관념은 외부로부터 그 자체로 받아들여진 틀에 박힌 이미지이다. 이런 명백한 사고는 실제로 늘 이미지로 표현된다. 평범한 사람에게 '진보'를 말해 보라. 그는 당신에게 '기계'라고 답할 것이다.

이미지를 통한 사고방식의 셋째 특성 – "관여된" 사고

이 사고의 다른 특성은 이것이 항상 "관여된" 사고라는 점이다. 즉, 행위와 관련된 사고, 더 정확히 말해 정치·사회적 행위와 관련된 사고라고 해두자. 이미지에 토대를 두고, 이미지에 의해 자양분을 공급받으며, 이미지에 의해 유발된 이미지 사고는, 이런 이미지를 만들어내는 사회적 상황에 반드시 관여한다. 빠져나올 핑계도 없이, 이미지 사고는 시각 체계를 통해 이미지 사고에 전달된 현실과 관계된다. 왜냐하면 우리에게 만연된 이미지는 우리 사회의 맥락과 모두 관련되어 있다는 점을 잊지 말아야하기 때문이다.

관객과 관객에게 보여준 이미지 사이에 일치가 필요하다는 것은 확실하다. 예를 들어, 시대극은 관객 자신이 거기에 다시 있거나 혹은 관객이 이 역사적 시기로 현실을 도로 가져갈 수 있을 경우에만 성공할 수 있다. 로댕, 발자크 혹은 반 고흐에 대한 훌륭한 다큐멘터리는, 이 영상들이 시청자에게 있어 아무 것과도 상응하지 않기 때문에, 상업적 실패를 했다. 정말로 이미지는 성공하기 위해서, 우리 사회를 표현해야만 한다. 그때, 이미지는 관객의 사고를 오직 기술적 · 경제적 · 정치적 삶과 관련된 판단과 결정에 관여하게 한다. 우리가 이런 이미지에 의하여 침입을 당한 바로 그 순간, '관여된' 사고의 필요성에 대한 이론이 우리에게 만들어졌다는 점은, 아무런 의미가 없는 것이 분명히 아니다. '관여된' 사고는 이 사고에 제시된 것에 예속되지 않을 수 없다. 이 사고에 제시된 것은 정치 · 사회적 상황일 뿐이다.

이미지를 통한 사고는 추상적 사고일 수도 없으며 비판적 사고일 수도 수 없다. 이런 사고는 반드시 환경과 관련된 사고이다. 나는 그것이 좋다거나 혹은 나쁘다고 말하지 않겠다. 나는 지식인들은 자신들이 피할 수 없었던 것을 정당화하기 위하여, 또 다시 이론을 공들여 만들어냈다는 점을 단지 확인할 뿐이다. 왜냐하면 무의식적으로 지식인들은 다른 사람처럼 수십억 이미지의 엄청난 무게를 감당하는 것을 피할 수 있었기 때문이다. 또한 의식적으로 그들은 다음 같은 점을 잘 이해하기 때문이다. 즉, 비판적이고 자유로운 사고를 지속적으로 요구함으로써, 나머지 사람들과 완전히 단절하게 된다는 점, 다시 말해 자신들의 진정한 지적 역할을 수행할 수 없게 된다는 점이다. 지식인들이 대중에게서 어느 정도 신뢰를 되찾기를 바란다면, 그들은 공통된 방식을 따라 사고할 수밖에 없다. 이와 같이, 이미지 사고와 명백한 사고와 감성적 사고의 길에 지식인들을 관여시키는데 의식과 무의식이 일치한다.

절대적으로 상반된 '말'과 이미지

그러나 우리는 위험한 커브 길 앞에 놓여 있다. 지식을 더 접근할 수 있게 만들기 위하여 영상을 이용하고 삽화를 발전시키는 교육가들은, 이런 종류의 결과에 대해 걱정하지 않는다. 왜냐하면 그들은 이미지와 직관을 통한 사고방식이 이성적 사유와 '담화'를 통한 전통적 사고방식과 완벽히 일치한다고 확신하기 때문이다. 이 두 사고방식이 상호보완적일 것이라는 비합리적이고 근거 없는 확신이 있다. 그런데, 이 둘 사이에 존재하는 엄청난 차이가, 이 둘의 상호보완성을 가로막는 듯이 보인다. 사람들은 교육을 전제로 하면서 본질적으로 다양한 특성을 전제로 하는 대립된 정신적 태도에 직면한다. 데카르트는 이미 그것을 충분히 보여주었다.

'말' 또한 특수한 사고방식을 만들어낸다. 그리고 이미지를 통해 사고하는 사람은 점점 더 이성적 사유에 의해 사고할 수 없다는 점을 경험이 잘 보여주고, 역으로도 마찬가지이다. 이미지의 지적 사유과정은 '말'과 연관된 이성적인 지적 사유과정과 모순된다. 대상에 접근하는 두 가지 다른 방식이 바로 거기에 있다. 그런데 이 방식들은 다양한 접근을 전제로 할 뿐만 아니라, 더 나아가 대립된 정신적 태도를 전제로 한다. 거기에 분석과 통합 혹은 논리와 변증법 같은 상호보완적 작용은 없고, 질적으로 공통된 척도가 없는 영역에 속하는 작용들이 있다. 아마도, 이 두 사고형태의 대상 자체는 같지 않을 것이다. '말'은 논리적 사유과정이나 혹은 변증법적 사유과정을 따르는 논증을 통한 사고방식을 반드시 유발한다. 우리는 구현된 '말'을 따로 떼어 놓을 것이다. 왜냐하면 언어는 용어의 엄밀한 연결을 전제로 하는 논리적인 내적 구성 법칙을 포함하기 때문이다. 고전적인 영역에서, '말'은 논증을 따르는 정신을 형성한다. 정확하게 구성된 이성적 사유는 언어의 내적 법칙에 상응하여, 또 문장 구조 자체의 엄밀성이라는 요구에 상응하여 설득력 있는 가치가 된다.

이성적 사유의 의미에 접근할 수 있기 위해서는, 언어의 존재를 믿어야만 한다. 그런데 언어의 가치에 익숙한 사람에게 있어, 이성적 사유는 정확하고 만족스러운 인식에 이르게 한다. '말'이 이러한 장치 속으로 통합되지 않는다면, '말'은 아무 것도 의미하지 않는다. 논증이 아무리 기초적이고 실용적일지라도, 또 논증이 가장 거친 언어일지라도, '말'이 움직이는 것은 이런 이성적 사유의 영역에서이다. '말'은 항상 인간의 이성에 어떤 방식으로든 호소한다. '말'은 이런 이성의 도구이다. 또한 '말'은 오직 공통된 이성이 '말'에 어떤 구성물을 부여한다는 이유에서만 사용될 수 있다.

'말'을 통한 의사소통은, 우선 지성에 의해 포착될 수 있는 경험의 소통이나 혹은 감정의 소통이다. 그런데, 이 경험과 감정은 지적인 가치로 전달될 수 있으며, 지적인 과정을 겪고, 타인의 지성에 전해질 것이다. 이런 발신 장치와 수신 장치에 의한 이러한 전이가 반드시 존재한다. 사람들은 또한 '말'에 충격적인 힘을 덧붙일 수 있고, 감정적인 힘을 접합시킬 수도 있다. 그런다고 해도 그것은 본질이 아니다. 그것은 쓸데없이 덧붙여진 가치이다. '말'은 우선 존재 전체와 관계되지도 않으며, 존재와 직접적으로 관계되지도 않는다. '말'은 다소간의 긴 흐름에 의해서만 '인격' personne에 도달한다. '말'은 대화 상대자들 사이에 어떤 거리를 내버려 둔다.

'말'은 명백한 영역에 속하지 않는다. 이유와 맥락이 없는 단순한 거친 확신은, 듣는 사람을 항상 기만한다는 점이 잘 알려져 있다. 선전 작용에서를 제외하고 듣는 사람은 논증을 기대하고, 합리적 증거가 없는 선언에 만족하지 않는다. '말'은 사람들이 그것을 의식하지 않을지라도, 이런 이성의 필요성과 완곡한 표현에 필연적으로 연결되어 있다. 명백함과 직접적 이해는 언어의 '사실'이 아니다. 모든 '구두口頭 의사소통'은 힘든 구성물이다. 또 이것은 논리의 비약을 가능한 한 줄이면서 최대로 엄밀하게 논증을 만들어내는 사람의 구성물이다. 그리고 이것은 대화와 똑같은 구성물인데, 이 대화에서는 적극적인 교류를 통해 발전이 점점 뚜렷해진다.

반면에, 이미지는 차가운 고독 속에 각자를 내버려두는데, 이 고독은 총체적이고 직관적인 '합일'communion에 의해 단지 초월된 고독이다. 교류는 전혀 없다. '말'은 인간관계의 도구이면서 대화의 도구인데, 대화는 경험의 변증법적 연습이다. '말'은 이성적 사유를 요구하고, 분석과 통합을 본의 아니게 사용하는 것을 요구한다. '말'의 구조를 통해, 언어조차도 아직 그러하다. 사람들은 문장의 이해 작용을 지칭하기 위하여, 바로 분석에 대해 이야기하지 않는가? 그런데 이 분석은 자연적인 자료에 대해 계속되는 것이 아니라, 이전에 만들어진 통합의 산출물에 대해 계속된다. 그리고 끊임없이 통합은 분석의 산출물로부터 형성된다.

말 그대로 수사학 교육을 받은 사람은 이런 매개를 통해서만 인식할 수 있으며, 그의 사고는 추론, 변증법, 분석, 통합의 세계 속으로 들어간다. 물론, 그것은 위험이 없지는 않다. 우리는 단어의 남용을 안다. 우리는 현실을 위한 이 상징들을 포착하도록 하는 허상을 알고, 어떤 구체적인 것과 결부되지 않은 '담화'의 공허를 알며, 수사학적 이성과 이성 간의 혼동을 안다. 그러나 이런 남용을 통해, '말'에 의해 또 '말'을 위해 형성된 지적 메커니즘의 진정성은 전혀 변하지 않는다. 그런데, 이처럼 교육을 받은 사람은 항상 직관과 이미지에 대해 의심한다. 그에게는 직관이 토대가 없고 보장이 없는 것처럼 보인다. 과학자는 "여성적" 직관을 의심한다. 우리는 순수한 "직관"을 토대로 한 원시인들이 식물과 동물에 대해 가질 수 있었던 지식을 진지하게 받아들이지 않는다. 이성의 영역에 속하지 않는 심리적이고 "영적"인 현상은, 우리에게 유령과 영매의 이야기처럼 허상으로 보인다. 우리는 심령치료사나 직관적인 사람과 상담할 때조차, 이성적으로 그들을 받아들일 수 없다. '말'을 통해 교육받은 지식인은, 더욱이 이미지를 정당하고 충분한 것으로 간주할 수 없다. 이미지는 그에게 항상 의심스러운 것이고, 기껏해야 이미지는 그 이미지와 동반된 설명이 있어야 만이 의미를 지닌 부산물일 따름이다.

그런데, 우리는 이미지와 직관을 통해 사고하는데 익숙해진 사람과 같은 정신 상태와 정확히 마주한다. 그는 논증을 거부한다. 이것은 그가 명백함에 굴복하기 때문이며, 이 명백함을 필요로 하기 때문이다. 이성적 사유는 그를 분노하게 하며, 그를 설득하지 못한 채 그를 화나게 한다. 즉, 우리가 단번에 결과를 얻을 수 있을 때, 또 직관을 통해 눈 깜짝할 사이에 우리가 전체를 포착하게 될 때, 이런 우회적 표현이 무슨 소용이고, 그렇게 느려터진 진행이 무슨 소용이며, 자신의 입장을 확고히 하기 위하여 매번 멈추는 것이 무슨 소용인가 라는 식이다. 가장 정확한 논증일지라도, 그를 설득시키지 못할 것이다. 왜냐하면 그는 이성에 무감각하기 때문이며, 이성적 사유의 편린들의 연결은 그에게 전혀 필요한 듯이 보이지 않기 때문이다.

나는 이미지가 유행하는 사조 속에서 교육받고 정치에 열광하는 몇 명의 젊은이들을 기억한다. 1959년, 그들은 참고 자료, 지적인 엄밀함, 분석의 세밀함, 견실한 총론으로 놀랄만한 알제리에 관한 훌륭한 강연을 들었다. 거기서 이 젊은이들은 나에게 다음 같이 말했다. "매우 훌륭합니다. 아마도 그것은 옳습니다. 그러나 우리는 다르게 느낍니다." 물론, 그들은 알제리에 대해 이미지로만 알고 있었다. 이 점은 '말'의 인간과 이미지의 인간 사이에 오해의 특징을 매우 잘 나타내는 듯이 보인다.

실제로 '말'은 더 이상 이미지의 인간에 다다를 수 없다. '말'은 이미지의 인간에게 절대적으로 무익하고, "장광설"에 속한다. 사람들은 이미지가 전해주는 명백한 것, 구체적인 것, 생생한 것에 익숙할 때, '말'로부터 흘러나온 것을 진지하게 받아들일 수 없다. '말'은 헛된 것과 죽음에 속한다. 따라서 이것은 두 가지 방식에 따라 정말로 사고할 수 없다는 것도 아니고, 어떤 것을 다른 어떤 것으로 어쩔 수 없이 배제한다는 것도 아니라, 두 형태를 동시에 사용하는 것을 진정으로 거부하는 것이다. 즉, 둘 중 하나에 익숙한 사람은 다른 것에 대한 경멸과 의심을 지니기 때문에, 이 점은 전혀 놀랍지 않다. 다시 말해, 이미지는 논증에 반대되는 것이며, 직관은 이성적 사유에 반대되는 것이다. 사고의 연합을 통해, 대단히 엄밀한 논리적 사고가 배제된다. 사람들이 양 다리를 걸치는데 절대적으로 자유롭다고 생각하지 말아야 한다. 또한 두 가지 도구가 존재 전체를 그토록 깊이 결정지을 때, 사람들이 두 가지 도구들을 무관심하게 사용하는데 절대적으로 자유롭다고 생각하지 말아야 한다. 인간은 자기 자신의 표현 수단에 의하여 변화된다. 그리고 하나를 지배적으로 사용하는 것은 다른 것을 타당하게 사용하는 것을 가로막는다.

거짓의 영역

만약 이 전제들이 정확하다면, 우리는 거짓이란 특수한 영역으로 들어간다. 우선 시청각의 거짓이다. 시청각은 일련의 점증적인 거짓이다. 물론, 이것은 의도적이고 명백하며 의식적인 거짓의 문제는 아니다! 불가피한 사실상의 상황이 정말로 문제가 되는데도 불구하고, 거짓들 가운데 첫 번째는 바로 이런 방식과 교육과 기술을 인간의 위대한 창조와 선으로서 제시한다는 것이고, 모든 진보의 측면에 담긴 일종의 이상적인 새로움으로서 제시한다는 것이다. 단지 다른 식으로는 할 수 없다. 시청각은 강요되는 방식이고, 기술 세계의 필요성에 부합하는 방식이다.

그러나 두 번째 단계의 거짓이 있다. 바로 시각과 청각 사이에, 또 이미지와 '말' 사이에 다행스런 절충 방식이다. 이것은 '삽화'illustration를 통해 그토록 진척된 교육의 궁극적 발전이다. 교육의 진화된 도구인 텔레비전이 그러한데, 텔레비전 주위로 이미지와 '말'의 다른 식의 연결인 슬라이드와 비디오가 덧붙여진다. 이미지는 어떤 '담화'도 설명할 수 있게 하지 못했던 것을 포착하게 만들고 이해하게 한다. 꽃이 피고, 번데기의 등이 갈라지며, 정자가 난자 속으로 침투하는 것을 클로즈업으로 본 사람은 그것을 결코 잊지 못할 텐데, 이것은 습득된 것이다. 즉, '말' 없이 이루어지지만 습득된 것이다! 왜냐하면 거짓의 첫 걸음이 이러하기 때문이다. 즉, '말'이 없을지라도, 이미지와 '말'의 결합이 있고, 이미지와 '말' 사이에 동등함이 있으며, 이미지와 '말'이 정확하게 일치한다고 끊임없이 언급된다. 실험은 단순하다. 따라서 학생에게 그가 본 것이 무엇인지 설명하도록 요구해 보라! 그는 머뭇거릴 것이다. '담화'가 멈추는 것은 바로 거기서이다.

시험에서 확인된 형편없는 성적의 증가는 바로 이러한 불일치에 기인한다는 점이 숨겨지지 말아야 한다. 즉, 학생은 이미지를 기억했다. 그런데 누군가가 그에게 '담화'를 복원하기를 요구한다. 정확히 말해, 이미지에서 '담화'로의 이행은 불가능하다. 수사학과 라틴 '담화'에 열중했던 세대에서는, 사람들은 과다한 수다를 통해, 또 순전히 형식적인 기술을 이런 '말'에 강제로 부여함으로써, '말'의 진지함을 회피하는 수단을 발견했다. 오늘날에도 마찬가지의 회피가 있지만, 이것은 해체된 '말'과 승리하는 이미지의 경쟁에 의한 것이다. 시청각에서 시각은 왕이다. '말'은 거의 무용하지만, 어쨌든 사용된다. 이 둘 사이에는 어떤 동등함도 없다. 엄밀히 말해, '말'은 기껏해야 화면에 보고 있는 것의 이름을 지칭하는데 사용된다. 그 나머지에서 '말'은 배제된다. 게다가, 이 점을 납득하기 위해서는, 장광설, 이미지의 흐름에 동반하는 해설, 과장되고 시적으로 꾸며진 '담화'를 듣는 것으로 충분하다. 사람들은 사이비 시를 통해 공허함을 채운다. 사실, 그것은 이미지 쪽에 있는 것인데, 당신은 '말'을 통해 무엇을 덧붙이길 원하는가?

물론, 시청각은 예를 들어 외국어 학습에 유용할 수 있다. 이미지를 보는 것과 거기에 상응하는 음성을 듣는 것이다. 그러나 아주 정확히 말하면, 그것은 '말'이 환원된 것, 즉 소리일 따름이다. 습득된 것은 언어의 깊이와 풍부함, 언어 교육, 동사 구조, 통사 구조가 아니라, 좋은 발음이다. 나는 이것이 무용하다고 생각하지는 않는다. 이와 반대로, 사람들은 '유용한 것'을 배운다. 단지 그뿐이다. 그런데 이것은 사람들이 보여줄 대상 혹은 활동의 차원에서 '유용한 것'이다. 왜냐하면 시청각 교육은 이런 "보일 수 있는 것들"에 한정되기 때문이다. 결국, 이것은 발음의 차원에서, 다시 말해 일상 언어의 차원에서 '유용한 것'이다. 우리는 괴테의 독일어 혹은 섹스피어의 영어를 배우는 것으로 무엇을 해야 하는가? 그것은 자명하다. 우리는 죽은 언어를 배우는 것으로 무엇을 해야 하는가? 사실 그것은 우리가 시각적인 것에 대해 언급했던 것과 정확하게 일치한다. 그것은 효율적인 것, 유용한 것, 현실과 연관되어 있다.

시청각의 거짓이란 구체적으로 사람들이 실제로 언어를 배운다고 믿게 하는데 있다. 하지만, 언어란 한 민족의 심리 전체와 역사와 문학에 너무나 연관되어 있는 것이다. 사람들이 이것들에 대해 아무 것도 모르는데도, 단지 이 언어를 통해 대화를 지속할 따름이다. 이오네스코는 회화의 영역과 언어의 영역 사이에 거리를 아주 잘 드러냈다. 심각한 것은 시청각의 사용이 아니라, 이렇게 배워진 것을 통해 유용성의 가치를 지니지 않은 나머지가 비워지고 제거된다는 점이다.

 시청각은 유용하지 않은 것이나 효율적이지 않은 것에 맞서 우리 사회 전체를 계속 구분한다. 유용한 언어를 배워야 할 때조차, '말'은 배제된다. 이미지는 '말'이나 사고에 어떠한 도움도 주지 않는다. 이런 방식을 통해, 우리는 기술이 지배하는 현실에 관한 지식이 절대적으로 확산되는 상황에 직면해 있다. 이 방식이 모든 것에 자신만만하게 확산될 때, 컴퓨터의 경우가 그렇듯이, 사람들은 거기에 순응할 수 없는 것을 배제하는 과정에 참여한다. 사람들은 컴퓨터 방식에 의하여 다루어질 수 없는 것은 존재하지 않는다는 식의 배제를 그리 강조하지는 않을 것이다. 그러나 시청각에 의해 전달되지 않는 것은 중요하지 않다고 할 것이다. 그리고 이런 배제는 수많은 학술적 주장에 완전히 나타난다. 예를 들어, "현실"만이 지식의 대상일 수 있다는 주장은 이와 같다. 우리가 1장에서 한 마디로 기술했듯이, 측정할 수 있는 것, 수량화할 수 있는 것, 한정된 것, 비모순적인 것, 자기 동일적인 것이 바로 그 현실이다. 오직 이런 현실만을 인식할 수 있으므로, 이 현실은 학문 연구의 대상이며, 진정한 인식의 대상이라는 것이다. 즉, 현실은 이 순간 의도적으로 진리와 동일시된다. 이것은 이미지의 승리 이후, 대부분의 인식론적 연구의 토대이다.

 우리는 시청각의 발전과 같은 비율로 철학이 감소하는 것을 본다. 철학은 이제 동일한 영역에도, 사고의 전개에도, 언어의 차원에도 속하지 않는다. 사람들은 이런 방식에 의해 사고에 도움을 주려고 하는 반면, 사람들은 계속되는 이미지의 침입에 의해 사고를 배제한다. 시청각은 우리를 오직 현실 속으로만 집어넣는다. 이 현실이 모든 위상과 모든 중요성을 차지한다.

그러나 반대되는 것을 내세우고 선언함으로써, 또 학습 주체의 자율성과 개인주의화를 요구하고 선언함으로써, 또 이미지가 배제하는 비판 정신과 판단 능력을 키우는 교육을 내세우고 선언함으로써, 우리 시대에 만연한 뒤집힘에 따라 이 현상은 일어난다. 이와 같이, 사람들은 인간의 지적 충만을 함양한다고 주장하지만, 반대로 그것을 배제하기도 한다. 그리고 사람들은 인간 정신을 자유롭게 한다고 주장하지만, 반대로 배타적인 시각 세계 속으로, 또 기술에 대한 몰두 속으로 인간 정신을 조금씩 더 종속시켜 버린다.

시청각 방법은 '말'을 통합하려 하면서도, '말'을 교묘하게 배제한다. 이미지와 관련되지 않은 '말'은 존재하지 않는다. 시각화될 수 없는 '말'은, 현실에 의거하지 않는, 따라서 진리에 의거하지 않는 무의미한 공상, 비눗방울, 허망한 '담화'일 뿐이다. 이 점은 교육자들의 열광적이고 순진하고 천진한 협조로 말미암아, 폭발적인 방식으로 강화되고 있다. 교육자들은 자신들이 무슨 일을 하고 있는지를 모르며, 또한 자신들이 어떤 교활한 천재에 의해서가 아니라 기술 체계의 기능에 의하여 어느 정도로 이용당하고 있는지를 모른다.

왜냐하면 우리는 이 체계에서 넘쳐나는 교활한 메커니즘 중 하나와 직면하고 있기 때문이다. 사람들은 이 메커니즘에 익숙한 만큼 자신들이 자유롭다고 믿지만, 실상 그들은 전혀 그렇지 않다. 매우 효율적인 시청각 교육은, 말과 이미지를 동등하게 연결한다고 주장하기 때문에 거짓일 뿐만 아니라, 그것은 일종의 연기煙氣 장막이며, 우리가 앞에서 분석했던 사고방식의 전환을 희미하게 하는 것이다. 사람들은 무엇을 잃어가고 있는지를 깨달을 수 있어야 하는 것은 아니다. 또한 인간이 사고의 도구로서 사용하는 것과 현실에 대한 인식 도구로서 사용하는 것 사이에 선택이 결국 이루어져야 하는 것도 아니다. 그리고 사람들은 인간 지성의 두

과정 사이에서 단절의 깊이를 느껴야만 하는 것도 아니다. 하물며 사람들은 지금까지 서구 사상의 위대함을 만들었던 것과의 단절을 느껴야만 하는 것도 아니다.

시청각은 이런 갈등과 이런 단절을 완전히 희미하게 한다. 또 시청각은 사람들이 시각과 청각의 완전한 양립 속에 있다는 것, 사람들이 컴퓨터에 적용된 유체역학과 더불어 작업하는 기술자와 소크라테스가 동시에 될 수 있다는 것, 사람들이 행복하게 기술과 문화를 연결시킬 수 있다는 것을 믿게 한다. 심지어 시청각은 더 진화된 단계의 기술을 통해, 순전히 지적이고 영적이며 심미적인 창조라는 행복한 즐거움에 빠질 수 있다는 것을 믿게 한다. "바로 그 인문적이고 기술적인 문화가 가능하니, 시청각을 보시오!"라고 말이다. 사람들은 내가 했던 것과 동일한 분석을 거북해 하고, 양립할 수 없는 두 유형의 사고 사이에 점증하는 불일치를 매우 거북해 한다. 그러나 이 두 유형의 사고는, 한 사고의 명백함이 다른 사고의 불안정성을 모순되면서, 결코 서로 마주치지 않을 것이다.

이처럼 시청각은 여기에서 뛰어나게 이데올로기적 역할을 행한다. 그것은 놀라운 것이 아니다. 이 이데올로기적 장막은 우리로 하여금 더 넓은 차원의 문제를 의식하도록 한다. 시청각은 포착하는 한 가지 측면일 따름이지만, 절대적 측면은 아니다. 시각적인 것은 우리로 하여금 현실에 접근하게 한다. 이미지의 증가는 우리를 거기에 붙잡아 맨다. 배제된 '말'은 우리에게서 진리의 의미를 잃어버리게 한다. 그러나 **현실, 그것은 필연성의 세계이다.** 모든 것이 거기서 필연적인 동시에 분명하다. **'말'은 자유의 장소인 동시에 자유의 표현이다.** 사람들이 원하는 바에 따라, 그것은 자유의 요구, 자유의 의도, 자유의 허상이 되는 동시에, 자유의 왜곡이 되기도 한다. '말'이 배제되거나 혹은 종속되는 그곳에는 자유가 사라진다. 인간이 이미지에 의하여 지배될 때, 사람은 필연적인 세계와 필연성의 세계 안에 놓인다. 인간은 인식하고, 배우고, 행하고, 결정해야 할 것이 있음을 본다. 인간은 이미지를 받아들이는 동시에, 필연성을 받아들인다. 그러나 항상 명백함이 문제가 되는 한, 필연성에 대한 자각은 결코 이루어지지 않는다.

이와 같이 우리는 '필연적인 것' 속에 갇히고 '필연적인 것'을 자각할 수 없다는 이중적인 변화에 직면한다. 그런데, 우리는 적어도 마르크스 이후, 가끔은 유일한 행동이 되는 자유의 첫 행동이야말로 필연성에 대한 자각임을 안다. 인간이 조건 지어져 있음을 인식하는 순간부터, 이 점은 다음과 같은 점을 의미한다. 즉, 인간이 이런 필연성을 주목했음을 의미하고, 인간이 이 필연성을 파악하기 위하여 필연성을 벗어나 위치했음을 의미한다. 더 나아가, 인간은 오직 자유에 상응하여서 만이 자신이 조건 지어져 있는 것으로 규정할 수 있을 따름이다. 자유 의식이나 혹은 자유 의지가 없다면, 인간은 자신이 필연성에 종속되어 있는 것조차 알 수 없을 것이다.

그러나 이 거리 두기는 오직 '말'에 의해서만 이루어질 수 있다. 이미지의 침입은 사물의 세계 속에 놓이는 일일 뿐만 아니라, 이 사물의 세계와 현실의 세계가 중복된 상황에 놓이는 일이다. 또한 이미지의 침입은 이미지의 끝임 없는 다형태적이고 다가치적인 특성에 의해, 또 사물 이미지 속에서 상징작용에 의해, 이 세상의 폐쇄성 속에 놓이는 일이다. 그리고 이미지의 침입은 인간을 현실의 필연성에 굴복하게 할 뿐만 아니라, 인간의 관심과 지성을 이 현실의 이미지에 고정시킴으로써 인간을 무능하게 만들며, 인간이 이 현실을 필연성의 결합으로 여길 수 없게 만든다. 인간은 자신의 경험의 차원에서 함정에 빠진 동시에, 이 경험의 반영 속에서 함정에 빠진 것이다. 경험의 반영은 인간에게 이미지의 수다와 장황함 속에서 **모든 것이 가능하다는** 인상, **모든 것이 늘 새롭다는** 인상,

상황이 유동적이라는 인상, 상황에 영향을 미치거나 혹은 상황을 통제할 수 있다는 인상을 준다. 그러나 경험의 반영은 마법램프의 세계 속에 놓여있기 때문에, 결코 이 '인상'을 초월하지 못한다. 그런데 이 '인상'이란 허구적인 싸움 속으로 더 완벽히 통합시키기 위한, 또 싸울 정신을 약화시키기 위한 '필연적인 것' 전체이다.

반면에 '말'이란, 그 불분명함 자체에 의하여, 두 명의 대화 참여자의 자유를 내포하고 있다. 우리는 '말'이 듣는 사람의 자유를 존중하는 것을 파악했다. 하지만, 말하는 사람이 마지막으로 자신이 언급한 것을 언급하고 나머지 것은 보류하기로 작정할 때, '말'은 말하는 사람의 자유를 표현하고 생겨나게 한다. 아무튼, '말'은 들을 가능성과 잘못 들을 가능성을 통해, 두 대화 참여자 사이에 자유의 공간을 만들어낸다. '말'이 명령조로 될 때, '말'은 대화자를 자유를 선택하는 상황에 놓이게 한다. 결국, 이미지 인간은 기술에 의하여 만들어진 이미지 환경 속으로 스며들면서, 자신의 깊은 자유를 잃어버린 인간이다.

3. 현대 예술에서 공간과 시각화

한 명을 제외하고 우리가 살펴볼 모든 저자들은 오늘날 예술 세계에서 시간적인 것과 청각적인 것에 대해 공간적인 것과 시각적인 것이 굉장한 승리를 거두었다는 점에 동의한다. 공간은 화가들에게 있어 그 특성을 바꾸었다. 들르부아(Delevoy414)는 이 사실을 훌륭하게 분석한다. 즉, 사물들 사이에 관계의 장소로서 고려된 공간이라는 고전적 개념이 있었다.

---

414) 들르부아(R.-I. Delevoy), 『20세기의 차원들』*Dimensions du XXe siècle* (Genève, Skira, coll. "Art, idées, histoire", 1965.)

그런데, 이 개념은 공간 현상이라는 개념 앞에서 퇴색했다. 이것은 "비현실적 환경인데, 거기에서 구조지질학적 가치, 긴장, 분절, 형태의 연쇄"가 작용하고 서로 충족시킨다. … "색깔의 공간적 잠재성이 창조적 장치, 배열, 기호의 합성과 연결 된다." 이 분석 용어들은 즉각적으로 기술적 작용을 상기시키기 때문에 매우 흥미롭다.

공간은 음악을 포함한 모든 예술에서 근본적 요소가 되었다. 공간적이지 않은 세계에 대한 미학적인 구상은 더 이상 존재하지 않는다. 본느푸아415) 자신도 "장소 외에는 아무 것도 일어나지 않을 것이다"라는 확신에 의해 심하게 비판을 당한다. 단어들은 어떤 "거주 장소"demeure를 제시한다. 그는 '위치 결정'localisation 속으로 완전히 끌려들어 가지만, 그것은 공간에 대한 찬미 이후 이다. "그렇지만 나는 시제가 없는 비非인칭 시詩는 오류임을 재확인하지 않을 수 없다."는 것이다. 그러나 사실, 우리는 이런 오류 속에 있다!

그리고 공간이 시간에 대해 승리하는 동시에, 시각적인 것은 청각적인 것에 대해 승리한다. 쉐퍼416)는 이미지에 의미를 부여하는 것은 어느 정도까지는 단어와 '담화'라는 점을 설명한다. 입증하는 것은 텍스트이다. 이미지는 사실을 보여주고, 그것으로 인해 심지어 수많은 해석을 낳는다. "사건들의 흐름이라는 끊임없이 역동적이고 현상학적인 세계는, 정태적 균형 속에 고정된 준거점으로 된 체계 전체, 곧 '담화'의 세계를 대신한다. 추상적인 것을 시각화하기 위해 이미지에 기대는 것은 교수들의 순진함을 의미한다. … '이미지-메시지'에서 오해는 규칙 같은 것이다."

---

415) [역주] Yves Bonnefoy(1923-). 프랑스의 시인이자 예술 비평가이자 에세이스트. 특히 프랑스 로마네스크 시대의 벽화 연구가로 유명하다. 시인으로서 철학적이며 실존주의적인 시를 써서 현대 시단의 중진으로 꼽힌다. 그의 시는 허약한 인간 존재의 현존을 탄탄한 언어로 육화해 내며, 몹시 지적이지만 고도의 진정성을 갖추고 있다. 그는 초현실주의 이후 현대 프랑스 문학의 거장으로 자리매김 되고 있다. 대표작으로 『두브의 동과 부동』, 『사막에 군림하는 어제』, 『글이 쓰여 진 돌』, 『한계의 환상에서』 등이 있다.
416) [역주] Pierre Schaeffer(1910-1995). 프랑스의 작가이자 대중매체 이론가.

모든 사람은 새로운 언어와 새로운 예술이 문제라고 주장하는데 동의한다. 모든 사람은 오직 '담화'이었던 것만을 취한다. 즉, '영화소설'417)이 소설에서 주목받는다. 영화처럼 끊어진 소설을 쓰는 것이, 어떤 방향 전체에서 이상적인 것이 된다.

영화와 소설의 상호 침투는 더 이상 만화의 영역에 속한 것이 아니라, "훌륭한" 작가의 영역에 속하게 된다. 즉,『나딸리 그랑제와 인디아 송』 *Nathalie Granger et India Song*을 가지고 영화소설을 만든 마그리뜨 뒤라스 Marguerite Duras,『기쁨의 점진적 변화』*Glissements progressives du plaisir*를 가지고 영화소설을 만든 로브 그리예Robbe-Grillet가 그들이다. 어떤 경우에는 소설을 영화로 변환시키는 것의 보완물인 영화의 소설화를 위해, 영화인과 소설가가 함께 모인다.418) 우리는 소설을 각색한 영화나 혹은 이야기를 단순히 서술하는 영화 같은 예전의 메커니즘에서 완전히 벗어났다. 차이와 대립을 전제하는 표현은 언제나 실패한다.

소설과 영화의 뒤얽힘이 이제 완벽하지만, 이야기에 맞선 이미지를 위하여, 또 시간적인 것에 맞선 공간적인 것을 위하여 둘 사이에 접근이 이루어졌다. 공간 속에서 전개되는 '조형 언어'langage plastique는 시간 속에서 전개되는 '구두口頭 언어'langage verbal를 대체한다.

음악 또한 19세기 말부터 음악적 탁월함에 대한 회화적 탁월함의 승리라고 불릴 수 있었던 것과 더불어 공간화를 겪었다. 회화는 전통적으로 공간적이었다는 것은 명백하다. 그러나 회화 역시 변화를 겪었는데, 모든 사실적인 그림을 거부하면서, 이제 회화는 "거기 존재하는 것"일 뿐이다. 즉, 그림은 그림 자체일 뿐이며, 그림이 차지하는 실제 공간일 뿐

---

417) [역주] '영화소설'(ciné-roman). 영화 줄거리를 소설로 각색한 것이나 영화제작을 위해 쓴 소설.
418) 예를 들어, 라꽁브 뤼시엥(Lacombe Lucien)을 위해 모디아노(Modiano)와 말르(Malle)가, 아마르꼬르(Amarcord)를 위해 게라(Guerra)와 펠리니(Fellini)가 함께 모인다. [본문 내용을 역자가 각주로 설정]

이다. 사람들이 화가와 공간의 조각가에 의한 발견을 끝없이 강조하는 것은 공연히 그런 것이 아니다. 중요한 것은 생산되거나 혹은 재생산된 대상들이 아니라, 대상들 사이의 **공간**이며, 이 공간의 의미 작용과 집중과 분배이다. 빛과 색깔의 놀이는 공간의 가치를 부여하기 위해서만 거기에 존재한다.

그런데, 이 점은 기술의 영향과 놀랄 만큼 일치한다. 즉, 기술은 공간의 정복자이고, 기술의 발전을 위하여 공간의 최대치를 요구하고 전제한다. 따라서 예를 들어, 1975년 부르델Bourdelle 박물관에서 전시된 메르카도Merkado의 조각은 대단한 의미를 지닌다. 이 조각은 한편으로 순전히 기술적이고419), 다른 한편으로 공간을 나타낸다. 거기서 모든 것은 공간, 공백, 부피, 덩어리, 재료에 대한 경험이다. "중요한 것은 공백 속에서, 그리고 부피들 사이에서 일어나는 것 안에 있다." 현대 조각이 지닌 가장 기술적인 것은, 그 자체로 어떤 의미도 없고 가치도 없다. 즉 형상화된 것은 아무 것도 아니다. 정확히 기술 자체를 위한 것처럼, 가치 있는 것은 공간 안의 상황이며 공간 분할이다!

음악이 연속과 변화를 내포했음에도 불구하고, 음은 한정되지 않고 자체의 한계를 넘어 분출한다. 하지만, 드뷔시Debussy와 더불어 "소리의 공간적 개념"이 시작되고, 선율 모델의 진정한 분열이 뒤를 잇는다. 사람들은 어울리지 않은 요소들을 중첩시킨다. 스트라빈스키Stravinski는 매우 의식적으로 시공간을 구성한다. 사람들은 전체적으로 이것이 본질적인 유행이었음을 안다. 어떤 시간의 지속은 어떤 공간을 담당하기 위해 필수적인 지속이다. 사람들은 이 영역에서 인상주의자들의 영향에 대해 많이 이야기한다.

---

419) 기계적인 비율로 기계라고도 할 수 있는 결합체들로 연결된 기학학적 형태이므로 [본문 내용을 역자가 각주로 설정]

그런데, 음악이 대상과 결합하는 한, 점차로 음악에서 주관적 시간과 체험된 시간은 쇠퇴한다. 이러한 음악은 점점 지속적인 삶의 표현이 되지 못하고, 예를 들어 계산의 표현이 되는데, 이것은 삶의 객관화로서 나타날 것이다. 이제 음악은 일종의 회화의 기생물이 된다. 음악은 자체의 시간적 깊이를 거부하여, 자체의 특수성 속에 있는 각각의 소리 덩어리를 정확히 한정한다. 음악은 미래가 없는 매순간 '거기에 존재하는 것'일 뿐이다.

게다가, 모든 예술에서 공간의 일반화와 시각화의 승리는 많은 측면으로 나타난다. 예를 들면, 무한히 작은 것을 발견함으로써 생긴 영향 같은 측면이다. 또한 미립자나 원자의 기묘한 세계를 발견함으로써 생긴 영향 같은 측면인데, 미립자나 원자는 공간적 구조가 있지만 공간 속에서 전체적으로 정확히 나타날 수 없다. 사람들은 현재의 회화에서 이런 영향을 빈번히 다시 발견한다.

그러나 이것은 속도의 영향과 동일한 문제이다. 속도는 사물 간의 관계나 공간 그 자체와 다른 평가를 전제로 한다. 먼 것과 가까운 것은 더는 같은 방법으로 평가되지 않게 되었다. 모든 것이 동일하게 현존한다. 현대인은 속도로 말미암아 발생된 고립된 사실들과의 관계 설정에 따라 사고한다. 모든 예술에서 이동성은 "기능적 역할"을 떠맡는다.420) 그런데, 영화와 그림 혹은 음악을 결정하는 이 이동성은 공간적이다. 이동성은 시간적인 것을 공간 속에 바로 통합한다.

이 공간의 우위는 놀랍게도 "탈레르 데 아르키텍투라"Taller de Arquitectura라는 자신의 그룹과 함께, 다음 같이 선언하는 건축가 리카르도 보필421)에 의해 강조된다. 즉, 그는 "**삶**은 공간 속에 있고 **시간**도 공간 속에 있

---

420) 들르부아(Delevoy).
421) [역주] Ricardo Bofill(1939-). 스페인의 건축가로서 세계적으로 포스트모더니즘을 대표하는 건축가로 꼽힌다.

다. 공간 이외에 **아무것도 존재하지 않는다.**"라고 선언한다. "지속, 변화, 동시성, 연속성이란 모순된 가치들을 병합하는 미학이 형성된다. 반면에 작품 과정에 참여하는 힘이 관객에게 부여되고, 지속적 생성에 운명 지어진 관객의 시각적 실체를 써버리는 힘이 관객에게 부여된다."422)

그러나 이 점은 오직 시간적인 것 전체가 공간이 되었던 한에서만 가능하다. 그리고 이것은 우리가 클레Klee와 더불어 관객 자신이 그림에 의해 바라보여진다는 점을 확인할 때 느끼는 것과 같은 영향력이다. 예술가가 볼거리로 제시하는 것을 보는 법을 터득하는 것으로는 더는 충분하지 않다. 자신이 이런 그림의 공간으로 통합되는 것을 느껴야 한다. 그런데, 이 그림은 장식이 더는 아니고 혹은 깊은 생각을 요하는 것이 더는 아니다. 하지만, 이 그림은 사람들이 살도록 되어있는 공간이다. 또한 이 그림은 텔레비전에서처럼 거기서도 충동에 의해 충격이 가해지기 때문에, 사람들이 연루된 공간이다. 이 그림 자체가 이런 공간 속에 위치된다. 이와 같이, 공간을 흡수하고 소멸시키는 기술의 발전 자체에 의하여 우리가 공간을 박탈당하는 바로 그 순간, 예술에서 공간은 모든 것이 된다.

마침내 여기서 순간성의 문제가 제기된다. 즉, 예술에서 기계화는, 순간적인 응답의 특징을 띤 미학적 경험을 요구한다. 여기서 분명히 맥루한McLuhan의 이론을 만나는데, 예를 들어, 문장으로 쓰인 문어 텍스트의 발견과 대립된 순간성이다. 이것은 총체적 이해, 곧 첫 눈에 투사하는 직관이다. 물론, 기계는 순간적일 수 있다. 그러나 같은 반응을 얻으려고 하는 것은, 인간을 기계로 귀결시키는 것이 아닌가? 순간성이 미학적 특성을 지니는가? 에프론Efron은 예술에 대한 자신의 훌륭한 평론423)에서

---

422) 들르부아(Delevoy).
423) "기술과 예술의 미래" Technology and the Future of Art. (Messachusetts Review, 1966).

긴 반대 논증을 했다. 특히, 그는 순간성은 "경험"이 전혀 아님을 강조한다.

그런데, 이 순간성은 영화와 현대 음악의 목적일 뿐만 아니라, 회화와 조각의 목적이다. 심리적 자료, 사진 자료 그리고 화학적 생산물로 무장된 회화는, 의식을 통과하지 않은 채 신경체계에 작용해야만 한다. 그러나 이것은 또다시 인간을 부정하는 것이 아닌가? 관객은 과거도 미래도 없이 통째로 즉각적인 감각과 예술의 이상한 방향전환 속에 있어야만 한다. 또한 관객은 거대한 귀가 되어버린다. 그런데, 이 귀는 폭포같이 쏟아지는 소리를 받아들일 수 있지만, 일제히 전율하는 것 외에 어떤 것도 할 수 없다. 이런 음악은 우주적이 되고424), 이런 회화는 힘의 영역의 표현이다.

그러나 인간이 제거되는 것은 이런 식의 확장의 대가이다. 순간성은 실제로 환각이다. 즉, 예술에는 어떤 순간성도 가능하지 않다. 에프론은 다음 같은 점을 상기시킨다. 즉, 위너425)가 인간과 기계는 구별된 두 개의 시간 차원에서, 또 서로 구분된 두 개의 시간 단계에서 작용한다는 것을 길게 보여주었다는 점이다. 이 반론은 인간성과 기계성의 동시 공존 가능성에 대해 결정적인 한계를 설정한다.426) 왜냐하면 시간 단계의 질

---

424) 케이지(John Cage).
[역주] John Cage(1912-1992). 미국의 작곡가. 우연성 음악의 개척자로 평가받고 있으며, 조작된 피아노 기법을 사용하기도 했다. 음렬주의, 전자 음악 등의 음악을 작곡하였다. 대표작으로 4분 33초, 가상 풍경 등을 작곡했다. 플럭서스 운동에 참여하였다. 1년 정도 쇤베르크의 제자였던 적이 있으나 화성이나 이론에는 자기 적성에 안 맞다며 유럽으로 떠났다.
425) [역주] Norbert Wiener(1894-1964). 미국의 수학자이자 전기공학자. 심리학 · 사회학 · 생리학 · 경제학 등의 학문을 하나로 종합한 과학이라고도 할 새로운 학문 분야인 '사이버네틱스'(Cybernetics)의 제창자로 유명하다. 1948년 사람의 신경 작용을 신호로 나타내는 새로운 과학을 개발하여 '사이버네틱스'라는 이름을 붙인다. 이것은 제2차 세계 대전 때 고사포에 부착시키는 자동 조준기의 발명에 의해서 유명해지고, 전자계산기 · 번역 기계 · 오토메이션 등의 원리에도 이용된다.
426) 이런 동시 공존을 위해 인간에게 강제성이 부여되는 경우, 예를 들어 공장의 생산 "리듬"에 맞추기 위해 인간에게 강제성이 부여되는 경우를 제외하고서 이다. 하지만, 이 경우도 동시 공존은 오직 외적일 뿐이다. [본문 내용을 역자가 각주로 설정]

적인 차이가 있기 때문이다.

예술 영역에서 이 차이는 예술과 전기 기술 간의 근본적 대립을 함축한다. 예술과 인간 사이에 어떤 관계가 있는 한, 어떤 종류의 순간적 예술도 거기에 없을 것이다. 이제 예술에서 순간성, 즉각성, 동시적 창조성427)이란 이데올로기와 함께, 우리는 '기술적인 과정'processus technologique에 전적으로 동화되는 상황에 직면해 있고, 시초부터 예술로 여겨졌던 모든 것이 완전히 거부당하는 상황에 직면해 있다.

텔레비전의 시간성이 없는 연속된 진부한 표현과 마찬가지로, 쇤베르크428)의 음악 혹은 재즈는 우리에게 시간으로부터의 분리를 보여준다. 따라서 음악적 요소들이 굳어지는 경향이 있고, 모든 것은 어디나 있는 즉각적인 구성물이 된다. 쇤베르크의 12음 음악은 정태적인 기술이다. 사람들은 동일한 것으로의 회귀에 끊임없이 붙잡혀 있다. 오늘날 모든 예술을 위한 시간은 굳어진 시간이다. 오직 공간만이 가득하다. 공간은 우리 실제 활동 영역이다.

그런데, 시각적인 것과 공간은 기술을 특징짓는 장소이다. 우리가 기술을 통해 붙잡는 것은 '차원'이다. 그것은 공간적 구조이다. "오직 비행기 시대에 사는 사람만이 드가Degas 방식에서 에스떼브429) 방식으로 전이를 확인할 수 있었다. 나는 에스떼브 혹은 마네시에430)가 비행 애호가라는 것을 의심한다. 하지만, 그들은 날고자 하는 동시대 사람들의 시각

---

427) 해프닝 등과 같은 것. [본문 내용을 역자가 각주로 설정]
428) [역주] Arnold Schönberg(1874-1951). 오스트리아 출신의 미국 작곡가. 음렬을 사용한 12음 기법과 무조음악을 정립한 최초의 작곡가로 알려져 있다.
429) [역주] Maurice Estève(1904-2001). 프랑스의 추상화가. 밝은 색채의 추상화에 솜씨가 뛰어난 그는 초기에는 우첼로 등 이탈리아 고전주의에 경도되나, 그 후 세잔느의 큐비즘(입체파)의 영향을 받는다. 1937년 파리 만국박람회에서는 항공철도관의 장식을 담당하고, 1941년 '프랑스 전통 청년화가전'에도 참여한다.
430) [역주] Alfred Manessier(1911-1993). 프랑스의 화가. 순수한 추상 회화에 의해 종교적 감정을 훌륭하게 표현한다. 1945년 이후 파리 추상화단의 대표적 존재의 한 사람으로서, 그의 작품은 섬세한 선과 청결한 빛으로 특징지어진다. 1953년 상파울루 비엔날레에서 대상을 받고, 이어서 1962년 베네치아 비엔날레에서도 대상을 수상한다.

적 반응을 더욱 예언자적으로 상상해보려는 성향을 지녔다. 다음과 같은 점을 왜 인정하지 않는가? 즉, 예술가들은 번쩍거리는 기계를 통해 횡단하는 세상에 대한 기계적인 '시각적 인식'의 현실을 표현하려고 애쓰는 것이 아니라, 창조를 불러일으켰던 개념이면서 이런 기계들의 사용에 뒤이어지는 개념을 표현하려고 애쓴다는 점이다. 공간에 대한 이런 지배 요소는 기술이 오직 현실에만 관련된다는 점에서 비롯된다." 이 현실은 공간일 따름이다.

기술에 있어 시간은 비현실적이고, 시간은 단지 체험된다. 물론, 시간의 기술들이 있다. 사람들은 기술의 역사가들이 시계의 출현에 부여하는 결정적인 중요성을 안다. 그러나 바로 시간의 기술들은 언제나 시간을 **분할하는 것**, 곧 얇은 조각으로 시간을 분할하는 것으로 이루어지는데, 이것은 사실상 시간에 대한 부정을 의미한다. 시간은 이런 식으로 존재하지 않으며, 단지 시간의 공간적 축소 안에서 존재한다. 시간은 흐른다. 그러나 시계의 바늘들은 **공간 안에서** 이동한다. 기술은 공간만을 포착한다. 그 때문에 시간 속에서 이동하는 바로 그 기계, 곧 타임머신이 공상 과학의 꿈이다. 타임머신은 위치가 정해져 있다. 이 기계는 공간 위에서 활동이며, 엄밀히 말해 시간과 아무런 관계가 없다. 타임머신은 항상 같은 움직임을 되풀이하는 한, 시간에 대한 부정 자체이다. 기계로부터 나온 생산물이나 혹은 피스톤에 의해 실행된 움직임은 수천 번이더라도 동일하다. 즉, 시간은 흐르지 않았다는 것이다. 모든 것은 즉시성과 공간의 문제이기 때문에, 엄밀한 유사성이 있다.

기술은 공간을 차지할 수 있게 하지만, 시간과 관련해서는 오직 시간을 거부하고 부인하기만 할 따름이다. 기술이 현실을 파악하듯이, 이와 마찬가지로 시각화는 기계장치 방식으로 현실을 파악하는 것이다. 기술이 우리에게 수천 배 더 잘 보는 법을 가르칠수록, 기술은 우리로 하여금 수천 배 더 새로운 세계를 보게 하거나, 혹은 우리로 하여금 알려진 모습에 대한 예상치 못한 측면을 포착하게 한다. 그러나 그것은 항상 공간이다. 기술은 우리에게 듣거나 청취하도록 가르치지 않는다. 기술은 우리로 하여금 의미를 깊이 통찰하게 하지 않는다. 의미의 거부에 관해 우리가 주목했던 커다란 갈등 속에서, 우리는 시각화의 승리의 메아리를 본다.

보여 진 대상은 수많은 의미를 가질 수 있다. 오직 '담화', 곧 청각적인 것만이 이 의미들을 분간할 수 있다. 그런데 찾아야 할 의미가 더는 없다. 대상이 거기 있다. 그것으로 그만이다. 그러므로 더는 '담화'가 없다. 덧붙일 인식도 더는 없다. 보고 듣는 대상들은 어떤 공간 속에 소유되어 있고, 포함되어 있다. 있는 그대로 말이다. 예술가는 이 순간적인 것들을 차지할 수밖에 없을 것이다.

만약 그가 이렇게 하지 않는다면 어찌될 것인가? 단지, 예술가는 더 이상 "동일한 길이의 파동波動" 위에 있지 않을 것이다. 사람들은 예술가의 말을 듣지 않고, 예술가를 보지도 않는다. 예술가는 대중에게 잊혀 진다.

…

체험은 더 이상 시간, 기억, 담화 등의 흐름을 통해 해석되지 않는다. 기술의 영향력도 마찬가지로 기억과 관련해서는 불신을 받는 것이 일반화되어 있다!! 그러나 체험은 "있는 그대로"이다. "그림, 모습, 사건은 이제부터 '담화'의 허구보다 훨씬 더 효과적인 현실의 핵분열이다."431) 그러나 허구는 바로 시간 화 된 해석 속에서 공간에 대한 설명이었다. 우리는 한 세기 전부터 정확하게 정반대의 길을 따랐다. 사실은 거기에 있다. 그러나 더 이상 이성은 없다.432)

---

431) 쉐퍼(Schaeffer).
432) 기술 사회 안에서 예술에 대한 더 자세한 분석을 보려면, 앞에 나온 책 *L'empire du non-sens* (『무의미의 제국』, 2013, 대장간 역간)을 참고할 것.

제7장 · 화해

인간 상황에서 시각과 '말'의 통일을 위한 시도

그러므로 오늘날 이것이 우리의 상황이다. 인위적 이미지가 한없이 피어나는 것을 통해, 우리는 진리를 현실로 귀결시켰고 진리가 지닌 모호하고 불명확한 표현을 없애 버렸다. 하지만, 가장 이상한 점은, 진리를 이미 과학 안에 존재하는 것인 현실과 동일시하는 것이 아니라, 허구적이면서 가장된 현실, 즉 채색된 현실과 동일시하는 것이다. 이것은 변조된 현실이지만, 인간의 새로운 가시적인 세계를 만들어내는 현실이다. 이미지의 가시성은 모든 기술에 의하여 생겨나고 증가된다. 인간은 이제 더 이상 들판이나 나무나 물에 둘러싸여 있는 것이 아니라, 게시물, 신호, 표지판, 화면, 라벨, 상표에 둘러싸여 있다. 그렇다. 이것이 인간의 세계이다. 그리고 화면이 인간에게 어떤 살아있는 현실과 인간의 모습과 나라를 내 비출 때, 그것은 여전히 하나의 허구이며 정립되고 재구성된 현실이다.

따라서 인간은 진리에 대한 기준을 박탈당하는 동시에, 체험된 현실 속에서 상황을 박탈당한다. 그러나 이것은 참을 수 없는 상황이다. 또한 이것은 극심한 고통과 공포인데, 인간은 허구에 갇혀 진리를 박탈당한 채 살아갈 수는 없다. 인간은 자신이 무엇을 괴로워하는지 정확히 알지 못한다. 그러나 인간은 이런 잠재된 공포, 존재하지도 않는 절망, 무의식적인 공허함 속에서 산다. 인간은 어떤 대가를 치르더라도 탈출구를 찾아야 하며, 진리를 재구성해야 한다. 그러나 진리가 이 현실에서 벗어날 수 없기 때문에, 또 '말'이 평가절하 되고 무기력하고 속박을 당하기 때문에, 그리고 유일한 수단으로 시각視覺이 남아있기 때문에, 되찾은 진리가 세워지는 것은 이미지와 가시적인 것 주변이다. 이 시대의 주요한 사실들 중 하나는, "우리가 보고 우리 앞에서 걸어갈 신들을 우리가 스스로 만드는" 것이다.

이성적이고 긍정적이며 과학적인 이 세상에서, 또 경제 성장에 바쳐진 이 세상에서, 우리는 인간의 가장 오래된 충동들이 다시 올라오는 것을 목격한다. 그러나 현실이 더 이상 자연의 현실이 아니기 때문에, 사람들이 보기 위해 만들어내는 신들은 기술적이고 정치적인 세상의 신들이고, 소비와 권력과 기계의 신들이며, 원자로를 지닌 독재자의 신들이다. 이 모두는 오늘날 '추가 차원'433)으로 둘러싸여 있다. 즉, 이것은 경험된 현실이 아니라 시각화된 현실이기 때문에, 이 현실은 대중매체의 상징화에 의해 칭송되고 관념화되며 신성화된다.

이렇게 하여 우리의 주위에 새로운 우상 숭배와 성화상 숭배가 생겨난다. 그런데, 이것은 과정에 있어서 고대의 우상 숭배와 동일하지만, 동일한 대상이 더는 존재하지 않기 때문에, 동일한 대상과 더는 관련이 없다. 즉, 굳이 힘센 **황소**의 모습을 하고 다산의 힘을 상징할 필요는 없기에, 우리는 오히려 기계와 전기를 그 이미지를 통해 칭송할 필요가 있다. **왕**이 마법적인 힘을 가지고 있듯이, 마찬가지로 스타, 독재자, 선전에 의하여 상징화된 인물, **젊은이**, 팔레스타인 사람, **여성**은 그 이미지를 통해

---

433) [역주] '추가 차원'(dimension supplémentaire). 1차원과 2차원 외에 가로축, 세로축, 높이 축을 가진 입체 공간을 3차원이라고 하는데, 여기에 시간 축을 더한 것을 4차원이라고 할 수 있다. 이런 4개의 차원과 달리 각 지점에서 작은 홈들로 감싸져 있는 가상의 차원을 '추가 차원'이라고 한다.

'절대 우상'이라는 거꾸로 된 역할을 되찾는다.

어떻게 상황이 다르게 될 수 있겠는가? 회복될 수 없는 시각과 청각의 파열은 "잃어버린 낙원"의 돌이킬 수 없는 징후이다. 인간은 하나님도 선과 악을 알게 하는 나무도 더 이상 볼 수 없을 것이다. 인간은 이제 밤길을 헤매야 하는 처지다. 에덴에서 쫓겨난 인간은 다가갈 수 없는 진리의 메아리만을 들을 수 있을 뿐이다. 신학자들이 "타락"이라고 부른 이 단절의 다른 모든 징후들은 외부적이거나 혹은 역사적이다. 오직 메아리만이 인간의 "본성" 자체에 새겨져 있으며, 오직 그것만이 처음부터 끝날까지 인간과 함께 한다.

진리를 보는 것은 가능하지 않다. "하나님을 보는 것은 불가능하다."를 현대적이고 세속화된 표현으로 나타낸 것이, "태양도 죽음도 정면으로 바라볼 수 없다"는 표현이다. 왜냐하면 이러한 파열은 인생 전체에 끝없는 결과들을 야기하기 때문인데, 특히 보여 진 현실이 진실할 수 없다는 결과를 야기하기 때문이다. 현실은 존재한다. 현실은 배경이고 환경이며 유용한 것이고 필수불가결한 것이다. 그러나 현실은 인간의 삶에 어떤 의미도 가져오지 못하고, 인간 자신의 의미와 인간 행동의 의미에 대해 어떠한 빛도 인간에게 비추지 못하며, 따라야 할 어떠한 방향도 인간에게 제시하지 못한다. 또한 현실은 그 자신이 현실의 파편인 인간을 끝없이 변화하는 이 세상의 파도 한 가운데에서 나침반도 육분의六分儀도 없이 몸부림치게 내버려둔다. 인간은 이 세상을 자신의 시각視覺 속에서 포괄할 수 있으나, 이 세상은 절망스럽게도 모든 징후와 만개滿開와 확실한 방향이 없는 상태이다.

인간이 거기서 더 길을 잃지 않는다는 것이 놀라울 뿐이다. 인간이 가장 잘 아는 것은, 인간에게 공허와 무의미가 남겨져 있다는 점이다. 그리고 진리는 결국 인간에게 인간 삶의 열쇠를 주고, 그렇게나 커다란 불안을 진정시킨다. 또한 진리는 "어디로부터, 어디를 향해"에 대한 이유와 대답을 제시하고, 대답보다는 기쁨 속에서 쉼이 될 것을 직접 보게 해 줄 것이다. 그런데 이 진리는 희미하게만 들려질 수 있다. '말'은 그토록 많은 방해와 소음과 불확실성과 오해 가운데서 전달된다. 하지만, '말'은 순간적이고, 결코 보존되지 못하며, 기껏해야 지나간 순간과 기억과 추억이 되어 버린다. '말'은 추억이 지닌 이런 불확실하고 낙후된 특성을 기억하지 못한다. 따라서 진리는 부서지기 쉽고 결코 더는 실현될 수 없는 메아리와 전달을 통해 인식된다. 직관과 실현 사이에, 혹은 계획과 실현 사이에 바로 그 불일치에 대해 이야기하는 것을 우리는 얼마나 많이 들었는가. 멋진 대규모 운동의 결과를 목격하는 혁명가, 혹은 전투의 전장 戰場을 심사숙고하는 정치지도자는 다음과 같이 말한다. "우리는 그것을 원하지 않았다." 그것은 의도했던 바대로 실현되지 않는 계획과, 계산도 예측도 없는 결과 사이에 단순한 불일치인가? 그것은 계획과 직관이 진지하지 않고, 구체적이고 실제적인 결과만이 중요함을 의미하는가? 이것은 참으로 진리와 현실 사이에 더 깊은 단절이다. 계획, 유토피아, 의도, 교리, 이 모든 것은 진리의 영역에 속한 것이며, 이 모든 것은 '말'에 의해 인식되고, '말'에 의해 생겨난다. 그런데, 실현과 행동으로 전환하는 것은 현실의 영역에 속한다. 그리고 이 전환은 진리가 현실 안으로 들어가서 결코 구체화되지 않는 파열의 순간이다. 각각의 전환은 그 결과들을 보게 된다.

    나는 이 글 전체 어디에서도 청각과 '말'이 시각과 이미지보다 우월하다고 말하길 원하지 않았다. 부연 설명을 하자면, 나는 그 반대를 말할 수도 있을 것이다. 즉, 오직 시각만이 우리로 하여금 완전한 인식을 할 수 있게 한다. 또한 시각만이 확신을 준다. 그리고 시각만이 우리로 하여금 행동할 수 있게 하고, 길을 찾을 수 있게 한다. 하지만, 더는 진리를

"볼" 수 없는 인간의 현 상태에서, '말'은 깨어지기 쉽고 불확실한 유일한 장소이다. 하지만, '말'은 천 배는 더 소중한 유일한 장소이며, 우리가 간과하고 지나칠 수 없는 진리의 유일한 장소이다. 오직 '말'만이 우리에게 남는다. 그런데, '말'은 부득이한 수단이기는 하지만, 우리에게는 빵만큼이나 필수적인 것과 더불어 우리 사이에 '합일'communion을 이루기 위해 둘도 없이 소중하다. 인간은 빵만으로는 살 수 없고 아버지 하나님에게서 나오는 모든 '말'로 살아야 할 것이다.

그런데, 우리의 현 상황에서 이 '말'은 그 자체로 부족하지만, 우리가 지옥에 빠지지 않기 위해 우리에게 남아 있는 유일한 선물이다. '말'에서 벗어난 인간의 시각은 지옥이다. 사르트르Sartre가 우리에 대한 타인들의 시선에 대해 말할 때, 그의 견해는 틀리지 않다. '말들'이 완전히 허무하고 공허하며, 아무 것도 전달하지 못하고, 아무 것도 바뀌게 하지 못하는 동안에도, 인간의 지옥과 닫힌 문은 바로 어떤 진리도 발견하지 못할 시선이다. 그것은 치유할 수 없는 파열이다.

그러나 그 상처의 심각함을 느끼는 인간은, 끊임없이 거기서 치유하려고 시도해 왔다. 존재의 통일성을 재발견하려는 것처럼, 끊임없이 사람들은 시각을 통해 진리를 복원하려고 했거나, 혹은 시각과 '말'을 한데 묶어 일치시키려고 시도했다. 이전 시대에서 이것은 신비주의자와 영지주의자가 항상 새롭게 하는 시도였다. 여기에서 모든 것은 시각에 집중되어 있다. 물론, 사람들이 보는 것은 '말'을 통해 전달되지만, 진리는 결국 시각이다. 천사들의 계급, "낙원", 빛의 발현, 이 모든 것은 시각적 영역에 속한다. 결국, 이것은 우리에게 필수불가결한 것에 대한, 또 우리가 그림자와 형상에 의해서만 소유할 수 있는 것에 대한, 완전한 관계와 명백한 인식을 다시 정립하는 일이다. 그러나 이 시도들은 항상 실패했다. 왜냐하면 신비주의자의 경험이 아무리 참되더라도, 신비주의자는 다른 사람과 그 경험을 공유할 수 없기 때문이다. 그래서 신비주의자는 단지 그 경험에 대해 이야기 할 수 있을 뿐이다. 바로 그렇다. 그리고 모든 사람은 이 보여 진 충만함을 '말'로 표현할 수 없다는 비극을 경험했다.

그런데, 오늘날 기술을 통해, 시각에 의한 진리와의 화해나 혹은 진리에 대한 접근은 더 이상 신비주의자의 일이 아니라, 기발한 기계 장치의 일이다. 이것은 앞에서 시청각이 드러낸 거짓의 요점이다. 그리고 이것은 항상 더 정교한 장치 덕분에, 시각과 청각의 정확한 일치에 의해 단절을 복구하고 존재의 통일성을 다시 만드는 것이다. 그러나 이것은 결국 진리를 배제하거나, 혹은 진리를 부차적인 어떤 유용성이나 부수적인 용도로 국한시킨다. '말'은 그 가치를 잃어버리고, 진리는 효율적이고 유용한 현실에 종속된다.

인간이 자신의 삶의 의미를 발견하는 것은, 아무리 미묘한 기구일지라도 그 기구에 의해서가 아니며, 타인들과의 '합일' 관계에 의해서도 아니다. 훌륭한 철학자들이 무엇이라고 하든지, 인간은 자신에게 의미가 없으면 삶을 영위하지 않는다. 또한 인간이 절망적으로 오해 가운데 있다면, 그는 삶을 영위하지 않는다.

시청각은 신비주의자의 시도와 동일한 시도이다. 단지 시대가 다르고, 문화적 배경이 다르며, 현실과 진리에 대한 개념이 다를 뿐이다. 신비주의자의 시대에, 진리는 초월적인 것으로 보였다. 그리고 진리는 현실적이 되어야 했고, 진리와 완전히 마주쳐야 했는데, 오직 시각만이 그것을 가능하게 했다. 오늘날 오직 현실만이 중요하며, 중요한 것은 정의되고 측정되는 것이다. 이 현실을 진리로 만들어야 하고, 진리를 현실 쪽으로 데려와서 진리에 의미를 부여해야 한다. 그래서 진리의 유일한 증인인 '말'은 이미지 안으로 섞여 들어갈 수밖에 없다. 이것은 우상 종교의 길이었으며 금지된 길이었다. 너는 너를 위하여 사물들의 어떤 형상도 만들지 말고, 너는 그것들을 경배하지 말라는 것이다. 현실과 결부된 경배, 그것은 현실만이 참되다고 하는 선언이었다.

1. 빛

그렇지만 지금 빛의 신적 현존을 어떻게 무시하겠는가? "하나님은 빛이다."는 흔히 볼 수 있는 표현이다! 빛은 볼 수 있게 해 주는 것이다. 오직 빛에 대해서만 말하는 요한복음 전체를 어떻게 듣지 않겠는가? 소위 아레오파고스 재판관 디오니시우스434)가 껑충껑충 뛰며 외친 빛에 대한 훌륭한 신학을 어떻게 고려하지 않겠는가?435)

"하나님은 **빛**이다. 처음이고 심오하며 창조적인 이 빛에 각 피조물이 참여한다. 각 피조물은 그 능력에 따라, 다시 말해 존재의 등급 안에서 차지하는 서열에 따라, 그리고 하나님의 생각이 각 피조물을 위계적으로 위치시킨 그 수준에 따라, 신적인 조명을 받고 전달한다. 그 방출된 빛으로부터 나온 **우주**는 폭포처럼 흘러내리는 빛의 분출이다. 원래의 **존재**로부터 나오는 빛은 창조된 존재 각각을 그 불변의 자리에 배치한다. 그러나 그 빛은 모든 것을 하나로 묶는다. 사랑의 끈인 빛은 온 세상을 순환시키고, 질서와 일관성을 갖추게 한다. 모든 사물이 다소간 그 빛을 반사하기 때문에, 연쇄적 반사를 통해 이 빛의 방출은 어둠의 깊은 곳들로부터 반대되는 운동, 곧 그 광채

---

434) [역주] 디오니시우스(Dionysios). 사도행전 17장 23-34절에도 나오는 인물로서, 사도 바울이 아테네의 아레오파고스 법정에서 설교할 때 감동하여 후일 사도 바울에 의해 개종한다. 그는 아테네의 첫 감독이 되고, 기원 후 95년 그리스도교 박해 때 화형을 당한다.
435) 이러한 신학 및 그 결과들에 대한 훌륭한 연구인 뒤비(G. Duby)의 앞에 나온 책 『대성당의 시대』*Le Temps des cathédrales*를 볼 것.

의 중심을 향한 반사운동을 일으킨다. 따라서 **창조**의 빛나는 사역은, 모든 것이 그 존재로부터 유래하는, 보이지 않고 말로 표현할 수 없는 **존재**를 향해 조금씩 점진적으로 거슬러 올라가게 한다. 모든 것은 가시적인 것을 통해 이 **존재**에게로 회귀한다. 그런데, 이 사물들은 그 위계 수준이 높아감에 따라 점점 더 그 **존재**의 빛을 반사한다. 이렇게 피조물은 유추와 일치의 사다리를 통해 창조자에게로 향한다. 그러므로 이러한 유추와 일치를 차례로 설명하는 것은, 하나님을 인식하면서 나아가는 것이다. 피조물이 하나님의 비침에 다소 둔감함에 따라, 절대적 빛인 하나님은 다소간 각 피조물 안에 가려져 있다. 그러나 각 피조물은 사랑으로 피조물을 관조하기 원하는 자 앞에서 자신이 숨긴 빛의 일부분을 발산하기 때문에, 각 피조물은 자신의 분량에 맞게 하나님을 드러낸다."436)

이렇게 훌륭한 글의 작성을 통해, 진리에 관해 설정된 시각의 모든 함정이 숨겨진다. 왜냐하면 순수하게 영적인 어떤 빛으로부터 햇빛으로의 전환은 항상 지속되기 때문이다. 그런데, 이 햇빛은 피조물을 밝히고 우리에게 형태, 색깔, 움직임, 현실을 드러낸다. 그런데, 우리가 여기서 말하는 빛은 오직 대비와 유추에 의한 것이며, 더 나은 표현을 찾을 수 없기 때문에 쓰는 표현이다. 한편, 영적인 빛은 일시적이고, 물질적인 빛이 된다. 디오니시우스의 모호한 신학은 쉬제르437)의 매우 구체적인 건축물에 영감을 주게 되고, **보이지 않는 존재**의 빛은 **태양**의 빛이 될 것이다. 이것은 설명할 수 없는 것을 설명하기 위해, 또 진리와 현실, 곧 **창조**

---

436) 뒤비(G. Duby).
437) [역주] Suger de Saint-Denis(1080-1151). 프랑스의 성직자이자 정치가. 법 이론의 재능 및 관리·조직과 외교적 수완이 뛰어나 봉건제에 대항하여 왕권의 강화를 꾀하는 등 정치가로서도 공적을 쌓는다. 그는 생드니(Saint-Denis)에서 성 베르나르(Bernard)의 개혁운동을 본받아 수도원의 개혁과 기강의 확립에 힘쓰며 웅대한 고딕식 경당을 그곳에 건립한다.

자와 그의 **피조물**을 하나의 전체로 통괄하기 위해, 시각과 현실을 필요로 하는 신학이다.

그러나 기독교 사상에서 '솔 인빅투스'438) 신학의 잔재를 어떻게 보지 않겠는가? 태양은 빛의 원천이고 생명의 원천이다. 그리고 종교들의 이런 전통 방식은 이제 과학적이고 엄밀하며 정확한 방식이 된다. 이것은 더 이상 시적이며 황홀경에 빠진 정신착란이 아니라, 우리 세계에 대한 가장 나은 인식의 표현이다. 모든 것이 태양에서 생겨났고, 모든 생명이 태양에서 비롯된다는 것이다.

분열된 우주를 화해시키고자 하는 유혹은 얼마나 강한가. 그러나 끝없이 이러한 한계로 돌아와야 한다. 에덴의 문을 지키는 불타는 그룹 천사의 유혹이 그럴 것이다. 그러나 '솔 인빅투스'는 기원이 되는 창조주 하나님이 아니며, 세상을 창시하는 '말'을 가진 창조주 하나님이 아니다. 아 것은 **사랑**이 아니고, **의미**가 아니며, **진리**가 아니다. 그리고 그 무자비한 불꽃은 다만 우리를 "신적 **허무**" 속으로 끌어들일 수 있을 뿐이다. 유추와 비유만 있을 뿐, 이 빛으로는 더는 아무 것도 볼 수 없고, 그 너머에 아무 것도 볼 수 없다.

우리는 요한의 서문으로 다시 돌아가야 한다. 여기서 균형은 적절하다. "태초에 말이 있었다. 그 말은 세상의 **빛**이었다." 이것은 근본적인 통일성이며, **말**과 **빛**, 이 둘의 연합이다.

창조 안에서 이미 '말'과 빛 사이의 연결이 완전한 방식으로 설정되었다. 즉, 빛은 '말'의 **결과**이다. 하나님은 다음과 같이 말한다.

    빛이 – 있으라.
    빛이 – 있었다.

---

438) [역주] '솔 인빅투스'(sol invictus). 후기 로마제국의 '태양신'을 가리키는 표현이다.

빛을 – 경험한다.

빛과 어둠이 나뉘었다.

빛을 – 낮이라 지칭했다.

'말'과 그 결과인 빛은 완전히 서로 침투하고 투명한 채로 나타난다. 형태와 내용 사이에 일치가 이루어진다. 그러나 그것은 창조의 시간이다. 요한의 서문과 **새로운 창조**의 서문과 요한계시록에서처럼 그러하다. 물론, 빛은 특전이 주어진 존재로서, 진리와 현실에 동시에 접근하게 한다. **진리**에서 비롯된 빛은 문자 그대로 현실의 계기가 된다. 왜냐하면 창세기 텍스트에서 빛은 시간의 나타남이기 때문이다.

창조하는 **'말'**은 그 처음 나타남에서부터 빛을 분출하게 한다. 그러나 이것은 두 번째 빛이다. 그것은 오직 이 '말'을 하는 존재 안에서, 그림자도, 굴절도, 이원성도, 비밀도, 신비도, 모호함도 전혀 없음에 대한 표현이다. 이 '말'은 완전히 분명한 근원 안에 있고, 어떤 유보함도 없다. 그리고 빛은 만물 속으로 침투하여, 숨겨져 있을 수도 있는 모든 것을 나타나게 하고 분명히 드러나게 한다. 여기까지는 단절이 전혀 없다. 그러나 그렇더라도 빛의 종속은 있다. 빛은 **첫 번째** 피조물일지라도 **피조물**이다. "하나님은 빛이라."고 언급한 곳은 어디에도 없으며, "빛은 하나님이라."는 언급은 더더욱 없다. 빛은 하나님에게서 비롯된다. **하나님의 영**은 빛의 영이고, 어둠의 영이 아니며, 눈부심의 영은 더더욱 아니다.

분명히 이것은 생명과 빛의 일치이다. 생명은 세상의 빛이다. 생명, 곧 살아있는 것이 모든 판단과 분별의 기준이 될 수밖에 없는 것은 이런 의미에서이다. 생명을 통해, 우리는 일어나는 모든 일을 이해하고 분별할 수 있다. 생명을 통해 우리가 분별한다는 점에서, 또 선과 악이 삶과 죽음과 동일하기 때문에, 또 선과 악을 특히 인식할 수 있게 하는 시금석을 우리가 지닌다는 점에서, 생명은 빛이다. 그러나 누군가 우리에게 하나님은 접근할 수 없는 빛에 머무른다고 한다면, 혹은 하나님이 감당할 수 없는 빛에 둘러싸여 있다면, 혹은 "빛이 하나님과 함께 거한다면", 혹은 여호와의 날은 어둠이 아니라 빛이라면, 그리고 이 빛이 만물에 침투하여 숨겨졌던 모든 것을 밝게 드러낸다면, 이를 통해 우리가 아는 것은, 빛이 하나님과 동행하고 하나님과 결합한다는 사실이며, 빛이야말로 하나님의 첫 번째 피조물이라는 사실이다. 빛은 하나님이 아니다.

인간은 하나님에게 "여호와여, 당신은 나의 빛입니다"라고 말할 수 있다. 하나님에 의해, 또 하나님의 계시에 의해 하나님이 진정으로 우리로 하여금 알게 하려는 것을 우리가 아는 것은, 바로 이러한 의미에서이다. 또한 우리가 세상과 우리 자신을 자연스럽게 바라보는 것과 달리, 우리가 하나님의 관점에 위치하여 세상과 우리 자신을 바라보는 것도, 바로 이러한 의미에서이다. 그리고 여전히 예수가 자기 자신에 대해 "나는 세상의 빛이라."고 하면서도, 이와 동시에 "너희는 세상의 빛이라."고 할 때, 이것은 접근할 수 없고 어떤 식으로도 정의되지 않는 하나님과 동일시하는 것이 아니다. '진리의 말'을 받아들이는 모든 사람과 예수가 빛이 된다는 것은, '진리의 말'을 지닌 인간으로서 그러하다는 것이다. 이 **말**은 인간과 세상을 **밝히고**, 생명의 신비를 **밝히며**, **사랑**과의 관계가 지닌 신비를 **밝힌다**. 이러한 빛 속에서는 어떤 시각視覺이 문제되는 것이 아니라, 창조 속에서 '친자 관계'filiation를 드러내는 계시가 문제된다.

빛은 첫 번째 피조물이다. 마찬가지로 하나님은 "빛들의 **아버지**"로 불리며, 계시된 '말'을 받아들이는 사람들은 "빛의 자녀들"로 지칭된다. 빛은 하나님 **아버지**로부터 나와서 자녀들에게로 향하며, 이 자녀들은 이 새로운 창조의 전달자가 된다. 그러나 어디에서도 그것은 시각의 문제가 아니다.

그런데, 이 빛은 화해일 수 있으며, 진리 안에서 시각을 다시 통합하는 것일 수 있다. 그러나 이러한 일은 존재하지 않았다. "빛은 어둠 속에서 빛나며, 어둠은 이 빛을 받아들이지 않았다. … 이 빛은 세상에 옴으로써 모든 사람을 비추는 참 빛이었다. 이 빛은 세상에 있었고, 세상은 이 빛을 통해 만들어졌는데, 세상은 이 빛을 전혀 알지 못했다."

이와 같이, 아레오파고스 재판관이 본 빛의 경이로운 왕래는 존재하지 않고, 존재한 적이 없었다. 엄밀히 말하면, 이것은 창조의 규범이었고 유일한 규범이었다. 그러나 그것은 우리가 사는 세상의 규범은 더 이상 아니다. 그리고 밤과 어두움은 공통된 상황이 되는데, 이때 시각은 손닿을 거리 혹은 겨우 보이는 거리 정도만 허용하는 어두움에 의해 제한받는다.

빛은 왔다. 하지만, 빛은 어둠에 구멍을 내고 항상 지배하는 긴밀함을 뚫어버리는 화살처럼 내려 쏟아지는 강렬한 광선으로서 왔다. 우리의 대기 너머에, 항성 간의 공간은 어둠이 지배한다. 은하의 밤이다. 그리고 지구는 이 밤 속에 운행한다. 그리고 빛은 가끔 단숨에 지나가고 반사하며 알아차리게 하지만, 이것은 언제까지인가. 진리와 생명을 위한 상황에서도 마찬가지이다.

어둠은 진리를 받아들인 적이 없다. 이 빛은 예수가 바로 **메시아, 그리스도, 구세주, 하나님의 아들, 사람의 아들**이었다고 명확하게 분명히 보여준 적이 없다. 오직 예수의 인간적인 '실재'réalité만이, 곧 예수의 너무도 약한 인간적인 '실재'만이 영적인 밤에 보여 졌고, 분명히 드러났다. 그리고 우리가 그리스도를 전형적인 '인간 예수'라는 역사적 차원으로 국한시키고 싶을 때, 우리는 시각視覺의 우위를 확인한다. 하지만, 이런 시각은 오직 죽임을 당한 불쌍하고 불행하면서도 결백한 이 유대인만을 우리에게 전달할 뿐이다. 우리는 예수를 이러한 역사적 인물로 국한시키면서, 진리에 관심을 기울이기보다는 진리를 대체하는 우리 안에 있는 이미지의 지배에 굴복한다. 성육신 이미지는 가시적인 현실을 통한 진리에 대한 모독이다. 가시적인 것은 진리를 가리고 감춘다. 우리는 그 목수의 아들에게, 유랑하는 설교자에게 시선을 고정한다. 그래서 우리는 그의 '말'의 충만함을 들을 수도 없고, 그 뒤에 그 너머에 있기도 하고 그 겉모습에 있는 것을 감지할 수도 없다.

가끔 하나님의 진리의 영광이 가시적이 되는 수수께끼 같은 이야기들이 있다. 변화산 위에서 일어나는 변용變容 같은 것이다. 여기서 예수의 인간적인 외양, 곧 가시적인 부분은 유지되고, 예수의 신적인 외양이 지닌 진리는 밝히 드러난다. 영적인 빛은 육체적인 찬란함이 된다. 제자들은 분명히 본다. 이렇게 시간을 부정하면서 터져 나오는 하나님의 진리는 모순들의 융합이다. 하지만, 시선이 천 년 전에 죽은 그 인물들을 살아 있고 현존하는 존재로 나타나게 할 수 있다는 점은 명백히 받아들일 수 없다. 늘 같이 있던 친구가 하나님의 진리의 영광을 띠고 나타난다는 점은 납득할 수 없다. 그들은 두려움에 사로잡혀 어리석게 말한다. 그것은 지속될 수 없는 순간적인 것이다. 즉시 예수는 그들이 잘 인식할 수 있는 평범한 사람으로 되돌아온다. 아무 것도 이 재발견된 통일성으로부터 남아 있을 수 없었다.

엠마오 마을로 가던 순례자들에게 일어난 사건도 마찬가지이다. 여기서 예수의 몸을 후광으로 둘러싼 것은 눈부신 빛이 아니다. 그러나 우선 그것은 신비다. "이렇게 말하는 사람은 도대체 누구인가?"라는 것이다 그리고 빵을 떼면서 신비가 벗겨질 때, 또 그들이 자신들이 잘 알지만 이미 죽은 예수를 자신들의 눈으로 알아볼 때, 모든 것은 사라진다. 모든 것이 사라지고, 그들이 더 이상 아무것도 보지 못하는 것은 바로 다음 같은 때이다. 즉, 그들이 현실과 진리의 통일에 다가갈 때이고, 보여 지고 인식된 아주 실제적인 예수가 "죽은 자가 부활한다."는 놀라운 소식의 전달자가 될 때이며, 이제 진리가 죽음 가운데서 빛날 때이다. 그들과 동행했던 그 사람은 이미 죽었다. 그의 부활은 현실과 진리의 만남이면서, 재발견된 통일이다. 또한 그의 부활은 다음 같은 두 가지 삶의 만남이면서, 재발견된 통일이다. 즉, 하나는 그가 지상에서 겪은 육적이고 가시적인 실제 삶이고, 다른 하나는 빛과 진리인 동시에 창조자인 존재에 의해 투사된 진리 안에서 삶이다.

그렇기 때문에, 나는 거북스런 논점에서 모두 벗어나려고 애쓰는 **부활**에 대한 다음 같은 현대적 해석들을 거부한다. 우리로 하여금 하나님의 진리를 이해할 수 있게 하는 부활 신화. 제자들이 옛날의 예수를 계승하고 있기 때문에, 예수가 참으로 살아있음을 입증하는 제자들의 마음속에서 부활. 단지 교회의 나타남일 따름인 부활. **생명**이 항상 승리함을 입증하기 위한 이미지로서 부활.439) 정치적 저항으로서 부활. 제자들의 입장에서 볼 때, 자신들의 주인이 모든 사람을 위한 생명의 전달자이면서 진리의 전달자였음을 확인하기 위한 방식으로서 부활.

이 현대적인 모든 해석은 성서가 우리로 하여금 반드시 파악하게 하려는 것, 즉 현실과 진리 사이에, 혹은 '말과 이미지 사이에 화해와 연합과 만남을 바로 회피하고 거부한다. 우리가 앞에서 언급했듯이, 예수를 단지 역사성 안에서 이해하고자 하는 것은, 진리를 부정하면서 현실과 진리를 분리하려는 것이다. 역으로, 부활을 신화적 방식으로 또는 정치적 방식으로 이해하고자 하는 것은, 현실이나 혹은 진리를 부정하면서 이것들을 분리하려는 것이다. 또한 이것은 십자가에 달린 예수가 다시 살아 있는 몸으로 보일 수 있음을 부정하는 것이다. 그러므로 이것은 생명

---

439) 부활은 죽은 자가 생명으로 돌아오는 우스꽝스러운 사건일 수는 없다! [본문 내용을 역자가 각주로 설정]

의 진리가 이미 죽은 몸의 '실재'réalité와 결합하였음을 부정하는 것이다. 근본적이며 결정적인 것은, 예수가 **육체적으로** 이 무덤에서 걸어 나왔다는 점이다. 또 근본적이며 결정적인 것은, 부활의 의미를 남김없이 파헤치지 않더라도, 우선 부활이란 죽은 사람들이 머무는 곳, 곧 심연의 가장 깊은 곳에 들어갔던 사람이 먼저 다시 삶으로 돌아왔음을 나타낸다는 점이다.

이것은 우리의 어둠 속을 비취는 빛의 순간적인 개입이다. 이것은 인식되자마자 곧 사라진다. 그리고 이것은 수수께끼 같은 명령과 더불어, 동산지기로 오인된 예수와 마리아와의 만남에서 나오는 다음 같은 동일한 예고이다. 즉, "나를 만지지 말라. 나는 아버지에게로 아직 올라가지 않았다."는 것이다. "자기를 만지지 말라"는 것은 무엇을 의미하며, 무슨 이유로 "아버지에게로 아직 올라가지 않았다"고 한 것일까? 이 점이 바로 내가 말하고자 애쓰는 것의 핵심이라고 생각한다. 즉, 사람들이 볼 수 있는 이 부활에서, 진리는 완전히 현실과 결합했다. 이 현실은 진리가 침투해 들어갔기 때문에 완전히 새로운 것이며, 이와 동시에 진리는 보이게 되기 때문에 확실해진다.

그러나 우리와 같은 세상에 살고 있는 사람들에게는 넘을 수 없는 거리가 존재하기에, 변화산과 엠마오 사건에서 그랬듯이, 지속적인 방식으로 이 새로운 창조를 포착하거나 붙들 수는 없다. 시간이 끝나지 않았기 때문에, 이 새로운 창조는 언뜻 보여 진 즉시 사라진다. 내가 아직 아버지에게로 올라가지 않았기 때문에, 이렇게 돌아간 이후에만이, 다시 말해 말세에 화해가 이루어짐을 모든 사람이 볼 때만이, 너는 지속적으로 볼 수 있고 파악할 수 있다는 것이다. 이 '말'은 성서의 마지막 발견인 '말'과 이미지의 화해로 우리를 이끌어 가고, 현실과 종말론적 진리의 화해로 우리를 이끌어간다.

2. 화해

구약성서에서 나타난 '시각적 인식'의 특성

우리는 '시각적 인식'vision과 '신의 나타남'théophanie에 관해 우리가 간략히 설명한 내용을 재론하지 않을 것이다. 더 멀리 나아가려고 애써야 한다. 간혹 '말'과 오로지 동일시되는 징표나 꿈에 대한 '시각적 인식'440)은, 단지 하나님과의 개인적인 만남을 위한 선례이고 전제조건이다. 그런데, 그 자체로는 결코 시각적이지 않은 이런 만남은 인간에게는 항상 궁극적인 순간으로 간주된다.

하나님에 대한 개인적인 '시각적 인식'은 매번 치명적인 심판으로 여겨진다. 그런 식으로 이사야는 '환상'vision을 받고, 이 '환상'이 끝이 아니라 시작이 되도록, 이사야는 정화淨化의 불을 통과해야 한다.441) 그러나 이 단절은 전체적인 것이다. 그리고 이 단절에서 비롯되는 예언은 마지막 약속을 동반하는 단죄와 심판의 예언이다.442) 에스겔은 여호와를 보았다고 말하지 않으나, 그 영광의 놀라운 광채를 묘사한다. 위의 두 경우에서 백성은 하나님의 '말'을 들을 수 없다는 통고와 함께, 단죄와 궁극적 심판의 예언이, 시간 속에서 보여 진 여호와의 현존으로부터 나온다. 예언자443)는 듣는 유일한 사람이다. 그는 말세의 '말'을 듣는다.

사람들은 하나님을 보고는 살아남을 수가 없다. 이 만남으로부터 삶의

---

440) "**여호와**가 환상 가운데서 말했다." 사람들은 '환상'(vision)에 대해 아무 것도 모르고, '환상'에 대해 아무 말도 하지 않지만, 사람들은 말을 전한다. … 창세기 15장 1절, 창세기 46장 2절, 민수기 12장 6절 등등.[본문 내용을 역자가 각주로 설정]
441) 이사야 6장.
442) 이사야 6장 13절.
443) [역주] 프랑스어 'prophète'는 한글개역성서에는 '선지자'로 번역되어 있다. 그러나 'prophète'는 "앞일을 미리 아는 사람"이라는 뜻이 아니라 "하나님의 말을 전달하는 자"라는 뜻으로 '선지자'와는 전혀 다른 의미를 가진다. 히브리어 'nabi' 역시 '예언자'라는 뜻이지 '선지자'라는 뜻이 아닌 만큼, 이 번역본에서는 한글개역성서의 오역을 따르지 않고 '예언자'로 번역하였음을 일러둔다.

변화가 일어나는데, 이것은 사람들이 **궁극적인** 순간과 죽음과 새로운 탄생으로 들어갔기 때문이다. 또한 절대적인 새로운 시작이 있고, 제시된 새로운 '절대'가 있으며, 이전에 하나님을 만난 사람과 이후에 하나님을 만난 사람 사이에 어떠한 연속성도 없다. 이런 만남에 선행하는 '환상'은 궁극적인 환상이다. '환상들'로 말할 것 같으면, 먼저 예레미야의 살구나무 가지나 스가랴의 에바 등과 같이 존재하지 않는 어떤 대상을 선견자가 구분하고, 이 대상으로부터 어떤 설명이 주어지는 '환상'이 있다. 혹은 다니엘과 스가랴의 '환상' 같은 하나의 이야기로서 전개되는 '환상'이 있다.

그런데 이 '환상들'은 우리가 나중에 이야기할 요한계시록의 '환상들'과 아주 유사하다. 그러나 이 '환상들'이 항상 이중적인 차원을 지닌다는 점을 미리 지적해야 한다. 하나의 역사 기록으로서 이 '환상들'은 이스라엘 백성을 위한 메시지와 함께 구체적이고 현존하는 상황과 관련되어 있지만, 이와 동시에 영원하고 최종적인 차원도 있다. 즉, 이것은 하나님의 역사적인 개입을 알리는 것일 뿐 아니라, 궁극적 진리의 선포이기도 하다. 에스겔이 본 바싹 마른 해골들의 '환상'은 당연히 "역사적인 것"이지만, 거기서 부활의 예언을 어떻게 보지 않을 수 있겠는가. 그것은 종말론적 차원의 것이다. 마찬가지로 스가랴의 '환상들'은 모두 이중의 차원을 지닌다. 사실 어떻게 이 '환상들' 속에서 항상 등장하는 하나님의 심판이 더 나아가지 않고 일시적 심판으로 그친다고 생각할 수 있겠는가. 이스라엘의 하나님은 자기 백성의 역사 속으로 들어오고 그 백성과 함께 하기 위해, 또 이 역사 속에 현존하는 하나님이면서 동행하는 하나님이 되기 위하여, 전능한 하나님인 동시에 만군의 여호와가 된다. 하나님의 '말'과 하나님이 제시하는 '환상들'은 이런 시간과 장소에 오로지 국한되지 않는다. 그리고 동물인 말과 밧줄과 촛대와 올리브나무와 에바 등과 같은 스가랴의 모든 '환상들'은 심판의 '환상들'이다. 에스겔서에서 새 예루살렘에 대한 '환상'처럼, 혹은 다니엘서에서 동물과 번쩍이는 사람과 미가엘 대천사 등등에 대한 '환상'처럼, 보여 진 모든 것은 항상 마지막 전투, 최후의 심판, 재창조, 부활과 관련되어 있다.

또 엄밀하고 한결같은 이런 관계, 즉 내가 생각하기에 보여 진 것과 종말론적인 것 사이에 완전히 의미심장한 이 관계는 가끔 명시적으로 표현된다. 요엘은 마지막 날에 젊은이들은 '환상들'을 볼 것이며 늙은이들을 꿈들을 꿀 것이라고 선포한다. 그리고 욥은 내 육체가 썩어질 때 내 눈이 그를 볼 것이라고 선포한다. 그러므로 '환상'은 말세와 관련되어 있다. 진리와 현실의 충만함 가운데서 하나님을 볼 가능성이 생겨날 수 있는 것은, 현재의 현실이면서 우리의 현실인 우리가 사는 세상의 현실이, 어떤 다른 현실로 대체되기 위해 사라져 버렸을 때뿐이다. 그런데, 우리는 똑같은 시각視覺의 상황을 신약성서에서 발견한다. 예수가 "마음이 깨끗한 사람은 복이 있다. 왜냐하면 그들이 하나님을 볼 것이기 때문이다."라고 말할 때이다. 이것은 시간성 속에서, 또 우리의 현재의 현실 속에서 하나님을 보는 것이 아니라, 인간 존재의 절대적이고 근본적인 새로움을 지칭하는 마음의 깨끗함에 연결된 궁극적 '환상'을 보는 것이다. 이것은 일시적이지도 않고 우연하지도 않으며 우발적이지도 않은 쇄신이며, 이사야의 입술처럼 완전히 깨끗해진 마음이다. 이것은 새로운 창조의 표시들이다.

마찬가지로 변화산에서 변용은 이미 부활하고 영광중에 있는 예수를 보는 것이고, 최후의 심판에서 우리가 볼 예수의 모습을 보는 것이다. 이러한 예수는 종말론적 관점에서 보여 진 예수다. 스데반이 죽는 순간에 하늘이 열리는 것을 볼 때, 그의 '환상'도 마찬가지이다. 이것은 꿈이 아니라, 새롭고 궁극적인 현실로서만 보여 질 수 있는 것을 보는 것이다.

요한 계시록의 '환상'

그리고 이제 요한계시록을 보자. 예를 들어 요한계시록의 특징 중 하나는, 아주 명확하게 '환상들'이 줄지어 나타나는 것이다. 시각은 결정적인 역할을 한다. 모든 것이 '환상들'에 근거하는데, 하나님의 보좌에 대한 '환상', 영광중의 그리스도에 대한 '환상', 하나님의 영광 자체에 대한 '환상' 등등이다. 그러나 물론 이 '환상들'에는 의혹이 뒤따른다. 즉, 이것은 근거가 없는 상상으로 여겨지든지, 또는 일종의 문학적 구성물로 여겨지든지 한다. 달리 말해, 계시록의 저자들과 첫 번째 저자인 요한은 아무 '환상'도 본 적이 없었을 수도 있으며, 이것이 그냥 스스로를 표현하는 방식에 불과할 수도 있다는 것이다. 즉, 그저 문학 장르라는 것이다. 다시 말하자면, 그 시대와 그 환경에서는 진리를 표현하기 위해, 진리를 '환상'에 근거를 두게 할 필요가 있었다는 것이다.

그래서 예언자들은 실제로 '환상들'을 보았으며, 이사야는 자신이 말한 대로 여호와의 영광을 보았다고 가끔 판단된다. 그리고 예언자들 사이에서 이 점은 극도로 과격한 논쟁의 빌미가 될 수 있는데, 이것은 '환상'을 참으로 본 사람들과 '환상'을 보지도 않았으면서 보았다고 주장하는 사람들 간에 일어난다. 그래서 '환상'은 예언 전체에서 제한된 자리를 차지하고, 본질적인 것은 "여호와가 말한다."거나 또는 "여호와의 말"이다.

점차적으로 '환상'은 보다 중요해지지만, '환상'은 자체의 엄밀함을 잃는다. 예를 들면, 스가랴의 경우 '환상'은 사람들이 그로 하여금 표현하게 하려는 것에 너무도 부합하고 동일한 것으로 나타나기에, 사람들은 적절한 예증이라는 인상을 거의 갖는다. 그런데, 이 점은 다음 같은 측면을 약간 드러낸다고 할 수 있겠다. 즉, 예언자에게는 언급해야 할 어떤 것이 있는데, 예언자는 언급해야 할 어떤 것이 인상적이고 의미심장하며 자극적이 되도록 하기 위해, 에스겔의 행동처럼 행동할 수 있다. 또한 예언자는 '말'이 즉시 감지될 수 있도록 하기 위해, 군중 앞에서 너무나 구체적으로 말하는 나머지 이 '말'은 마치 보이는 것같이 된다. 또한 예레미야의 멍에 같은 것이 있다. 그는 사람들에게 '말'이 뜻하는 것을 보게 한다.

그리고 그렇게 함으로써 사람들은 살아있는 그림으로 넘어가는 것이 아니라, 그들 앞에서 묘사된 '환상'으로 넘어간다. 그러나 '환상'은 일종의 수수께끼처럼 제시된다. 또한 충격을 주기 위한 수단 같은 것도 있다. 예언자가 정말 '환상'을 보았는지는 확실하지 않지만, 예언자는 메시지를 설명하기 위해 그림이나 또는 기호를 사용한다. 그는 계시를 완전하게 만들기 위해 시각에 의뢰한다. 그렇지만 자신이 보았다고 선포하는 하나님의 사람이, 사실 아무 것도 보지 않았다고 단언하는 것은 어쨌든 미묘한 일이다!

역사적 변화를 통해 해석하는 것은 매우 쉽다. 그리고 예를 들어 다음 같이 기술하듯이 흔히 경멸적인 뉘앙스로, 계시에 대한 예언적 사고가 묵시적 사고로 대체되었다고 말하기도 매우 쉽다. "계시록의 저자들은 더는 예언자들이 아니다. 예언자들은 '말'을 자유롭게 구두로 표현함으로써 행동했던데 반해, 계시록의 저자들은 작가들이었으며 그들에게 있어 '환상'과 신적 계시는 단순히 하나의 문학적 형태 일뿐이다."444) 그러나 우리가 무슨 입장을 취하든지 간에, 사람들은 계시록의 저자들이 실제로 '환상들'을 보지 않았다고도 정말로 생각하지 않으며, 이 '환상들'이 "문학 장르"라고도 여기지 않는다! 그렇지만, 계시록에 더는 '말'이 있는 것이 아니라 완전히 다른 어떤 진행 과정이 있다는 점을 고려한다면, 위의 인용내용은 흥미롭다. 이 진행 과정은 '환상'으로부터 다른 표현으로

---

444) 스카버트(Scharbert), "도덕과 구약성서" Morale et Ancien Testament 에서.

의 전이, 즉 '표기表記'écriture로의 전이이다.

실제로 예언자가 글을 쓰는 사람이 되는 것은 거의 확실하다. 이와 같이 예언자는 '환상'445)으로부터 '표기'로 옮겨간다. 사람들의 손에서 손으로 전해지는 것은 책과 문서이다. 예언자는 즉시 자신이 말하는 대상으로 삼는 군중과 더는 밀접한 관련이 없다. 그리고 사실상 '환상'이라는 형식은, 대중 앞에서 '말'로 표현되기보다 책으로 묘사될 가능성이 훨씬 더 많은 법이다. 이사야의 '환상'은 이사야가 이 '환상'을 연설을 통해 명시했던 것이 아니라, 즉시 글로 기록했던 것 같다. 다시 말해, '읽기'는 시각적 작용이기 때문에, '환상'은 그 자체가 시각에 이끌리는 경향이 있는 텍스트를 만들어낸다. 또한 '표기'는 '말'이 다시 됨으로써 되살아나기를 기다리면서, 말해지기 위해 만들어진 고착된 텍스트의 모호한 형태 속에서 '환상'과 '말'을 결합시킨다.

그러나 더 중요한 두 번째 관심사가 있다. 바로 예언자들이 아무 '환상'도 보지 못하고 단지 **계시**를 표현하기 위해 이런 방법을 사용한 것이라면, 왜 하필 이 방법인가? 모든 것이 '말'에 집중되어 있고, 모든 것이 오직 '말'에 의해서만 계속 존재하는데도, 왜 시각을 다시 끌어들인다는 말인가? 왜 자세하고 구체적인 묘사들을 제시하는 것인가? 왜냐하면 우리가 앞으로 나아갈수록 실제로 시각적인 것의 부분이 더 커진다는 점을 분명히 고려해야 하기 때문이다. 요한계시록은 전체가 '환상들' 위에 세워진 건축물이다. 아마도 요한계시록은 묵시 문학 전체의 최고봉이다. 이것은 단지 내용, 사고의 견고함, 연속성, 메시지의 발전 때문만이 아니라, 어떤 텍스트를 여러 얇은 조각으로 잘라내는데 능숙한 역사비평 주석가에게는 미안하지만, 이미지와 '말'의 상호 침투 그리고 이미지와 '말'의 엄밀성 때문이다. 모든 것이 그토록 강한 시각적 이미지로 구성되어

---

445) 나는 예언자가 '환상'을 보았다고 인정한다. [본문 내용을 역자가 각주로 설정]

있어서, 독자는 그 이미지를 틀림없이 "보게" 되는데, 여기서 '말'은 이미지를 명백하게 하는 것이다. '말'은 진리의 선언일 뿐만 아니라, 이미지와 관련하여서는 이미지의 배경과 의미가 되는데, 이 의미는 직접적이지 않고 상징적이며 영속적이다. 메시지는 그 자체로 이미지가 되지 않는다. 따라서 이해하기 위해 보는 것만으로는 충분하지 않다. 메시지는 '보여 진 것'의 초현실성을 오직 드러낼 수 있는 '말'과 '보여 진 것'이 뒤얽힘으로써 형성된다. 따라서 나는 '말'이 단순히 문학적 수단이나 또는 소설가의 비결이 아님을 말하고 싶다. 시각이 촉발되는 것이 중요하고, 심지어 상상적인 '환상'이 이미지로서 재현되는 것이 중요하다. 그러나 요한계시록은 "마지막 때"에 대한 선포이며, **심판**과 새로운 창조에 대한 선포이다. 늘 그런 것은 아니지만, 적어도 **정경**正經에 받아들여졌던 것은 이런 요한계시록이다.

또한 영지주의적인 유형의 '환상'도 있다. 이 '환상'은 불변의 신적 체계와 관련되고, 천상의 위계 조직, 즉 **"하늘"**의 위계 조직과 관련되며, **"영원"**으로 들어가는 '환상'이다. 예를 들어, 에스겔의 '환상', 그룹 천사와 동물 등의 '환상'이 이런 종류에 속하나, 성서에서는 매우 드물다고 할 수 있다. 그리고 진정으로 묵시적인 유형의 '환상'이 있다. 이 '환상'은 어떤 움직임 속에 개입되는데, 즉 궁극적인 순간을 향해 나아가도록 정해진 연속적인 진행 속에 개입된다. 그런데, 여기에서는 인간을 실존적으로 문제 삼는 '절대' 속에서 하나님과의 만남이 연관되든지, 혹은 역사 속에서 행동하지만, 자신의 백성을 궁극적 상황에 놓아두는 하나님에 대한 재발견과 연관되든지, 혹은 "세상의 종말"과 전체적인 새 창조를 지향하는 마지막 때에 대한 이해가 연관된다.

상상적인 '환상', 영지주의적인 '환상', 묵시적 '환상', 이 세 가지 경우에서 계시록과 묵시적 '환상들'은 결정적인 급진성을 표현한다. 그리고 나는 이것이 바로 '환상'의 과정이 표현하는 바라고 생각한다. 즉 거기까지 하나님의 **'말'**은 '말'의 불확실함을 지닌 채 역사 속으로 들어와 낯선 현실을 꿰뚫는 동시에, 인간을 모순 속에 둔다. 이와 반대로, 요한계시록은 '환상'을 통해 진행된다. 왜냐하면 마지막 때의 알림은 이 모순이 끝남을 알리는 것이고, 현실이 "타락 이전의" 위상을 되찾는 새로운 창조 속에서 모든 것에 큰 변화가 일어나는 것이기 때문이다. 그러므로 역사가 흐르는 동안 불가능했던 것을 그제야 비로소 보는 일이 가능하다.

따라서 묵시적 '환상'은 다소간 의심스러운 어떤 문학적 기법도 아니며, 시대의 유행도 아니다. 이것은 완전히 자체의 목적에 충실한 것이다. 만약 요한계시록이 최종적인 화해와 요점을 입증한다면, 이 화해는 당연히 현실 전체를 포함한다. 이 때문에 시각視覺을 통해 이 현실을 이해하게 된다. 그러므로 '말'과 함께, 또 '말'처럼, '환상'은 하나님의 일에 대한 이런 계시를 적절하게 표현하는 방법이 된다.

3. 성화상과의 관계 회복

우리는 성화상에 대해 매우 신랄하게 비판하는 입장에 있었다. 그러나 여기서는 물론 화해가 성화상에도 적용된다! 사실 놀랍게도, 성화상의 신학에서 언급되는 모든 것은, **'궁극적인 것'** 속에서 주어질 것에 대한 현재의 확신으로서만이 종말론적 관점에서 완전히 받아들일 만하다. 성화상은 종말론적인 전례의식과 관계가 있다. 즉, 성화상은 미래의 삶을 만나는 것과 관련되어 있다.446) 또한 성화상은 우리를 주主의 강림 안으로

---

446) 에브도키모프(Evdokimov).
 [역주] Paul Evdokimov(1901–1970). 러시아 동방정교회 평신도 신학자.

이끌어 가고, 우리에게 "인간 존재 전체의 변모에 대한 기대"를 보여준다. 그리고 성화상은 "여덟 번째 날"의 신비 속으로 뚫고 들어가게 하는데, "종교적 경험의 관점에서 성화상은 여덟 번째 날의 빛 속으로 하나님에 대한 '시각적 인식'vision을 유도한다."는 것이다. 그러나 사람들은 우리가 그 여덟 번째 날에 거기 있지 않다는 점을 단지 잊는다! 에브도키모프 자신은 정확하게 그렇게 기술하는데, 이것은 하나의 "종말론적 과업"이자, "궁극적인 것들에 대한 묵시적 '환상'vision과 연결된 예술"이라는 것이다.

여기서 우리는 또다시 동의할 수 있다. 시각의 이러한 사용, 즉 **'말'**과 **'시각적 인식'**의 화해는 오로지 종말론적이며, 이 화해는 약속되어 있다. 그런데 이 화해는 단절의 종식에 대한 약속이기는 하지만, 아직 실현되지 않은 약속이다. 또한 이 화해는 궁극적인 종말의 신학에 속하고, 오직 이런 신학과 관련된다. 물론, 이 신학은 사변적인 사고와 직접적인 연계성이 없지만, 마찬가지로 현재의 어떤 "입증"의 계기도 될 수 없다. 사람들이 "성화상은 물질의 성화聖化와 육신의 변용變容 같은 **성육신**의 궁극적인 결과들을 설명한다."고 하면서 성화상을 옹호하려 애쓸 때, 그렇게 설명하는 것은 좋다. 하지만, 육신은 아직 변용되지 않기 때문에, 성취된 현실로서 성화상을 보여주는 것은 결코 좋지 않다. 바울은 육체가 어떻게 될지에 대해, 또 죽지 않고 썩지 않는 몸, 영광스러운 몸, 영적인 몸이 무엇을 의미하는 지에 대해 우리는 아무 것도 알 수 없다고 분명히 언급한다. 우리는 이 모든 것이 무엇을 뜻하는지 모르며, 그것을 보여줄 수도 없다.

"미래의 시대와 마주하는 '시각적 인식'은 성육신한 **'말씀'**Verbe에 대한 시각적 인식"이라고 말할 수 있다는데 완전히 동의한다. 하지만, 이것은 미래와 관련된 문제이다. 심지어 상징적으로도, 자신의 영광 속에서 성육신한 **'말씀'**을 시각적 방식으로 우리에게 나타낼 수 없다. 다른 말로 하면, 상징적으로 제시된 현실을 요구하는 성화상은 거짓으로 남아 있다. 하지만, 약속을 상기시키는 것으로서, 또 아직 이루어지지는 않고 단지 예고된 시각과 '말'의 화해에 대한 표현으로서 성화상은, 다음 같은 것으로 남아 있다는447) 조건에서는 받아들일 만하다. 다시 말해, 성화상이 어떠한 현실도 지니지 않고, 어떠한 전례의식적인 역할도 하지 않으며, 경건이나 혹은 기도를 고착시키지 않으면서, 단지 하나님이 우리를 어떤 방향으로 인도하는지 알기 위해 사람들이 참고하는 단순한 이정표로 남아 있다는 조건에서이다. 그러나 사람들은 이정표를 바라보지 않고, 길 위를 걸어간다!

그러나 에브도키모프가 자신의 성화상의 신학을 전개하는 내내 매 단계마다 다음 같이 주장한다는 점을 확인하는 것은, 우리의 문제에 있어 매우 의미심장하다. 즉, 그는 거기에 제시된 것은 종말론적인 영역에 속하며, 그것은 말세의 구체화된 현존이라고 주장한다. 다시 말해, '말'과 이미지의 화해 안에서 진리와 현실의 화해를 알리는 종말론적 신학으로서, 이 성화상의 신학은 완전히 정당하고 진실하다는 것이다. 그러나 이 점을 통해, 현재의 구체적인 성화상을 만드는 것이 조금이라도 허용되는 것은 아니며, 특히 우리 육체의 눈에는 보이지 않는 것에 대한 입증이 조금이라도 허용되는 것은 아니다. 또한 새로운 창조가 이루어지기 전에 땅에 발을 붙이고 사는 현재의 인간에게, 유추도, 반영도, 알레고리도, 상징체계도 보이지 않는 하나님의 이미지를 제시할 수 있게 하지 않는다. 이 보이지 않는 하나님은 영광중에 다시 올 예수 안에서 단 한번 성육신되는데, 우리는 이 하나님에 대해 아무 것도 상상할 수 없다.

---

447) 물론, 그러한 것으로 남아 있었던 적은 없다! [본문 내용을 역자가 각주로 설정]

4. 요한복음

육신의 눈이 보는 것과 영의 눈이 보는 것

화해의 알림이라는 측면에서, 요한복음에 별도의 위치를 부여해야 한다. 왜냐하면 요한복음은 시각과 '시각적 인식'의 문제가448) 가장 끊임없이 상기되는 성서 책이기 때문이다. "보다"voir라는 동사는 약 60페이지의 텍스트에서 백 번 이상 끊임없이 등장하고, 아마도 이것이 이 책에서 가장 중요한 주제 중 하나이다. "요한"은 육체로 주主를 직접 보지 못한 세대, 즉 두 번째 세대에 속하기 때문에 아마도 그랬을 것이다. 따라서 두 번째 세대는 시각을 중요하게 여기거나 혹은 그렇지 않을 수도 있다. 바울은 살아있는 예수를 육체대로 알았느냐 몰랐느냐는 중요하지 않다고 주장하면서, 재빨리 시각의 문제로부터 벗어났다.고후5:16

요한은 시각의 위상을 한정하고 결정하기 위해, 이 문제와 용감히 맞선다. 그리고 당연히 이 점은 그의 빛의 신학과 관련된다. 빛을 받아들이기 위해 필요한 시각이 없다면, 빛은 무엇에 응답하겠으며, 누구를 보여주겠는가? 그러나 어떤 빛이며, 어떤 시각인가? 여기에는 교차하는 네 가지 주제가 있을 것 같다. 첫 번째는 모든 보이지 않는 사물들에 대한 시각이라는 문제 전체와 더불어, 본 것에 대해 언급된 것 그리고 보여 진 것 사이에 불일치다. 두 번째는 증인이 자신의 증언에서 지니는 확신의 한계와 확신의 정도로서 시각이다. 세 번째는 시각과 신앙 사이에 모순되고 모호한 관계이다. 마지막으로 종말론적 차원과 약속으로서의 시각이다. 그러나 역사의 흐름 가운데 예수 안에서 하나님과의 만남이란 육체적 경험에 의해, 이 모든 설명은 세상 속에서 시각을 강조한다.

하여튼 이 모든 설명은 다음 같은 두 가지 주장으로 표현된다. 그 중

---

448) 그러나 이미지의 문제는 아니다! [본문 내용을 역자가 각주로 설정]

하나는 요한복음 처음에 등장하고, 다른 하나는 끝부분에 등장한다. 첫 번째는 "아무도 하나님을 보지 못했다"1:18, 그리고 두 번째는 "보지 못했지만 믿었던 사람들은 행복하다"20:29라는 것이다. 달리 말하면, 긴 설명 전체, 시각과 관련되는 모든 진전, '시각적 인식'의 중요성, 계시와의 관계, 시각적인 것의 위상에 대한 의문, 이 모든 것은 이 두 극단들 사이에서 읽혀야 한다는 것이다. 이 모든 것은 이 복음서의 신학적이고 교훈적인 주장들 서로에 의해 위치되고 상대화된다.

아무도 하나님을 보지 못했다. 그러하기에 이 복음서에서 언급될 모든 것은 하나님에 대한 직접적인 시각과 관계될 수 없음을 알아야 한다. 그러므로 이 복음서는 "구약"에 이미 기록된 모든 것을 확증한다. 하나님은 현실과 같은 차원에서 인식될 수 없다. 또한 하나님은 우리에게 있어 확신의 입증이라는 관점에서도 확인될 수 없다. 이 점을 통해 '부정의 신학'théologie négative이 생겨날 수 있다. 사실상, 우리가 인식하거나 재인식할 수 있다는 주장을 펴기에는 넘어설 수 없는 장벽이 존재한다.

또 요한은 다음과 같이 덧붙인다. "오직 **독생자**만이 우리에게 그것을 **알게 했다.**" 그러므로 이것은 시각을 통해서가 아닌 다른 방식으로 아는 것이다. 따라서 하나님은 결코 보여 지지 않기 때문에 인식될 수 없다. 하나님은 언제나 또 다시 뜻밖의 사건이다. 하나님은 인간의 파노라마나 어떤 관점이나 어떤 전체 속에 들어오지 않는다. 하나님은 어떠한 현실 속에 놓일 수도 없고, 근거를 가지고 쓴 우리의 어떠한 논문의 대상도 될 수 없다. 시각은 필연적으로 하나님이 아닌 다른 것에 관계된다.

그리고 이 예수에 대해 말하자면, 예수를 하나님이라고 말하기 위해서는 시각 말고 다른 것이 필요할 것이다. 요한복음은 우리를 바로 그곳으로 인도한다. 이 처음의 선언은 우리로 하여금 우리 안에 내재하는 가능성들을 고찰하지 못하게 한다. 또한 이 선언은 우리가 볼 수 있는 것에서 불가피하게 유추된 하나님을 만들어내지 못하게 한다. 따라서 이 복음서가 영지주의적이라고 간혹 불리기도 하고 영지주의의 영향을 받을지라도, 이 복음서는 확실히 처음부터 가장 반反영지주의적이다. 왜냐하면 이 책에는 하나님을 알기 위한 영지주의적인 빛의 길이 닫혀있기 때문이다. 모든 것은 바로 이러한 목표 속에서 읽혀야 한다.

그리고 요한복음의 끝 지점에 도착하는 길은, 신앙의 이름으로 시각을 막는 것이고, 신앙과 대비시키면서 시각을 평가절하 하는 것이며, 신앙에 의해 지배된 우주 속에서 시각을 정당화할 수 없다는 것이다. 보지 않는 자만이, 보지 않았던 자만이, 시각에 근거하지 않기 때문에 오직 진실할 따름인 관계를 하나님과 맺는 자만이 "복이 있다." 왜냐하면 사람들은 하나님을 볼 수 없기 때문이다. 육체에 따라서, 예수의 살아있는 모습으로, 예수의 '실재'réalité 속에서, 사람들이 예수를 알지 않았다면 복이 있다고 예수는 우리에게 선언한다. 왜냐하면 예수는 우리에게 절대적인 도약을 하도록, 곧 우리가 예수를 사랑하는 것을 유일하게 입증하는 신앙의 위험 속에 뛰어들도록 요구하기 때문이다.

우리가 부활한 예수를 보지 못했다면, 또 그의 상처 난 구멍에 손을 넣어보지 못했다면, 또 부활이 이러한 '실재'réalité를 벗어나 있다면, 복이 있다. 왜냐하면 예수가 이런 부활의 불합리함 속으로 우리가 들어가기를 요구하기 때문인데, 부활은 신앙에 의해서만 받아들여질 수 있고, 부활은 입증할 수 있다면 더는 불합리한 것이 아니다. 또한 우리는 혼란스럽고 모순된 것을 멈추게 하려고, 부활은 교회나 가난한 자라고 하면서 항상 부활을 합리화하려고 애를 쓴다. 다시 말해, 우리는 항상 시각으로 되돌아가기를 원한다. 따라서 시각에 대한 요한이 가르침 전체는, 한 지점에서 다른 지점으로 이동하는 두 주요한 지점 사이에 있다. 왜냐하면, 이 복음서가 이런 주장으로 시작하고, 이런 축복으로 마치는 것이 우연은 아님이 분명하기 때문이다. 그것은 분명히 의도적이다.

따라서 요한은 자신이 시작과 증거로서 제시하는 것을 통해, 우리를 앞으로 나아가게 한다. 첫 번째로, 보여 진 현실은 보이지 않기 때문에, 보는 것에 대해 언급된 것 그리고 보여 진 것 사이에 불일치가 내내 나타난다. … 우선 나타나는 것은 세례 요한이 본 예수다. 세례 요한은 예수를 보고 "세상 죄를 지고 가는 하나님의 어린양이 여기 있다"라고 말한다. 세례 요한이 보는 것은 단순히 인간 예수이지만, 세례 요한은 시각에서 비롯되지 않는 어떤 진리로 예수를 완전히 뒤덮기 위해, 예수를 그렇게 규정짓는다. 내가 보는 인간 예수가 아니라, 하나님의 어린양이 "여기 있다"는 것이다. … 보여 진 현실은 보여 지지 않은 것에 의해 포괄되어 있고 초월되어 있다. 나는 성령이 비둘기처럼 내려오는 것을 보았다. 그런데 아무도 성령을 보지 못했다. 하나님은 보이지 않는다. 성령이 내려오는 하늘은 대기가 아니라 보이지 않는 하늘이다. "-처럼"은 성령이 비둘기가 아니라는 것을 의미한다. '보기'voir는 '보기'가 아니다. 요한은 **사실상** 아무 것도 보지 못했다.

마찬가지로 예수가 어떤 사람의 깊은 진실을 볼 때, 예수는 그 사람 안에 있는 보이지 않는 어떤 것을 간파한다. "그를 **바라본** 후에 예수는 그에게 말한다. 너는 요한의 아들 시몬이다. 앞으로 너를 게바라고 부를 텐데, 이는 반석을 의미한다."1:42 예수는 나다나엘을 **보면서**, "여기 진실로 그 안에 거짓된 것이 전혀 없는 한 이스라엘 사람이 있다."1:47라고 언급한다. 예수는 자신에게 오는 사람의 숨겨진 진실을 드러낸다. 예수는 모든 사람이 볼 수 있는 것만을 보았지만, 그 너머에 있는 것을 언급하고, 시각이 닿을 수 없는 "존재의 본질"을 드러내는 것을 언급한다.

또한 우리는 자신의 제자들과 함께 한 예수의 마지막 대화에서 같은 관계를 발견한다. 이때 예수는 성령을 보내겠다고 알려준다. "이 진리의 영은 세상이 받아들일 수 없다. 왜냐하면 세상은 **그를 전혀 보지 못하기 때문이고, 그를 전혀 알지 못하기 때문이다.**" **세상**과 육적인 인간은 자신들이 보는 것 외에는 알 수 없다. 받아들이려면 보아야 한다. 이 **영**은 보이지 않는 세계에 속해 있다. 다시 말해, 접근할 수 있는 현실 속에 있지 않다는 것이다. 그러므로 세상은 가시적인 것과 진리를 혼동하기 때문에 이 **영**을 받아들일 수 없다. **진리의 영**은 시각을 통해서는 포착되지 않는다.

시각을 통해 포착된 현실과 진리 사이에 대립을 우리는 개괄적으로 기술했는데, 이 대립에 있어 이 텍스트는 핵심적이다. 그리고 다음 두 구절도 마찬가지다. "조금 있으면 세상은 나를 더는 보지 못할 것이다. 그러나 너희는 나를 볼 것이다. 왜냐하면 내가 살아 있고 너희도 살아 있을 것이기 때문이다."14:19 죽고 사라진 예수를 세상은 더는 볼 수 없다. 예수는 가시적인 현실의 영역에 더는 있지 않다. 그러나 살아 있는 예수는 시선을 보이지 않는 것에 두는 사람들에게 보일 것이다.

다시 말해, 현실에 대한 시각이 아니라, 숨겨진 것에 대한 다른 시각으로 건너갈 사람들에게 보일 것이다. 그런데, 이것에는 위험이 없지 않다. 예수가 바리새인들에게 말한 수수께끼 같은 구절이 증거이다.9:41 즉, 너희가 소경이라면 죄가 없겠지만, 지금 너희는 "우리가 본다."고 말하니 그 때문에 너희의 죄가 남아 있다는 구절이다. 인간이 현실의 영역, 즉 시각으로 포착할 수 있는 영역에 머물고, 그 너머에 있는 아무 것도 추구하지 않는다면, 인간은 예수가 말한 소경, 즉 하나님의 진리를 보지 못하는 소경이다. 그러나 이러한 인간은 죄가 없다. 왜냐하면 그는 하나님을 손에 넣으려 하지도 않고, 시각을 통해 하나님을 간파하여 알려 하지도 않으며, 보여 진 현실을 무한하고 절대적인 진리인 신비와 동일시하려 하지도 않기 때문이다.

하나님이 누구인지 정의하려 하거나 혹은 자신을 위해 신들을 만들려 하지 않는다면, 다시 말해 선악을 아는 열매를 소유하려449) 하지 않는다면, 그는 죄가 없다. 그러나 종교적 인간은 보려고 하고, 자신이 보는 이 현실 속에 진리를 포함시키려 한다. 그는 자신의 육신의 눈으로 보이지 않는 하나님을 자기 자신의 수단을 통해 보려고 한다. 즉, 그는 하나님을 보고, 파악하며, 설명하려 한다. 따라서 자신의 영역이 아닌 것에 시각을 억지로 개입시키기에, 그는 죄인이다. 그는 자신의 고유한 방식과 개인적인 힘을 통해, 자기 자신으로부터, 자신의 시각에 힘입어, 자신에게는 과분한 능력일 따름인 보이지 않는 것을 보는 일을 해내려 한다. 이 다양한 텍스트는 다른 두 텍스트와 일치하는데450), 하나는 바울의 텍스트이고, 다른 하나는 히브리서의 텍스트이다. 이 두 텍스트 모두 보이지 않는 것들을 향해 시각을 초월시키는데 집중된다. "우리는 보이는가시적인 것들에 눈길을 돌리는 것이 아니라, 보이지 않는 것들에 눈길을 돌립니다. 왜냐하면 보이는가시적인 것들은 일시적이지만, 보이지 않는 것들은 영원하기 때문입니다."고후4:18 가시적인 것을 현실과 이보다 더 잘 연관시킬 수 없는데, 현실은 원래부터 일시적이고 구체적인 것이다. 그리고 "믿음foi은 보이지 않는 것들에 대한 확증입니다. … 세상이 하나님의 '말'에 의해 창조되었음을 우리가 아는 것은 믿음을 통해서입니다. 따라서 사람들이 보는 것은 보이는가시적인 것들에 의해 만들어지지 않았습니다."히 11:1,3 '말'을 보이지 않는 것에 이보다 더 잘 연관시킬 수 없다!

그러나 이 두 텍스트가 '가시적인 것-현실'과 '보이지 않는 것-진리' 사이에 대립을 나타낸다면, 이 텍스트들의 중심 주제는 "시각"과 "보이지 않는 것들"이다. 이것은 명백한 모순이고 근본적인 불가능성이다. 따

---

449) 그리고 그의 눈이 열린다. [본문 내용을 역자가 각주로 설정]
450) 이 점은 성서의 근본적인 일치를 다시 한 번 입증한다. [본문 내용을 역자가 각주로 설정]

라서 '신앙'foi은 시각의 본래 활동 영역과 다른 영역으로 시각을 보내는 일종의 변화를 전제로 한다.

그러나 왜 시각에 대해 이야기하는가? 그것은 하나님이 보이게 된다고 언급하기 위해 시각에 근거할 수 없음이 분명하기 때문이다! 보이지 않는 존재가 보이게 된다는 것은 확실하지 않다! 혹은 우리 본래의 시각이 "세 번째 눈"을 가진다는 것도 확실하지 않다. 왜 시각에 대해 이런 주장을 하는가? 히브리서는 "신앙은 굳건한 확신이다. …"라고 말하면서, 우리에게 길을 보여준다. 이러한 시각에 있어, 이것은 보이지 않는 것들과 관련된 문제도 확실히 아니고, 보이지 않는 것에 대한 구체적이고 물리적인 어떤 시각과 관련된 문제도 확실히 아니다. 또한 예를 들어, 이것은 사도행전에서 때때로 언급되는 "환상들"visions과 같은 어떤 '환상'과 관련된 문제도 확실히 아닌데, 사도행전에서는 보이지 않는 것을 구성하는 요소들이 뚜렷해진다. 나는 이것이 용어 본래의 뜻으로 '은유'와 관련되는 문제라고 생각한다. 다시 말해, 우리가 이미 언급했듯이, 현실과 관련된 시각은 우리에게 현실에 대해 완전한 확신을 준다고 생각한다.451) 보여 진 현실은 확실하지만, 들려진 '말'은 별로 확실하지 않다. 그러므로 이 텍스트들이 말하고자 하는 것은 바로 다음과 같다. 즉, 신앙을 통하여 우리는 충만하고 완전한 확신에 도달하는데, 이 확신은 현실의 영역에서 시각이 우리에게 주는 확신과 비교될 수 있는 것이다. 보이지 않는 것들을 보는 일은 사실상 다음 같은 것을 의미한다. 즉, 내가 가시적인 것들을 바라볼 때 시각을 통해 가시적인 것들의 존재, 형태, 색깔, 거리에 대해 확신하듯이, 보이지 않는 것들에 대해 그 '실재'réalité를 파악하

---

451) 물론, 나는 우리가 다음 같은 점을 알고 있음을 상기시킨다. 즉, 오늘날 이 확신은 거짓되고, 우리의 시각視覺은 문화적인 것에 의해 결정지어지며, 보여 진 대상은 "즉자卽自"(en soi)도 아니고 그 자체 그대로도 아니라는 점이다. 하지만, 그렇다고 해도, 공통된 사용을 위해 시각은 대상을 식별하며, 사람들은 자발적으로 이 현실을 의심하지 않는다.

고, 그것들을 규명하기 위해 접근하며, 그 존재를 보장하는 것을 의미한다. 그리고 나는 증언을 시각에 연결하는 일련의 텍스트들을 이 해석에 연결할 것이다.

요한은 이렇게 증언을 했다. "나는 성령이 비둘기처럼 하늘로부터 내려와 그 위에 멈추는 것을 **보았다**. …"요1:32 "그리고 나는 그가 하나님의 아들임을 **보았고 증언**하였다."요1:34 예수는 다음 같이 대답했다. "진실로, 진실로 내가 너희에게 말한다. 우리는 우리가 아는 것을 말하고, 우리는 우리가 **보았던** 것에 대해 **증언**한다. …"요3:11 "예수의 십자가형을 **보았던** 사람이 **증언**하였고, 그의 증언은 참되며, 그는 너희도 또한 믿도록 자신이 진리를 말하고 있음을 안다."요19:35

시각과 증언 사이에 이런 관계는 분명 우연한 것이 아니다. 또한 나는 의미를 덜 담고 있으나 이 두 텍스트를 마찬가지로 연결하는 다른 텍스트들을 인용할 수도 있다. 항상 증언은 시각과 연결되어 있다. 증언을 하게 만들고, 증언을 불러일으키는 것은 시각이다. 요한의 주장은 분명히 확신에서 비롯된 것이다. 사람들은 의심의 여지없이 절대적으로 확신한 것, 즉 물질적으로 분명한 것이라고 할 수 있는 것에 대해서만 증언을 할 수 있다. 그런데, 현실에 대한 이런 확신과 명백함을 주는 것은 바로 시각이다. 그 때문에 증언은 시각과 관련된다. 한편으로, "우리가 말하는 것이 참되다는 것을 우리는 안다." 그러나 증언에서 중요한 것은 '말'에 대한 이러한 앎이 아니라, 은유를 통한 시각적 확신이다. 우리는 우리의 두 눈으로 보았다면, 그러한 것을 전제로 하여 증언할 수 있다는 점을 또한 확신한다.

시각視覺과 신앙

그러나 요한복음은 우리를 시각과 신앙이란 핵심 문제로 안내한다. 그런데, 문제는 단순하지 않다. 겉보기에 신앙이 시각에서 비롯된다고 언급하는 텍스트들 옆에, 정확히 그 반대로 언급하는 다른 텍스트들이 있다. 즉, 믿기 때문에 본다는 것이다. 그런데, 수많은 다른 텍스트에는 신앙의 영역에서 시각에 의해 촉발된 오해 또는 곡해가 강조된다.

우리는 우선 다음 텍스트들로부터 시작하겠다. "거대한 군중이 기적을 보았기 때문에 그를 따랐다. …" 이어서 빵이 불어나는 기적이 이어진다. … 이후에 예수는 이렇게 확인한다. "너희가 나를 따르는 것은 기적을 **보았기 때문이** 아니라, 빵을 먹고 **배불렀기 때문이다**." 요6:2,26 사람들은 실존적인 것, 살아 있는 것, "영원한 생명"의 표시 안으로 들어가려고, 기적과 표적에 대한 시각을 지나쳐 버렸다.

게다가, 예수와 빌립 사이에 대화는 시각에 대한 오해를 특징적으로 보여준다. 요14:7,9 너희가 나를 알았다면, 하나님 **아버지**도 알았을 것이다. 그리고 이제부터 너희는 그를 알며 **그를 보았다**. 빌립이 예수에게 말했다. "주님, 우리에게 하나님 **아버지**를 보여주십시오. 저희는 그것으로 충분합니다!" 예수가 빌립에게 대답했다. "내가 그렇게나 오래 전부터 너희와 함께 있었는데, 너희는 나를 알지 못하는구나! 빌립아! 나를 본 사람은 하나님 **아버지**를 보았다. …" 물론, 우리는 하나님 **아버지**와 **아들** 예수의 정체성에 대한 끝없는 논쟁에 관여하지는 않을 것이다! 시각을 통해, 즉 살과 뼈를 가진 예수를 본다는 사실을 통해, 예수가 누구인지에 대한 어떠한 지식도 어떠한 이해도 생겨날 수 없음을 단지 주목하자. 이 점은 물론 베드로의 신앙고백 및 예수의 대답을 통해서도 확증된다. "너에게 계시되었던 것은 살과 피가 아니다. …" 시각은 오해들을 제거하지 못한다.

이와 반대로, 시각으로부터 온갖 곡해가 가능하다. 우리가 이미 언급했듯이, 시각에 대해 그렇게나 강조하는 요한복음이 오해의 복음서인 동시에 곡해의 복음서이기도 하다는 점에 주목할 필요가 있지 않은가! 인간은 너무 잘 본다고 생각하기 때문에, 요한복음이 오해의 복음서로 여겨질 수 있다! 특히, 보고 있는 사람이 시각을 통해 파악했다고 생각할 때, 눈은 그를 속인다! 이것이 바로 마이요Maillot가 강조하는 요한복음 9장의 주제이며, 니고데모의 오해이기도 하다. "예수가 한 일을 본 니고데모는 그가 누구인지 안다고 생각한다. … 그런데 예수는 알려면 보는 것으로 충분하지 않고, 위로부터 태어났어야 함을 니고데모에게 상기시킨다."

시각과 신앙 사이에 단절은 6장 36절에서 분명하다. "너희는 나를 보았으나 전혀 믿지 않는다." 그리고 이 단절은 6장 40절을 통해 확증된다. "**아들 예수를 보고 그리고 그를 믿는 자는 누구나** …"Quiconque *voit le Fils et croit en lui* … 이것은 예수를 인간 예수가 아닌 하나님의 **아들로서 보는 것**이다. '보다'voit와 '믿는다'croit라는 두 단어는 접속사 "그리고"et에 의해 상관관계를 맺는 것이 아니라 분리 된다. 즉, 그는 보기 때문에 '보고 그리고 믿는다'voit et croit는 것이 아니라, '보고'voit 그리고 다른 관점에서 '믿는다'croit는 것이다. 그러므로 시각의 중요성을 강조하는 것으로 여겨질 수도 있는 이 텍스트는, 이와 반대로 시각은 영적이어야 하며 신앙은 시각에 의존하지 않는다는 선언이다.

또한 사람들이 기적을 보고 이를 통해 믿을 수 있도록 기적을 행하기를 예수에게 요구할 때6:30, 예수는 시각적으로는 전혀 보이지 않는 **하늘의 빵**을 가지고 대답한다. 결국 시각은 예수의 증오를 불러일으킬 수 있다.15:24 즉, "지금 그들은 내가 한 일들을 보았고 나와 내 아버지를 미워했다." 다시 말해, 예수가 한 일들을 통해, 우리는 꼼짝없이 결단하고 입장을 정할 수밖에 없다는 것이다. 그러나 우리가 시각, 곧 예수가 한 일들을 보는 시각에 의지할 때, 그 일들의 겉모습을 그냥 지나칠 수 없다. 그렇기에, 시각은 불가피하게 우리로 하여금 그 일들이 상식을 벗어나고 사리에 어긋나며 도덕적으로 받아들일 수 없다는 식으로 평가하게 한다. 따라서 시각은 우리로 하여금 이와 같은 주장을 내세우는 사람에 대해 무관심하게 할 뿐 아니라, 이와 같은 주장을 내세우는 사람을 증오하게 한다. 여기서 우리는 끝나지 않은 논쟁에 직면하게 된다. 왜냐하면, 예를 들어 예수와 **계시**에 "과학적 방법"을 적용하려는 의도는, 바로 예수와 **계시**를 시각적인 것에 포함시키려는 것이기 때문이다. 사람들은 오로지 현실의 영역에 머무르기 때문에, 이것이 과학적으로 가능한 선별기로 예수의 행동을 거르는 것이든, 그렇지 않으면 이것이 예수의 모든 것을 설명하려고 역사적이거나 혹은 구조적인 방법을 적용하는 것이든, 사람들은 예수를 구체적으로 보이는 것으로 해석하려 애쓴다. 이것은 **주**이면서 구원자로서 예수를 거부하게 만들 뿐이다. 눈은 현실을 보지만, 진리를 보지 못한다.

시각이 완전하다면, 또 시각이 보이지 않는 것들을 보게 한다면, 사정은 달라질 것이다. 그러나 시각은 시각 그 이상이어야 한다. 그리고 이것은 다음 같은 바로 그 텍스트의 의미이기도 하다. "그가 그들의 눈을 멀게 했고 그들의 마음을 완고하게 하였으니, 이는 그들이 눈으로 보고 마음으로 깨달아 마음을 돌이킬까 두려워함이다 …" 요12:40에서 인용된 이사야6:10 회심과 신앙을 불가능하게 하려면, 그들이 보는 것을 눈이 보는 것으로 충분하다. 인간이 자신의 현실 안에서 하나님의 영광을 보도록 인간에게 주어진 눈은 단절에 의해 닫혀 있다. 물론, 인간을 진리에 대해 눈멀게 하기 위해, 하나님이 굳이 새롭게 개입할 필요는 없다. 인간은 궁극적인 판별기준으로서 시각에 끊임없이 의거하지만, 이 판별기준은 궁극적인 것들을 제대로 파악할 수 없다.

새로운 차원의 시각視覺

그런데, 우리가 앞에서 말한 "보이지 않는 것들을 보는 것"은 시각의 새로운 차원이다. 그리고 여기서 시각과 신앙의 다른 관계가 우리에게 있다. 즉, 시각이 신앙에서 비롯되거나 혹은 신앙에 의해 변화될 때, 시각은 진실해진다. 거기 있지 않지만 실제로 존재하는 것들을 신앙은 분간해낸다. 빈 무덤의 발견에 관한 이야기 전체는 놀랍다. 요20 시몬 베드로는 무덤 안으로 들어가 바닥에 놓인 붕대와 머리를 감쌌던 천을 **본다**.

다른 제자도 그것을 보고 믿는다. 베드로는 비어있는 것, 곧 빈 무덤을 본다. 또한 그는 시신이 더 이상 거기 있지 않으며, 시신을 감싼 붕대가 풀렸고, 얼굴을 감싼 천이 바닥에 떨어져 있다는 증거를 본다. 이것이 그가 본 전부이며, 다시 말해 현실의 영역에서 실제로 그가 본 것이다. 그는 이 가시적인 것 안에 있는 보이지 않는 것을 구분했기 때문에 믿는다. 그는 시신이 더는 붕대에 감겨 있지 않고, 얼굴이 더는 천으로 덮여있지 않기 때문에, 예수의 부활을 알아차린다.[452] 그리고 보여 진 현실이 이렇게 비어 있음으로 해서 그는 믿는다.

그러나 시각을 앞선 것은 신앙이다. 그는 예수를 믿었고, 예수가 **하나님의 아들**임을 믿었다. 그래서 그는 현실을 보고, 이 현실 안에서 **부활**을 보는 동시에, 이 현실 너머로 부활을 본다. 그리고 거기서 사람들은 예수가 마르다에게 한 다음과 같은 예언적 약속을 깨닫는다. 요11:40 "네가 **믿으면** 하나님의 영광을 **보리라**고 내가 네게 말하지 않았느냐." 영광을 볼 수 있는 가능성은 신앙에 근거를 둔다. 우선 진리를 식별하고, 계시하는 '**말**'을 신봉해야 한다. 그래서 그 결과로서, 보이지 않는 것들과 하나님의 영광을 볼 수 있게 된다. 다시 말해, 여기서 현실과 진리의 결합이 이

---

[452] 전통적인 알레고리적 해석에 따르면, 이것은 그 시신이 지상의 중력에서 벗어나고, 신적 모습의 영광은 더 이상 육신의 베일 뒤에 감춰져 있지 않음을 뜻한다.[본문 내용을 역자가 각주로 설정]

루어지며, 시각의 회복이 자체의 충만함 속에서 이루어진다.

한편, 이렇게 옮겨가는 과정은 다음에 인용될 마지막 텍스트를 통해 강렬하게 나타난다. 요16:16-17 "조금 있으면 너희는 더는 나를 보지 못할 것이고, 조금 더 있으면 내가 하나님 **아버지**에게로 갈 것이기 때문에 너희는 나를 보게 될 것이다." 제자들은 이것에 대해 아무 것도 이해하지 못한다. 지금 우리에게 이 흐름은 분명하다. 너희는 육체를 따라서 현실의 시각을 가지고서는 나를 더 이상 보지 못할 것이다. 그러나 내가 하나님 **아버지**에게 가고, 이를 통해 **성령**이 너희에게 와서 너희의 시각을 변화시킬 것이다. 성령은 너희로 하여금 보이지 않는 것들을 볼 수 있게 할 것이고, 따라서 예수를 새롭게 볼 수 있게 하지만, 다른 식으로 다차원적으로 예수를 볼 수 있게 할 것이다. 즉, 자신 안에서 영광을 받은 예수, 또 그리스도의 몸인 교회 속에 예수, 또 성찬식 속에 예수, 또한 가난하고 고난 받는 사람들 속에 현존하는 예수 등을 볼 수 있게 할 것이다. 우리는 믿기 때문에 본다. 또한 가장 육적인 눈이 초현실과 현실 너머를 향해 열려 있기 때문에, 우리는 본다. 그렇기는 하지만, 이 현실이 등한시되지는 않는다.

종말의 때를 위한 시각

'말'을 통해서 예수는 제자들에게 다음 같이 하도록 분명히 단호하게 촉구한다. 즉, 더 멀리 있고 더 비밀스러운 하나님의 신비를 붙잡기 위해, 예수를 보는 이상의 것을 찾지 말고 예수 자신을 보도록 촉구한다. 예수는 전적으로 계시된 하나님의 진리로서 자신의 '실재' réalité를 보도록 촉구한다. '말'은 불완전한 채로 남아있다. 역할들은 뒤집어진다. 즉, 예전에 이미지는 '말'에 대한 설명이었는데, 이제 '말'은 예수 안에 주어진 이미지의 충만함에 대한 단순한 설명이다. 그리고 시각의 이런 중요성은 부활에 대한 요한의 텍스트에서 근본적으로 확인된다. 즉, 첫 번째 제자는 무덤으로 들어갔고, 그는 "보았다." 이러한 일은 빈 무덤과 만나든지, **부활한** 자와 만나든지 간에, 이런 만남이 일어나는 동안 내내 반복된다. 마리아는 천사 둘을 보았다. 그녀는 예수가 서 있는 것을 보았다. 그리고 그녀는 제자들에게 돌아가서, "나는 **주**主를 보았습니다…"라는 메시지를 전한다.

요한복음은 예수가 현존하는 한, 시각을 강조한다. 이 땅에서 예수의 현존은, 시각을 통해 진리의 충만함을 만날 수 있는 예외적이고 유일한 순간이다. 그것은 이미 궁극적인 성취다. 그것은 이미 **실현된** 현재의 말세이다. 그러나 예수가 죽음으로써, 그 다음으로 예수가 하나님 **아버지**에게로 감으로써 그 시대는 마감된다. **성육신**은 일어났으나, **성육신**은 더는 존재하지 않는다. 사람들은 예수 안에서 하나님 **아버지**를 보았지만, 예수는 죽었다. "조금 있으면 너희는 더는 나를 보지 못할 것이나, 조금 더 있으면 너희는 나를 다시 볼 것이다."요16:16

그러므로 시각은 실제로 본질적이다. 사실상, 요한은 지상에서 예수의 현존, 즉 일종의 연속된 변용變容으로서 **성육신**을 제시한다.453) 그러나 예수의 죽음은 이전의 상황을 우리에게 가리킨다. 우리는 예수를 더는 볼 수 없고, 따라서 하나님도 볼 수 없다. 우리는 예수에 대해 말하는 것을 들을 뿐이다. 사람들은 유일한 '말'로 돌아가고, 신앙의 관계로 돌아간다. 보지 않고 믿는 사람들은 행복하다는 것이다. 이와 같이 지상에서 예수의 현존, 즉 가시적인 것은 말세 및 다음 같은 상황과 연관된다. 즉, 가시적인 것은, 화해가 일어나고 '말'과 시각이 결합하는 상황과 연관된다. 또한 가시적인 것은, 시각이 지금까지 인간이 받아들였던 모든 것보다 더 직접적이고 확실하며 명백한 관계를 맺게 해 주는 상황과 연관된

---

453) 요한은 이에 대한 이야기를 하지 않는다.[본문 내용을 역자가 각주로 설정]

다.

따라서 나로서는, 성서에서 시각을 언급하는 모든 것은, 마지막 때를 위한 시각에 대한 이런 약속을 우리에게 가리킨다. 혹은 이 모든 것은 진리와 시각의 화해가 종말론적이라는 사실, 다시 말해, 현실에서 진리와 시각의 화해는 이미 종말의 현존을 나타낸다는 사실을 우리에게 가리킨다. 또한 요한복음에서 우리는 두 가지 흐름을 구분할 수 있다. 하나는 예수의 현존이 이미 그 자체로 말세라고 주장하는 것인데,

예수가 거기 있기 때문에 때는 성취된다. 다른 하나는 어떤 '앎'connaître과 어떤 '보기'voir를 대립시키는 것인데, 이는 '중간 시대'의 상황이다. 예수는 처음 제자들과 함께 거기 있고, 그들에게 이렇게 말한다. "이제부터 너희는 하늘이 열리고 하나님의 천사들이 사람의 아들 위로 오르락내리락하는 것을 **보게 될** 것이다." 요1:51 너희는 보게 될 것이다! 따라서 궁극적 현실은 다음과 같다. 즉, 열린 하늘, 하나님 **아버지**에게로 직접 다가감, 마지막 회복의 순간, 재창조된 에덴 안으로 승리의 입성, 천사들의 환영, "땅"과 "하늘"의 실질적인 결합, 현실과 진리의 실질적인 결합이다. 그러므로 이것은 시각이 자체의 충만함 속에서 회복되는 것이지만, 이것은 오로지 말세에서만 가능하다.

그런데, 이 모든 일이 일어나는 것은 예수가 거기 있기 때문이다. 그리고 이것은 바로 궁극적인 지점에서 **역사**를 압축하는 것이며, 이해를 가능하게 하는 현실 속에서 때를 압축하는 것이다. "너희의 아버지인 아브라함은 나의 날을 보리라는 기쁨에 몸을 떨었다. 그리고 그는 나의 날을 보았으며 즐거워하였다." 요8:56 이것은 여전히 시각과 관계된 것이다. 그러나 이것은 모든 것이 동일하게 현존하는 말세에 대한 시각이다. 하지만, 이것은 연속된 현실에 따라 정돈되는 연속적인 시각은 아니다.

물론, 부활의 "시각"에 관계되는 모든 것은 이와 같은 종류에 속한다.

부활은 그 자체로 종말론으로 들어가는 것이며, 우리의 현실 안으로 **종말**eschaton이 들어가는 것이다. 부활 이후에는, 획득된 것을 변형하는 일은 아무 것도 더는 일어날 수 없다. "그들은 자신들이 찌른 자를 볼 것입니다."454)요19:37라는 선언처럼, 사도들이 "무언가"rien를 볼 때, 사도들의 분별력은 종말에 대한 이런 선포 속에 위치한다. 그리고 "네가 믿으면 하나님의 영광을 볼 것이다"라는 확언과 함께, 나사로의 부활은 궁극적인 부활에 대한 예언이다. 이 궁극적인 부활에서 또 다시, 하나님의 영광에 대한 '**시각적 인식**'은 **종말**의 이런 현존과 연결된다. 다시 말해, 이 '**시각적 인식**'은 궁극적인 진리가 "이 아래에" 지금 있는 눈에 보이는 것들로 증거를 갖출 그 때와 연결된다. 그리고 우리가 말했던 **증인**의 확신은 바로 이 점과 결부되어야 한다.

예수는 기다리면서, 알아야 할 것을 제시한다. 예수의 현존은 하나님 **아버지**에 대한 앎으로 이끈다. "하나님을 본 사람은 아무도 없다. 하나님 **아버지**의 품 안에 있는 유일한 **아들** 예수만이 우리로 하여금 하나님 **아버지**를 알게 했던 사람이다."요1:18 이것은 모호한 표현이다. 즉, 예수는 하나님을 보게 해 주지 않았다. 그러나 예수가 육체 안에 있었기 때문에, 또 예수가 가시적인 하나님이었기 때문에, 예수는 앞서 인용된 구절에서 "은총"과 "진리"라고 규정된 앎을 우리에게 전해주었다. 또한 영광에 대한 수많은 선언에서455) 암시된 것은 바로 이런 앎이다.

그러나 이것은 시각을 통한 앎과 관계된 것이 아니라, 현존 자체를 통한 앎과 관계된 것이다. 예수 안에서 진리는 현실과 합쳐지며, 현실은 진실해지고 진리를 담는다. 가시적인 현실은 유일한 실천 영역에도 더는

---

454) 그들은 영광스러운 현실 안에서, 다시 말해 말세에 그를 볼 것이다. [본문 내용을 역자가 각주로 설정]
455) 사람의 **아들**이 영광스럽게 되었고, 하나님은 그 안에서 영광스럽게 되었다… [본문 내용을 역자가 각주로 설정]

속하지 않고, 인간적인 분리 영역에도 속하지 않는다. 그러나 충만함이 있다. 이것은 성육신 때문에 **"하늘"**과 **"땅"**의 결합이다. 하지만, 이 새로운 상황은 일시적일 뿐이다. 이 상황은 예수가 땅 위에 있는 동안 보이고 구체적으로 현존한다. 예수는 '첫 열매'이고, "보증"이며, 출발점이고, 죽은 자들 가운데 가장 먼저 태어난 자이다. 그러나 우리는 분리된 우리 존재가 예수와 이렇게 화해하는 것을 기다리면서, 약속으로서 이런 것을 경험하여야 한다. 보이고 분명하게 된 진리는 숨겨진 하나님의 진리가 더는 아니다. 이미지와 '말'을 위해 우리가 기다려야 하는 것은 바로 이러하다. 그러나 이것은 새로운 **창조**와 관계되는데, 우리가 그것을 재발견할 것이다.

따라서 요한복음은 **계시**와 관련하여 시각의 자리를 완벽하게 마련하며, 성서의 나머지 부분과 관련하여서도 조금도 엇갈리지 않는다. 이것은 현실과 진리가 서로 결합하는 종점이다.

모든 화해가 이루어지는 새로운 창조의 때

하나님나라는 더는 분리가 없는 나라다. 아담의 타락으로 야기된 단절은 사라진다. 이 단절은 진리와 현실 사이에 대립이다. 그래서 하나님이 이 세상 속에 더는 있지 않기 때문에, 아담이 사는 현실 세계에서 진실한 것은 아무 것도 없다. 그리고 창조 **세계**가 **창조자**와 분리되었고 **창조 세계**가 **창조자**를 거부했기 때문에, 또 이 창조자는 자신의 사랑 안에서 창조 세계를 없애거나 다른 것으로 대체하지 않았기 때문에, 진리 안에 현실이 더는 존재하지 않는다.

그런데, 말세는 현실과 진리가 합쳐지는 시점이다. 그런 의미에서 **성육신**은 이미 말세였다고 할 수 있다. 그러나 그것은 일시적이다! 새로운 창조 속에서 현실과 진리, 이 두 영역은 더는 대립하지 않을 것이다. 이것이 다음 문장이 말하고자 하는 바이다. "하나님은 모든 것이 될 것이며, 모두 안에 있을 것이다."고전15:28 진리는 현실과 완벽하게 합쳐질 것이고, 현실을 꿰뚫을 것이며, 완전히 현실에 거할 것이다. 그러나 이것은 시각이 '말'과 합쳐진다는 의미이기도 하다. 또한 이것은 인간이 자기가 들었던 것을 마주 보게 됨을 의미한다.456)

그러나 인간은 **부활**을 위해 자신에게 약속된 것을 정확히 볼 것이다. 썩어질 육신이 썩지 않을 것을 덧입을 때, 그리고 죽을 육체가 죽지 않을 것을 덧입을 때, 거기서 또 우리는 진리로 덧입혀진 현실의 영광스러운 변화를 재발견한다. 그 때 '시각적 인식'은 현실과 더는 분리되지 않을 것이기 때문에, '시각적 인식'은 진리에 도달할 것이다.

그 때 "우리는 우리가 알려진 것처럼 알게 될 것이다."고전13:12 왜냐하면 하나님은 우리를 완벽하게 보기 때문이다. 또한 하나님은 우리를 보지만 우리는 하나님을 전혀 볼 수 없다는 중요한 차이가, 끊임없이 우리에게 떠오르기 때문이다. 하나님은 우리의 진리에 따라서만이 아니라, 우리의 현실을 따라서 우리를 안다. 그리고 우리에게 약속된 것은 바로, "그 때" 우리가 같은 방식으로 알게 되리라는 점이다. 그러나 이것이 다가올 새로운 세상의 중요한 특성 중 하나라면, 왜 '시각적 인식'이 아주 특이하게 말세와 관련된 계시의 방식인지 완전히 이해될 수 있다. 바로 이 점은 새로운 **창조**의 의미가 그러할 것임을 의미한다.

그 때 보는 것은 가능하겠지만, 오늘날의 진리와 관계된 것은 아무 것도 없다. 또한 현재를 위한 것도 아무 것도 없다. '말'과 '시각적 인식' 사이에 일치는, 오직 말세와 관련된 것을 위해서만 존재한다. 또한 이것은 바로 새 하늘과 새 땅을 특징짓는 것이고, 계시록들을 위해 사용된 계시

---

456) 지상 세계에서 인간은 오직 들을 수 있었을 뿐이다. 왜냐하면 하나님이 선택한 것은 '말'이기 때문이다. [본문 내용을 역자가 각주로 설정]

방식 속에 이미 나타난 것이다.

그러나 이와 반대로, 이것은 우리가 확인한 것, 즉 '말'과 시각 사이에 근본적이고 결정적인 대립을 **현재**를 위해 확고하게 할 것이다. 앎의 두 형태와 두 대상이457) 서로 만나는 것이 오직 역사의 마지막 지점에서라면, 또 '말'과 시각의 화해를 위해 이 '**영구불멸의 힘**'Eon이 끝이 나고 **새로운 세상**이 창조되는 것이 반드시 필요하다면, 이 점은 현 시대에서 그 둘 사이에 심오하고 전체적이며 본질적인 단절이 있음을 의미한다. 이 둘을 화해시키려는 것은 인위적이고, 이 둘이 상호 보완적이라고 믿는 것은 쓸데없는 일이며, 이 둘 사이에 적대감을 은폐하려는 것은 거짓이다.

이와 같이 새로운 **창조**가 일어날 때, 시각과 청각 사이에 화해, '시각적 인식'과 '말' 사이에 화해, 드러난 것과 언급된 것 사이에 화해에 대한 확증을 통해, 이것들은 서로 섞이지 않을 뿐만 아니라, 우리는 전통 신학 연구와는 다른 관점에 놓인다. 그리고 다음 같은 모순들이 가장 잘 설명되는 것이 아마도 여기이다. 즉, 두 가지 신학적 개념 사이에 모순, '여기서 지금'hic et nunc의 통합이라는 모순, 소망 속에서 지금 체험된 마지막 화해라는 모순이다. 첫 번째 신학적 개념은 모든 철학적 신학의 특징이며, 대개 가톨릭 신학 또는 정교회 신학의 특징이라고 할 수 있다. 두 번째 신학적 개념은 특히 성서적이다.

첫 번째 개념에서는, 모순된 요소들 사이에 또는 모순된 극단極端들 사이에 직접적으로 접근할 수 있는 통합을 통한 화해가 늘 추구된다. 그런데 이 요소들이나 극단들의 모순은 '**영원의 측면 아래에서**'sub specie aeternitatis 현 순간에 그리고 영속적으로 해결된다. 달리 말해, 화해가 이루어진 순간부터 **안정된** 통합이 가능하고, 이 점은 반드시 형이상학적 측면

---

457) [역주] 앎의 두 형태와 두 대상이란 '말'과 시각을 의미한다.

을 띤다. 따라서 사람들은 거기서부터 이미지와 '말'의 모순을 해결하려 애를 쓰고, 금지된 것은 이미지를 숭배하는 행위뿐이라고 하면서 이미지 제작을 금지하는 것을 회피하려 애를 쓴다. 그리고 사람들은 **신비한 교리**, 성화상, '성인 전기집'458) 등을 시각화하는데 관여한다.

이와 반대로 성서는 마지막 순간으로서, 곧 모순되는 역사 진행과정에서 역사의 의미를 밝히는 귀착 지점으로서, 이미지와 '말' 사이에, 또 현실과 진리 사이에 화해를 우리에게 보여준다. **역사**의 흐름에는, 배제도 없고, 반목과 근본적인 기이함도 없다. 그러나 만남과 통합은 불가능하다. 즉, 이 **역사**의 흐름에는, 상호 영향에 의한 변동만이, 즉 **새로운 것이** 끊임없이 있기 위해 필요한 모순된 관계459)에 의한 변동만이 존재한다. 따라서 이것은 결코 어떤 구조 속에 포함될 수 없고, 변동과 변화의 가능성을 고착시키는 제도 속에 표현될 수 없다. 이것은 모순의 엄정성과 화해의 소망 속에서만 체험될 수 있다. 그러나 항상 현재의 소망처럼, 이것은 이제부터 상황을 변화시키는 소망이다. 혹은 이것은 이 소망의 토대가 되는 것이 이미 성취된 것이기 때문에, 이 상황이 어떤 상황이 되는 것을 가로막는 소망이다.

5. 움직임

사람이 개입할 수 없는 '말'과 이미지의 화해

"그러므로 사람들은 그것이 표현하는 것 이상으로 치명적인 어떤 계

---

458) [역주] '성인 전기집'(La Légende dorée). 13세기에 자끄 드 보라진(Jacques de Voragine)에 의해 라틴어로 저술된 작품으로서 약 150 여명의 기독교 성인과 순교자의 삶을 기술하고 있다.
459) 그러나 모순된 관계 역시 관계임은 분명하다! [본문 내용을 역자가 각주로 설정]

획에, 구원의 역사를 고착시키지 않도록 조심할 것이다. 왜냐하면 사람들은 역사적인 것이 우선임을 기억할 것이기 때문이다. 하나님이 우리에게 말해야 했던 것을 보존하는 유일한 방법은, 하나님이 우리에게 그것을 말하면서 사용했던 사건들이나 '말들'을 가능한 한 존중하는 것이다. '말'은 '육신'이 되었다. 그리고 '말'은 우리에게 보존된 역사들의 '육신'을 통해서만 우리에게 이해될 수 있다 …"460) 그런데 오늘날 위의 언급은 결과로서 무엇을 함의하고 있는 것인가? '말'은 우리 세상의 필수불가결한 중심이며, 일반적인 위기가 발생하는 첫 장소이고, 소외의 생생한 징후이며, 우리 시대를 구하려는 민감한 요청이다.

'말'은 팔다리가 잘리고 핏기를 잃고 거의 죽었으나, 이 점이 의미하는 것을 자각해야 한다. 이처럼 혐오당하는 것은 우리 문명 전체이다. 또한 '말'은 죽음의 징후이면서 치명적인 독이 침투해 들어가는 통로이다. 오늘날 인간을 구원하려고 한다는 것은, 우선 '말'을 구원한다는 것이다.

거기서부터 시작하는 것이다. '말'의 존귀한 영역과 엄밀한 가치를, 굴욕당하고 파괴된 비정상적인 '말'에 다시 회복시켜야 한다. 따라서 성서 **계시**가 가능하게 하는 거대한 변화는, 출구 없는 모험에 참여하는 것과 관계되지도 않고, 예측 불가능한 전진을 찾는 것과 관계되지도 않는다. 화해는 계시의 본질 안에서 얻어지고, 계시의 성취와 함께 주어지고 약속된다. 확실하고 절대적으로 분명하지만, 아직 보이지 않고 실현되지 않은 이 화해로부터, 우리는 우리의 일과 길을 발견해야 한다. 이것은 우리가 홀로 하는 일이 아니라, 이 화해를 성취하는 자와 함께 하는 일이다. 또한 이것은 우리가 분별없이 하는 일이 아니라, 이 화해의 분명한 방향을 따라 하는 일이다.

그러므로 '말'의 주권을 되찾는 일은, 이미지에 반대하여 이루어질 수

---

460) 마이요(Maillot).

없다. 이미지는 배제될 수도 있으며, 이번에는 이미지가 굴욕을 당해 바깥 어두운데 내던져 질 수도 있다. 그러나 우리가 열렬히 그런 것을 바란다면, 그렇게 할 수도 있을 것이다! '말'과 이미지는 각각 자체의 명예로운 기능 안에 있어야 하고, 자체의 '진리-현실' 안에 있어야 한다.

그러나 이와 동시에, 다음과 같은 점을 끊임없이 상기해야 한다. 즉, 오직 **마지막**에 주어지지만 앎과 확신 속에서 **이미 주어진** 화해로부터, 이런 일이 일어난다는 점이다. 또한 마지막에 주어지지만 아직 이루어지지 않고 실현 불가능한 화해로부터, 이런 일이 일어난다는 점이다. 우리는 이 거리와 특수성을 혼란 없이 유지해야 한다. 또한 종말이 이미 왔다고 주장하지도 말아야 하며, 우리가 뒤섞을 수 있고 종합할 수 있다고 주장하지도 말아야 한다. 그리고 '지금 여기서' 의도적이고 자의적으로 우리의 방법을 통해 화해를 만들어내면서, 종말론을 현실화하지 말아야 한다.

항상 이것은 극히 어려운 문제인 인간과 하나님의 동일한 논쟁이다. 여기에서 우리 자신은 하나님이 결정했던 것이면서 이루어질 수밖에 없었던 것을 행해야 한다. 하지만, 우리는 하나님이 원하는 때가 성취되기 전에, 즉 '**카이로스**'461) 이전에 그것을 끌어들일 필요는 없다. 예수의 가장 심오한 순종이 바로 이것이다. 왜냐하면 예수는 하나님이 기대하는 것을 행할 뿐만 아니라, **도래한** 순간에 정확히 그것을 행하기 때문이다. 이것은 자기 아내가 너무 늙었기 때문에 약속된 아들을 얻는데 조바심이 나서, 때가 아니었는데도 하갈과 더불어 아들을 얻기로 결정하는 아브라함처럼 행동하는 것도 아니다. 또한 이것은 심판이 '여기서 지금' 곧바로

---

461) [역주] '카이로스'(kairos). 물리적인 시간이자 단순히 흘러가는 시간을 의미하는 '크로노스'(kronos)와 대비되는 순간으로서의 시간 개념이자 절대적인 시간 개념이다. 따라서 일상 언어에서는 시의적절한 알맞은 때를 가리키기도 하고, 큰 변화가 일어나는 결정적인 시점을 가리키기도 한다.

내리기를 원하는 제자들처럼 행동하는 것도 아니다. 오히려 예수는 제자들에게 가라지를 당장 뽑으면 거룩한 알곡마저도 죽이게 된다고 대답한다.

그러므로 기대되는 이미지와 '말'의 화해는 분명히 진리와 현실의 화해이지만, 이 시대와 이 세상에서 우리의 기술이나 혹은 형이상학을 통해 이 화해를 만들어낼 수는 없다. 이 때문에 우리는 이 시대와 이 세상에서 화해에 대한 이런 확신으로부터 출발하여, 늘 울려 퍼지는 성화상 파괴 명령을 들어야 하고, 의사소통에서 이해될 수 있는 언어를 분명히 요구해야 하며, 공통된 언어가 늘 새롭게 열리도록 해야 한다.

성화상 파괴운동

성화상 파괴 명령은,462) 우리가 이미지를 진리 밖으로 축출하는 힘든 작업에 여전히 늘 참여해야 한다는 것이다. 이미지는 지금 그대로의 이미지로 남아야 하고, 현실과 행동의 유용하고 탁월한 수단으로 남아야

---

462) 구(Goux)는 성화상 파괴운동의 중요성을 완벽하게 보여주었으나, 그는 놀라운 방식으로 우리 시대가, 마르크스와 프로이드와 추상화와 더불어, 성화상 파괴적이라고 간주한다. 그들은 철학적 이미지의 파괴자라는 것이다! 여기서 중요한 것은 이미지가 인간의 총체성 속으로 **실제로** 침입한 것이다. 또한 이것은 구(Goux)를 만족시키는 성화상 파괴운동으로서 허구적이 아닌 실제적인 성화상 파괴운동을 실행하는 것과 관련된다. 이와 반대로, 그 문제를 완벽하게 파악했던 사람은, 실제적인 성화상 파괴운동이 어떻게 신앙의 당연한 결과가 되는지 보여주는 바아니앙(G. Vahanian)이다.(바아니앙의『하나님의 상황』*La Condition de Dieu* (Paris, Édition du Seuil, 1970)을 참조할 것)
그럼에도 불구하고, 구(Goux)는 (앞에 나온 책,『성화상 파괴론자들』*Les Iconoclastes*) 탁월한 직관으로 사실상 메시아적 세계는 비非표상의 세계라고 간주한다. 그러나 그의 고찰 전체는 이중적으로 이탈된 모습을 보인다. 우선, 그는 새긴 이미지를 만들지 말라는 계명을 따로 든다. 이 때문에 그는 몬드리안과 칸딘스키의 추상화가 이런 종류에 해당한다고 간주한다. 그러나 핵심은 그 사실 자체가 아니라, 그것을 보고 무릎을 꿇어 경배하는 것임을 깨닫지 못한 채로 말이다. 비非표상적인 추상화는 아무 것도 변화시키지 않는다! 두 번째 이탈은 메시아적 세계가 예를 들어 이런 방법을 통해 지금 실현가능하다는 확신이다. 그는 마지막 약속의 종말론적 특성을 파악하지 않았다. 종말론적 특성은 모든 표상의 부재를 포함하는 것이 아니라, 이미지와 '말'의 화해를 포함한다. 그는 조하르(Zohar)를 인용한다. "메시아적 세계는 이미지 없는 세상일 것이다. 그런데 이런 세상에서 이미지와 이미지가 나타내는 것 사이에서 비교가 더 이상 가능하지 않을 것이다." 그러나 이것은 그림과는 아무 관계가 없다. 즉 사실상 이 점은 화해가 이루어진 세계를 의미하거나 혹은 "하나님은 모든 것이 될 것이고 모든 것 안에 있을 것이다."를 의미한다.

한다. 그것으로 충분하다. 이미지는 그 이상을 요구하지 말아야 하고, '말'을 축출하려 하지 말아야 하며, 이미지의 숭배를 향하도록 이끌지 말아야 한다. 따라서 이것은 이미지 숭배, 텔레비전, 사진 외에 볼거리가 없는 주간지 읽기, 사고를 만화로 국한시키기,463) 이미지가 초래하는 사고와 탐구의 경직, 도표와 도식의 유혹, 컴퓨터 단말기의 자동성을 통해 생겨난 최면 등과의 싸움이다.

아무 것도 아닌 것처럼 보일지라도, 이 모든 태도는 사실상 종교적이다! 가시적인 기적이 우리 눈앞에서 이루어지고, 더 놀라운 기적이 반복되고 우리의 일상적인 일이 된다. 우선 성화상 파괴 명령은 시청각을 단호히 공격할 수밖에 없는데, 우리는 시청각의 거짓을 비판했다. 또한 시청각의 극단적인 위험을 언급할 필요가 있다. 연속적으로 받아들여지게 마련인 이미지 속에 통합된 '말'은, 움직임에 대한 '시각적 인식'과 설명적인 청각을 결집시킨다. 그런데, 이 점을 통해 지각 영역 전체가 수동적으로 관여하게 된다. 더 이상 불일치는 없다. 그런데 "생각하는" 주체의 개별화된 상황에 대해, 모순을 통해 고찰하게 한 것은 바로 이 불일치이다. '말'은 아무 것도 더는 환기시키지 않는다. 이와 반대로, '말'은 드러난 현실의 영역, 곧 허구적이고 기만적인 현실의 영역으로 국한되기 때문에, 단순화된다.

개인적 해석의 허용 범위는 분명히 제한적인데, 그렇지 않으면 사라진다. 왜냐하면 완벽을 지향하는 현실주의 안에서 상징과 상징의 내용이 혼동되기 때문인 동시에, 그렇게 다시 만들어진 실제 상황이 적극적인 개입의 모든 가능성 밖으로 관객을 내버려두기 때문이다. 한편 이미지는 어떠한 행동도 더는 요청하지 않는다. 또한 '말'은 어떠한 성찰도 요청하지 않는다. 이것은 완전한 메마름이다. 시청각 기술은 "따라서 인간 발전

---

463) 이전에 무한히 민감했을지라도, 이제는 더 민감하다. [본문 내용을 역자가 각주로 설정]

에서 새로운 상태이며, 인간의 가장 고유한 것, 즉 성찰적 사고에 직접적으로 영향을 미치는 상태다."464)

그리고 우리의 성화상 파괴 결정을 이끌어 내야한다는 거짓말이 이어진다. 즉, 이 상황은 '말'로부터 이미지의 형성으로 전환하는데 있어 어원적 의미대로 "상상력"의 수고를 덜어줄 수도 있기 때문에, 사람들은 우리에게 이 상황이 인간을 위한 완벽함을 나타낼 수도 있다고 끊임없이 말한다. 왜냐하면 이미지는 이미 만들어져 있기 때문이다. 이미지는 거기에 있고, '말'은 이미지에 정확히 들러붙는다. 사람들은 상상력이 지성의 근본적인 속성임을 잊어버린다.465) 또한 인간이 상징들을 빚어내는 능력을 잃게 되는 사회는, 이와 동시에 창의적 속성과 행동의 속성마저 잃게 된다. 상징들을 만들어내는 상상력을 지금 이 순간 개인의 차원에서 발휘하지 않는 것은, 그 자체로 표현된 몸과 '저편의 세계'au-delà와의 관계에 있어 중대한 연쇄 작용을 사라지게 하는 것이다. 이것은 모든 점에서 고대 우상들과 비교할 만한 시청각이라는 끔찍한 비인간적 병기兵器에 대해 반드시 필요한 성화상 파괴운동인데, 고대 우상들에 있어 인신제사는 고대 우상들의 드러난 진리의 조건이었다. 이것은 고발이며, 생겨난 파괴에 대한 경멸이다. 또한 개인적인 재해석을 요청하는 것이며, 끊임없이 새로 시작하는 것이다.

그러나 필요불가결한 성화상 파괴운동의 유일한 영역이란 없다. 성화상 파괴운동은 이미지가 진리라는 환상을 깨뜨려야 하는 의무인 동시에, 명백함을 믿는 것에 대한 고집스러운 거부이면서, 통계나 도표나 컴퓨터

---

464) 르루아 구랑(Leroi-Gourhan).
465) 과거로 거슬러 갈 것 없이 나는 라플랑틴(F. Laplantine)의 저서들을 소개하고자 한다. 『상상적인 것의 세 가지 목소리』*Les Trois Voix de l'imaginaire* (Paris, Éditions universitaires, 1974). 카스토리아디스(C. Castoriadis), 『사회의 상상적 직관』*L'intuition imaginaire de la société* (Paris, Éditions du Seuil, coll. "Cité prochaine", 1975). 『미로의 네거리』*Les Carrefours du labyrinthe* (Paris, Édition du Seuil, coll. "Cité prochaine", 1978). 멈포드(Lewis Mumford), 『기계의 신화』*Le Mythe de la machine* (Paris, édition Fayard, 1973).

자료를 통해 설득되는 것에 대한 고집스러운 거부이다. 또한 성화상 파괴운동은 "컴퓨터에 따르면…"이라고 단언하는 '말'이 배제된 '말'이다. 컴퓨터는 결코 궁극적인 근거가 될 수 없다.

컴퓨터는 가끔 자체의 좁은 영역에서도 유용할 수 없는 기계장치이다. 그렇다. 컴퓨터의 다양한 적용에도 불구하고, 그 영역은 매우 좁다. 성화상 파괴운동은 '말'과 이성을 대체한다고 감히 뻐기면서 잘 난체 하는 기구인 컴퓨터에 대한 것이기도 하다. 성화상 파괴운동은 남용되는 과학성에 맞서는 것이며, '말'에서 벗어나 진리를 자처하는 모든 것에 맞서는 것이다. '말'은 확실하면서도 모호하고, 비틀거리지만 의미심장하며, 무언가를 환기시키고 도발한다. 방법론은 승리하고, 모호성은 감소한다. 따라서 일관성 있는 '담화'가 지닌 결함의 단계를 거치는 진리의 가능성이 닫힌다. 그러나 컴퓨터로 표현된 언어에서, 대수학에서, 과학적 확신에서, 결함은 존재하지 않는다. 우리가 존재하는 지적 세계의 표면은 얼어 있고, 완전히 얼어붙은 거대한 얼음조각이 떠다닌다. 또한 너무나 풍부하고 넘쳐흘러서 사막화된 이미지는 모든 것에 침입해 들어가서, 과학의 열쇠 자체가 되어 버렸다. 인간을 관통할 수 있는 진리가 가능하기 때문에, 우리는 과학이 인간을 완전히 뒤덮을 수 있다는 주장을 근본적으로 거부해야 한다.

심리학적·사회학적·정신분석학적 과학성, 배아 수준에서 이루어지는 생물학적 개입, 인공적인 아기 생산, 염색체 조작, 화학요법을 통한 인격의 변화, 이 모든 것은 현실을 진리와 동일시하는데서 비롯된 결과물이며, '말'에 대한 시각적인 것의 승리이다. 또한 '말'과 의미가 지닌 이런 불확실성의 자유를 회복시키기 위해, 저항의 전선이 반드시 형성되어야 하는 것이 바로 여기이다. 물론, 이것은 그 자체로서 과학을 거부하는 것과는 아무 관계가 없으며, 단지 배타적이고 대체적이며 단순한 과학의 요구에 있어서 그럴 뿐이다. 이미지일 뿐이고, 이미지에 전적으로 기초해 있으며, 이미지로 모든 것을 해석하는 과학이 세상의 모든 것을 통합하려 들 때, 특히 신화를 통합하려 들 때 그러하다는 것이다.

아주 의미심장하고 걱정되는 일은, 정신분석이 과학이 되려고 하는 동시에, 오이디푸스 등과 같은 신화를 통합하려고 한다는 것이다. 여기서 아니라고 말해야 한다. 물론, 신화가 다른 아무 것처럼 과학의 대상이 될 수는 있다. 하지만, 이때 신화의 본질적인 면은 그 의미가 박탈된다는 점을 알아야 한다.466) 신화가 과학의 도구가 될 수도 있다. 그런데, 그 결과는 이런 과학이 결코 정립될 수 없다는 것이다. 들뢰즈Deleuze는 분석이 과학적일 수밖에 없다면 이런 분석을 통해 오이디푸스 신화는 배제될 수밖에 없다고 했는데, 이것은 일리가 있다!

공간적인 것과 관련되는 것으로서의 과학을 거부해야 하는데, 과학은 시간을 포함시키려 하고, 시간을 공간적인 것으로 만들어 버리려 한다. 또한 과학이 진리 전체가 되려고 할 때, 현실과 관련되는 것으로서의 과학을 거부해야 한다. 이 때, 과학은 과학의 한계를 넘어서는 모든 것을 포함할 수 없을 경우, 또 과학에 있어 단순화 과정이 더는 가능하지 않을 경우, 과학은 과학의 한계를 넘어서는 모든 것을 제한하고 배제한다. 하지만, 다음 같은 지나친 단순화 과정 자체도 거부해야 한다. 즉, 전체란 범주 속에 포함될 수 있는 것이고, 과학적 방법을 통해 단순화될 수 있는 것이라는 단순화 과정이다.

마지막으로, 종교적 영역에서 거부의 다른 예가 있다. 즉, 현대적 종교 감정과 다양한 종교성이 꽃피는 상황에 직면하여, 시각적 신비주의가 명확한 의식意識으로 넘어가게 하기 위해, 시각적 신비주의를 거부할 필요가 있다. 왜냐하면 모든 신비주의 운동은 시각적 신비주의에 속하기 때

---

466) 레비스트로스(Lévi-Strauss).

문이다. 내적인 응시이든, '구루'467)이든, 영적신체수련이든, 초월적 명상이든, 신新불교이든, 묵시적 종말론자이든, 이것은 늘 '시각적 인식'이 발달하도록 내버려두기 위한 침묵, 바로 그 내적인 침묵과 관계된 것이다! 이와 동시에, 종교적 회합 안으로 육체적인 것과 광적인 흥분의 유입, 기쁨을 표현한다는 명목으로 황홀경과 극도로 열광적인 찬양의 유입, 기획된 거짓 축제, 도취상태에서 내보여 지고 조작된 뱀에 대한 숭배 등, 종교적 진리를 강렬하게 표현하려고 하는 이 모든 것은 최면적인 이미지를 통한 유입일 따름이다. 이것은 '말'을 배제하는 것이고, 계시를 없애는 것이다. 또한 이것은 시각적으로 표현된 어떤 힘을 통해 신들린 상태의 인간으로 대체된 인간을 향한, 하나님의 길을 밀폐하여 막아 버리는 것이다.

물론, 이 성화상 파괴운동은, 완벽히 타당하고 훌륭하며 유용하고 삶에 필요한 이미지 그 자체에 맞선 행동일 필요는 없다. 하지만, 성화상 파괴운동은 이미지의 패권주의에 맞선 행동이고, 이미지가 조종하는 오만과 탐욕과 정복 정신에 맞선 행동이며, 이미지가 요구하는 무제한성에 맞선 행동이다.

약속된 화해

그러나 약속된 화해가 오늘날 가치가 있다는 점을 잊지 말아야 한다. 또한 우리가 지금 이 화해의 시작을 경험해야 하는 것이 아니라, 이 화해의 약속으로서 현실을 경험해야 한다는 점을 잊지 말아야 한다. 이것은 성화상 파괴운동이 단지 이미지와 시각적인 것을 우상으로, 신심의 대상으로, 숭배 대상으로, 신비주의의 대상으로 변형시키는데 맞선 행동일 뿐임을 뜻한다. 하지만, 성화상 파괴운동은 고유의 수준과 기능과 역할

---

467) [역주] '구루'(Gourou). 브라만교의 정신적 지도자, 스승, 도사를 지칭하는 산스크리트어.

로 귀착된 이미지에 맞선 행동이 아니다. 예를 들어, 인간에게 미적 표현이 필요하다는 것은 확실하며, 인간이 아름다운 이미지를 창조함으로써 자신을 표현한다는 것은 약속을 통해 타당하다.

그러나 인간에게 있어 이 아름다운 이미지가 진리 전체를 담고 있는 것도 아니고, 이미지가 인간의 본질을 표현하는 것도 아니다. 말로468)가 이야기한 예술의 실체가 그러하다. 시각, 이미지, 필수불가결한 표상은 **약속** 아래에 존재한다. 초기 그리스도인 또는 16세기 종교개혁자의 성화상 파괴적 열정이 겨냥했던 것은, 보여 진 대상으로서 성화상이 아니라 성화상에 대한 숭배였고, 성화상의 '실재'réalité가 아니라 성화상에 대한 혼동이었다. 그들의 목표는 성화상의 '실재'를 본래 있는 그대로 되돌려 놓은 것이다. 이것은 대상을 본래 있는 그대로 본다는 조건에서 반드시 필요한 환경이다. 이렇게 환경운동가들은 단순히 인간 환경을 실제 현실 속에서 파악하면서 약속을 실천한다. 이것은 어떤 진리로부터 판단된 현실이다.

그러나 이것은 진리의 필수불가결한 버팀목인 현실이다. 진리가 이러한 성육신이 없이는 아무 것도 아님을 또다시 실감해야 한다. 또한 뜬 구름 잡듯이 말하는 것을 금하는 **디사이츠**469)의 결정적인 중요성을 마르크스가 강조한 것이 올바른 판단임을 또다시 실감해야 한다. 이것은 실천에 대한 예수의 '말'을 정확히 표현한 것이다. 실천되지 않는 진리는 아무 것도 아니며, 오직 실천만이 시각화를 통해 보여 진 현실 속으로 침투해 들어간다. 그러므로 또 다시 성화상 파괴운동으로 끝나지 말아야 하며, 진정한 성화상 파괴운동 속에서 시각과 이미지와 현실의 회복이 이

---

468) [역주] André Malraux(1901-1976). 프랑스의 작가이자 정치가. 자신의 작품을 통해 시대의 타락과 죽음의 본능에 대항하는 투쟁의 수단들을 정치적 참여와 예술에서 찾는다. 대표 작으로는 『왕도』, 『인간 조건』, 『희망』 등이 있다.
469) [역주] 디사이츠(Diesseits). '현세', '속세'를 뜻하는 독일어 명사. 관념적인 '말'을 금하는 실제 적인 현실 세상을 의미한다.

루어져야 한다. 그러나 시각과 이미지와 현실을 하나님의 약속 아래에 존재하는 것으로서 포착함으로써만이, 이런 회복은 이 세상에서 가능하다. 왜냐하면 그것들의 정당성을 입증하는 동시에 어김없이 그것들을 제한하는 약속이 있기 때문이다.

언어의 회복

세 번째 주요한 윤리적 방향은 이해 가능한 언어에 대한 요구와 관계된다. 언어는 이해되기 위해, 또 들려지기 위해 만들어진다. 언어는 '말'을 담지擔持한다. 언어의 모습을 띠지 않은 순수하고 절대적인 '말'이 존재할 수 있다고 믿는 것은 허황되고 관념적이다. '말'은 반드시 언어와 더불어, 또 언어를 통해서만 존재한다. 언어는 이해 가능하고 합리적이며 일관된 소통 수단이 되도록 만들어진다. 사람이 말하는 것에 대한 이해가 없다면, 언어도 없다.

'말'을 통해 전달될 수 있는 진리가 있다면, 일관된 언어를 열정적으로 지켜야 한다. 여기서 나는 바울이 고린도전서에서 언급한 것을 상기시키고자 한다. 이것은 바로 헛소리 같은 열광적인 '말들'에 대한 것인데, 사람들은 이 '말들'이 합리적이고 이해할 수 있는 '말'보다 더 심오한 계시를 내포하고 있다고 믿었다. 마귀에게 사로잡힘을 표현하는 언어들이 있다면, 성령에 의해 사로잡힘을 표현하는 '말하기 방식'un parler, 곧 "방언으로 말하기"도 있어야 한다. 바울은 '방언으로 말하기'를 배격하지 않지만, 그것에 대해 비판한다.

"사랑을 추구하십시오. 또한 영적인 은사恩賜를 열망하십시오. 특히 예언의 은사를 열망하십시오. 방언으로 말하는 사람은 사람에게 말하는 것이 아니라 하나님에게 말하기 때문입니다. 방언하는 사람은 성령으로 신비한 것을 말하기에, 실제로 아무도 방언하는 사람의 말을 알아듣지 못합니다. 이와 반대로, 예언하는 사람은 사람들에게 말합니다. 그는 감화를 주고 권고하며 격려합니다. 방언으로 말하는 사람은 자기 자신을 감화시키지만, 예언하는 사람은 모인 사람을 감화시킵니다. 나는 여러분 모두가 방언으로 말하기를 바라지만, 그 보다는 여러분이 예언을 하기를 원합니다. 왜냐하면 예언하는 사람은 방언으로 말하는 사람보다 우월하기 때문입니다. 모인 사람이 감화를 받을 수 있도록 방언하는 사람이 방언을 해석하지 않는다면 말입니다."고전14: 1-5

"형제 여러분, 지금 내가 여러분에게 와서 방언으로 말한다고 가정해 봅시다. 내 말이 여러분에게 계시도 학문도 예언도 가르침도 주지 못한다면, 내가 여러분에게 무슨 소용이 되겠습니까? 또 피리나 혹은 거문고 같은 생명이 없는 악기의 경우도 마찬가지입니다. 이 악기가 음을 분명하게 내지 않는다면, 사람들은 이 악기가 연주하는 것이 무엇인지 어떻게 알겠습니까? 또 나팔이 분명하지 못한 소리만을 내면, 누가 전투를 준비하겠습니까? 여러분도 마찬가지입니다. 여러분의 혀가 분명한 말을 내지 않는다면, 여러분이 말하는 것을 사람들이 어떻게 이해하겠습니까? 여러분은 그저 허공에 대고 말하는 셈이 됩니다. 나는 세상 도처에 얼마나 많은 종류의 언어가 있는지 잘 모르지만, 의미가 통하지 않거나 혹은 불분명한 소리를 내는 언어는 없습니다. 그러나 내가 그 소리의 의미를 모른다면, 말하는 사람에게 나는 야만인처럼 보일 것이고, 내게 말하는 사람도 내게는 야만인처럼 보일 것입니다. 그러므로 여러분은 영적인 은사를 열망하기 때문에, 이 은사를 풍성히 받도록 애쓰십시오. 그래서 교회가 이 은사로부터 감화를 받게 하십시오."고전14:6-12

"그러기 때문에 방언으로 말하는 사람은 해석의 은사를 얻도록 기도해야 합니다. 왜냐하면 내가 방언으로 기도하면, 나의 영靈은 기도하지만, 나의 '예지叡智' 470)는 아무 열매도 맺지 못하기 때문입니다. 그러면 어떻게 해야 하겠습니까? 나는 영으로 기도하겠지만, 또한 '예지'로도 기도하겠습니다. 나는 영으로 찬미하겠지만, 또한 '예지'로도 찬미하겠습니다. 그렇지 않고서 당신이 다만 영으로만 축복한다면, 은사를 받지 못한 처지에 있는 사람은 당신이 말하는 것을 이해하지 못하기 때문에, 당신의 감사기도에 어떻게 '아멘'이라고 대답하겠습니까? 물론 당신의 감사기도는 훌륭하지만, 그것으로는 다른 사람이 감화를 받지 않습니다. 나는 여러분 모두보다 더 방언으로 말하는 것에 대해 하나님에게 감사합니다. 그러나 나는 모임에서 방언으로 일만 마디의 말을 하는 것보다, 다른 사람들을 가르치기 위해 '나의 예지로' 471) 다섯 마디의 말을 하기를 더 원합니다." 고전14:13-19

우리는 바울이 '방언으로 말하기'에 대한 자신의 비판에서 평범하고 진부한 합리주의자처럼 자신을 표현하고 있지 않음을 아주 분명하게 이해한다! 게다가, 바울을 배격하고 바울에게 의혹의 눈길을 보내는 그리스도인과 신학자에게 있어 현재 나타나는 유행은, 바로 지적 방임과 신앙

---

470) [역주] '예지叡智'(intelligence). 이 텍스트에서처럼 프랑스어 성서에 나오는 'intelligence'라는 표현은 한국어 성서와 영어 성서에서는 주로 '마음'으로 번역되어 있다.(단, 한국어 성서 중 '공동번역'에는 이 부분에서 '이성'으로 나와 있다.) 예를 들어, 프랑스어 성서의 로마서 12장 2절에 나오는 'par le renouvellement de l'intellilgence'라는 표현에 해당하는 부분이 대부분의 한국어 성서에서 '마음을 새롭게 함으로' 라고 되어 있으며(한국어 성서 중 '공동번역'에도 다른 성서와 비슷하게 '마음을 새롭게 하여'로 나와 있다.), 영어 성서들, 예를 들어 NIV, KJV, NASV에서도 이 표현은 "by renewing of your mind(마음을 새롭게 함으로)"로 되어 있다. 따라서 'intellilgence'를 대부분의 성서에 나오는 표현에 따라 '마음'으로 옮기고 싶지만, 이 텍스트의 문맥에 비추어 '예지, 지혜, 통찰력' 등으로 옮기는 것이 바람직하다고 본다.
471) [역주] '나의 예지叡智로'(par mon intelligence). 한국어 성서에는 이에 해당하는 표현이 '깨달은 마음으로', '나의 깨친 마음으로', '나의 이성으로' 등으로 나와 있다.

의 비일관성을 드러내는 모든 시기의 특징이다. 바울은 자신의 엄밀함과 정확성으로 우리를 당혹케 한다. 복음서에서 출발하여 아무 것이나 말하고 열광하기 시작하는 것이 가능할지라도, 바울과 토론한다면 그리 쉽지는 않을 것이다!

이 텍스트로 돌아가 보자. 나는 바울이 진부한 합리주의자처럼 자신을 표현하지 않는다고 이미 말했다. '방언으로 말하기'에 대한 판단은 다른 사람에 대한 사랑에 기초한 것이다. '말'은 덕을 세우고 격려하며 위로하는데 소용되어야 하는데, 어디서든 그러해야 한다는 것이 아니라, 기독교적 이해에 있어 그러해야 한다는 것이다. 이것은 다른 사람이 어떤 형제와의 관계에서 자기 자신을 세울 수 있게 하는 것이다. 사람들이 말하는 '말'이 명확히 이해될 경우에만, 사람들은 위로할 수 있다. 타인이 당신으로부터 어떤 의미를 받아들일 경우에만, 사람들은 그의 의지를 확고하게 할 수 있다. 타인이 자신을 위해 당신이 말한 것을 사용할 수 있는 경우에만, 사람들은 그가 자신의 신앙과 진리 안에 서는 것을 도울 수 있다. 그렇지 않으면, 아무 것에도 소용되지 않는 소음과 어수선함과 비일관성이 존재한다. 이 소음과 어수선함과 비일관성은 사람들을 놀라게 하는데 소용되고, 터무니없는 오류에 빠지게 하는데 소용되며, 유치한 사고 속에 가둬놓는데 소용되고, 공포나 또는 어리석은 숭배를 퍼뜨리는데 소용된다. 이 모든 것은 기독교적이 아니다.

그러므로 바울에게 있어 언어는 소통의 도구일 뿐 아니라, 모두에게 공통적으로 계시된 진리의 매개 수단이다. 따라서 언어는 이 공통의 유용성을 위해 사용되어야 한다. 또한 언어는 타인을 섬길 수 있는 것을 염두에 두면서, 타인에 대한 배려와 사랑으로 우리를 늘 이끌어 가야 한다. 그리고 정확히 말해, 바울은 민중의 반열에 속한 사람들을 넌지시 암시하고, 큰 영적 은사를 가지지 않은 비천한 사람들이면서 앞으로 나아가는 것을 도와주어야 하는 비천한 사람들을 넌지시 암시한다.

"나는 여러분 모두보다 더 방언으로 말한다."고 하면서, 바울은 '방언으로 말하기'란 성령에 의한 표현임을 부인하지 않는다. 그러나 이해할 수 없고 일관성이 없는 이 신비한 언어는, 아무도 이해할 수 없는 하나님과의 직접적인 관계이다. 그러므로 기독교가 사랑의 삶이라는 것이 진실하다면, 방언으로 말할 때 하나님과 대면하는 이 고독 속에서 기독교는 어떻게 체험될 수 있을까? 이와 같이 타인들에 대한 사랑 때문에라도, '방언으로 말하기'는 모두에게 이해될 수 있어야 한다.

명쾌하고 합리적으로 말하는 것은 이웃에 대한 사랑의 표현이다. 이에 반해, 오늘날 언어를 파괴하고자 하는 열정은, 현대인의 근본적인 고독만을 표현할 따름이다. 아마도 나는 다음 같이 설명함으로써, 이해할 수 있는 언어에 대한 증오에 빠져 있는 우리의 많은 지적인 철학자와 현대 시인을 몹시 놀라게 할 수도 있다.472) 즉, 그들이 만들어내는 것은 오직 우리 사회의 비극, 인간의 고독, 관계의 기술화를 초래하는 것임을 확인시킬 따름이라는 설명이다. 이렇게 엘리트 지성인이라는 사람들은 아주 관습적인 방식으로 지성에 집착하고 기존의 것을 정당화함으로써 최악의 사회운동을 더 나쁘게 만들면서, 이 사회운동을 극단으로 밀고 나아가는데 만족한다. 지성은 자체의 위치를 공고히 했으나 투쟁을 포기했다.

미친 사람과 어린아이의 '사이비 언어'pseudo-langage에는, 어떠한 진리도, 깊이도, 지혜도 없고, 미지의 세계에 대한 어떠한 열림도 없다. 그들은 이 세계보다 더 진실할 수도 있는 어떠한 배후 세계에 대해서도 열려 있지 않다. 우리는 거기서 무의식의 중얼거림이나 원초적 시간473)의 메

---

472) 하지만, 그들은 이 글을 결코 읽지 않을 것이다. [본문 내용을 역자가 각주로 설정]
473) 그러나 원초적인 시간이기 때문에 **조금도** 더 나은 시간이 아니다! [본문 내용을 역자가 각주로 설정]

아리를 최대한 들어야 한다. 우리가 거기서 일종의 감정이나 폭발하는 힘이나 어떤 진리를 발견한다면, 이는 그것이 거기 있기 때문이 아니라, 이 급격한 단절을 통해 우리 안에 있었던 것이 우리에게서 분출되기 때문이다.

나는 개인적으로 초현실주의 시를 몹시 좋아한다. 그런데, 나는 다음 같은 점을 잘 알고 있다. 즉, 어떤 표현이 나를 사로잡는다면, 또 낱말들의 연결이 내 안에서 어떤 '시각적 인식'을 불러일으킨다면, 이는 그것들이 거기 있기 때문이 아니라, 그것들이 내 안에 있었기 때문이고, 이 소음이 그것들을 솟아오르게 하는 계기가 되었기 때문이라는 점이다. 이것은 언어의 사명이 아니다. 정당화하는 하찮은 '담화'를 통해 활기를 띤 언어에 대한 증오는 바로 인간에 대한 증오, 즉 타인에 대한 증오일 따름이다. 또한 이런 언어에 대한 증오는, 상징 없는 상징주의의 마법세계로 나를 가두기 위해 소통을 거부하는 것이다. 하지만, 이것은 나만을 위해 모호하고 무의미한 지대가 열리는 것이다. 언어에 대한 증오 및 광적인 언어에 대한 예찬은, 근원적인 고독에 갇혀 마약을 통해 결국 고독을 확인하는 마약중독자의 태도와 같은 것이다.

게다가, 바울이 언급하는 모든 것은 우리가 유대 성서에서 보는 것과 정확히 같다. 즉, 예언자들은 방언으로 말했고, 황홀경에 사로잡혔다고 우리는 알고 있다. 그 중 우리에게 전해진 것은 아무 것도 없다. 언어의 차원에서 이해할 수 있는 예언만이 백성을 위한 하나님의 말로 우리에게 보존되었다. 그리고 예수에 대해서도 마찬가지다. 복음서 기록자들[474]은 "예언자적인" 경련과 언어 분출과 황홀경이나 또는 델포이 신전의 경

---

[474] 바울과 마찬가지로 이 복음서 기록자들이 아주 의심스러운 것은 사실이다. 그들 또한 지배 이데올로기를 표현했고, 예수의 혁명적인 메시지를 부르주아 어법으로 표현했다. 자끄 엘륄의 *L'idéologie chrétienne marxiste* (Paris, Édition du Centurion, 1978) (『기독교와 마르크스주의』, 2012, 대장간 역간)를 참고할 것.

련과 언어 분출과 황홀경을 결코 암시하지 않는다! 결코 그렇지 않다! 예수는 모든 사람이 이해하는 가장 분명하고 가장 일상적인 '말'을 한다. 평범하고 일상적인 언어와 회자된 이야기, 그리고 새로운 의미를 표출시키는 비유의 기상천외함, 이 둘 사이에 마주침으로부터 바로 놀라운 것이 솟아 나온다.475) 그러므로 예수와 더불어 사람들은 합리적인 언어를 사용하려는 의도를 다시 발견한다. 합리적인 언어는 난해함과 이중 의미를 지닌 문장과 생략 표현을 완벽히 전달하는 수단이 아니라, 절대적인 '말'을 완벽히 전달하는 수단이다. 한편, 비유도 오히려 어떤 전달 수단이다.

결국 그리스도인에게는, 유일하게 '말'을 담을 수 있고 이해할 수 있는 언어의 가치를 가장 확고하게 유지하는 것이 중요하다. 또한 신비롭거나 신비주의적이거나 열광적이거나 광기어린 언어들을 사용하려는 온갖 유혹과 덫을 단호하게 거부해야 한다. 이런 언어들은 오늘날 지금 있는 그대로 우리가 사는 세상에서 인간에 대한 포기와 배반일 따름이다.

열린 언어를 향한 투쟁

그러나 이해될 수 있는 언어에 대한 이런 요구에서, 어떤 다른 입장이 뒤따를 수 있다. 나는 이 책에서 모든 것을 다루었다고는 하지 않겠다. 예를 들어, 거짓된 광고 언어에 대한 분석처럼, 독자는 오늘날 어떤 것에 이 요구를 적용할 수 있는지 알아보기 위해 노력을 기울여야 한다! 이것은 그리스도인으로서 **열린** 언어를 위해 투쟁하는 것과 관련된다.

언어가 '말'의 매개 수단이 될 수 있고 진리의 해석자가 될 수 있다면, 이 언어는 오직 열린 언어로서 만이, 다시 말해 매번 어떤 모험을 가능하게 하는 언어로서 만이 그렇게 될 것이다. 그리고 이것은 사회 언어의 구

---

475) 리꾀르(Ricoeur).

조를 상실하게 하기 위해 미친 사람의 '말'을 내세우는 언어들476)의 유일한 긍정적 측면이다. 이 언어들은 틀에 박히지 않은 열린 언어를 원하며, '상투적인 정치 선전 구호'langue de bois나 혹은 '무거운 언어'langue de plomb에 맞설 근거를 가지고 있다. 그러나 이 언어들의 처방을 통해, 이에 상응하는 악이 생겨난다. 왜냐하면 미친 사람의 언어에 대한 열정을 통해 합리적인 언어가 파괴된다면, 이런 열정을 통해 완전히 닫히고 폐쇄된 '담화'가 생겨나기 때문이다.

언어의 놀라움477)은 바로 다음 같은 두 가지 사이에 있는 모순과 갈등과 긴장이다. 그 중 하나는 언어의 고정된 구조들, 고정된 단어들의 의미, 문법적 연계이다. 다른 하나는 인간과 세상 속에 있는 것 중에서 가장 유동적이고 새롭고 비밀스러운 것을 담고 전달하는 정밀한 도구들의 역량이다. 매번, 틀에 박힌 언어는 살아 있고 혁신적인 '말'이 될 수 있다. 그러나 그렇게 되기 위해서는 언어가 열려 있어야 하는데, 다시 말해 언어는 예기치 않은 실체를 새롭게 갖출 수 있어야 한다.

존재하지 않았던 것을 만들어내고 세상에 드러낼 수 있는 조각가의 완벽한 도구 앞에 우리가 있다고 나는 말할 수도 있다.478) 도구가 조각가의 의지와 의도와 솜씨를 좌우하지 않는다. 그 자체가 대리석인 동시에 끌에 해당하는 이 언어의 어려움은, 필요한 재료와 도구의 강도強度일 따름이다. 이것은 표현의 까다로움이 재료와 도구의 강도보다 더 강해지기 위해서이고, 재료와 도구의 강도가 이런 까다로움의 진지함을 나타내기 위해서이다.479) 언어는 '말'의 진리를 구조화하고 검증하는데, '말'의 진

---

476) 내가 조금 전에 비판한 언어들이다. [본문 내용을 역자가 각주로 설정]
477) 분명히 언어의 이런 놀라움 때문에, 자신을 계시하는 하나님에 대한 비유는 하나님을 '말씀'(verbe)과 관련시킨다. [본문 내용을 역자가 각주로 설정]
478) 하지만, 특히 비교를 강요하지 않고서 이렇게 말할 수 있다는 것이다.
479) [역주] 여기서 엘륄이 말하고자 하는 바는, 이런 언어는 조각가가 대리석을 쪼아 조각 작업을 할 때처럼 까다롭다는 것이다. 즉, 대리석은 조각가의 작업에도 쉽게 변형되지 않지만, 조각가의 작업을 통해 대리석에는 조금씩 어떤 형태가 새겨지고 만다. 따라서 재료인

리는 강력한 주술적 내용을 담고 있지 않다면, 언급되지 않은 채로 남아 있을 것이다.480) 하지만, '말'의 진리를 구조화하고 검증할 수 있으려면, 언어는 닫혀 있지 말아야 한다. 다시 말해, 도구가 혁신을 가로막거나 혹은 작업을 정확히 결정짓지 말아야 한다. 마법의 끝이 조각가의 손길 없이 홀로 조각을 하는 일은 있을 수 없다.481)

그런데, 언어를 폐쇄하려는 경향이 있고, 또 이데올로기적으로 이 폐쇄를 가중시키려는 경향이 있다. 다시 말해, 미친 사람의 언어에 대한 열광적인 신봉자들이 두려워하는 것을 실현시키려는 경향이 항상 있다. 사회 상황 자체에서 비롯되는 폐쇄, 관례와 반복과 중복에 의한 폐쇄, 정치적 담론의 폐쇄가 바로 그것이다. 이뿐만 아니라, 쿤482)이 보여주었듯이 과학적 담론의 폐쇄, 즉 모든 혁신을 배제하는 소위 과학적 방법론 내부에서 혹은 사고의 패러다임 내부에서 과학적 담론의 폐쇄가 바로 그것이다. 또한 무한히 재생되는데 그치는 이데올로기적 담론의 폐쇄가 바로 그것이다. 그리고 기독교이든, 스탈린주의이든, 모택동주의이든 간에 교리문답식 담론의 폐쇄가 바로 그것이다. '말'의 결정적인 특성을 확신하는 모든 사람, 그리고 성서 **계시**에 의거하여 모든 것이 결국 **하나님의 '말'**에 토대를 둔다고 이해한 모든 사람은 이 폐쇄에 맞선 싸움에 동참하여야 한다. 왜냐하면 이 폐쇄는 인간의 언어를 배제할 뿐만 아니라, **하나**

대리석의 강도가 강하기는 하지만, 조각가의 작업이 대리석의 강도를 넘어서야 한다는 것이다.
480) [역주] 여기서 엘륄이 말하고자 하는 바는, '말'이 언급되기 위해서는, '말'은 마치 모든 사람을 저주하듯이, 진리처럼 폭발적이고 예리해야 한다는 것이다. 따라서 엘륄은 만일 '말'이 무기력한 채로 남아 있다면, '말'은 표현되지 않을 것이라는 점을 여기서 강조한다.
481) 사족을 붙이자면, 이건 단순한 비교일 뿐이다. 나는 언어가 단순한 도구나 사용할 기계라고는 결코 말할 생각이 없다.
482) [역주] Thomas Samuel Kuhn(1922-1996). 미국의 과학사학자이자 과학철학자. 철학, 심리학, 언어학, 사회학 등 여러 분야를 섭렵하여 과학철학에 큰 업적을 남긴다. 그에 따르면 과학의 발전은 점진적으로 이루어지는 것이 아니라, '패러다임'(paradigm)의 교체에 의해 혁명적으로 이루어지며, 그는 이 변화를 '과학 혁명'이라 부른다. 주요 저서로 '패러다임'이란 개념을 처음으로 제시한 『과학혁명의 구조』*The Structure of Scientific Revolution*가 있다.

님의 '말'이 개입하는 가능성마저 배제하기 때문이다.

따라서 거의 강조된 적 없는 이 폐쇄의 두 가지 특수한 측면을 강조해야 한다. 하나는 종교적 측면이고, 다른 하나는 행정적 측면이다.483) 사람들이 이데올로기적이고 문화적인 언어 주변으로 너무 많이 어슬렁거리다 보면, 사실 몇 가지 측면을 간과하기 마련이다. '의례화'ritualisation로 향하는 종교계 전체의 이러한 경향과 유혹은 물론 잘 알려져 있다.

또한 신화와 '전례의식'rite의 관계도 알려져 있다. 기도에서의 반복, 예배와 종교의식에서의 동어반복, 집단의식 속에서의 전례, 성찬식에 필요한 고정된 틀의 필요성, 그리고 종교적 의식이든, 군사적 의식이든, 개회 의식이든, 정치적 의식이든 그 의식을 집전하는 성직자와 민중 사이에 관계 설정을 위한 엄격한 틀의 마련, 마지막으로 종교적 표현에서 쉽게 나타날 수 있는 열광을 피하기 위한 틀에 박힌 태도, 이런 것들의 가치란 과연 무엇인가! 전례의식과 종교의식은 다음과 같은 언어를 만들어내는 데 소용된다. 즉, 새로움이라는 위험과 함께 무언가를 떠올리게 하는 언어가 아니라, 최면을 거는 주술적이고 재생산적인 역할에 갇혀 있는 언어이다. 종교적인 것이 무엇이든, 종교적인 것에 대한 자유로움은 너무도 위험하기에 의례화해야 한다. 그러나 '담화'의 의례화는 바로 '말'의 가능성을 닫는 것이다. 언제나 이것은 창조된 세계로부터 시각적 세계로 '말'을 옮기는 것이다. 이런 이유에서 모든 의례화는 가시적인 종교의식의 상당한 부분을 포함한다.

우리는 여기서 종교들의 영속적인 특징을 보게 된다. 그런데, 오직 **'말'**에 의한 **계시**에 기초하여 단지 말하기만 하는 하나님을 언급하는 신앙은, 이런 의례화를 허용할 수 없다. 전례의식은 근본적으로 종교적이며,

---

483) 나는 앞에 나온 책 『선전』*Propagande* 에서 내가 긴 시간 연구해 온 광고와 선전에 의한 언어의 폐쇄에 대해서 지금 다루지는 않겠다.

성서 계시는 반反종교적이다. 종교로서 전례의식은 속박과 폐쇄와 틀이며, '말'은 폭발적이고 해방시키는 것이다. 그러나 언어 안에서 작용하는 '말'과 이해할 수 있는 언어는, 다른 어디에서도 그렇지 않고, 다른 식으로도 그렇지 않다. 그러므로 우리는 종교와 성서적 신앙 사이에 모순의 새로운 요소를 발견하는데, 이 모순은 잘 알려지고 받아들여지기 시작한다.

또한 혼동하지 말아야 할 것은, 종교가 맹위를 떨치고 있는 듯이 보일 때라도, 종교는 결코 진실로 해방시키는 것이 아니라, 편파적으로 치우쳐져 있다는 점이다. 그런 식으로 우리는 축제의 사라짐을 슬퍼하지만, 전통 사회에서 축제는 결코 자연발생적이 아님을 잊지 말아야 한다. 축제는 전례의식의 달력에 정확히 지시되어 있다. 사투르누스 제祭484), 루페르칼리아 제485), 바카날리아 제486)와 같은 날에 사람들은 속박에서 벗어나 광기를 분출한다. 그것은 정확히 정해진 시간 내에 이루어지며, 정해진 때가 오면 모든 것은 질서 속으로 되돌아간다. 사람들은 천문과 달력 등에 의해 정해진 순간에 규정된 대로 본능을 분출했다.

대축제일과 혼란에 빠져드는 것은 창의적으로 이뤄진 것이 아니라 지시된 것이다. 결코 이와 다르게는 될 수 없었다. 그리고 이 열광과 욕망의 폭발은 하나의 목적만을 가지고 있다. 이 목적은 정기적으로 열정을 분출하는 것을 통해, 사회질서를 더 잘 받아들이게 하고, 공동체의 제약

---

484) [역주] 사투르누스 제祭. 고대 로마의 축제 중 하나로서, 처음에는 씨를 뿌리고 그 씨앗의 발아 성장과 그 해의 풍작을 비는 제사였던 것으로 보인다.
485) [역주] 루페르칼리아 제祭. 고대 로마의 축제 중 하나로서, 건강과 다산多産을 기원하고 도시를 정화하는 데 목적이 있었다. 루페르칼리아 제에서 숭배하는 루페르쿠스(Lupercus) 신은 목자牧者들의 신으로서 다산多産을 상징하는 목신牧神인 파우누스(Faunus)와 동일시된다.
486) [역주] 바카날리아 제祭. '바쿠스 축제'라는 뜻으로서 그리스에서 열리던 디오니소스 축제가 이탈리아 남부에 전파된 뒤 캄파니아를 거쳐 고대 로마에서도 성행한다. 종교의식을 빙자하여 방탕하고 난잡한 축제로 변질되자, 로마 원로원에서 위법으로 판정하여 금지령을 내리기까지 한다.

을 더 잘 견디게 하는 것이다. 그렇게 축제는 의례화된다. 즉, 축제는 종교적이며, 새로운 속박을 만들어내고, 옛 것을 새롭게 하며, 억압을 통합하고 용인할 수 있게 한다. 축제는 결코 해방시키는 것이 아니다. 오직 '말'만이, '말'을 통한 진리의 선포만이, '말'을 창조하는 것만이, **'말씀'** Verbe인 하나님 및 하나님과 함께하는 '말씀'을 기준으로 삼는 것만이, 즉, 이것들만이 해방시키는 것이고, 모험에 대해 열리는 것이며, 절대적인 시작을 매번 설정하는 것이다.

한편, 자유가 유대·기독교 세계의 창조물이라는 것은 공연한 이야기가 아니다. 마찬가지로, 모두 다 '말'에 의한 이런 해방의 산물인 민주주의와 사회주의의 모험에 참여했듯이, 사람들이 과학적이고 기술적인 모험에 참여했다는 것도 공연한 이야기가 아니다. 그러나 늘 그렇듯이 정치에서든, 사상에서든 절대적인 비일관성의 뒤바뀐 위협이 생겨난다. 또한 독재와 같은 정치에서 뿐만 아니라, 정통주의나 또는 과학지상주의 같은 사상에서 절대적인 폐쇄성이 생겨난다. 정치와 사상은 거짓의 동일하고 보완적인 두 측면이다. 그러나 매번 '말'은 다시 나타난다. 오직 오늘날, 기술에 의해 패배당한 '말'은 사라지고 약화된다.

전례의식에 의한 이런 폐쇄성 옆에서, 우리는 행정상의 비밀과 더불어 또 다른 예를 발견할 수 있다. 그런데, 행정상의 비밀은 사업의 비밀과 군사적 혹은 과학적 비밀을 지속시킨다. 하지만, 행정상의 비밀은 현대 국가에서 모든 사람과 관련되고 권력 신분제도의 표현이기 때문에 더 심각한 문제다. 행정은 자체에 속한 자체의 언어를 만들어 내었고, 계획과 프로젝트, 행동 결정, 절차를 비밀스럽게 간직한다. 행정적으로 관리를 당하는 쪽에서는 관리하는 쪽과 어떠한 열린 관계도 맺을 수 없다. 그리고 "시설의 일반 공개일" 또는 접대요원 같은 것은, 현실을 전혀 드러내지 않은 채 비밀을 더 잘 수용하게 하는 눈가림에 지나지 않는다.

우리는 여기서 자유를 위한 투쟁 및 인간과 사회에 결정적인 '말'의 개방성을 위한 투쟁에 직면한다. 어떠한 정당화로도 이 비밀은 정당화될 수 없다. 여기서 모든 것은 부단히 설명되고 논의되고 추적될 수 있어야 한다. 또한 최종 결정은 실제 대화의 결과여야 할뿐 아니라, 오늘날의 "협의"처럼 허구적이지 말아야만 한다. '말'에게 자체의 진리의 차원을 다시 부여하려면, 행정상의 비밀이 지닌 삼중의 벽을 부숴야 한다. 삼중의 벽이란 난해한 언어, 규칙성을 띤 겉모습, 결정의 '객관성'이다.

그러나 언어의 개방성을 요구하고 절대적으로 요청하는 일, 그리고 온갖 폐쇄와 유폐에 맞선 투쟁을 요구하고 절대적으로 요청하는 일은, 우리가 그것들을 받아들이고 심지어 정당화하려는 유혹에 맞닥뜨리는 만큼 더욱더 어렵다. 이것은 항상 우리의 유혹이자 우리의 거짓이다. "세상의 일이란 원래 그런 것이어서, 그렇게 되는 것이 좋다. 세상의 일은 그렇게 될 수밖에 없으므로, 그렇게 되도록 해야 한다."는 것이다.

오늘날 닫힌 언어에 해당하는 것에 대한 분석을 통해, 그리고 상황이 그렇게 되어야 한다는 철학을 통해, 언어들의 폐쇄는 증가했다. 이것이 '체계주의' systémisme 혹은 구조주의인데, 그 주변을 맴도는 모든 것은 폐쇄를 증가시킨데 대해 책임이 있다. 구조주의가 분석 방법으로서 합당하다는 것은 자명하다. 또한 구조주의가 텍스트의 이해를 돕는다는 것도 그런대로 타당하다. 그리고 구조주의가 어떤 빛을 발산하게 하여 종종 제대로 평가받지 못한 언어의 여러 측면을 밝혀주는 것도 명백하다. 그러나 그 이상은 아니다! 다시 말해, 구조주의는 **평범한** 하나의 방법일 뿐이며, 단지 하나의 접근방식일 뿐이다. 구조주의는 진리를 담을 수 없고, 의미에 대해 아무 것도 언급하지 않는다. 구조주의는 우리가 의미에 접근하는 것을 막지 말아야 한다. 구조주의는 독점권을 자체의 권리로서 요구할 수 없다. 다시 말해, 우리는 구조적 **이데올로기**를 거부해야 하고,

의미의 배제를 거부해야 하며, 언어를 단지 구조의 놀이에만 국한시키는 것을 거부해야 한다.

의미가 새어나오는 것은 바로 구조들 사이에서이고, 빈틈과 불일치에서 이다. 게다가, 의미는 말하는 사람 또는 글을 쓰는 사람이 표현하지 못하는 '무의지적인 것'involontaire이 아니다. 의미는 오직 구조 안에서 나타나고, 언어 단위들의 작용 안에서 서로 관련되어 나타나며, 모순 속에서 나타난다. 그것은 기호 작용으로 국한되는 불충분한 의미론이나 기호학이다. '말'은 체계들을 넘어선다. 그러나 체계가 더 심화될 때, '말'은 체계에 갇혀 버린다. 또한 말하는 주체에 대한 철학적 비난이, 단지 '말해진 자유'liberté parlée에 맞서 결합된 기술의 수단들이 지닌 힘의 뒷면과 표면일 따름일 때, '말'은 체계에 갇혀 버린다.487)

'말해진 자유', 그것은 사소한 것인가? 당신에게 '체험된 자유'liberté vécue가 필요한가? 이러한 요구는 훌륭하다. 하지만, 우리가 사는 시대에서 '말해진 자유'와 자유의 '말'을 되찾는 것, 다시 말해 진정으로 혁신적인 '말'을 되찾는 것은 '체험된 자유' 전체이다. 그리고 이 자유를 가지기 위해서는, 사실상 인생을 걸 수 있어야 한다. 광기 어린 사고의 허울뿐인 어떠한 대담함을 통해서도, 또 어떠한 정치적 방식을 통해서도, 이 자유를 얻을 수 없다. 오늘날 투쟁의 여러 측면 중 하나는 체계주의와 이데올로기적 구조주의를 거부하는 것이다.488)

---

487) [역주] '말하는 주체에 대한 철학적 비난'이라는 표현은, 무의식적인 구조에만 관심을 두기 위해 의식적인 '말하는 주체'를 인정하지 않는 철학 사조인 구조주의와 관련된다. 여기서 특히 '철학적 비난'이란 표현을 쓴 것은 다음 같은 이유에서이다. 즉, '말하는 주체'는 자신을 결정짓는 힘들을 의식하지 않는 반면에 자신이 자유롭다고 생각하기 때문에, 구조주의자들은 이 주제넘은 '말하는 주체'를 비난한다는 것이다. 이처럼 엘륄은 역시 '말'을 공격하는 기술 사회의 발전과 구조주의 사이에 상관관계를 설정한다.
488) 그러나 우리는 도전해야 한다! 진지한 구조주의자들이라면 이러한 제안에 동의할 것이고, 다만 학문만을 할 뿐이라고 주장하면서 이데올로기를 거부할 준비가 되어 있을 것이다. 그런데 이 둘은 밀접하게 결합되어 있고, 또한 이 둘은 너무 밀접하게 결합되어 있는 나머지 나는 다른 하나가 없이는 어떤 하나를 결코 파악할 수 없었다!

6. 부정의 미학

"부정적인 태도이다! 성화상 파괴운동, 언어의 폐쇄에 맞선 싸움, 이성이 결여된 광기 어린 '말'에 맞선 싸움 등 여러분이 말한 모든 것은 또 다시 부정적이다. 그래서 뭐 하려는 것인가? 여러분은 긍정적인 무엇인가를 제시하는가? 또 여러분은 어떤 프로그램을 제시하는가?" 나는 부정적 태도에 대한 변증법적인 긍정적 태도로 이 질문에 대해 답할 수도 있을 것이다. "**부정**"Non을 통해서만이 결국 움직이고 전진한다.

그러나 다시금 나는 다음 같은 가장 단순한 이미지를 제시하고 싶다. 즉, 봉인된 사슬에 손과 발이 묶여 있는 어떤 사람의 이미지이다. 그는 조금도 벗어날 수 없다. 당신은 망치를 가지고 와서 사슬을 부순다. 물질적 관점에서 보자면, 이것은 순전히 부정적인 행동, 즉 절대적으로 부정적인 행동이다. 당신은 사슬이라고 하는 인간 기술의 훌륭한 산물을 부서뜨렸다. 당신은 장인匠人의 작품 또는 인간의 진보를 나타내는 거대 기업의 작품을 파괴한 것이다. 엄밀히 말해, 당신은 다른 일은 아무 것도 하지 않은 만큼 더더욱 부정적일 따름이다. 당신은 쇠로 된 아름다운 물건을 깼고, 이제부터 그것은 아무짝에 쓸모없게 되었다. 그리고 당신은 거기서 멈췄다. 당신은 긍정적인 어떤 것도 만들지 않았다. 이것은 확실하다.

그런데 내가 손이 해방된 그 죄수를 잡아다가 감시하고, 그가 했어야 하는 것, 그리고 할 수 있었던 것을 가르쳤어야 하는가! 내가 그의 쇠사슬을 보이지 않는 다른 사슬로 교체했어야 하는가? 순전히 부정적인 이 일은 자유를 만들어내지 못하는가. 또 속박을 받지 않는 인간은 설 수 있고, 걷기 시작하며, 자신의 방향을 정할 수 있는데, 이는 그가 할 수 없었던 것이다. 그가 그렇게 한다고 할지라도 말이다! 그러나 그만이 그렇게 할 수 있다. 그가 쇠사슬에 매인 것을 한탄하면서 감옥에 웅크리고 있겠다고 한다면, 내가 그를 위해 어떤 긍정적인 일을 할 수 있겠는가?

이것이 바로 정확히 우리의 상황이다. 나의 부정적인 분석과 연구를 비난하는 사람, 그리고 구조주의적 이데올로기나 혹은 광기 어린 낭만주의에 대한 비판 및 성화상 파괴운동을 순전히 비관주의적인 입장이라고 간주하는 사람은, 오직 한 가지 사실만을 드러낸다. 그것은 그가 숭배 받는 자신의 사슬에 자신을 스스로 묶는다는 사실이며, 또 그가 자유를 향한 모험, 즉 막대한 수고와 참여를 요구하는 '말'의 자유를 향한 모험을 감행할 준비가 되어 있지 않다는 사실이다!

우리의 유일한 긍정적 태도는, 우리가 그 속에 뛰어들어야 하는 어떤 영역을 여는 것이다. 그런데, 이것은 진실로 '말'이 무엇인지, 거짓에 맞선 진리의 놀라운 위험이 무엇인지, 예속상태에 대한 정당화에 맞선 자유의 놀라운 모험이 무엇인지 알기 위함이다.489) 이것이 바로 열린 영역이다. 이 열린 영역은 기술담론적인 단순한 방식에 익숙해진 정신 속에서 변증법적인 전진을 전제로 하고, 공간적인 문명 속에 시간적인 것의 회복을 전제로 하며, 멈춤을 허용하지 않는다.

'말'이 다시 자유롭게 되는 그 순간부터, 우리는 일련의 모순에 관여하게 되지만, 이것만이 우리를 살아갈 수 있게 한다. 그런데 이 경우 시청각의 단일한 세계가 깨지기 때문에, 우리는 살아가기는 하되 파열 속에서 살아간다. 또한 '말'이 만들어져서 한없이 전개되기 때문에, 우리도 끝임 없이 멈춤을 거부하여야 한다. 공간적인 것은 결국 우리에게 적합한

---

489) [역주] 엘륄은 자신의 부정적 태도로 말미암아, 또 부정적인 연구 분석을 행하는 것으로 말미암아 비난받는다. 그래서 그는 여기서 자신의 긍정적 태도를 보여주면서, 자신을 변호한다. 즉, 그의 사고 중심은 자유를 촉구하는데 있는데, 자유는 위험을 무릅쓰는 것이고 모험을 감행하는 것이다. 하지만, 이런 위험은 진리를 분별하는 위험이고, 진리를 거짓과 구분하는 위험이다. 또한 이런 모험은 예속상태에 대한 온갖 정당화를 인정하지 않으면서, 우리를 예속상태에서 해방시키는 모험이다.

장소에서 멈춤을 전제로 한다. 시각적인 것도 멈춤을 전제로 한다. 나는 고정하고 맞춘다. '말'은 시간보다 더 멈추지 않는다. 어떤 순간도 지속될 수 없으며, 시간은 결코 멈춰질 수 없다. '말' 역시 마찬가지다. 왜냐하면 우리에게 다가오는 것, 다시 말해, '결산의 시점'récapitulation을 향해 나아가야 하기 때문이다.[490]

오늘날 우리는 파열과 모순 속에서 사는데, 이것에는 통일성과 균형과 평화가 약속되어 있다. 우리는 긴장 속에서 산다. 짝을 이루는 것은 항상성性에 의해서가 아니라, '말'에 의해서만 존재할 따름이다! 이것에는 활짝 피어오름이 약속되어 있다. 우리는 변증법 속에서 사는데, 이것에는 연꽃의 고요함이 약속되어 있다. 우리는 갈등 속에서 사는데, 이것에는 화해가 약속되어 있다. 그리고 우리는 삶을 가능하게 해 주는 유일한 방식, 즉 '말'로 표현되고 '말'로 함축되는 파열과 긴장과 변증법을 거부하지 말아야 한다. 왜냐하면 그것 없이는 화석화와 경직과 해체 그리고 죽음만이 있을 뿐이기 때문이다.

그러나 우리가 다음과 같은 것을 아는 한에서만, 살아가는 것이 가능할 따름이다. 즉, 화해가 이미 얻어진 것을 아는 한에서 만이다. 또한 '말'과 시각, 선포와 경험, 공간과 시간이 그리스도 안에서 통일되는 것을 아는 한에서 만이다. 그리고 "그가 우리를 안 것처럼 우리도 알 것입니다."와 "우리가 들었던 것을 우리가 직접 보게 될 것입니다."처럼, 이 화해를 우리가 보리라는 것을 아는 한에서 만이다. 욥은 "아, 나는 당신에 대해 귀로 듣기만 했지만, 지금은 내 눈으로 보았습니다."라고 언급한다. 그러므로 우리는 이 확신 없이는 아무 것도 체험할 수도 없고, 갈등을 견딜 수도 없다. 이 확신으로부터, 우리는 매일의 투쟁으로 되돌아갈 수 있다.

---

[490] recapitulation에 대한 엘륄의 개념은 그의 책 『요한계시록』, 『머리 둘 곳 없던 예수―대도시의 성서적 의미』를 보라.

이는 종말적 시각으로부터 우리를 분리시키는 그 기간 동안에 사슬에 매이지 않고, 오직 '말'만이 울려 퍼지기 위함이다. 또한 인간의 자유와 하나님의 진리를 위해 '말'이 울려 퍼지기 위함이다.

1979년 7월 12일
이 마지막 페이지를 쓰는 순간에 죽은
내 친구 이브 에베르Yves Hébert를 추모하며

내용 요약

1장 · '보기'와 '듣기'

1장에서는 밀접히 연관된 시각과 이미지의 특징이 나오고, 뒤이어 '말'의 특징이 나온다. 우선, 시각과 이미지의 특징을 살펴보면, 첫째, 시각은 이미지를 포착하면서 세상에서 각 주체의 중심을 찾아주는 도구이다. 따라서 '나'라는 주체와 '시각적 인식' vision 사이에 거리란 존재하지 않으며, 거리가 존재하지 않기 때문에 '시각적 인식'에 대한 비판이 거의 불가능하다. 그런데, 이미지는 시각을 통해 주체에게 대부분 강제적으로 명백히 인식되지만, 그 의미는 이미지 자체 속에 전혀 담겨 있지 않다. 이미지의 의미는 그 자체에서 생겨나는 것이 아니라, 주체가 기존에 가지고 있는 이미지에 의해 영향을 받은 해석을 통하여 생겨나며, 이때 생겨난 의미는 각 주체에게 어떤 행동을 강제한다. 둘째, 시각이 파악한 이미지는 세상에서 어떤 핵을 형성하거나, 지속성을 갖거나, 가치를 가지는 방식으로 존재하는 것이 아니라, 파편적인 스냅사진이 널부러진 것처럼 존재한다는 점이다. 이러한 이미지의 존재 양상은 세상의 '실재'의 존재 방식과 일맥상통한다. 셋째, 시각은 현대 기술과 매우 밀접히 관련되어 있다. 왜냐하면 모든 기술은 시각화에 근거를 두고 있고, 시각은 근본적으로 효율성의 수단이기 때문이다. 넷째, 도시환경이 시각적인 것으로 완전히 채워진 세상이듯이, '현실-확립'의 공간인 시각은 아름다운 것이 아니라, 현실을 적나라하게 포착함으로써 메두사의 머리를 보는 것처럼 사람들을 공포스럽게 한다. '말'이 무서운 감정을 주기위해 사실적인 것이 되어도, 그것은 기껏해야 신비, 비극, 무서운 것의 근처까지 안내할 수 있을 뿐이다. 그러나 시각은 언제나 현실의 공포를 그대로 나타낸다. 또 '말'은 무서운 현실을 적나라하게 기술할 때조차 결과적으로 현실에서 벗어나게 하지만, 시각은 현실 속에 모두를 그대로 가두어 버린다. 시각에 의해 파악되는 이 현실은 언제나 고통스럽다. 인간은 정작 보기 때문에 공포스러운 것이다.

다음으로 '말'의 특징을 살펴보면, 첫째, 말은 시간의 세계에 속한다. 시각적인 것이 공간적이라면, 소리인 '말'은 지속적이란 특성을 갖기 때문에 시간적이다. 다시 말해, 이미지는 즉각 이해되지만, '말'은 끝까지 들어야 하며, '말' 자체와 함께 시간이 지나간다. 그래서 인간은 '말'을 통해 시간 속으로 들어가며, "다음은 무엇일까?"라는 무의식적 질문, 곧 '저편의 세계'에 대한 의문을 제기한다. 둘째, '말'은 살아있는 인간 관계 속으로 들어가게 만든다. 즉, 말은 현존하는 것이고, 살아있는 자의 것이며, 홀로 존재하지 않는 것이다. 언제나 '말'에는 말하는 자와 듣는 자가 있어야 하며, 반드시 타인에게 들려져야 한다. 설사 '말을 듣는 자가 없다 하더라도, 자신과 하나님은 듣고 있다. 그래서 '말'은 듣는 귀를 전제로 하며, 그렇기 때문에 말하는 '자아'와 듣는 '자아'는 '말'을 통해 확립된다. 셋째, 말은 분명하지 않은 불완전한 특성을 가지고 있다. 즉, '말'은 때로는 명백한 정보를 전달하기도 하지만, 그 내용과 틀을 포착할 수 없는 유동적 세계를 전달하기도 한다. 다시 말해, '말'은 암묵적인 관계와 암묵적인 발화내용을 전달할 수 있으며, 끊임없이 숨김과 드러냄을 교차시킨다. 그래서 대화 참여자들이 동일한 코드를 사용할지라도, 서로 말하는 바가 다른 경우가 쉽게 발생한다. 또한 '말'의 여백은 예상치 못한 것을 이야기시킬 수 있다. 즉, 대화 속에서 내가 표현하기를 원하는 내용과 다른 생각과 형태가 튀어 나올 수 있다. 이는 단어 주위로 거미줄처럼 수많은 관계와 의미와 감정이 얽혀 있기 때문이고, 이러한 복합체에서 의미가 발생하기 때문이다. 또 '말'이 완전히 명확하지 않음으로 인하여, 말하는 자는 듣는 자를 늘 설득하고자 다시 이 거미줄을 짜고, 또 의미를 만드는 노력을 새롭게 시작한다. 한편, '말'이 가지는 의미의 불확실함과 모호함은 담화의 풍부함과 관계의 시학을 만들 공간을 제시하며, 또 은유, 상징, 삼단논법, 유추, 신화 등 다양한 수사학을 만들어내는 기회를 만든다. 넷째, '말'은 세상에 아무것도 남기지 않는다. 설령 기술을 통해 '말'을 남기더라도, 기계음으로 남겨진다. 그런데 이러한 '말'이 대상이 되기 위해서는 '말'을 '표기'로 변형시켜야 한다. 하지만, '표기'는 더는 '말'이 아니며, 단지 '말'이 시각화 되어 남아 있는 것이다. 다섯째, '말'은 진리를 만들어 낼 뿐만 아니라, 진리의 토대가 된다. 인간에게는 두 종류의 인식과 기준이 있는데, 하나는 구체적 현실과 관련되는 인식과 기준이고, 다른 하나는 '말'에 의해 생긴 말해진 세계와 관련된 인식과 기준이다. 이 말해진 세계에서 인간은 의미와 이해를 퍼 올리는 진리와 관계한다. 다시 말해, '말'은 현실에 연결된 것이 아니라, 현실을 넘어선 초현실적이고 형이상학적인 진리의 영역과 관련된다. '말'이 현실과 아무런 관련이 없는 것은 아니지만, '말'만이 오직 진리의 영역에 도달할 수 있고, 진리를 만들어 낼 수 있다. 여섯째, '말'은 자유에 대한 신념과 열망이다. 즉 '말'은 말하는 자와 듣는 자, 모두에게 '자유'를 준다. 먼저, 말하는 자는 자신이 긍정하는 것을 자유롭게 말할 수 있다. 그러나 아무리 강한 확신에 찬 '말'이라도 이론의 여지는 있다. 듣는 자는 '말'을 받아들일지에 대해 완전한 선택의 자유가 있으므로, '말'은 언제나 자유의 실행이다. '말'은 결코 구조와 체계로 닫히지 않는다. 이 자유의 결과로 '말'은 '역설'paradoxa을 지닌다. 의무적으로 말하기를 강요하는 사회적 검열이 아니라면, '말'은 이 역설을 통해 끊임없이 새로운 '말'을 창출하고, 열린 사고를 갖게 만들며, 체제와 구조를 억압적이거나 결정론적으로 흘러가지 않게 한다. 반면, 이미지는 역설적이지 않고, '의견'이나 '신념'을 뜻하는 '독싸'doxa에 언제나 부합하며, 무엇보다도 순응적이다. 마지막으로, '말'은 신비이다. '말'은 내가 타인이 말하는 바를 잘 이해하지 못한다는 점을 내가 자연적으로 앎으로써 겪는 신비이며, 내 자신에 대한 이해 부족에서 비롯된 신비이다. 인간은 언제나 자신이 잘 이해했다고 확신하지 않으며, 내가 대답한 바와 말한 바를 확신하지 않는다. 또한 '담화'에는 항상 신비한 여백이 있는데, 인간은 이 여백을 해석할 수 없다. 반면에, 이미지는 공백도 여백도 포함하지 않는다. 현실에는 신비가 없기 때문에, 현실을 직접 설명하는 이미지에도 '담화' 같은 신비는 없다.

'말'과 이미지의 이러한 특성을 기반으로 이 둘이 대조적으로 설명되는데, 그 핵심은 '말'은 진리와 관계되고, 이미지는 현실과 관련된다는 것이다. 물론 '말'도 현실과 관계되고 구체적인 것과 관계될 수 있다. 하지만, '말'은 진리와 현실이라는 양면성을 가지고 있는 반면, 이미지는 현실로부터 빠져나올 수 없다. 다시 말해, '말'은 진리에 대한 질문을 할 수 있고, '말'로만 그 질문에 대답을 할 수 있으나, 이미지는 진리에 속한 영역을 전달할 수 없다. 한편, 이미지는 겉모습과 형태와 직접적으로 관련되기 때문에, 전례 의식을 전달할 수 있다. 이미지의 이런 특성으로 말미암아, 늘 종교적 진리와 종교 의식이 혼동된다. 다시 말해, 이미지는 사람의 얼굴에서 심리적 겉모습인 황홀경과 심리 상태만을 포착했으나, 사람들은 이것이 신앙의 진정성이라고 생각한다. 그 결과, 현실과 진리 사이에 엄청난 혼동이 생긴다. 그러나 인간은 이미지를 통해 표현된 것이 진리라고 생각할 때, 양심에 거리낌도 없고 마음도 평온하다. 하지만, 이미지는 단지 기계적 기술의 산물이며, 진리가 현실을 아는 것이라고 간주하는 과학의 산물이다. 그래서 이미지는 진정한 현실이 아니라 인공적인 세상이며, 임의적인 재편성과 구성일 따름이다. 이런 이미지가 기법으로 작용할 때, 인간은 그 자체를 현실로 받아들이고 진리로 여기게 된다.

'말'이 진리의 영역에 속한 것이라고 했을 때, '말'이 언제나 진리라는 의미가 아니다. 오히려 '말'이 거짓일 수도 있기 때문에, '말'이 진리의 영역에 속해 있다고 언급한 것이다. 반면에, 이미지는 우리에게 진리에 대해 잘못 생각하도록 할 가능성이 없기에 거짓일 수 없다. 정확히 표현하면, 이미지는 진리와 아무런 관련이 없는 존재다. 하지만, '말'은 진리를 표현하기로 했기에 거짓일 수 있는데, '말'이 진리와의 관계를 인정하지 않을 때, 또 '말'이 현실과 이익과 실천과 효율성만을 언급할 때 거짓이 된다. 그래서 '말'은 '전적 타자'인 하나님을 향해 열려 있어야 하며, 궁극적 동기와 궁극적 대답에 열려 있어야 한다. 하지만, 이러한 '말'의 기능이란 인간에게 거북한 것이다. 그래서 오늘날 '말'의 이 탁월한 기능은 배척을 받는다. 오히려 인격을 순응화하고 집단적 흐름에 종속시키려는 경향이 강한 이미지가, 효용성이란 환각을 제시하면서 '말'을 지배한다. 사람들도 논증적이고 의식적인 언어적 인식보다, '시각적 인식'을 편하게 받아들인다. '시각적 인식'은 전체를 즉각적으로 포착하고 명백하기에, 비판과정을 생략하며 확신을 준다. 다시 말해, 다량의 정보를 무의식적으로 입력시키는 '시각적 인식'이, 긴 텍스트와 논증 과정과 담화의 고통스런 느린 과정보다 더 효율적이기 때문에, 사람들은 이미지가 '말'의 영역을 침범하는 것을 용인한다. 그러나 이 현상은 결국 현대인의 사고 방식을 변하게 만들었다.

'기록'과 '말' 사이에 관계를 살펴보면, 기록된 '말'은 고착된 '말'이고, 고정적인 '말'이며, 시각적 영역과 공간 속에 있는 '말'이다. 기록된 '말'은 마치 녹음된 음반과도 같은 것이다. 즉, '말'은 기록되면 더는 불타는 진리가 아니고, 인격이 없는시각적 기호일 뿐이다. 그럼에도 불구하고 기록된 '말', 곧 '표기'는 여전히 중요하다. 왜냐하면 '기록'은 비록 고착되어 있을지라도 언제나 진리와 관계하도록 할 수 있으며, '말'의 목표와 의도와 의미를 여전히 가지고 있기 때문이다. 간혹 '기록'에서 '말'로 건너가는 경우도 있는데, 시나 종교적 텍스트가 여기에 해당한다. 시가 낭송될 때, 말하는 자는 텍스트를 자기 것으로 만들고, 자기 나름대로 '말'을 만들어 낸다. 그래서 시는 살아 영향을 미치게 된다. 마찬가지로 종교적 텍스트가 '기록'에 머물 때는 영감이 없는 법률서나 교리문답집이나 무한히 반복된 기도문일 뿐이지만, '말'이 다시 살아나 열림을 통한 영감이 운동할 때는 진리를 선포하게 된다.

2장 · 우상과 '말'

2장에서는 먼저, "하나님이 말한다."는 표현의 의미가 조명된다. 이 의미는 첫째, 하나님을 포착할 수 있는 다른 모든 방식은 배제되고, 유일하게 '말'을 통해서만 하나님을 포착할 수 있다는 것이다. 다시 말해, '말'을 통해 인간은 하나님과 관계를 맺도록 만들어진 존재인데, 이 관계는 추상적이며 무기력하게 바라보는 관계가 아니라, '말'을 통한 열렬한 관계이다. 둘째, "하나님이 말한다."는 것은 행동과 효력이 발생한다는 것을 의미한다. 즉, 하나님의 '말'은 있다가 사라지는 것이 아니라, 부인할 수 없는 흔적을 남기는 명령하는 힘이다. 이것이 하나님의 '말'과 인간의 '말' 사이에 차이점이다. 따라서 행동으로서 하나님의 '말'은 단지 단어가 아니라 인격 그 자체이다. 그런데, 행동으로서 '말'은 하나님의 계시의 경로일 뿐만 아니라, 인간의 참모습을 깨닫는 길이다. 즉, 인간의 심한 궁핍과 근본적 허영의 모습을 보여주는 것은, 인간에 대해 하나님이 언급한 '말'이다. 또한 인간이 회복과 새로운 변화를 갖게 되는 길도 '말'을 통해서 이다. 하지만, 바벨탑 사건에서 보듯이, 인간은 하나님이 부여하는 이름을 거부하고, 스스로 자신의 '말'을 지배하면서 유일한 주체로서 독자적인 삶을 개척하려 애쓴다. 셋째, "하나님이 말한다."는 것은 하나님을 시간과 관련하여 위치하도록 만든다. 즉, '말'을 통해 창조한 하나님은 인간의 시간성 속으로 들어온 하나님이며, 인간과 이스라엘의 역사 속에 동행하는 역사의 하나님이다. 그리고 이 하나님은 특정한 공간과 장소에 거하는 것이 아니며, 바로 '말' 속에 거한다. 넷째, 말하는 하나님은 구원자 하나님과 임마누엘의 하나님이라는 의미이며, 성육신이 그 증거이다. 그런데, 성육신을 한 것이 '말'이라는 점은, 가시적인 것이 모두 배제된다는 의미이다. 사실, 예수는 이 땅에서 자신의 신성을 전혀 보이지 않았으며, 오직 '말'만 하였다. 예수가 행한 모든 기적은 단지 '말'의 징표였을 뿐이다. 마지막으로, 말하는 하나님은 계시된 하나님이다. 이것은 계시로서의 '말'인 성령이다. 성령은 오순절의 다양한 언어 속에 처음 나타났는데, 이것은 하나님이 다시 말한다는 의미이다. 이제 명백히 언급된 '말'이면서 하나님으로부터 온 들려진 '말'에 대한 영감이 분명히 존재하게 된다. 이 성령의 영감은 모호한 정신이나 충동이 아닌 하나님으로부터 전달된 '말'이다. 비둘기처럼 내려오는 성령이란 비유에서, 비둘기가 '말'의 전달자를 의미하듯이, 성령은 주의 영광과 하나님의 '말'을 전달한다.

'말'을 통해 우리는 하나님을 아는 길을 발견한다. 먼저, '말'의 자유는 하나님의 자유를 가르친다. '말'이 자유를 전제로 하듯이, 하나님은 노예 상태의 인간을 해방시키고, 인간을 모든 자기상실로부터 자유롭게 한다.

자유는 성서의 전부이며, 하나님은 자신의 대화 상대자가 자유로 오게 하길 원한다. 다음으로, '말'의 관계는 사랑의 하나님을 전제로 한다. 즉 말하는 하나님은 인간과의 관계를 전제로 하는데, 이 관계는 긍정적 관계, 곧 사랑의 관계이다. 간혹 단죄의 '말들'도 있으나 이것은 드물며, 이 단죄의 '말들'은 인간과 관계되는 것이 아니라, 소외, 정신착란, 망상, 거짓종교, 거짓과 관계된다. 예를 들어, 하나님에게 영벌을 받는 것은 그 자체로서 부가 아니라, 돈 속에 있는 부이다. 또한 하나님에게 영벌을 받는 것은 정치적 힘을 행사하는 인간이 아니라, 정치적 힘이다. 사람들은 율법을 들면서 하나님의 사랑과 율법이 대립된 것으로 여긴다. 그러나 율법이 짓누르듯 하다는 감정은 현대인의 감정이다. 원래 율법은 하나님이 우리에게 전해 주고 싶은 삶의 방향이며, 하나님이 열심히 찾는 의義가 무엇인지 알려주는 경이로운 도구이다. 즉, 율법은 제약이 아니라 해방시키는 '말'이고, 기쁨과 경이로움의 원천이다. 또한 율법은 부정적인 제약이 아니라, 새로운 삶에 대한 약속이면서 자유의 기쁨이다. 마지막으로, '말'은 하나님의 형상의 반영이다. 하나님이 말하는 것처럼, 하나님의 형상으로 지음 받은 인간도 하나님으로부터 '말'을 부여 받아 '말하는 자'가 된다. 그래서 인간의 '말'과 하나님의 '말' 사이에는 비연속성과 연속성이 동시에 공존한다. 인간의 '말'에는 하나님의 계시를 성취하는 탁월한 존엄성이 있고, 신비한 힘이 있다. 또한 인간의 '말'은 다소간 하나님의 '말'을 표현한다. 아담에 의한 짐승의 이름 짓기에서 보듯이, 인간은 '말'을 통해 어떤 질서를 세우고 부여받은 주도권을 가지고 자유롭게 짐승과 세상을 다스린다. 즉, 인간이 다스리는 방식은 하나님처럼 '말'에 의하여 하는 것이지, 도구의 폭력에 의해서 하는 것이 아니다. 그러나 오늘날 기술과 기계에 의존하는 인간은 점점 말하는 능력을 거부하고 있으나, 이 능력은 여전히 하나님의 선물이며 진리로 통하는 인간의 신비이다.

2장의 두 번째 주제는 우상과 '시각적 인식' vision의 관계이다. 성서에서 시각은 계속 문제가 되는데, 이는 시각 그 자체가 단죄된다는 의미가 아니다. 시각이 현실의 차원, 효용의 차원, 사물들에 대한 힘의 차원에 있을 때는 문제가 되지 않지만, 시각이 영적인 차원과 진리의 차원에 접근할 때 성서는 시각적인 것을 단죄한다. 왜냐하면 이것은 볼 수 없는 하나님을 시각으로 포착하는 일이기 때문이며, 사람이 보는 바가 하나님일 수 있다고 하는 것이기 때문이다. 또 이것은 하나님을 현실로 귀착시키고 현실을 하나님으로 삼는 시도이기 때문이며, 사랑의 관계를 종교로 변질시키려는 의도이기 때문이다. 성서에서 시각과 관련되어 두 가지 문제가 발생한다. 첫째는 '시각적 인식'과 '신의 나타남'의 문제이고, 둘째는 우상과 거짓 신의 문제이다. 첫째는 인간이 하나님을 볼 수 있는가라는 문제이고, 둘째는 인간이 신을 만들고 이미지를 숭배하는 문제이다.

첫째 문제와 관련하여, 진정한 '신의 나타남'은 어디도 없다는 것이 성서의 관점이다. 성서에서 하나님의 영광을 본다는 표현은 하나님이 실제로 보이지 않음을 의미한다. 보이는 모든 것은 징표와 신호일 뿐이며, 하나님이 창조한 사물들이다. 그래서 모세의 떨기나무가 중요한 것이 아니라, 명백히 들려진 '말'이 중요하다. 특히, '시각적 인식'을 '신의 나타남'과 명백히 구분해야 하는데, '신의 나타남'은 대상으로 감지될 수 있는 외적인 차원의 것이지만, '시각적 인식'은 내적인 것이고 감지할 수 있는 세상의 '실재'와 완전히 다른 차원의 '실재'에 속한다. 이것은 뇌에서 만들어진 이미지와 환상이다.

둘째 문제와 관련하여, 성서적으로 거짓 신과 우상은 엄밀히 구분 된다. 우선 거짓 신은 볼 수 있고 만질 수 있는 신이다. 이것은 거짓이긴 하지만, 존재하는 신으로서, 인간이 실제 세상에서 구분할 수 있는 온갖 권세와 힘이다. 반면, 우상은 이런 권세와 신비한 힘을 시각화한 것인데,

이것은 인간이 두려움을 없애고자 어떤 이미지를 만들고 그것을 신이라고 주장한 것이다. 우상은 신이 아니지만 신이 존재하는데 기여하고, 또 신을 나의 수준으로 만드는 도구이다. 이 우상은 하나님의 '말'을 듣는 것이 아니라 이미지를 보고 주시하도록 만들고, 힘과 소유의 신, 지배와 풍요의 신, 바알처럼 권세에 집착하게 만든다. 결국, 가시적 이미지가 하나님 자체가 되어서, 하나님과 우상이 동일한 '실재'가 된다. 무엇이든 한정된 기능과 유일한 역할이 시각에 의해 고착화 될 때, 모든 것은 우상이 될 수 있다. 우상이 심각한 것은 하나님의 영광이 하찮은 형상으로 뒤바뀌어 사물화된다는 점이다. 이것은 진리가 현실로, 인격이 사물로 변질된다는 의미이다. 다시 말해, 우상은 형상을 숭배하는 것만이 아니라, 영역 자체를 바꾸는 것이다. 그러므로 하나님은 자신과 관계되는 것에 대해 모든 시각적 표현을 거부한다. 비어있는 지성소는 물신숭배적인 인근 종교들과 확연히 다른 특징이다. 기독교 초기와 4세기 수도자와 종교개혁 시기에 있었던 성화상 파괴운동에서, 이러한 기독교의 독특성을 찾아볼 수 있다. 성화상 파괴론자들은 다음 같은 신학을 우상숭배적으로 간주했다. 즉, 성화상은 단순한 초상화가 아니라 '위격'이나 천상의 몸과 관계되며, 천상의 모습과 영적인 몸과 그리스도화된 본성을 보게하는 성령의 표현이라는 신학이다. 그래서 성화상 파괴론자들은 이미지 속에 있는 모델의 신비한 현존을 거부하고, 성화상의 신성한 특성을 부인했다.

이러한 성화상 파괴운동은 오늘날에도 중요한데, 지금 우리가 맞서 싸워야 할 것은 다곤이나 아스다롯이나 멜카르트가 아니라, '돈'과 '국가'와 '기술'이라는 권세와 지배이다. 오늘날, 이것들은 완전히 가시적인 우상이면서, 가시적인 영역에만 속하는 우상 가운데 나타난다. 또 우리가 맞서 싸워야 할 것은, 그리스도인 스스로가 만든 하나님에 대한 표상, 곧 하나님을 머리와 개념 속에서 시각화한 것이다. 그러나 이런 싸움의 배경에는, '말'은 좋고 시각은 나쁘다는 전제가 있는 것은 결코 아니다. 단지 '말'은 진리의 영역에 속하고, 시각은 현실의 영역에 속하며, '말'과 시각은 죄로 인하여 단절되었다는 점을 주목할 뿐이다. 하나님과 결별된 '말'도 때로는 수단과 악으로 기능할 수 있다. '말'이 현실과 시각에 종속되고, 탐욕의 도구로 사용된다면 그러하다. 따라서 헛된 '말', '말'의 왜곡, '말'의 잘못된 사용, 거짓말은 전적으로 거부해야 할 것들이다. 왜냐하면 오늘날 인간관계의 폐쇄성과 인간성 상실 속에서 하나님의 현존은, 고착된 언어를 통해서가 아니라, 살아있는 진리의 '말'을 통해서 가능하기 때문이다.

3장 · 승승장구하는 '시각적 인식'

모든 인간 사회에는 자체의 이미지들이 있었다. 그러나 고대 사회의 이미지와 현대 사회의 이미지는 공통된 점이 없다. 즉, 옛날에는 조각과 그림은 수가 적어서, 대중은 이미지를 누리는 것과 상관없는 삶을 살았다. 근대 사회에서도 예술을 향유하는 계급은 주로 일부 부유층이었다. 성당의 스테인드 글라스와 같은 민중을 위한 이미지도 존재하였으나, 이 이미지는 고정되어 있고 그 수가 아주 적다. 그러나 오늘날 이미지의 양의 증가로 다음과 같이 현상의 본질이 변했다. 첫째, 이미지는 현대 사회를 표상의 세계, 시각과 정보가 뒤섞인 세계, '구경거리'의 세계로 만든다. '구경거리' 사회는 모든 것을 '구경거리'로 변화시키고 마비시키는 사회이며, 모든 당사자를 구경꾼의 역할로 전락시키는 사회이다. 폭발, 기아, 전쟁, 항공 참사, 테러는 '구경거리'가 되어버렸다. 또한 이 '구경거리'는 '구경거리'가 되지 말아야 하는 사형 제도, 비정규직 노동자, 이데올로기에 매몰된 자 등과 같은 문제를 은폐하고 있다.

둘째, 이미지의 범람은 현실을 비워버리는 결과를 초래한다. 즉, 이미지가 현실보다 더 실제적이기 때문에, 현실의 표상이 현실과 동일시 된다. 표상은 표상일 따름인데도 말이다. 그래서 모든 교육자료, 광고물, 박물관, 전시회 등의 시각적 표상물은 현실에 대한 추론 과정 없이 직관적으로 확신하게 한다. 그러나 이 직관적 지식이 문제이다. 사람들은 이미지가 현실을 모두 제시한다고 믿지만, 실제 현실은 없다는 것이다. 즉, 이미지는 현실을 비워버려 현실을 직시하지 못하게 하거나, 아예 현실을 인위적인 현실로 대체한다. '말'은 인간으로 하여금 현실을 고찰하게 하여 자신의 무기력과 하찮음을 깨닫게 하고, 진리의 관점에서 자신의 현실을 파악하게 한다. 반면, 인위적인 이미지는 더욱 열광적인 허위 현실을 제시하여 현실을 지워버린다.

셋째, 히틀러와 무솔리니 그리고 교회의 전례예식에서 보듯이, 시각적 수단은 개인이 집단화되는 것을 강제하는데 사용된다. 전례예식의 이미지는 초월적 힘과 접근할 수 없는 것에 대한 상징체계이며, 행진과 행렬과 같은 예식은 표현된 힘이고 보여진 힘이다. 그래서 일관성이 없는 정치적 담론도 행렬과 깃발 속에서 절대적 진리로 받아들여진다. 결국, 시각은 감정과 분노와 감동을 주면서 비판과 성찰을 회피하게 만든다. 또한 시각은 현실을 대체하는 조작된 이미지로 포괄적 정체성을 주면서, 집단을 단결시키거나 통제하는데 유용하다. 특히, 텔레비전과 영화는 이러한 사회화와 획일화와 순응화에 크게 기여한다. 이것들은 개인의 시각을 통해 현실을 파악하는 것이 아니다. 단지 구경꾼들은 타인에 의해 재구성된 현실, 곧 일관성이 없는 단순한 이미지를 파악하는 것이다. 이때 사회적 모순은 지워지고 완화되며 사라진다. 또한 진정한 현실에서 배제된 현대인은 인위적 이미지로 인하여 익숙함, 무관심, 국가주도의 계획

경제, 사회통제 속에 매몰된다.

넷째, 이미지는 '사실'과 현실에 최고의 가치를 부여하면서, 모든 면에서 물질적 승리를 가져다 준다. 이는 이미지가 인식과 증거의 수단으로 탁월하게 유용하다는 점에서 기인한다. 즉, 교육 교재뿐만 아니라, 지리학, 지질학, 해부학, 경제학, 사회학, 심리학, 심지어 추상적인 학문 분야에서도 도표, 도식, 영상, 그림 등 수많은 이미지가 사용된다. 이것은 추론과 입증을 통해 단계적으로 나아가는 '말'보다는, 이미지가 어떤 사실이나 상황에 대한 추론없이 종합적 인식을 즉시 제공하고, 현실을 정확하게 잡아낸다고 인정되기 때문이다. 물론, 이미지가 옮겨놓은 것은 또 다른 현실이지만, 사람들은 이 이미지가 현실성이라는 객관적 감정을 전해주기 때문에 현실이라고 믿고 집착한다. 그 결과 사람들은 '사실'과 현실을 계속 동일시하면서, '사실'은 오늘날 지고지순한 가치가 된다. 그리고 '사실'에 대한 절대적 가치부여는 결국 물질적 승리를 가져온다. 특히, 기계장치와 결합된 이미지는 사람들에게 의심할 수 없는 객관적 '사실'을 전달한다는 생각을 불어넣어, '사실'에 무한한 신뢰와 가치를 부여하도록 만들었다.

다섯째, 이미지의 세계는 오직 기술에 의해 구성되고 기술에 의해 만들어진다. 현대 기술은 이미지를 무한히 확산시키고 다양화하여, 현대인으로 하여금 기술에 의하여 만들어진 이미지 세계, 곧 비현실적인 세계에 집중하게 만든다. 그런데, 기술과 시각적인 것은 매우 유사한 점이 많다. 무엇보다, 기술은 이미지처럼 '담화'를 배제한다. 왜냐하면 기술은 그림이나 사진을 통해 설명되기에, '말'이 필요하지 않기 때문이다. 그리고 기술은 시각과 마찬가지로 아주 명백하다. 즉, 기술에는 단지 성공하느냐 실패하느냐만이 있다. 또한, 기술과 이미지는 모두 효율성을 추구한다. 그래서 이미지의 효율성과 기술의 효율성은 서로가 서로를 보장한다. 이 효율성은 시각과 기술 모두가 현실의 영역에 속하기 때문인데, 기술은 모든 것을 기술의 대상으로 만들기 위해 모든 것을 대상화시키고 사물화시킨다. 그 결과 인간은 기계가 되어 버린다. 시각적이라는 것은, 인간의 영혼도 정신도 보지 않는다는 것이다. 마지막으로, 시각과 기술은 모두 언어를 도식, 그림, 도표로 환원시키려고 노력한다. 즉 '담화'를 계산 단위로 만들거나, 정보의 기본단위로 배열하거나, 허구적 형식화로 환원 하는 등, '말'을 시각화하여 기술의 대상으로 삼는다. 그러나 '말'을 시각화하는 과정에서, 시각적으로 형식화될 수 없는 것은 배제당하거나, 설사 배제당하지 않고 시각적으로 형식화되더라도 그 의미는 배제된다. 따라서 이러한 환원 속에는 '말'과 현실의 관계만 있을 뿐, '말'과 진리의 관계는 배제된다.

4장 · 굴욕당한 '말'

오늘날 '말'이 이미지에 종속당하면서, 또 정보의 과잉과 담화의 과잉 속에서, '말'은 진지하게 받아들여지지 않고 흘러가는 '수다'가 되었다. 그리고 '말'은 더는 어떤 종류의 관계도 맺지 않는다. 왜냐하면 '말'은 말한 사람과 분리되기 때문이다. 이렇게 자신의 '말' 속에 인간이 있지 않다면, '말'은 이제부터 일종의 소음이 된다. '말'과 인격과의 분리는 '말'의 영향력과 의미를 상실하게 만들고, '말'이 오직 도구로서 정보전달과 의사소통으로만 기능하도록 만든다. 비어있는 '말'은 조작이 가능하게 되고, 기계장치와 어떤 거짓을 위해 존재할 수도 있다. 또한 비어있는 '말'은 선전구호나 정치적 교리로 변형될 수 있으며, 아무것이든 채워넣어 영화 언어나 패션 언어 등으로 불리울 수 있게 된다. 이런 '말'에 대한 평가절하는 특히 인쇄술의 발달과 더불어 글을 읽는 것이 말하는 능력보다 더 중요하게 여겨지면서 더욱 심화되고, 또한 컴퓨터가 등장하면서 더욱 심화된다. 하지만, 컴퓨터는 은유, 환유, 생략, 환언, 진귀한 단어, 두운법 등 자연 언어의 이중적 모호함과 섬세함을 이해할 수 없다. 또한 컴퓨터는 오직 통사론적 접근만 가능하고, 의미론적 접근은 불가능하며, 말의 풍성함과 진리에 대한 열림을 처음부터 배제한다.

한편, 오늘날 다양한 기술 전문가들은 '담화'가 불확실성을 제거하고 입증의 도구가 되어야 하며, '저편의 세계'에서 오는 의미를 해독하지 말아야 한다고 생각한다. 심지어 철학과 인문학에 대한 기술전문가도 '담화'를 경멸하는데, 초현실주의자와 다다이스트의 광기의 언어와 비이성의 언어가 그러하고, 또 기호학, 의미론, 어의론 등을 통한 과학만능주의 사고로 '말'을 과학적 대상으로 삼는 것이 그러하다. 사실, 언어라는 대상에 과학적 원리를 적용하는 것은, 마치 계시를 과학으로 다루는 것과 마찬가지로서, 또 다른 형태의 '말'에 대한 경멸, 곧 '저편의 세계'와의 단절이다. 왜냐하면 '말'을 과학적 대상으로 삼을 경우, '말'에는 '저편의 세계'가 없고, 의미란 존재하지 않으며, '담화'의 정확한 구조만이 있기 때문이다. 결국, 이것은 '말'에 대한 부정이다. 한편, '말'의 자의성에 대한 과대평가와 시니피앙에 대한 과대평가도 '말'에 해로운 것이다. 즉, 언어가 자의적이고 단어는 사회적 협약으로 습득된 것이 사실이지만, 이것은 언어가 획득된 역사적 과정에 대한 부정이다. 결국, 관찰가능한 시니피앙에 대한 과대평가는, 시니피앙이 의미하는 것인 언어의 의미와 가치와 사고에 관심을 두지 않고, 텍스트의 구조 분석과 시니피앙의 조직에만 관심을 두는 것이다. 이 모든 현상은 구조주의자들이 암암리에 사로잡혀 있는 기술적 정신구조로 인한 것이다. 즉, 이것은 언어와 의사소통과 관계를 기계로 간주하는데서 비롯된다. 그런데, 기계란 문제와 이유와 궁극적

목적과 의미를 질문하지 않고, 단지 그것이 어떻게 작동하는지만을 보여주며, '말'에 대한 분석을 어떤 동일성과 모델로 귀결시키려고만 한다.

'말'에 대한 다음 같은 관점은 '말'에 대한 경멸의 단계를 '말'에 대한 증오의 단계로까지 끌어 올린다. 즉, '말'이 의미의 모태도 아니고, 살아있는 인격에 의해 전달되는 것도 아니며, 아무것도 담고 있지 않은 기계라는 관점이다. 그런데, '말'에 대한 증오는 인간에 대한 증오와 동일시 됨으로써 격화된다. 증오의 논리는 먼저 인간의 자유의지에 대한 문제제기와 함께 생겨난다. 사람들이 한정된 어휘와 철자법과 문법의 틀로 언어를 가르치기 때문에, 우리는 언어를 배우자마자 사람들이 강요하는 틀과 행동 속에 갇혀 자유를 박탈당한다. 그래서 언어는 힘의 도구라는 것이다. 하지만, 이런 논리는 언어라는 것이 본질적으로 의사소통을 위한 사회적 협약, 합의, 코드라는 점을 무시한다. 또다른 논리는 언어란 지배계급이 피지배계급의 예속 상태를 유지하기 위한 억압과 소외의 수단이 된다는 것이다. 즉, 언어는 사고의 방향을 조정하고 무의식 속에 뿌리를 내리는 사회적 통제 도구라는 것이다. 사실, 언어로 인해 지배계급의 도식과 선입견과 관점을 가지기 때문에, 사람들은 지배 의미에 묶일 수도 있다. 그러나 이런 입장에 대한 다음 같은 두 가지 비판이 가능하다.

첫째 비판은 언어가 부르조아 이데올로기 혹은 지배도구가 되기 위해서는 몇 가지 전제가 필요하다는 것이다. 예를 들어, '말'이 말하는 자의 의도와 정확히 일치한다든가, 이데올로기를 정확히 재현한다든가, 듣는 자가 말하는 자가 말하려는 것을 정확히 듣는다든가 하는 전제이다. 그러나 실제로 전혀 그렇지 않다. '담화'에는 허점과 균열이 많고 듣는 자도 '말'을 선별하여 받아들이기 때문에, 어떤 재현도 어떤 동일시도 가능하지 않다. '말'에 대한 이런 비난은 오히려 영화와 텔레비전 같은 시각적인 언어에 적용가능하다. 그러나 이상하게 증오의 대상은 언제나 '말'이지, 시각적 이미지나 시각적 대중문화가 아니다. 둘째 비판은 언어가 단지 지배계급 이데올로기의 매개물이고 자본주의 이미지의 매개물이라면, 로베스피에르, 마르크스, 레닌 등의 역사상의 혁명과 반지배계급의 표현이 '말'로 일어났다는 사실을 설명할 수 없다는 것이다. 언어가 부르주아적 순응화의 요인이라면, 언어는 혁명 자체를 나타낼 수 없다. 그러나 '말'은 진리와의 관계이기 때문에 그 자체로 혁명적이다. 따라서 '말'에 대한 증오는 오히려 지배계급을 위협하는 힘을 고갈시킨다. 즉, 언어의 파괴, 구조의 상실, 의미의 박탈은 혁명적인 일을 수행하지 못하게 한다.

오늘날 언어에 대한 증오는 이성적인 '말'에 대한 이미지의 승리, 반(反)이성을 향한 충동, 기술문명에 대한 순응, 사회의 모든 차원에서 일어나는 것에 대한 복종에서 기인한다. 하지만, 더 심각한 증오의 원인은, 우리가 현실을 유일한 진리로 파악하기 때문이고, 현실을 선과 진리의 기준으로 인정하면서 이 현실 속에 갇혀 있기 때문이다.

5장 · 이미지와 '말'의 종교적 갈등

교회는 교권의 신학과 권력의 탐욕과 더불어 이미지의 침범을 용인했다. 기독교 예술은 놀라울 정도로 아름답고, 기독교 예술가들의 신앙심과 열정은 진실했으며, 그들은 시각적인 것과 '말'을 양립하는 예언적 역할, 즉 종말과 관련된 행위를 수행했다. 그런데, 문제는 그것들에 있는 것이 아니라, 하나님의 메시지에 대한 시각화가 결과적으로 두 가지 근본적인 변질을 가져왔다는 점이다.

첫 번째 변질은, 엄청난 이미지의 증가는 현실에 궁극적 가치를 부여하는 경향을 가져왔다는 것이다. 교회는 효율적이기 때문에 이미지를 만들었으나, 시간이 흘러 이미지는 경배의 감정을 불러 일으켰다. 그래서 이미지는 순수한 미학적 대상을 넘어서 항상 영적 의미를 담게 되었으며, 마법의 세계와 초자연적 세계로 사람들을 이끌어 갔다. 특히 흑사병과 같은 죽음의 승리로 인해, 사람들은 하나님이 전능하지 않다고 생각하고 전통적인 설교를 신뢰하지 않게 되자, 교회는 다른 보호와 다른 방책과 다른 확실성이 필요하게 되었다. 그래서 가시적인 현실이 교회에 필요했고, 교회는 이론의 여지가 없는 이미지에 집착했다. 그 결과, 사도와 성인들의 능력은 시각화되어 그들의 능력은 찬양받게 되었으며, 교회의 권력도 시각화되어 순진한 신자들은 공포심과 경외감을 갖게 되었다. 예를 들어, 하나님의 영광을 위한 대성당은 그 자체로 교회 권력을 입증하는 것이 되었다. 또한 이 시각화는 사회를 지배하려는 교회 군주들의 의지와 일치하여, 이미지가 십자가에서 인간을 대속한 구세주를 더는 증거하는 것이 아니라, 교리, 곧 철학에서 나온 원리에 따라 사회를 만들려는 지배와 정복 의지를 나타내는 도구가 되었다.

  이렇게 교회 안에서 이미지가 승리하면서 가시적인 현실이 승리하였고, 진리는 제거되었으며, 교회는 이미지가 나타내는 '이 세계', 곧 현실 세계 속에 갇히게 되었다. 그리고 교회에서 '말'에 의한 다른 '열림'은 차단되었고, 제도의 우위, 법의 생성, 새로운 과학적 사고, 세속적 사고, 현대 제도가 교회에서 형성되었다. 즉, 인간에 대한 영광과 세상을 소유하려는 의지는 모두 교회 안에서 생겨난 것이다. 그 결과, 가시적인 세상, 곧 현실을 발전시킨 자들은 교회 밖의 철학자와 사상가가 아니라 사제와 성직자들이었다. 이것은 엄청난 변화였다. 그 뒤에 일어나는 유물론자, 세속주의자, 현실주의자는 단지 이 결과일 뿐이다. 이제 모든 진리는 이미지와 현실과 관련되어 평가됨으로써, 가시적인 현실에 영향을 끼치지 못하는 것은 관심을 끌지 못한다. 그런데 이 현실은 생각하는 것보다 더 복잡한데, 이것은 체험된 현실이 아니라 멀티미디어로 매개된 현실, 곧 순전히 허구적 세계이다. 이제 중요한 현실이 되는 것은 텔레비전에서 보는 것이며, 체험된 것은 관심을 끌지 못한다. 즉, 우리가 살고 있는 구체적 현실, 곧 일상생활과 정치생활은 모든 관심을 상실하고, 나는 주체로서 배제된 삶을 살며, 책임감도 행동도 대화도 없다. 종교적인 것이 거하는 곳도 바로 거기이다. 이제 가시적인 현실이 종교적 확신의 원천이 된다. 여기서 인간은 상상적이고 시각적인 종교적 세계, 신의 세계를 구축한다. 이것이 신들의 이미지인 우상이며, 현대인의 온갖 '신심'은 이러한 허구적인 현실 속에 자리잡는다. 하나님과 단절된 인간은 창조적인 '말'을 흉내만 내고, 신의 '담화'를 알려주는 자연을 통해 아무런 메시지를 받지 못하며, 온갖 삶의 소란과 수다와 소음에 짓눌려 있다. 그 결과 우리는 '말'의 파괴, 횡설수설, 과장과 '담화'의 탕진, 오해와 소통의 부재 속에 빠져있다.

두 번째 변질은, 시각화의 승리는 숨겨진 은밀한 것을 배제하면서 기독교 계시를 제거하여, 기독교를 근본적 흔든다는 것이다. 예를 들어, 가톨릭 교회가 효율성의 이름으로 시각화의 길로 갔을 때, 가장 큰 오류는 계시와 신앙을 '종교'로 변형시키는 것이었고, 전 세계에 걸친 기독교 사회와 기독교 문명을 만들고 기독교 질서를 확립시키려는 의지였다. 실제로, 이것은 시각화를 통해 이루어질 수 있는 것들이다. 하지만, 시각화 작업에서는 근본적으로 성육신이 인정될 수 없다. 또한 시각화 작업은 숨겨진 하나님은 숨겨져 있기 때문에 하나님이 아니라는 전제를 내포한다. 즉, 시각적으로 표현될 수 있는 하나님만 신뢰할 수 있다는 것이다. 이 관점에서는 비밀스럽고 신비롭고 제어할 수 없는 이야기는 제거되고, 신문에 실릴만한 가시적인 인간에 의해 만들어진 이야기만이 존재하거나, 하나님의 행위가 통치자나 혁명가처럼 역사 속의 인물의 행위로 여겨진다. 이것은 세상 속에 숨겨진 천국, 은밀하고 보이지 않은 누룩, 씨앗의 숨겨진 특성을 설파한 예수의 진리를 배제하는 것이다.

오늘날 사람들은 숨겨진 천국에 대한 관심이 없다. 그들은 단지 사진, 통계, 도표로 표현될 수 있는 것을 유일한 진리로 받아들이면서, 열정적으로 이미지를 택하며, '말'을 더는 듣지도 않고, 책을 읽지도 않는다. 반대로, 그들은 텔레비전을 보는 것 같은 이미지화 된 교회의 복음화를 위한 설교에 심취한다. 그들은 본질적으로 '말'을 더는 신뢰하지 않고, 진리의 문제에 무관심하다. 그들은 자신의 운명이나 삶의 의미 따위는 인위적인 것으로 생각하여, 기술적인 시도와 이미지에 맞추어 가야한다고 생각한다. 그들은 현대인이 '말'을 듣지 않기 때문에 행동으로 대체해야 한다고 생각하여, 비교할 수 없는 가치를 행동에 부여한다. 그들은 선전수단을 통해 행동해야 한다고 생각하여, 시청각 도구나 전시회나 대규모 집회 같은 선전수단을 동원한다. 예를 들어, 성서를 연재 만화로 만드는 것은 분명히 효과적이지만, 문제는 연재만화가 여전히 하나님의 '말'인지, 또한 사용된 수단이 예수 그리스도의 진리를 전하는 것인지이다. 이 수단이 사람들을 감동시키고 설득시켜 교회로 데려올 수 있기는 하겠지만, 실제로는 이 수단들이 예수 그리스도의 진리를 제대로 전달하지 못하고, 이 수단들에게 영향을 받은 사람들이 기독교에 대해 온갖 오해를 양산한다는 것이다. 참으로 행동이나 이미지는 어떤 진리도 제시하지 못하며, '복음화 전시회'는 복음에 위험 요소가 될 수 있다. 하나님의 '말'을 대체한 인간의 '말'에 신앙의 토대를 둘 때, '말'에 대한 경멸과 포기가 결국 하나님의 '말'에 대한 경멸과 포기로 이어진다. 결국, 이미지에 몰두한 기독교는 기독교 자체의 토대와 내용을 파괴하는데, 이것은 '말'이 거짓이기 때문이 아니라 이미지가 '말'을 배제하기 때문이며, 또한 독실한 그리스도인들이 시각적 매체와 이미지의 창궐이 선하고 아름다우며 취향에 맞고 예지를 열어줄 수 있다는 확신에 사로잡혀 있기 때문이다.

6장 · 이미지의 인간

끝없이 이미지가 생산되는 오늘날 인간에게 일어난 첫 번째 변화는, 시각과 청각의 균형이 무너진 것이다. 그 결과, 지식인은 물론 일반대중까지도 '말'을 배제하고 경멸하는 현상이 나타났다. 이 현상이 심화될수록, 더욱 인간은 항상 더 많은 이미지에 대한 갈망을 주체할 수 없게 된다. 현대 기술은 정확히 현실을 복원한 환각적 이미지를 통해 이런 인간의 욕구를 채워준다. 그래서 직접 살아야할 현실을 이미지가 재구성해 주고, 인간은 이미지를 소비하며 살고 있다. 그런데, 이미지의 과잉은 점점 인간을 현실과 자연으로부터 격리시킨다. 이런 격리가 깊어 갈수록 인간은 사상과 자유를 배제하고, 돈, 직업, 기계와 같은 구체적 현실에 대한 강박관념을 심화시킨다. 그러나 이미지로 복원된 현실은 실제 현실의 경험과 매우 다르기 때문에 인간은 곧 실망하게 될 뿐만 아니라, 이것은 허구적 위협으로 불안과 공포를 조장하여 세상의 종말을 직면하게 만든다. 다시 말해 이미지로 재구성된 현재에 대한 실망과 좌절은, 또다시 새로운 '절대 시간'의 도래를 기대하게 만드는 원동력이 된다.

이미지의 증가를 통한 두 번째 변화는 과거와 다른 지적 사유과정의 변화인데, 이미지적 사유과정은 다음 같은 특징이 있다. 첫째, 이미지 사고는 이미지의 연상과 환기에 의한 사고이다. 일련의 이미지들은 어떤 관계성이 없는 상태에서, 우리로 하여금 어떤 사고에서 다른 사고로 넘어가게 한다. 사람들은 이런 사고방식에 의해 지배받는 것이 편하기 때문에, 어떤 저항도 하지 않는다. 그러나 이때 이미지는 직접적으로 경험한 것이 아니라, 신문, 텔레비전, 광고 등에 의해 이성적 성찰이 제거된 이미지이다. 그 결과, 인간은 이성적 비판이 제거되어 감성적 사고의 단계에 도달한다. 즉, 일반적인 현대인의 사고는 다양성과 다면성을 가지고 있으나, 격한 감정, 분노, 두려움, 원한, 열정, 호기심에 사로잡혀, 일관성 없는 논거와 폭력적 확신으로 가득차 있다. 여기서 '사실'이 가진 의미와 내용은 고려의 대상이 되지 않는다. 왜냐하면 이러한 사고방식에서 '사실'은 모두 다른 이미지와의 관계 속에 묶여있기 때문이다. 그래서 대중 여론이란 것도 이미지의 연상과 열정적 추론과 밀접히 연결되어 있다. 둘째, 이미지 사고는 '사실'을 총체적으로 직관적으로 포착하게 한다. 즉, 현대인은 직관을 통해 상황과 현실 전체를 순간적으로 포착하여, 단숨에 현실의 핵심으로 들어간다. 마치 이 직관적 사고는 뇌를 통과하지 않고 이성을 건너뛰는 것처럼 보인다. 그래서 현대인은 종종 분명히 인식하고 있는 것을 '말'로 옮길 수 없으며, 의사소통도 시각적인 것을 매개로 존재 전체에서 존재 전체로 전달하는 방식으로 일어난다. 이런 시각적 의사소통에서 사람들은 객체와 주체는 거리감이 없게 되어, 현실과 직접 의사소통을 한다고 생각하게 된다. 셋째, 이미지 사고는 '관여된' 사고인데, 그 이유는 현대인은 자신이 현실에 관여하고 있다고 직관적으로 생각하고 곧바로 행동에 참여하기 때문이다. 다시 말해, 이미지 사고는 추상적이고 비판적인 사고가 아니라, 이미지를 만들어 내는 정치적이고 사회적인 상황에 '관여된' 사고이다. 그러나 이런 사고 과정은 주체가 독립적으로 비판적인 지적 기능을 갖지 못할뿐더러, 이미지에 의해 전달된 인식이 너무나 명백하기 때문에 어떤 토론과 논쟁을 허용하지 않는다.

교육가들은 이미지와 직관에 의한 사고방식이 이성적 사고와 '담화'를 통한 전통적 사고방식과 양립할 수 있고 상호보완적이라고 여긴다. 그러나 이 두 사고형태는 변증법적 통합이 가능하지 않은 대립된 정신적 태도이다. 이미지의 지적 사유과정은 '말'과 연관된 이성적인 지적 사유과정과 모순된다. 따라서 '말'은 논리적 사유과정이나 혹은 변증법적 사유과정을 따르는 논증을 통한 사고방식을 반드시 유발한다. 이성적 사유의 영역에서 움직이는 '말'은 기본적으로 이성에 어떤 방식으로든 호소하며, 지성에 의해 포착된 경험과 감정을 타인의 지성에 전달한다. 그리고 '말'은 존재 전체와, 또 존재와 직접적으로 관계되지 않으며, 대화 상대방과의 거리를 유지하며 긴 흐름을 거쳐 인격에 도달한다. 이런 '말'에 의해 교육받은 사람들은 직관과 이미지를 의심한다. 즉, 이런 사람들은 이성에 의하지 않은 영적이고 직관적인 세계를 신뢰하지 않으며, 이미지는 충분한 것이 아니어서 설명이 동반되어야 한다고 믿는다. 그러나 이미지와 직관에 익숙한 사람들은 명백함을 추구하지만, 논증을 거부한다. 이렇게 이미지는 논증을 무시하고 직관은 이성적 사유에 반대되기 때문에, 동시에 이 두 가지 도구를 사용할 수가 없다. 하나를 지배적으로 사용하면 다른 하나는 가로막히게 된다.

 시각적인 것은 우리를 현실로 접근하게 하는데, 이 현실은 필연성의 세계이다. 따라서 이미지 사고를 가진 사람들은 필연성의 세계에 갇히게 된다. 그러나 이미지가 항상 명백함을 제시하는 이상, 이러한 필연성에 대한 자각은 불가능하지만, 이 자각을 통해 인간은 필연성에서 벗어난다. 이러한 거리 두기는 오직 '말'에 의해서만 이루어질 수 있다. 하지만, 다가치적이고 다형태적인 이미지의 침입은 현실과 필연성을 연관시키지 못하도록 하여, 인간을 세상의 폐쇄성과 현실의 필연성 속에 가두어 놓는다. 이것은 인간이 함정에 빠진 결과인데, 이미지는 인간에게 모든 것이 가능하다는 인상, 모든 것이 새롭다는 인상, 상황은 유동적이라는 인상, 상황을 통제할 수 있다는 인상을 심어준다. 바로 이 인상이 싸울 의

욕을 꺾기 위한 필연성이다. 반면에, '말'은 자체의 불분명함을 통해, 두 명의 대화 참여자의 자유를 전제로 한다. '말'은 말하는 자의 오류 가능성과 듣는 자의 오류 가능성을 남겨둠으로써 자유의 공간을 만든다. '말'이 배제되거나 종속되면 자유도 배제된다. 따라서 인간의 자유에 대한 첫 행동은 오직 인간이 조건 지어졌다는 필연성에 대한 자각이다. 결국, 이미지의 인간은 기술에 의하여 만들어진 이미지 환경 속으로 스며들면서, 자신의 깊은 자유를 잃어버린 인간이다.

7장 · 화해

이미지 세계는 현실을 위조하여 새로운 가시적인 세계를 세우는데, 이 가시적인 세계는 기술에 의해 더욱 강화된다. 그래서 인간은 진리에서 박탈될 뿐만 아니라 체험된 현실 상황에서 박탈된다. 사실, 이것은 극심한 고통과 공포이지만, 인간은 자신이 무엇을 괴로워하는지도 모른다. 잠재된 공포, 존재하지 않은 절망, 무의식적 공허함이 인간의 상황이다. 인간은 이 상황에서 벗어나야만 하지만, 현실에서 벗어날 수 없기 때문에, 오직 이미지와 보이는 것을 통해 진리를 재구성할 수밖에 없다. 그래서 사람들은 보기 위한 신, 곧 기술적이고 정치적인 신을 만들었고, 소비, 권력, 기계, 원자로를 지닌 독재자란 신을 만들었다. 그리고 대중매체는 이 현실을 칭송하고 신성화한다. 이것은 새로운 우상숭배와 성상숭배이다. 왜냐하면 이 현실은 진리가 아니라 배경이고 환경일 뿐이기 때문이며, 또 이 현실은 인간의 삶에 어떤 의미도 방향도 성숙도 주지 않기 때문이다. 이제 인간에게 삶의 열쇠를 주고 방향과 빛을 주는 진리는 희미하게 메아리로만 들릴 뿐이다. 이는 '말'이 온갖 소음 속에서 불확실하게 전달되지만, 보존되지 못하고 순간적으로 지나가버리기 때문이다.

그렇다고 해서 청각과 '말'이 시각과 이미지보다 우월하다는 것은 아니다. 오히려 반대로, 시각만이 완전한 인식과 확신을 주며, 행동의 방향과 길을 제공할 수 있다. 물론, 인간은 끊임없이 시각을 통해 진리를 복원하려고 했고, 시각과 '말'을 묶어 일치시키려고 노력을 했으나 실패하였다. 예를 들어, 다른 사람에게 말로 표현할 수 없는 신비주의자의 경험과 영지주의자의 시도가 그러하지만, 결국 진리는 천사의 계급, 낙원, 빛의 발현과 같이 시각에 집중되었다. 특히, 빛과 관련하여 "하나님은 빛이다."라는 '빛의 신학'도 있었으나, 이 신학은 항상 영적인 빛이 태양 빛으로 귀결되었다. 거기서 하나님은 창조주 하나님이 아니며, 또 비유와 유추만 있을 뿐 거기에는 진리와 사랑은 없다. 물론, 요한복음에서도 빛은 출현하지만, 이 경우 빛은 피조물이며 '말'과의 연합된 것이고 '말'의 효과일 뿐이지, 이 빛은 하나님이 아니다. 또한 예수가 "나는 세상의 빛이다. 너희는 세상의 빛이다."라고 말할 때, 이것은 하나님과 동등하다는 의미가 아니라, 진리의 '말'을 지닌 예수가 모든 사람의 빛이 된다는 의미이다. 즉, '말'은 인간과 세상을 밝히며, 생명의 신비와 사랑의 관계를 밝힌다는 것이다. 결국 요한복음의 빛 속에는 시각이 문제가 아니라, 계시, 곧 창조 속에서 빛의 아버지와 빛의 자녀 관계가 문제되며, 진리 안으로 시각을 통합하는 화해가 문제된다.

진리와 시각과의 화해는, 구체적인 현실과 종말적 차원과 관련된 구약의 환상들과 요한계시록의 환상들에서도 찾아볼 수 있다. 그런데 이 환상들은 제한적 지위를 가지고 있는데, 그 본질은 "여호와가 말한다."는 것이며, '말'의 의미가 이미지를 통해 드러난다는 것이다. 또한 환상의 형식도 책이라는 형태로 대중에게 전달되었는데, 이는 '말로 되살아나길' 기다린다는 의미이다. 결국, 묵시적 환상들은 현실과 진리의 최종적 화해이며, '말'처럼 환상도 하나님의 계시를 드러내는 것을 보여준 좋은 실례가 된다. 또한 진리와 시각과의 화해는 성화상과도 이루어질 수 있는데, 이것은 성화상이 주±의 강림 때 변화될 인간 존재에 대한 기대라는 종말론적 관점에서 그러하다. 이것은 성취된 '실재'로서 성화상을 보는 것이 아니라, 하나님의 약속을 상기하는 것으로서, 또 아직 이루어지지 않은 시각과 '말'의 화해에 대한 표현으로 받아들이는 것이다.

또한 요한복음은 화해라는 관점에서 시각과 '시각적 인식'의 문제가 끊임없이 상기되는 복음서이다. 요한복음은 시각의 위상을 한정하기 위하여 다음 같은 네 가지 주제를 과감하게 다룬다. 첫째, 보는 것에 관하여 언급된 것과 보여 진 것 사이에 불일치이다. 예를 들어, 세례요한이 예수를 '세상 죄를 지고 가는 하나님의 어린 양'이라고 언급할 때, 세례 요한이 보는 것은 인간 예수이지만, 그의 눈에 인간 예수는 보이지 않고, 정작 보는 것은 진리로 뒤덮인 어린양 예수이다. 즉 보여 진 '실재'가 보이지 않은 것에 의해 점령되고 초월된다. 둘째, 증언과 시각과의 관계이다. 요한복음은 증언을 시각과 연결하는 일련의 텍스트를 보여준다. 예를 들어, 요한은 성령이 비둘기처럼 내리는 것을 보고 하나님의 아들임을 증언하고, 예수의 십자가형을 보았던 사람이 증언하고 그 증언이 참되다고 했다. 이렇게 요한복음에서 증언은 시각과 연결이 되어 있는데, 이것은 사람들이 절대적으로 확신한 것, 즉 시각적인 것을 증언하기 때문이다. 그러나 요한의 주장은, 증언을 불러 일으키는 것은 시각이 아니라, 시각적 확신에서 비롯된다는 것이다. 셋째, 단순하지 않은 시각과 신앙과의 관계이다. 요한복음에는 신앙이 시각에서 비롯된다는 텍스트 옆에 정확히 반대되는 텍스트, 곧 믿기 때문에 본다는 텍스트가 있다. 그러나 가장 많이 마주치는 내용은 시각을 통한 신앙에 대한 오해이다. 예를 들어, 사람들이 오병이어의 기적을 보고 기적에 대한 시각이 지나쳐 구체적인 빵에 몰입하였고, 빌립이 하나님을 보여달라고 하면서 정작 예수의 육체를 보고도 그가 누구인지 몰랐으며, 니고데모는 예수가 누구인지 안다고 생각하였으나 예수는 위로부터 태어나야 함을 강조했다. 6장 36절에서 사람들은 예수를 보았으나 전혀 믿지 않는다고 단언하는 부분은 이러한 시각과 신앙 간의 단절을 명백히 보여주고 있다. 한편, 16장 16-17절에서는 예수가 제자들에게 조금 있으면 나를 보지 못할 것이고, 조금 있으면 내가 아버지께 갈 것이기 때문에 나를 볼 것이라고 말한다. 예수는 시각과 신앙 사이에 다른 차원의 통합을 언급한 것이다. 즉, 육체의 현실적 시각을 가지고는 나를 보지 못하지만, 아버지로부터 받은 성령을 통해 예수를 새롭게 볼 수 있을 거라는 것인데, 이는 육적인 눈이 현실 너머를 향해 열리게 되기 때문이다. 넷째, 종말의 약속으로서의 시각이다. 예수는 하나님의 신비를 붙잡기 위해 예수 자신, 즉 하나님의 진리로서 자신의 '실재'를 보라고 한다. 왜냐하면 이때 예수의 현존은 시각을 통해 진리의 충만함을 만날 수 있는 유일한 순간이기 때문이며, 또한 예수의 현존은 마지막 때 진리와 시각이 화해되는 모습을 정확히 반영하기 때문이다. 그러므로 예수의 성육신은 가시적인 하나님 자체이며, 현실과 진리가 대립하지 않은 종말이 시작된 시점이다. 여기서 '시각적 인식'은 더 이상 현실과 분리되지 않고, 시각과 청각이 화해를 한다. 이는 역설적으로 오늘날 '말'과 이미지는 결코 통합되지 않으며, '말'과 이미지의 통합은 오직 종말의 때에 가능함을 의미한다

오늘날 가치를 잃고 굴욕을 당해 비정상적인 상황에 놓인 '말'을 구원하는 것이 인간을 구원하는 길이다. '말'의 주권을 찾는 일은 이미지에 반대하는 것이 아니라, '말'과 이미지가 각각 제 기능을 다하고 자체에 진리와 현실을 담는 것이다. 이를 위해 우리는 마지막 때 주어지는 화해를 확신하면서 성화상 파괴명령에 순종하고, 우리의 언어를 이해할 수 있도록

명확히 하며, 늘 새롭게 열리도록 해야 한다. 구체적으로 성화상 파괴 명령은 이미지 숭배, 텔레비전 보기, 주간지 읽기, 사고를 만화로 전락시키기, 이미지에서 비롯된 사고의 경직, 도표와 도식의 유혹, 컴퓨터의 자동성으로 인한 최면, 극단적인 시청각과의 싸움이다. 또한 성화상 파괴 명령은 이미지가 진리라는 환상에 대한 거부, 명백함을 믿는 것에 대한 거부, 컴퓨터가 이성을 대체한다는 확신에 대한 거부이다. 그리고 성화상 파괴 명령은 남용되는 과학성에 맞서는 것이고, '말'에서 벗어나 진리를 자처하는 모든 것에 맞서는 것이다. 예를 들어, 여러 학문 분야에서 남용되는 과학성, 줄기세포 연구, 인공적인 아기 생산, 염색체 조작, 화학요법을 통한 인격의 변화 등과 맞서 싸우는 것이다. 그러나 이것은 과학 자체를 거부하는 것과 아무런 관계가 없다. 단지 배타적이고 이미지에 기초한 과학, 신화와 과학을 통합하려는 정신분석, 과학의 한계를 벗어난 것을 배제하는 과학의 단순화 과정을 거부하는 것이다.

종교 영역에서 성화상 파괴운동은 시각적 신비주의, 곧 초월적 명상, 광적 흥분, 황홀경, 열광적 찬양, 거짓 축제, 최면적 이미지를 거부하는 것이다. 왜냐하면 이것들은 '말'을 배제시킬 뿐 아니라, 시각적인 어떤 힘을 통해 인간을 신들리게 하여 하나님으로 향하는 길을 막아 버리기 때문이다. 다음으로, 언어에 대한 요구와 관련하여, 언어를 파괴하는 지적인 철학자와 광적인 언어에 집착하는 현대 시인과 고독에 갇힌 엘리트 지성인의 폐쇄적 언어를 극복하고, '열린 언어'를 위해 투쟁해야 한다. '열린 언어'는 모험적이지만 진리를 해석할 수 있는 언어이고, 상투적인 정치 선전 구호나 혹은 무거운 언어에 맞서는 언어이며, 사회적 상황 자체에서 비롯되는 고정된 의미와 문법과 구조를 가진 폐쇄적 '담화'에 맞서는 언어이다. 이 '열린 언어'는 유동적이고 새롭고 비밀스러운 것을 담는 정밀한 도구이며, 살아있는 혁신적인 '말'이다. 그러나 과학적 담론과 이데올로기적 담론의 폐쇄성, '의례화'로 향하는 폐쇄적 기도, 예배와 종교의식에서 동어반복, 집단의식 속에서 전례, 종교 의식에서 고정된 틀, 주술적이고 재생산적인 역할에 갇혀있는 언어는 '말'의 가능성을 닫는다. 오직 진정한 '말'을 통한 진리의 선포만이, 그리고 하나님과 함께하는 '말씀' Verbe만이 해방과 모험을 전해준다.

'열린 언어'와 자유를 위한 투쟁의 대상에는 '행정'도 있다. 왜냐하면 '행정'은 그 자체에 언어를 만들어 내고, 계획과 프로젝트와 행동 결정과 절차를 비밀스럽게 간직하여, 행정적으로 관리를 당하는 쪽과 관리하는 쪽과는 어떠한 열린 관계도 맺을 수 없기 때문이다. 따라서 '말'의 진리를 실현하기 위해서는 행정상의 비밀을 지닌 삼중의 벽, 곧 난해한 언어, 규칙성을 띤 겉모습, 결정의 '객관성'을 부수어야 한다. 또한 '열린 언어'를 위해 폐쇄를 증가시키는 온갖 체계주의나 혹은 구조주의에 대해서도 맞서야 한다. 즉, 우리는 의미의 접근을 막는 모든 구조적 이데올로기를 거부해야 하고, 의미의 배제를 거부해야 한다. 왜냐하면 의미가 새어나오는 것은 바로 구조들 사이에서이고 '말'은 체계를 넘어서기 때문이다. 체계가 심화될 때, '말'은 체계에 갇혀 버린다. 따라서 자유의 '말'을 되찾기 위해, 혁신적인 '말'을 되찾기 위해, 우리는 평화와 화해가 약속된 그날까지 '말'의 변증법, 파열, 긴장을 거부하지 말아야 한다. 그것 없이는 화석화, 경직, 해체, 죽음만이 있기 때문이다.

엘륄의 저서연대기순 및 연구서

- *Étude sur l'évolution et la nature juridique du Mancipium*. Bordeaux: Delmas, 1936.
- *Le fondement théologique du droit*. Neuchâtel: Delachaux & Niestlé, 1946.
  ⇒ 『자연법의 신학적 의미』, 강만원 옮김(대장간, 2013)
- *Présence au monde moderne: Problèmes de la civilisation post-chrétienne*. Geneva: Roulet, 1948. ⇒ 『세상 속의 그리스도인』, 박동열 옮김(대장간, 1992, 2010)
- *Le Livre de Jonas*. Paris: Cahiers Bibliques de Foi et Vie, 1952.
  ⇒ 『요나의 심판과 구원』, 신기호 옮김(대장간, 2010)
- *L'homme et l'argent* (Nova et vetera). Neuchâtel: Delachaux & Niestlé, 1954.
  ⇒ 『하나님이냐 돈이냐』, 양명수 옮김(대장간, 1991, 2011)
- *La technique ou l'enjeu du siècle*. Paris: Armand Colin, 1954. Paris: Économica, 1990.
- (E)*The Technological Society*. New York: Knopf, 1964.
  ⇒ 『기술 또는 세기의 쟁점』(대장간 출간 예정)
- *Histoire des institutions*. Paris: Presses Universitaires de France, plusieurs éditions (dates données pour les premières éditions);. Tomes 1-2, L' Antiquité (1955); Tome 3, Le Moyen Age (1956); Tome 4, Les XVIe-XVIIIe siècle (1956); Tome 5, Le XIXe siècle (1789-1914) (1956). ⇒ 『제도의 역사』, (대장간, 출간 예정)
- *Propagandes*. Paris: A. Colin, 1962. Paris: Économica, 1990
  ⇒ 『선전』하태환 옮김(대장간, 2012)
- *Fausse présence au monde moderne*. Paris: Les Bergers et Les Mages, 1963.
  ⇒ (대장간 출간 예정)
- *Le vouloir et le faire: Recherches éthiques pour les chrétiens*: Introduc-tion(première partie). Geneva: Labor et Fides, 1964. ⇒ 『원함과 행함』(솔로몬, 2008)
- *L'illusion politique*. Paris: Robert Laffont, 1965. Rev. ed.: Paris: Librairie Générale Française, 1977. ⇒ 『정치적 착각』, 하태환 옮김(대장간, 2011)
- *Exégèse des nouveaux lieux communs*. Paris: Calmann-Lévy, 1966. Paris: La Table Ronde, 1994. ⇒ (대장간, 출간 예정)
- *Politique de Dieu, politiques de l'homme*. Paris: Éditions Universitaires, 1966.
  ⇒ 『하나님의 정치와 인간의 정치』, 김은경 옮김(대장간, 2012)
- *Histoire de la propagande*. Paris: Presses Universitaires de France, 1967, 1976.
  ⇒ 『선전의 역사』(대장간, 출간 예정)
- *Métamorphose du bourgeois*. Paris: Calmann-Lévy, 1967. Paris: La Table Ronde, 1998. ⇒ 『부르주아와 변신』(대장간, 출간 예정)

- *Autopsie de la révolution*. Paris: Calmann-Lévy, 1969.
  ⇒ 『혁명의 해부』, 황종대 옮김(대장간, 2013)
- *Contre les violents*. Paris: Centurion, 1972.
  ⇒ 『폭력에 맞서』, 이창헌 옮김(대장간, 2012)
- *Sans feu ni lieu: Signification biblique de la Grande Ville*. Paris: Gallimard, 1975.
  ⇒ 『머리 둘 곳 없던 예수-대도시의 성서적 의미』, 황종대 옮김(대장간, 2013).
- *L'impossible prière*. Paris: Centurion, 1971, 1977.
  ⇒ 『불가능한 기도』, 신기호 옮김(대장간, 출간 예정)
- *Jeunesse délinquante: Une expérience en province*. Avec Yves Charrier. Paris: Mercure de France, 1971.
- *De la révolution aux révoltes*. Paris: Calmann-Lévy, 1972.
- *L'espérance oubliée*, Paris: Gallimard, 1972.
  ⇒ 『잊혀진 소망』, 이상민 옮김(대장간, 2009)
- *Éthique de la liberté*, 2 vols. Geneva: Labor et Fides, I:1973, II:1974.
  ⇒ 『자유의 윤리』, (대장간, 출간 예정)
- *Les nouveaux possédés*, Paris: Arthème Fayard, 1973.
- (E)*The New Demons*. New York: Seabury, 1975. London: Mowbrays, 1975.
  ⇒ (대장간, 출간 예정)
- *L'Apocalypse: Architecture en mouvement*, Paris. Desclée 1975.
- (E)*Apocalypse: The Book of Revelation*. New York: Seabury, 1977.
  ⇒ 『요한계시록-움직이는 건축물』(대장간, 출간 예정)
- *Trahison de l'Occident*. Paris: Calmann-Lévy, 1975.
- (E)*The Betrayal of the West*. New York: Seabury,1978.
  ⇒ 『서구의 배반』, (대장간, 출간 예정)
- *Le système technicien*. Paris: Calmann-Lévy, 1977.
  ⇒ 『기술 체계』, 이상민 옮김(대장간, 2013)
- *L'idéologie marxiste chrétienne*. Paris: Centurion, 1979.
  ⇒ 『기독교와 마르크스주의』, 곽노경 옮김(대장간, 2011)
- *L'empire du non-sens: L'art et la société technicienne*. Paris: Press Universitaires de France, 1980. ⇒ 『무의미의 제국』, 하태환 옮김(대장간, 2013)
- *La foi au prix du doute*: "Encore quarante jours…". Paris: Hachette, 1980.
  ⇒ 『의심을 거친 믿음』, 임형권 옮김 (대장간, 2013)
- *La Parole humiliée*. Paris: Seuil, 1981.
  ⇒ 『굴욕당한 말』, 박동열 이상민 공역(대장간, 2014)

- *Changer de révolution: L'inéluctable prolétariat*. Paris: Seuil, 1982.
  ⇒ 『인간을 위한 혁명』, 하태환 옮김(대장간, 2012)
- *Les combats de la liberté*. (Tome 3, L' Ethique de la Liberté) Geneva: Labor et Fides, 1984. Paris: Centurion, 1984. ⇒ 『자유의 투쟁』(솔로몬, 2009)
- *La subversion du christianisme*. Paris: Seuil, 1984, 1994. [réédition en 2001, La Table Ronde]
  ⇒ 『뒤틀려진 기독교』,박동열 이상민 옮김(대장간, 1990 초판, 2012년 불어 완역판 출간)
- *Conférence sur l'Apocalypse de Jean*. Nantes: AREFPPI, 1985.
- *Un chrétien pour Israël*. Monaco: Éditions du Rocher, 1986.
  ⇒ 『이스라엘을 위한 그리스도인』(대장간, 출간 예정)
- *Ce que je crois*. Paris: Grasset and Fasquelle, 1987.
  ⇒ 『내가 믿는 것』(대장간 출간 예정)
- *La raison d'être: Méditation sur l'Ecclésiaste*. Paris: Seuil, 1987.
  ⇒ 『존재의 이유』(규장, 2005)
- *Anarchie et christianisme*. Lyon: Atelier de Création Libertaire, 1988. Paris: La Table Ronde, 1998. ⇒ 『무정부주의와 기독교』, 이창헌 옮김(대장간, 2011)
- *Le bluff technologique*. Paris: Hachette, 1988.
- (E)*The Technological Bluff*. Grand Rapids: Eerdmans, 1990.
  ⇒ 『기술담론의 허세』(대장간, 출간 예정)
- *Ce Dieu injuste…?: Théologie chrétienne pour le peuple d'Israël*. Paris: Arléa, 1991, 1999. ⇒ 『하나님은 불의한가?』, 이상민 옮김(대장간, 2010)
- *Si tu es le Fils de Dieu: Souffrances et tentations de Jésus*. Paris: Centurion, 1991.
  ⇒ 『네가 하나님의 아들이라면』, 김은경 옮김(대장간, 2010)
- *Déviances et déviants dans notre societé intolérante*. Toulouse: Érés, 1992.
- *Silences: Poèmes*. Bordeaux: Opales, 1995.
  ⇒ (대장간, 출간 예정)
- *Oratorio: Les quatre cavaliers de l'Apocalypse*. Bordeaux: Opales, 1997.
- (E)*Sources and Trajectories: Eight Early Articles by Jacques Ellul that Set the Stage*. Grand Rapids: Eerdmans, 1997.
- *Islam et judéo-christianisme*. Paris: Presses universitaires de France, 2004.
  ⇒ 『이슬람과 기독교』, 이상민 옮김(대장간, 2009)
- *La pensée marxiste*: Cours professé à l' Institut d' études politiques de Bordeaux de 1947 à 1979 Edited by Michel Hourcade, Jean-Pierre Jézéuel and Gérard Paul. Paris: La Table Ronde, 2003. ⇒ 『마르크스 사상』, 안성헌 옮김(대장간, 2013)

· *Les successeurs de Marx*: Cours professé à l'Institut d'études politiques de Bordeaux Edited by Michel Hourcade, Jean-Pierre Jézéquel and Gérard Paul. Paris: La Table Ronde, 2007. ⇒ 『마르크스의 후계자』(대장간, 출간 예정)

기타 연구서

- 『세계적으로 사고하고 지역적으로 행동하라』(Perspectives on Our Age: Jacques Ellul Speaks on His Life and Work.), 빌렘 반더버그, 김재현, 신광은 옮김(대장간, 1995, 2010)
- 『자끄 엘륄 –대화의 사상』(Jacques Ellul, une pensée en dialogue. Genève), 프레데릭 호농(Frédéric Rognon)저, 임형권 옮김(대장간, 2011)
- 『자끄 엘륄입문』신광은 저(대장간, 2010)
- *A temps et à contretemps: Entretiens avec Madeleine Garrigou-Lagrange*. Paris: Centurion, 1981.
- *In Season, Out of Season: An Introduction to the Thought of Jacques Ellul:* Interviews by Madeleine Garrigou-Lagrange. Trans. Lani K. Niles. San Francisco: Harper and Row, 1982.
- *L'homme à lui-même: Correspondance*. Avec Didier Nordon. Paris: Félin, 1992.
- *Entretiens avec Jacques Ellul*. Patrick Chastenet. Paris: Table Ronde, 1994

대장간 『자끄 엘륄 총서』는 중역(영어번역)으로 인한 오류를 가능한 줄이려고, 프랑스어에서 직접 번역을 하거나, 영역을 하더라도 원서 대조 감수를 원칙으로 하고 있습니다.
이 일은 한국자끄엘륄협회의 협력으로 이루어지고 있으며, 총서를 통해서 엘륄의 사상이 굴절되거나 왜곡되지 않고 그의 삶처럼 철저하고 급진적으로 전해지길 바라는 마음 가득합니다.